es 1599

edition suhrkamp

Neue Folge Band 599

16,–

Die gegenwärtig zu beobachtende Konjunktur der Kunst und des Ästhetischen ist auch die Folge einer Verunsicherung der Wahrnehmungsverhältnisse, die aus dem Eindringen der elektronischen Medien in alle Bereiche der Gesellschaft resultiert. Die Attraktivität der traditionellen bildenden Künste rührt möglicherweise daher, daß sie als Einspruch gegen die Immaterialität, Virtualität und Simultaneität der digitalen Informationen und Bilder, als eine Rettung der sinnlichen Wahrnehmung und der Realität materieller Dinge verstanden wird. Auf der anderen Seite breitet sich eine Medieneuphorie aus, die gestützt wird durch den Glauben, daß die neuen Technologien zu tiefgreifenden Veränderungen führen und die traditionellen Orientierungssysteme erschüttern. Besonders die Möglichkeiten der Simulation, der multimedialen Vernetzung und der Interaktion verändern die Darstellungsweisen der »alten« Kunstgattungen und den herkömmlichen Begriff des Kunstwerks, aber auch die ästhetische Rezeption und die Formen der künstlerischen Produktion. Die Autoren des vorliegenden Bandes suchen die Konsequenzen der elektronischen Medien für die künstlerische Praxis, die Theorie der Kunst und die Ästhetik herauszuarbeiten. Dabei geht es letztlich auch darum, den Ort und die Funktion der Kunst in einer Gesellschaft des medialen Spektakels neu zu bestimmen.

Digitaler Schein
Ästhetik der elektronischen Medien

Herausgegeben von
Florian Rötzer

Suhrkamp

edition suhrkamp 1599
Neue Folge Band 599
Erste Auflage 1991

Erstausgabe

Satz: Wagner GmbH., Nördlingen
Druck: Nomos Verlagsgesellschaft, Baden-Baden
Umschlagentwurf: Willy Fleckhaus
Printed in Germany

1 2 3 4 5 6 – 96 95 94 93 92 91

Inhalt

Florian Rötzer: Mediales und Digitales
Zerstreute Bemerkungen und Hinweise eines irritierten informationsverarbeitenden Systems 9

Einsätze

Jean Baudrillard
Viralität und Virulenz. Ein Gespräch 81

Dietmar Kamper
Der Januskopf der Medien. Ästhetisierung der Wirklichkeit, Entrüstung der Sinne 93

Peter Zec
Das Medienwerk. Ästhetische Produktion im Zeitalter der elektronischen Kommunikation 100

Der Schein und das Objekt

Bernhard Vief
Digitales Geld 117

Vilém Flusser
Digitaler Schein 147

Abraham A. Moles
Design und Immaterialität 160

Henri Pierre Jeudy
Die Transparenz des Objekts 171

Holger van den Boom
Digitaler Schein – oder: Der Wirklichkeitsverlust ist kein wirklicher Verlust 183

Peter Weibel
Transformationen der Techno-Ästhetik 205

Zur Ästhetik digitaler Bildwelten

Frank Popper
High Technology Art 249

Otto Piene
Das Schöne und das Tüchtige. Über Sinn und Unsinn eines Wirkungsverhältnisses von Kunst und Technologie 267

Herbert W. Franke
Der Monitor als Fenster in einen unbegrenzten Raum. Ein Gespräch 282

Vito Oražem
Holografie und Gesellschaft – Über vier Aspekte der bildnerischen Holografie 294

Gene Youngblood
Metadesign 305

Fred Forest
Die Ästhetik der Kommunikation 323

Die Ästhetik des Verschwindens. Ein Gespräch zwischen Fred Forest und Paul Virilio 334

Paul Virilio
Das öffentliche Bild 343

Edmond Couchot
Die Spiele des Realen und des Virtuellen 346

Heinrich Klotz
Für ein mediales Gesamtkunstwerk. Ein Gespräch 356

Heiko Idensen/Matthias Krohn
Kunst-Netzwerke: Ideen als Objekte 371

Louis Bec
Vorläufiger Versuch über die Upokrinomenologie oder: Eine verheerende zoosystemische Expedition durch ein Glossar 397

Im Spiegel der Renaissance

Elisabeth von Samsonow
Leben und Tod der Natur 419

Reinhard Steiner
Malerei als Spekulation 435

Einwände

Manfred Riedel
Rehabilitierung des Naturschönen. Ein Gespräch 455

Gernot Böhme
Für eine ökologische Naturästhetik. Ein Gespräch 475

Johannes Birringer
Erschöpfter Raum – Verschwindende Körper 491

Thomas Wimmer
Fabrikation der Fiktion? 519

Jochen Gerz
Die künstlerische Produktion von Bildern in einer Gesellschaft des Spektakels. Ein Gespräch 534

Hans-Joachim Müller
Das Kunstwerk im Zeitalter seiner technischen Generierbarkeit 548

Jacques Fol
Fragen an den Benutzer von numerischen Technologien, die aktuelle Kunst schaffen oder an ihr teilnehmen wollen 570

Florian Rötzer
Mediales und Digitales
Zerstreute Bemerkungen und Hinweise eines irritierten informationsverarbeitenden Systems

> »Seit sich das Verhalten auf bestimmte Bildschirme oder auf Operationen ausführende Terminals konzentriert, erscheint das Übrige nur noch als ein großer nutzloser Körper, den man verlassen und verdammt hat.«
>
> *Jean Baudrillard*

»Das Bild aus dem Computer«, so kommentiert Frieder Nake, der als einer der ersten in den sechziger Jahren Computergrafiken mit Kunstanspruch erzeugt hat, »hat Konjunktur. ... Wir lernen die neue Bilderwelt des schwebenden Irrealismus kennen. Alles sieht aus wie aus Metall oder Kunststoff. Selbst Erdbeeren, Straßenbeläge, Sofas und nackte Busen schimmern metallen. Ein Ding bewegt sich schnell nach vorn, dreht sich selbst, spuckt sich oder seine Teile wieder aus, wirbelt in nur mathematisch definierbaren Kraftfeldern durch sich und andere Dinge hindurch, beschleunigt und bremst auf nie erfahrene Weise. Es ist noch nicht lange her, seitdem wir gezwungen werden, derartiges über uns ergehen zu lassen. Und doch wirken die computeranimierten Bocksprünge schon fade. Die Welt des irrealen Rausches verlangt rasch nach mehr.«[1] Der Rausch am Irrealen oder Künstlichen gedeiht in einer Gesellschaft, in der Informationstechnologie und Unterhaltungselektronik zu einem neuen Markt geworden sind, dessen Umfang schon nahezu dem der Autoindustrie entspricht und in Zukunft noch weiter expandieren wird, vielfach gefördert und in großen Teilen initiiert von ökonomischen und militärischen Kalkülen, bei denen die sensorische Dimension der künstlichen Intelligenz im Vergleich zu rein kalkulierenden eine immer größere Bedeutung gewinnt. Der künstlerische Einsatz der neuen Technologien ist mittlerweile auch zu einer Prestigesache der Politik geworden. Es geht darum, wie es im gewohnten Jargon der Fortschrittsideologie heißt, den Anschluß an die Zukunft nicht zu verpassen und den Herausforderungen des technologischen Wandels zu begegnen. Die dabei propagierte Handlungslogik ist eine der forcierten Alternativenlosigkeit. Man hat nicht mehr altkonservativ zwischen Chaos und Ordnung zu wählen, sondern bezüglich des technologischen Fortschritts als transpolitischer Orientierungsgröße zwischen Zurückbleiben und Überholen. »Unser Land«, so exemplarisch Lothar Späth, »hat dann eine Zukunft, wenn es die Herausforderungen des strukturellen und technologischen Wandels offensiv annimmt. Die weltwirtschaftlichen Strukturen wandeln sich und die neuen Technologien werden immer mehr zu einem wettbewerbsentscheidenden Faktor. Wer handelt, läuft Gefahr zu scheitern. Wer nicht handelt, hat die Zukunft schon verspielt.«[2] Die Synthese von Kunst und Technologie sei für diese Bewahrung der Zukunft »die Herausforderung unserer Zeit im kulturellen Bereich«.

In seinem kritisch gegen die derzeitige Euphorie der Medienkreativität gewendeten Beitrag sucht Peter Zec zu zeigen, daß gerade die von Politikern geförderte Fusion von neuen Technologien und traditionellen Kunstformen eine konservative Strategie verfolgt, weil man »im Namen der Förderung einer neuvermuteten Kreativität ... eine progressive Krisenbewältigung in nahezu allen sozialen Lebensbereichen erhofft«. Die Funktion der Kunst – oder der Kultur – wird als Kompensationsfaktor von Modernisierungsprozessen verstanden: »Kunst aus dem Computer«, so Heiko Idensen und Matthias Krohn in ihrem Beitrag, »hat augenblicklich die Tendenz, sich als preiswerter oder gar unbezahlter Promotor der EDV-Industrie anzudienen und so unbeabsichtigt oder gewollt als Immunisierungsfaktor zur flächendeckenden Einführung informationsverarbeitender Maschinen zu funktionieren.« Was einst als »Verblendungszusammenhang« (Adorno) oder als »repressive Entsublimierung« (Marcuse) durch Kultur verstanden wurde, wird heute wieder als positiver Faktor verklärt, wobei allerdings gerade die Integration etwa der Anti-Kunst in die Institutionen die Machtlosigkeit einer sich der Gesellschaftskritik verschriebenen Kunst gezeigt hat.[3] Kunst, so betont kompensations- oder surrogatsphilosophisch Odo Marquard, soll die fatalistisch hinzunehmenden Realitätsverluste moderner Wirklichkeit durch Realitätsgewinne auf ästhetischer Ebene wieder ausgleichen. Versöhnung durch Ersatzbefriedigung, die das Unbehagen durch Amüsement entschärft: »Je moderner die moderne Welt wird, desto unvermeidlicher wird das Ästhetische.«[4] Obgleich Marquard die Autonomie der ästhetischen Kunst fordert, wird sie in der technisch aufgerüsteten Kulturgesellschaft funktionalisiert, weil, so wiederum Späth, die technischen Experten einen hohen »Ausgleichsbedarf« haben und zudem die einzelnen Regionen, die Unternehmen und Fachkräfte an ihren Standort binden wollen, durch ein breites Kulturangebot miteinander konkurrieren.

Noch finden die Produkte der Medienkünste nur wenig Resonanz in den traditionellen Kunstinstitutionen, woraus dann mitunter der avantgardistische Charakter der Medienkunst und die reaktionäre Unzeitgemäßheit der alten Kunst- und Ausstellungsformen abgeleitet werden. Da sie im selben Raum wie die Massenmedien arbeiten, ist bei ihnen die postmoderne Schließung des Grabens zwischen der sogenannten »ernsten« Kunst und der Unterhaltung keine Provokation, sondern ganz umgekehrt scheint die Etablierung der jungen Medienkunst zumindest noch darauf angewiesen zu sein, den von der Kulturindustrie kolonialisierten Medienraum aufzusprengen und ihre Produkte von ihm abzugrenzen. In dem die theoretische Verunsicherung nicht überspielenden Beitrag von Hans-Joachim Müller werden die Ideologeme der technisch definierten Zeitgemäßheit im Hinblick auf die traditionelle Kunst kritisch gemustert, um an einzelnen Beispielen zu zeigen, wie bildende Künstler mit ihren Mitteln auf den Prozeß der Immaterialisierung reagieren.[5] In der durch die Medien bewirkten Inflation von Bildern wird allerdings die künstlerische Bildproduktion, egal mit welchen Mitteln, fragwürdig, was im Kern des Gespräches mit dem vorwiegend als Fotografen arbeitenden Jochen Gerz steht und Ausgangspunkt der von Fred Forest aus dem »Nullpunkt der Bildes« abgeleiteten »Ästhetik der Kommunikation« ist. Legt Kunst, wie Richard Kriesche sie beispielsweise begreift, nur die »inneren Gesetze der digitalen Weltsicht«[6] frei und verzichtet so auf das »Herstellen von Artefacten«, so scheint sie nur eine hoffnungslose Rolle der Avantgarde zu spielen, weil sie lediglich die Effekte der ihr vorgegebenen Techniken verdoppelt.

Obgleich experimentell in den Mitteln, sind die Inhalte der Medienkunst oft von der Anpassung an Ausdrucksformen geprägt, die in den traditionellen Medien schon durchgespielt wurden. Diese Beurteilung wird von fast allen Autoren geteilt und kommt auch darin zum Ausdruck, die technologische Kunst durch den Hinweis auf ihren (noch) experimentellen Charakter vor genuinen ästhetischen Ansprüchen zu schützen.

Mit hohem technischen Aufwand zeigen Computergrafiken und Computeranimationen meist nur Bilder oder Bildfolgen, deren Herkunft aus der traditionellen Kunst, vor allem aus dem Surrealismus, unschwer abzulesen ist und daher thematisch keine neue Ästhetik zum Ausdruck bringen, sondern nur andere Produktionsmittel benützen. Künstlich wird besonders der Eindruck des Realen simuliert: eine Art des Foto- oder Filmrealismus, nur daß das Reale nun nicht mehr »aufgenommen«, sondern hergestellt wurde. Das mag, wie dies wohl Peter Weibel interpretieren würde, ambivalent sein, weil einerseits die traditionellen Sehwünsche erfüllt werden, gleichzeitig aber der Realismus als Illusion zerstört wird. Die computeranimierten Bilder sind trotz ihres Realismus nicht mehr dem Film gleich, der die »physische Realität« und die »sichtbare Welt« (Kracauer) rettet, sondern ihre Loslösung vom Abbildprozeß macht die wahrnehmbare Realität selbst zur Konstruktion, die auch ganz anders sein könnte. Provokativ und ernüchtert stellt Frieder Nake trotzdem fest, was in den ausgezeichneten Arbeiten des alljährlichen prix ars electronica oder in der jeweils anläßlich der Messe CeBit organisierten Ausstellung »artware« besonders deutlich zu sehen ist: »Die Computerkunst ist technisch so faszinierend, weil sie thematisch so langweilig ist. Oft wirken auch ihre auf den ersten Blick etwas reizvollen Ergebnisse wie Zitate. Déjà-vu scheint eines der Geheimnisse künstlicher Kunst zu sein. Die thematische Öde zwingt sie gerade zum technischen Perfektionismus.«[7] Ähnlich argumentiert Jacques Fol in seinem Beitrag, der in der sich selbst als avantgardistisch bezeichnenden technologischen Kunst die Rezeption derjenigen Maßstäbe vermißt, die für die aktuelle Kunst in der Nachfolge von Duchamp ausschlaggebend wurden. Es geht nicht um den Erweis, daß auch mit den neuen Technologien der Infografie der ikonische Raum der Vergangenheit wieder erzeugt werden kann, sondern darum, was es heißt, die Entwicklung der ästhetischen Fragestellung unter den Bedingungen der Moderne zumindest in sich aufzunehmen, ohne der technologischen Performanz des Möglichen zu verfallen. Die vielbeschworene Steigerung der Kreativität besteht in aller Regel bislang nur in einer Wiederholung des bereits in den traditionellen Medien vorhandenen Imaginären. Besonders wenn die Medienkünste der Faszination erliegen, möglichst »realistisch« alles simulieren zu wollen, so daß Bilder nicht so erscheinen, als wären sie vom Computer erzeugt worden, fügen sie sich in die Kontinuität der Illusionstechnologien nur als perfektere Instrumente ein.

Neu sind etwa gegenüber der Malerei, der Fotografie oder dem Film zunächst die technischen Möglichkeiten der Interaktion, der Steuerung von Objekten im virtuellen Raum, der Verkoppelung verschiedener Bildsorten und der exakteren Verbindung von Bild und Musik, in der die visuelle Wahrnehmung rhythmisiert und so die Bilder von ihrer Bindung an Geschichten oder an die Ähnlichkeit zwischen Dargestelltem und Darstellendem abgelöst werden. Diese Musikalisierung der bewegten Bilder, die im experimentellen Film und im Trickfilm bereits einsetzte, aber auch in den Kompositionen der abstrakten Kunst schon zur Geltung kam, erfährt mit den computergesteuerten oder -generierten Bildern eine neue Dimension, in der nicht mehr der Raum, sondern die Zeit, nicht mehr die Dar- und Vorstellung, sondern die sequentielle und variationelle Dramaturgie von ikonischen Elementen einer transfigurativen Bildersprache maßgeblich sind. Die Filme Alexander Kluges für das Fernsehen arbeiten exemplarisch an dieser Verbindung. Die Verbildlichung der Musik und die Musikalisierung des Bildes in den audio-visuellen Medien, aber auch die wechselseitige Umsetzung der übrigen sensorischen Daten in andere auf der Grundlage der Komposition, die nicht umsonst durch ihre Ähnlichkeit mit der Kalkulation zuerst von den Musikern aufgegriffen wurde, ist wohl eine der Grundlagen der digitalen Ästhetik, durch die sie sich von der herkömmlichen unterscheidet.[8] In seinem Beitrag, der wohl der erste Versuch ist, in kritischer Durcharbeitung der philosophischen Kunsttheorien die Konturen der Techno-Ästhetik herauszustellen, macht Peter Weibel jedoch deutlich, daß die Kritik, die immer noch vom traditionellen Werkbegriff und seinem begrifflichen Bezugrahmen ausgeht, die Realisationen der Medienkunst gar nicht analysieren kann. Dabei kommt es ihm vor allem darauf an, theoretisch vermittelt durch die Analyse der Machtformationen, die Bezugnahme auf Objektivität und Wahrheit in eine Semiotik zu transformieren, die von der (technischen) Produktion der Wirklichkeit ausgeht, wodurch sich die fundamentalen Begriffsnetze mit ihren Diskriminierungen etwa zwischen Realität, Fiktion und Simulation verschieben. Die kritische, für Weibel die Intentionen der Anti-Kunst weiterverfolgenden Dimension der Medienkunst wäre so zunächst eine Zerstörung der ontologischen Verankerungen herkömmlicher Kunst über die mediale oder apparative Reproduktion der ästhetischen Effekte und schließlich ein Eintauchen in die Welt veränderbarer Zeichen, gleich ob es sich um Bilder oder um Dinge handelt. Das Problem solcher Umwertungsversuche aber bleibt, daß sie nur Hierarchien umstürzen und Differenzen verschieben. Ähnliches ließe sich auch für den Versuch sagen, die Medienkunst als subversiv gegenüber der kapitalistischen Ökonomie zu bestimmen. Subversiv ist sie nur, insofern sie die sowieso enklavenhaften Gesetze des Kunstmarktes mit seinen Werten – originales Werk und originelles Subjekt – unterläuft, nicht aber gegenüber der kapitalistischen Ökonomie als solcher, der sich ihre reproduzierbaren und über die Kanäle der Massenmedien sendbaren Produkte fügen.

Auch in Deutschland gibt es jetzt überall Pläne, Medienzentren und entsprechende Kunsthochschulen aufzubauen, um den Anschluß an die technische Entwicklung nicht zu verlieren. Während Fotografie, Film und Video bereits etablierte Kunstformen sind, die sich in entsprechenden Ausbildungsinstitutionen niederschlagen, muß sich die künstlerische Verwendung des Computers, sieht man einmal vom »Institut für Visualisierungsforschung und Computergrafik« an der Hochschule für Bildende Künste in Braunschweig, der Hochschule für Gestaltung in Offenbach am Main und der privaten »Bildo-Akademie für Mediendesign und Kunst« in Berlin ab, noch neben der staatlich geförderten Kunst zur Geltung bringen. Das aber heißt auch, daß die Künstler in höherem Maße abhängig sind von der Förderung der High-Tech-Unternehmen, deren Interessen in diesem Bereich auf der Hand liegen.[9]

Allerdings beginnt die bisherige Distanz in eine von den unterschiedlichsten Motiven angeheizte Förderung umzuschlagen. Zumindest an diesbezüglichen Projekten herrscht kein Mangel mehr, die Ausstellungsaktivitäten häufen sich, die Gelder fließen, Theorien der neuen, alles umstürzenden Maschinenästhetik schießen aus dem Boden, denn auch die Intellektuellen bemühen sich darum, die Kluft zwischen den »zwei Kulturen« zu schließen, zumal sie selbst schon längst an die magischen Kanäle angeschlossen sind und ihr Denken vom Gebläse des Computers begleitet wird, auch wenn sie digitale Analphabeten bleiben und lediglich die vorhandene Software benützen. Die Popularität der

Bücher von Douglas R. Hofstadter, insbesondere von *Gödel, Escher, Bach*, resultierte wohl vor allem daraus, die Computerwissenschaft den künstlerischen und philosophischen Bereichen allgemeinverständlich und selbst auf literarische Weise geöffnet zu haben.

Die meisten von uns leben als technologische Laien in einer Welt, die mehr und mehr von Artefakten bevölkert wird, in deren Umgebung wir uns zwar bewegen und mit denen wir umgehen, ohne aber ein genaues Wissen über ihr Innenleben zu besitzen. Schwierig ist allein schon, sich über die ständig erweiterten Potentiale der verschiedenen, miteinander kombinierbaren Techniken einen Überblick zu verschaffen, in deren Zentrum der Computer, gewissermaßen das Hypermedium, steht. Abgesehen von der noch wenig verstandenen Technik der Holographie, mit der sich Vito Oracem auseinandersetzt, kann ein Einblick in die technischen Details in diesem Buch nur insoweit gegeben werden, als sie in der Perspektive der Autoren maßgeblich für die Veränderung von Wahrnehmungsweisen und ästhetischen Formen sind. Das Buch soll und kann auch nicht mit Ausstellungen, Katalogen oder Monografien über die Entwicklung und das Spektrum der explodierenden ars technica konkurrieren. Es konzentriert sich daher auf die für eine Kunsttheorie relevante Herausarbeitung von Unterschieden zwischen den traditionellen Kunstformen, den Medien und den Medienkünsten sowie einer Klärung dessen, was man das Techno-Imaginäre im Zeitalter der Immaterialien und der künstlichen Environments nennen könnte.[10]

Im Hintergrund der bereits existierenden oder neu entstehenden Medienkunstzentren steht das Programm eines »elektronischen Bauhauses«, dessen Ausgangsbedingungen und Absichten in den Beiträgen von Heinrich Klotz und Otto Piene vorgestellt werden.[11] Das Center for Advanced Visual Studies, gegründet von György Kepes 1967 und seit 1974 geleitet von Otto Piene, ist Träger dieser Utopie, die auf Ganzheitlichkeit und Integration auch im Sinne eines in den Alltag eingebetteten Gesamtkunstwerks angelegt ist. Otto Piene weist aber darauf hin, daß die darin schlummernde ästhetische Erziehung eines »neuen Menschentyps, in dessen Fakultäten künstlerische, wissenschaftliche und technologische Kompetenzen und Impulse vereinigt sind«, auch darauf ausgerichtet ist, das Leben in jenen künstlerischen Paradiesen vorzubereiten, die durch das Verlassen des Raumschiffs Erde und den Sprung in den Weltraum notwendig werden. Die gegenwärtige Hinwendung zur Erschließung derjenigen ästhetischen Effekte, die den neuen Technologien entspringen, steht aber nicht nur in Kontinuität mit den Avantgardebewegungen der modernen Kunst zu Beginn unseres Jahrhunderts, denn die auch bereits damals schon anvisierte Aufhebung der kulturellen Ausdifferenzierung von Kunst, Technik und Wissenschaft weist weiter auf die Renaissance zurück. Leonardo da Vinci, der Künstler-Ingenieur, gilt als Vorbild für die neuerdings wieder erwünschte Synthese, der sich viele der Medienkünstler und -theoretiker verschrieben haben.[12] Für Vilém Flusser geht es allerdings nicht mehr nur um eine Integration, sondern um eine Identität von Wissenschaft, Kunst und Technologie. Die international maßgebliche, dem Kontext dieser Kunstformen gewidmete Zeitschrift wurde denn auch *Leonardo* genannt. In einer dieser verbreiteten Genealogisierung der Maschinenästhetik schreibt so Peter Weibel, mittlerweile einer der herausragenden Theoretiker und Künstler auf diesem Gebiet: »Die Poesie des Rades, der Dichter als Nomade, der das Manuskript der Bewegung, das Buch der Geschwindigkeit liest, sie führen nach vorne und zurück, zum Künstler als Ingenieur, zum Beginn der Maschinenästhetik, der auch die Beschleunigung der Bilder entspringt: zu Leonardo da Vinci, dem Künstler des Rades, der Bewegung, der Maschinen.«[13] Aus diesem Grund schien es mir angebracht, in dieses Buch Beiträge zu integrieren, die das von der Philosophie bestimmte künstlerische Profil der Renaissance und insbesondere von Leonardo da Vinci vorstellen, damit über der pauschalen, meist der kulturellen Legitimation dienenden These von der Einheit hinaus auch der Abstand dieser historischen Episode zur Gegenwart deutlich wird.[14]

Virtuelle Welten

Wenn diese an der üblichen Stelle von Einleitungen stehenden Überlegungen nicht souverän einen Überblick über die versammelten Beiträge geben, dann ist das nicht nur eine Verweigerung gegenüber der üblichen Praxis, eine Einheit oder zumindest eine durch Widerspruch sich ergebende Kohärenz im nachhinein zu suggerieren, sondern auch eine Konsequenz der zersplitterten

Aspekte des Techno-Imaginären. Vor allem aber sollte nicht eine Kompetenz vorgetäuscht werden, die der Herausgeber nicht für sich in Anspruch nehmen will, der als digitaler Analphabet vorwiegend darum bemüht war, über einschlägig bekannte Autoren ein erstes Spektrum der Auswirkungen der neuen Technologien auf die Wahrnehmungsverhältnisse mit besonderer Berücksichtigung ihrer ästhetischen und kunsttheoretischen Implikationen zu erstellen, und ansonsten von diesem Bereich fasziniert ist, der bislang in philosophische Theorien noch wenig Eingang gefunden hat. Da in den einzelnen Beiträgen meist eine sehr spezifische Position eingenommen wird, schien es mir unumgänglich, dem wenigstens andeutungsweise einen allgemeineren Rahmen vorauszuschicken, der selbstverständlich von meinen eigenen Vorlieben und Beunruhigungen geprägt ist.

Von der Philosophie herkommend, faszinierten mich in erster Linie der Derealisierungsschub, der mit den immer perfekter programmierbaren künstlichen Welten einhergeht, und die Ausdehnung des operativen Handlungsfeldes, der Effekt ihrer Virtualität ist. Simulation, Interface, Immaterialität, Simultaneität, Flüchtigkeit, Beschleunigung, Steigerung der Komplexität, Auflösung der räumlichen und zeitlichen Dimensionen sowie der Einheit und Kontinuität des normalen Wahrnehmungsraums sind häufig verwendete Stichworte zur Charakterisierung dessen, was sich mittels der Technik als Prozeß permanenter »proteushafter Veränderung« darstellt: »Bis zum Einbruch der Elektronik bezogen sich Bilder auf ›nachprüfbare‹ Gegenstände. Es existierte also etwas, das ihnen entsprach. Alles situierte sich in den etablierten Bezugsrahmen, die es uns erlauben, sie wiederzuerkennen und daher auch uns wiederzuerkennen. Seitdem sie aber von den Kathoden des Bildschirms aufgezeichnet werden, destabilisieren sich Gegenstände, Kategorien, Kriterien und Normen. Gestern noch war das kollektive Gedächtnis angefüllt mit realen oder imaginären Materialien, die ein Gewicht besaßen und die jede Zivilisation auswählte, um sie festzuschreiben. Heute geschieht das durch ein sich herausbildendes ›flüchtiges Gedächtnis‹, wenn man das so sagen darf, das uns die neuen Medien aufzwingen. Das ›Langzeitgedächtnis‹ von ehemals wird vom ›Gedächtnis-Blitz‹ des Aktuellen ersetzt.«[15]

Jedes Medium verändert das Geflecht bereits bestehender Medien mit den ihnen eigenen Wahrnehmungsformen. Bilderzeugungstechniken wie Malerei, Video, Computeranimation oder Hologramm sind nicht nur Darstellungs- oder Präsentationsweisen von Objekten oder Ereignissen, sondern bringen auch spezifische Formen der Produktion und Rezeption mit sich. Nach der Erfindung der Fotografie, des Films und schließlich der Computeranimation ist das gemalte oder gezeichnete Bild als solches zwar nicht überholt, aber es wird anders wahrgenommen. Nicht mehr sein Moment der Darstellung oder die Konstruktion von Farben und Formen sind primär, sondern seine Materialität, auf der sich eine persönliche, durch körperliche Gesten geprägte »Handschrift« bezeugt. In einer Art Kampfschrift gegen die operative Rationalität des wissenschaftlichen Denkens, das sich in der Kybernetik zum Ausdruck bringt, erinnerte der Phänomenologe Merleau-Ponty gerade an diese Leiblichkeit der Malerei, natürlich in der Absicht, aus ihr die Begründung der nicht als Informationsprozeß zu verstehenden Wahrnehmung des in einem opaken Körper situierten Menschen herzuleiten: »Der Maler ›bringt seinen Körper ein‹, sagt Valéry. Und in der Tat kann man sich nicht vorstellen, wie ein reiner Geist malen könnte. Indem der Maler der Welt seinen Körper leiht, verwandelt er die Welt in Malerei. Um jene Verwandlungen zu verstehen, muß man den wirkenden und gegenwärtigen Körper wiederfinden, ihn, der nicht ein Stück Raum, ein Bündel von Funktionen ist, sondern eine Wahrnehmung und Bewegung Verbindendes.«[16] Lapidar, nämlich sich einzig auf die technologische Innovation berufend, hat Paul Virilio dieser humanistischen Perspektive entgegnet: »Wenn die Kunst das Rätsel des Körpers stellt, so stellt das Rätsel der Technik das Rätsel der Kunst. Die Seh-Instrumente machen den Körper des Künstlers in dem Maße überflüssig, wie das Licht das Bild hervorbringt.«[17]

Eine ähnliche Transformation vollzieht sich bei der Ablösung der individualisierten gestischen Handschrift durch die Anonymität der Schreibmaschinenschrift und schließlich der Computereingabe, in denen die gestische Interaktion bereits auf den Tastendruck reduziert ist. Anders als bei einem herkömmlichen Musikinstrument wie dem Klavier spielt dabei der Anschlag als Ausdrucksmoment keine Rolle mehr. Die Handschrift wird zur Signatur, zur Beglaubigung einer individuierten und an einen Leib gebundenen Existenz, die Geste des Schreibens selbst wie bei Twombly zur Kunstform. Das hat nicht nur mit der zwischen

Mensch und Dargestelltem geschobenen Apparatur zu tun, also mit der größeren Distanz und der schwindenden gestischen Nachahmung bei der Bildherstellung, sondern neben der Freisetzung des subjektiven Ausdrucks kommen auch die Potentiale des stillgestellten und einmaligen Bildes in Gegenläufigkeit zum bewegten erst wirklich zu Bewußtsein.[18]

In der Konkurrenz der Bildmedien entstehen Rückwirkungen, und es findet eine Konzentration auf die jedem Medium eigentümliche Aussagekraft statt. Dann stehen wie in der Malerei nach der Erfindung der Fotografie die Mittel und Materialien im Vordergrund, nicht mehr die Darstellung einer Wirklichkeit, auf die im Bild Bezug genommen wird. Das geschieht natürlich dann nicht, wenn ein Medium das andere nur nachahmt, wenn also beispielsweise die menschliche Handschrift durch den Plotter imitiert wird und so der Computer nichts anderes als ein immaterielles Blatt ist. Eine Videokassette oder eine Diskette haben als solche keinen eigenen ästhetischen Wert. Sie sind im Vergleich zum Stein einer Skulptur und zur Leinwand eines Bildes bedeutungslose Träger einer durch sie generierten flüchtigen Präsenz. »Wenn die ›neuen‹ technologischen Objekte«, so Henri-Pierre Jeudy in seinem Beitrag, »Bestandteile der Umwelt sind, ist man zu der Feststellung genötigt, daß ihre Funktion der Ausstrahlung von Bildern wesentlicher bleibt als ihre Gestaltung. Die Zirkulation des Bildes macht den Träger vergessen, selbst wenn die ›Domotik‹ Rauminnenausstattungen entwirft, in denen die Bildschirme sich an andere Objekte an- oder sich zu ganzen Monitorwänden zusammenfügen.« Daher kommt es auch in der Kunst oft zum Konzept der Installation, durch die das elektronische Medium mit den klassischen Materialien der bildenden Kunst und mit dem realen Raum verbunden wird, aber durch diese Museumsfreundlichkeit seine spezifische Wirkung verliert. Ähnliches läßt sich bei Computergrafiken feststellen, die auf bestem Papier ausgedruckt und mit Namen signiert werden, als wären sie Unikate der üblichen Kunstproduktion.

Da die meisten Künstler keine routinierten Techniker sind, müssen komplizierte Prozesse der Bilderzeugung oft arbeitsteilig mit Technikern ausgeführt werden. Diese personelle, aber immer prozessuelle Arbeitsteilung zwischen Konzept und Realisierung – eine Entwicklung, die von Anhängern der Computerkunst diese nicht nur aus der abstrakten Kunst, sondern auch aus der Concept Art hervorgehen läßt – streicht im Gegenzug die »ganzheitlichere«, also weniger entfremdende Arbeit am Tafelbild heraus, in der Entwurf und Objektivierung in der Auseinandersetzung mit den jeweiligen Materialeigenschaften zusammengebunden werden. Die moderne Ästhetik der Dinge und des Materials als solchem ist eine Reaktion auf die Loslösung vom Körper, auch wenn man sie als eine Zeremonie des Abschieds deuten könnte.[19]

Nicht in der ästhetischen Form der Ergebnisse allein, sondern auch in der Weise der Produktion liegt das Neue des Techno-Imaginären, das sich erst dann zu sich befreit, wenn es sich von jeder Repräsentation löst und ganz darin aufgeht, einen fließenden Raum von auf sich selbst bezogenen Zeichen darzustellen, die auf jeder Ebene ständig in ihren Elementen transformiert werden können. Auch für einen Schreibenden läßt sich diese Qualität aus einer einfachen Überlegung entwickeln. Bis vor kurzem benutzte ich noch eine altmodische, wenn auch bereits elektrische Schreibmaschine, durch die man in eine lineare Organisation des Gedankens gezwungen wird.[20] Das ist zumindest dann der Fall, wenn man die Disziplin nicht aufbringen kann, einen Text bereits vor der Niederschrift bis in seine Einzelheiten zu organisieren, und man auf die allmähliche Verfertigung des Gedankens beim Schreiben vertraut. Jede auf Veröffentlichung ausgerichtete, also über den privaten Notizzettel hinausreichende Gedankenfolge benötigt mehrere Ansätze, wobei die endgültige Fassung keine großen Korrekturen oder gar Umstellungen mehr ermöglicht, will man eine erneute Abschrift vermeiden. Mit Schneiden, Neumontieren, Kleben und Kopieren ist allerdings bereits ein Übergang zu elektronischen Textverarbeitungsformen entwickelt. Das wiederum verweist darauf, daß vor der Erfindung von Techniken meist schon wie bei der der automatischen Fließbandfertigung vorausgehenden Manufaktur entsprechende Organisationsformen existieren, die von den Maschinen dann nur ersetzt werden.

Nun ließe es sich ja sagen, es sei heilsamer Zwang zur Klarheit und Deutlichkeit, wenn man sich in einer Arbeitssituation vorfindet, deren Ökonomie auf eine endgültige Form drängt, als sich auf der Ebene einer ständigen Improvisation zu bewegen. Man sieht den mit Computern geschriebenen Texten denn auch oft an, daß sie »nur« eine Collage oder Montage von Gedankenfragmenten sind, die für einen bestimmten Zweck hin- und hergeschoben werden. Ihnen fehlt die Kontinuität, auch wenn das Prinzip der neuen Technologien eben darin liegt, daß jede Realisierung Ergebnis einer exakten Berechnung ist, nur daß diese sich durch die Verwendung eines vorgebenen Programms umgehen läßt. Die paradoxe Synthese von genau definiertem Programm und regelloser, nicht durchgearbeiteter, vielleicht dem Traum entsprechender Aneinanderreihung von Informationsblöcken läuft dem Vorgang wiederholender und zeitintensiver Durcharbeitung zuwider.

Das hat beispielsweise Lyotard kritisch als Form eines assoziativen, »phantasievollen« Redigierens thematisiert, aber die mangelnde Reflexion auf die Differenz von hardware und software hat ihn zu dem Glauben verführt, daß die Potentiale der Informationstechnologien dies verhinderten: »›Re-writing‹ ist im Journalistenjargon ein geläufiges Wort und bezieht sich auf ein altes Gewerbe. Es bedeutet gerade die Tilgung aller Spuren, die von unerwarteten, ›phantasievollen‹ Assoziationen auf einem Text zurückgelassen worden sind. Die neuen Technologien erweitern diesen Prozeß gewaltig, weil sie bekanntlich jede Einschreibung auf jedwedem Träger – also visuelle Bilder, Klänge, Reden, musikalische Linien und schließlich das Schreiben selbst – einer exakten Berechnung unterwerfen. Meiner Meinung nach besteht das bemerkenswerte Resultat dieses Prozesses nicht – wie Baudrillard denkt – in der Ausbildung eines immensen Netzwerkes von Simulakren. Mir erscheint die Wichtigkeit, die der Begriff des BIT, der Informationseinheit, einnimmt, viel eher wirklich beunruhigend zu sein. Sobald man von BITs spricht, ist keine Rede mehr von den freien Formen, die hier und jetzt der Sinnlichkeit und der Einbildungskraft gegeben werden. Sie sind ganz im Gegenteil Informationseinheiten, die von der Computertechnik konzipiert werden und auf allen Sprachniveaus definierbar sind: lexikalisch, syntaktisch, rhetorisch und so fort.«[21] Für die Benutzung eines Textverarbeitungsprogramms spielt aber die Digitalisierung keine Rolle.[22] Die Einwände Lyotards treffen daher höchstens auf das Projekt einer Künstlichen Intelligenz zu. Sicher läßt sich Überschüssiges oder Abwegiges einfacher löschen, aber genau das vermindert auch die dem Schreiben eigene Ökonomie, die bereits vor der Niederschrift einsetzt, und eröffnet eine viel freiere Assoziation, weil nichts verlorengeht und zugleich alles immer redigierbar bleibt.

Allein schon aus dieser Mikroperspektive ergibt sich der Grund, warum viele Technikkritiker im Zeichen der Flüchtigkeit, des Spielerischen und des Amüsements fürchten, daß die Verbreitung der neuen Technologien nicht nur unsere Kultur verändere, sondern auch die Geschichte als einen Prozeß erinnernder Vergegenwärtigung hinter sich lasse.[23] Ihre Ordnung ist nicht mehr linear-sukzessiv, sondern eine durch Montage erzeugbare Gleichzeitigkeit unterschiedlichster Fragmente. Kontinuität weicht einer Gedanken- und Vorstellungspragmatik der Zuordnung und Vermischung von Elementen, die wegen des Fehlens innerer Verbindung im Endergebnis auch ganz anders aussehen könnte.[24] Das sei hier gesagt, ohne dies bewerten zu wollen, denn zweifellos ist solch ein bastelndes Denken und Arbeiten nicht nur »zeitgemäß«, sondern auch ohne Benutzung des Computers längst zur Konvention geworden.

Die zusätzlich in die Arbeitssituation eindringende Flut von Informationen, Bildern und Klängen und die Möglichkeit, jederzeit kommunizieren und Informationen abrufen zu können, stören die zurückgezogene und konzentrierte Arbeitssituation des einsamen Denkers, der vor der Leere eines weißen Blattes sitzt.[25] Das Blatt war begrenzt und übersichtlich, die Beschriftung in gewisser Weise endgültig, während der Bildschirm endlos eine Zeile an die andere fügt und dabei alles virtuell läßt. Friedrich Nietzsche, der in vielem die Ambivalenzen der Gegenwart vorzeichnete, hat das moderne Begehren nach Flüchtigkeit und Instabilität, das die Technologien mit ihrer Beherrschung von Raum und Zeit verwirklichen, mit der Endgültigkeit verglichen, die das Bild des Todes aufkommen läßt: »Der einzelne Mensch selber durchläuft jetzt zu viele innere und äußere Entwicklungen, als daß er auch nur auf seine eigene Lebenszeit sich dauerhaft und ein für allemal einzurichten wagt. Ein ganz moderner Mensch, der sich zum Beispiel ein Haus bauen will, hat dabei das Gefühl, als ob er bei lebendigem Leibe sich in ein Mausoleum vermauern solle.«[26] Was etwa seit der »temporären Architektur« (Haus-Rucker-Co), der »Architektur auf Zeit« (Coop Himmelsblau), dem »unitären Urbanismus« (Constant) oder den Modellen zur »Einstöpsel-Stadt«, zur »Computer-Stadt«, zur »Wandernden Stadt« oder zur »Instant-Stadt« der Gruppe ARCHIGRAMM in der Architektur des umbauten Raumes zumindest in der Phantasie die enorm gestiegene Bedeutung des Provisorischen verdeutlicht[27], läßt sich in der virtuellen Architektur der Medien als endloses Band, gewissermaßen als Rhizom verwirklichen: als

Verkettung von beliebigen Segmenten, an die eine unendliche Produktion jederzeit weitere anfügen kann.[28]

Theodor Adorno hat diese Eigenschaften des computererzeugten Textes, dem eine andere Produktions- und Denkweise entspricht, dem Essay zugeschrieben, in dessen Form sich das Bedürfnis anmeldet, »die theoretisch überholten Ansprüche der Vollständigkeit und Kontinuität auch in der konkreten Verfahrungsweise des Geistes zu annullieren. ... Die romantische Konzeption des Fragments als eines nicht vollständigen, sondern durch Selbstreflexion ins Unendliche weiterschreitenden Gebildes verficht dies antiidealistische Motiv inmitten des Idealismus. Auch in der Art des Vortrags darf der Essay nicht so tun, als hätte er den Gegenstand abgeleitet, und von diesem bliebe nichts mehr zu sagen. Seiner Form ist deren eigene Relativierung immanent: er muß so sich fügen, als ob er immer und stets abbrechen könnte. Er denkt in Brüchen, so wie die Realität brüchig ist, und findet seine Einheit durch die Brüche hindurch, nicht indem er sie glättet. ... Diskontinuität ist dem Essay wesentlich, seine Sache stets ein stillgestellter Konflikt.«[29]

Jedenfalls bin ich, um am vorangegangenen Gedanken anzuschließen, seit ich mit einem Computer, allerdings nur als erweiterter Schreibmaschine, arbeite, immer wieder fasziniert an dem zu jeder Zeit und an jeder Stelle möglichen Eingriff, ohne deswegen in die bislang gewohnte Vollendungsparanoia zu versinken, alles noch einmal schreiben zu müssen. Das führt in aller Regel zu dem bekannten Resultat, daß wieder ein neuer Text mit anderen Formulierungen entsteht, denn aus der reflexiven und zeitaufschiebenden Distanz, die ein erneuter Arbeitsdurchgang mit sich bringt, einer weiteren Schicht in der Malerei vergleichbar, ergeben sich auch neue Gedankenfolgen und Assoziationen. Ein Text hingegen, den man auf einer Diskette abspeichert, bleibt wesentlich unabgeschlossen und daher ein Essay, vergleichbar einer endlosen Schleife. Sein Ausdruck auf Papier ist eher ein momentanes Ereignis denn eine dauerhafte Vergegenständlichung, weil er sowohl vom Autor als auch von anderen Personen immer weiter- oder umgeschrieben werden kann. Die Objektivierung der Gedanken bleibt dank der Abspeicherung in der Schwebe zwischen Wirklichkeit und Möglichkeit, begleitet allerdings von der Furcht, der Text könne abstürzen und für immer verschwunden sein, weswegen er immerfort auf Diskette kopiert werden muß, denn die Grundlage der frei flottierenden Flüchtigkeit ist das elektronische Gedächtnis, das alles archiviert und musealisiert.

Ob aus der Exteriorisierung des menschlichen Gedächtnisses in die elektronischen Archive allerdings eine Freisetzung von Kreativität als solcher folgt oder nur eine Verstärkung der Montage von bestehenden Elementen zu immer neuen Konfigurationen ist eine Frage, deren Beantwortung abhängt von der Bedeutung, die man dem einlassenden Umgang mit den immanenten Strukturen von einzelnen Phänomenen zuweist, also der Alternative zwischen dem flüchtigen Zapping und der einhaltenden Konzentration: »Elektronische Gedächtnisse sind bequemer als das zerebrale informierbar, sie haben eine größere Lagerkapazität, sie können die in ihnen gelagerten Informationen besser bewahren, die einzelnen Informationen sind von dort bequemer abzurufen, und man kann unschwer die Informationen von einem Gedächtnis auf ein anderes übertragen. All diese (und andere) Vorteile werden dazu führen, daß künftig die erworbenen Informationen (Daten) nicht mehr in Gehirnen, sondern dort gelagert werden. Daher werden die Gehirne für andere Funktionen freigelegt werden. Man wird nicht mehr Daten zu lernen haben, sondern das zweckmäßige Speichern, Abrufen und Variieren von Daten, nicht mehr das Repertoire, sondern die Struktur von Systemen. Dieses Prozessieren von Daten, das bisher von der Notwendigkeit der Datenerwerbung gebremst war, heißt ›Kreativität‹, und es ist daher mit einer wahren Explosion der menschlichen Kreativität zu rechnen.«[30]

Die derart von jedem einzelnen erzeugbaren Welten, die aus Zitaten zusammengesetzt werden, entsprechen jedenfalls einer Ästhetik der Serialität, die Umberto Eco nicht nur in der experimentellen Kunst, sondern auch in den Massenmedien als intertextuellen bzw. intermedialen Dialogismus wirksam sieht, der das Vergnügen an der reinen Form voraussetzt: »Das wahre Problem liegt darin, daß heute das, was interessiert, nicht so sehr die Variabilität des Schemas ist als vielmehr die Tatsache, daß man endlos auf ihm variieren kann. Und eine endlose Variabilität hat alle Merkmale der Wiederholung, aber nur sehr wenige der Innovation.«[31] Variationelle Neuheit läßt sich insbesonders mit dem Computer automatisch erzeugen, indem man beispielsweise die Regeln, die einen Text, ein Musikstück, einen Film oder ein Bild generieren, ausfindig macht und sie anders kombiniert. »Dadurch aber wird«, wie Abraham Moles gegenüber dem Plädoyer für die reine Form kritisch anmerkt, »eine Verschließung der Welt möglich, weil es für die variationelle oder permutationelle Kunst immer einen Markt gibt, der auch benützt werden wird. In der Marktforschung lassen sich die Bedürfnisse und Wünsche der Menschen analysieren und durch solche systematisch erzeugten Produkte befriedigen. Man füttert eine Struktur in die Maschine ein, gibt ein wenig permutationelle Neuheit dazu und jedermann ist zufrieden: der Konsument, der Künstler, der Ingenieur, der Händler. ... Die Folge wäre eine permutationelle Welt, in der alles unendlich fortgesetzt werden kann.«[32]

Serielle, etwa durch Kopie erzeugte Varianten eines »Endlosen geflochtenen Bandes« (Hofstadter) spielen in der Computerkunst selber jedenfalls eine primäre Rolle. So ist in der fraktalen Geometrie die durch einen Algorithmus beschreibbare Iteration maßgeblich, mit der eine beliebige Vorlage beispielsweise durch eine »Rückkopplungsschleife der Mehrfach-Verkleinerungs-Kopier-Maschine« transformiert wird. Dadurch können natürliche Mengen oder Biomorphe abgebildet, aber auch gewissermaßen neue Biomorphe synthetisch erzeugt werden.[33]

Vernetzungen und Synthesen: Die neue Ideologie der Informationsgesellschaft

»Die Bewegung um die Computerkunst in den sechziger Jahren«, so Friedrich Nake, »war eine Lappalie gegenüber der Aufmerksamkeit, die ihr seit Mitte der achtziger Jahre entgegengebracht wird.« Diese Entwicklung ist allerdings nur Teil jener Aufmerksamkeit, die neuerdings allgemein, aber eben auch seitens des Kapitals der Kunst und Kultur überhaupt gewidmet wird. Dadurch verändert sich der Status, möglicherweise aber nur der Mythos der modernen Kunst, die man durch ihre Autonomie charakterisierte. So behauptet etwa der BDI-Kulturkreis-Vorsitzende Arend Oetker, daß die Kunst derselben ökonomischen Logik unterstehe wie die Wirtschaft: »Die heutige Kunst entwikkelt sich auf dem freien Markt, und zwar aufgrund derselben Prinzipien, in denen auch das Unternehmertum verankert ist: Freiheit, Leistung, Wettbewerb, Elitebildung und soziale Verantwortung.«[34]

Die Einsicht der Pop Art, daß Werbung Kunst ist, legitimiert zugleich die erneute Funktionalisierung der Kunst als Werbung oder als Mittel der Repräsentation.[35] Das Sponsoring von Kunst gilt heute als Ausdruck von Unternehmenskultur. Die Wirtschaft soll sich, so der Philosoph Peter Koslowski, ideologisch unterstützend, nicht nur im Zuge der Ausgestaltung einer corporate identity und der Imagepflege mit Kunst und Kultur umgeben, sondern sich selbst als bedeutenden Kulturfaktor, als »Gesamtkunstwerk« verstehen: »Wirtschaften heißt kulturschöpferisch tätig sein.«[36]

Kreativität ist alles. Die mitunter auch unter dem vielstrapazierten Zeichen der Postmoderne propagierte Durchdringung von Wirtschaft, Kunst und Wissenschaft stehe an. Deren Devise heißt: Sell the culture! Deswegen sollten sich Unternehmen nicht nur von ökonomischer, sondern auch von ästhetischer Rationalität leiten lassen, die allerdings wieder eine profitmaximierende Funktion in einer Gesellschaft hat, in der der materielle Warenwert durch Übersättigung des Marktes gegenüber dem symbolischen Warenwert an Bedeutung verliert. Auf der Hand liegt, daß dabei Ästhetik einzig auf »Schönheit« als Übereinstimmung orientiert ist, also auf eine Schönheit des Genusses, die zwanglose Einheit bewirkt, aber derjenigen der Warenästhetik gleicht.[37] Zu dieser Affirmation der Kulturgesellschaft gehört auch, daß die Autonomie der Kunst im Zeichen der neuen Versöhnung angegriffen wird. Georg Weissmann, ehemaliger Vorstandsvorsitzender von Philipp Morris, begründet die Hinwendung von Unternehmen zu Kunst und Kultur denn auch ganz lapidar: »Unsere grundsätzliche Entscheidung, die Kunst zu fördern, war nicht bestimmt durch die Bedürftigkeit oder die Situation der Kunstszene. Unser Bestreben war es, besser als die Konkurrenz zu sein. ... Für uns war Kunst eine rastlose, stets gegenwärtige Herausforderung, die uns half, uns zu einer schöpferischen Marketingorganisation zu entwickeln ... Kunst macht die menschliche Gesellschaft glücklicher, selbstbewußter, humaner. Sie weckt in uns einen Sinn für das Neue.«[38] Eine solche Position stellt geradezu das ironische Gegenteil jener Hoffnungen auf Gesellschaftsveränderung dar, die in der Kunst, wie etwa Herbert Marcuse, die Utopie einer nicht mehr von instrumentellen und ökonomischen Kalkülen bestimmten Lebensform sahen.

Besonders bei dem künstlerischen Einsatz der High-Tech

kommen avantgardistische Motive, sich auf der Höhe der Zeit zu befinden, mit dem Wunsch von entsprechenden Firmen überein, ihre Produkte auf dem Markt durchzusetzen, deren Akzeptanz durch die Segnung mit Kultur als dem Anderen der instrumentellen Rationalität zu sichern und möglicherweise neue Ideen für ihre Verwendung zu gewinnen.

Sicher bevorzugen High-Tech-Unternehmen und Banken heute noch eher Werke der traditionellen Kunst, die auch einen höheren kulturellen und finanziellen Wert besitzen, doch mehrt sich die Förderung von technisch aufgerüsteter Kunst im Geist der »neuartigen Kooperation« in der postindustriellen Kulturgesellschaft. Noch 1973 hat Daniel Bell die postindustrielle Gesellschaft durch ein Auseinanderdriften geprägt gesehen: Vollzogen habe sich »eine immer spürbarere Trennung von Gesellschaftsstruktur (Wirtschaft, Technologie und Berufssystem) und Kultur (symbolischer Ausdruck von Sinngehalten), wobei die beiden Bereiche von jeweils unterschiedlichen axialen Prinzipien gelenkt werden – die Gesellschaftstruktur von funktionaler Rationalität und Effizienz, die Kultur von der antinomischen Rechtfertigung der Steigerung und Überhöhung des Selbst«.[39] Heute hingegen scheint beides mühelos ineinanderzugreifen. So hat Hans-Olaf Henkel, Vorsitzender der Geschäftsführung von IBM Deutschland, im Grußwort zu einer gesponsorten Ausstellung des Künstlerbundes im Badischen Kunstverein, in der Arbeiten von Otto Piene und dem CAVS präsentiert wurden, die derzeit gängigen Floskeln des Zeitgeistes ineinandergebaut: »Kunst und Technik sind zwei Bereiche, die, nachdem sie in der Antike als zusammengehörig gedacht und behandelt wurden, über die Jahrhunderte auseinanderdrifteten und nun wieder zusammenfinden. Diese Entwicklung wird für die Zukunft von entscheidender Bedeutung sein. Das gilt sowohl für eine Kunst des ausgehenden 20. Jahrhunderts, die ihrer Zeit gerecht werden will, als auch für eine wettbewerbsfähige europäische Technik, die aus dem kreativen Umgang von Künstlern mit modernen Technologien lernen kann und will.«[40]

Der digitale Code des Computers stellt, so Jürgen Claus, ein »Grundalphabet« zur Verfügung, das den unterschiedlichsten Belangen dient und Klang, Sprache, Schrift und Bilder erzeugen, aufzeichnen, miteinander verknüpfen und übermitteln kann: »Damit steht dem elektronischen Bauhaus ein Grundcode ... zur

Verfügung, von dem das geschichtliche Bauhaus nur träumen konnte. Die damals schon angestrebte Synthese, das ›Denken in Relationen‹, wie es Gropius nannte, ist heute auf der Basis des digitalen Alphabets bereits angelegt. ... Vom Multimedia führt dieser Weg zum Hypermedia der Gegenwart, einem fluiden, assoziativ arbeitenden Netzwerk unterschiedlicher, aber auf einem Grundcode beruhender Medien.«[41] Die »reine Information« (Marshall McLuhan) kann sich prinzipiell in alles verwandeln und transformiert alles in den Binärcode. Bernhard Vief weist in seinem Beitrag, der theoretische Fundamente einer aus der Funktion des Geldes abgeleiteten Medientheorie zu formulieren sucht, darauf hin, daß die Bits nicht als eine besondere Form der Zeichen zu verstehen sind, sondern als »Elementar- und Universalzeichen«. Mit ihrer Indifferenz gegenüber Bedeutung können sie jede Bedeutung transportieren und generieren. Aus diesem Grund scheint der Computer gewissermaßen als das Medium der Medien die Spaltung zwischen den Kulturen überwinden und eine Idee der Einheit als universelle Kommunikation und als Gesamtkunstwerk zur Geltung bringen zu können. Bei Roy Ascotts »Gesamtdatenwerk« kommt diese Idee deutlich zum Ausdruck: »Netzwerk-Verbund ist die Metapher für die Kultur des 20. Jahrhunderts: eine Metapher von Interaktivität, Dezentralisierung, die Überlagerung von Ideen aus einer Vielzahl von Quellen.« Die Herausforderung für die zeitgenössische Kunst sei, alles zu versichtbaren: »Als Künstler werden wir zunehmend ungeduldiger mit den einzelnen Arbeitsmodi im Datenraum. Wir suchen nach Bildsynthese, Klangsynthese, Textsynthese. Wir möchten menschliche und künstliche Bewegung einbeziehen, Umweltdynamik, Transformation des Ambientes, all das in ein nahtloses Ganzes. Wir suchen, kurz gesagt, nach einem GESAMTDATENWERK. Ort der Arbeit an und der Arbeit für ein solches Werk muß der Planet als Ganzes sein, sein Datenraum, seine elektronische Noosphäre.«[42] Damit wird an eine Vorstellung angeknüpft, die Susan Sontag bereits 1965 unter dem Eindruck der Expansion der Künste und ihrer technologischen Aufrüstung in ihrem Aufsatz *Die Einheit der Kultur und die neue Erlebnisweise (sensibility)* vorzeichnete. Kunst wird hier ganz allgemein als »Programmierung der Sinneswahrnehmungen« jeder Art und mit jedem Medium begriffen, die Aufgabe des Künstlers schwankt zwischen dem Programm einer Erweiterung der Sensibilitäten und dem eines Animateurs.[43] Pluralistisch und interdisziplinär greift sie auf die Gestaltung der gesamten Umwelt über, die zum Totalkunstwerk wird. Was auch in Marcuses Hoffnung auf die Entwicklung der »neuen« Sensibilität« als »Vereinigung von befreiender Kunst und befreiender Technologie« für eine »Gesellschaft als Kunstwerk« einging, ist in der Kulturgesellschaft kommerziell als Inszenierung von allem und jedem integriert.[49]

Kunst als Zuträger der Mediatisierung

Vielleicht ist die Frage, ob die derart ihrer Gegenwart nachjagenden Künstler mit der ihnen zugeschriebenen Kreativität wirklich neue Anwendungsformen der Technik erschließen, sekundär gegenüber dem Wunsch nach Vernetzung noch der letzten kulturellen Nischen. Selbst diejenigen Kunstformen, die wie das Happening oder die Performance die authentische Situation und die körperliche Anwesenheit betonen, haben mit den Reproduktionsmedien nicht nur ihre Aktionen ausführlich dokumentiert, sondern dadurch auch der medialen Simultaneität von Ereignis und Aufzeichnung vorgearbeitet. »ab sofort wird dem publikum nichts mehr vorgemacht, alles was es gibt, wird direkt dargestellt.«[45] Gedacht als immaterielles Ereignis, das sich durch seine Integration des Zufalls, durch seine Flüchtigkeit und Einmaligkeit, durch seine Form- und Werklosigkeit der Kommerzialisierbarkeit entzieht, sollte das Happening sich der verdinglichten Warenform des Kunstwerks entziehen und durch das Mitspielen der Zuschauer die Qualität des Lebens erreichen. Gegenüber dem immateriellen Ereignischarakter hat sich dabei zunehmend die Bedeutung des Körpers erwiesen, der etwa in den Aktionskünsten, der Body Art und der Performance zum zentralen Objekt ästhetischer Manipulation wurde, die in den Anfangszeiten ihren Anspruch auf Wirklichkeit beispielsweise durch reale Zerstümmelungen dokumentierte. Der Verfall des von Antonin Artaud inspirierten »Theaters der Grausamkeit« durch die mediale Verflüchtigung des Körpers ist Thema der Ausführungen von Johannes Birringer. Nicht zufällig war der Unfall Vorbild für eine solche zugleich kunst-, medien- und verwertungskritische Ästhetik der Plötzlichkeit, die in der Zerstörung des Illusionscharakters des Kunstwerks und mit der Betonung von Echtzeit und Realraum die Grenzen zwischen Kunst und Alltag einziehen wollte und damit die ästhetische Sensibilität auf gerade jene Ereignisse erweiterte, die im Zentrum des Medienspektakels stehen: »Die Grenze zwischen Happening und Alltag sollte so fließend und vielleicht so undeutlich wie möglich gehalten werden. Die Austauschbarkeit zwischen ›man-made‹ und ›ready-made‹ wird auf diese Weise am stärksten wirksam. Auf einer Landstraße stoßen zwei Autos zusammen. Violette Flüssigkeit läuft aus dem beschädigten Kühler des einen Autos, und auf dem Rücksitz des anderen liegt eine riesige Ladung toter Hühner. Die Polizei nimmt den Vorfall auf, Antworten werden ordnungsgemäß gegeben, Abschleppwagen entfernen die Wracks, Rechnungen werden beglichen, die Fahrer gehen nach Hause zum Mittagessen.«[46] Deutlicher wird das noch bei Muehl, der behauptete, »koitus, mord, folterungen, operationen, vernichtung von menschen und tieren und anderen objekten sind das einzig sehenswerte theater.«[47]

Es dürfte kein Zufall sein, daß viele ehemalige Aktionskünstler wie Nitsch, Paik, Weibel, Export oder HA Schult nicht nur zum Zwecke der zuvor abgelehnten Vermarktung Medien zur Dokumentation einsetzen, sondern teilweise die Aktionen nun als Konstruktion medialer Ereignisse verwirklichen oder in ein multimediales Gesamtkunstwerk einbetten, das lediglich in seiner Totalität als Environment dem Leben entspricht.[48] Paradox ist in vielen der multimedialen Kunstformen, die den Körper gegen das Bild setzen, daß die Inszenierung der Kritik an der medialen Repräsentation sich selbstverständlich eben dieser Medien bedient. Ganz ähnlich ambivalent ist die land art auf Bilder angewiesen. Wenn Peter Gorsen in der Performance heute vor allem unter dem Zeichen einer »Ästhetik der Existenz« die Tendenz zu einem Neo-Existentialismus konstatiert, der überwiegend den Erfahrungen des einzelnen Subjekts entspringt und so den Künstler bzw. dessen Leben und Körper selbst zum Kunstwerk macht[49], dann ist dieser Rückgang auf die nackte Existenz zwar weiterhin eine Reaktion auf das mediale Leben aus zweiter Hand, doch gerät die intendierte Aufhebung der Entfremdung selbst zu einer Intensivierung der medialen Verdoppelung, in der der Handelnde zugleich Zuschauer oder vielmehr Beobachter ist.

Auch wenn die Medienkünstler in ihrer Intention meist kritisch eingestellt sind, und das in ihren Werken auch zum Ausdruck kommt, so scheint doch hier die These Marshall McLuhans zu gelten, daß nicht der Inhalt, sondern das Medium die Botschaft ist, das von ihnen benützt und so auch im kulturellen Bereich als selbstverständliches Element eingeführt wird. »Das Medium allein ist Ereignis – egal, ob die Inhalte nun konform oder subversiv sind.«[50] Die Geräte, die dafür eingesetzt werden, sind schließlich dieselben, die in der industriellen Produktion, der Verwaltung, der Rüstung, der Wissenschaft, der Medizin oder der Kulturindustrie ihre primäre Verwendung finden. Besonders der Computer bietet sich so als Fundament einer neuen Synthese oder Uniformität an, weil er die bisherige Ausdifferenzierung der gesellschaftlichen Produktion, also etwa das Spannungsfeld zwischen Ökonomie, Technik, Wissenschaft und Kunst, kraft seiner Verwendbarkeit für alle Zwecke einzieht. Das wird dann wirklich zu einem Problem der Abgrenzung, wenn die Technik als primäres Kriterium für die Kunst oder die ihr entsprechende ästhetische Erfahrung gilt, worauf Jacques Fol in seinem Beitrag verweist, da die Bildproduktion als solche nicht mehr das vorgängige Ziel künstlerischer Arbeit ist, sondern die, unter anderem auch im Bild selbst gestellte Frage, was wann und warum Kunst ist.[51]

Die Schönheit der Geschwindigkeit

Was mit den Futuristen und Konstruktivisten zu Beginn dieses Jahrhunderts einsetzte und immer wieder in Wellen zum Ausdruck kam, hat gegenwärtig in der sogenannten elektronischen Kultur der Informations- oder Kommunikationsgesellschaft wieder einen Höhepunkt erreicht: die begeisterte oder fatalistische Affirmation der Synergie von Mensch und Maschine als Überwindung der durch Raum, Zeit und Materialität gesetzten Schranken und die Forderung, daß Kunst die avancierten Techniken und die ihr eigene Wirklichkeit zur Entfaltung und Darstellung einer zeitgemäßen Sensibilität benützen muß. »Nur die Kunst ist lebensfähig, die ihre eigenen Elemente in der sie umgebenden Umwelt findet. Wie unsere Vorfahren Stoff für ihre Kunst aus der religiösen Atmosphäre zogen, die auf ihre Seelen drückte, so müssen wir uns an den greifbaren Wundern des zeitgenössischen Lebens inspirieren, an dem eisernen Netz der Geschwindigkeit, das die Erde umspannt, … und an dem angespannten Kampf um die Eroberung des Unbekannten.«[52]

War die erste Welle der Computerkunst und Informationsästhetik zu Beginn der sechziger Jahre noch getragen von dem Gedanken, in der Universaltheorie der Kybernetik ein angemessenes Instrument für eine durch die wissenschaftliche Rationalität geprägte Kultur zu besitzen[53], so hat sich gegenwärtig der Glaube an eine interne Verbindung von rationalen Mitteln, die in der Technik zum Ausdruck kommen, und einem entsprechend rationalen Überbau erschöpft. Nach der vor allem in den siebziger Jahren um sich greifenden Skepsis gegenüber der modernen Technologie, die als Ursache der Umweltzerstörung und als Realmöglichkeit nuklearer Verwüstung sowie als Medium perfektionierter Herrschaft durch Kontrolle und entsublimierender Konsumbefriedigung galt, herrscht heute eine Euphorie, die sich mit den neuen Gestaltungsmöglichkeiten der symbolverarbeitenden und sensorische Effekte produzierenden Maschinen verbindet, die den Menschen in den Taumel von künstlichen Paradiesen und elektronischen Freiräumen versetzen. Die Reisen im Datennetz werden angesichts der fortschreitenden Ruinierung der Erde immer attraktiver. Was der Vernichtung anheimgegeben wird, läßt sich in Archiven sammeln und setzt die Musealisierung der Phänomene fort, die bei Bedarf wie bei den Genbanken reproduziert werden können.[54] In dem Geflecht aus ökonomischen, militärischen, politischen, gesellschaftlichen, kulturellen und ästhetischen Antrieben, die hinter der Entwicklung und Benutzung der neuen, zu einem Netzwerk verschaltbaren Medien stehen, das mit seinem neutralen Code Datenströme aller Informationsarten verkettet, blieb die futuristische Faszination am Gang in eine dynamisierte, simultane, von Reizen überflutete Welt erhalten, die sich zunächst mit Fotografie und Film sowie den maschinellen Transportmitteln und Geschossen verband und in der Verherrlichung des Krieges als ästhetischem Totalereignis ihren Ausdruck fand: »Auf den Flügeln der Hypothesen stürmen unsere durch Propeller angetriebenen Augen in die Zukunft. Wir glauben, daß der Augenblick nicht fern ist, da wir Orkane von Bewegungen in den Raum schleudern können, die am Lasso unserer Taktik hängen. Es lebe die dynamische Geometrie, es leben die Abläufe der Punkte, Linien, Flächen, Volumina! Es lebe die Poesie der bewegenden und sich bewegenden Maschinen, die Poesie der Hebel, Räder und stählernen Flügel, der eiserne Schrei der Bewegung, die verblendeten Grimassen glühender Strahlen.«[55]

Vielleicht ließe sich der ästhetische Konflikt, der zwischen den traditionellen und den mit Immaterialien arbeitenden Kunstformen besteht, auf den zwischen Strategien der Verlangsamung und der Beschleunigung verdichten, der, wenn auch noch unter der Perspektive erweiterter Realitätserkenntnis durch den Film, bereits Walter Benjamins Unterscheidung von zerstreuter Wahrnehmung und Kontemplation eines auratischen Werkes zugrunde lag. Die Maschinenästhetik ist mit dem von Marinetti gefeierten »Wahnsinnsvergnügen an der Geschwindigkeit« verbunden, »das noch über das Unendliche der Träume hinausgeht«. Verwirklicht werden kann es heute in Zellen, die den Kontakt mit ihrer Nahumgebung aufheben und durch simulierte oder wirkliche Räume schießen, auch wenn sie stationär sind – als Terminals, in denen Informationsnetze münden.[56] Mobilität und Beschleunigung der Zirkulation ist keine Frage mehr der Bewegung eines Körpers von einem Ort zum anderen, also der Durchquerung des Raums und der Vernichtung der Dauer, sondern die Wahrnehmung ist selbst zum »Schlachtfeld« (Virilio) geworden.

Geht man, weniger dramatisch, nur davon aus, daß die durchschnittliche Verweildauer eines Betrachters vor einem Bild etwa sechs Sekunden beträgt, dann kann man schon daraus schließen, daß die mediale Überflutung durch Bilder und ihre flüchtige Präsenz sich auf das Wahrnehmungsverhalten auswirken, in dem die Bewegung als solche die Schaulust bestimmt. Gleich ob in Transportmitteln oder vor Bildschirmen sitzend, wird in der Kette des flüchtig Präsenten nur noch das registriert, was gewissermaßen ins Auge springt. Die Beschleunigung der Bewegung durch die Maschinen hat noch vor den Techniken des bewegten Bildes den Blick für abstrakte Konfigurationen geöffnet. Dem pointillistischen Rasterbild der Impressionisten ist die Auflösung der Gegenstände durch die Dynamisierung des Bildraums gefolgt, der zu einer verwischten Szenerie von Farblinien wird, im Informel ganz die Referenz auf Gegenstände verliert oder sich in der Op Art auf die Evokation von irritierenden visuellen Eindrücken konzentriert, während die konkrete Malerei den illusionären dreidimensionalen Raum zur Fläche einzieht, auf der sich Flächen und Linien als Bewegungs- und Energieströme kreuzen. Parallel dazu liefen die Versuche, die Kinetik in die Welt der traditionellen Kunst zu integrieren, woraus Frank Popper in seinem Beitrag vor allem den Einsatzpunkt der High-Tech-Art herleitet.

Bezeichnend für die »neue Sensibilität«, die aus dem Interface mit der Technik entsteht, sind aber wohl die Musikvideos, eine Mischung aus stilistischen Eigenschaften der Werbung, dem experimentellen Film und den Metamorphosen des Surrealismus. Sie zeichnen sich durch rhythmische Beschleunigung der Bildfolgen aus, die kaum noch durch eine narrative Struktur raumzeitlich geordnet sind, sondern eher eine wuchernde, mehr oder weniger kontingente Kette von Assoziationen darstellen, in denen sich übergangslos alle Bildelemente in alle verwandeln können. Ganz im Gegensatz zum perspektivisch organisierten Bildraum der klassischen Malerei verliert der Betrachter jeden festen Standpunkt und der Wahrnehmungsraum, ähnlich einer Halluzination, seine Einheit und Kontinuität.[57] In ihm gelten auch die physikalischen Gesetze nicht mehr. Einzig die Musik suggeriert noch den Bogen eines Zusammenhangs, dem jetzt die Bildersequenzen unterstehen.

Diese Implosion von räumlichen und zeitlichen Konstanten ist für Peter Weibel charakteristisch für die digitale Ästhetik. Die Derealisierung des visuellen Wahrnehmungsraumes gleicht einer Psychose: »Der digitale Raum ist zersplittert und besteht aus Raumschichten, die ich nicht mehr zusammenbringen kann, weil die dislozierte Produktionsweise mir nicht mehr das holistische Gefühl gibt. Von der Dreiteilung des Raumes in der Malerei gehe ich in die Multischichtung. Zum Beispiel kann ich in einem Raum fünfmal hintereinander auftreten und jedes Mal einen anderen Gegenstand in der Hand halten. Das ist nur ein simples Beispiel dafür, wie durch den aufgesplitterten Technoraum auch der Raum der Realität aufbricht, da ich gleichzeitig in den verschiedenen Räumen anwesend bin. Das ist eine Polytropik des Vielzeitigen und Vielräumlichen. ... Da kann man nicht mehr sagen, das Bild ist schön komponiert, weil die Vielräumigkeit und auch die Widersprüchlichkeit der Räume das Schöne am Bild sind.«[58] Verwirrende Komplexität in »chaotischen« Systemen wird zum Merkmal der digitalen Ästhetik, die die von Peter Sloterdijk kritisch charakterisierte »kopernikanische Mobilmachung« weiter vorantreibt: »Die ästhetische Moderne ist im wesentlichen radikaler Kopernikanismus. Mit Begeisterung nimmt sie das Risiko der Dezentrierung auf sich, sie stürzt sich in das Abenteuer transmimetischer ›autonomer‹ Konstruktion und antiptolemäischer Synthese.«[59]

Exkurs: Der Computer als ästhetisches Objekt

Die Veränderung der ästhetischen Gestaltung vom Gegenstand zum Prozeß läßt der Computer selbst als Objekt im Gang seiner fortschreitenden Miniaturisierung sichtbar werden. Die klassische Formel des funktionalistischen Designs – form follows function – scheitert nicht nur an der Verkleinerung etwa der Mikrochips, durch die die Funktion unsichtbar wird, sondern auch daran, daß aus der Struktur eines Mikrochips sich dessen Funktion gar nicht mehr erkennen läßt, da sie sich nicht mehr aus der Mechanik des Ineinandergreifens von verschiedenen Bestandteilen ergibt. Was sich noch gestalten läßt, sind die Bedienungsflächen, die mit dem Computer verbundenen peripheren Geräte und die Konfiguration dessen, was als Bild auf dem Monitor erscheint. In der durch die Elektronik eingeleiteten »Schrumpftechnik« (Jochen Gros) wird das Körpervolumen vom Würfel auf die Fläche reduziert, was auch darauf hinweist, daß beim Computer der Träger hinter dem auf ihm projizierten Bild verschwindet: »In der Elektronik verliert auch eins der wichtigsten Leitbilder des Funktionalismus seine Gültigkeit: der berühmte ›Ulmer Würfel‹. ... Dagegen könnte man jetzt probeweise die ›Siemens-Karte‹ als ein analoges Leitbild für das Design elektronischer Geräte nehmen: als witzig gemeinte Formulierung des ernsthaften Gedankens, daß Personal-Computer tendentiell auf ein A 4-Blatt und Telefone auf Scheckkartengröße zusammenschrumpfen.«[60]

Die Bildschirme können wie beim hochauflösenden Fernsehen zwar immer größer werden, doch auch bei ihnen reduziert sich das Volumen zur Fläche, deren einzige Funktion es ist, anderes auf sich erscheinen zu lassen, ohne sich dauerhaft darauf einzuschreiben.

Trotz dieser »Ästhetik des Verschwindens« (Virilio) sind die Visualisierungen noch auf den menschlichen Blick und die Bedienungsflächen auf den menschlichen Finger ausgerichtet. Die Visionik, also die Kommunikation zwischen Sehmaschinen, wird nicht mehr notwendig auf eine für den menschlichen Blick angemessene Visualisierung angewiesen sein[61], während das Interface zwischen Mensch und Maschine auf die noch im Tastendruck vorhandene körperliche Steuerung verzichten kann. »Die Elektronik ist keine Technik zum Anfassen mehr. ... Wenn nämlich die Produkte demnächst erst einmal sprechen und hören lernen, dann schrumpfen uns auch noch die Knöpfe und Schalter im wahrsten Sinne des Wortes unter den Händen weg. Die Mensch-Maschine-Schnittstelle wird dadurch zum ›Voice-Interface‹. Ohne den Widerstand aber, den die Bedienungsfläche noch der Miniaturisierung entgegensetzt, kann die Elektronik fast unbegrenzt weiterschrumpfen.«[62]

Schon jetzt gibt es Programme, die es erlauben, allein durch den Blick der Augen, die die ins Bild verwandelte Bedienungsfläche an einem bestimmten »Schalter« fixieren, mit dem Computer zu arbeiten. Nicht mehr die Gestaltung von funktionalen Gegenständen also ist die primäre Aufgabe des Designs, sondern die beliebige Symbolisierung und Ornamentierung der peripheren Geräte sowie die der software, also desjenigen, was auf dem Bildschirm wie erscheinen soll. Die »gegenstandslose Welt« des Suprematismus, die reduzierte Formensprache des Konstruktivismus und der Universalien der »Neuen Gestaltung« sind so zwar Vorläufer der Digitalisierung der Bildwelten, doch ihre szientifische und metaphysische Ideologie ist von der Computertechnik selbst überholt.

In dieser Entwicklung vergrößert sich der Bruch zwischen dem äußeren Erscheinungsbild der Maschine und ihrem Inneren, und damit wird auch die Kategorie der Übereinstimmung unzutreffend, die für die traditionellen ästhetischen Theorien der bildenden Kunst wie auch für die noch der Mechanik verpflichteten Ästhetik des Funktionalismus und der Sachlichkeit maßgeblich waren. Die Erscheinungsform wird in der elektronischen Technik kontingent, pluralistisch, wie man im postmodernen Jargon sagen könnte, jedenfalls zu einem Zusatz, dessen Notwendigkeit nicht mehr aus der Sache heraus begründet werden kann, sondern nur noch aus dem ästhetischen Bedürfnis des Menschen. »Die Form, also die gestalterische Grenzfläche zwischen innen und außen, wird dabei zusehends weniger als ›Klarsichtfolie‹ begriffen, sondern vielmehr als ›Projektionsleinwand‹ für metaphorische Interpretationen der unanschaulich gewordenen Technologie.«[63]

Aus der Indifferenz des digitalen Codes gegenüber Bedeutung und aus der gestaltneutralen Schwundmaterialität des Chips folgt jenes postmoderne Phänomen, das Baudrillard bereits an den Massenmedien als »Implosion des Sinns« bezeichnet, weil keine spezifischen Darstellungsformen, die einem Material gemäß wären, mehr existieren. Der gegenwärtig im Design und vor allem in der Architektur zu beobachtende, durch die Kritik am postmodernen Symbolisierungszwang motivierte Rückgang auf die sachliche Ästhetik der Maschine erscheint daher, trotz manch dekonstruktivistisch-labyrinthischem Einschlag, als Nostalgie an die moderne Sachlichkeit, wenn die Funktion selbst als Fiktionserzeugung, zumindest aber als Mittel der Darstellung von Beliebigem begriffen werden muß. High-Tech ist kein Mittel zur Entzauberung, sondern eher zur Verzauberung durch die Mittel der logischen und operationellen Rationalität, die nach ihrem Gang in die Abstraktion die Formeln in eine anschauliche Form projiziert.

Maschinenästhetik

Mit den Mikrochips, Kabeln, Satelliten und peripheren Ein- und Ausgabegeräten ist die Poesie der Maschine nicht mehr mit ihrer Gestalt, ihrem Konstruktionsprinzip oder gar ihrer Darstellung verbunden, sondern einzig mit den durch sie erzielbaren Effekten, die zwar auf dem digitalen Code, also auf der Mathematik, beruhen mögen, aber in keiner Weise in einer technisch reduzierten oder gar an die Geometrie angelehnten Ästhetik zum Ausdruck kommen müssen, wie das noch in der Gründerzeit der technologischen Kunst der Fall war. Die Aufmerksamkeit, die die computererzeugten Bilder der fraktalen Geometrie als Ausdruck einer unwillkürlich entstandenen »Wissenschaftskunst« (Benoît Mandelbrot) auf sich gezogen haben, dokumentieren dies, obwohl gleichzeitig mit der damit wieder vermutet engen Beziehung zwischen Mathematik und Ästhetik eine Art des Neoplatonismus erwacht.

Die moderne Ideologie der Sachlichkeit, die Ästhetik des Funktionalismus, die Faszination an der Erfahrungsarmut des aufgeklärten Barbaren ist jedenfalls nicht mehr verbunden mit einer sich als technisch avanciert verstehenden Kunst. Mehr denn je folgt diese dem neo-barocken »ornamentalen« Programm, multimedial und mit Ausschöpfung aller Effekte die Wahrnehmung zu überschwemmen, wodurch noch jedes mit Bedeutung überladene Tafelbild zu einer arte povera gerinnt. Trotz all der gefeierten Interaktivität, die die neuen Techniken freisetzen sollen, hat man den Eindruck, daß die Auseinandersetzung mit einem starren Bild mehr an Kommunikation und Partizipation evoziert als die Einbeziehung des Zuschauers, der nun selber zum Künstler werden soll oder, ähnlich wie bei den didaktischen Vorführungen durch Fingerdruck im Deutschen Museum, erlebt, was sich alles bei seiner willkürlichen oder unwillkürlichen Intervention ereignet. Selbstverständlich war Kunst, selbst in ihrer modernen puristischen Phase, immer auch eine Szene der Attraktionen, aber sie scheint ihr eigenes einzubüßen, wenn sie die Darstellung des Undarstellbaren ganz auf eine Montage von special effects beschränkt, ein Phänomen freilich, das nicht nur die »technische« Kunst betrifft.

Das Problem einer Ästhetik, die, gleich ob aus kritischen oder aus avantgardistischen Motiven heraus, von einer unumgänglichen Anpassung der Kunst an die Potentiale der Technik ausgeht, besteht immer darin, Prozesse weiter voranzutreiben, die einzig dem technisch Imaginären folgen, das Machbare auch zu verwirklichen. Überdies ist die apologetische Rede vieler, daß es in einer technischen Zivilisation darum gehe, auch die ästhetische Produktion an der Technik auszurichten, nur ein Ausdruck dafür, daß diese selbst ästhetisch besetzbar ist, und so Kunst, die einer solchen Maxime folgte, allein ihr Appendix wäre, möglicherweise höchstens dafür gut, im Namen der Kultur die Kolonialisierung der Lebenswelt durch das abzusegnen, was etwa aus ökonomischen oder militärischen Gründen entwickelt und durchgesetzt wird. Andererseits geraten durch die neuen Technologien, die einen einzigen Code zur Übermittlung jeder Information verwenden, die geheiligten Ausdifferenzierungen der Moderne durcheinander.

Kunst, Wissenschaft und Technik rücken nicht zuletzt durch das gemeinschaftliche ökonomische Geflecht einander näher. Sicher war Kunst nie nur eine freigesetzte Subjektivität, die abgelöst von den Routinen und Nötigungen des Alltags nach Selbstverwirklichung und Ausdruck strebt, sondern immer schon eingebunden in die Reflexion auf die Strukturen ihrer Medien und Materialien, doch wird die wechselseitige Beziehung eine andere, wenn der Bezug zum Realen, eingeschlossen die Biosphäre und die hardware des Menschen selbst, zum Objekt der Konstruktion wird[64], in der das Natürliche und der Bezug auf es wiederum nur in Form eines Simulakrums aufscheint: »Die neuen Realitäten, die sich im Zusammenhang unserer Technokultur aufdrängen, ersetzen das Interface Mensch/Natur durch das von Mensch und Technik. Eine Vielzahl von Anwendungen – genetische Manipulationen, planetarische Ästhetik, Übertragungen mit Lichtgeschwindigkeit, numerische Bilder – verändern nicht nur den Inhalt unseres Wissens, sondern sie beeinflussen auch die Rahmen unserer Erfahrung; sie entleeren sie von allen unseren kulturellen Anpassungen. Die Leistungskraft unseres sensorischen Apparates ist überschritten worden, auch die Grenzen des Begreifens, für die unser Gehirn vielleicht programmiert wurde. ... Es liegt eine Poesie in der Luft: eine geheimnisvolle Sensibilität mit dieser grenzenlosen Welt, in der es kein Maß mehr gibt. Wir stehen an der Morgendämmerung unserer Sinne und sind bereits andere.«[65] Im Beitrag von Louis Bec in diesem Band wird diese neue »Poesie« ironisch gebrochen als noch virtuelle Veränderung biomorpher Formen dargestellt[66], während Gene Youngblood, Edmond Couchot und Fred Forest die künstlerischen Intentionen des Gangs in diese »grenzenlose Welt« der Telekommunikation und der Simulation artikulieren.[67]

Die eschatologisch angeheizte Rhetorik des Neuen und Anderen, die in Kritik und Affirmation das Bewußtsein beherrscht, läßt sich auch in vielen Beiträgen dieses Bandes wiederfinden. Technik scheint nicht nur ein Instrument zur Erzeugung des Imaginären zu sein, indem sie das bislang Fiktive oder Phantastische realisiert, sondern sie ist mit ihren Wunschmaschinen offenbar auch ein Projektionsmedium, an dem sich das Imaginäre konkretisiert, insofern es den Raum des Möglichen erweitert und das Reale zu einer veränderbaren Größe macht. Im theatrum machinarum vermischen sich realisierbare und unmögliche Erfindungen zu einer Ausstellung des Wunderbaren. Von dieser unentgrenzbaren Vermischung zeugt allein schon der Umstand, daß auch die historische Entfaltung der Technik immer einhergeht mit der Erzeugung von Illusion. Die Fabrikation der Welt spiegelt und bricht sich in der fabrizierten Welt, in der, wie Werner Heisenberg sagte, »zum ersten Mal im Lauf der Geschichte der Mensch auf dieser Erde nur noch sich selbst gegenübersteht« und sich in seinen eigenen Artefakten wiederfindet, die ihn in einen Prozeß der Mutation ziehen.

Obgleich der Titel dieses Bandes unter Zeitdruck entstanden ist und mir zuerst nur sehr gezwungen die Auswirkungen der neuen Technologien und Medien auf die künstlerische Produktion, die ästhetische Erfahrung und das Sein des Kunstwerks zu charakterisieren schien, hat er sich, was auch die durch ihn evozierten Beiträge zeigen, als durchaus geglückt erwiesen, um die durch die künstlichen Welten entstehende Verunsicherung der Wahrnehmungsverhältnisse auf den Begriff zu bringen. Wir erleben gegenwärtig, am Ende der Moderne oder zumindest am vielfach proklamierten Beginn einer neuen Epoche, eine Art Revival der einsetzenden Neuzeit, deren Situation von der unseren gar nicht so verschieden ist, denn auch hier traten neue Techniken auf, die das Verständnis von Realität und damit auch das von Illusion erschütterten.

Während die akademische Philosophie beispielsweise darüber schweigt[68], versuchen damals wie heute Theoretiker und Künstler, die man vielleicht mit Nietzsche als Künstlerphilosophen bezeichnen mag und die am Rande der etablierten Disziplinen stehen, das Neue zu deuten und mit seinen gedanklichen und instrumentellen Möglichkeiten zu spielen. Dabei mag vieles im utopischen Überstieg überzeichnet werden, sich in Denkschablonen verfangen oder auf Holzwege führen, zumal Künstler und Theoretiker häufig nicht Experten in den Belangen der Technik und der sie stützenden Wissenschaft sind, doch ist zu Beginn von technischen Revolutionen noch nicht abzusehen, welche konkreten Veränderungen die Verbreitung der neuen Technologien mit sich bringen wird. Überlegungen dazu bewegen sich notwendig in Projektionen, sind eine Art Science-Fiction, die zur Simulation des Zukünftigen als dem Raum des Möglichen hinzugehört. »Es gibt etwas Künstlerisches in der wissenschaftlichen Entdeckung (und es gäbe noch wesentlich mehr davon, wenn wir annähmen, daß die wissenschaftliche Entdeckung keineswegs eine gegebene Ordnung des Kosmos identifiziert, sondern unser Bild des Kosmos ihrer Ordnung unterwirft), und es gibt etwas Wissenschaftliches, im Sinne des abduktiven Verfahrens, was vulgo die Phantasie des Künstlers genannt wird. Die Science-Fiction, Ort der Begegnung von Wissenschaft und Phantasie, erscheint als ein lebendes Beispiel dieser Verwandtschaft.«[69] Das Gemeinsame dieser

Verwandtschaft ist die Technik, die die Imagination und Modellierung möglicher Welten zur Voraussetzung hat, mithin den »Bruch von Raum-Zeit-Gefügen«, der den Kern der neuen Technologien ausmacht.

In einer Annonce, in der ITT ein Fernsehgerät mit Multi-Programmeinblendung anpreist, steht der Slogan, daß man damit der Zeit »ein schönes Stück« voraus sei. Bei dieser zur Schablone gewordenen Fortschrittsideologie wird der Angriff der Technik und ihrer Wunschmaschinen auf die lineare Erstreckung der Zeit deutlich, die in eine polychrone und gleichzeitige Gegenwart aufgelöst werden soll, in der alles, was ist, bereits als überholt gilt. Was die Bild-im-Bild-Technik jedenfalls tatsächlich leistet, ist eine weitere Steigerung der Gleichzeitigkeit von Aufnahme und Wiedergabe, die das Fernsehen als Medium der lichtgeschwinden Übertragung schon ermöglicht hat. Zusätzlich können jetzt die verschiedenen Programme parallel überblickt werden, um nichts zu versäumen, wozu vordem mehrere Apparate oder ein beständiges Zapping notwendig gewesen ist. Überdies ist auch ein Videofilm einblendbar, wodurch sich Standbilder einfrieren und mit dem Zoom vergrößern lassen. Was Walter Benjamin noch als die »taktile Qualität« des Films charakterisierte und so die bewegten Bilder durch ihre »Chocwirkung« von der Malerei unterschied, wird dabei ebenso aufgehoben, wie die Videoaufzeichnungen das Massenmedium Fernsehen verändern, das viele räumlich zerstreute Zuschauer gleichzeitig an einem Ereignis teilnehmen ließ. »Man vergleiche die Leinwand, auf der ein Film abrollt, mit der Leinwand, auf der sich das Gemälde befindet. Das letztere lädt den Betrachter zur Kontemplation ein; vor ihm kann er sich seinem Assoziationsfluß überlassen. Vor der Filmaufnahme kann er das nicht. Kaum hat er sie ins Auge gefaßt, so hat sie sich schon verändert.«[70]

Technik und Wissenschaft sind nicht nur Instrumente zur Wirklichkeitsbewältigung, sondern sie erweitern faktisch und theoretisch den Bereich des Möglichen und geben die Mittel in die Hand, Simulationen zu erzeugen. Immer jedoch handelt es sich um einen Angriff auf das Wirkliche, das nicht nur besser erfaßt, erklärt, darstellt und gezielt verändert, sondern das auch in seinen bislang gewohnten zeitlichen und räumlichen Strukturen durch das theatrum machinarum außer Kraft gesetzt werden kann, um so den Bereich der »zweiten Natur« in seiner Autonomie gegenüber der ersten auszubauen. So eröffnete die Optik in der Neuzeit neue Erfahrungsräume, machte Unsichtbares sichtbar oder vernichtete für den Blick die Entfernung und ermöglichte zugleich mit der Konstruktion der Zentralperspektive die Erzeugung eines illusionären Raumes. »In dem Moment, wo wir uns die Mittel verschaffen wollen, das, was man im Universum noch nie gesehen hat, in immer größerem Maßstab und immer besser zu sehen, befinden wir uns an einem Punkt, an dem wir das schwache Vermögen verlieren, uns das noch nie Gesehene in der Phantasie vorzustellen. Das Modell aller optischen Prothesen und Sehhilfen, das Teleskop, projiziert das Bild einer Welt, die außerhalb unserer Reichweite liegt, und somit eine andere Art und Weise, uns in der Welt zu bewegen; die Logistik der Wahrnehmung führt zu einem ungeahnten Transfer des Blicks, sie schafft einen Zusammenstoß von Nahem und Fernem, ein Phänomen der Beschleunigung, das unser Bewußtsein von Entfernungen und Dimensionen vernichtet.«[71] Der Zweifel an der Objektivität instrumentell unterstützter Wahrnehmung, der etwa den Aristoteliker Cesare Cremonini davon abhielt, auch nur einen Blick durch das Fernrohr zu werfen, um die von Galilei entdeckten neuen Planeten in ihrer Existenz zu bestätigen, mag nachträglich eine witzige Anekdote über weltanschauliche Verbohrtheit sein, doch dokumentiert sie eine Scheu vor der Auflösung der natürlichen Wahrnehmungswelt, die auch heute in vielen Formen des Rückbezugs auf das leibliche Sinnenbewußtsein und dessen Erfahrungsraum vorzufinden ist.[72]

Die neuen Techniken der Bilderzeugung, beispielsweise Bildschirmtext, Bildplatte, hochauflösendes Fernsehen, Holographie, Computergrafik und -animation oder Telematik, sind einerseits perfektionierte Mittel »realistischer«, aber nicht mehr auf Analogie oder Mimesis beruhender Abbildung, und andererseits solche zur Erzeugung vollkommener Illusion. Die schon beim Aufkommen des Films umstrittene Alternative zwischen Phantastik und Realismus tritt, wie Thomas Wimmer in seinem Beitrag ausführt, damit auf eine neue Stufe, die »apparatfrei« wahrgenommene »unmittelbare Wirklichkeit« wird, das zeigt sich deutlich in den Schriften Baudrillards, zur »blauen Blume im Land der Technik«.[73]

Mit der 3D-Computertomographie ist es beispielsweise möglich, in das Innere von Körpern zu sehen, ohne daß das Lesen dieses Bildes eine routinierte Interpretation wie noch beim Röntgenbild erfordert. Das Bild wird plastisch aus den axialen Querschnitten produziert. Die digital erzeugten Bilder können wie beim CAD aus beliebiger Perspektive betrachtet werden, man kann, ohne den Körper zu bewegen und natürlich auch in seiner Abwesenheit, mittels der gespeicherten Daten um ihn herumwandern, alles beliebig vergrößern und am Modell den »realen« Eingriff planen oder beobachten.[74] Mit den numerischen Bildern geht so eine Erweiterung der sinnlichen Erkenntnis einher, aber auch eine Destrukturierung der Dimensionen der phänomenalen Welt, die vom veränderbaren Abstand zwischen Beobachtetem und Beobachter abhängt: »Ein komplexer Gegenstand, nämlich ein Knäuel von 10 Zentimetern Durchmesser, der aus einem Faden von einem Millimeter Durchmesser besteht, verfügt gewissermaßen latent über verschiedene physische Dimensionen. Bei der Meßeinheit von zehn Metern wirkt er als Punkt, somit als nulldimensionale Figur; bei der Meßeinheit von zehn Zentimetern handelt es sich um einen Ball, also eine dreidimensionale Figur, bei der Meßeinheit von zehn Millimetern wirkt er als eine aus Fäden bestehende Einheit, somit als eindimensionale Figur, bei der Meßeinheit von 0,1 Millimetern wird jeder Faden zu eine Art Säule, und das Ganze entwickelt sich wieder zu einer dreidimensionalen Figur; bei der Meßeinheit von 0,01 Millimetern lösen sich alle Säulen in fadenförmige Fasern auf, und alles wird zu einer eindimensionalen Figur, und so weiter, die Wertigkeit der Dimensionen hüpft ununterbrochen.«[75]

Diese Inflationierung der Dimensionen ist verbunden mit einer Entwertung der sinnlichen Erkenntnis, da beim numerischen Bild im Unterschied zu Fotografie und zum Film keine Analogie zwischen Repräsentation und repräsentiertem Gegenstand herrscht. »Es läßt keine optische Spur, keine Aufzeichnung irgendeiner Sache sehen, die da gewesen ist und dies jetzt nicht mehr ist, sondern erzeugt ein logisch-mathematisches Modell, das weniger die phänomenale Seite des Realen beschreibt als die Gesetze, die es beherrschen.« Diese von Edmond Couchot in seinem Beitrag beschriebene Umkehrung des Verhältnisses zwischen dem Bild und dem Realen wird von Paul Virilio ganz entsprechend als der Unterschied zwischen der »aufgehobenen Präsenz« und der durch Echtzeit »aufgelösten« Präsenz des Gegenstandes markiert. Das synthetische Bild eröffnet so den Raum reiner Irrealität, den Sprache und gemaltes Bild bislang besetzt haben, während die Aufzeichnung des Lichtes immer eine montierte oder verfälschte Anwesenheit von etwas voraussetzt: »Die Malerei kann wohl eine Realität fingieren, ohne sie gesehen zu haben. Der Diskurs fügt Zeichen aneinander, die gewiß Referenten haben, aber diese Referenten können ›Chimären‹ sein, und sind es auch meist. Anders als bei diesen Imitationen läßt sich in der Fotografie nicht leugnen, daß die Sache dagewesen ist.«[76]

Mit den numerisch erzeugten Bilder, mit der Eroberung und gleichzeitigen Immaterialisierung des Raums und des Körpers durch die Holographie schreitet die Fiktionalisierung und Ästhetisierung der Welt weiter voran, wird das Moment der körperlichen Anwesenheit und der Verschränkung von Auge und Leib, von Blick und Tastsinn, von Erfahrung und materiellem Gegenstand weiter reduziert, das für das herkömmliche Verständnis von Realität maßgeblich gewesen ist. »Wir sind«, so deutet radikal und provokativ Vilem Flusser in seinem Beitrag die von den Technologien verursachte Veränderung der menschlichen Existenz,« nicht mehr die Subjekte einer uns gegebenen objektiven Welt, sondern Projekte von alternativen Welten. Aus der unterwürfigen subjektiven Stellung haben wir uns ins Projizieren aufgerichtet. Wir werden erwachsen. Wir wissen, daß wir träumen.« In seinem Beitrag, der den Weg der Holografie zum künstlerischen Bildmedium nachzeichnet, nimmt Vito Oražem allerdings eine andere Position ein. Hologramme bilden nicht als eine Art der dreidimensionalen Fotografie Gegenstände ab, sondern sie werden gewissermaßen durch die spezifische Beleuchtung des Laserlichtes entfremdet. Zwar erinnert die mühselige Präparation des Gegenstandes und der Konstellation an die von Film und Fernsehen, doch weisen die Angewiesenheit auf ein von der Außenwelt abgeschirmtes Labor und die Störvariable des Holographen, der sich bei der Aufnahme außerhalb des Raumes befinden muß, darauf hin, daß die scheinbare Abbildung eine Konstruktion ist und so ein künstliches Bild produziert, das auch in seinen Farben nicht mit der Wahrnehmungswelt übereinstimmt. Dieser Abstand vom Realen, in vielem den Solipsismus der künstlichen Welten demonstrierend, wird durch die Möglichkeit von computergenerierten Hologrammen noch vertieft, die keinen real vorhandenen Gegenstand mehr abbilden, sondern ihn ausgehend von gespeicherten Daten erzeugen.

Die neue Konjunktur von Kunst und Ästhetik ist eine Folge des »Schwindens der Sinne« (Kamper/Wulf) in der durchaus mit Angst-Lust empfundenen »Agonie des Realen« (Baudrillard), die aus den immer perfekter werdenden künstlichen Umwelten und der gleichzeitigen Zerstörung des Natürlichen hervorgeht. »Realitätsprinzip und Fiktionsprinzip fusionieren; das ›positive Stadium‹ wird das ›fiktive‹: die moderne Realität wird repräsentativ zur fiction-reality, zur Fiktur. Daraus folgt für die ästhetische Kunst der Zwang zur Umdefinition. Wo die Wirklichkeit selbst zum Ensemble von Fiktionen wird, bleibt die ästhetische Kunst das durch Wirklichkeit Unersetzliche nur dann, wenn sie sich fortan nicht mehr ›durch‹, sondern ›gegen‹ das Fiktive definiert: als Antifiktion.«[77]

Das Anrennen der modernen Kunst gegen ihren Schein, das Verlassen des Bildes, der Wunsch, Kunst und Leben zusammenzuschließen, zumindest aber Wirklichkeitsfragmente in den Raum der Kunst aufzunehmen oder die jeweiligen »Medien« auf ihre elementaren Strukturen zu reduzieren, die Konzentration auf das Material, die vorgefundenen Dinge und den Körper, kurz: die Entfaltung der »Realkunst« und der »Realitätskünste«[78] ist die Reaktion der Kunst auf den modernen Prozeß der Derealisierung und Entmaterialisierung.

Mit den Techniken der Bildherstellung ist nicht mehr nur eine Auflösung der realen Welt in den Rahmen einer illusionären verbunden, sondern mit Operationen auf den Bildschirmen, mit Manipulationen des Bildes lassen sich über Fernsteuerung auch Veränderungen in der wirklichen Welt erzielen, wodurch sich die Unterschiede zwischen den Gegenständen und ihrer Darstellung aufheben.[79]

In den Feedback-Zirkeln und Zeichenlabyrinthen der geschlossenen Welt der Simulation gefangen, deren endlose rückbezügliche Schleifen von den Videofilmen und -installationen oder in den interaktiven elektronischen Environments dargestellt werden und in die sich die mit den Aufnahmetechniken selbst in Echtzeit spiegelnden Menschen verwickeln, wodurch sie ihren eigenen Körper wie einen fremden Leib von außen steuern, verschwindet zunehmend mehr das Außen und die Bedeutung des Körpers: »Das Zivilisationsprogramm«, so Dietmar Kamper in seinem Beitrag, »Abstraktion vom Körper kommt erst auf dem Feld der Neuen Medien zur vollen Entfaltung.«

Mit der Entfaltung der Potentiale der neuen Technologien geht sowohl bei ihren Befürwortern als auch bei ihren kulturpessimistischen Kritikern immer ein eschatologischer Diskurs des Verschwindens einher: »Der Zirkus fasziniert die Existenzen, kreist sie ein mit ihren Relationen. Da sieht das Auge nur noch jene Verbindungen, die diese einen. Manegenklamauk übertönt den Lärm der Welt. Selbst der Himmel, an der Decke, ist gemalt. Die Repräsentation, angefüllt vom Netzwerk der Bezüge und Verkettungen, ist entleert von Gegenständen. Das Theater läßt nur das im Rund existieren, was als Relation im Netzwerk gilt; es kennt nur Einsatz, Fetisch, Ware. Wir sind die Höhlenmenschen unserer Gesellschaft. Die Gruppe schließt sich ab und ignoriert die Welt. Sie kennt nur, was sie produziert: Repräsentationen. ... Wir bleiben in diesem Theater, während draußen die nukleare Sonne die Erde verwüstet. ... Raus aus dem Malstrom! Aus dem schwarzen Loch, in das sich die Gruppe zurückzieht, wo der Raum sich rar macht, die Objekte verschwinden, das Wissen trügt.«[80] Das steigende Interesse an einer dem Leib verbundenen Ästhetik der Sinne und der Natur kommt in diesem Band in den Gesprächen mit Manfred Riedel und Gernot Böhme zum Ausdruck.

Auf der anderen Seite wächst mit derselben Ambivalenz ein gewissermaßen mit der technischen Verfügung synergetisches Begehren nach der Erfahrung des Schwindels, verstanden in den beiden Bedeutungen des Wortes. Den Boden etwa im Rausch der Geschwindigkeit zu verlieren und orientierungslos durch den implodierenden Raum der in vorüberhuschende Zeichen verwandelten Körper zu schweben, die jede Substanz verlieren, mag zunächst ein auf allen Ebenen – auch der theoretischen, wie etwa die Schriften von Paul Virilio und Jean Baudrillard zeigen – wirkender thrill sein, doch liegt die Vermutung nicht fern, daß die Aufhebung von Zeit, Raum und Materie insgeheim vom Wunsch motiviert ist, an eine katastrophische Schwelle geschleudert zu werden, an der das Unverfügbare sich wie ein Unfall ereignet und den »Bildschirm« durchbricht.

Diese Revolte des Objekts gegen seine Auflösung in Daten behandelt Henri-Pierre Jeudy. Während es bislang um die Beherrschung der Natur und die Vergrößerung des Freiheitsraumes des Menschen durch die Entfaltung von Techniken ging, breitet sich neuerdings wieder das Bedürfnis nach einem nicht von den Menschen selbst fabrizierten Schicksal aus, eine Sehnsucht nach dem unverfügbaren Ereignis, nach dem also, was sich der menschlichen Beeinflussung und Darstellung entzieht und Geheimnis bleibt oder an dem jede Konstruktion scheitert – ein Bedürfnis also nach dem Realen, dessen Epiphanie durch Widerständigkeit immer weiter zu schwinden scheint.[81] Spuren dessen lassen sich bereits im Denken Adornos und Heideggers bemerken, sie werden aber besonders deutlich in philosophischen und zeitdiagnostischen Theorien, die die Auswirkungen der nun mit den Informations- und Kommunikationsmedien auch auf das Denken, die Wahrnehmung und die Kunst durchschlagenden Technologien in ihr Zentrum stellen.[82] Vilém Flusser etwa sieht die »telematische Gesellschaft« insgesamt durch die Suche nach der Erzeugung oder nach dem Erlebnis unwahrscheinlicher Ereignisse gezeichnet, die sich wie eine zufällige Katastrophe eben durch schicksalhafte Unvorhersagbarkeit auszeichnen: »Wer voraussagt, sieht nicht, was auf ihn zukommt. ... Alles Futurisieren ist zukunftsvernichtend. Das läßt sich an den Computerbildschirmen sehen. Man kann Entwicklungen, Tendenzen, Kurven aus der Gegenwart hinausprojizieren und mit diesen Projektionen spielen. Und man kann dabei den Irrtumsfaktor beliebig exakt definieren. Doch derartige Projektionen zeigen, was beim Kalkulieren herauskommt, und nicht, was ankommt. Es gibt keine Zukunft. Der futurisierende Computer hat die Zukunft verschlungen. ... Echte Katastrophen sind neue Informationen. Sie sind, ex definitio, überraschende Abenteuer. ... Die telematische Gesellschaft ist eine Struktur zur Herbeiführung von Katastrophen.«[83]

Das Gespinst der Diskurse, das die neuen Technologien begleitet, hüllt diese in Fragen, die genuin philosophischer Natur sind, die aber auch die Theorie des Kunstwerks und der ästhetischen Erkenntnis betreffen, denn im Mittelpunkt steht dabei das Problem einer neuen Ausdifferenzierung der Bereiche des Realen, Fiktiven, Imaginären und Illusionären. »Mit der Moderne geht stets, wie immer man sie auch datieren mag, eine Erschütterung des Glaubens und, gleichsam als Folge der Erfindung anderer Wirklichkeiten, die Entdeckung einher, wie wenig wirklich die Wirklichkeit ist.«[84] Die Neuzeit ist weniger, wie man oft glaubt, durch ihren Bezug auf empirische Beobachtung und Erkenntnis denn durch die Auflösung der sinnlichen Wahrnehmung als maßgebliche Orientierungsgröße charakterisiert. Die Zerstörung der Repräsentation als (bildlicher) Mimesis und Analogie, die eine Ähnlichkeit zwischen Gegenstand und seiner Darstellung in der Wahrnehmung als Ausgangspunkt der Erkenntnis stiftet, ist so bereits ein zentrales Motiv der cartesianischen Philosophie, das den jenseits der Phänomene durch Regeln geführten Verstand, der so viele Erfindungen möglich machte, als ausschließliches Organ der Wahrheitsfindung zu begründen suchte. Verstand heißt die Rückführung von Phänomenen auf Ursachen und auf Grundelemente, die es erlauben, sie als Effekte zu rekonstruieren. Ähneln die produzierten Effekte den Phänomenen, so ist es für Descartes unerheblich, ob deren Ursachen identisch sind. Dabei mußte die phänomenale Welt zum Schauspiel von Erscheinungen, zu einem Bündel von Effekten oder Zeichen werden, in dem nur das verbürgte Wirklichkeit erhielt, was vom Menschen auch gemacht werden kann. Das von Vico artikulierte Konvertibilitätsaxiom zwischen factum und verum ist die Essenz des technologischen Ausgriffes der Neuzeit, der einem »aktiven Empirismus« (Gaston Bachelard) entspringt und sich in der Nachträglichkeit der Erfahrung gegenüber der Simulation niederschlägt. Aber erst seitdem die »Phänotechnik« (Gaston Bachelard), parallel zur realisierbaren Weltvernichtung, es ermöglicht, maschinell die sensorische Welt zu simulieren, zu speichern und unabhängig von Zeit und Raum zu übertragen, wodurch sie wirklich zum Schauspiel in einer platonischen Höhle gerät, das von einem genius malignus inszeniert wird, ist die gesamte Lebenswelt zugänglich für eine ästhetische Programmierung. Für die Zuschauer entfällt die Einschränkung ihrer Bewegungsfreiheit, also gewissermaßen die ästhetische Distanz, um an der Wirklichkeit der Schatten in der Totalillusion nicht zu zweifeln, wenn sie in ein interaktives Environment versetzt werden können, das noch die intersubjektive Kommunikation über die wahrgenommenen Phänomene simuliert.

Die Höhlenszene, die in den Anfängen der Philosophie bereits als Vorstellungsbild eines vom Außen abgeschlossenen Systems die Schwierigkeit des Lebens in virtuellen Räumen behandelte und in der Neuzeit wieder aktuell wurde, ist Metapher des elektronischen Zeitalters, auch wenn sie heute vernetzt ist und etwa in der Form einer Simulationskabine, eines Cockpits, eines Gehirns oder einer anderen Informationszentrale gleicht, in der Wahrnehmung mit Konstruktion oder Imagination verschmilzt.[85] In seinem Buch mit dem Titel *Höhlenausgänge* weist Hans Blumenberg darauf hin, daß die »Metaphorik der ›Projektionsmechanismen‹ ihre Erklärungsmacht über den Psychologismus« zur selben Zeit ausgebreitet hat, als das bewegte Bild erfunden wurde: »Sie leistete, was je eine Metapher fürs Theoretische hatte leisten können: einem Denkmuster nahezu unbezweifelbare Plausibilität zu verschaffen, dessen Hauptvorzug darin bestand, die Lokalisierung ›außen‹ und ›innen‹ verwechselbar zu machen.«[86] Die Erfolge der Wissenschaften für den Menschen seien weithin »Beschreibungen ihrer Gefangenschaften«, wobei allerdings diese Gefangenschaften von den Techniken im Zuge der Ablösung von der ersten Natur realisiert werden, die mit dem Unterschied zwischen innen und außen auch den zwischen Natürlichem und Künstlichem aufheben.

Voraussetzung für die Indifferenz zwischen Träumen und Wachen, zwischen Imaginärem und Realem, zwischen Illusion und Wahrnehmung ist die mit der Renaissance eintretende Zerstörung der Ähnlichkeit, die im digitalen Code mündet. »Ich sehe überhaupt keinen Grund, der uns verpflichtet zu glauben, daß das, was in den Dingen ist, wodurch uns das Gefühl des Lichtes vermittelt wird, jenem Gefühl ähnlicher sein sollte als die Wirkungen einer Feder oder eines Riemens dem des Kitzels oder des Schmerzes.«[87] Schon für die Descartes ist jede Wahrnehmung ein Effekt taktiler Bewegungen, die erst in der Transformation durch die Sinnesorgane und schließlich durch das Gehirn zu einem Bild der phänomenalen Welt synthetisiert werden. Erst die Illusionierung der Wahrnehmung, die Herausstellung ihrer produktiven und projektiven Synthese von lediglich quantitativen Sinnesdaten läßt die Konstruktion einer zwar methodisch geregelten, aber gegenüber den Phänomenen frei projizierten Welt zu, die ihre Objektivierung in dem Raum des technisch Möglichen findet, der das vorerst Fiktive mit dem Faktischen verschmelzen läßt.

Was heute nach der Verabschiedung des Mythos des Gegebenen und jeder transzendentalen Version der Erfahrung als Einsicht des radikalen Konstruktivismus gilt, daß wir die erfahrbare Welt erzeugen, ohne daß eine unmittelbare Übereinstimmung von Gegenständen und den im Gehirn oder den Maschinen gebildeten »Abbildern« existiert, ist bereits die Möglichkeitsbedingung neuzeitlicher Wissenschaft gewesen, die etwa ausgehend von mathematischen oder geometrischen Modellen Wirklichkeit nicht mehr beschreibt, sondern sie (re)konstruiert. Mit der sicher noch spekulativen Ausdeutung der technischen Fabrikation einer anderen Welt, wie sie in den zu dieser Zeit entstehenden Utopien zum Ausdruck kommen, die darauf hinweisen, daß das Imaginäre auf der Basis der Technik beruht, wird das Fiktive zur Bedrohung des Objektiven und fordert als Reaktion die Abspaltung der freien Imagination, in Konsequenz auch die der Kunst, von der Wissenschaft als ausschließlichem Organ des Realitätsbezugs heraus. Wenn Bacon in seinem *Neu-Atlantis* die Männer der idealen Gesellschaft so charakterisiert, daß sie »zwischen göttlichen Wundern, Werken der Natur, künstlichen Wirkungen und Vorspiegelungen der Dämonen sowie Täuschungen aller Art zu unterscheiden« vermögen, so ist das ein deutlicher Hinweis auf die eingetretene Entgrenzung als Folge des Projekts, die »menschliche Herrschaft bis an die Grenzen des überhaupt Möglichen« zu erweitern.[88] Auf »Neu-Atlantis« gibt es für diesen Zweck das »Haus Salomon«, das der »Erforschung und Erkenntnis des wahren und inneren Wesens aller Dinge« dient, wobei es, gemäß der technologischen Maxime, nicht nur darum geht, das Natürliche auch als Schauspiel wie bei »Vorführungen der Wettererscheinungen« nachzubilden, sondern auch künstliche Dinge, Lebewesen und Phänomene zu erfinden: »Ferner erzeugen wir jede Art von gefärbtem und buntem Licht, sowie alle optischen Täuschungen und Trugbilder in Gestalt, Größe, Bewegung und Farbe, alle Erscheinungen von Schatten und von in der Luft schwebenden Spiegelungen.«[89] Die Ambivalenz der Technologie als Mittel zur Erkenntnis und Beherrschung der Natur und als eines zur immer perfekteren, d. h. realistischeren Illusion geht auch in das Verbot ein, »Täuschungen« anders denn in der Absicht auf Aufklärung zu erzeugen: »Wir haben ferner ein Haus der Blendwerke, wo wir alle möglichen Gaukeleien, Trugbilder und Vorspiegelungen und Sinnestäuschungen hervorrufen. Man wird leicht begreifen, daß wir, die wir so viele Naturerzeugnisse besitzen, die Verwunderung hervorrufen, auch den Sinnen des Menschen unendlich viel vortäuschen könnten, wenn wir sie zu Wundern herausputzen und zurichten wollten. Ja, wir haben sogar allen Brüdern unseres Hauses unter Geld- und Ehrenstrafen untersagt, etwas Natürliches durch künstliche Zurüstung wunderbar zu machen;

rein und von jedem Schein und jeder falschen Wunderhaftigkeit unberührt, sollen vielmehr die Naturerscheinungen vorgeführt werden.«[90]

Um zur Gewißheit eines evidenten Wissens zu gelangen, wird jene Kraft eingesetzt, die den Menschen gleichzeitig dem Trug und dem Schein aussetzt: die Imagination möglicher Welten. Realität gerät dabei zu einem Bereich, der aus dem Feld des Möglichen durch Objektivierung ausgeschnitten wird. Sie macht es möglich, hypothetisch die Alltagswelt zu überschreiten und sie durch Simulakra zu rekonstruieren, die Schritt für Schritt aus einfachen und distinkten Bestandteilen aufgebaut werden. Dazu ist der Gang in die Fiktion unerläßlich, weswegen sich Descartes entschloß, »diese Welt hier ganz ihren Streitigkeiten zu überlassen und nur von dem zu reden, was in einer neuen Welt geschehen würde, wenn Gott jetzt irgendwo in den imaginären Räumen genug Materie zu ihrer Bildung schüfe, ihre einzelnen Teile verschiedenartig und ohne Ordnung bewegte, so daß daraus ein Chaos entstände, so verworren, wie es sich die Dichter nur ausmalen mögen, und wenn er sich danach damit begnügte, der Natur seinen gewöhnlichen Beistand zu leihen und sie nach den Gesetzen wirken zu lassen, die er ihr gegeben hat«.[91] Zur hypothetischen Welterzeugung nimmt Descartes den Standpunkt Gottes, dem Konstrukteur der »natürlichen« Maschinen, ein, allerdings werden hier nur Elemente und deren Verbindungen zugelassen, die wir uns leicht vorstellen können. »Da wir uns die Freiheit genommen haben, diese Materie durch unsere Phantasie zu fingieren, schreiben wir ihr eine Natur zu, die nichts weiter besitzt als das, was jedermann ebenso perfekt begreifen kann, wie es auch möglich ist.«[92]

Der im Zuge des cartesianischen Zweifelsgangs aus dem Fenster geworfene Blick auf menschliche Gestalten, von denen sich allein durch den visuellen Eindruck nicht entscheiden läßt, ob es sich dabei nur um verkleidete Roboter handelt, setzt das technisch vorerst nur Mögliche ein, um die Fixierung an die sinnliche Erkenntnis aufzulösen. Selbst der Tastsinn wird von Descartes als Indikator für die Existenz materieller Körper, die sich in ihrer Widerständigkeit zeigt, entmachtet. Wärme, Geruch, Gewicht und alle anderen Qualitäten, die wir sinnlich erfahren können, hängen für Descartes einzig von der äußeren Gestalt der Körper ab, die identisch bleiben könnte, auch wenn ihr Inneres völlig anders wäre. Das Problem eines Unterscheidungskriteriums zwischen Realem und Imaginärem, meist verbunden mit der unsicher gewordenen Grenzziehung zwischen dem Natürlichen und Künstlichen, tritt in der beginnenden Neuzeit in vielfältigen Formen und auf allen Ebenen auf. Erst mit ihrer Unterscheidung etabliert sich das Gefüge ausdifferenzierter Geltungssphären, in dem Wissenschaft und Kunst sich nach der Renaissance voneinander abspalteten, während heute diese Unterscheidung wissenschaftstheoretisch wie ästhetisch wieder zurückgenommen wird, wie dies Vilém Flusser in seinem Beitrag – unentscheidbar schwankend zwischen Diagnose und Faszination – exemplarisch vorführt.

Mit ihren Mitteln hatte die Neuzeit es nicht geschafft, ein Argument für die Realität der Außenwelt vorzubringen, da ihre Methode indifferent gegenüber ontologischen Schichtungen ist und einzig die innere Kohärenz dessen betont, was ihr als wahr und objektiv gilt. Die radikale Antwort auf den Illusionsverdacht, daß die Wahrnehmung einer Halluzination gleiche, ist nicht die Ausschließung des träumenden oder verrückten Bewußtseins, sondern dessen Einschluß. Die heutigen erkenntnistheoretischen Relativismen und Holismen setzen den Weg fort, schon die Frage nach der Bezugnahme von Erfahrung und Erkenntnis auf das Reale zu suspendieren, was parallel dazu läuft, daß in den Computersimulationen der künstlichen Intelligenz eben die Semantik am meisten Schwierigkeiten macht. Descartes sucht im Denken des Denkens und des Wahrgenommenen nach Evidenzen, die sich der Verfügung seines Urhebers entziehen und so durch den Zwang von Irreversibilität Objektivität und Notwendigkeit indizieren. Das Problem, mit dem seine Meditationen anheben, daß ein deus malignus ihm alle Gedanken und Bilder wie im Schlaf einflößen könne, glaubt er durch die logischen Konsequenzen des cogito-Argumentes gelöst zu haben, insofern jede klare und deutliche Apperzeption einen Irrtum ausschließe: »Indessen – das ändert nichts; denn, selbst wenn ich träumte, so ist dennoch sicher alles wahr, was meinem Verstand einleuchtet.«[93]

Ganz ähnlich suspendiert Leibniz in seiner Schrift *Über die Methode, reale Phänomene von imaginären zu unterscheiden* das Problem der Bezugnahme auf Reales, das heute die Philosophie beherrscht, von dem der Wahrheit. Die Realität der Phänomene erweist sich an ihrer »lebhaften, vielfältigen und in sich harmonischen« Darstellung, die eine »lange Kette von Beobachtungen« und einen Vergleich mit ähnlichen Phänomenen zuläßt, wobei das mächtigste Indiz deren »Übereinstimmung mit dem ganzen Leben« sei, sie also dem »gewohnten Gang der Dinge« nicht widersprechen.[94] Wenn man überdies aus den gegenwärtigen Phänomenen zukünftige voraussagen könne, dann wäre dies bereits ein hinreichendes Indiz. Aber es gibt, so fährt Leibniz fort, kein Argument, »durch das sich mit absoluter Sicherheit beweisen ließe, daß Körper existieren, und Nichts hindert, daß bestimmte wohlgeordnete Träume sich unserem Geist darbieten, die von uns für wahr gehalten werden und es vom Standpunkt der Praxis wegen ihrer durchgängigen Übereinstimmung auch sind«.[95]

Wenn heute angesichts der potentiellen Möglichkeiten der Simulation wieder in der Philosophie, sofern sie sich noch nicht ganz vom Problem der Referenz verabschiedet hat, Szenarien diskutiert werden, die den Einschluß in eine totale Illusion darstellen, dann kommen damit nur die in der Ablösung vom Mimesisbegriff suspendierten Probleme der Neuzeit wieder hervor, in denen das »Haus der Blendwerke« bereits theoretisch vorgedacht und künstlerisch, etwa in den manieristischen Spiegellabyrinthen, vorgestellt wurde.

Wenn alle unsere Empfindungen, Wahrnehmungen, Lüste und Erlebnisse nur aus codierten Impulsen bestehen, die in der Datenverarbeitungszentrale unseres ZNS komputiert werden, dann ließen sich diese Impulse auch direkt ins Hirn speisen, wodurch die Entfaltung einer wahrhaft poetischen Wissenschaft möglich wäre. Auf der Basis dieser Möglichkeit hat Hilary Putnam ein neues Szenario der Höhle entworfen, das – durchaus nicht künftiger Realität fern – an Modelle angelehnt ist, die in der Science Fiction verhandelt werden, weil nur in der Zwischenzone zwischen Wissenschaft und Imagination eine exakte Phantasie des Denkbaren experimentell simuliert werden kann. Wenn Putnam in Analogie zum genius malignus von einem »bösen Wissenschaftler« ausgeht, dann scheint dies allerdings schon von vornherein eine Verkürzung zu sein, da die Erzeugung eines künstlichen oder simulierten Environments eine der entscheidenden Achsen der technowissenschaftlichen Forschung ist, in der sie sich mit den Interessen der Kulturindustrie überschneidet: »Man stelle sich vor, ein Mensch (du kannst dir auch vorstellen, daß du es selbst bist) sei von einem bösen Wissenschaftler operiert worden. Das Gehirn dieser Person (dein Gehirn) ist aus dem Körper entfernt worden und in einen Tank mit einer Nährlösung, die das Gehirn am Leben erhält, gesteckt worden. Die Nervenenden sind mit einem superwissenschaftlichen Computer verbunden worden, der bewirkt, daß die Person der Täuschung unterliegt, alles verhielte sich normal. Da scheinen Leute, Gegenstände, der Himmel etc. zu sein, doch in Wirklichkeit ist alles, was diese Person erlebt, das Resultat elektronischer Impulse.... Dem Opfer kann es sogar scheinen, daß es hier sitzt und diese Worte liest, die von der amüsanten, doch ganz absurden Annahme handeln, es gebe einen bösen Wissenschaftler, der den Leuten das Gehirn herausoperiert.«[96] Das Programm wäre natürlich interaktiv erweiterbar für viele »Gehirne im Tank«, die – miteinander vernetzt – alles wie gewohnt »machen« könnten und derart eine »kollektive Halluzination« teilten, die Wahrnehmungen sogar intersubjektiv überprüfbar erscheinen ließe.

Diese »erkenntnistheoretische Zwickmühle« einer Totalillusion wird von Putnam allerdings nur inszeniert, um sie als absurd aufzuweisen, denn sie wird aus jener Perspektive entschieden, die dem noch nicht auf ein Hirn im Tank reduzierten Menschen entspricht. Die genauere Ausführung des – bereits auf ein Schwundproblem zurückgeschnittenen – Argumentationsganges kann hier nicht vorgestellt werden. Es gibt jedenfalls für Putnam ein »logisches« Argument, das zeigt, daß wir keine Menschen im Tank sind, weil wir nicht im Tank sind und weil die Gehirne im Tank auch noch dann von Bäumen reden würden, wenn es keine mehr gäbe: »Kurz, die Gehirne im Tank denken nicht an wirkliche Bäume, wenn sie ›Vor mir steht ein Baum‹ denken, weil nichts vorhanden ist, vermöge dessen ihr Gedanke ›Baum‹ tatsächlichen Bäumen entspricht.«[97] In diesem »logischen« Argument wird das Wissen um die Unterscheidung von Simulation und Wirklichkeitsbezug vorausgesetzt, der durch die angenommene realistische Simulation doch gerade eingezogen wird. Konsequenter argumentieren etwa die konstruktivistischen Erkenntnistheorien, in denen sowohl der Bezug auf Wirklichkeit wie deren Beschreibung durch rekursive Prozesse des Errechnens oder durch andere Symbolsysteme ersetzt wird: »Die Umwelt, so wie wir sie wahrnehmen, ist unsere Erfindung.«[98] Dann gibt es konsequenterweise nur noch differente »Weisen der Welterzeugung« (Nelson Goodman), aber nicht mehr den Unterschied zwischen Erfindung und Entdeckung, was dazu zwingt, das Geflecht von Kategorien wie real-fiktiv, objektiv-subjektiv, wirklich-scheinbar oder analog-digital im Hinblick auf die Repräsentation von etwas neu zu definieren, während der Begriff der Wahrheit in seiner starken Version als wie immer auch geartete Übereinstimmung mit dem Gegenstand aufgegeben werden muß.[99]

Die Differenz etwa zwischen einem Video- und Computerspiel, einer Bomberflugsimulation und dem »wirklichen« Steuern eines Flugzeugs wird für den »Piloten« hinter der Windschutzscheibe oder vor dem Bildschirm immer unerheblicher. Nur im Unfall, also im Aufprall der Körper aufeinander, scheint der Unterschied zwischen Simulation und Wirklichkeit noch auf. Möglicherweise rührt daher die Faszination an Kriegsspielen, die 60% der auf dem Markt befindlichen Computerspiele ausmachen, während man in den Filmen durch die schreckliche oder gefährliche Situationen darstellenden Sequenzen wie auf einem Geschoß hindurchgejagt wird, über das man längst die Herrschaft verloren hat. Beides sind Formen der Beschwörung des Realen im Virtuellen.

Ähnlich wie in der Neuzeit kommt auch heute eine Ambivalenz zwischen intendierter Desillusionierung und der Faszination an der Überschreitung des Realen zum Ausdruck. Konstruktion lag als Prinzip auch den künstlerischen Versuchen der Neuzeit zugrunde, die Welt zu irrealisieren, sie zur Groteske umzuformen, Schein und Sein in ihr unentwirrbar zu verflechten oder die Figur des Verrückten als Ergebnis des zersetzten Realitätsbezugs darzustellen. Die Verallgemeinerung der Täuschung, bereits von Platons Höhlengleichnis präfiguriert, liegt nicht nur dem cartesianischen Experiment zugrunde, Objektiviät und Gewißheit der Erkenntnis von der Bindung an die Wahrnehmung der phänomenalen Welt zu lösen, auch in der Kunst wurde die Enttäuschungsbewegung doppeldeutig durchexerziert. Die technische Möglichkeit zur Erzeugung realistischer Illusion vermischt sich mit der Bedrohung, Täuschungen anheimzufallen, aber auch mit der Chance, frei mit der phänomenalen Welt der Erscheinung spielen und so die Ordnung der sinnlichen Wahrnehmungswelt dezentrieren zu können. Die »Wunschmaschine« Computer setzt so eine »Ästhetik des Programmierens« frei, neue »Welten«, die in sich schlüssig sind, zu erfinden: »Für viele Programmierer liegt ein großer Teil der Erregung, die der Computer in ihnen auslöst, in der Tatsache, daß das Denken von den Beschränkungen der Materie befreit ist. Erinnern wir uns an den Hacker, der sagte, Programme seien wie ›Konstruktionen direkt aus dem Kopf‹. Als Wertvollstes und Schönstes gilt, was am freiesten konstruiert ist.«[100] Spiel, Lernen, Arbeit, Freizeitvergnügen und technische Konstruktionen, die theoretische Einsicht verlangen, scheinen sich besonders in der Computerkultur bruchlos zu verbinden, weil alles mit denselben Geräten ausgeführt werden kann.

Künstliche Welten

Eine Reflexion auf die ästhetischen Folgen und künstlerischen Potentiale, die die neuen Technologien und Medien mit sich bringen, muß die »Informationsumwelt« berücksichtigen, in der sich schon ein beträchtlicher Teil des Alltagslebens überall auf der Erde abspielt. Mit den Illusionstechnologien und der ihnen eigenen Faszination und Verunsicherung dringen, was die vorher ausgeführten Überlegungen zum Umfeld des Begriffs der Simulation andeuten wollten, bislang auf eher gedankenexperimenteller Ebene diskutierte philosophische Fragen in die alltägliche Selbstverständigung ein. Überdies sind Maschinen nicht nur Instrumente zur Bewältigung bestimmter Probleme oder zur Erzeugung bestimmter Effekte, sondern auch Projektionsmedien, an denen sich die menschliche Selbstverständigung zum Ausdruck bringt, was besonders deutlich im Umkreis der Künstlichen Intelligenz wird. Möglicherweise wird sich in der zunehmenden Synergie von Mensch und Maschine der jetzt schon beobachtbare Trend weiter verstärken, das Humane nicht mehr wie in der Tradition an Vernunft und Verstand zu binden, sondern es in dem zu finden, woran die technische Simulation (noch) scheitert, also an leiblich gebundene Empfindungen oder Emotionen, an Wahrnehmungs-, Assoziations- oder Denkformen, die nicht regelgeleitet und arational sind, oder an Erfahrungsqualitäten, die sich der exakten Mitteilung und Darstellung entziehen. In diesem Zusammenhang käme auch der Kunst, sofern sie sich nicht von ökonomischen Interessen und den Erfordernissen der Kulturindustrie vereinnahmen läßt, gängige Programme mit endlosen Variationen durchzuspielen, eine neue Qualität zu, die eher in verlangsamenden Prozessen der Reflexion, der Erinnerung und der Vergegenwärtigung als in der sowieso technisch erfolgenden und programmierten Erweiterung von Sensibilitäten bestünde, wie es die Apologeten der technischen Kunst meist fordern. Da Kunst, Technik und Kommerz im Zeichen der Kulturgesellschaft, in der die Unternehmen selbst sich ästhetisieren, immer weiter verschmelzen, wird besonders die Verweigerung, ästhetische Produkte, also abgeschlossene Werke, herzustellen, bedeutsam.

Bald werden wir, so der Zukunftsforscher Alvin Toffler, von intelligenten Maschinen umgeben sein. Die »private« Wohnstätte verwandelt sich in ein »Informationszentrum«, das mit allen anderen vernetzt ist. Telekommunikationsmittel wie Radio, Telefon, Fernsehen und Video betten uns in eine artifizielle Umwelt ein, die sich in ihrer Struktur überall gleicht und mit ihrem internationalen Stil den Trend zur Nivellierung der Kulturen fördert, was besonders bei den Massenmedien zu sehen ist, an die nahezu jeder schon angeschlossen ist. Die Kulturindustrie, die dank der computerisierten Rückkopplungstechniken genauer denn je die Angeschlossenen zu Satelliten macht, ist auf dem Wege, das Bedürfnis nach Unterhaltung unmittelbar mit den Angeboten zu verschalten. »Der Kabelanschluß des Fernsehers in unserem Haus versorgt uns mit 58 Fernsehkanälen; alle 15 bis 30 Minuten können wir, falls der Fernseher eingeschaltet ist, das Geräusch eines Rückkoppelungsgerätes hören, das überprüft, ob der Fernseher in der Tat angestellt ist und ob wir uns bestimmte Werbefernsehprogramme anschauen.«[101] Was zunächst durch die Vermehrung der Programme und deren Konservierungsmittel wie dem Video als Befreiung des Konsumenten vom Diktat der Medienkonzerne erscheinen mag, steigert nur in ihrer Pluralität die zielgerichtete Abdeckung des Verlangens nach unmittelbarer Wunschbefriedigung: »Die Fernbedienung, ursprünglich dafür entwickelt, die Zuschauer in ihrer Bequemlichkeit zu unterstützen und sie noch stärker an ihre Fernsehsessel anzubinden, wurde zu einer eingreifenden Kulturtechnik, zu einer Art ungehobeltem Editiergerät. Durch einen leichten Druck auf die Sensorentasten ist vor dem TV-Apparat der permanente harte Filmschnitt möglich geworden, wobei das Material, aus dem sich die entstehenden Montagen zusammensetzen, selbstverständlich vorgegeben ist. Aber zweifellos entsteht dadurch auf den Schirmen in den Wohnzimmern ein ganz anderer audiovisueller Fluß als der, den die Betreiber der einzelnen Kanäle organisieren: potentiell eine heterogene Zusammensetzung von zeitlich, räumlich, in Sujets, Farben und Stimmungen zerrissenem Material, programmierte Unregelmäßigkeit, Brücke, auch Dekonstruktionen.«[102] Diese mit den Massenmedien immer schon einhergehende Hoffnung, daß ihre Dezentralisierung und ihre Transformation in eine Zwei-Weg-Kommunikation zum Scheitern manipulativer Absichten führe, verkennt, daß das kapitalistische System im ganzen gerade auf dem Versprechen von Freiheit beruht, wobei die Zerstörung von mobilitätshemmenden Schranken, die »Deterritorialisierung« (Deleuze/Guattari), den ungehemmten Fluß der Geld-, Waren-, Informations- oder Bilderströme erst erlaubt. Der Inhalt, die Repräsentation oder die Bedeutung des Kommunizierten wird dabei sekundär, weswegen vielleicht Hans Magnus Enzensberger nicht zu Unrecht den Fernseher als »Nullmedium« bezeichnet.

Was in den traditionellen Kunstmedien sich bereits angedeutet hat, die Ironisierung oder Liquidierung des Sinns, der Bedeutung oder des Inhalts, wird im Glotzen auf den Bildschirm als »vollkommene Leere« nur perfektioniert – gerade durch den kontinuierlichen Strom des Heterogenen, in dem halluzinativ jede Bedeutung gebrochen wird und alles in der flüchtigen Präsenz verschwindet. »Die Fusion/Konfusion von Auge und Objektiv, der Übergang vom Sehen zur Visualisierung ist ohne Schwierigkeiten Bestandteil der Lebensgewohnheiten geworden. In dem Maße, wie der menschliche Blick erstarrte und seine natürliche Geschwindigkeit und Sensibilität verlor, sind umgekehrt die Filmaufnahmen immer schneller geworden. Heute bescheiden sich die professionellen Photographen und andere größtenteils damit, wie mit einem Maschinengewehr zu schießen, wobei sie sich auf die Geschwindigkeit und die große Zahl von Aufnahmen verlassen, die ihre Apparate aufnehmen können, sie treiben Schindluder mit ihren Kontaktabzügen und ziehen es vor, zu Zeugen ihrer eigenen Photographien, statt zu Zeugen irgendeiner Wirklichkeit zu werden.«[103] In der, gleich ob durch solche Postproduktion oder durch Planung, technisch immer perfekter konstruierbaren »Montage der Attraktionen« wird die Wahrnehmung in eine Situation permanenter Mobilmachung versetzt. Die scheinbare Autarkie des selektiven, vielleicht auch mit dem interaktiven Film »produktiv« werdenden Zuschauers oder die Praktiken des Umfunktionierens lassen zwar die Kritik an der Kulturindustrie als manipulativem System, das von oben nach unten organisiert ist, als einseitig erscheinen[104], doch es werden dadurch nicht nur neue Märkte erschlossen, sondern auch die Vernetzung schreitet weiter voran. Künstler, die sich der Verkabelungs- und Kommunikationseuphorie verschrieben haben und der Utopie einer dialogischen Kreativität nachhängen, klagen bereits wie eh und je über die beharrliche Passivität des Publikums, das animiert werden will, sich verführen und faszinieren lassen, also einem Spektakel als unbeteiligter Zeuge beiwohnen will: »Aber die erhoffte Revolution in der interpersonellen Kommunikation – nicht zuletzt auch zwischen Künstlern – ist nicht eingetreten. Die hohen Kosten der Hardware und die Kommunikationsgebühren sind nur ein Teil des Problems – viel entscheidender sind die Trägheit und das Beharrungsvermögen von 200 Jahren industrieller Kultur und ihres konsumeristischen Nachspiels. Niemand in unserer Kultur, Künstler eingeschlossen, wird darin ausgebildet oder dazu ermutigt, andere an seiner/ihrer Kreativität teilhaben zu lassen. ... Wir alle sind an die Produzent/Konsument-Beziehung der Herstellung von Dingen zum Konsum durch andere gewöhnt.«[105]

Möglicherweise ist, wie dies Baudrillard interpretiert, die Verweigerung der aktiven Partizipation, die Indifferenz der Masse, noch Ausdruck eines Widerstandes, alles in reale Prozesse der Mobilmachung aufzulösen, an denen die Subjekte als Akteure beteiligt sind und auf die sie reagieren müssen, wodurch sie erst wirklich kenntlich werden. Die auch über Passivität eingezogene ästhetische Distanz wahrt den Raum der Illusion. War das Kino noch ein solcher Ort des Rückzugs von der Realität, so sind Fernsehen und die anderen Medien unterbrechungslos in den Alltag eingelagert, in dem Traumwelten und Wirklichkeit zu einem undifferenzierten, wenn auch heterogenen Amalgam verschmelzen. Flüchtigkeit und Zerstreutheit der medialen Wahrnehmung, die eine Folge des potentiell permanenten und die unterschiedlichsten Wirklichkeitsebenen aneinanderreihenden Bildstroms ist, verstärken sich nur durch die individuelle Verfügung über die Bilder, während der soziale Kontext trotz größerer Kommunikationsmöglichkeiten weiter zerfällt, weil jeder sich mit diesen »Junggesellenmaschinen« seine eigene Geschichte zusammenstellen, möglicherweise sich auch wie in »Morels Erfindung« mit in den Bildstrom einfügen kann.

Die immer dichtere Vernetzung von allem mit allem sorgt dafür, daß der Tauschwert über den Gebrauchswert triumphiert und die Zirkulation von austauschbaren Zeichen über die Diskontinuität und Regionalität von Sinn, was die Börsentransaktionen deutlich zeigen. Mac Luhans Apologie der »elektrischen Schaltungstechnik«, die die »Herrschaft von ›Zeit‹ und ›Raum‹« durch einen »totalen Wandel« zum Einsturz bringe, der »aller Beschränktheit ein Ende setzt«, ist nur eine Replik auf die im *Manifest der kommunistischen Partei* vorgestellten Veränderungen, die aus dem Verbund von kapitalistischer Ökonomie, politischem Liberalismus und maschineller Produktion resultieren: »Die ununterbrochene Umwälzung der Produktion, die ununterbrochene Erschütterung aller gesellschaftlichen Zustände, die ewige Unsicherheit und Bewegung zeichnet die Bourgeoisieepoche vor allen früheren Epochen aus. Alle festen eingerosteten Verhältnisse mit ihrem Gefolge von altehrwürdigen Vorstellungen und Anschauungen werden aufgelöst, alle neugebildeten veralten, ehe sie verknöchern können. ... An die Stelle der alten lokalen und nationalen Selbstgenügsamkeit und Abgeschlossenheit tritt ein allseitiger Verkehr, eine allseitige Abhängigkeit der Nationen. Und wie in der materiellen, so auch in der geistigen Produktion.« Im »allseitigen Verkehr« von Gütern, Personen, Informationen, Bildern, Geräuschen etc. entsteht eben jenes globale Dorf McLuhans, das sich von Außen abschließt und in dem tendenziell nur das existiert, was am Netz hängt und durch die magischen Kanäle fließen kann.

Pluralität der Medien und ihrer Inhalte sowie die individualisierte Verfügung über sie trügen nur über die uniformierende Starrheit des Systems hinweg, das sich gerade durch seine Transformation in ein »responsive environment« zu einem Ganzen schließt und sich ästhetisch als permanenter Reiz durch wechselnde oder sich rhythmisch beschleunigende Sinneseindrücke konstituiert. Die fortschreitende Miniaturisierung vom walkman über den watchman bis hin zum Mikrocomputer macht es möglich, auch unterwegs die Massage der Medien oder den kommunikativen Anschluß nicht zu unterbrechen.

Besonders seit der Erfindung der Heimcomputer zu Beginn der achtziger Jahre hat sich die Expansion der Technik in allen Nischen der Lebenswelt beschleunigt. Bald wird in jedem Haus als Standardausrüstung ein Computer zu finden und die Computerkompetenz, zumindest was den Umgang mit ihm betrifft, unabdingbar sein. Mit der über den Computer möglichen Verbindung der verschiedenen Kommunikations- und Informationstechnologien wird eine tiefgreifende Veränderung des Alltagslebens stattfinden, da mit den interaktiven Terminals die räumliche Ausdifferenzierung der sozialen Funktionen immer unwichtiger wird, weil viele sich auf dem Bildschirm ausführen lassen. »Fernsehen, Videokassetten, Videogeräte, Videospiele und personal computer schließen sich über ihre interfaces zu einem System zusammen, das eine in sich geschlossene andere Welt bildet. Dieses System verkörpert den Zuschauer/Benutzer in einer räumlich-dezentrierten, zeitlich unterdeterminierten und gleichsam ›körperfreien‹ Sphäre.«[106]

Die sinnlich erfahrbare Präsenz materieller Dinge oder Menschen wird in Zukunft sicher schrumpfen gegenüber einem Leben, das sich in die mit dem globalen Dorf vernetzte platonische Höhle und in eine programmierte Sensualisierung der auf der Basis von Immaterialien generierten, gespeicherten, jederzeit beliebig veränderbaren und hybridisierbaren Phänomene zurückzieht. Die in der Kunst entwickelten Formen der Partizipation und Interaktion laufen denn auch darauf zu, den Betrachter in das System einzubeziehen, ohne daß er noch den Gang ins Museum auf sich nehmen und leiblich anwesend sein muß.

Wenn man sich die Anwesenheit im Museum, in Theatervorstellungen, Konzertsälen, Kinos oder Bibliotheken ersparen kann, indem man zu Hause alles – life oder gespeichert – vielfach in besserer Qualität auf dem Bildschirm durchblättert und in das Angebot intervenieren kann, dann verändert sich nicht nur der Standard der ästhetischen Urteilsbildung, der durch den Vergleich von Werken erzielt wird, sondern auch der Reiz von kulturellen Veranstaltungen als solchen. Es deutet sich auch unabhängig davon bereits an, daß nicht mehr die Ausstellung oder Vorführung primär ist, sondern die eigene Anwesenheit, durch die man wiederum selbst zum Teil der Aufzeichnung wie bei den Performances, Happenings und Aktionen wird. Auf der anderen Seite wird die materielle Präsenz, das Original, die Authentizität des Hier und Jetzt zu einem Spektakel, was schon die Vielzahl neuer Museumsbauten zeigt, die nahezu alle der Ausstellung von traditionellen Kunstwerken dienen, auch wenn ihre Funktion der Speicherung und Ausstellung von Werken allmählich schon aus Kostengründen durch die Einrichtung einer mit anderen Museen vernetzten Datenbank ersetzt wird, in dem die überall auf der Welt verstreuten Kunstobjekte auf dem Bildschirm abrufbar sind. Auratisch ist nicht mehr die Ferne, sondern die Nähe, nicht die Beschleunigung, sondern der Stillstand. Der Trend in der Kunst, das Werk im realen Raum zu vererden, es gewissermaßen mit massiver Materialität aufzuladen oder den Zuschauer in seiner leiblichen Präsenz einzubeziehen, was selbst noch charakteristisch für viele Videoinstallationen und kybernetische Skulpturen ist, scheint eine Weise der Reaktion gegenüber den Prozessen der Immaterialisierung, aber auch der beliebigen Aufstellung in den Museen zu sein, deren Ausstellungsinszenierungen mehr denn je den Blick auf das einzelne Werk verhindern. Mit dem Ausstieg aus dem transportablen Tafelbild in die Wirklichkeit, der große Züge der Dynamik moderner Kunst und des Ausstellungswesen geprägt hat[107], ist vielleicht der Wunsch nach Werken verbunden gewesen, die zugleich statisch und monumental wie ein Denkmal sind oder flüchtige und augenblickliche Prozesse einfrieren.

Die Produktionsmittel von virtuellen Welten laufen andererseits den üblichen Distributions- und Rezeptionsweisen des Kunstbetriebs zuwider. Man müßte sich ihre Realisationen, gleich ob auf der Basis der Schrift, des Klangs oder des Bildes, eher als Informationen vorstellen, die in die Kommunikationsnetze verstreut werden, die also so ähnlich wie Nachrichten produziert und gesendet werden, deren Bestimmung es ist, durch neue und aktuelle ersetzt zu werden, und die nicht wesentlich an einzelne Autoren gebunden sind, durch deren Signum sie Bedeutung erhalten. Daraus mag sich die gegenwärtig wachsende Aufmerksamkeit auf die Struktur des Ereignisses oder auf das situative Moment erklären. Obzwar prinzipiell endlos reproduzierbar, fasziniert es durch die ihm eigene Flüchtigkeit der Erscheinung. Vielleicht hat die Idee des Happening oder des Situationismus, entstanden auch unter dem Eindruck der einsetzenden mediatisierten Wirklichkeit in der »Gesellschaft des Spektakels« (Guy Debord), mit ihrer Ausrichtung auf Authentizität, Einmaligkeit und Partizipation eher reflexionshemmend gewirkt, weil diese Aktionsformen unmittelbar gegen die Medien gerichtet waren und doch, wie bereits angedeutet, in geheimer Komplizenschaft mit ihnen standen. Das Happening muß in den Kanälen und Netzwerken selber sich ereignen, nicht den Traum verfolgen, es gäbe eine Präsenz außerhalb von ihnen. Mit Authentizität hat dies nichts mehr zu tun, sondern das entspräche Strategien, die, den Aktionen des Hackers gleich, eine Flaschenpost auslegen und so selbst für den Initiator zu überraschenden Ergebnissen führen. Entfremdung und Entwendung wären ihre notwendigen Bedingungen, die zugleich die Grenzen einer Medienkunst markieren. Sofern sie nicht wie die traditionelle Kunst ein handelbares Unioder Multikat herstellt oder sich in die Kanäle der Massenmedien einfügt, wäre sie eine Kunst ohne Namen und abgeschlossene Werke, die Träger kommerzialisierbarer Zirkulation, aber auch die Voraussetzungen der gewohnten ästhetischen Erfahrung, die sich in einem Bruch mit der Alltagserfahrung konstituiert. Das scheint mir auch der Grund dafür zu sein, daß elektronische Kunst, die in ihren spezifischen Kanälen bleibt, nur uneigentlich gemacht wird, wenn sie doch auf die Weisen der Distribution, Präsentation und Rezeption des bestehenden Kunstmarktes zurückgreift. Der Ansatz von Gene Youngblood, daß eben dieses »Metadesign«, der »Ästhetik der Kommunikation« Forsters vergleichbar, den üblichen Kunstbegriff außer Kraft setzt, ist insoweit richtig: »Soziale Metadesigner entwerfen Netzwerke im physikalischen Raum, die die Existenz autonomer sozialer Welten im virtuellen Raum ermöglichen. ... Soziales Metadesign ist jedoch extraästhetisch und suprakulturell. Seine Aufgabe ist die Schaffung eines öffentlichen Raumes, nicht einer öffentlichen Kunst. Es stellt gleichsam den Kontext zur Verfügung, innerhalb dessen das soziale und politische Potential der Metamedien zur Geltung kommen kann.« Nur erscheint mir der Gedanke, den Künstler nun als Animateur zu verstehen, der gewissermaßen aus der Perspektive eines Sozialpädagogen Rahmen für (Medien-)Ereignisse entwirft, auch nicht besonders attraktiv zu sein, weil die Bindung an soziale Nützlichkeit – egal ob avantgardistisch oder kulturindustriell – gerade das Nomadische der künstlerischen Imagination kanalisiert, wenn auch darüber eine ökonomische Basis für die Künstler – die Medien- oder Informations-, Kommunikations- oder Interaktionsdesigner – gesichert werden könnte.

Kunst hat sich nicht nur wegen ihres überkommenen Begriffs vom Design – oder das Design von ihr – abgelöst. Ihre Aufgabe ist auch nicht die Gestaltung von Weltbildern oder von Formen gelingender Kommunikation. Das könnte sie nur sein, wenn sie das aufgibt, was sie in der Moderne gegenüber anderen Weisen der Welterzeugung ausgezeichnet hat: ihre Kraft der Irritation. Vermutlich ist weder die Kategorie der Aktualität noch die der Innovation ihr wesentlich, was viele dem Modernismus verpflichtete Vertreter der Technokunst gauben, sondern eher die des Anderen, das sich nicht in die herrschenden Modelle der Welterzeugung mitsamt ihren Weisen der Verständigung und Deutung integrieren läßt. Zu ihr gehört das überflüssige, nicht an unmittelbare Zwecke, Interessen und Bedürfnisse gebundene Erkunden von ästhetischen Effekten und Ausdrucksformen, das sich der wissenschaftlichen Erklärung ebenso wie der technischen Problemlösung widersetzt. Ihre Intention ist die Darstellung des »Unmöglichen«, dessen, was sich nicht machen läßt und daher eine Arbeit an der Unverfügbarkeit mit sich bringt, die paradox ist, da sich in ihr ähnlich der Philosophie das Machen oder Konstruieren gegen sich selbst wendet und so eher einer philosophischen Reflexion der Wahrnehmung gleicht. Für diese Tätigkeit benützt sie alle Erkenntnisse, Objekte, Sensibilitäten und Deutungssysteme, aber auch alle verfügbaren Mittel, Instrumente und Technologien, ohne daß sie dadurch – was die Avantgarden gewissermaßen gegen ihre eigene Intention demonstriert haben – an einen Ort, eine Institution, eine Darstellungsweise oder eine Produktionsform endgültig oder ausschließlich gebunden wäre. Das macht sie zugleich unscharf und zur Instanz einer transversalen Erkundung, die an den Rändern der jeweiligen gesellschaftlichen Wirklichkeit stattfindet, die sich zwar historisch verschieben, als Grenzen aber erhalten bleiben. Künstlerisch und ästhetisch gesehen gibt es keine fortschrittliche Technik, nur ein sich ständig erweiterndes Geflecht von Medien, die miteinander konkurrieren und sich wechselseitig provozieren, um die Offenheit des Imaginären zu bezeugen und die zwanghaft sich schließende Bilderwelt der Imagination zu öffnen.

Noch aber steht mit der Entwicklung der sogenannten Virtuellen Realität oder des Cyberspace der entscheidende Bruch mit der herkömmlichen Ästhetik aus.[108]

Deutlich ist, daß die weitere Entwicklung der digitalen Medien auf einen Verbund von vernetzten Technologien zuläuft, der ästhetisch dem entspricht, was man ein multimediales oder hypermediales Gesamtkunstwerk nennen könnte. Die wichtige Veränderung liegt darin, daß die Schnittfläche zwischen Mensch und illusionserzeugender Maschine wirklich interaktiv ist, sie also den herkömmlichen »Zuschauer«, der vor einem Schirm, einem Bild oder einer Bühne sitzt, als Akteur in die digital generierte Szene integriert, die er wie die normale, den Sinnen zugängliche Welt durchwandern und in der er handeln kann: eine begehbare, virtuelle Architektur des synthetischen Datenraumes, der etwa auf die Bewegungen des Körpers in Echtzeit reagiert. Die dreidimensionale computergenierte Realität besitzt die neue Eigenschaft, eine virtuelle Symbiose von materialisierter Wirklichkeit, z. B. dem Leib des Menschen mit seinen Handlungen und seinen sensorischen Kapazitäten, und simulierter Wirklichkeit herzustellen. Noch muß man dazu sich durch einen Datenhelm und -anzug von der »ersten« Wirklichkeit abgrenzen, um den virtuellen Raum betreten zu können. Vielleicht wird es bald möglich sein, zumindest die Bewegungen des Körpers, ohne Vermittlung des Anzugs, von Kameras abzutasten. Von Marvin Minsky wird auch schon die Möglichkeit erwogen, die Daten durch einen Mikrocomputer direkt in das Hirn des Menschen einzuspeisen.

Mit der VR-Technologie wird die computererzeugte Welt zum Bereich persönlicher Erfahrung aus der Ich-Perspektive, gesteuert beispielsweise durch Gesten, die Stimme oder die Position des Leibes. Sie zu erstellen ist, an welchen Anwendungsbereich man auch immer denken mag, eine zugleich technische wie ästhetische Aufgabe, denn es muß ein künstlicher Wahrnehmungsraum gestaltet werden, in dem sich die Menschen wie in dem der wirklichen Welt orientieren, handeln und mit anderen kommunizieren können. Dadurch gibt es in dieser Technologie für den Benutzer keine erkennbaren Schnittstellen mehr: Man bewegt sich mit seinem Körper, um in eine andere Szene zu gelangen oder ein Objekt zu ergreifen. Zum ersten Mal ist es Menschen somit möglich, ein selbsterzeugtes Bild »wirklich« zu betreten. Natürlich dominiert beim Cyberspace bislang der Wunsch nach visuellem und auditivem, ansatzweise auch taktilem Realismus, also nach möglichst exakter Reproduktion des gewohnten sinnlichen Wahrnehmungsraumes. Aber seine gleichermaßen ästhetische wie philosophische Chance läge sicher darin, alternative, wenn auch ähnlich »dichte«, wie Vilém Flusser sagen würde, Welten zu erfinden, die sich an physikalische Gesetze nicht halten müssen. Zwischen anwendungsorientierter Technik und einer möglicherweise neu entstehenden, von der Science-Fiction-Literatur schon lange prognostizierten Erlebnisindustrie, die zwischen Theater, Oper,

Happening, Performance, Film und Fernsehen sowie allen möglichen Disneyworld-ähnlichen Spektakeln steht, öffnet sich das Feld für eine faszinierende künstlerische Gestaltung, denn die VR-Technologie erfordert ein ganz neues Verständnis von Kunst, von Szene, von Illusion, von Dramatik.

Noch werden diese synthetischen Wirklichkeiten – etwa als Flugsimulatoren, als Arbeitsstätten im virtuellen Raum, eventuell verbunden mit einem ferngesteuerten Roboter, bei Körpersimulationen für medizinische Zwecke, bei Simulationen von Objekten oder architektonischen Entwürfen, die vor ihrer Verwirklichung getestet und optimalisiert werden können etc. – vor allem für Forschungs-, Rüstungs-, Raumfahrt- und Ausbildungszwecke entwickelt. Doch ist diese Technik auch interessant für Künstler, die allein ästhetisch wirkende environments entwerfen können, und nicht zuletzt für die Unterhaltungsindustrie, weil durch die Einbeziehung des Zuschauers eine wesentlich höhere Intensität des Spektakels bewirkt werden kann.

Die bislang geläufigen Formen der Computerkunst – Computergrafik, Computeranimation, Computermusik und interaktives Bild – sind heute nur noch als Vorstufen künftiger multimedialer Werke zu verstehen, die, soweit es der technische Stand erlaubt, möglichst alle Kanäle der Sinneswahrnehmung und der Kommunikation einbegreifen und so eine virtuelle Umwelt erzeugen, die »intelligent« ist, weil sie wahrnehmen und handeln kann. In diesem Entwicklungsprozeß einer ästhetischen Technologie muß »Kunst« erst noch ihren eigenen Ort und ihre Aufgabe finden.

Wie bereits das Fernsehen weitgehend den Kinofilm verdrängt hat, so werden die künftigen Produkte der VR das herkömmliche Fernsehen: das Starren auf einen, wenn auch bald zur Heimkinowand aufgeblähten Bildschirm, verdrängen, auf dem ein, vom Zuschauer wesentlich unbeeinflußbares Programm lediglich auf audiovisuellen Kanälen läuft. Das Imaginäre dringt nicht mehr nur ins Wohnzimmer ein, die Menschen selber können mit ihren Wunschmaschinen in das höhlenartige Reich der Fiktionen eintauchen und sich frei in einem dynamischen und komplexen Raum bewegen. In ihm können sie mit anderen Menschen interagieren, die irgendwo anders ihre Datenhelme und -anzüge angelegt haben, sie können sich neue Identitäten zulegen, ihr Erscheinungsbild verändern oder kommunikative Erfahrungen machen, die real nicht möglich wären. Sie können sich auch in Szenen hineinbewegen, die mit intelligenten und künstlichen Lebewesen bevölkert sind. Der Unterschied zwischen Wahrnehmung und Imagination wird weiter eingezogen, die Wahrnehmung irrealisiert, die Imagination realisiert.

Anmerkungen

1 Frieder Nake, *Künstliche Kunst,* in: *Ästhetik des Immateriellen, Teil 2, Kunstforum International,* Jan./Feb. 1989, Bd. 98, S. 88.

2 Aus: *Der Rotarier, Heft Baden-Württemberg,* Hamburg, März 1988, Heft 3, S. 189. Was Lothar Späth gewissermaßen als positive Folge der Informationsgesellschaft beschreibt, deutet auf die nicht nur von ihm verfolgte Politik hin, über die Förderung von Kunst und Kultur die Akzeptanz der High-Tech zu steigern. Nebenbei sind sie natürlich auch kommerzialisierbarer Inhalt, der durch die magischen Kanäle fließt: »Daß der Weg in die Informationsgesellschaft jedoch keine Einbahnstraße in die totale Kabelwelt ist, zeigt sich am Aufschwung, den in jüngster Zeit der Gedanke der Bewahrung der natürlichen und kulturellen Umwelt genommen hat.« (ebd., S. 185) Ganz allgemein fällt auf, daß viele der affirmativen Überlegungen zu den Auswirkungen der neuen Technologien, die wissenschaftliche und technische Entwicklung autonom setzen und dabei den Vorrang politischer, also praxisorientierter Kriterien und Ideen zum Verschwinden bringen (siehe beispielsweise Jürgen Habermas, *Technik und Wissenschaft als Ideologie,* Frankfurt 1968, im Vergleich zu Jean Baudrillard, *Le système des objets,* Paris 1968). Auch durchaus kritisch sich verstehende Theorien wie die Virilios, Baudrillards und neuerdings auch Kittlers, die alle Veränderungen ausgehend von technischen Innovationen zu erfassen suchen, haben zwar einen höheren Realitätsgehalt gegenüber bloßer Ideologiekritik, gleichzeitig scheint sich darüber notwendig ein politischer Fatalismus einzustellen. Obgleich die Menschen qua Technik Geschichte machen, vollzieht sie sich hinter ihrem Rücken. Die neue »unsichtbare Hand« ist heute daher nicht mehr die Vernunft, auch nicht mehr die politische Ökonomie, sondern die technische Revolution, die vom Bewußtsein der einzelnen, aber auch von Politik und Gesellschaft eingeholt werden muß.

3 Unterstützt wird das durch eine Theorie der Kompensation der Modernisierung durch Kultur, wie sie etwa von Odo Marquard vorgetragen wird. Dabei wird Kultur als Traditionsbewahrung aber kei-

neswegs kritisch gegenüber Modernisierungsprozessen verstanden, sondern ihre Rolle gilt als »modernisierungsermöglichend«. (Odo Marquard, *Über die Unvermeidlichkeit der Geisteswissenschaften*, in: ders., *Apologie des Zufälligen*, Stuttgart 1986, S. 105.

4 Odo Marquard, *Aesthetica und Anaesthetica*, Paderborn–München–Wien–Zürich 1989, S. 9.

5 Einen ähnlichen Versuch, Malerei und Bildmedien in einer konkurrierenden Verspannung zu verstehen, die mit dem Körperlichen zu tun hat, habe ich in dem Aufsatz: *»Der Körper und die Malerei oder: die Malerei im Rückspiegel der Medien«* auszuführen versucht, in: *Am Anfang war das Bild*, Katalog, hg. von Otto van de Loo und Hans M. Bachmayer, München 1990. Eine fundamentale Kritik an der Medienkunst hat Marc Le Bot vorgetragen: *Medienkunst*, in: *Ästhetik des Immateriellen*, a.a.O., S. 95–99.

6 Richard Kriesche, *Artificial Intelligence in the Arts*, in: *Artificial Intelligence in the arts Nr. 1 »Brainwork«*, Graz 1985, S. 8.

7 Frieder Nake, *Künstliche Kunst, Kunstforum*, a.a.O., S. 91.

8 Siehe auch: Vilém Flusser, *Ins Universum der technischen Bilder*, Göttingen 1985; Daniel Charles, *Zeitspielräume. Performance Musik Ästhetik*, Berlin 1989.

9 So stehen insbesondere die mit der Computersimulation und Informationstheorie verbundenen Untersuchungen über die Alltagssprache und die visuelle Wahrnehmung der Kognitionswissenschaft natürlich in engem Zusammenhang mit der Entwicklung von Sprach- und Sehmaschinen, wobei das Interesse wohl nicht in der Entscheidung der ideologischen Gretchenfrage besteht, ob die Künstliche Intelligenz der menschlichen gleich ist, sondern darin, den Menschen in Fertigungsprozessen oder in der Kriegführung ersetzen zu können. Zur wachsenden Bedeutung der Wahrnehmung in den Kognitionswissenschaften siehe: Howard Gardner, *Dem Denken auf der Spur*, Stuttgart 1989. Zu einer weniger der reinen Wissenschaft ergebenen Darstellung siehe beispielsweise Wolfgang Coy, *Industrieroboter. Zur Archäologie der zweiten Schöpfung*, Berlin 1985.

10 In zwei Veröffentlichungen habe ich bereits versucht, die Konturen des Techno-Imaginären in Relation zu dem der traditionellen Kunst herauszuarbeiten. Aus den beiden Bänden, die im Kunstforum unter dem Titel *Ästhetik des Immateriellen?* (Bd. 97, November/Dezember 1988 und Bd. 98, Januar/Februar 1989) erschienen sind, stammen auch Beiträge für dieses Buch. In dem zusammen mit Sara Rogenhofer herausgegebenen Buch: *Kunst machen. Gespräche und Essays*, München 1990, wird diese Thematik fortgesetzt.

11 Besonders Jürgen Claus hat in verschiedenen Publikationen die Konturen dieser Idee vorgestellt, beispielsweise in: *Das elektronische Bauhaus*, Zürich–Osnabrück 1987, oder: *Medien – Parks – Labors*,

Kunstforum, Bd. 97, a.a.O., S. 75–85.

12 So trägt eine Publikation der UNESCO, die von Heide Hagebölling und Manfred Eisenbeis, Gründungsbeauftragter der Kunsthochschule für Medien Köln, herausgegeben wurde, den suggestiven Titel *Synthesis*. Im Grundkonzept zur Kunsthochschule für Medien Köln, veröffentlicht am 15. 12. 1988, wird für die Synthese profan argumentiert: »Bei den neuen Techniken, vor allem bei der Computeranimation, wird weitgehend eine ästhetische Gestaltung vermißt. Hier gibt es praktisch keinen künstlerischen Nachwuchs. Das Feld wird von versierten Autodidakten beherrscht. Der Mangel an kreativer Kompetenz wird von den marktbeherrschenden Studios, die weltweit die großen Sendeanstalten beliefern, selbst empfunden. Immer neuere Geräte und neuere Programmentwicklungen erlauben immer perfektere Bilder bei steigender Benutzerfreundlichkeit, sie bleiben aber letztlich technische Spielerei ohne eigene ästhetische Qualität, wenn nicht am Anfang eine gestalterische Idee steht. ... Die Bundesrepublik gilt im Mediendesign als Importland.«

13 Peter Weibel, *Die Beschleunigung der Bilder. In der Chronokratie*, Bern 1987, S. 25. Während Peter Weibel jedoch offensiv die vor allem durch Beschleunigung ausgezeichnete Maschinenästhetik gegenüber der für ihn reaktionär gewordenen traditionellen Kunst verteidigt, wird der Rückgang auf die Renaissance mit der »Symbolfigur« Leonardo meist wie bei Herbert W. Franke als notwendige Synthese der künstlerischen und der wissenschaftlich-technischen Aktivität begründet: »Gerade heute, in der Konfrontation mit neuen elektronischen Medien, erscheint es wichtig, die kreativen Fähigkeiten beider Bereiche zu koordinieren und für die Gestaltung unserer Welt von morgen einzusetzen.« H. W. Franke, *Leonardo 2000. Kunst im Zeitalter des Computers*, Frankfurt a. M. 1987, S. 7.

14 Meine Kritik an der Ableitung der gegenwärtig propagierten Synthese von Kunst, Technik und Wissenschaft habe ich im *Kunstforum* Bd. 97 November/Dezember zu formulieren versucht.

15 René Berger, *Kunst und neue Technologien*, in: *Kunstforum Bd. 97*, a.a.O., S. 114.

16 *Das Auge und der Geist*, in: Maurice Merleau-Ponty, *Das Auge und der Geist*, Reinbek bei Hamburg 1967, S. 15.

17 Paul Virilio, *Die Sehmaschine*, Berlin 1989, S. 48.

18 Andererseits ist das numerisch bewegte Bild eigentümlich starr, worauf Rudolf zur Lippe im Gegensatz zu einem biologischen Fundament aller Ästhetik hinweist: »Dabei basiert diese Beschleunigung gerade auf Techniken des Stillstellens, da die Bilder des Films, die Zeichen und Punkte des Video, auch wenn sie irre schnell ausgewechselt werden, in sich und prinzipiell statisch sind. Die Verleugnung von Bewegung wird durch Tempo verleugnet.« (Aus einem

Gespräch mit F. Rötzer, abgedruckt in: *Kunstforum*, Bd. 100, April/Mai 1989) In gewissem Gegensatz zu dieser Position verteidigt Alexander Kluge gerade die Diskontinuität der Filmbilder gegenüber den neuen Bildtechniken: »Bei einem Fernsehbild werden Zeilen gelesen, es ist also eine Art Buch. Das Gehirn ist permanent damit beschäftigt, die Zeilen zu lesen. Der Film hingegen hat tatsächlich Pausen. Die Hälfte der Zeit ist es im Kino wirklich dunkel. Das Phantasie- und Musikfreundliche des Films beruht sicher darauf, daß diese Pausen, die zwar wegen der Trägheit des Auges nicht bewußt wahrgenommen werden können, wirksam sind, so daß das Gehirn mehr Zeit hat, als notwendig ist, um eine Information aufzunehmen.« (Aus einem Gespräch mit F. R., abgedruckt in: *Kunst machen*, a.a.O.)

19 So beispielsweise Valie Export in einem Gespräch mit Sara Rogenhofer und F. R. (veröffentlicht in: *Kunst machen*, a.a.O.): »Der gigantomanische Trend in den Installierungen und den Bildern stellt sicher die Angst vor dem Verlust dar, weil das simulierte Bild kommen wird, das ganz andere Bild. Jetzt wird noch einmal der verbliebene Schutt und Abfall zusammengestellt und aufgeblasen aus Angst vor der Bilderlosigkeit.«

20 Zu diesen Gedanken siehe auch: Dieter E. Zimmer, *Die Elektrifizierung des Schreibens*, in: *Die Zeit*, Nr. 28 vom 8. 7. 1988.

21 Jean-François Lyotard, *Die Moderne redigieren*, in: *Wege aus der Moderne*, hg. von W. Welsch, Weinheim 1988, S. 213 f.

22 »Die Darstellung von irgend etwas (ganz beliebig – einer Idee, eines Bildes, Klanges, Textes, einer Liste von Regeln oder Mustern, die Dinge verbinden, von einer Art, etwas zu tun, von einem Malprogramm – von irgend etwas) geht natürlich in den Computer, um dort in digitaler symbolischer Form in einem Silikonchip festgehalten zu werden – aber wen kümmert das. Wir verändern an der Sache etwas, sobald sie uns in dieser Weise vorliegt, aber wir brauchen darüber nicht notwendigerweise nachdenken. Und zum Schluß bekommen wir die veränderte Darstellung wieder aus dem Computer heraus, in fast jeder nur denkbaren Form.« (Brian Reffin Smith, *Post-Computer-Kunst: Vorwärts zur Revolution!*, in: *Kunstforum 103*, September/Oktober 1989.)

23 So beispielsweise Neil Postman: »Auf der einen Seite steht die Welt des gedruckten Wortes mit ihrer Betonung von Logik, Folgerichtigkeit, Geschichte, Klarheit der Darstellung, Objektivität und Disziplin. Auf der anderen Seite steht die Welt des Fernsehens mit ihrer Betonung von Bildhaftigkeit, Erzählform, Direktheit, Gleichzeitigkeit, unmittelbarer Wunscherfüllung und emotionaler Reaktion.« (*Sieben Thesen zur Medientechnologie*, in: *Die verstellte Welt*, hg. von W. Fröhlich, R. Zitzlsperger u. B. Franzmann, Frankfurt 1988, S. 16). Nur vergißt auch Neil Postman ähnlich wie Lyotard, daß etwa

die Telematik oder das ISDN beide Stränge verbindet.

24 Wollte man hierfür einen zeitgemäßen Bildkünstler nennen, so wären die Arbeiten von David Salle wohl paradigmatisch.

25 Diese Situation ist beispielsweise Ausgangspunkt der melancholischen Phänomenologie von Gaston Bachelard, dem Lehrer von Michel Serres. Besonders deutlich in: *Die Flamme einer Kerze*, München 1988. Martin Heideggers Aversion gegen den »Betrieb« geht in eine ähnliche Richtung: »Die entscheidende Entfaltung des neuzeitlichen Betriebscharakters der Wissenschaft prägt auch einen anderen Schlag von Menschen. Der Gelehrte verschwindet ... Der Forscher braucht zu Hause keine Bibliothek mehr. Er ist überdies ständig unterwegs.« (*Die Zeit des Weltbildes*, in: Martin Heidegger, *Holzwege*, Frankfurt 1963, S. 78)

26 Friedrich Nietzsche, *Menschliches, Allzumenschliches*, in: Friedrich Nietzsche, *Werke*, hg. von K. Schlechta, Frankfurt–Berlin–Wien 1980, Bd. 1, S. 464.

27 Dazu siehe auch: vom Verf., *Suspendierte Zukunft*, in: *werkundzeit* 4/1987; *Installation der Verdichtung*, in: *Tumult*, Heft 8/1986. Vgl. zum Kontext von Video und Architektur *What a wonderful world. Musicvideos in Architecture*, Katalog des Groninger Museums 1990.

28 Gilles Deleuze/Felix Guattari, *Rhizom*, Berlin 1977. Zum Begriff der virtuellen Architektur s. a.: Peter Weibel, *Virtuelle Architektur*, in dem Programm-Magazin zum steirischen Herbst 1989 unter dem Thema *Chaos & Ordnung*. Weibel hat dort eine Ausstellung unter diesem Konzept eingerichtet, das Nicht-Linearität zu seinem Ausgangspunkt hat (Dazu siehe auch: vom Verf., *Die intelligible Schönheit des Chaotischen*, in: *Kunstforum International*, Nov./Dez. 1989, Bd. 104, S. 297–304.).

29 Theodor W. Adorno, *Der Essay als Form*, in: ders., *Noten zur Literatur*, Frankfurt 1981, S. 24.

30 Vilém Flusser, *Gedächtnisse*, in: *Philosophien der neuen Technologien*, Berlin 1989, S. 49 f.

31 Umberto Eco, *Die Innovation im Seriellen*, in: ders., *Über Spiegel*, München 1987, S. 174.

32 Aus einem Gespräch von F. R. mit Abraham Moles, veröffentlicht im *Kunstforum 105*, Dez. 1989.

33 Dazu siehe den Artikel von H. Jürgens, H.-O. Peitgen und D. Saupe, *Fraktale – eine neue Sprache für komplexe Strukturen*, in: *Spektrum der Wissenschaften*, September 9/1989; Douglas R. Hofstadter, *Selbst-Ref und Selbst-Rep*, in: ders., *Gödel, Escher, Bach* Stuttgart 1985; Louis Bec, *Zoosystemiker*, in: *Kunstforum* Bd. 97, November/Dezember 1988. Aus der Verbindung von Biotechnik und Computertechnik kommen auf uns Gestaltungsmöglichkeiten noch der Lebewesen oder der Biosphäre überhaupt auf uns zu, durch die das

Leben bis in seine Gene hinein buchstäblich ästhetisiert werden könnte, während die anthropologischen Rettungsversuche eines natürlichen Sinnenbewußtseins oder eines Denkens am Leitfaden des Leibes durch deren Kontingenz leerlaufen würden. Siehe dazu das Gespräch von F. R. mit Vilem Flusser im *Kunstforum* Bd. 97, in kritischer Hinsicht: Jeremy Rifkin, *Genesis zwei. Biotechnik – Schöpfung nach Maß,* Reinbek bei Hamburg 1988.

34 *Kunstforum* Bd. 102.

35 Über die verschiedenen Strategien angesichts der Fusion von Kunstmarkt und Großkonzernen in der Gestaltung von Logos siehe: Peter Weibel, *Im Bauch des Biestes,* in: *Logokultur,* Wien 1987.

36 Peter Koslowski. *Wirtschaft als Kultur. Wirtschaftskultur und Wirtschaftsethik in der Postmoderne.* Wien 1989, S. 13. Deutlicher wird das noch in folgenden Passagen: »Beiden, der Philosophie des Unternehmens wie der spekulativen Philosophie des Philosophen, ist gemeinsam, daß sie nicht nur interessiert, was ist, sondern auch, was sein kann und sein soll. Beide unterscheiden sich von Wissenschaft und Technik durch ihr poetisches oder künstlerisches Denken, das Wirklichkeit nicht nur abbildet, sondern zugleich schöpferisch imaginiert, erdenkt und schafft.« (ebd., S. 83) Daß die Orientierung an Schönheit das funktionale Denken nicht übersteigt, demonstriert Koslowski, an der äußerlich durch Allegorie bezeichneten »schönen« Einheit der corporate identity: »Die Lust am Schönen erleichtert nämlich zugleich die Wahrnehmung und Erkenntnis, die ästhetische Gestaltung eines Gutes erleichtert das Erkennen und Wiedererkennen des Gutes.« (ebd., S. 86) Solche Bedürfnisse der Waren- und Unternehmensästhetik werfen ein bezeichnendes Licht auf die postmoderne Vorliebe für die Allegorie oder die »Macht der Embleme« (siehe auch: *Kunstforum 102,* Juli/August 1989 oder Charles Jencks, *Die Postmoderne,* Stuttgart 1987). Obzwar kritisch oder dekonstruktivistisch intendiert breitet sich in der gegenwärtigen appropriation art die Verschmelzung von Kunst und Werbung als Sog aus. Exemplarisch hierfür war die Ausstellung »D&S« im Kunstverein Hamburg vom 14. 10.–26. 11. 1989. Die verschiedenen Aspekte dieser am Prinzip der Warenästhetik ausgerichteten Kunstrichtung stellt der von Stephan Schmitt-Wulffen herausgegebene Band: *Kunstwerte – Markt und Methoden* (*Kunstforum International* Bd. 104, Nov./Dez. 1989) heraus.

37 Peter Koslowski, *Wirtschaft als Kultur,* a.a.O., S. 85 ff.

38 Zit. aus: Bernd Wagner, *High Tech – High Culture,* in: *Umbruch. Zeitschrift für Kultur.* Herbst 1988, S. 35.

39 Daniel Bell, *Die nachindustrielle Gesellschaft,* Frankfurt 1985, S. 362.

40 In: *Katalog des Badischen Kunstvereins: Otto Piene und das CAVS,* Karlsruhe 1988.

41 Jürgen Claus, *Medien – Parks – Labors,* in: *Kunstforum International Bd. 97,* a.a.O., S. 80.
42 Roy Ascott, *Gesamtdatenwerk,* in: *Kunstforum* Bd. 103, September/Oktober 1989.
43 Susan Sontag, *Kunst und Antikunst,* Frankfurt 1982.
44 Herbert Marcuse, *Versuch über die Befreiung,* Frankfurt 1969. Einen kritischen Durchgang durch die utopischen Konzepte entgrenzter Kultur gibt Jürgen Peper, *Postmodernismus: Unitary Sensibility. Von der geschichtlichen Ordnung zum synchron-environmentalen System,* in: *Die unvollendete Vernunft: Moderne versus Postmoderne,* Hg. von D. Kamper und W. van Reijen, Frankfurt 1987. Theodor Roszak sieht die Technikeuphorie aus der Pop-Kultur als »einem totalen Angriff auf die Sinne« hervorgehen: *Der Verlust des Denkens. Über die Mythen des Computerzeitalters,* München 1986.
45 Otto Muehl, *Mama & Papa. Materialaktionen,* Frankfurt 1969, S. 11. Nach Daniel Charles besteht das Verführerische der Performance darin, »über alle überkommenen ästhetischen Kategorien wieder ans Unmittelbare anzuknüpfen« (in: Daniel Charles, *Zeitspielräume,* a.a.O., S. 26).
46 Kaprow, zit. aus: Peter Gorsen, *Sexualästhetik,* Reinbek bei Hamburg 1987, S. 425. Die »ästhetische« Faszination an plötzlichen Ereignissen kommt auch in der »Anschlagskultur« zur Geltung. Eine Skizze hierzu vom Verf., *Anschläge – ein Versuch,* in: *Tumult Bd. 1,* München 1988.
47 Otto Muehl, *Mama & Papa,* a.a.O., S. 11.
48 Dazu siehe auch Peter Weibel, *Kunst als Kriminalität. Von der Transformation zur Transgression der Kunst,* in: *Tumult* Bd. 11, München 1988. In den von Sara Rogenhofer und F. R. geführten Gesprächen mit Valie Export und Peter Weibel (beide in: *Kunst machen,* a.a.O.) wird dieser Zusammenhang erörtert.
49 Peter Gorsen, *Sexualästhetik,* Reinbek bei Hamburg 1987, S. 472–480.
50 Jean Baudrillard, *Simulacres et simulations,* Paris 1981, S. 25. Wie bekannt, glaubt Baudrillard, daß allerdings dieser Prozeß der Liquidierung des Sinns auch das Medium selbst erfaßt, indem es das Reale »implodieren« läßt: »Es gibt keine Medien im eigentlichen Sinne des Wortes mehr, d. h. es gibt keine Instanz mehr, die von einer Realität hin zu einer anderen vermittelt, von einem Zustand des Realen zu einem anderen. Weder in den Inhalten, noch in der Form. Das genau meint ›Implosion‹. … Überflüssig, von einer Revolution durch die Inhalte zu träumen, überflüssig, von einer Revolution durch die Form zu träumen, da Medium und Reales von nun an in demselben undurchsichtigen Nebel aufgehen.« (ebd., S. 127)
51 Dazu siehe auch: Thierry de Duve, *Au Nom de l'Art,* Paris 1989;

sowie: ders., *Kant nach Duchamp,* in: *Kunstforum* Bd. 100, April/Mai 1989.

52 *Manifest der futuristischen Maler,* in: Christa Baumgarth, *Geschichte des Futurismus,* Reinbek bei Hamburg 1966, S. 50.

53 Exemplarisch hierfür ist etwa der Anspruch der »informationstheoretischen Ästhetik« Max Benses gewesen, die auf der Basis experimenteller Wissenschaft nicht nur »ästhetische Zustände« analysieren, sondern auch in einer »generativen Ästhetik« ihre Anwendung finden sollte. Die Durchsetzung einer solchen Theorie, die mit rationalen Mitteln arbeitet, sollte das »allgemeine spekulative Kunstgeschwätz der Kritik beseitigen und den pädagogischen Irrationalismus unserer Akademien zum Verschwinden bringen« (Max Bense, *Einführung in die informationstheoretische Ästhetik,* Reinbek bei Hamburg 1969, S. 8.).

54 So ist nach Murray Schafer die Aufgabe der neuen Disziplin des Akustikdesigns nicht nur die Dokumentierung und Ausdifferenzierung der akustischen Umwelt, sondern auch die »Sammlung von Lauten, die durch Ausrottung bedroht sind« (Murray Schafer, *Klang und Krach,* Frankfurt 1988, S. 9.). Im Anschluß an das Ästhetisicrungsprogramm des Bauhauses geht es beim Akustikdesign um eine programmierte Verbesserung der globalen Lautsphäre. Würde man das Wort Biodesign prägen wollen, um die Notwendigkeit einer ästhetischen Formung der von der Biotechnologie hergestellten Lebewesen herauszustellen, dann zeigt sich, daß Technik, die Objektivität, aber auch den Menschen durch ihre Konstrukte ersetzt, nie ausschließlich funktional vorangeht: Verbesserung oder auch der Drang zur Perfektion sind Bestandteile eines ästhetischen Programms.

55 Dziga Vertov, *Wir. Variante eines Manifestes (1922),* in: *Texte zur Theorie des Films,* hg. von F.-J. Albersmeier, Stuttgart 1979, S. 22 f.

56 Die audiovisuellen und die automobilen »Massenkommunikationsmittel« folgen für Paul Virilio derselben Logistik: »Im Grunde führt der Weg in die Zukunft des automobilen Abenteuers über die Weiterentwicklung des Abenteuers der Erscheinungen, das heißt, über eine Verbindung und Fusion audiovisueller und automobiler Medien, die auf diese Weise eine Verkettung herstellen, welche auf dem Vorrang der Information vor dem Transport beruht.« (Paul Virilio, *Der negative Horizont,* München 1989, S. 207.)

57 Damit wird das ästhetisch besetzt, was Fredric Jameson gewissermaßen als Irritation durch das Erhabene des Spätkapitalismus begreift und im »dezentrierten Kommunikationsgeflecht« verwirklicht sieht: »Meine Hauptthese ist, ..., daß es dem postmodernen Hyperraum gelungen ist, die Fähigkeit des individuellen menschlichen Körpers zu überschreiten, sich selbst zu lokalisieren, seine unmittelbare Umgebung durch die Wahrnehmung zu strukturieren und kognitiv seine

Position in einer vermeßbaren äußeren Welt durch Wahrnehmung und Erkenntnis zu bestimmen.« (*Postmoderne – zur Logik der Kultur im Spätkapitalismus,* in: *Postmoderne,* Hg. von A. Huyssen u. K. Scherpe, Reinbek bei Hamburg 1986, S. 89.)

58 Aus einem Gespräch mit Sara Rogenhofer und F. R., in: *Kunst machen,* a.a.O.

59 Peter Sloterdijk, *Kopernikanische Mobilmachung und ptolemäische Abrüstung,* Frankfurt 1987, S. 61.

60 Jochen Gros, *Schrumpftechniken und Stilblüten,* in: *Design heute,* München 1988, S. 266.

61 Dazu: Paul Virilio, *Die Sehmaschine,* Berlin 1989, S. 135 ff.

62 Jochen Gros, a.a.O., S. 267.

63 Ebd., S. 270.

64 Auf die intime Verbindung der Computertechnologie mit der Biotechnik weist kritisch Jeremy Rifkin hin: *Biotechnik – Schöpfung nach Maß,* Reinbek bei Hamburg 1986. Dazu siehe auch das Gespräch von F. R. mit Vilém Flusser, in: *Kunstforum* Bd. 97.

65 Elie Theofilakis in seiner Einleitung zu dem von ihm anläßlich der Ausstellung »Immateriaux« herausgegebenen Buch *Modernes et après,* Paris 1985.

66 Mit Computersimulationen variiert oder erfindet Louis Bec nicht nur neue organische Formen, die dann auf Hologramme übertragen und animiert werden, sondern stattet diese fiktive Lebewesen auch mit neuen Funktionen etwa der Wahrnehmung oder der Kommunikation aus.

67 Über die besonders in der Computertechnologie weit über das Realisierbare hinausschießenden Prophezeiungen handelt das Buch von Theodor Roszak: *Der Verlust des Denkens. Über die Mythen des Computer-Zeitalters,* München 1988.

68 Wie kann man eine »Theorie der kommunikativen Rationalität« (Jürgen Habermas) beispielsweise aufstellen, ohne auf die Forschungen zur Künstlichen Intelligenz oder auf die Veränderungen durch die von den Medien verursachten Kommunikationsstrukturen einzugehen? Einen ersten Versuch dazu hat Gerard Raulet vorgelegt: *Die neue Utopie. Die soziologische und philosophische Bedeutung der neuen Kommunikationstechnologien,* in: *Die Frage nach dem Subjekt,* hg. von M. Frank, G. Raulet u. W. van Reijen, Frankfurt 1988.

69 Umberto Eco, *Die Welten der Science Fiction,* in: ders., *Über Spiegel,* a.a.O., S. 222. Jean Baudrillard sieht in der kybernetischen Überschreitung des Realen durch die Simulation hingegen das Ende der Fiktion: »Heute ist das Reale zum Alibi des Modells in einem Universum geworden, das vom Prinzip der Simulation beherrscht wird. Paradoxerweise ist das Reale unsere wirkliche Utopie geworden – allerdings eine Utopie, die nicht mehr der Ordnung des Möglichen

angehört, sondern eine, von der man nur als ein verlorenes Objekt träumen kann.« (*Simulations et simulacres*, Paris 1981, S. 181.)

70 Walter Benjamin, *Das Kunstwerk im Zeitalter seiner technischen Reproduzierbarkeit*, Frankfurt 1972, S. 44.

71 Paul Virilio, *Die Sehmaschine*, a.a.O., S. 19 f.

72 Siehe dazu u. a.: Hugo Kükelhaus/Rudolf zur Lippe, *Entfaltung der Sinne*, Frankfurt 1982; Rudolf zur Lippe, *Sinnenbewußtsein. Grundlegung einer anthropologischen Ästhetik*, Reinbek bei Hamburg 1988; Klaus Meyer-Abich, *Wege zum Frieden mit der Natur*, München–Wien 1984; Peter Sloterdijk, *Kopernikanische Mobilmachung ...*, a.a.O.; Peter Cornelius Mayer-Tasch, *Ein Netz für Ikarus: Über den Zusammenhang von Ökologie, Politik und Ästhetik*, München 1987.

73 Walter Benjamin, *Das Kunstwerk ...*, a.a.O., S. 35.

74 Dazu siehe auch: Henri Pierre Jeudy, *Autoskopie und Paradoxien des Videophilen*, in: *Kunstforum* Bd. 98, a.a.O.

75 Benoit Mandelbrot, *Les objets fractals*, zit. aus: Paul Virilio, *Der negative Horizont*, München 1989, S. 152.

76 Roland Barthes, *Die helle Kammer. Bemerkungen zur Photographie*, Frankfurt 1985, S. 86.

77 Odo Marquard, *Kunst als Kompensation ihres Endes*, in: *Kolloquium Kunst und Philosophie, Bd. 1: Ästhetische Erfahrung*, Hg. von W. Oelmüller, Paderborn–München–Wien–Zürich 1981, S. 168.

78 Diese Begriffe habe ich einem von Thomas Wulffen herausgegebenen Themenband des *Kunstforums* (Bd. 91, Oktober/November 1987) entlehnt.

79 Zur Bedeutung des numerisch erzeugten Bildes in der Wissenschaft siehe: Abraham Moles, *La Visualition thematique du Monde, Triomphe du Structuralisme appliqué*, in: *Cahiers internationaux de Sociologie*, vol. LXXXII, 1987, dt. in *Tumult*, Bd. 15, München 1990.

80 Michel Serres, *Ablösung. Eine Lehrfabel*, München 1988, S. 120 f. Für die daraus folgende Hinwendung zur Sinneswahrnehmung s. a.: Michel Serres, *Les cinq sens*, Paris 1985.

81 Dazu siehe auch vom Verf., *Zur Genese des Erhabenen*, in: *Der Schein des Schönen*, hg. v. D. Kamper u. Ch. Wulf, Berlin 1989.

82 »Seit der Revolution des Transportwesens ist Fernes so nahe gerückt, daß Widerstand und Dichte der Materie für uns offenbar eine neue, exotische Anziehungskraft haben. ... Unter unseren Füßen zieht uns, ein neuer Taumel, das Erdganze an wie früher die Ebene den Nomaden und den Reiter; insgeheim wünschen wir uns offenbar diesen Sturz der Körper ins Feste.« (P. Virilio, *Der negative Horizont*, a.a.O., S. 164 f.) Vgl. vom Verf. *Sendungen und Empfängnisse*, in: *Vom Verschwinden der Ferne*, hg. von E. Decker/P. Weibel, Köln 1990.

83 Vilém Flusser, *Ins Universum der technischen Bilder*, Göttingen

1985, S. 134.

84 Jean-François Lyotard, *Beantwortung der Frage: Was ist postmodern?*, in: ders., *Postmoderne für Kinder*, Wien 1987, S. 22.

85 Dazu siehe vom Verf., *Von den Höhlen des Blicks*, in: *Tumult*, Bd. 13, München 1990.

86 Hans Blumenberg, *Höhlenausgänge*, Frankfurt 1989, S. 684.

87 René Descartes, *Le Monde*, Kap. 1.

88 Francis Bacon, *Neu-Atlantis*, in: *Der utopische Staat*, hg. v. K. Heinisch, Reinbek bei Hamburg 1960, S. 185 und 205.

89 Ebd., S. 210.

90 Ebd., S. 212f.

91 René Descartes, *Discours de la méthode*, 5. Teil, 2. Abschnitt.

92 Ebd.

93 René Descartes, *Meditationen, 5. Meditation.*

94 G. W. Leibniz, *Über die Methode, reale Phänomene von imaginären zu unterscheiden*, in: ders., *Hauptschriften zur Grundlegung der Philosophie Bd. 2.*, Hamburg 1966, S. 124.

95 Ebd., S. 126.

96 Hilary Putnam, *Vernunft, Wahrheit und Geschichte*, Frankfurt 1982, S. 21.

97 Ebd., S. 30. Im wesentlichen ähnlich argumentiert John Searle in seinem Aufsatz: *Geist, Gehirn, Programm*, in: D. R. Hofstadter u. D. C. Dennett, *Einsicht ins Ich*, Stuttgart 1986.

98 Heinz von Foerster, *Das Konstruieren einer Wirklichkeit*, in: *Die erfundene Wirklichkeit*, hg. v. P. Watzlawick, München 1985, S. 46. Einen Überblick über diese Theorien gibt auch der Band: *Der Diskurs des Radikalen Konstruktivismus*, Hg. v. S. J. Schmidt, Frankfurt 1987.

99 Nelson Goodman, *Weisen der Welterzeugung*, Frankfurt 1984; N. Goodman/C. Z. Elgin, *Revisionen*, Frankfurt 1989.

100 Sherry Turkle, *Die Wunschmaschine. Der Computer als zweites Ich*, Reinbek bei Hamburg 1986, S. 312.

101 Jochen Schulte-Sasse, *Von der schriftlichen zur elektronischen Kultur: Über neuere Wechselbeziehungen zwischen Mediengeschichte und Kulturgeschichte*, in: *Materialität der Kommunikation*, hg. v. H. U. Gumbrecht u. K. L. Pfeiffer, Frankfurt 1989, S. 437. Für den Autor führt die »Kapitalisierung von Images« durch die elektronischen Rückkoppelungstechniken zu einer »Erosion subjektzentrierten Wissens und zur Verschmelzung »der visuellen Sprache der Telekommunikation mit der visuellen Sprache des menschlichen Unbewußten«.

102 Siegfried Zielinski, *Audiovisionen. Kino und Fernsehen als Zwischenspiele in der Geschichte*, Reinbek bei Hamburg 1989, S. 264.

103 Paul Virilio, *Die Sehmaschine*, a.a.O., S. 41.

104 Michel de Certeau, *Kunst des Handelns*, Berlin 1988.
105 Robert Adrian X, *Elektronischer Raum,* in: *Kunstforum Bd. 103*, September/Oktober 1989.
106 Vivian Sobchak, *The Scene of the Screen,* in: *Materialität der Kommunikation,* a.a.O., S. 424.
107 Walter Grasskamp, *Die Reise der Bilder,* in: ders., *Die unbewältigte Moderne,* München 1989.
108 Ich verweise hier nur auf den sehr informativen zweiten Katalogband der ars electronica 1990, die erstmals im deutschsprachigen Raum die Möglichkeiten und Aussichten der VR-Technologie thematisiert hat: G. Hattinger, M. Russel, Chr. Schöpf, P. Weibel (Hg.), *ARS ELECTRONICA 1990. Band II. Virtuelle Welten,* Linz 1990. Dazu s.a. vom Verf., *Die Digitalisierung der Erfahrung. Ein Bericht über die ars electronica und Gespräche mit Warren Robinett, Marvin Minsky, Timothy Leary und Derrick de Kerckhove*, in: *Kunstforum*, Bd. 110.

Einsätze

Viralität und Virulenz
Jean Baudrillard
im Gespräch mit Florian Rötzer

RÖTZER Mit Ihren Theorien haben Sie immer versucht, unsere Gegenwart ausgehend von bestimmten Ereignissen oder Phänomenen zu beschreiben, die neuartig und noch unbegriffen sind. Vor kurzem haben Sie dazu einen erneuten Vorschlag gemacht, indem sie die Viren in den Mittelpunkt einer Theorie der Jetztzeit gerückt haben. Was ist der Kern dieser Theorie? Welche Phänomene wollen Sie damit erfassen?

BAUDRILLARD Das ist eigentlich gar keine neue Theorie. Überdies ist dies nicht meine Erfindung, sondern ein Faktum. Der Auftritt der Viren ist für mich ein theoretisches Ereignis, weil hier ein seltsames Objekt ins Spiel kommt, das nicht mehr auf einer subjektiven oder historischen, sondern auf einer objektalen Ebene situiert ist und auf allen Feldern von der Ökonomie über die Politik oder die Pathologie bis hin zur Biologie gleichzeitig vorkommt. Für mich ist das theoretisch befriedigend, weil es sich hierbei um einen Nachklang der Systemtheorie handelt, also um die von mir früher kritisierten Folgen gesättigter Systeme. Während meine frühere Kritik noch aus einer radikalen und subjektiven Perspektive erfolgte, ist das Interessante der viralen Prozesse der Umstand, daß keine von außen geführte Kritik mehr an ihnen möglich ist. Die Subversion, die Destabilisierung scheint jetzt vom Inneren der Systeme auszugehen, weil sie erschöpft sind. Das ist wirklich ein neues Ereignis. Das Schicksal der herkömmlichen ökonomischen und politischen Systeme war es, von außen kritisiert und untergraben zu werden. Wenn das jetzt von innen heraus erfolgt, ist das interessanter als der Ausgangspunkt unserer früheren Analysen.

RÖTZER Wie lassen sich denn, wenn man zwei auf der Hand liegende Beispiele nimmt, Computerviren und Aidsviren vergleichen? Aids ist ein biologisches Ereignis, das, wie Sie sagten, aus dem Inneren des Körpersystems heraus entsteht, während die Computerviren doch von Menschen erzeugt und in die Systeme hineingeschickt werden. Hier handelt also noch immer ein Subjekt, das die Computersysteme subversiv lahmlegt.

Baudrillard Die Analogie zwischen beiden Virenarten ist doch sehr nahe, und auch die Mittel, mit denen man sich vor ihnen schützt, sind fast dieselben. Die viralen Prozesse beruhen auf einer seltsamen Pathologie, die keine der Formen mehr ist, der körperlichen oder sprachlichen Formen, sondern eine Pathologie der Formel. Kommunikation und Information beruhen heute auf binären Formeln. Das gilt auch für das menschliche Subjekt, denn es ist auf eine genetische oder neuronale Formel reduziert worden. Wenn die Gehirnstruktur, das zentrale Nervensystem, als Formel analysiert wird, dann wird der Mensch als Computer begriffen. Auf der Ebene dieser Formel ereignet sich die neue Pathologie. Nicht mehr die Formen werden angegriffen, sondern die Formeln selbst zergliedern sich und werden von ihren Anti-Körpern angegriffen. Diese Pathologie wird überall wirksam werden, weil die biologischen, ökonomischen oder politischen Realitäten aus der eigenen Form geraten und in die Formel hineingezwängt worden sind. Das war eine Falle, da die Formel jetzt selber Unsicherheit erzeugt.

Auch die Sprache wird, besonders in allen Bereichen der Information, mehr und mehr formelhaft benutzt und dadurch an ihren eigenen Formeln krank. Man sollte allerdings nicht mehr von Krankheit sprechen, sondern von Viralität, die eine Art der Mutation ist. Die Sprache funktioniert nicht mehr als symbolisches Mittel, sondern nur noch als reine Form. Vielleicht ist die neue Pathologie der Viralität ein letztes Heilmittel gegen die totale Zergliederung der Sprache und des Körpers. Ob beispielsweise ein Börsenkrach wie der im Jahre 1987 als terroristischer Prozeß der Ökonomie zu verstehen ist oder ob es sich dabei um eine Art der viralen Katharsis des ökonomischen Systems handelt, weiß ich nicht. Möglicherweise aber ist das dasselbe wie bei Aids, versteht man es als ein Mittel gegen die totale sexuelle Befreiung, die mitunter gefährlicher ist als eine Epidemie, weil diese immer ein Ende findet. Aids ließe sich als Gegenkraft zur totalen Destrukturierung oder auch zur totalen Entfaltung der Sexualität begreifen. In dem Sinne wäre die totale Kommunikation die universelle Entfaltung der Zeichen. Gegen diese grenzenlose Entfaltung, die vielleicht eine totale Gefahr darstellt, wären die viralen Epidemien ein systemimmanentes Mittel der Verteidigung.

Rötzer Das klingt sehr dialektisch. Die Systeme würden aus dieser Perspektive, sofern sie bestimmte Grenzen überschreiten, aus sich selbst Gegenkräfte entstehen lassen, um sich im Gleichgewicht zu halten oder sich im Übergang zu einer anderen Form zu stabilisieren.

BAUDRILLARD Das ist natürlich nicht mehr dialektisch, weil es bei diesen Prozessen keine Aufhebung mehr gibt. Es handelt sich um molekuläre Prozesse, die sich intensivieren. Selbst wenn man sagt, daß die Viralität auch eine therapeutische Reaktion sei, so heißt das noch nicht, daß es sich hierbei um eine Dialektik handelt. Aber es ist erst noch eine Hypothese von mir, daß es eine Stasis der gesättigten und sich überschlagenden Systeme gibt, wodurch die Metastase eingeleitet wird. Vielleicht geht die Metastase dann sogar in eine Metastabilisierung über, was aber nicht von einer Dialektik, sondern von einer Art Katastrophe zeugt.

Wir haben es vor allem mit solchen virtuellen Katastrophen zu tun. Auf einer bestimmten Ebene verursachen die Viren materielle Katastrophen, aber in ihrem Kern sind sie virtuelle Katastrophen. Nur deren oberste Schicht ereignet sich wirklich. Es gibt ein Spiel zwischen der Oberfläche der Prozesse oder der Phänomene und der Virtualität, wobei auch das Spiel selbst virtuell bleibt. Das ist keine Dialektik, deren Idee es doch ist, daß das Ganze aufgehoben werden könnte. Wir können hingegen nur hoffen, daß das Ganze nicht geschieht, denn wenn alles Virtuelle sich wirklich ereignen würde, wäre alles zu Ende. Allerdings werden wir das Ende in diesem Sinne nie erreichen.

Die Viralität wird von der beschleunigten Zirkulation der Systeme produziert. Auch das soziale Phänomen der Masse, die nicht aus Menschen als solchen besteht, dabei komme ich auf meine frühere Analyse zurück, entsteht aus der beschleunigten Zirkulation der Zeichen. Was ich so als Masse beschrieben habe, war bereits eine Form der Viralität. Wenn man von Masse sprach, dann setzen die anderen dem entgegen, daß es heute Mikrokommunikation und Mikromedien gäbe und man es nicht mehr einzig mit Massenmedien zu tun habe. Daher sahen viele in Mikroprozessen, in den autonomen Mikroereignissen eine Alternative. Jetzt aber entsteht die Viralität gerade durch die Mikrokommunikation und die Mikromedien, also gerade durch die Mikroprozesse, während die Massenmedien eine andere Pathologie erzeugten.

RÖTZER Was verstehen Sie unter Mikrokommunikation? Die Dezentralisierung der Kommunikationsmittel?

Baudrillard Ja, gerade auf dem Feld der Kommunikationstechnologien. Aber in eben dem Moment, als die Prozesse sich molekularisierten, wird das Feld offen für Viralität, weil schon durch die Medien und ihre Diffusion sich Sinn und Bedeutung der Kommunikation aufgelöst haben. Jetzt taucht eine Viralität auf, die nicht mehr mit den großen Komplexen verbunden ist und gegen die wir gar keine Mittel besitzen, weil wir es nicht mehr mit demselben Feind zu tun haben. Früher war der Feind noch sichtbar, heute ist das nicht mehr so, weil die Prozesse sich auf der Mikroebene abspielen, vor allem aber, weil sie virtuell sind. Die Virtualität ist mit der Viralität eng verknüpft.

Weil das keine neue Theorie ist, sondern eine Faktizität der Dinge, bin ich in meinen Überlegungen dadurch gleichsam theoretisch bestätigt worden, insofern die Radikalität, die wir als Intellektuelle und Kritiker ausübten, jetzt aus den Dingen selbst entsteht und sich objektal als Viralität zeigt. Wenn ich immer davon sprach, daß man in der Theorie vom Subjekt zum Objekt übergehen müsse, dann ist das jetzt eingetreten.

Rötzer Sie sprachen vorhin davon, daß es bei den viralen Prozessen nicht mehr um eine Veränderung der Formen, sondern um einen Angriff auf die Formel ginge, der auf allen Ebenen zu beobachten sei. Wie würde sich denn die Viralität konkret auf die Sprache auswirken? Welche Rückwirkung hätte dies auf die Theoriebildung, die versucht, diese Prozesse zu beschreiben?

Baudrillard Das muß auf alle Formen der Sprache zurückwirken und natürlich auch auf die theoretische, fiktionale oder analytische Sprache. Da wir noch am Beginn dieses Prozesses stehen, weiß ich noch nicht, in welchem Sinne dies geschieht. Wenn die Sprache aber immer noch im letzten Augenblick ein Wort über diese Prozesse sagen soll, bevor sie selbst verschwindet, dann muß sie sich vom Viralen infizieren lassen. Sie muß selbst fragmentarisch werden. Die Sprache oder das, was von ihr übrigbleibt, muß jedenfalls objektal werden, um an diese Objektalität anknüpfen zu können, so wie ein Foto oder ein Bild sich an andere Bilder anschließen muß. Von einem viralen Stil zu sprechen, wäre sicher paradox und nur eine Formel. Im Fragment bleibt, wie in meinen Büchern *Amerika* oder *Kool Memories*, das meiste unausgesprochen und virtuell. Deshalb kann sich von einem Fragment zum anderen eine Viralität einstellen, ohne daß dies einem klaren Sinn folgt. Sofern das gelingt, wird die Erscheinung eines globalen Objekts erzeugt, von dem man nicht weiß, was es ist. Darauf kann man zumindest noch hoffen, denn in einem traditionellen Diskurs würde dies Unsinn ergeben, weil man darüber nicht sprechen kann. Wir müssen uns im Paradox halten, ohne in den Unsinn zu geraten.

Hier kommt auch etwas über die gleichzeitigen Gegenkräfte im Inneren der viralen Prozesse zum Ausdruck. Vielleicht muß die Sprache terroristisch, krachförmig und viral zugleich werden. Wenn man von Simulation sprechen will, muß die Sprache selbst simulatorisch werden. Wenn man von Verführung sprechen will, muß die Sprache selbst verführerisch werden. Dasselbe gilt, wenn man vom Fraktalen oder Viralen spricht. Die Sprache muß sich an das, worüber sie spricht, anschmiegen. In ihr muß das Zusammenfallen von Subjekt und Objekt erreicht werden, so daß sie nicht mehr vom Subjekt beherrscht wird. Früher war das einfach Poesie, die irgendwie aphoristisch und fragmentarisch war. Das mag heute noch immer Poesie sein, aber nicht mehr auf der Ebene der Formen, sondern auf der der Formel. Daraus könnte eine neue Art der Poesie, eine fraktale Poesie entstehen, die in der Lage ist, dieses äußerst formelhafte Spiel auch zu spielen. Die entscheidende Frage ist immer, ob die Sprache diesen Sprung über ihren eigenen Schatten machen und sich an das Objekt angleichen kann. Man könnte sagen, das sei eine Utopie, aber in dieser Richtung müssen wir es doch versuchen.

RÖTZER Andererseits haben Sie sich immer dagegen gewandt, daß Theorie sich noch an Wahrheit orientieren könne, also daß sich theoretisch ein Bezug zu Phänomenen, die man beschreibt, herstellen läßt. Wenn aber die Angleichung der Theorie an die Prozesse, die sie beschreibt, für Sie so zentral ist, dann entspricht das geradezu einem klassischen Verständnis von Wahrheit. Aus diesem Grund habe ich Sie gefragt, wo sich denn diese virusartige Ansteckung in der Sprache zeigt, die sie in Ihrem Diskurs aufzunehmen suchen?

BAUDRILLARD Die Viren erscheinen im Computerdiskurs, in dieser formelhaften Behandlung der Sprache. Ich weiß nicht, ob wir wirklich dieselbe Strategie ausüben sollen wie das System, sofern es überhaupt eine Strategie oder eine Logik ist, nämlich sich in dem Maße zu destabilisieren, in dem es an seine äußerste Grenze kommt. Das ist weder eine gewollte noch eine unbewußte Strategie. In der Sprache ist das vielleicht eine Art Pokerspiel. Wir müssen diese Logik der Systeme in ihr antizipieren. Das ist die einzige Chance der Sprache, weil die Prozesse sich doch in einer gewissen Zeit – in der extensiven Zeit der Epidemie, der Promiskuität etc. – entfalten und die Sprache diesen Prozeß beschleunigen kann, wodurch kleine Katastrophen oder Aufwirbelungen der Dinge entstehen können. In diesem Sinne könnte die Sprache ein besonderer Teil des gesamten Prozesses sein und ganz formelhaft durch das Spiel, durch die Inszenierung oder durch eine gewisse Dramaturgie die Form der Katastrophe wieder heraufbeschwören. Das ist vielleicht zu optimistisch, aber die Prozessualität zu beschleunigen wäre in dieser Perspektive die einzige Lösung. Das ist nicht neu, nur ist es problematisch, in diese neue Situation die fatale oder katastrophische Strategie einzubringen. Zur Zeit sind wir alle entwaffnet, es gibt nur einige Aussichten.

RÖTZER Das klingt so, als würden Sie immer noch denken, daß der Intellektuelle oder Theoretiker eine subversive Kraft besitze, zumindest aber eine subversive Intention haben solle. Auf der anderen Seite scheint das Katastrophische jetzt das Kehrbild der vormals revolutionären Strategie zu sein. Sie kommen ja aus der marxistischen Tradition, die Sie sukzessive verlassen haben. Sind die Motive also letztlich erhalten geblieben?

BAUDRILLARD Zumindest in der Hoffnung waren wir in der früheren Theorie mit der historischen Gewalt verbunden. Die radikale Kritik von Marx bis hin zu den Situationisten setzte auf die politische und historische Gewalt. Das ist heute nicht mehr möglich. Im Herzen bin ich vielleicht situationistisch geblieben, nur gibt es in diesem Sinne keine Situationen mehr. Wir können die Gewalt, auch die der Sprache, nicht mehr ausüben. Auf Französisch haben wir zwei Worte, die miteinander spielen: violence und virulence. Violence ist die frontale Gewalt, während virulence eine neue Energieform auch in der Theorie ist. Die Virulenz zielt auf die Destabilisierung und Metastasierung der Systeme. Auch wenn wir auf alle politischen Hoffnungen verzichtet haben, bleibt diese Virulenz weiterhin möglich.

RÖTZER Aber sie ist im Gegensatz zur violence ungerichtet.

BAUDRILLARD Sie hat kein Ziel mehr, keinen objektiven Sinn. Sie ist nur ein objektaler Prozeß. Wir müssen die Theorie wie alle anderen Dinge auf eine orbitale Bahn bringen, damit man die Phänomene auf eine andere Weise beobachten kann. Alles wird heute orbital und operationell. Wie die Waffen orbital und zugleich exorbital werden, so wird heute alles ortlos und in den leeren Raum geschleudert. In diesem leeren Raum zirkulieren auch die Information und die Kommunikation. Und das einzige Ereignis ist hier die Zirkulation, die unaufhörliche Rekurrenz manchmal derselben Vorgänge. Ob in dieser Welt neue Situationen entstehen können, weiß ich nicht. Darauf kann man hoffen, aber man kann es nicht vorhersagen. Wir können nicht mehr wie mit der dialektischen Idee auf eine bestimmte Zukunft hoffen und sie organisieren, wir können sie nur antizipieren. Das ist nicht dasselbe, denn dabei spielt man in einer leeren Zukunft, ohne zu wissen, ob man die guten Karten besitzt oder ob es die gute Richtung ist. Man muß sich wie ein Teleskop in den leeren Raum hinein richten, ohne zu wissen, aus welcher Richtung das Ereignis kommt, und hoffen, daß irgendein Ereignis so dumm ist, sich darin zu fangen.

RÖTZER Es fällt auf, daß Sie immer apodiktisch sprechen. Sie sagen, dies ist unmöglich geworden, wir können nicht mehr anders, es sei so oder so. Aus welchen Erfahrungen, Situationen oder Ereignissen nehmen Sie eigentlich die Berechtigung für diese Aussagen?

BAUDRILLARD Darauf gibt es keine Antwort, denn das folgt aus keiner objektiven Forschung. Das sind nur Einsichten, weil man es sich nicht anders erklären kann, daß heute in diesem viralen Sinnc eine Kongruenz entsteht. Darin ist die Welt kongruenter geworden als zu jener Zeit, in der die Prozesse, die Dinge oder die Menschen dividiert waren. Zwischen ihnen gab es einen Spalt, in dem die Analyse und die Kritik gearbeitet haben. Das Besondere unserer Welt liegt darin, daß dieser Spalt mehr und mehr verschwindet und sie dadurch kongruent wird. Sie wird homogen, es entsteht keine Heterogenität und Negativität mehr. Im Zerfall in die Mikroprozesse wird die Welt gleichzeitig unitarisch, und auf ihnen müssen wir surfen. Wir können nicht mehr in die Tiefe dringen, sondern müssen uns auf der Oberfläche dieses einheitlichen Prozesses bewegen, eine Welle in der Welle sein.

Die eigentliche Katastrophe im objektalen, nicht apokalyptischen Sinne besteht darin, daß wir mit keiner Negativität mehr rechnen können. Auch im Spiel gibt es keine Negativität, aber es gibt Regeln, die man ausfindig machen oder erfinden muß, ohne daß man sehnsüchtig auf eine Negativität zurückzublicken bräuchte. Meine Einsichten entstanden nie aus Erlebnissen, sondern meine Theorie ist immer eine Herausforderung an das Erlebnis, eine Art Text oder eine operationelle Hypothese, allerdings nicht im realistischen Sinn. Es gibt keinen Grund, diese Haltung zu ändern. Die neue Situation der Viralität ist unüberwindlich und muß doch relativiert, antizipiert oder destabilisiert werden. Auch die Destabilisierung des Systems muß durch die Theorie destabilisiert werden.

RÖTZER Was verstehen Sie denn genauer unter dem Objektal-Werden der Theorie oder der Sprache?

BAUDRILLARD Bei den letzten französischen Wahlen im Jahre 1987 konnte man das sehen. Durch die Versalität der Wählergruppen geschieht alles irgendwie unvorhersehbar, so als ob es ein ironisches Subjekt gäbe, das hinter allem steht und das Spiel verändern will. Dadurch geht die politische und ökonomische Vernunft zugrunde. Das hat nichts mehr mit Subversion oder Revolution zu tun, sondern alles destabilisiert sich, und man weiß nicht warum und wozu. Das sind für mich objektale Prozesse, weil hier mit der Instabilität des Objekts auch seine Verführungskraft aufscheint. In diesem ironischen Verhalten liegt heute die einzige Faszination. Das gilt auch für den Börsenkrach oder für die elektronischen Viren. In dem Maße, in dem sich die Kommunikation universalisiert, könnte man sich vorstellen, daß alles transparent wird und die Pathologie verschwindet. Im Gegenteil aber wird die Dysfunktionalität immer größer. Diese Tendenz hätte keine Kritik vorhersehen können. Das Ereignis befreit sich über alle Imagination. Für mich ist das befriedigend, daß die Dinge heute mehr Imagination besitzen und überraschender sind, als wir uns das vorstellen konnten. In diesem Punkt bin ich situationistisch geblieben. Die Ereignisse werden pataphysisch und nehmen eine seltsame Entwicklung.

Die Menschen sehen das vielleicht nicht so dramatisch. Die Medien wirken als Verstärker der Katastrophen und führen zu einer Abschreckungswirkung. Doch hat sich wie bei der nuklearen Bedrohung eine stabile Lage der Abschreckung eingestellt, in der das Gespenst des nuklearen Schlags verschwunden oder homöopathisch in das Alltagsleben eingetreten ist. Es wird uns gelingen, mit all diesen virtuellen Katastrophen weiter zu leben. Das Wunderbare ist, daß sie vielleicht am Alltagsleben gar nichts verändern. Beide Hypothesen sind möglich: daß die Welt sich verändert und eine große Mutation geschieht oder daß dies alles nur wellen- oder kreisförmig ist, wobei die Metastasen eine Metastabilität herbeiführen. In der Ökonomie läßt sich das sehr gut beobachten. Zwar scheint alles auf ein abgründiges Defizit hinauszulaufen, aber trotzdem scheint sie heute so zu funktionieren. Das Bruttosozialprodukt der USA oder das soziale Sicherungssystem Frankreichs sind defizitär. Am äußersten Ende des Systems aber gibt es einen Bereich, der nicht mehr am Profit orientiert ist, sondern in dem alles benefiziell abläuft. Man kauft und verkauft ganze Unternehmen. Alles ist hier Defizit oder Beneficium, aber beide Extreme gleichen einander nicht aus. Dazwischen bleibt ein Feld, auf dem die traditionelle politische Ökonomie sich noch auswirkt, das aber immer kleiner wird. Dennoch scheint kein großer Zusammenbruch zu entstehen. Wenn das ökonomische System kollabieren würde, dann wäre dies bereits geschehen. Heute entsteht die Stabilität durch das Ungleichgewicht, aber das ist ganz banal.

RÖTZER Das Katastrophische gegenwärtiger Prozesse wäre also nichts Beunruhigendes. Sie vertrauen darauf, daß alles irgendwie schon weitergehen wird, daß die uns vorschwebenden großen Gefahren nur die Funktion von stabilisierenden Simulationen besitzen. Bis vor kurzem sind Sie noch von der Diagnose der universellen Simulation in einer Mediengesellschaft ausgegangen. Würden Sie angesichts der von Ihnen konstatierten viralen Prozesse noch am Begriff der Simulation festhalten?

BAUDRILLARD Simulation ist zwar kein ästhetischer Begriff, aber bleibt doch noch in einem Spiel der Formen. Wenn wir es jetzt mit dem Formelhaften und Formalistischen zu tun haben, dann ist dieser Begriff sicher ungenügend. Auf dem Konzept der Verführung würde ich gerne weiterhin bestehen. Vielleicht war mein Übergang von der Verführung, die mit dem Fabelhaften und Zauberhaften konnotiert ist, zu den fatalen Strategien ein erster Schritt in eine andere Richtung, denn das Fatale ist weniger determiniert, es ist eher aleatorisch, neutralisierend und indifferent. Meine Theorie ist nicht an der Wahrheit orientiert, sondern an Konstellationen von Konzepten. Simulation und Verführung wurden abgelöst vom Viralen, Fatalen und Fraktalen. Trotzdem gilt die Hypothese der Verführung für mich immer noch, denn sie ist die äußerste Form der Reversibilität und der Dualität, die sich einzig noch der Fatalität entgegenhalten läßt, was mit der Promiskuität der viralen Prozesse nicht möglich ist. Die Verführung ist jedoch eher eine Herausforderung der Realität als eine wirklich lebendige Form. Vielleicht ist die einzige Form der Verführung heute diese ironische Versalität der Dinge, auch wenn das keine ästhetische Reversibilität ist. Das ist natürlich nicht so poetisch, aber wir müssen uns mit der Welt ändern.

RÖTZER In den *Fatalen Strategien* haben Sie einen provokanten Satz geschrieben, nämlich daß wir uns in einem Zustand befinden, in dem bereits alle Utopien verwirklicht seien. Wollen Sie denn diese Behauptung so allgemein aufrechterhalten, daß alle Utopien von der gesellschaftlichen Befreiung bis hin zur Sicherung eines gewissen materiellen Wohlstandes und der Einhaltung der Menschenrechte verwirklicht seien, daß also in dieser Hinsicht nichts mehr da wäre, was einen politischen Kampf tragen und lohnen würde?

BAUDRILLARD Das beste Beispiel hierfür waren Ende des letzten Jahres die Streiks in Frankreich. Dabei geht es nicht mehr um ideologische oder politische Ereignisse, sondern die Leute spielen ein seltsames Spiel, in dem zwar die herkömmlichen Spielregeln immer noch da sind, alle aber ihre eigenen Spiele spielen. Viele der alten sozialen Kategorien scheinen auf der Szene eine nach der anderen auf- und wieder abtreten zu wollen, ohne daß es noch einen historischen oder dialektischen Kampf gibt. Die Menschen selbst wollen in Erscheinung treten, sie begehren die Inszenierung. Vielleicht wollen sie ihre Viertelstunde Ruhm haben, wie Andy Warhol sagte. Für jedes autonome Subjekt und auch für jede Gruppe scheint das der einzige Anspruch zu sein: einmal aufzutreten, aber nicht so dramatisch, und dann wieder zurückzutreten. Das ist ein Spiel des Erscheinens und Verschwindens. Weil alle Gegensätze neutralisiert worden sind, handelt jeder Mensch nur noch operationell, und das auf einem Niveau, auf dem er das ganze Spiel nicht umwälzen will. An sich ist die realisierte Utopie die Katastrophe. Sie ist eine originelle Situation, in der die alten Kategorien nicht mehr greifen. So realisieren Kommunikation und Information eine Utopie der Transparenz und des universalen Austausches. Gerade weil das eine operationalisierte Utopie ist, stellt sich bald Dysfunktionalität ein, insofern die Materialisierung der Utopie gleichsam der Tod ist. Die Promiskuität aller Dinge, aller Zeichen und aller Menschen erzeugt einen Zustand, daß man die Viren, wenn sie noch nicht existieren würden, erfinden müßte, um das Spiel wieder von neuem anfangen zu lassen. Die realisierte Utopie ist ein paradoxer Zustand, aber er ist nicht mehr kontradiktorisch. Vielleicht müßte man die Viralität als posthistorische Paradoxie der Dinge analysieren.

Rötzer Wenn Ihre Texte Virulenz zu erreichen suchen, Sie aber davon ausgehen, daß Theorien keinen Wahrheitsanspruch mehr erheben können, Sie also mit Ihren Texten oder Gedanken gewisse Effekte erzielen wollen, aber auch eine kommunikative Verständigung nicht mehr in Aussicht steht, weil die symbolische Kraft der Sprache verschwunden sei, an wen richten Sie dann Ihre Texte, was sollen sie provozieren?

Baudrillard Der Zweck meines Schreibens besteht vielleicht darin, einen leeren Raum zu erzeugen. Die Physiker sagen heute, daß es keinen leeren Raum an sich, sondern nur einen leeren Raum mit allerlei Virtualitäten gibt. Das ginge in dieselbe Richtung. So einen leeren Raum entstehen zu lassen, der aber schwer von Virtualität wie ein schwarzes Loch wäre, das ist mein Versuch. Die Sprache würde dann mit sich selbst in einen Kreislauf geraten, in dem sie sich erschöpft oder an ihre äußerste Grenze gerät. Daraus würde kein Sinn mehr entstehen, wohl aber die katastrophische Virtualität eines Übersinns oder Unsinns, woran jeder seine eigenen Obsessionen oder Phantasmen entzünden könnte. Dazu muß man sich aber in diese Orbitalität hineinbegeben und jedes theoretische Über-Ich aus dem Spiel lassen. Was daraus entsteht, weiß ich nicht, jedenfalls artikulieren viele eine harte Kritik. Die Leute wissen nicht, was sie damit anfangen sollen. Es interessiert oder fasziniert, ohne daß man eigentlich den Grund dafür angeben könnte.

Mein Ziel also ist es, einen kleinen, aber undurchdringlichen Punkt des Nicht-Kommunizierbaren, des Undurchsichtigen oder des Fatalen zu erzeugen, kleine Klumpen solcher fataler Strategien zu inszenieren. Damit kann jeder anfangen, was er will. Über den Einfluß meiner Gedanken habe ich keine klare Kenntnis, obgleich ich sehr neugierig bin zu erfahren, was daraus entsteht. Einstweilen entsteht vor allem Ablehnung. Das war etwa der Fall bei dem Buch *Amerika*, das doch ganz einfach zu lesen war und an dem man auch Vergnügen haben konnte. Gleichwohl sind diese Widerstände gegenüber dem Fragmentarischen ein gutes Zeichen, denn es ist gut, daß diese Ideen zirkulieren, ohne daß daraus ein Wahrheitsprozeß entsteht. Auch das muß man paradox sehen. Manchmal empfinde ich allerdings auch einen übergroßen Ruhm oder Einfluß, aber das beruht auf einem völligen Mißverständnis.

Dietmar Kamper

Der Januskopf der Medien
Ästhetisierung der Wirklichkeit, Entrüstung der Sinne

Eine metatheoretische Skizze

I. Vorbemerkungen zum Thema: Ästhetisierung als Entrüstung?

Kaum ein Komplex von Absichten und Wirkungen scheint derart gründlich nach Art binärer Codes strukturiert zu sein wie die sogenannte Medienrealität. Dennoch versagt die Wahrnehmung dieses Komplexes gerade dort, wo ihr »Für und Wider« auf konventionelle Weise erörtert wird. Die Alternative in den Köpfen, die sich über Reduktionen Geltung verschafft, paßt überhaupt nicht auf die realen Effekte einer Ja/Nein-Symbolik, wie sie sich in den medialen Schaltungen abspielt. Der radikal zweideutigen Realität der Medien, und zwar jener, die medial hervorgebracht wird, ist die gängige Arbeitsteilung in den Stellungnahmen: Medienaffirmation hier, Kulturkritik dort, nicht angemessen. Deshalb dürfte eher die Rede vom Januskopf zutreffend sein, einer Figur, die es erlaubt, der Zweideutigkeit bis in ihre Unerträglichkeiten hinein standzuhalten: Janus blickt nach vorne, indem er zurückblickt. Er blickt umso weiter vorwärts, je weiter er rückwärts blickt. Er ist der Gott, der in der Vergangenheit die Zukunft entdeckt, der noch in der schlimmsten Wendung der Geschichte die Spur eines glücklichen Zufalls vorfindet und als Chance zu nutzen weiß. Das späte Mittelalter hat Janus mit dem Noah nach der Katastrophe identifiziert. Vom Kopf ist die Rede, weil es längst um immaterielle Prozesse geht, genauer um das Immateriellwerden der Prozesse. Das Zivilisationsparadigma: Abstraktion vom Körper kommt erst auf dem Feld der Neuen Medien zur vollen Entfaltung. Die hier erreichte Komplexität macht es jedoch endgültig schwierig, zu unterscheiden, ob die vielzitierte Selbstreferenz eine Errungenschaft oder ein Verhängnis ist. Außerdem verschiebt diese Komplexität permanent die Probleme. Die Rückkopplung der Wirkungen auf den Prozeß der

Realisierung erlaubt keine Symmetrie in der Betrachtung. Vielmehr kommt es auf ein Gleiten an, das sich auch in Überlagerungen durchhält. Folgt man einer solchen Verschiebung, dann zeigt sich Überraschendes. Was zunächst als Mangel erschien, erweist sich später als notwendiges Motiv der Veränderung. Eine als Nachteil identifizierte »Ästhetisierung« wird zum Ausgangspunkt einer »Entrüstung«, die auch in Form einer nicht intendierten Nebenwirkung zur Umdeutung des gesamten Komplexes zwingt. Dergleichen kann weder kulturkritisch noch zu Zwekken der Propaganda konstatiert werden. Hier bedarf es des Mitgehens. »Januskopf der Medien« soll also heißen: in der »Ästhetisierung der Wirklichkeit« vollzieht sich unerwartet eine »Entrüstung der Sinne«, die noch einmal die Frage nach dem Menschen aufwirft, nun allerdings in Form einer Anthropologie, die Geschichte und Ästhetik auf neuartige Weise kombinieren muß.

II. Erläuterung einiger Problemstellungen

1. Die Moderne hat in der Konsequenz ihres Gelingens eine weitgehende *Fiktionalisierung der Welt* bewirkt, die nach und nach alle historischen Differenzen löscht. Lange Zeit hat man in bester Absicht das Flüchtigwerden der Dinge einer gegnerischen Macht zugeschrieben. So sehr schienen das Handfeste und der eherne Gang der Geschäfte eingemeindet zu sein. Daß aber der Unterschied von Realität und Fiktion selbst ein fiktionaler ist, der in den Fundamenten der Moderne auf Dauer gestellt war, zeigt sich erst am Ende, im Ruin dieser Fundamente. Eine solche Karriere des Scheins – Wirkung, nicht Absicht der fortgeschrittenen gesellschaftlichen Abstraktion – ist aber zwieschlächtig. Sie besteht hauptsächlich darin, daß Körper zu Bildern werden, und in einer Subversion der Zeichen gegen ihren gewohnten Gebrauch. Wiederum wirkt sich also die Verschiebung aus. Das Konzept der Abstraktion vom Materiellen geht nur zum Teil auf. In der Folge ihrer Wirkungen erweisen sich die Mittel als widerspenstig. Die Ungeheuer, die dem Traum der Vernunft entsteigen, gehorchen der Vernunft keineswegs. Selbst die weitgehend sachliche Verwendung von Zeichen, die aus historischen Körpermarkierungen abgeleitet sind, stößt an die Grenze der Vielfalt und an die einer

systemischen Paradoxie. Die Menschen waren nie Herren der Bilder. Sie können ebenso nie Herren der Zeichen werden. Die Mittel der Macht sind mächtiger als derjenige, der sie benutzt.

Der Grund dafür liegt wahrscheinlich in einer rigorosen Maschinisierung der Zeit zum Zwecke der Beschleunigung, die im Gegenlauf zu einem Terror der Termine geführt hat. Eine solche Paradoxie: intendierter Zeitgewinn, effektiver Zeitverlust – scheint unumkehrbar zu sein. Als Notlösung allenfalls dient ein postmoderner Wiederholungszwang, der sich wiederholt, ohne je etwas wiederholen zu können. So wie die Wiederholung als Hauptkategorie der Moderne in Anspruch genommen wurde, so muß man an ihrem Ende den Zwang dazu wahrnehmen. Als leere Figur eines ohnmächtigen Umgangs mit der Zeit scheint er sich zur großen Neurose auszuwachsen, die den meisten Menschen nur noch eine schier autistische Ordnung erlaubt. Zugleich arbeiten die Betroffenen ihre Ängste durch, was erneut – in der Verschiebung – unkalkulierbare Überraschungen zeitigt.

2. Folie und Vehikel des Abstraktionsprozesses ist eine *Technologie der Körperextension,* die nicht allein eine Prolongation der Gliedmaßen betreibt, sondern auch – was längst wichtiger ist – eine Prolongation der inneren Organe, insbesondere des Gehirns, nach außen. Es ist diese Externalisierung der menschlichen Symbolfunktion, die in Allianz mit einer Inkorporation der Zeit in der Maschine Richtung und Ziel der Fiktionalisierung der Welt im nachhinein lesbar macht. Dabei geht es um den Wunschtraum einer technischen Überwindung der körperlichen Gebrechen: Schmerz, Krankheit, Tod, und zwar einerseits durch Abschirmung der Individuen, notfalls bis zur autistischen Wahrnehmungsunfähigkeit, andererseits durch Medien, die einem Automatismus der unaufhaltsamen Entwicklung überantwortet werden. An dieser Stelle wird deutlich, wie sehr Technologie noch immer Theologie ist. Der große Traum, der die europäische Technik auch heute trägt, ist das »Projekt Unsterblichkeit«, das nicht allein in den monotheistischen Hochreligionen, sondern auch in den Grundformen mythischer und magischer religiöser Praxis am Werke war. Alle Einsprüche aus forcierter Bejahung der Sterblichkeit und der Endlichkeit der Menschen haben nichts gefruchtet. Was gegenwärtig an Kosten in Kauf genommen wird, um nicht aufwachen zu müssen, ist unvorstellbar. Selbst die radikale Ohnmacht: der Verzicht auf individuelle Erfahrungsfähig-

keit ebenso wie auf den Stolz, weiterhin eine gemeinsame Geschichte zu haben, ist nicht schrecklich genug. Man gewinnt zunehmend den Eindruck, als ob es nun mit einer gewissen Endgültigkeit darauf ankäme, die Menschwerdung in der Konsequenz der vorgeschichtlichen und historischen Religionen technisch bis zur Unsterblichkeit zu realisieren, selbst auf die Gefahr hin, einer Zerstörung der Erde Vorschub zu leisten und sich somit indirekt selbst zu ruinieren ... Zu den Begleiterscheinungen dieses Wahns gehört die absolute Gleichgültigkeit der »zweiten Schöpfung« gegen die Menschen, die sie hervorgebracht haben. Eine solche Bloßstellung, die im Äußersten stattfindet, könnte nun in der Tat ebenso unberechenbare wie umbrechende Wirkungen haben. Das Insgesamt der Vorstellungen, Darstellungen, Ausstellungen, nicht zuletzt Herstellungen entblößt den »stellenden« Täter derart radikal, daß die Scham über seine äußerste Nacktheit ihn zum Aufwachen treiben könnte.

3. Die Zeitparadoxie hat eine *Entmediatisierung der Medien* zur Folge. Daß die Medien Mittel für einen Zweck sind, verschwindet in ihrem Vollzug. Sie arbeiten vielmehr mit an einer »zweiten Natur« des Menschen, welche die erste mit all ihren Nöten hat vergessen lassen, nun aber selbst längst neue Kalamitäten aufweist. Immerhin dürfte da und dort der Punkt erreicht sein, wo ein Außen nicht mehr konstruierbar ist. Damit entfallen die Referenzen. Damit kommt es zu jenem sattsam beschriebenen Verwirrspiel, in dem das Medium selbst sich zur »ganzen Welt« aufblähen kann und das »Andere« nur noch als Satellit geduldet wird. Damit wird der Steuermann zum Anhängsel der Kybernetik. Das unfreiwillige »opus magnum« der Zivilisation ist Künstlichkeit, in einem fundamentalen Sinn. Alle Natur hat darin den Status eines Restpostens, der billig ausverkauft werden kann. Es wird unentwegt Abstand genommen und Abschied genommen vom »Gegebenen«. Insbesondere die Vegetation fungiert als Erinnerung an die »erste Schöpfung« und dient als Exempel für alle möglichen Abschreckungen und Exorzismen. Das kann auch in der Weise schmerzlicher Erinnerungsarbeit geschehen. Dabei erzeugt gerade die Sehnsucht nach dem verlorenen Authentischen immer mehr Simulation. Das ist der Haken an der Sache. Im Verein mit einem infantilen Omnipotenzwahn fungieren mimetische Gewohnheiten als Motoren eines sich selbst verzehrenden Spiels. Zwar erweist sich die absolut künstliche Welt – beim Wie-

derlesen – als Nebenwirkung einer Nachahmung der Natur. Aber die Befreiung von natürlichen Zwängen endet bei einem zwanghaften Imaginären. Damit hat man – in zivilisationstheoretischer Perspektive – nicht gerechnet. Die zu Bildern von Körpern transformierten Körper nehmen gewissermaßen eine subtile Rache. Sie errichten das Gefängnis der Bilder. Der Sarg, den der menschliche Körper für die Seele sein sollte, ist nun die Seele (als Resultat der Transformation) für den Körper. Während die Dinge sich längst im freien Fall befinden, fügt sich die Phantasie in eine eherne Ordnung. Auch dieses Verhältnis hat sich umgekehrt. Insofern heißt das Stichwort für die entstandene Selbstreferentialität der entmediatisierten Medien strikte Ambivalenz.

4. Der Ausfall herkömmlicher Differenzen äußert sich als Zerstörung von Kriterien einer treffenden Unterscheidung und zieht eine wachsende Ohnmacht der Theorie gegenüber der Indifferenz der Verhältnisse nach sich. Daß hier der Rückzug in die Fluchtburgen nicht passiert, wäre der erste Grundsatz einer Ethik der Logik, wie sie allenthalben gefordert wird. Aber kaum eine menschliche Tätigkeit versteht sich so gut aufs Verdrängen, Verleugnen, Verneinen wie methodische Erkenntnis innerhalb und außerhalb der Wissenschaften. Allerdings kommt es da und dort zu Versuchen des Standhaltens, wenn auch ungeübt und mit Kurzschlüssen der Angst in der Methode. Man müßte sich dem beschriebenen ehernen Gang der Phantasie, wie er in den Neuen Medien zur Wirklichkeit kommt, Schritt für Schritt aussetzen. Eine Station auf diesem Wege ist die radikale Pluralität der Perspektiven und Methoden, die bis heute noch niemand ohne Rückhalt erträgt. Wenn aber die ästhetische Entwirklichung des Wirklichen über den »vanishing point« hinausgediehen ist, wird die Frage entscheidend: was heißt *Denken des Immateriellen?* Von alters her nämlich ist alle Erkenntnis daran gewöhnt, eine Materie zur Formung vorzufinden. Das Immaterielle, das, was es nicht gibt, insofern es erst gemacht werden muß, scheint kein möglicher Gegenstand zu sein. Der Schatten, den die Erkenntnis selbst bei ihrem Form-Materie-Spiel geworfen hat, ist ihr entgangen. Ihm muß sie sich nun zuwenden. Das Immaterielle ist ein Konglomerat aus entmaterialisierter, erkannter Materie und immaterieller, erkennender Form. Bisher hatte es seinen Ort im schier unauffindbaren Eldorado der Nebenwirkungen und Spätfolgen einer auf Purifikation der Welt gerichteten Erkenntnis. Gerade

bei dieser Reinheit jedoch kann es nicht bleiben. Verlassen läßt sich nämlich die geschlossene, fiktive, künstliche Welt nur durch einen zweiten Sündenfall, durch Annahme einer prinzipiellen Fraktalität des menschlichen Denkens. Fraktalität heißt hier Zerstückelung der Erfahrung schon im Imaginären. Die Bilder haben ihre einheitsstiftende Kraft durch mediale Vervielfältigung verloren. Daraus ergibt sich die Chance, noch einmal anfangen zu können, diesmal unter Rückkoppelung der historischen Wirkungen der Abstraktion auf die Absichten, und zwar fundamental mit der Kunst der bloßen Wahrnehmung, mit Ästhetik als neuer Leitwissenschaft in der technischen Realität der Medien. Ästhetik solcherart hat nichts mehr zu schaffen mit der philosophischen Disziplin gleichen Titels. Sie ist Leitwissenschaft im »factum brutum« einer von ihren Träumen enttäuschten Menschheit, die nun mit dem einzigen konfrontiert ist, das ihr überhaupt nicht paßt: eine radikal menschliche Welt.

III. Nachbemerkungen zum Thema: Jenseits von Autismus und Automation?

Wenn die Ästhetisierung der Wirklichkeit sich im Vollzuge als Entrüstung der Sinne herausstellt und wenn dies in der Weise einer zeitlichen Verschiebung geschieht, die durch ein mehrfach gestaffeltes Paradox läuft, dann ist das temporale Verhältnis, in dem der Januskopf der Medien heute auftaucht, ein Anlaß, auch theoretisch über die bloße Alternative hinauszugehen. Dann ist es möglich, eine neuartige Anthropologie zu beginnen, die das Zeitmoment als Metonymie in sich trägt. Die Kurz- und Langzeiteffekte der Medien können so ohne vorschnelle Identifikation in den größeren Horizont einer Theorie jener radikalen menschlichen Welt einbezogen werden, die es vielleicht zum ersten Mal erlaubt, den Text und den Kontext, das Gewollte und das Ungewollte, das Sichtbare und das Unsichtbare in eine plausible Relation zu bringen. Anthropologie, die Geschichte und Ästhetik dadurch kombiniert, daß sie selbst sich ästhetisch und historisch versteht, die wahrnimmt und zugleich ihre Wahrnehmung kennt, die weiß, wieviel Zeit sie selbst braucht, hat die Subjekt-Objekt-Dialektik verlassen. Damit kann sie nicht nur der Forderung der doppelten Reflexion entsprechen, also Gegenstand und Methode historisch und ästhetisch zu fassen, sie vermag darüber hinaus auch, sich selbst im Zusammenhang ihrer Aussagen zu situieren. Das nötigt dazu, Totalität total zu verabschieden. Theorie ist nun endgültig Moment des Feldes, das sie untersucht, was – wie der blinde Fleck beim Sehen – die Selbstverständlichkeit bietet, daß das Sichtbare ohne das Unsichtbare nicht zu haben ist. Fraktalität des Denkens heißt Offenheit, bedeutet das Ende aller endgültigen Aussagen. Je mehr gewußt wird, desto mehr wird auch nicht gewußt. »Fiktionalisierung der Welt«, »Technologie der Körperextension«, »Entmediatisierung der Medien«, »Denken des Immateriellen« sind deswegen auch nur »tentative« Formeln, um Annäherungen an eine Realität zu unternehmen, die zum ersten Mal die Markierung »selbstgemacht« verdient. Nur in dieser Richtung, so scheint es, könnte der beschworene Blackout von individuellem Autismus und gesellschaftlicher Automation vermieden werden.

Peter Zec
Das Medienwerk
Ästhetische Produktion im Zeitalter der elektronischen Kommunikation

Vorwort

Als Benjamin seine Thesen über die Entwicklungstendenzen der Kunst unter den Produktionsbedingungen der technischen Reproduktionsverfahren Fotografie und Film entwarf, befanden sich beide Produktionsweisen – gemessen an dem heutigen Stand der Entwicklung – noch in den Anfängen. Er richtete die von ihm neu eingeführten Begriffe so ein, daß sie einen prognostischen Wert bekamen und zur Formulierung revolutionärer Forderungen in der Kunstpolitik brauchbar waren. Sein Hauptaugenmerk orientierte sich dabei einerseits auf die Bekämpfung des Faschismus, der gerade damit begann, die Kunst für seine Zwecke zu vereinnahmen, und andererseits darauf, welche besonderen Aufgaben Intellektuelle sowie Kunstproduzenten als Widerstandskämpfer in dieser bedrohlichen Situation übernehmen könnten.

Angesichts der zunehmenden Gefahren durch den Faschismus beklagte er weniger den Verlust traditioneller Werte und gewohnter Empfindungen, sondern versuchte vielmehr, in den neuen Produktionsbedingungen der Fotografie und des Films ein emanzipatorisches und revolutionäres Potential zu erkennen, das geeignet war, die Ästhetisierung der Politik, wie sie vom Faschismus betrieben wurde, mit der Politisierung der Kunst zu bekämpfen. Anders als Adorno, der gemeinsam mit Horkheimer den Niedergang und Verfall der Kunst unter den neuen Produktionsverhältnissen der Kulturindustrie beklagte, hatte Benjamin seinen Blick nicht mehr auf die unwiederbringliche Vergangenheit, sondern auf die bevorstehende Bewältigung der Zukunft gerichtet. Während viele noch meinten, retten zu können, was doch längst nicht mehr zu retten war, hatte er bereits die verdorbenen Früchte über Bord geworfen, um sich völlig auf die neue Saat zu konzentrieren.

Heute, nachdem mehr als ein halbes Jahrhundert vergangen ist, haben sich die Produktionsverhältnisse erneut grundlegend verändert, und wieder kommt es für Intellektuelle und Kunstproduzenten darauf an, angesichts neuer Herausforderungen und Gefahren ihre Position und ihre Aufgaben neu zu bestimmen. Diesmal droht die Gefahr einer menschenverachtenden Technokratie, die bereits damit begonnen hat, die menschliche Existenz in vielerlei Hinsicht in Frage zu stellen. Angesichts der Entwicklung von zahlreichen neuen Techniken stellt die Fähigkeit des Sehens und Wahrnehmens, Sprechens und Kommunizierens sowie Denkens und Erkennens längst keine alleinige Domäne der menschlichen und natürlichen Intelligenz mehr dar. Vielmehr wird diese in zunehmendem Maße durch ein Ensemble von apparativ funktionierenden künstlichen Intelligenzen ersetzt, die den natürlichen Wahrnehmungs- und Kommunikationsfähigkeiten des Menschen bezüglich der Erfassung, Speicherung und Verarbeitung des durch die neuen Informations- und Kommunikationstechniken elektronisch beschleunigten Informationsflusses weitgehend überlegen sind.

Bereits heute geht mit der durch Informationstechniken geprägten Realität für zahlreiche Menschen das Problem einer Informationsüberlastung einher, was zur Folge hat, daß die Wirklichkeit als unüberschaubar, intransparent und sinnentleert empfunden wird. Hinzu kommt, daß dieser Wandel von zahlreichen sozialen, ökonomischen und nicht zuletzt auch ökologischen Krisen begleitet wird.

Obwohl »die Wende in die Zukunft« wie auch die damit einhergehenden Chancen und Gefahren einer künftigen technologisierten Gesellschaft sowohl von Politikern als auch von Wissenschaftlern in nahezu inflationärer Weise analysiert und auf zahlreichen Symposien und Kongressen diskutiert wurden, sind doch bislang zwei zentrale Fragestellungen weitgehend unbeantwortet geblieben: zum einen handelt es sich dabei um die Frage, wo und wie Intellektuelle und Kunstproduzenten in der heraufziehenden Informationsgesellschaft noch eine mitbestimmende Funktion übernehmen können, ohne – wie es zur Zeit vielfach geschieht – als propagandistische Handlanger oder Zulieferer auf dem Feld der Medienentwicklung sowie der Akzeptanzförderung für neue Technologien eingesetzt und geschickt mißbraucht zu werden. Zum anderen geht es darum, ob und wie es möglich ist, die neuen Technologien – anders als es bislang in der Regel der Fall ist –

tatsächlich sinnvoll im Dienst der Menschheit einzusetzen und zu beherrschen? Von der zufriedenstellenden Beantwortung dieser beiden Fragen wird es abhängen, ob es gelingt, der Gefahr einer menschenverachtenden Technokratie erfolgreich zu begegnen. Dieser Problematik sind die folgenden Thesen gewidmet. Ohne bereits fertige Lösungsrezepte anzubieten, sind sie in erster Linie als ein kritischer Gegenentwurf zu der blinden Euphorie gemeint, mit der zur Zeit das paradoxe Vorhaben einer Zusammenführung von Kunst im traditionellen Sinne und elektronischer Medientechnologie angestrebt wird. Um jedoch mögliche Mißverständnisse zu vermeiden, sei bereits an dieser Stelle darauf hingewiesen, daß sie weder gegen noch für die Kunst sprechen wollen, sondern daß sie auf ein allgemeineres Problemfeld gerichtet sind.

I

Unter dem Einfluß elektronischer Informations- und Kommunikationstechniken hat das Kunstwerk vergangener Tage heute in vielen Bereichen des gesellschaftlichen Lebens erheblich an Bedeutung verloren. An seine Stelle ist ein neuartiges ästhetisches Produkt getreten, das aufgrund seiner besonderen Beschaffenheit und Wirkungsweise geeignet ist, als Medienwerk bezeichnet zu werden.

Nicht selten wird das Medienwerk trotz einer unbestreitbaren Differenz zum Kunstwerk mit diesem gleichgesetzt und in entsprechender Weise behandelt. Dies mag zum Teil darauf zurückzuführen sein, daß die Grenze zwischen dem einen und dem anderen zur Zeit noch immer fließend zu sein scheint. Dabei wird der Übergang im allgemeinen nicht als solcher, sondern eher als der Entstehungsprozeß einer neuen Kunst, der sogenannten Medienkunst, gedeutet. Doch lassen bereits die ebenfalls gebräuchlichen, synonym verwendeten Bezeichnungen »Gestalttechnologie«, »artware« oder »telematic networking« darauf schließen, daß die neuen ästhetischen Produkte kaum noch mit den gewohnten Kategorien eines Kunstwerks in Einklang zu bringen sind.

Trotz des erwähnten fließenden Übergangs bedeutet das Medienwerk einen prinzipiellen Bruch mit dem Kunstwerk, wie es durch verschiedene Epochen geprägt und durch zahlreiche Einflüsse in vielfältigen Ausdrucksformen und Stilentwicklungen in die heutige Zeit überliefert wurde. Denn mit dem Medienwerk ist der traditionelle, menschliche Akt des Herstellens von Artefakten hinfällig geworden. Dies gilt nicht zuletzt auch für den Fall, in dem der Mensch noch immer intellektuell und/oder handwerklich an der Produktion eines Medienwerkes beteiligt ist, wie es etwa heute noch überwiegend im Bereich der Produktion von Computergrafiken, -animationen und Hologrammen geschieht. Prinzipiell bewegt sich die Entwicklung dieser Verfahren jedoch darauf hin, den Menschen von seiner aktiven Teilnahme am Produktionsprozeß zu befreien und ihm bestenfalls den Status eines Beobachters einzuräumen. Wie es sich bereits mit der Fotografie und dem Film ankündigte, ist es letztendlich die Apparatur, die über die ästhetische Produktion bestimmt. Das ist gemeint, wenn von der spezifischen ästhetischen Ansprachequalität und der Eigendynamik technischer Medien die Rede ist.

In dem Augenblick nämlich, da der Maßstab des individuellen Schöpfertums an der Kunstproduktion versagt – wie es heute offensichtlich bei der ästhetischen Produktion mit elektronischen Kommunikationsmitteln der Fall ist –, wälzt sich zwangsläufig auch die bis dahin gültige Funktion der ästhetischen Produktion um. Denn an die Stelle ihrer Fundierung auf den aufgeklärten, individuellen Schöpfergeist des Künstlers tritt ihre Fundierung auf Technik.

II

Eine zuvor nicht gekannte Besonderheit des Medienwerks besteht in der technischen Möglichkeit einer integrativen Vernetzung von Apparaten sowohl auf der Produktions- als auch auf der Distributionsebene. Mittels elektronischer Signal- und Datenverarbeitung ist es möglich geworden, mehrere Apparate mit unterschiedlichen Funktionen zu verbinden, wodurch völlig neuartige Nutzungs- und Wirkungsmöglichkeiten entstehen, die bislang ungeahnte Effekte hervorrufen können. Dabei kann die technische wie auch die ästhetische Leistungsfähigkeit einzelner Apparate durch die Vernetzung mit anderen Apparaten gleicher oder auch anderer Art erheblich gesteigert werden. Die Voraussetzung hierfür ist allerdings, daß alle Apparate auf ein bestimmtes Betriebssystem gleichgeschaltet sind und nach festgelegten technischen Normen funktionieren. Hiermit geht zugleich eine große Gefahr der Gleichschaltung und Normierung von sozialen Gebrauchsweisen und Denkweisen innerhalb der Informationskultur einher.

In elektronisch vernetzten Systemen können unterschiedliche Kommunikationsformen wie Bilder, Worte und Tonsignale in gleicher Weise über einen Kanal vermittelt und zusammengeführt werden. Damit tritt zugleich ein Funktionswandel der Kommunikation ein, die zu einem Teilsystem des apparativen Netzwerks wird. Was man in diesem Zusammenhang jedoch als Kommunikationsprozeß bezeichnet, hat nur noch im entfernten Sinne etwas mit dem Ideen- und Gedankenaustausch zwischen zwei oder mehreren Gesprächspartnern gemeinsam. Die Kommunikation zwischen Apparaten vollzieht sich demgegenüber als ein genormter Datentransfer in einem festgelegten Regel- und Steuerungssystem. Als eine Folge resultiert daraus die Aufhebung der Grenzziehung zwischen spezifischen Produktionsprozessen unterschiedlicher Medien. Aufgrund dessen ist das Medienwerk nicht selten das Produkt der Kommunikation zwischen unterschiedlichen Apparaten, wie es etwa bei der computergesteuerten, digitalen Bildproduktion oder bei der holografischen Stereografie der Fall ist.

III

Gegenüber einem mit handwerklichen oder mechanischen Mitteln hergestellten Kunstwerk ist das Medienwerk durch eine flüchtige, immaterielle Beschaffenheit charakterisiert. Während ersteres aufgrund des spezifischen Materials, aus dem es geschaffen wird – ganz gleich, ob es sich dabei um ein Gemälde, eine Fotografie oder eine Skulptur handelt –, stets eine objekthafte Darstellung repräsentiert, existiert das Medienwerk einzig als ein Programm oder eine prozeßhafte Informationsstruktur, die entweder elektronisch oder optisch gespeichert und kontinuierlich abrufbar ist.

Somit hat sich mit der Entstehung des Medienwerks die (technische) Herstellung von ästhetischen Produkten in ein qualitativ anderes Stadium verlagert. Dabei ist das von Benjamin analysierte

Prinzip der technischen Reproduzierbarkeit um den Aspekt einer wirklichkeitsgenerierenden Projektion erweitert worden, in der Medienrealität und Umwelt bis zur vollständigen Durchdringung ineinander übergehen, was eine Auflösung der Differenz zwischen der medial repräsentierten und der tatsächlich gelebten Wirklichkeit zur Folge hat. Im gleichen Maße wie die Illusion sich nicht mehr von dem, was wirklich ist, unterscheiden läßt, stellt sich das Reale in der durch das Medienwerk veränderten Welt als ein virtueller Schein dar. Gewohnte Vorstellungen der Realität werden grundsätzlich in Frage gestellt, wie auch das Realitätsempfinden einem einschneidenden Wandel unterliegt. Die technische Reproduktion hat ihren Anspruch auf Authentizität verloren und zugleich an Realität gewonnen.

Funktionstechnisch betrachtet basiert das Medienwerk auf dem Prozeß der Daten- und Informationsverarbeitung, wie er im Rahmen der Kybernetik entwickelt wurde. Als eine neue Bezugsgröße dient dabei die Information. Sie ist als eine abstrakte Größenordnung an die Stelle getreten, die einst die erlebbare Realität sowohl für das Kunstwerk als auch für das Prinzip der technischen Reproduzierbarkeit übernommen hat. Insofern stimmt es nicht, daß das Medienwerk durch eine Referenzlosigkeit gekennzeichnet ist. Vielmehr verfügt es über einen streng festgelegten Bezug zu einer bestimmten Anzahl von Daten und Informationen, der jedoch nicht immer problemlos zu erkennen ist.

IV

Mit dem Medienwerk wird das Verhältnis zwischen Kunst und Technik auf eine grundsätzlich neue Stufe gestellt. Wie wir wissen, besaß Kunst im Verlauf ihrer Geschichte immer eine bestimmte Beziehung zum jeweiligen Entwicklungsstand der Technik. So ist die Bronzeplastik erst durch die Erfindung der Bronze und der technischen Entwicklung des Bronzegußverfahrens möglich geworden. Das gleiche gilt auch für die Bildhauerei, die im wesentlichen auf die Erfindung und Herstellung von zumeist metallenen Handwerkzeugen angewiesen war. Schließlich hat sich auch die Malerei mit dem Aufkommen künstlicher Farben im 19. Jahrhundert neuester technischer Errungenschaften bedient. Wie diese Beispiele zeigen, gestaltete sich das Verhältnis zwischen

Kunst und Technik in der Vergangenheit überwiegend derartig, daß die Technik darin die Funktion eines zusätzlichen Hilfsmittels übernahm. Die eigentliche Hauptsache, nämlich das Kunstwerk an sich, wurde hierdurch niemals in Frage gestellt. Dies änderte sich erst, als zunächst mit der Lithografie und später dann mit den Medien Fotografie und Film neuartige Reproduktionstechniken aufkamen, die in erheblichem Maße dazu beitrugen, daß das Kunstwerk aus seinem traditionellen Bedeutungszusammenhang herausgerissen wurde und damit seine auratische Wirkung verlor. Dieser folgenschwere Einschnitt innerhalb der Kunst wurde von Benjamin hinlänglich analysiert.

Infolge der voranschreitenden Entwicklung der Technik und der Entstehung neuer Produktionsbedingungen erleben wir heute einen weiteren Einschnitt innerhalb der Kunst, der für diese weitaus schwerere Konsequenzen haben wird, als es noch im Zeitalter der technischen Reproduzierbarkeit des Kunstwerks der Fall war. Denn mit dem sich derzeitig vollziehenden Funktions- und Bedeutungswandel der Technik geht zugleich eine wesentliche Verlagerung ihres Verhältnisses zur Kunst einher.

Bestand die Aufgabe der Technik zunächst einzig darin, Mensch und Tier im Bereich handwerklicher und körperlicher Arbeitsprozesse zu entlasten, so hat sich ihr Aufgabenfeld heute durch die explosionsartige Entwicklung im Bereich der Elektronik und Informatik über jene ursprüngliche Sphäre materieller und mechanischer Funktionsabläufe hinaus auch auf die Sphäre immaterieller und informationsverarbeitender Prozesse ausgedehnt. Damit ist der Einfluß der Technik zugleich über den Bereich der handwerklichen Realitätsaneignung hinaus in den Bereich der intellektuellen Realitätsvorstellung eingedrungen. Bedienten sich Menschen einst der handwerklichen und später der maschinellen Technik, um im direkten Umgang mit dem Material an der künstlichen und künstlerischen Gestaltung der Realität teilzuhaben, so führt heute der universelle Einsatz von »intelligenten« Nachrichten- und Informationstechniken dazu, daß in immer mehr Lebensbereichen und -situationen der ursprüngliche, direkte Kontakt mit der materiellen Realität verloren geht und das gewohnte Realitätsempfinden ins Wanken gerät. Dieser Vorgang ist inzwischen symptomatisch; seine Bedeutung und sein Einfluß weisen über den Bereich der künstlichen und künstlerischen Realitätsgestaltung hinaus. Die neue Informationstechnik löst den Prozeß der Realitätsaneignung und Realitätsvorstellung aus dem Bereich der menschlichen und natürlichen Intelligenz heraus. Indem die natürliche Intelligenz um den Faktor der elektronischen Informationsverarbeitung erweitert wird, büßt sie zugleich ihre einmalige Sonderstellung ein. Dieser Prozeß der Erschütterung der natürlichen Intelligenz und der privilegierten Stellung des denkenden selbstbewußten Subjektes, das als solches aus dem Projekt der Aufklärung hervorgegangen ist, bildet die Kehrseite der gegenwärtigen »Wende in die Zukunft«, von der noch niemand so recht vorherzusagen mag, wie sie letztendlich ausgehen wird. Sicher ist aber, daß mit ihr ein tiefer Bruch der menschlichen Sinneswahrnehmung einhergeht, der bereits heute zu einem erheblichen Verlust traditioneller Erfahrungen sowie zu einer tiefgehenden Sinnkrise geführt hat.

V

Mit der Geschwindigkeit der elektronischen Kommunikation ist die Entwicklung der Informationstechnik den menschlichen Sinnen in rasendem Tempo davongeeilt und hat den historischen Erfahrungszusammenhang der aufgeklärten Menschheit gesprengt. Als eine Folge daraus ist ein tiefes Unbehagen an möglicherweise neuen Orientierungsmustern zu verspüren.

Je mehr die gesellschaftliche Realität gewohnten Wahrnehmungs- und Erfahrungsweisen zu entfliehen scheint, desto nachhaltiger ist man darum bemüht, überkommene Werte und Traditionen in den Bereichen Kunst und Kultur zu bewahren. Deshalb wird vor allem von konservativen Kreisen ein intensiver Vorstoß in diese Bereiche betrieben, die nach jahrzehntelanger Bedeutungslosigkeit heute wieder auf einen hohen Rang gehoben werden. Angesichts des allgemeinen Verfalls alter Produktionsmittel und Verwertungsprozesse sowie der daraus resultierenden Krisen in sozialen und ökonomischen Bereichen scheinen Kunst und Kultur wieder an Wert zu gewinnen. Jedenfalls ist man bereit, wieder in sie zu investieren, in der Hoffnung, auf diese Weise soziale Mißstände aufheben zu können. Dies alles geschieht im Namen der Förderung einer neuvermuteten Kreativität, von der sich die Politik eine progressive Krisenbewältigung in nahezu allen sozialen Lebensbereichen erhofft. Die im großzügigen Rahmen geförderte Kreativität wird bereits als Zauberformel und Allheilmittel für die nach der »Wende in die Zukunft« befürchteten Notstandssituationen gehandelt. Wen wundert es da noch, daß der längst vergessen geglaubte Künstler inzwischen wieder ins Rampenlicht der politischen Bühne gestellt wird.

Für den Politiker, dessen Handlungsspielraum sich unter dem Druck der sozialen Realität immer weiter verringert und der sich selbst schon lange nicht mehr als ein souverän agierendes Subjekt erlebt, verkörpert die Person des Künstlers – der aus seiner Sicht von Sachzwängen und sozialen Krisensituationen nichts zu verspüren scheint – das letzte noch zu rettende Sinnbild der Individualität und des kreativen Schöpfergeistes. Wen kümmert es dabei schon, daß diese fortschrittlich gemeinten idealtypischen Vorstellungen allesamt dem 19. Jahrhundert entlehnt sind. Von einem tatsächlich zukünftigen Leben ist darin jedenfalls keine Spur. Vielmehr erhärtet sich der Verdacht, daß mit dieser Verklärung der Künstlerpersönlichkeit im Grunde nur die längst fällige Bankrotterklärung der Politik hinausgezögert wird.

Ähnlich wie Adorno einst die autonom gewordene Kunst in den Dienst der Philosophie zu stellen gedachte, um durch ihr bewahrendes Potential am Ende doch noch das Projekt der Aufklärung zu retten, bemüht sich heute die Politik darum, die Kunst für ihre weitere Existenz dienstbar zu machen. Da kommen ihr gerade diejenigen recht, die das Zeitalter einer neuen high-tech-art oder Gestalttechnologie sowie die elektronische Wiederauferstehung des Bauhauses verkünden. Auffällig ist, daß beide Interessengruppen ihre Zukunftskonzepte auf die Aktualisierung vergangener Traditionen und Institutionen gründen, ohne dabei auf die tatsächliche Entwicklung zeitgemäßer und zukünftiger Produktionsbedingungen einzugehen. Daß jedoch durch Erfindungen wie den Computer oder die Holografie ein grundlegender Bruch mit den traditionellen Produktionsweisen der Vergangenheit eingetreten ist, wird dabei in der Regel gänzlich übersehen. Statt dessen ist man darum bemüht, das Neue mit dem Alten auf einen Nenner zu bringen und sich weiterhin an gewohnten Wahrnehmungsmustern und Erlebnisweisen zu orientieren.

Indem die Kreativität als ein wachsender Bedarf für Gesellschaft, Industrie und Wirtschaft beschworen wird, begnügt man sich damit, alten Wein in neue Schläuche zu füllen, und hofft darauf, daß doch alles genauso weitergeht wie bisher. Wie anders ist es sonst zu deuten, daß das Medienwerk noch immer zu einer neuen Kunstform verklärt wird, der man in Zukunft sogar ein eigenes Museum zu bauen gedenkt?

VI

Obwohl das Medienwerk aufgrund seiner besonderen Beschaffenheit und den daraus resultierenden Rezeptionsweisen für Museumspräsentationen eigentlich völlig ungeeignet ist, werden doch – angefangen vom Video über Computeranimationen bis hin zu Hologrammen – mit den neuen Produktionsmitteln noch immer Arbeiten produziert, deren einziger Sinn darin zu bestehen scheint, im Museum ausgestellt zu werden. Im Namen der Kunst werden auf diese Weise die tatsächlichen sozialen Gebrauchs- und Wirkungsweisen neuer Produktionsmittel bis zur völligen Unkenntlichkeit und Perversion verklärt. Unbewußt oder bewußt kommen Künstler mit diesen Arbeiten dem Anliegen der Politik entgegen, die selbst auch an einer Verschleierung der bislang praktizierten Gebrauchs- und Wirkungsweisen neuer Technologien interessiert ist. Anstatt sich in kompetenter Weise um innovative Projekte zur Zukunftsbewältigung zu bemühen, gleicht sich das Verhalten der sogenannten Medienkünstler mit dem von Politikern unter den gegebenen Verhältnissen darin, daß sie zwar einerseits das Neue propagieren, sich andererseits jedoch an traditionell bewährten Vorbildern orientieren.

Neben dem überstrapazierten Bauhaus und der zum Mythos eines vergangenen Fortschritts erhobenen Ulmer Hochschule für Gestaltung wird heute als eines jener Vorbilder für zukünftige Projekte immer wieder das Center for Advanced Visual Studies zitiert. Berichten seiner Fellows zufolge scheint das kleine Institut in Cambridge Massachusetts ein wahres Mekka für alle diejenigen zu sein, die »endlich wieder ungestraft mit technologischem Instrumentarium arbeiten und doch Künstler bleiben« wollen. Kein Wort ist jedoch darüber zu hören, daß die Arbeitssituation am Center in keiner Weise dem Ruhm dieser Begegnungsstätte von Kunst und Technik gerecht wird. Wer dort tatsächlich mit neuestem technischen Instrumentarium arbeiten möchte, der ist auf die freiwillige Zusammenarbeit mit anderen Instituten wie etwa dem neugegründeten Media Lab angewiesen. Das Center liefert allenfalls noch einen klangvollen Namen, der es den Fellows ein wenig erleichtert, Kontakt mit anderen Instituten des Massachusetts Institute of Technology und der umliegenden Industrie aufzunehmen. Wen wundert es da noch, daß auch am einst so fortschrittlich ausgerichteten Center inzwischen eine intensive Traditionspflege vergangener glorreicher Zeiten betrieben wird. Ob es in diesem Zusammenhang tatsächlich als eine interessante Entwicklung zu bezeichnen ist, daß Studenten zunächst das Aktzeichnen zu lernen haben, bevor sie mit dem Computer arbeiten dürfen, muß doch wohl sehr in Zweifel gezogen werden. Wem die Umstände vor Ort bekannt sind, der wird darin eher eine Not als eine neue Tugend erkennen. Denn längst ist das bei uns noch so viel gerühmte Center for Advanced Visual Studies in Amerika in den Schatten des benachbarten Media Labs getreten, dessen Zielsetzung einzig und allein die Entwicklung neuer Anwendungsweisen der Medien- und Informationstechnologie ist.

VII

Wer heute Gefallen daran findet, die alten Kunstrichtungen auf die neuen prallen zu lassen, und dieses Geschehen in einer neuen Einrichtung zu institutionalisieren beabsichtigt, der ist sich zwar des politischen Zuspruchs gewiß, doch muß er sich zugleich den Vorwurf gefallen lassen, daß er damit seinen Blick von den eigentlichen Herausforderungen unserer Zeit abwendet. Auch hat er ganz sicher noch nicht erkannt, daß es für die Konfrontation des Neuen mit den traditionellen Bereichen am wenigsten einer Institution bedarf, da sie sich ja jeden Tag aufs Neue bereits im alltäglichen Leben ereignet. Wenn man aber dennoch die Schaffung neuer Institutionen berät, die in erster Linie als Konfrontationsstätten von traditioneller Kunst und Medienwerk angelegt sind, so verbirgt sich dahinter das Verlangen, den tatsächlichen Lauf der Entwicklungen aufhalten und den Status quo bewahren zu wollen. Eine derartige Einrichtung wäre in der Tat eher durch den Charakter eines traditionellen Museums als durch den Anspruch eines tatsächlichen Zukunftslabors gekennzeichnet. An einem derartigen Ort hat sicherlich niemand etwas verloren, der sich auf der Suche nach neuen Arbeitsweisen zur Bewältigung der Herausforderungen durch die neuen Technologien befindet.

VIII

Anders als die Fotografie und der Film, deren Abbildungsprinzipien im wesentlichen nur eine technische Perfektion der zentralperspektivischen Malerei darstellen, besteht bei den neuen Produktionsmitteln Computer, Holografie und Telematik nicht der geringste Bezug zu traditionellen künstlerischen Produktions- und Darstellungsweisen. Daher gehen mit dem Gebrauch dieser neuen Techniken oftmals spezifische ästhetische Wirkungen einher, die nicht einmal mehr im entfernten Sinne mit traditionellen ästhetischen Ausdrucksformen und Gestaltungsprinzipien verbunden sind. Für den Künstler, der sich dazu entschließt, mit diesen neuen Produktionsmitteln zu arbeiten, eröffnet sich damit zugleich die Möglichkeit, traditionelle Positionen zu verlassen und sich anderen, unüblichen Anwendungs- und Gebrauchsweisen der neuen Techniken zuzuwenden. Allerdings wird ihm dies nur dann gelingen, wenn er bereit ist, einerseits den Bereich der bislang institutionalisierten Kunstformen zu verlassen und andererseits die neuen Rahmenbedingungen der Medienwerkproduktion anzuerkennen. Diese bestehen im wesentlichen darin, daß ein Medienwerk weder ein Original sein kann, noch durch ein Urheberrecht oder Copyright wirksam zu schützen ist. Sein neuer Werkstoff ist die Information, die inzwischen den Stellenwert eines wertvollen Rohstoffs erlangt hat. Seine aktuelle Aufgabe besteht darin, den neuen Rohstoff Information so zu verarbeiten und zu gestalten, daß er sinnvoll, d. h. im Sinne der Menschheit und menschlichen Bedürfnissen entsprechend zu gebrauchen ist. Es kommt also darauf an, dem bislang vorhandenen Tauschwert der Information einen konkreten Gebrauchswert hinzuzufügen, der sich in nützlichen Anwendungsweisen technischer Kommunikations- und Informationssysteme zu manifestieren hat.

Ein derartiges Handeln setzt jedoch zunächst einen vollkommenen Wandel der traditionellen Individualität des Künstlers voraus, der zu einer neuen Selbstbestimmung finden muß. Hat er diesen Schritt einmal vollzogen, so befindet er sich zunächst noch in einer ungewissen Situation, deren zukünftige Entwicklung einerseits kaum vorauszusagen ist und aus der es andererseits bereits keinen Rückzug in die traditionellen Bereiche der Kunst mehr gibt. Es wird ihm nicht möglich sein, in die geschlossene

Welt der Kunstinstitutionen und Museen zurückzuweichen, da dort für das, was er zu bieten hat, kein Platz vorhanden ist.

Der einzige Ausweg, der ihm also bleibt, ist der auf den öffentlichen Markt der Ideen und Produkte, wo er sich gegen nicht künstlerische, industrielle und technokratische Konkurrenz behaupten muß. Denn wenn überhaupt die Chance besteht, in irgendeiner Weise an der Gestaltung der Zukunft mitzuwirken, so ist sie einzig in diesem öffentlichen Raum außerhalb der Kunst- und Museumswelt gegeben. Hier und sonst nirgends haben sich Innovationen zu bewähren, sofern sie ernst zu nehmen sind. Und nur hier ist es möglich, wirkungsvoll gegen technokratische Zukunftskonzepte vorzugehen.

Vorbei ist die Zeit eines zweckfreien und autonomen Schaffens, in der der Künstler zur Sicherung seiner Existenz auf die staatliche Hilfe durch Stipendien, Subventionen und Kunst-am-Bau-Projekte angewiesen war. Im Umgang mit den neuen Informationstechniken, die für ihn zugleich eine Herausforderung an die sinnlichen und intellektuellen Fähigkeiten seines Menschseins darstellen, ist sein Denken und Handeln wieder auf soziale Zwecke gerichtet, nämlich darauf, herauszufinden, auf welche Weise die Gewinnung neuer sinnstiftender Wahrnehmungs- und Erfahrungszusammenhänge innerhalb der Informationsgesellschaft zu leisten ist. In gleichem Maße wie er selbst zunächst seine eigene Persönlichkeit und seinen Aufgabenbereich neu zu bestimmen hat, trägt er dann auch mit seinem Schaffen zu einer neuen Selbstbestimmung seiner Zeitgenossen bei. Von entscheidender Bedeutung wird dabei sein, welche neuen sozialen Gebrauchsweisen mit seiner Hilfe aus der Kommunikations- und Informationstechnologie hervorgehen werden.

IX

So wie sich das Berufsbild des Designers in dem Augenblick herauskristallisierte, als die vorangeschrittene industrielle Produktionsgeschichte nach einem Spezialisten der Vermittlung zwischen technischem Erzeugnis und sozialem Gebrauch verlangte, so besteht auch heute bereits wieder das Bedürfnis nach Vermittlern, deren Aufgabe es ist, aus der gefesselten Produktivkraft der neuen Techniken ein emanzipatorisches Potential freizusetzen.

Anders als in der Industriegesellschaft der vergangenen Tage wird sich dieser Prozeß heute jedoch nicht mehr in Fabrikhallen und Konstruktionsbüros, den kreativen Ursprungsstätten der vergangenen Industriekultur, ereignen. Ganz im Gegenteil deutet heute bereits vieles darauf hin, daß die zu erwartende neue Informationskultur sich dezentral in vereinzelten, von Ozongeruch, Kaffeeduft und Zigarettenrauch durchsetzten Büros der über ihre Rechner miteinander vernetzten User-groups und Hackerclubs entwickeln wird. Dort jedenfalls werden zur Zeit sowohl die Bedürfnisse als auch die Einschränkungen der neuen Informationssysteme am deutlichsten wahrgenommen und verspürt. So manche Karriere – nicht nur die des Apple-Gründers Steven Jobs – hat von einem derartigen Ort ihren Anfang genommen.

Dies mag sowohl als Hoffnung wie auch als Warnung für die Zukunft zu verstehen sein!

Der Schein und das Objekt

Bernhard Vief
Digitales Geld

Die Deutsche Einheit hat uns neue Geldscheine beschert. Dabei sieht es fast so aus, als seien diese bereits überholt. Wenn von Geld die Rede ist, denken wir gewöhnlich an die vertrauten Metallmünzen und Papierzettel. Diese Vorstellung ist veraltet: Das Metallgeld entstammt dem Mittelalter. Die Banknote ist ein Schriftmedium und zusammen mit dem Buchdruck Bestandteil der Schriftkultur. Demgegenüber konfrontiert uns der elektronische Zahlungsverkehr mit einer neuen, digitalen Form des Geldes. Dieses Geld ist im Begriff, das Papiergeld abzulösen und durch »neue Medien« zu ersetzen. Zu klären bleibt, was diese neuen Medien eigentlich sind und was spezifisch neu an ihnen ist. Damit verbindet sich die Frage nach dem Ende der Schriftkultur und einer neuen Ökonomie.

Die Deutsche Einheit hat uns außerdem eine Altlast hinterlassen: die Auseinandersetzung mit dem marxistischen Weltbild. Zur Zeit wird diese Auseinandersetzung erfolgreich verdrängt. Sie äußert sich in zwei Alternativen: entweder am Marxismus festzuhalten oder ihn zu ignorieren. Beide Alternativen sind unannehmbar und auf Dauer auch nicht tragfähig. Beides hat mit Verarbeitung nichts zu tun. Es ist Ausdruck einer allgemeinen Sprachlosigkeit, denn in 40 Jahren haben sich nicht nur die deutschen Staaten, sondern auch zwei deutsche Sprachen auseinanderentwickelt. Der folgende Beitrag versucht deshalb, gemeinsame Sprachfelder zwischen einem marxistischen Weltbild herauszuarbeiten und dem, was man im Westen gemeinhin mit dem Schlagwort »Informationsgesellschaft« belegt.

Ein Anhaltspunkt hierfür ergibt sich aus der Transformation des Geldes in reine Zeichen – in 0 und 1. Sie impliziert, daß die Bits nicht nur das Geld codieren, so wie sie auch das Fernsehen oder Telephon codieren, sondern daß sie selber Geld *sind* und daß das Geld ein *Code* ist. Warenaustausch und Informationsaustausch, Geld und Medien verschmelzen unter diesen Umständen zur Maschinensprache. Die ökonomische Kategorie des Wertes wird von einem Informationswert absorbiert. Kapitalbewegung als »sich selbst verwertender Wert« (Karl Marx) geht auf in »reiner Informationsbewegung« (Marshall McLuhan). Hier will ich andeutend für einen Vorgang eine Sprache finden, für den es derzeit keine Sprache gibt.

Was ist neu an den Medien?

> Keynes entdeckte die Dynamik des Geldes als Medium. Die eingehende Untersuchung dieses einen Mediums ist identisch mit dem Verfahren der gesamten Medienforschung.
>
> *Marshall McLuhan*[1]

Um den Begriff der neuen Medien ranken die unterschiedlichsten Vorstellungen.

Für Walter Benjamin sind Fotografie und Film neue Medien. Dieser weite Begriff, der rein mechanische Medien einschließt, soll hier nicht zur Debatte stehen.

Für Marshall McLuhan beginnen die neuen Medien erst mit der Elektrizität. Film und Foto gehören für ihn der Gutenberggalaxis an, weil sie auf der Illusion des perspektivischen Sehens beruhen. Wie das Alphabet und die perspektivische Malerei fixieren sie den Standpunkt des Betrachters auf eine lineare Ausrichtung. Erst die elektronische Nachricht sei aus diesem linearen Zusammenhang herausgerissen, dekontextualisiert und erlaube die Gleichzeitigkeit verschiedener Perspektiven.

Ich folge einem engeren Begriff und erkläre die Wirkung der neuen Medien nicht in erster Linie aus der Elektronik, sondern aus dem Binärcode bzw. aus dem spezifischen Zusammentreffen beider Bedingungen in der Computertechnologie.

Grundlegend ist der Gedanke, zwischen der Elektronik als einem technischen Medium und dem Binärcode als einem Zeichensystem zu unterscheiden. Dem entspricht die begriffliche Trennung in Energie und Information bzw. in Hardware und Software. Damit wende ich mich gegen eine Verwischung beider Begriffe, wie sie von Marshall McLuhan vorgenommen wird, wenn er *reine Information* (d. h. Information, die sich in alles verwandeln kann) mit Elektrizität oder elektrischem Licht gleichsetzt. Es wird sich zeigen, daß erst der Binärcode dieses Verwandlungsvermögen gewährleistet. Gleichermaßen unzureichend ist eine rein technische Betrachtung, wie sie in Paul Virilios »Dromologie« (von *dromos* = der Lauf) zum Ausdruck kommt, die Beschleunigung zum Strukturprinzip erhebt.

Bei der Frage nämlich, was neue Medien von alten unterscheidet, sind zwei Zäsuren von Interesse: die lichtgeschwinde Datenübertragung durch die Elektronik und die universelle Verknüpfung dieser Daten durch den Binärcode. Erstere berührt einen physikalischen, letztere einen semiotischen Aspekt. Nur um den zweiten Gesichtspunkt geht es hier, also um die Form der Codierung, nachdem eine lichtgeschwinde Übertragung, was z. B. die Bildverarbeitung angeht, bereits in den dreißiger Jahren durch das Fernsehbild realisiert wurde.

Wir haben die Schwelle des elektronischen Zeitalters überschritten, und der elektronischen folgt heute eine digitale Revolution. Überall ist zu beobachten, wie der Computer herkömmliche, auf analoger Abbildung beruhende Elektronik verdrängt bzw. miteinander kombiniert und integriert – zu *neuen* Medien.

Es sei betont, daß es sich hierbei nicht nur um die additive Verknüpfung alter Medien handelt, sondern um deren Verschmelzung zu etwas qualitativ Neuem. Der Begriff der Elektronik erfaßt diesen Wandel nur unzureichend.

Ich will dies am Beispiel der Bildverarbeitung erläutern, also am Übergang vom analogen Bildpunkt des Fernsehens zum binär codierten Computerbild[2]: Der Charakter der Bildinformation ändert sich im Vergleich zum Fernsehbild (das ja gleichermaßen »elektronisch« ist) grundlegend, wenn numerische Bilder dem Entwurf einer Autokarosserie dienen, der Identifizierung von Werkstücken oder der Steuerung eines Roboterarms mit Hilfe einer Fernsehkamera. Die visuelle Abbildung als äußerer Sehvorgang tritt hinter einen universellen Datentransfer zurück, der die Erkennung und Gestaltung realer Objekte einschließt. Es geht hier darum, daß ein »inneres Auge« aus dem Menschen herausverlagert wird. Das Gesehene gedanklich zu verarbeiten, übernehmen optische Sensoren. Nicht nur das »Sehen«, auch das »Erkennen« wird automatisiert zum »Sehen ohne Blick«.[3]

Hier wird bereits ein Charakteristikum der neuen Medien deutlich: Das Computerbild sprengt den visuellen Rahmen der Fotografie, in dem das analoge Fernsehbild verbleibt. Es fragt sich, ob der traditionelle Bildbegriff überhaupt noch anwendbar ist. Ein Bit ist nichts Visuelles.

Ein weiteres aktuelles Beispiel ist die Digitalisierung des Telephons, in der bereits das Bildschirmtelephon angelegt ist. Hinter ihr steht ein universelles Kommunikationsnetz (ISDN[4]), das den Rahmen einer reinen Tonübertragung innerhalb herkömmlicher, analog codierter Elektronik sprengt. Das digitale Telephon ist also gar kein reines Telephon. In seiner binären Codierung ist, wie beim Fernsehbild, seine Veränderung als Medium schon enthalten.

Zur Erklärung der angesprochenen Entwicklungen ist die Eigenschaft des Binärcodes als Universalcode entscheidend. Genausowenig, wie Geld eine Ware ist wie jede andere, sind Bits gewöhnliche Zeichen. Bei den Bits handelt es sich um *Elementar- und Universalzeichen,* mit deren Hilfe beliebige andere Zeichen und Zeichensysteme abgebildet, übersetzt, kombiniert und ausgetauscht werden können: Töne, Bilder Schrift, logische Operationen, Roboterbewegungen und – Warenwerte. Ökonomisch gesprochen, ist der Binärcode *reines Zeichengeld.* Demzufolge hat das Fernsehbild mit dem Computer soviel zu tun wie der Naturaltausch mit dem Geldtausch.

Aus der Eigenschaft des Binärcodes als Universalcode ergeben sich weitreichende Konsequenzen, die ich hier nur andeuten will:

Der Binärcode führt zur oben beschriebenen *Verschmelzung* bisher getrennter Medien zu einem multifunktionalen Medienverbund. Die alten Medien werden dabei nicht einfach nur »kopiert«, sondern grundlegend verändert.

Da die Bits nicht nur Träger visueller, sondern jeder anderen Information sein können, werden die Abbildungssysteme vollständiger: Sie bilden nicht nur das ab, was wir sehen, sondern beziehen andere Sinne in die Abbildung mit ein. Ich bezeichne diesen Prozeß als *Komplettierung* der Bilder. Dies berührt das Verhältnis von Abbild und Realität bzw. die Realitätsstiftung von Universalzeichen: Komplette Bilder vermindern die Distanz zum realen Objekt und führen zu einer Konvergenz bzw. Verwischung erster und zweiter Realitäten.

In dem Maße, wie Kopiersysteme sich universalisieren und expandieren, treten Verformungen gegenüber dem Original auf. Diese mögen bei einer einzelnen Kopie kaum sichtbar sein, obgleich sie vorhanden sind, kommen aber früher oder später gesetzmäßig zum Vorschein. In diesen *Prototypdeformationen* liegt die realitätsstiftende Kraft der Bits. Sie führen dazu, daß die »reine Kopie« der Variante weicht. Der Vorgang der Abbildung selber produziert diese Abweichung. Darin kommt zum Ausdruck, daß Abbilder immer auch umbilden und Transformationsprozesse auslösen. Die Kopie deformiert die alte, die Deformation erzeugt die neue Form – oder, wie Walter Benjamin sagt, das Schöpferische ist »dem tiefsten Wesen nach Variante«.[5]

Der Binärcode macht alle Zeichen und Bedeutungen austauschbar. Er ist ein Universalcode und fungiert als *Umschlagplatz der Zeichen*. Das ist mehr als eine Metapher und hat eine Entsprechung in der Ökonomie: Auch das Geld ist ein Universalcode, innerhalb der Grenzen eines Systems von Wertzeichen. Unter anderem dient Geld der Speicherung, Transformation, Verteilung und Vermehrung von Tauschwerten. Marshall McLuhan bezeichnet Geld insofern zu Recht als ein Medium. Dies legt den Gedanken nahe, Geld wie jedes andere Medium binär zu codieren – ein Vorgang, der durch maschinenlesbare Scheckkarten längst eingeleitet wurde. Tatsächlich erfüllt der Binärcode alle genannten Geldfunktionen. Er tut dies nicht nur innerhalb der Ökonomie, sondern in *jedem* Zeichensystem. Das heißt, er ist dem Geld als Tauschmittel überlegen. Er codiert nicht nur das Geld, er *ist* Geld.

Aus diesem Grund können die Bits nicht auf sich selbst verweisen. Sie müssen gegen andere Zeichen und deren Bedeutungen austauschbar sein. Ohne diesen Vorbehalt können sie ihre Funktion als Zeichengeld nicht einlösen. Eine Selbstreferenz ist zwar nicht auszuschließen. Sie wäre krisenhaft, ebenso wie unser Wirtschafts- und Währungssystem in seiner Geschichte Krisen erlebt hat. Darin das Wesen der neuen Medien zu erblicken, ist jedoch Zynismus. Implizit wird dabei eine Annahme unterstellt: Daß wir ständig mit Informationen überschüttet werden, entkleide die Medien jeder Bedeutung. Der bedeutungslose Fernseher wird dann zur Lampe, der Computer zur Heizung. Dies ist zwar absurd, aber folgerichtig, wenn man Energie und Information gleichsetzt. Umberto Eco hat diesen Standpunkt einmal als »apokalyptisch« bezeichnet.[6] Statt eines Bedeutungs*verlustes* erleben wir einen Bedeutungs*wandel*, im ganz ökonomischen Sinn von Handel und Wandel. Es ist gleichgültig, was die Bits bedeuten, aber sie *müssen* bedeuten.

Die Funktion der Bits als reines Zeichengeld wird zu Verschmelzungen führen, die heute noch nicht absehbar sind. Z. B. wird in dem Moment die Plastikkarte überflüssig, wo optische und/oder sprachliche Erkennungssysteme den Käufer identifizieren und einen Buchungsvorgang auslösen. Wie beim Computerbild und digitalen Telephon stellt sich die Frage nach einem grundsätzlichen Wandel – ob das Geld als Medium des Warenaustauschs seine Eigenständigkeit gegenüber dem Binärcode behauptet, etwa in der Funktion, Wertmaßstab zu sein. Diese letzte Funktion ist allerdings entscheidend, und ich werde mich noch näher damit auseinandersetzen. Die Alternative wäre, daß der Austausch von Waren und der von Informationen nicht mehr zu unterscheiden sind.

Mit der Entwicklung des Geldes war in der Geschichte immer eine spezifische Raum- und Zeitordnung verbunden. Dieser Ordnung entsprach z. B. ein jeweiliger Marktbegriff – als Wochenmarkt, Wallstreet, Nachrichtenmagazin oder Börse. Das digitale Geld bringt hier eine tiefgreifende Umwandlung. Der Markt findet immer weniger in Raum und Zeit statt, sondern im Medium. Der Bildschirm wird zum Markt. Dies verändert grundlegend unser Verhältnis zu Raum und Zeit, aber nicht, weil wir Entfernungen schneller überwinden. Dies hieße, daß wir uns noch *im* Raum und *in* der Zeit bewegen. Ein Beispiel hierfür ist das Leit- und Informationssystem Berlin (LISB), ein elektronischer Stadtplan, an den zur Zeit in einem Pilotprojekt ca. 900 Teilnehmer angeschlossen sind: Die Autofahrer geben ein Fahrziel an, und ein Leitrechner dirigiert sie vermittels synthetischer Bild- und Sprachsignale zu dem gewünschten Punkt der Stadt. Daneben wird an automatischen Fahrzeugen gearbeitet. Und es fragt sich, inwiefern die in Produktionshallen verbreiteten fahrerlosen Transportsysteme hier als Modell für die Stadtplanung dienen. Dies in die Zukunft extrapoliert, macht Raum und Zeit bedeutungslos. Es ist gleichgültig, wo wir uns befinden, weil wir immer und überall durch universelle Bits miteinander verbunden sind.

Die angeführten Veränderungen geben einen Einblick in die tiefgreifende Wirkung des Binärcodes. Es gibt kein gesellschaftliches Feld, das von dem Tatbestand einer universellen Abbildung unberührt bliebe, keinen Aspekt der Realität, der nicht davon durchdrungen würde. Den Titel meines Beitrages, digitales Geld, betrachte ich deshalb nicht als ein Spezialproblem der Ökonomie. Vielmehr trifft er die grundlegende Wirkung der neuen Medien, und ich stelle ihn als Baustein für eine Theorie der neuen Medien vor. Dabei befinde ich mich in guter Gesellschaft – mit Marshall McLuhan und Karl Marx. Und es drängt sich hier ein Vergleich von McLuhans *»The Medium is the Message«* und Marx' *»Formanalyse der Ware«* auf.

Dem Begriff des digitalen Geldes liegt zugleich eine Metapher zugrunde. Daß diese Metapher eine wörtliche Schicht hat, verhindert den Eindruck der Beliebigkeit. Damit ist jedoch die Wirkung des Binärcodes nicht erschöpft. Die Bits sind zwar Geld, aber offensichtlich sind sie mehr als das, weil ihre Tauschbarkeit nicht in der Warenwelt endet. *Darin liegt das spezifisch Neue der neuen Medien.*

McLuhan, 1968

> Auf das angewandt, was wir noch als »Ökonomie«... betrachten... (sind) alle Formen von Reichtum das Ergebnis von Informationsbewegung.
>
> *Marshall McLuhan*[7]

Pünktlich zum Ausbruch der Studentenbewegung stellte Marshall McLuhan fest, Karl Marx habe in seiner Analyse des Kapitalismus nur die Produktionsmittel, nicht die Informationsmittel berücksichtigt – und das zu einer Zeit, wo das elektronische Zeitalter mit der Erfindung des Telegrafen bereits begonnen hatte...[8]

Dieser Kommentar, beiläufig hingeworfen, trifft ins Schwarze, berührt er doch zwei gegensätzliche Sichtweisen: zum einen die Struktur einer Gesellschaft, so wie Karl Marx, aus ihrer *materiellen Basis* zu erklären, d.h. aus den Mitteln der Produktion und des Warenaustauschs, zum andern aus den Mitteln ihres Informationsaustauschs, ihren Medien.[9]

Marshall McLuhan, der den zweiten Weg beschreitet, legt damit den Fingerzeig auf eine ganz andere, *immaterielle Basis* – die Information.

Taylors »wissenschaftliche Betriebsführung«[10] und Henry Fords Fließband übertragen demzufolge nur das lineare Prinzip des Alphabets auf Produktionsanlagen. Sie gehören dem Zeitalter der Mechanik an, das von den Gutenbergschen Lettern eingeläutet wurde und mit dem Aufkommen der elektronischen Medien seinem Ende entgegensieht.

Heute fliegen die Maschinenteile, die Herr Taylor und Herr Ford mühselig auseinandergeklaubt haben, wieder zusammen – in der computerintegrierten Fertigung. Diese beruht auf dem Werkstattprinzip: Statt die Arbeitsgänge chronologisch im Raum anzuordnen und an einem monotonen Produkt auszurichten, werden die Verrichtungen in Arbeitsstationen zusammengefaßt. Diese stattet man mit Robotern aus, verbindet sie netzartig mit einem fahrerlosen Transportsystem und steuert Produktion wie Transport durch einen oder mehrere Rechner. Eine solche flexible Fertigung ermittelt jeden Produktionsvorgang und Transportweg gesondert und kann sich damit auf heterogene Produkte einstellen. Der Arbeitsgang existiert also nicht physisch, sondern nur logisch, wie der logische Datensatz in einer relationalen Datenbank. Der Volkskäfer ist in diesem Zuge der Produktpalette gewichen, die serielle Kopie der Variante.

In der Betriebswirtschaft wird dies gewöhnlich aus dem Marketing erklärt. Der Käufer habe heute individuellere Bedürfnisse. Die Produktionsumstellung sei also marktinduziert, und der Einsatz von EDV habe zu einem Informationsproblem in der Betriebswirtschaft geführt.

Die Frage hat sich inzwischen umgekehrt. Es gibt nur noch ein betriebswirtschaftliches Problem innerhalb der Informatik. Die Produktionshalle ist aufgebaut wie ein Parallelrechner, die Lagerhaltung organisiert wie ein Informationsspeicher[11], und der Materialzugriff erfolgt nach demselben Prinzip wie der Informationszugriff in einer Datenbank.[12]

Innerhalb der Marx-Renaissance seit 1968 konnte Marshall McLuhans Standpunkt ruhig als »Überbauphänomen« vernachlässigt werden. Der daraus resultierende Sicherheitsabstand schwindet heute und ist damit kaum mehr beruhigend. Denn das, was bei Marx noch als Produktivkraft fungiert, entpuppt sich immer mehr als eine immaterielle, informative Kraft, also die Fähigkeit, alles und jedes in lichtgeschwinde Zeichen zu verwandeln.

Es hat ungefähr zwei Jahrzehnte gedauert, bis sich eine enttäuschte 68er Generation, nachdem sie die Politische Ökonomie gegen die Semiotik eingetauscht hatte, vom ersten Standpunkt verabschiedete und dem zweiten unter postmodernen Vorzeichen zuwandte.

Meinem Beitrag liegt die These zugrunde, daß beide Standpunkte, der von Karl Marx und der von McLuhan, nur scheinbar divergieren.

Karl Marx, 1991

> Daher genügt auch die bloß symbolische Existenz des Geldes, ... funktioniert es nur noch als Zeichen seiner selbst und kann daher auch durch Zeichen ersetzt werden.
>
> *Karl Marx*[13]

Wie aber kann man heute, nach vollzogener Deutscher Einheit Karl Marx lesen, ohne peinliche Nostalgie? Da gilt es zunächst zu erinnern, was sich seit 1968 geändert hat. Damals ging es um die Frage nach dem revolutionären Subjekt, heute wird dessen Auflösung verhandelt – die Konvergenz oder gar Implosion von Subjekt und Objekt in universellen Zeichen. Es handelt sich dabei nicht notwendig um elektronische, sondern *binäre* Zeichen – um 0 und 1.

Von dieser nüchternen Plattform aus, wo an die Stelle des revolutionären Subjekts zwei kleine Zeichen rücken, bietet sich eine neue Lesart von Karl Marx an: seine Kritik der Politischen Ökonomie unter semiotischem Blickwinkel zu betrachten – als eine Ökonomie der Zeichen, d. h., Geld und Kapital auf seinen reinen Zeichenaspekt oder, um mit McLuhan zu sprechen, auf *reine Information* zu reduzieren.

Dieses Unterfangen erfordert zweierlei: Karl Marx vom revolutionären Pathos zu befreien, einem Erbe der Aufklärung, und Marshall McLuhan von einer Begriffsschwebe, der Gleichsetzung von Energie und Information – einer Begriffsschwebe, die sich in der postmodernen Rezeption fortsetzt.

Ich komme zur These zurück, Karl Marx' und Marshall McLuhans Sichtweisen seien nur zwei Seiten einer Medaille.

Im ersten Band des *Kapitals* gibt Marx den Hinweis, daß Metallmünzen im Handel abgegriffen werden. Dies führe dazu, daß sich der *Nominalwert* vom *Realwert* einer Münze trenne, und zwar unbeschadet der Tatsache, daß es daneben Falschmünzerei geben mag. Der Geldumlauf selber produziere diese Abweichung.[14] Das mache es erforderlich, die Metallmünze durch eine Urkunde ihrer selbst zu ersetzen – modern gesprochen: durch eine Zeichenreferenz. Der ursprüngliche Goldwert wird auf einem Zettel »notiert«. An die Stelle des Goldes tritt seine Notiz. Auch wenn diese Notiz heute dynamisch ist und in freien Wechselkursen erfolgt, so ändert das nichts am Prinzip. Diese oder jene Banknote »bedeutet« demnach soundsoviel Gold.

Nomen est Omen. Was unterscheidet eigentlich reales Geld von seinem Geldnamen? Hier tut sich ein monetärer Universalienstreit auf. Im nominalen und realen Wert zumindest haben wir die beiden Seiten der Medaille. »Medaille« ist dabei wörtlich zu nehmen – als eine in Metall geprägte Münze.

Betrachte ich nämlich die materielle Seite, ihre stoffliche Gestalt als Münze, so ist sie harte Ware: *Hard-Ware.* Freilich ist diese Hardware austauschbar, gegen Papier oder heute zunehmend gegen Plastik und Elektronen. Die Austauschbarkeit von Hardware-Elementen ist überhaupt ein Strukturprinzip. Es sei hinzugefügt, daß auch die Elektronen Hardware sind. Eine Gleichsetzung von Energie und Information verwischt diesen Unterschied. So dienen Elektronen als Zeichenträger, nicht als Energieträger. Und im Gegensatz zu den zwei Zeichen, die sie tragen, sind sie austauschbar, etwa gegen Laser. Hier irgendwelche »Immaterialien« in der Energie zu suchen, ist auch physikalisch nicht haltbar: Energie *ist* Materie. *Die Immaterialität der neuen Medien beruht nicht auf der Elektronik, sondern dem Binärcode – nicht auf Energie, sondern Information.*

Und nun zur zweiten, immateriellen Seite der Medaille, ihrer Funktion als Zeichen. Beim Übergang zum reinen Zahlungsmittel, also zu entwickelten Kredit- und Wechselformen, fungiert Geld nur noch als Verrechnungseinheit, als reines Giralgeld. Die umlaufende Bargeldmenge kann so im Verhältnis zur Warenzirkulation verringert werden. Das ist nur eine andere Art auszudrücken, daß hartes Geld dem Warenaustausch einen Widerstand entgegensetzt und die daraus entstehende Reibung mit einem Wertverlust bezahlt wird. Diese Reibung vermindert sich in dem Maße, wie man hartes Geld aus dem Verkehr zieht und durch weiche Ware ersetzt: *Soft-Ware.* Genau dies passiert heute, wenn maschinenlesbare Scheckkarten Geld durch Bits ersetzen. Karl Marx sprach noch von *ideellem Geld.*[15] McLuhan spricht von *reiner Information*[16], d. h. von Elektrizität, die sich in alles verwandeln kann. Beides trifft denselben Kern. Was wir bisher Geld nannten, war noch nicht zur reinen Form entwickelt. Erst die Bits sind reines Geld.

Geld als Hard-Ware

> Heute stellt die Technik der Elektrizität den Geldbegriff selbst in Frage.
>
> *Marshall McLuhan*[17]

An dieser Stelle will ich einhalten und wegen eines Kunstgriffes, dessen ich mich bediente, um Verzeihung bitten. Die Entwicklung des Geldes »zur reinen Form« ist mit dem bisher Gesagten nur angedeutet, kaum erfaßt. Das war auch nicht anders zu erwarten. Die Veränderung ist zu tiefgreifend, die Wirkung des Geldes zu subtil.

Der Kunstgriff besteht darin, daß ich das Wort »ersetzen« vorschnell gebrauchte, wenn etwa davon die Rede war, Hardware werde durch Software »ersetzt«. Ich teile nicht die frivole Auffassung einiger zeitgenössischer Franzosen, die Realität lasse ihre Hardware fallen, so wie eine leichte Dame ihre Hüllen, um sodann in reinen Zeichen aufzugehen. Deshalb will ich den Begriff des »Ersetzens« problematisieren: Kann etwas Materielles durch Immaterielles ersetzt werden? Was hat man sich darunter vorzustellen, wenn Karl Marx sagt, es genüge »die bloß symbolische Existenz des Geldes«?[18]

Hier gilt: Es gibt keine *reine* Software. Geld war schon immer, auch als Metallmünze, beides – Hardware und Software. Zumindest wenn »vorgestelltes oder ideelles Geld« den Kopf des Menschen verläßt und diese Vorstellung in einem äußeren Medium aufgezeichnet wird, sei dies eine Münze, Papier oder Elektromagnetismus. Davon ist bei entwickeltem Warenverkehr auszugehen. Handel bedeutet insofern immer Verschriftlichung. Daran erinnern die sumerischen Rollsiegel, mit denen z. B. Art und Menge der Waren beschriftet wurden. Das Gepräge einer Münze, der Aufdruck einer Banknote oder eine elektronische Aufzeichnung sind gleichermaßen als Schrift zu betrachten. Und erst in dem Moment der Verschriftlichung kann man von Information reden, vorher war sie Vorstellung oder Symbol. Dies gilt auch für reines Verrechnungsgeld oder, in den Worten von Marx, für Geld als Zahlungsmittel. Ein Kontostand und eine Buchung bedürfen, sobald sie den Kopf verlassen, eines Informationsträgers. Die Hardware ist also nicht verschwunden, sondern wurde beschleunigt und verkleinert, unter anderem, um den oben beschriebenen Wertverlust gering zu halten.

Diese Strategie, nämlich bei vorhandener Reibung den Widerstand zu verkleinern, setzt sich in der Informationsübertragung nahtlos fort. Man begegnet so der Prototypdeformation, die bei jeder Abbildung gesetzmäßig auftritt. Shannon hat das in einer eigenen Formel ausgedrückt, derzufolge der »Gehalt« einer Information mit der Häufigkeit ihrer Wiederholung sinkt. Das ist so zu verstehen: Wenn man Buchstaben elektronisch überträgt, wäre es unsinnig, dem häufigsten Buchstaben, im Deutschen dem kleinen »e«, die höchste Anzahl von Bits zuzuweisen – oder auch die gleiche Anzahl, wie das in gewisser Weise eine Schreibmaschine tut. Deshalb verschleißen ihre Typen ungleichmäßig. Bei der elektronischen Übertragung ist es möglich, die »Typen« unterschiedlich auszulegen. Man reserviert den häufigsten Zeichen die niedrigsten »Informationswerte«. Das spart Energie. Hinter Shannons »Informationswerten« stecken also Energiewerte. Aus demselben Grunde muß Geld »wertlos« sein. Ein bestimmtes Entwicklungsniveau vorausgesetzt, ist schweres und edles Geld ökonomischer Unsinn.

Bei der Beschleunigung des Geldes von der Goldmünze zum energetischen Zeichenträger sind mir folgende Zäsuren wichtig:

Häufig wird in Lehrbüchern unterstellt, nur haltbares Geld könne seine Funktion als Wertspeicher bzw. Wertträger erfüllen. Die Haltbarkeit wird jedoch unwichtiger, je wertloser das Geld ist, d. h., je leichter es herzustellen und zu vervielfältigen ist. Metallgeld muß noch »edel« sein. Bei Papiergeld spielt die Haltbarkeit keine wichtige Rolle, und bei »energetischem« Geld ist sie faktisch nicht mehr vorhanden. Die Übertragungsimpulse müssen ständig verstärkt werden. Die optische Übertragung von Laserimpulsen durch Glasfaser ist hier übrigens der Elektronik überlegen.

Die Prägung von Metallmünzen (und das Zusammenschmelzen) ist zu schwerfällig. Mit der Erfindung der Tratte im Italien des 12. Jahrhunderts als Vorläufer der Wechsel und heutigen Schecks beginnt der bargeldlose Zahlungsverkehr. Der Geldtausch emanzipiert sich hier zum ersten Mal von dem physischen Umlauf metallener Münzen, von China einmal abgesehen, wo es schon vorher Papiergeld gibt. Erst seit das Papier vorhanden ist (1276 in Italien, 1389 in Deutschland), kommt ein entwickelter Geldumlauf überhaupt in Betracht, und zwar als bargeldloser Umlauf. Das Papiergeld ist nämlich ursprünglich kein Bargeld, sondern Ersatz für dieses. Es entwickelt sich aus der Tratte als einer Form des Wechsels. Der Geldschein ist somit ein Zettel für hinterlegte »Barschaft«, d.h. für Metallgeld. Bis es zu der heutigen Auffassung kommt, Banknoten seien Bargeld, bedarf es einer Entwicklungsstufe, von der hier noch keine Rede sein kann. Die Entwicklung der Banknote von einer »Note« zu Bargeld ist in den folgenden Jahrhunderten fließend: Im 17. Jahrhundert erlangt das Papiergeld in England besondere Bedeutung, und erst mit der Aufhebung des Goldstandards am 4. August 1914, zu Beginn des Ersten Weltkrieges also, kann man diesen Prozeß als abgeschlossen betrachten.

Die Gutenbergschen Lettern sind für den Druck von Papiergeld zunächst nicht erforderlich. Dennoch haben beide, Buchdruck und Handel, eine gemeinsame Voraussetzung: das chinesische Papier bzw. die aus China überlieferte Kenntnis der Papierherstellung. Es besteht insofern ein Zusammenhang zwischen der Geldwirtschaft und dem Buchdruck.

Das schwere Geld und die klingende Münze gehören einer taktilen und auditiven Kultur an. Gold ist in Barrenform sogar Weltgeld. Mit der Prägetechnik und später der Drucktechnik wird das Geld verschriftlicht, alphabetisiert und in Landeswährungen regionalisiert. Diese haben sich heute hierarchisch um eine Leitwährung gruppiert, die anstelle des Goldes die Funktion des Weltgeldes übernimmt. Es ist dies vergleichbar mit der Wirkung, die das Alphabet auf die Nationalisierung der Schrift und damit der Landessprachen ausübte: Im Gegensatz zu einer Bilderschrift enthält das Alphabet Lautzeichen und ist an die jeweilige Landessprache gebunden, so wie eine Münze oder Banknote an die jeweilige Landeswährung. Demgegenüber ist das elektronische Geld analphabetisch und international. Damit wird die Hierarchie, die jedem Leitwährungssystem innewohnt, langfristig ausgehöhlt. Die Bits als neues Weltgeld und Zeichenesperanto bedrohen den Dollar als Leitwährung und das Englisch als Verkehrssprache.

Seit es reines Buchgeld gibt, trennt sich die Hardware des Geldes in persönliches und unpersönliches Geld: in Scheckkarte und Schecks bzw. in Magnetkarte und Elektronen. Das persönliche Geld wird am Körper getragen, das unpersönliche von Hand zu Hand gereicht bzw. von Datenstation zu Datenstation.

Wichtiger aber ist, daß durch die Elektronik das Geld nicht mehr kreditwürdig sein muß, nur die Person. Eine Metallmünze, einen Geldschein oder einen Scheck kann ich noch auf seine Echtheit prüfen, Elektronen nicht mehr. Das ist auch nicht erforderlich. In dem Maße, wie die Transparenz der Informationssysteme zunimmt, wird sofort der Kontostand geprüft und das Sicherheitsbedürfnis des Verkäufers erfüllt. Damit wird auch der Markt weniger krisenanfällig. Die Sicherheit des Verkäufers, der seine Ware aus der Hand gibt, beruht gar nicht mehr auf »Geld«, sondern einer umlaufenden Information. Letztere vermittelt den Kaufakt. Sie *ist* Geld.

Die Spaltung des Geldes in körpernahe und flüchtige Hardware, Magnetkarte und Elektronen, wird durch die Lichtgeschwindigkeit drastisch gesteigert und fesselt die Marktteilnehmer an ihre Datenstationen. Dies wäre eine Erklärung dafür, warum es heute »persönliche« Computer gibt. Um eine Bestellung aufzugeben, brauche ich nicht das Haus zu verlassen. Der Austausch kann am Bildschirm bewerkstelligt werden. Der Markt ist immer weniger ein Treffpunkt in Raum und Zeit, sondern im Medium. Die elektronische Geschwindigkeit entläßt den Körper. Kommunikation ersetzt Berührung.

Paul Virilio hat dies in seiner Dromologie ausführlich behandelt. Die elektronische Geschwindigkeit deterritorialisiere den Menschen und ersetze Raumvektoren durch Zeitvektoren. Es ist jedoch tatsächlich das Medium, in dem wir uns treffen, nicht die Zeit. Allerdings gebraucht Virilio auch die Metapher vom »Ende der Zeit«.[19] Beispiele für die Dekonstruktion eines zeitlichen Kontextes sind Video und Telephonbeantworter. Auch im Fernsehen gibt es immer weniger eine feste Zeitstrukturierung, wenn etwa Sendungen des Abends am folgenden Morgen wiederholt werden. Vor allem aber der Computer bietet die Möglichkeit, Kommunikationen zwischenzuspeichern und in »Warteschlangen« abzuarbeiten. Nicht nur der Raum, auch die Zeit zerfällt in Fragmente. Das Medium respektive der Binärcode stellt den Kontext her.

Bei dem Übergang von Papiergeld zu elektronischem Geld schiebt sich eine Maschine zwischen den Menschen und das Geld, Magnetstreifen, Lesegeräte usw., weil die Maschinenschrift nicht mehr lesbar ist. Der Mensch wird von der Technik semantisch überholt. Vorher, bis zum Papiergeld, gibt es auch eine Maschinerie, aber die Menschen sind in die Lese- und Rechenvorgänge einbezogen. Indem Geld »intelligent« wird, wertet es diese Kulturtechniken ab (und schafft neue). Nicht nur das Geld analphabetisiert, auch der Mensch.

Die aufgezeigten Veränderungen betreffen nur den Hardware-Aspekt des Geldes – mit Ausnahme der Kreditwürdigkeit des »Geldes« respektive der Information. (Diese ist gravierender und berührt seine Funktion als Wertmaßstab.) Ich will damit zeigen, daß das Geld, insbesondere das Giralgeld, auch als Hardware nicht »ersetzt« wurde. Die Hardware des Geldes wurde statt dessen beschleunigt und verkleinert und lebt als Informationsträger in den schriftlichen und neuen Medien fort.

Geld als Soft-Ware

> So ist es nicht das Metall eines Geldstückes, das seinen Wert bestimmt.
>
> *Ferdinand de Saussure*[20]

Statt von *reiner* Software, *reinem* Zeichen oder *reiner* Information zu sprechen, ist es zutreffender, den Begriff der Reinheit durch den der Austauschbarkeit zu ersetzen. In der Ökonomie geht nichts rein zu. McLuhans Begriff der *reinen Information* erfaßt dies zwar in dem Merkmal ihres Verwandlungsvermögens. Dieses Vermögen wird jedoch zu Unrecht der Elektronik zugeschrieben, nicht ihrer binären Codierung. Dazu muß man sagen, daß McLuhan das Fernsehen, nicht den Computer untersucht hat. Das Fernsehbild ist heute noch ein analog codiertes elektronisches Bild. Wie der Naturaltausch übersetzt es nach einem einfachen Sender-Empfänger-Modell: Bildinformation wird in Elektrizität verwandelt bzw. umgekehrt. Für jede Übersetzung bedarf es eines eigenen Codes, wie bei Hans im Glück. Der elektronische Fernsehbildpunkt ist also gar nicht beliebig umwandelbar. Er bleibt immer das, was er ist: visuelle Information. Erst der

Computer ist ein universeller Zeichenmanipulator. Nicht die Elektronik, der Binärcode ist »reine« Information. Diese ist nicht *ohne* Inhalt, sondern mit *beliebigem, austauschbarem* Inhalt – Information, die nicht am Inhalt haftet, die sich gleichwohl eines Inhaltes bedient und mit ihm »handelt«, d. h., wie eine Ware von einer Hand in die andere entfernt.

Eine Implosion der Realität im Zeichen findet nicht statt. Der Punkt »kurz davor« wird fixiert, angehalten, zum Anhaltspunkt. Gerade auf diesem Vorbehalt beruht das derzeitige »hyperreale« Grundgefühl. Fände die Implosion statt, würde sie weh tun und wäre körperlich spürbar. Die Technik wird jedoch benutzerfreundlich und immer weniger aufdringlich. Schnell und leise wie ein Laserdrucker kommt sie dem Körper entgegen, umgibt ihn mit weichen Polstern und schirmt ihn wie mit dämpfenden Drogen gegen äußere Einwirkungen ab.

Ich folge nicht Jean Baudrillards Implosionsthese[21], auch wenn ich sie unterhaltend finde, sondern einer Konvergenzthese. So wie Geld gegen Ware austauschbar sein muß, gleichgültig, gegen welche, müssen auch die Bits etwas bedeuten. Das Geld wäre sonst nicht mehr Geld, und die Bits würden ihren Charakter als Zeichen verlieren. Zudem kann man Bits nicht essen, auch wenn man sie künftig brauchen wird, um Essen einzukaufen. Dabei ist es gleichgültig, *was* die Bits bedeuten, sie *müssen* bedeuten. Die Konvergenz besteht darin, daß die Bedeutung austauschbar ist.

Wir erleben also nicht einen Bedeutungs*verlust*, sondern einen tiefgreifenden Bedeutungs*wandel*, im ganz ökonomischen Sinne von Handel und Wandel, vergleichbar mit der Zeit vor der Reformation in Deutschland, wo der Zehnte von einer Naturalrente in eine Geldrente umgewandelt wurde. Und es wäre ein Irrtum anzunehmen, eine beliebige, austauschbare Bedeutung wäre keine. Die Bits können also nicht auf sich selbst verweisen. Wir hätten sonst eine Währungskrise respektive Software-Krise. Beides würde weh tun und eine körpergebundene Wirklichkeit wiederbeleben. Das ist zwar nicht auszuschließen, und darin liegt auch eine gewisse Hoffnung, aber ich gehe nicht vom Börsenkrach als Normalfall aus.

Die Geldfunktion des Binärcodes ist nicht technisch durch eine Zeitökonomie erklärbar. Die Beschleunigung des Geldes durch elektronische Informationsträger, d. h. seines Transports im physischen Sinne, kommt seinem Austausch zwar entgegen, macht es jedoch nicht verwandlungsfähig. Der Transport, also der physische Umlauf von Geld oder von Informationsträgern, wird vom Austausch »angestoßen«, nicht umgekehrt. Dazu ist zu sagen, *daß der Austausch gar nichts Materielles ist.* Er ist kein physischer Vorgang und unterscheidet sich darin grundlegend vom Transport. Dieser Unterschied wird auch in den Begriffen Umlauf und Umsatz, Übertragung und Übersetzung, Kanal und Code[22] ausgedrückt. Karl Marx gibt dafür ein Beispiel: In einer Lagerhalle, die als Spekulationsobjekt fungiert, können die Eigentumstitel ständig hin und her wechseln, ohne daß eine Ware sich physisch bewegt. Umgekehrt können Waren transportiert werden, ohne daß man sie austauscht. Ein anderes Beispiel sind Immobilien: Sie werden ausgetauscht, ohne daß man sie bewegen kann. Was bewegt wird, ist eine Information, z. B. die Eintragung im Grundbuch.[23]

Die Dromologie Paul Virilios erfaßt diesen Unterschied in keiner Weise, weil sie Beschleunigung nur physisch betrachtet. Die »Beschleunigung« des Austauschs bzw. der Übersetzung beruht jedoch auf der Form der Codierung. Bereits in den Robinsonaden des letzten Jahrhunderts wurde Kapitalbildung aus dem Bedürfnis erklärt, Zeit zu sparen. Dies führte zu einem rein technischen Kapitalbegriff. Das geht solange gut, wie Robinson auf seiner Insel verbleibt und sich für ihn das Problem des Austauschs gar nicht stellt. Dann braucht er vielleicht Maschinen, aber kein Geld oder Kapital.[24]

Das Wesentliche, was Geld ausmacht und von anderen Waren unterscheidet, ist sein Verwandlungsvermögen, seine Fähigkeit also, sich in jede beliebige andere Ware zu verwandeln. Auch Kapital als »sich selbst verwertender Wert« besteht nach Marx in der beständigen Umwandlung von Geld in Waren bzw. von Waren in Geld zum Zwecke ihrer Selbstverwertung. Wird diese Umwandlung unterbrochen, so wird Kapital vernichtet. Die Kapitalbewegung ist dabei keine Bewegung im physischen Sinne, sondern eine Metamorphose. Dieser immaterielle Charakter der Kapitalbewegung wurde von Marx klar gesehen, wenn er z. B. sagt, Kapital sei kein Ding, sondern ein Verhältnis.[25]

Marshall McLuhan, für den Reichtum im Zeitalter der Elektronik auf Information beruht, hat gleichfalls ihren Bewegungscharakter betont. Dabei hat er jedoch nie einen Unterschied zwischen physischer Bewegung und Übersetzung, zwischen Transport und Austausch gemacht.[26] Dennoch nähern sich unter den Bedingungen der neuen Medien Marx' Begriff der Kapitalbewegung und McLuhans Begriff der Informationsbewegung einander an. Beim Übergang vom Papiergeld zu elektronischem und binärem Geld muß man McLuhans Begriff der *reinen Information* allerdings enger fassen: Diese sei Elektrizität bzw. elektrisches Licht »ohne jeden Inhalt, der sein Verwandlungs- und Informationsvermögen schmälern könnte«. Was den Hardware-Aspekt angeht, so ist dem zuzustimmen. Tatsächlich nimmt das Geld, und nicht nur das Geld, heute die Form von Elektronen oder Laser an, wobei Laser gebündeltes Licht ist, elektrisch erzeugt wird und somit notfalls als »elektrisches Licht« durchgehen mag. Dies erklärt jedoch nur die Beschleunigung des Geldes bzw. seines Transportes als Informationsträger, nicht sein Verwandlungsvermögen. Zudem hat das Geld in seiner Funktion als Werttransformator auch vor der Elektronik über die Fähigkeit verfügt, eine Ware in jede andere Ware zu verwandeln. Offensichtlich ist dies ein Wesensmerkmal des Geldes. Und wäre es nicht gegen Waren austauschbar, so wäre es nur gewöhnliche Ware, kein Geld. Worin besteht also der Unterschied gegenüber dem Papiergeld, wenn auch dieses Information ist, zwar nicht elektrisch, aber »ohne jeden Inhalt, der sein Verwandlungsvermögen schmälern könnte«?

Um die eigentliche Revolution dessen zu bezeichnen, was Geld als neues Medium von bisherigem Geld unterscheidet, komme ich auf den mehrfach erwähnten Übergang vom Naturaltausch zum Geldtausch zurück. Bei dem Übergang vom Fernsehbild zum Computer hatte ich mich bereits dieser Metapher bedient.

Karl Marx bezeichnet den Geldtausch als die Verdoppelung der Ware in Ware und Geld: Der Geldtausch verwandelt Produkte in Waren und zentriert Waren und Warenbesitzer um das Geld. Nicht nur die Naturprodukte verlieren dabei ihren Charakter als »Naturalie«, auch der Mensch wird zur Ware, und über der Naturalwirtschaft erhebt sich ein Warenverhältnis mit unmittelbar gesellschaftlichem Charakter, innerhalb dessen sich die Beziehungen zwischen Personen und Sachen über das Geld regulieren.

Dem entspricht heute die Verdoppelung des Geldes in Geld und Bits: Der Austausch von Bits verwandelt nicht mehr Produkte in Waren, sondern die Realität in Zeichen. Er zentriert Zeichen und Zeichenbenutzer um den Binärcode. Um dieses neue

Zentrum gruppieren sich Sachen und Personen, so wie früher um das Geld. Der Binärcode ist also ein »gesellschaftliches Verhältnis«. Er stellt innerhalb der Gesellschaft einen immateriellen Kontext her, vermittels einer gemeinsamen »Sprache«, der Maschinensprache. Dies tut er nur unter der Maßgabe, daß sich die Elemente, zwischen denen er vermittelt, d. h. alles Materielle, Körper und Dinge, in diese gemeinsame Sprache verwandeln – in 0 und 1.[27]

Die Bits sind also Geld, und sie sind zugleich mehr als Geld, denn ihre Tauschbarkeit oder, in anderen Worten, ihr Bedeutungsfeld sprengt die Grenzen der Ökonomie. Über diese stülpt sich eine Ökonomie zweiter Ordnung, die die alte Warenhaut abstreift und der Gesellschaft anstelle von Preisschildern (und zusätzlich zu diesen) Informationswerte anheftet. Statt vom Ende der Ökonomie zu sprechen, ist das Bild einer Schichtung treffender: Die Warenwelt wird von einem Informationsfluß überschwemmt. Sie vermischt sich mit diesem oder wird als Sediment abgelagert.

Das Ende der Analogie

> Der Binarismus (ist) die große Unbekannte der Semiologie ...; so würde von der Natur bis hin zur Gesellschaft eine umfassende »digitale« und nicht mehr »analogische« Übersetzung der Welt Platz greifen.
>
> *Roland Barthes*[28]

Unser bisheriges Geld ist keine gewöhnliche Ware. Aber dieses Geld hat im Gegensatz zu McLuhans *reiner Information* noch einen Inhalt, den Warenwert, der es daran hindert, sein Verwandlungsvermögen über die Ökonomie hinaus auszudehnen – in jedes beliebige Zeichensystem. Es beruht auf Äquivalenz, ist also immer noch über ein gemeinsames Drittes an eine Ähnlichkeit mit seinen Substituten, gegen die es austauschbar ist, gebunden und schränkt somit den Radius seiner Austauschbarkeit ein, weil es die Warenwerte nicht losläßt. Diese Fähigkeit loszulassen aber unterscheidet den Kapitalbildner vom Schatzbildner. Und die ökonomischen Werte haben immer noch eine körperliche Referenz. Z. B. ist das Gold als Flucht- und Sicherheitspunkt nie ganz verschwunden, nicht einmal in der »Goldenen« Kreditkarte.

Was wir Geld nennen, ist analoges Geld, »allgemeines Wertäquivalent«. Äquivalenz bedeutet Analogie und Differenz. In dieser Analogie spielt das Wiegen in Metallgewichten eine Rolle. Das Goldgewicht als physikalische Größe hat an sich mit der Wertgröße einer Ware nichts zu tun. Dennoch findet ein Vergleich statt. Das ist nicht weiter verwunderlich, sondern entspricht dem Analogieprinzip. Das Ana-Logon ist ein »Darauf-Wort«, das wie eine Schablone über zwei verschiedene Dinge gelegt wird und sie so einander angleicht. Marx fragt nun, der objektiven Wertlehre Adam Smiths und David Ricardos folgend, zu Recht nach dem »tertium comparationis«, nach der gemeinsamen qualitativen Einheit, auf deren Grundlage der quantitative Vergleich erfolgt. Sie ist bei ihm die Arbeitszeit, für die er aber keinen objektiven Maßstab angibt. Denn das Verhältnis von einfacher und komplizierter Arbeit setze sich »hinter dem Rücken der Produzenten«[29] durch. Von dieser Tautologie einmal abgesehen, ersetzt Marx das Metallgewicht durch eine neue Analogie: die Arbeitszeit. Er ersetzt die Waage durch die Uhr. Das Problem besteht aber nicht darin, welche Analogie als Vergleichsmaßstab dient, sondern in der Analogie überhaupt und in dem Tatbestand des Vergleichs.

An dieser Stelle will ich einen Gedanken Ernst Cassirers aufgreifen. In seiner *Philosophie der symbolischen Formen* weist er darauf hin, die Universalität sprachlicher Ausdrücke beruhe nicht auf Analogie, sondern Differenz. Nicht Gleichheit oder Ähnlichkeit, die Verschiedenheit führe vielmehr zur Universalisierung des Lautzeichens.[30]

Hier nähert sich der Begriff der Sprache in zwei Merkmalen dem Binärcode an: Die Sprache tendiert zum Universalzeichen und ist insofern Zeichengeld; dabei gibt sie die Analogie preis und beruht auf Differenz. Ich schicke voraus, daß eine Sprache, die diese Merkmale entwickelt, nämlich die des Universal- und Elementarzeichens, nicht natürlich sein kann. Der Begriff der Sprache verschmilzt mit dem der Maschinensprache und dem des Geldes. Es ist dies eine notwendige Konsequenz, wenn man den Zeichenaspekt von anderen Aspekten der Sprache trennt. Ernst Cassirer hat dies weder getan noch beabsichtigt. Dennoch ist dieser Schritt für die weitere Betrachtung erforderlich, weil die Trennung von Idee und Zeichen, von Präsenz und Repräsentation exakt den Prozeß beschreibt, um den es sich bei der heutigen

Digitalisierung handelt: die vollständige Scheidung der Welt in ihre abbildbaren und nicht abbildbaren Aspekte, auch dort, wo letztere noch im Zeichen mitschwingen und diesem erlauben, als Symbol »über sich selbst hinauszuweisen«. Damit dies nachvollziehbar wird, muß ich weiter ausholen.

Ernst Cassirer konstatiert eine wachsende Entfernung des Lautzeichens von dem zu bezeichnenden Objekt. Er legt dieser Entfernung drei Stufen der Repräsentation zugrunde: den mimischen, analogischen und symbolischen Ausdruck. Sind im mimischen Ausdruck noch eine Summe von Zeichen zu einer Einheit verschmolzen (einer Einheit von Gebärden- und Lautsprache), die auf *eine* Bedeutung hindeuten, die *einen* Sinn versinnbildlichen, so kehrt sich das Verhältnis im symbolischen Ausdruck um: An die Stelle des Individualzeichens tritt das Universalzeichen. Wenige Zeichen ergeben »viel« Sinn.[31]

Handelt es sich hier noch um ein Phänomen der natürlichen Sprache? Die Frage nach der Modalität ist jetzt entscheidend, d. h., *wie* sich der »Sinn« herstellt: auf einmal oder nacheinander. Im ersten Fall der Simultaneität gibt es keine determinierte Grenze, und das Zeichen ist noch Symbol. Meines Erachtens ist das Fehlen fester Grenzen ein Kennzeichen des Lebendigen. Nur im Falle der Sukzession kann man von einem »reinen« Zeichen reden, mit einer festen Umgrenzung. Dieses Zeichen hat keinen »Sinn«, sondern eine *Bedeutung* innerhalb definierter Grenzen. Es ist eine Tatsache, daß der Binärcode alles in die Form der Sukzession übersetzt, und hierin scheint eine prinzipielle Grenze zu liegen, an die die Künstliche Intelligenz heute stößt – gerade in der »natürlichen« Sprachverarbeitung, wo die Abbildung von unspezifischem und nicht weiter rückführbarem »Alltagswissen«, also des Common Sense, eine zentrale Rolle spielt. Diese Grenze kann auch nicht durch schnellere Rechner kompensiert werden. Die sogenannten Simultanrechner sind Parallelrechner.

Zwischen dem mimischen und symbolischen Ausdruck, die sich als Pole gegenüberstehen, übernimmt der analogische Ausdruck die Funktion eines Bindeglieds. Einerseits spezialisiert er bestimmte lautliche Aspekte und löst das Lautzeichen aus dem Kontext einer rein imitierenden Körper- und Gebärdensprache. Er errichtet so eine wachsende Distanz gegenüber diesem körperlichen Kontext und der bezeichneten Objektwelt. Damit stellt er ab irgendeinem Punkt seine Funktion als Bindeglied, also die

Analogie selbst in Frage. Andererseits beruhen alle unsere Möglichkeiten, zeitliche und kausale Verhältnisse sprachlich auszudrücken, auf Raummetaphern, etwa auf der Vorstellung des Aufeinander oder Nacheinander. Das heißt, wir sind in unserem Denken auf Analogien angewiesen, und es erhebt sich die Frage, ob menschliches Denken außerhalb der Analogie überhaupt möglich ist. Wir hätten dann einen »rein symbolischen Ausdruck«, der zwar universell, aber als Maschinensprache von Menschen nicht mehr lesbar wäre. Und insofern diese Sprache des »Denkens« fähig wäre, würde sie auf maschinelle Art denken, ohne den Menschen.[32]

Ist der »symbolische Ausdruck« Zeichen oder Symbol? Cassirer betont, seine Entfaltung mache die Preisgabe des Analogieprinzips erforderlich. Er hat dabei an die natürliche Sprache gedacht. Erst die Technik jedoch entwickelt die Sprache zur »reinen« Form, der Maschinensprache. Diese besteht aus 0 und 1. Damit ist das Band der Analogie abgerissen. Es gibt keine strukturelle Ähnlichkeit zwischen dem Objekt und der symbolischen Form, in der das Objekt ab- und umgebildet wird. Der binäre Code der Maschinen ist »reiner symbolischer Ausdruck«, Universalzeichen. Zwei Zeichen lassen sich gegen jeden beliebigen »Sinn« austauschen. Cassirers »rein symbolischer Ausdruck« und die damit verknüpfte Vorstellung einer »allgemeinen und allgemeingültigen Bedeutung« ist mit dem Begriff des Geldes und dem der Maschinensprache identisch, auch wenn Cassirer diese Identität kaum im Auge hatte – nämlich die Identität von Geld, Maschine und Binärcode als einer *künstlichen* Sprache.

Eine Universalität, im Sinne des reinen Zeichengeldes, kann es innerhalb natürlicher Sprachen nicht geben. Das Lautzeichen verliert beim Übergang zum Universalzeichen seinen lautlichen und natürlichen Charakter. Ein Bit ist abstrakt, weder lautlich noch visuell, auch wenn es durchaus in eine akustische oder visuelle Haut zu schlüpfen vermag. Weiter vorne habe ich schon erwähnt, warum das digitale »Telephon« kein Telephon ist. Aus demselben Grunde rechnet Saussure den Laut nicht zur Sprache (und das Metall nicht zum Geld).[33] In seiner Wertmetapher[34] vergleicht er die Sprache mit dem Geld und entwickelt dabei einen formalen Sprachbegriff[35]; und es ist wieder die Differenz, nicht die Analogie, die den »Wert« des Sprachzeichens bestimmt – also schlichtweg die Tatsache, daß sich Sprachzeichen voneinander unterscheiden.[36] Für diesen Zweck allerdings bedarf eine Sprache nur zweier »Wörter«.

Es liegt nahe, Saussures formalen Sprachbegriff mit dem Binärcode in Zusammenhang zu bringen. Dies hat z. B. Roland Barthes getan. Dabei konstatiert er, die Universalität des »Binarismus« stünde nur für künstliche Systeme fest, nicht für die menschliche Sprache.[37] Daneben hat er sich ausführlich mit Saussures Wertmetapher befaßt. Dem nächsten Schritt, nämlich daraus die Identität von Geld und Maschinensprache abzuleiten, ist er nicht gefolgt.

Der Binärcode beruht nicht auf Analogie. Er ist reine Differenz und verkörpert die Abwesenheit jeglichen Wertmaßstabs. Dieser Tatbestand unterscheidet die Bits von sonstigem, analogem Geld. Solange im Maßstab der Werte noch eine Analogie haust, die Bindung der Wertgröße an ein Metallgewicht oder an die Arbeitszeit, beruht das Geld auf einem individuellen Zahlbegriff. Beim Übergang des Geldes vom Individualzeichen zum Universalzeichen, vom Wertmaßstab zum Binärcode, muß diese Analogie fallen. Geld ist dann kein »allgemeines Äquivalent« mehr, sondern beruht auf reiner Differenz. Erst wenn der »Wert« keine strukturelle Ähnlichkeit mehr mit dem abgebildeten Gegenstand hat, ist ein abstrakter Zahlbegriff entwickelt, der jeden Inhalt fassen kann, sich diesem gegenüber völlig gleichgültig verhält und ihn erst dadurch austauschbar macht. Die ökonomische Kategorie des Wertes muß dazu jeden körperlichen Bezug verlieren, ja selbst ihren ökonomischen Charakter, und auf einen reinen Informationswert reduziert werden.

Marshall McLuhan zufolge »kann Geld von seiner Rolle als Arbeitsspeicher abgehen«.[38] Offenbar geht er davon aus, daß die Transformationsfunktion des Geldes in Konflikt gerät zu seiner Funktion als Wertspeicher. Auch hinter dem Informationsspeicher steckt immer noch der Schatzbildner. Solange die Information gespeichert ist, liegt sie brach und verhindert ihre Umwandlung.

Man kann sogar noch weiter gehen: Auch der abstrakte Zahlbegriff ist ein »Wertmaßstab«. Er stellt die Analogie nicht in Frage. Vorstellbar wären reine Informationswerte, etwa Gigabytes und Rechenzeiten, mit denen wir unsere Lebensmittel einkaufen könnten, sozusagen ein abstraktes Punktesystem anstelle von Gehältern. Das bisherige System der Landeswährungen mit dem US-Dollar als Leitwährung ist dann hinfällig.

Aber auch ein abstrakter Zahlbegriff beruht auf Analogie, auf quantitativen Maßstäben, und geht am Wesen des Binärcodes vorbei. Innerhalb des Binärsystems dienen 0 und 1 nicht in erster Linie zum Rechnen, ebensowenig wie die Funktion einer Goldwährung darin besteht, Zähne zu stopfen. Ihre Funktion als Zahl tritt vielmehr hinter die Funktion zurück, Bezugspunkt für andere Zeichen und deren Deutungen, also Universalcode, zu sein. Und erst in dem Moment sind 0 und 1 keine Dualziffern oder Zahlen, sondern Bits, reine Binärzeichen.

Im Binärcode gibt es keine Analogie. Die binäre Codierung des Geldes löst damit eine alte magische Bindung – die Bindung an das Gold als Wertmaßstab und an jeden anderen Wertmaßstab. (Diese Bindung beruht wahrscheinlich auf dem Sicherheitsbedürfnis des Verkäufers, der seine Ware aus der Hand gibt, ist aber nicht nur rational.) Das digitale Geld ist kein Wertäquivalent und dennoch Geld. Es ist »reine Information, ohne jeden Inhalt, der sein Verwandlungsvermögen schmälern könnte«.

Was das Geld für andere Waren ist, sind die Bits für beliebige Zeichen: Universalcode. Die lineare Hierarchie des schriftlichen Geldes weicht einer Netzstruktur und einer synthetischen Welterfahrung. Denn der Binärcode ist derjenige Code, in dem alles mit allem verknüpft werden kann, sofern es die Form der Information annimmt. Eine solche universelle Verknüpfung ergibt keine Linie, sondern ein Netz. In den Fäden dieses Netzes wird das verwoben, was wir bisher Ökonomie nannten. Und es ist müßig, darüber nachzudenken, ob die Ökonomie damit zu Ende geht oder eine neue beginnt – sagte doch Marshall McLuhan, jede Form des Reichtums beruhe auf der Bewegung von Information.

Im Supermarkt

> Vom Standpunkt der Sprache aus ist das Zeichen gleichsam ein Geldstück.
>
> *Roland Barthes*[39]

Digitaler Schein lautet der Titel dieses Buches. Dieser Titel hat in mir ein Unbehagen ausgelöst. Ist darunter ein falscher Schein zu verstehen, ein schnöder Mammon, den ich nur zu entlarven brauche, um die Welt ins richtige Lot zu rücken? Aber auch Geld ist schnöder Mammon. Und kann ich es deshalb entlarven?

Mein Unbehagen wächst, wenn ich umgekehrt annehme, der Schein wäre wahr, nur die Welt wäre falsch. Wie Jean Baudrillard müßte ich dann die Welt entlarven.

Ein Zufall brachte mich aus meiner Verlegenheit, als mein Blick auf den schwarzen Magnetstreifen meiner Euro-Scheckkarte fiel. Dabei stellte ich fest, daß ich diesen Streifen nicht lesen konnte, während mir die vertrauten Geldscheine in dieser Hinsicht keine Schwierigkeiten bereiteten.

Bei einem Einkauf im nahen Supermarkt, gleich hinter der Kasse, überantwortete ich daher die Kulturtechnik des Lesens einem Lesegerät – und die des Rechnens. Dabei kam mir die Idee: *Der digitale Schein ist ein Geldschein.* Und er scheint obendrein intelligent zu sein. Und Geld kommt von *gelten,* hat also damit zu tun, daß etwas Bedeutung erhält und sich Geltung verschafft. Diese Geltung versetzt das Geld in die Lage, auf etwas anderes außer sich selber zu verweisen, im Falle des Papiergeldes auf die Waren in meinem Warenkorb. Und was den digitalen und intelligenten Geldschein angeht, so ist er ein *Phänomen,* weder wahr noch falsch, sondern im griechischen Wortsinn *ein Schein, der zur Erscheinung kommt.*

Jedenfalls schien er mit kreditwürdig. Und so nahm ich mit den Bits vorlieb, anstelle der Papierscheine, die mir in der Brieftasche fehlten. Und siehe da, die Bedeutung ging nicht verloren, sie implodierte nicht im reinen digitalen Schein, sondern erwies sich wie Geld als tauschbar, austauschbar. Und so sollte es sein. Schließlich wollte ich keine Bits essen, sondern die Lebensmittel, die ich gerade gegen sie eingetauscht hatte. Gegen sie eingetauscht hatte? Gegen Bits? Oder gegen Geld? Was hatte ich gegen was eingetauscht?

Hier erinnerte ich mich eines Satzes bei Roland Barthes: Die Sprache sei ein Geldstück.[40] Er und Saussure, auf den er sich beruft, meinten damit die natürliche Sprache. Der Binärcode ist auch Sprache, Maschinensprache. Und suchte nicht Leibniz nach einer Universalia Lingua? Der Sinn des Geldes zumindest liegt darin, universell gegen anderes tauschbar zu sein. Das wiederum hatte ich bei Marx gelesen. Aber Marx meinte nur Warenwerte. Demnach ist das Geld gar nicht universell und der Binärcode ein besseres Geld.

Denn nebenbei, außer dem Inhalt meiner Plastiktüte, hatte ich anderes eingetauscht: den Gang auf die Bank und das lästige Nachrechnen. Und einem Werbeprospekt der Deutschen Bundespost zufolge kann ich auch den Supermarkt um die Ecke eintauschen, gegen einen Bildschirm im Wohnzimmer. Alles gegen Bits. Wenn das Lesegerät hinter der Kasse intelligenter wäre, könnte ich sogar meine Scheckkarte eintauschen – gegen meine Stimme oder mein Gesicht. Diesen müßte nur mein Kontostand zugeordnet werden. Solche Erkennungssysteme gibt es bereits, aber sie sind noch nicht supermarktreif.

Das Bedeutungsfeld der Bits scheint unbegrenzt. Es umfaßt nicht nur Warenwerte, sondern Werte jeder Art – kurzum: Informationswerte. Diese Ignoranz der Bits gegenüber der Warenwelt hat Neil Postman dazu veranlaßt, vom Ende der Ökonomie zu reden. Ich nehme an, er will die Ökonomie retten. Wie dem auch sei. Ich zumindest trage mein Geld nicht mehr auf die Geldbank, sondern meine Daten auf die Datenbank.

Anmerkungen

1 Marshall McLuhan, *Die magischen Kanäle,* S. 155.

2 Ich habe dies an anderer Stelle ausführlicher behandelt. Vgl. Bernhard Vief, *Vom Bild zum Bit. Das technische Auge und sein Körper,* in: Dietmar Kamper/Christoph Wulf (Hg.), *Transfigurationen des Körpers,* Berlin 1989.

3 Paul Virilio, *Das öffentliche Bild,* S. 33.

4 ISDN = Integrated Services Digital Network.

5 Walter Benjamin, *Kleine Geschichte der Photograpie*, in: *Das Kunstwerk im Zeitalter seiner technischen Reproduzierbarkeit*, S. 62.

6 Vgl. Umberto Eco, *Über Gott und die Welt,* S. 147.

7 Marshall McLuhan, *Die magischen Kanäle,* S. 69.

8 »Karl Marx und seine Anhänger ... machten die Rechnung, ohne die Dynamik der neuen Kommunikationsmedien zu verstehen. Marx legte seiner Analyse gerade zum falschen Zeitpunkt die Maschine zugrunde. Gerade damals, als der Telegraf und andere implosive Formen begannen, die mechanische Dynamik ins Gegenteil zu verkehren.« (Marshall McLuhan, *Die magischen Kanäle,* S. 47).

9 »...nichts (könnte) zersetzender auf die marxistische Dialektik wirken als der Gedanke, daß sprachliche Medien die gesellschaftliche Ent-

wicklung genauso formen wie die Produktionsmittel.« (Marshall McLuhan, *Die magischen Kanäle,* S. 59).

10 Es handelt sich um das von Taylor 1901/02 entwickelte System der Arbeitszerlegung, das unter anderem auf Zeit- und Bewegungsstudien basiert.

11 Revolutionierend war hier die sogenannte »chaotische« Lagerhaltung, die mit der traditionellen nur noch den Namen gemeinsam hat. Die Waren werden nicht mehr nach Warengruppen sortiert, sondern wandern dahin, wo gerade ein Lagerplatz frei ist. Sie sind also unsortiert oder folgen dynamischen Sortierkriterien wie der Zugriffszeit. Das entspricht dem Vorbild eines RAM-Speichers *(Random Access Memory)*: feste Speicheradresse, variabler Speicherinhalt. Die traditionellen Lager waren Festwertspeicher.

12 Es handelt sich um sogenannte Graphen. Das sind Suchalgorithmen, mit denen z. B. Schachzüge berechnet werden. Ebenso kann man damit Transportwege oder Zugriffspfade berechnen.

13 Karl Marx, *Das Kapital,* Band 1, S. 143.

14 »Wenn der Geldumlauf selbst den Realgehalt vom Nominalgehalt einer Münze scheidet, ihr Metalldasein von ihrem funktionellen Dasein, so enthält er die Möglichkeit latent, das Metallgeld in seiner Münzfunktion durch Marken aus andrem Material oder Symbole zu ersetzen« – und zwar »in den Kreisen der Warenzirkulation, worin die Münze am schnellsten zirkuliert und sich daher am schnellsten abnutzt« (Karl Marx, *Das Kapital,* Band 1, S. 140). Das zirkulierende Gold wird daher von minderwertigem Metall, von Silber- und Kupfermünzen, verdrängt und endlich durch »Papierzettel, denen Geldnamen... aufgedruckt sind« (ebenda, S. 141), durch »wertlose Zeichen seiner selbst« (ebenda, S. 142) ersetzt.

15 »Jeder Warenhüter weiß... daß er kein Quentchen wirkliches Gold braucht, um Millionen Warenwerte in Gold zu schätzen. In seiner Funktion des Wertmaßes dient Geld daher – als nur vorgestelltes oder ideelles Geld.« (Karl Marx, *Das Kapital,* Band 1, S. 111).

16 »Die Botschaft des elektrischen Lichts ist die vollkommene Veränderung. Es ist reine Information, ohne jeden Inhalt, der sein Verwandlungsvermögen schmälern könnte.« (Marshall McLuhan, *Die magischen Kanäle,* S. 62).

17 Marshall McLuhan, *Die magischen Kanäle,* S. 151.

18 Karl Marx, *Das Kapital,* Band 1, S. 143.

19 Vgl. Paul Virilio/Sylvère Lotringer, *Der reine Krieg,* S. 66 u. 75.

20 Ferdinand de Saussure, *Grundfragen der allgemeinen Sprachwissenschaft,* S. 141.

21 Vgl. Jean Baudrillard, *Agonie des Realen,* S. 51.

22 Vgl. Umberto Eco, *Über Gott und die Welt,* S. 149–150. Der Kanal transportiert Energie, der Code übersetzt Information. Umberto Eco

kritisiert McLuhans Verwechslung von Kanal und Code zu Recht. Sie korrespondiert mit der Verwechslung von Energie und Information, Hardware und Software.

23 »Ein Haus, welches A an B verkauft, zirkuliert als Ware, aber es geht nicht spazieren. Bewegliche Warenwerte, wie Baumwolle oder Roheisen, hocken auf demselben Warenlager, zur selben Zeit, wo sie Dutzende von Zirkulationsprozessen durchlaufen, gekauft und wieder verkauft werden von Spekulanten. Was sich hier wirklich bewegt, ist der Eigentumstitel an der Sache, nicht die Sache selbst.« (Karl Marx, *Das Kapital,* Band 2, S. 150–151).

24 Z. B. sei Robinsons Angel Kapital, weil sie ihm erlaube, in kürzerer Zeit mehr Fische zu fangen. Eine Absatzkrise gibt es nicht, für Robinson steht die Grenze des Marktes nur in seinem Appetit. Eine solche rein technische, d. h. naturalwirtschaftliche Betrachtung führt zur Gleichsetzung von Kapital und Produktionsmitteln. Unter diesen Umständen wird Kapital zur Naturbedingung, die schon immer gültig war, seit es den Menschen und seit es Werkzeuge gibt. Kapital ist jedoch ein »Wert«, also ein Verhältnis, das sich nur im Austausch realisiert. Die Sachproduktivität wird hier mit dem Kapitalumschlag (der »Wertproduktivität«) verwechselt. Besonders deutlich wird diese Verwechslung in der Zeitdifferenztheorie Böhm-Bawerks, wo dieser versucht, aus einer Crusoe-Wirtschaft den Kapitalzins zu erklären (Agio-Theorie). Vgl. Werner Hofmann, *Einkommenstheorie,* S. 169 ff.

25 »Aber das Kapital ist kein Ding, sondern ein bestimmtes, gesellschaftliches, einer bestimmten historischen Gesellschaftsformation angehöriges Produktionsverhältnis, das sich an einem Ding darstellt und diesem Ding einen spezifischen gesellschaftlichen Charakter gibt. Das Kapital ist nicht die Summe der materiellen und produzierten Produktionsmittel. Das Kapital, das sind die in Kapital verwandelten Produktionsmittel, die an sich so wenig Kapital sind, wie Gold oder Silber an sich Geld ist.« (Karl Marx, *Das Kapital,* Band 3, S. 822–823).

26 »Das Wort ›Metapher‹ kommt vom griechischen *meta* und *pherein,* hinübertragen oder befördern. In diesem Buch befassen wir uns mit allen Formen der Beförderung von Waren und Nachrichten, sowohl als Metapher wie auch als Austausch.« (Marshall McLuhan, *Die magischen Kanäle,* S. 99).

27 »Saussure hatte recht: Die politische Ökonomie ist eine Sprache ...« (Jean Baudrillard, *Der symbolische Tausch und der Tod,* S. 40).

28 Roland Barthes, *Elemente der Semiologie,* S. 68 u. 69.

29 Karl Marx, *Das Kapital,* Band 1, S. 59.

30 »Das Ziel der sprachlichen Bezeichnung liegt in der Differenz. Die Synthese, die sich in ihr vollzieht, kann sich nur als Synthesis des Verschiedenen, nicht des in irgendeiner Hinsicht Gleichen oder Ähnlichen, vollziehen. Je mehr der Laut dem, was er ausdrücken soll,

gleicht; je mehr er dieses Andere noch selbst ›ist‹, um so weniger vermag er es zu ›bedeuten‹.« (Ernst Cassirer, *Philosophie der symbolischen Formen*, Teil I, *Die Sprache*, S. 138)

31 Die Sprache »... macht aus der Not des Lautzeichens seine eigentliche Tugend. Denn gerade die Vieldeutigkeit duldet nicht, daß das Zeichen bloßes Individualzeichen bleibt; gerade sie ist es, die den Geist zwingt, den entscheidenden Schritt von der konkreten Funktion des ›Bezeichnens‹ zur allgemeinen und allgemeingültigen Funktion der ›Bedeutung‹ zu tun ...: der mimische oder analogische Ausdruck weicht dem rein symbolischen, der gerade in seiner Andersheit und kraft derselben zum Träger eines neuen und tieferen geistigen Gehalts wird.« (Ebenda, S. 148).

32 Vielleicht hat Cassirer dies geahnt, wenn er sagt: »Das Objekt, der Gegenstand der Erkenntnis, rückt mehr und mehr in die Ferne, so daß es für die kritische Besinnung des Wissens auf sich selbst zuletzt geradezu als der ›unendlich-ferne Punkt‹, als unendliche Aufgabe des Wissens erscheinen kann.« (Ebenda, S. 129).

33 »Übrigens ist es unmöglich, daß der Laut an sich, der nur ein materielles Element ist, der Sprache angehören könnte. Er ist für sie nur etwas Sekundäres, ein Stoff, mit dem sie umgeht.« (Ferdinand de Saussure, *Grundfragen der allgemeinen Sprachwissenschaft*, S. 141) Anders gesprochen: Der Laut ist Hardware, die Sprache ist Software.

34 Ebenda, S. 137f.

35 »Die Sprache ist eine Form und nicht eine Substanz.« (Ebenda, S. 146)

36 »So ist es nicht das Metall eines Geldstückes, das seinen Wert bestimmt; ... und das gilt erst recht von dem bezeichnenden Element in der Sprache; seinem Wesen nach ist es keineswegs lautlich, es ist unkörperlich, es ist gebildet nicht durch seine stoffliche Substanz, sondern einzig und allein durch die Verschiedenheiten, welche sein Lautbild von anderen trennen. Dieser Grundsatz ist so wesentlich, daß er auf alle materiellen Bestandteile der Sprache Anwendung findet, auch auf die Phoneme selbst. ... Was diese charakterisiert, ist ... schlechthin die Tatsache, daß sie unter sich nicht zusammenfließen.« (Ebenda, S. 141–142)

37 »Wenn wir jedoch die Ebene der ›Logo-techniken‹ verlassen und uns den nicht-künstlichen Systemen zuwenden, die uns hier interessieren, so erscheint die Universalität des Binarismus weitaus ungewisser.« (Roland Barthes, *Elemente der Semiologie*, S. 67)

38 Marshall McLuhan, *Die magischen Kanäle*, S. 152.

39 Roland Barthes, *Elemente der Semiologie*, S. 14.

40 »Ein Fünfmarkstück kann man auswechseln gegen Brot, Seife oder Kinokarten, aber man kann diese Münze auch mit Zehnmarkscheinen, Fünfzigmarkscheinen usw. vergleichen; ebenso läßt sich ein ›Wort‹ gegen eine Vorstellung (d. h. gegen Unähnliches) auswechseln, aber

auch mit anderen ›Wörtern‹ (d. h. mit Ähnlichem) vergleichen.« (Roland Barthes, *Elemente der Semiologie*, S. 47)

Literatur

Roland Barthes, *Elemente der Semiologie*, Frankfurt a. M. 1983.

Jean Baudrillard, *Agonie des Realen*, Berlin 1978.

Ders., *Der symbolische Tausch und der Tod*, München 1982.

Walter Benjamin, *Das Kunstwerk im Zeitalter seiner techn. Reproduzierbarkeit*, Frankfurt a. M. 1963.

Ernst Cassirer, *Philosophie der symbolischen Formen, Teil I, Die Sprache*. 7. Aufl. 1977, Darmstadt 1953.

Umberto Eco, *Über Gott und die Welt*, 3. Aufl., München/Wien 1985.

Werner Hofmann, *Einkommenstheorie. Vom Merkantilismus bis zur Gegenwart. Sozialökonomische Studientexte*, 2. Band, 2. Aufl. 1971, Berlin 1965.

Karl Marx, *Das Kapital. Kritik der politischen Ökonomie*, Band 1: *Der Produktionsprozeß des Kapitals*, Band 2: *Der Zirkulationsprozeß des Kapitals*, Band 3: *Der Gesamtprozeß der kapitalistischen Produktion*, Marx-Engels-Werke, Band 23 bis 25, Hg. v. Institut für Marxismus Leninismus beim ZK der SED, Berlin/DDR 1970.

Marshall McLuhan, *Die magischen Kanäle*, Düsseldorf/Wien 1968 (im Original als »Understanding Media« 1964 bei McGraw-Hill erschienen).

Ferdinand de Saussure, *Grundfragen der allg. Sprachwissenschaft*, Hg. v. Charles Bally/Albert Sechehaye, 2. Aufl., Berlin 1967.

Paul Virilio, *Das öffentliche Bild*, Bern 1987.

Paul Virilio/Sylvère Lotringer, *Der reine Krieg*, Berlin 1984.

Vilém Flusser
Digitaler Schein

Vor unseren ungläubigen Augen beginnen alternative Welten aus den Computern aufzutauchen: aus Punktelementen zusammengesetzte Linien, Flächen, bald auch Körper und bewegte Körper. Diese Welten sind farbig und können tönen, wahrscheinlich können sie in naher Zukunft auch betastet, berochen und geschmeckt werden. Aber das ist noch nicht alles, denn die bald technisch realisierbaren bewegten Körper, wie sie aus den Komputationen emporzutauchen beginnen, können mit künstlichen Intelligenzen vom Typ *Turing's man* ausgestattet werden, so daß wir mit ihnen in dialogische Beziehungen treten können. Warum mißtrauen wir eigentlich diesen synthetischen Bildern, Tönen und Hologrammen? Warum beschimpfen wir sie mit dem Wort »Schein«? Warum sind sie für uns nicht real? Die vorschnelle Antwort lautet: weil diese alternativen Welten eben nichts anderes sind als komputierte Punktelemente, weil sie im Nichts schwebende Nebelgebilde sind. Die Antwort ist vorschnell, da sie Realität an der Dichte der Streuung mißt und wir uns auf die Technik verlassen können, daß sie künftig in der Lage sein wird, die Punktelemente ebenso dicht zu streuen, wie dies bei den Dingen der uns gegebenen Welt der Fall ist. Der Tisch, auf dem ich dies schreibe, ist nichts anderes als ein Punktschwarm. Wenn einmal im Hologramm dieses Tisches die Elemente genauso dicht gestreut sein werden, dann werden unsere Sinne zwischen beiden nicht mehr zu unterscheiden vermögen. Das Problem stellt sich also so: Entweder sind die alternativen Welten ebenso real wie die gegebene oder die gegebene ist ebenso gespenstisch wie die alternativen.

Auf die Frage nach unserem Mißtrauen gegenüber den alternativen Welten gibt es jedoch auch eine ganz anders geartete Antwort. Sie basiert darauf, daß es Welten sind, die wir selbst entworfen haben, und nicht, wie die uns umgebende Welt, etwas, das uns gegeben wurde. Die alternativen Welten sind keine Gegebenheiten (Daten), sondern künstlich Hergestelltes (Fakten). Wir mißtrauen diesen Welten, weil wir allem Künstlichen, aller Kunst mißtrauen. »Kunst« ist schön, aber Lüge, was ja mit dem Begriff

»Schein« gemeint ist. Allerdings führt auch diese Antwort zu einer weiteren Frage: Warum trügt eigentlich der Schein? Gibt es etwas, das nicht trügt? Das ist die entscheidende Frage, die erkenntnistheoretische Frage, vor die uns die alternativen Welten stellen. Wenn von »digitalem Schein« die Rede ist, dann muß ihr und keiner anderen nachgegangen werden.

Natürlich ist das keine neue Frage, denn seit unsere Augen ungläubig geworden sind, also mindestens seit den Vorsokratikern, beunruhigt sie, auch wenn sie erst zu Beginn der Neuzeit ihre volle Schärfe gewinnt. Die alternativen Welten in ihrem digitalen Schein lassen die Beunruhigung kulminieren. Daher ist es geboten, beim Bedenken der Digitalisation vom Beginn der Neuzeit auszugehen. Was ist damals geschehen? Man hat, kurz gesagt, damals entdeckt, daß man die Welt weder einfach anzusehen noch sie zu beschreiben hat, sondern daß man sie kalkulieren muß, wenn es darum geht, sie in den Griff zu bekommen, sie zu begreifen. Die Welt ist zwar unvorstellbar und unbeschreiblich, dafür aber kalkulierbar. Das Ergebnis dieser Entdeckung stellt sich erst gegenwärtig, bei den alternativen Welten, heraus.

Die Sache hat ungefähr so begonnen: Die revolutionären Handwerker der Frührenaissance wollten sich vom Bischof nicht mehr den »gerechten Preis« für ihre Produkte vorschreiben lassen. Sie wollten einen »freien Markt«, auf dem sich der Wert der Waren »von selbst« – kybernetisch durch Angebot und Nachfrage – herausstellt. Wenn sie die Autorität des Bischofs bezüglich des »Werts« verwarfen, dann verwarfen sie damit auch alles, was bisher unter dem Begriff »Theorie« verstanden worden ist. »Theorie« war bisher jener Blick, dank dem unveränderliche Formen erkannt wurden. So sah der Bischof mittels der »Theorie« den »idealen Schuh«, konnte diesen mit dem vom Schuster hergestellten vergleichen und dadurch feststellen, was der hergestellte Schuh wert ist, also wie weit er sich dem idealen nähert. Die revolutionären Handwerker hingegen behaupteten, es gäbe keinen idealen Schuh und keine unveränderlichen Formen, sondern sie selbst seien es, die die Schuhformen erfinden und fortschreitend verbessern. Die Formen galten ihnen nicht als ewige Ideale, sondern als veränderbare Modelle, weswegen die Neuzeit die »moderne« heißt. Unter »Theorie« verstanden sie nicht das passive Betrachten von Idealen, sondern das progressive Ausarbeiten von Modellen, die sich der Praxis, also der Beobachtung und dem

Experiment, zu stellen hätten. Dadurch wurden die moderne Wissenschaft und Technik, die Industrierevolution und letztlich der digitale Schein ins Leben gerufen.

Die Folge war, daß die Theoretiker aus der Kathedrale und dem Kloster in die Werkstatt (Universität, technische Hochschule, Industrielaboratorium) auswanderten und Modelle zu basteln begannen, nach denen immer bessere Schuhe hergestellt werden konnten und die Welt insgesamt sich immer besser begreifen und behandeln ließ. Überraschenderweise stellte sich dabei heraus, daß derartige Arbeitsmodelle keine Bilder und auch keine Texte sein konnten, sondern daß es Algorithmen waren. Diese Überraschung, daß die Welt, um es in der Sprache der Renaissance zu sagen, ein Buch ist – »natura libellum« –, das in Zahlen kodifiziert ist, haben wir übrigens noch immer nicht völlig überwunden. Von da an mußten die Theoretiker immer mehr in Zahlen und immer weniger in Buchstaben und Bildern denken. Diese Veränderung brachte tiefgreifende Folgen mit sich, die bedacht sein müssen, wenn es darum geht, die Digitalisation in den Griff zu bekommen.

Die Theoretiker sind schon immer Schriftkundige – *litterati* – gewesen, die das Denken in Bildern, das magische Denken also, bekämpft und in Schriftzeichenzeilen gedacht haben. Sie entwikkelten ein lineares, prozessuelles, logisches, historisches Bewußtsein. Inmitten des linearen Schriftcodes, des Alphabets, gab es aber immer schon Fremdkörper, nämlich Schriftzeichen, die ihrer Struktur nach nicht linear sind. Während die Buchstaben Zeichen für gesprochene Laute, also für den Diskurs sind, stellen diese Fremdkörper Ideogramme für Mengen, also Zahlen dar. Zahlen aber sind nicht diskursiv und passen so nicht in die Zeile. Daher mußte man schon immer nicht von einer alphabetischen Schrift, sondern von einem alpha-numerischen Code sprechen. Das darin sich artikulierende Bewußtsein war sowohl prozessuell und historisch als auch formal und kalkulatorisch. Als nun die Notwendigkeit erkannt wurde, immer mehr in Zahlen und immer weniger in Buchstaben zu denken, hatte das zur Folge, daß das historische Bewußtsein zugunsten eines formalen zurücktrat.

Das ist ein Umbruch nicht deswegen, weil das Ausarbeiten von formalen Arbeitsmodellen eine moderne Erfindung gewesen wäre, denn mindestens seit dem dritten Jahrtausend gibt es Tontafeln, auf denen Zeichen eingetragen sind, die zweifellos als Modelle für Kanalisationsarbeiten gedeutet werden müssen. Diese Geometer aus der Bronzezeit sind die geistigen Vorfahren der sogenannten Computerkünstler. Sie erzeugten nicht Abbilder von Gegebenem, sondern verfertigten Entwürfe für noch nicht Verwirklichtes, sie »projizierten alternative Welten«. In ihren Entwürfen kommt ebenso wie in den synthetischen Computerbildern ein formales, »mathematisches« Bewußtsein zum Ausdruck. Wenn man die gegenwärtig entstehenden alternativen Welten in ihrem Wesen erfassen will, dann ist das Betrachten solcher uralten Tontafeln keine schlechte Methode.

Trotz dieser langen Entwicklung muß beim modernen Umkodieren des theoretischen Denkens von Buchstaben in Zahlen von einem geistigen Umbruch gesprochen werden. Das wird bei Descartes deutlich erkennbar, setzt aber bereits beim Cusaner ein und zeigt sich zum Beispiel geradezu schmerzhaft bei Galilei. Das Umkodieren bringt die bereits erwähnte grundlegende erkenntnistheoretische Frage mit sich, ob es etwas gibt, das nicht trügt. Darauf gab Descartes bekanntlich etwa folgende Antwort: Was nicht trügt, ist das disziplinierte, klare und deutliche arithmetische Denken. Es ist klar und deutlich, weil es in Zahlen kodifiziert und weil jede einzelne Zahl von jeder anderen durch ein Intervall getrennt ist. Diszipliniert ist solch ein Denken, weil die Regeln des Zahlencodes, etwa das Addieren und Subtrahieren, exakt befolgt werden müssen. Der eigentliche Grund für die Aufgabe des Buchstabendenkens zugunsten des Zahlendenkens besteht also darin, daß jenes nicht klar, deutlich und diszipliniert genug ist, um zur Erkenntnis führen zu können. Die denkende Sache – res cogitans – hat arithmetisch zu sein, um die Welt erkennen zu können.

Damit entsteht jedoch ein eigentümliches, typisch modernes Paradox. Die denkende Sache ist klar und deutlich – und das heißt: sie ist voller Löcher zwischen ihren Zahlen. Die Welt aber ist eine ausgedehnte Sache – res extensa –, in der alles fugenlos zusammenpaßt. Wenn ich also die denkende Sache an die ausgedehnte anlege, um sie zu bedenken – adaequatio intellectus ad rem –, dann entschlüpft mir die ausgedehnte Sache zwischen den Intervallen. Aus diesem Grund wird das Problem der Erkenntnis im Verlauf der Neuzeit zu dem des Stopfens der Intervalle zwischen den Zahlen. Descartes versuchte, es einfach zu lösen, indem er glaubte, daß sich jeder Punkt der Welt mit Zahlen auszählen ließe und daß so die Geometrie die Methode der Erkenntnis sei. Später wird diese Methode, besonders dank Newton und Leibniz, verfeinert. Man führte neue Zahlen ein, die die Intervalle auffüllen, die »Differentiale integrieren«. Tatsächlich kann mittels Differentialgleichungen alles Erdenkliche auf der Welt formuliert und formalisiert werden. Das formale mathematische Denken kann alles erkennen und es bietet Modelle, nach denen sich alles herstellen läßt: Wir sind allwissend und allmächtig geworden. Das ist der geistige Umbruch, der schon beim Cusaner zum Ausdruck kommt, wenn er sagt, Gott könne nicht besser als wir selbst wissen, daß eins und eins zwei ist.

Diese stark verkürzte Darstellung des modernen Umkodierens von Buchstaben in Zahlen und der daraus folgenden Veränderung des prozessuellen, historischen und aufklärerischen Bewußtseins zu einem formalen, kalkulatorischen und analytischen Bewußtsein ist natürlich völlig unzureichend, um das gegenwärtige Entstehen alternativer Welten aus den Computern wirklich zu begreifen. Zunächst haben nicht alle Menschen den Sprung vom linearen ins nulldimensionale, d. h. kalkulatorische Bewußtsein vollzogen. Die meisten denken weiterhin fortschritts- und aufklärungsorientiert: sie erleben, erkennen und werten die Welt weiterhin als eine Verkettung von Ursache und Wirkung, und sie sind engagiert, diese Kausalketten zu brechen, um uns von der Notwendigkeit zu befreien. Ihr Bewußtsein ist also weiterhin linear, literarisch und buchstäblich. Und nur die wenigen Menschen, die dieses Bewußtsein hinter sich gelassen haben und die Welt nicht mehr als Kausalkette, sondern als Zufallswurf erleben, erkennen und werten, die nicht mehr fortschrittlich und aufklärerisch, sondern futurologisch und systemanalytisch oder »strukturell« denken, erzeugen die Modelle, nach denen sich die Mehrzahl richtet. Zum Beispiel programmieren sie Werbungen, Filme und politische Programme nach strukturellen Kriterien, ohne daß sich die Manipulierten davon Rechenschaft ablegen könnten.

Die alternativen Welten, die aus den Computern zu entstehen beginnen, sind Ausdruck einer Bewußtseinsebene, an der die meisten nicht teilnehmen können und daher meinen, daran auch nicht teilnehmen zu wollen.

Die Spaltung der Gesellschaft in wenige Programmierer, die formal und numerisch denken, und viele Programmierte, die buchstäblich denken, ist aber, so dramatisch sie auch erscheinen mag, noch nicht der Kern der gegenwärtigen Problematik. Er liegt im Anspruch auf Allwissenheit und Allmacht des formalen Denkens, der im 20. Jahrhundert und insbesondere in dessen zweiter Hälfte einen Purzelbaum geschlagen hat. Das geschah aus praktischen und theoretischen Gründen. Praktisch ist folgendes eingetreten: Die Differentialgleichungen formalisieren alles. In diesem rein formalen Sinn ist alles »erkennbar«. Aber um diese Gleichungen als Arbeitsmodelle anwenden zu können, muß man sie »renumerisieren«, d. h., in die natürlichen Zahlen rückkodifizieren. Bei komplexen Gleichungen ist dies ein langwieriger Vorgang, und alle interessanten Probleme sind komplex. Das Umkodieren solcher Gleichungen kann mehr Zeit in Anspruch nehmen als die voraussichtliche Dauer des Universums. Aus diesem Grund sind derartige Probleme weiterhin unlösbar. Wir sind nicht allmächtig, obwohl allwissend, und unsere Erkenntnis ist im Fall von komplexen, also interessanten Problemen praktisch nutzlos. Der Kulturpessimismus und das absurde Lebensgefühl, das sich ausbreitet, sind auf diesen Purzelbaum des Anspruchs der formalen Vernunft zurückzuführen.

Auf der theoretischen Ebene ist das kalkulatorische Denken immer tiefer in die Erscheinungen gedrungen. Es hat sie analysiert (zersetzt), wodurch die Phänomene immer mehr die Struktur des kalkulatorischen Denkens angenommen haben. Nicht nur für die Physik zerfallen sie in Partikel, sondern für die Biologie beispielsweise in Gene, in der Neurophysiologie in punktartige Reize, in der Linguistik in Phoneme, in der Ethnologie in Kultureme oder in der Psychologie in Aktome. Von der ursprünglich »ausgedehnten Sache« ist keine Rede mehr, sondern von nach Feldern strukturierten Teilchenschwärmen. Bei diesen Teilchen, beispielsweise bei den Quarks, entsteht die Frage, ob es sich tatsächlich um Teilchen der Welt oder um Symbole bzw. Zeichen des kalkulatorischen Denkens handelt. Vielleicht geht es also beim numerischen Denken gar nicht um Erkenntnis der Welt, sondern um eine Projektion des Zahlencodes nach außen und schließlich um ein Zurückholen des Projizierten. Die numerische Erkenntnis ist daher theoretisch problematisch.

Man kann die Lage des gegenwärtigen Bewußtseins auf diesem Hintergrund ungefähr so zusammenfassen: Seit der Renaissance hat ein Teil der »geistigen Elite«, der *litterati,* begonnen, formal-kalkulatorisch anstatt diskursiv-historisch zu denken und sich in

Algorithmen anstatt in literarischen Texten auszudrücken. Das Motiv für diese Umstellung war die Erwartung, daß dieses Denken für das Erkennen und Behandeln der Umwelt, vielleicht sogar für das der Menschen und der Gesellschaft, »adäquat« sei. Tatsächlich ist diesem Denken die moderne Wissenschaft und Technik zu verdanken. Zuerst schien dabei die Technik nichts anderes zu sein als angewandte Wissenschaft, und die technischen Schulen wurden den »reinen« Fakultäten untergeordnet. Dann begann sich das Verhältnis zwischen Wissenschaft und Technik umzuwenden, und die »reinen« Disziplinen wurden zu *ancillae* der Technik. Gegenwärtig sind Theorie und Praxis so vernetzt, daß wir weder theoretisch noch praktisch zwischen beiden unterscheiden können. Falls Philosophie die »reinste« Disziplin sein sollte, dann ist ihre Technisierung, d. h. die Mathematisierung des philosophischen Diskurses – und umgekehrt die »Philosophierung« der Technik – das eigentliche Ziel unseres Denkens. Die Erwartungen, die man in dieses Denken gesetzt hatte, haben sich nicht erfüllt. Die von sich selbst enttäuschte Elite der formal Denkenden ist aber gegenwärtig für die Erkenntnis-, Erlebnis- und Verhaltensmodelle verantwortlich, nach denen sich die Gesellschaft richtet. Es sind die sogenannten »Technokraten«, »Medienoperatoren« oder »Meinungsbildner«, die man allerdings besser als »Programmierer« zusammenfassen sollte. Weil die jetzt aus den Computern entstehenden alternativen Welten als Entwürfe dieser herrschenden Elite begriffen werden müssen, ist es notwendig, die Computer näher ins Auge zu fassen.

Wie weiter oben bereits gesagt wurde, haben sich zu Beginn unseres Jahrhunderts die Differentialgleichungen für die meisten Fälle als praktisch unanwendbar erwiesen. Das war eine unerträgliche Lage. Man konnte das zur Verfügung stehende Wissen nicht in Macht umsetzen. Hunderte von Kalkulierern saßen zum Beispiel in den Ateliers von Ingenieuren und füllten Seiten über Seiten mit Zahlen, ohne die bereits theoretisch erkannten Probleme lösen zu können. Seltsamerweise ist dieser praktische Zusammenbruch der »reinen Vernunft« damals nicht in das Bewußtsein der Allgemeinheit gedrungen. Um diese unerträgliche Lage zu überwinden, wurden Rechenmaschinen erfunden, die immer schneller wurden, so daß tatsächlich eine ganze Reihe von Problemen, wenn auch nicht alle, nunmehr lösbar, weil numerisierbar wurden. Aber diese Schnellrechenmaschinen hatten einige nicht vorausgesehene Eigenschaften, die, ohne dabei zu übertreiben, unser ganzes Menschenbild und unser Selbstverständnis verwandeln. Für unser Thema muß es genügen, zwei dieser Eigenschaften hervorzuheben. Ein großer Teil der erkenntnistheoretischen Bemühungen der Neuzeit ging, wie gesagt, darauf aus, den Zahlencode der Welt adäquat zu machen, immer raffiniertere und elegantere mathematische Methoden auszubilden. Die Schnellrechenmaschinen haben diese Arbeit überflüssig gemacht. Sie rechnen so schnell, daß sie sich mit dem Addieren von 1 und 0, mit dem Befehl »Digitalisieren«, begnügen und somit auf alle mathematische Verfeinerung verzichten können. Sie rechnen mit zwei Fingern, aber dies so schnell, daß sie besser als die größten Mathematiker rechnen können. Das hatte eine geradezu umstürzlerische Folge, weil sich das mathematische Denken, das bislang als eine der höchsten menschlichen Fähigkeiten angesehen wurde, als mechanisierbar und so als eine des Menschen unwürdige Arbeit erwies. Andererseits stand man vor einer neuen Arbeit: nämlich die Rechenmaschinen zu programmieren. Statt zu rechnen hatte man das Universum der Zahlen strukturell zu analysieren. Das mathematische Denken hatte einen Schritt aus sich selbst zurück in die Systemanalyse zu leisten und wurde dadurch anders. Übrigens kann, was für das mathematische Denken gilt, auch für eine Reihe anderer Denkarten, beispielsweise für das Entscheiden, behauptet werden.

Die zweite hier hervorzuhebende Eigenschaft der Schnellrechenmaschine ist die Tatsache, daß sie überraschenderweise nicht nur kalkulieren, sondern auch komputieren kann, d. h., sie vermag nicht nur Gleichungen in Zahlen zu analysieren, sondern auch diese Zahlen zu Gestalten zu synthetisieren. Das ist eine erschütternde Erfindung oder Entdeckung, wenn man bedenkt, daß das kalkulatorische Denken tief in die Phänomene eingedrungen ist und diese durch diesen Vorstoß in Partikel zerfallen. Die Welt hat damit die Struktur des Zahlenuniversums angenommen, was verwirrende Erkenntnisprobleme stellt, wenn sich bei den Computern herausgestellt hat, daß das kalkulatorische Denken die Welt nicht nur in Partikel zersetzen (analysieren), sondern diese auch wieder zusammensetzen (synthetisieren) kann. Das sogenannte Leben läßt sich, um nur zwei besonders erregende Beispiele anzuführen, nicht nur in Partikel, in Gene, analysieren, sondern die Gene können dank der Gentechnologie auch wieder zu neuen Informationen zusammengesetzt werden, um »künstliche Lebewesen« zu erzeugen. Oder Computer können alternative Welten synthetisieren, die sie aus Algorithmen, also aus Symbolen des kalkulatorischen Denkens, projizieren und die ebenso konkret sein können wie die uns umgebende Umwelt. In diesen projizierten Welten ist alles, das mathematisch denkbar, auch tatsächlich machbar, selbst das, was in der Umwelt »unmöglich« ist wie vierdimensionale Körper oder Mandelbrotmännchen. Noch sind die Computer technisch nicht so weit, aber nichts steht prinzipiell im Weg, um das zu realisieren.

An diesem Punkt der schwindelerregenden Überlegungen betreffs »digitalem Schein« ist es geboten, Atem zu holen, um den bereits durchschrittenen Weg zu überblicken. Die sich bietende Aussicht läßt sich so beschreiben: Menschen haben mindestens seit der Bronzezeit formal gedacht, z. B. Kanalisationsanlagen auf Tontafeln entworfen. Im Verlauf der Geschichte ist das formale dem prozessualen Denken untergeordnet worden und erst zu Beginn der Neuzeit als »analytische Geometrie«, d. h. als in Zahlen umkodierte geometrische Formen, in den Vordergrund gerückt. Das derart disziplinierte formale Denken hat die moderne Wissenschaft und Technik entstehen lassen, ist aber letztlich in eine theoretische und praktische Sackgasse geraten. Um die praktischen Hindernisse zu beheben, hat man die Computer erfunden, womit die theoretischen Probleme radikalisiert wurden. Zu Beginn der Neuzeit suchte man nach etwas, was nicht trügt, und war der Ansicht, dies im klaren, deutlichen und disziplinierten Zahlendenken gefunden zu haben. Dann begann man den Verdacht zu hegen, daß die Wissenschaft den Zahlencode nur nach außen projiziert, also daß etwa die vermeintlichen Naturgesetze Gleichungen darstellen, die der Natur aufgesetzt wurden. Noch später kam der tiefgehendere Verdacht auf, ob nicht das ganze Universum, angefangen vom Big Bang bis zum Wärmetod, mit allen seinen Feldern und Relationen eine Projektion ist, die das kalkulatorische Denken »experimentell« wieder zurückholt. Schließlich zeigen jetzt die Computer, daß wir nicht nur dieses eine Universum, sondern beliebig viele derart projizieren und zurückgewinnen können. Kurz: unser Erkenntnisproblem und damit auch unser existentielles ist, ob nicht überhaupt alles, einschließlich uns selbst, als digitaler Schein verstanden werden müßte.

Von hier aus ist der Stier der alternativen Welten an seinen Hörnern zu packen. Wenn nämlich alles trügt, alles ein digitaler Schein ist – nicht nur das synthetische Bild auf dem Computerschirm, sondern auch diese Schreibmaschine, diese tippenden Finger und diese sich mit den Fingern ausdrückenden Gedanken –, dann ist das Wort Schein bedeutungslos geworden. Übrig bleibt, daß alles digital ist, also daß alles als eine mehr oder weniger dichte Streuung von Punktelementen, von Bits, angesehen werden muß. Dadurch wird es möglich, den Begriff »real« in dem Sinne zu relativieren, daß etwas desto realer ist, je dichter die Streuung ist, und desto potentieller, je schütterer sie ist. Was wir real nennen und auch so wahrnehmen und erleben, sind jene Stellen, jene Krümmungen oder Ausbuchtungen, in denen die Partikel dicht gestreut sind und sich die Potentialitäten realisieren. Das ist das digitale Weltbild, wie es uns von den Wissenschaften vorgeschlagen und von den Computern vor Augen geführt wird. Damit haben wir von jetzt an zu leben, auch wenn es uns nicht in den Kram passen sollte.

Uns wird dadurch nicht nur eine neue Ontologie, sondern auch eine neue Anthropologie aufgezwungen. Wir haben uns selbst – unser »Selbst« – als eine derartige »digitale Streuung«, als eine Verwirklichung von Möglichkeiten dank dichter Streuung zu begreifen. Wir müssen uns als Krümmungen oder Ausbuchtungen im Feld einander kreuzender, vor allem zwischenmenschlicher Relationen verstehen. Auch wir sind »digitale Komputationen« aus schwirrenden Punktemöglichkeiten. Diese neue Anthropologie, die bereits auf das Judenchristentum zurückgeht, das ja im Menschen nur Staub sieht, müssen wir nicht nur erkenntnistheoretisch, z. B. psychoanalytisch oder neurophysiologisch, verarbeiten, sondern auch in die Tat umsetzen. Es genügt nicht, wenn wir einsehen, daß unser »Selbst« ein Knotenpunkt einander kreuzender Virtualitäten ist, ein im Meer des Unbewußten schwimmender Eisberg oder ein über Nervensynapsen springendes Komputieren, wir müssen danach auch handeln. Die aus den Computern auftauchenden alternativen Welten sind ein Umsetzen des Eingesehenen in die Tat.

Was machen diejenigen eigentlich, die vor den Computern sitzen, auf Tasten drücken und Linien, Flächen und Körper erzeugen? Sie verwirklichen Möglichkeiten. Sie raffen Punkte nach exakt formulierten Programmen. Was sie dabei verwirklichen, ist sowohl ein Außen als auch ein Innen: sie verwirklichen alternative Welten und damit sich selber. Sie »entwerfen« aus Möglichkeiten Wirklichkeiten, die desto effektiver sind, je dichter sie gerafft werden. Damit wird die neue Anthropologie in die Tat umgesetzt: »Wir« ist ein Knoten von Möglichkeiten, der sich desto mehr realisiert, je dichter er die in ihm selbst und um ihn herum schwirrenden Möglichkeiten aufrafft, d. h., schöpferisch gestaltet. Computer sind Apparate zum Verwirklichen von innermenschlichen, zwischenmenschlichen und außermenschlichen Möglichkeiten dank des exakten kalkulatorischen Denkens. Diese Formulierung kann als eine mögliche Definition von »Computer« verstanden werden.

Wir sind nicht mehr Subjekte einer gegebenen objektiven Welt, sondern Projekte von alternativen Welten. Aus der unterwürfigen subjektiven Stellung haben wir uns ins Projizieren aufgerichtet. Wir werden erwachsen. Wir wissen, daß wir träumen.

Die existentielle Veränderung von Subjekt in Projekt ist nicht etwa die Folge irgendeiner »freien Entscheidung«. Wir sind dazu gezwungen, ebenso wie sich unsere entfernten Vorfahren gezwungen sahen, sich auf zwei Beine zu stellen, weil die damals eintretende ökologische Katastrophe sie dazu nötigte, die Zwischenräume zwischen den schütter gewordenen Bäumen irgendwie zu durchqueren. Wir hingegen müssen jetzt die Gegenstände um uns herum, aber auch unser eigenes Selbst, das früher Geist, Seele oder einfach Identität genannt wurde, als Punktkomputationen durchschauen. Wir können keine Subjekte mehr sein, weil es keine Objekte mehr gibt, deren Subjekte wir sein könnten, und keinen harten Kern, der Subjekt irgendeines Objektes sein könnte. Die subjektive Einstellung und dadurch auch jede subjektive Erkenntnis sind unhaltbar geworden. Das alles haben wir als kindliche Illusionen hinter uns zu lassen und müssen den Schritt ins weite offene Feld der Möglichkeiten wagen. Das Abenteuer der Menschwerdung ist mit uns in eine neue Phase getreten. Das zeigt sich am deutlichsten daran, daß wir keinen Unterschied mehr zwischen Wahrheit und Schein oder zwischen Wissenschaft und Kunst machen können. Nichts ist uns »gegeben« außer zu verwirklichende Möglichkeiten, die eben »noch nichts« sind. Was wir »die Welt« nennen, was von unseren Sinnen mit nicht völlig durchschauten Methoden zu Wahrnehmungen, dann zu Gefühlen, Wünschen und Erkenntnissen komputiert worden ist, sowie die Sinne selbst sind reifizierte Komputationsprozesse. Die Wissenschaft kalkuliert die Welt, so wie sie zuvor zusammengesetzt wurde. Sie hat es mit Fakten, mit Gemachtem, nicht mit Daten zu tun. Die Wissenschaftler sind Computerkünstler avant la lettre, und das Ergebnis der Wissenschaft besteht nicht in irgendeiner »objektiven Erkenntnis«, sondern in Modellen zum Behandeln des Komputierten. Wenn man erkennt, daß die Wissenschaft eine Art Kunst ist, dann hat man sie damit nicht entwürdigt, denn sie ist dadurch ganz im Gegenteil zu einem Paradigma für alle übrigen Künste geworden. Es wird deutlich, daß alle Kunstformen erst dann tatsächlich wirklich werden, also Wirklichkeiten herstellen, wenn sie ihre Empirie abstreifen und die in der Wissenschaft erreichte theoretische Exaktheit erreichen. Und das ist der hier thematisierte »digitale Schein«: Alle Kunstformen werden durch die Digitalisation zu exakten wissenschaftlichen Disziplinen und können von der Wissenschaft nicht mehr unterschieden werden.

Das Wort »Schein« hat dieselbe Wurzel wie das Wort »schön« und wird in der Zukunft ausschlaggebend werden. Wenn der kindliche Wunsch nach »objektiver Erkenntnis« aufgegeben sein wird, dann wird die Erkenntnis nach ästhetischen Kritierien beurteilt werden. Auch dies ist nichts Neues: Kopernikus ist besser als Ptolemäus, und Einstein besser als Newton, weil sie elegantere Modelle bieten. Das wirklich Neue aber ist, daß wir von jetzt an die Schönheit als das einzig annehmbare Wahrheitskriterium begreifen müssen: »Kunst ist besser als Wahrheit«. An der sogenannten Computerkunst ist das bereits jetzt ersichtlich: Je schöner der digitale Schein ist, desto wirklicher und wahrer sind die projizierten alternativen Welten. Der Mensch als Projekt, dieser formal denkende Systemanalytiker und -synthetiker, ist ein Künstler.

Diese Einsicht führt uns zurück zum Ausgangspunkt des hier eingeschlagenen Gedankengangs. Wir gingen davon aus, daß wir den gegenwärtig auftauchenden alternativen Welten mißtrauisch gegenüberstehen, weil sie künstlich sind und weil wir sie selbst entworfen haben. Dieses Mißtrauen kann jetzt in den ihm angemessenen Kontext gestellt werden: Es ist das Mißtrauen des alten, subjektiven, linear denkenden und geschichtlich bewußten Menschen dem Neuen gegenüber, das sich in den alternativen Welten zum Ausdruck bringt und mit den überkommenen Kategorien wie »objektiv wirklich« oder »Simulation« nicht zu fassen ist. Es beruht auf einem formalen, kalkulatorischen, strukturalen Bewußtsein, für das »real« all das ist, was konkret erlebt wird (aisthestai = erleben). Insoweit die alternativen Welten als schön empfunden werden, insoweit sind sie auch Realitäten, innerhalb derer wir leben. Der »digitale Schein« ist das Licht, das für uns die Nacht der gähnenden Leere um uns herum und in uns erleuchtet. Wir selbst sind dann die Scheinwerfer, die die alternativen Welten gegen das Nichts und in das Nichts hinein entwerfen.

Abraham A. Moles
Design und Immaterialität

Was hat es damit in einer postindustriellen Gesellschaft auf sich?

Eine immaterielle Kultur ist im Entstehen begriffen. Es gibt sie allerdings nur deshalb, weil sie von einer massiven materiellen Basis getragen und ermöglicht wird. Sie ist von allem Anfang an ein Phänomen – genaugenommen ein Epiphänomen –, das sein Dasein der Technik verdankt. Die Zukunft des Designs in einer artifiziellen Wirklichkeit ist deshalb abhängig von dem Design der Hardware und der spezifischen Techniken, die als grundlegende Konstituenten einer artifiziellen Wirklichkeit zu gelten haben und die zur Erzeugung dessen beitragen, was man als *imago* bezeichnen könnte – also als Bilder im weitesten Sinn des Wortes, die nicht notwendig an einen visuellen Modus gebunden zu sein brauchen. Somit ist eine postindustrielle Gesellschaft (Bell) eine superindustrialisierte Gesellschaft beziehungsweise eine solche, welche die Konsequenzen ihrer Industrialisierung bis zum äußersten vorangetrieben hat.

Es ist nicht zu bestreiten, daß wir – um mit Villiers de l'Isle-Adam zu sprechen – von sogenannten elektronischen Phantomen umgeben sind, die sowohl in unserer Arbeits- als auch in unserer Freizeitwelt ein immer größeres Gewicht erhalten. Eines der Probleme, die sich dem menschlichen Geist in diesem Zusammenhang stellen, ist die Frage, ob wir weiterhin imstande sein werden, die Wirklichkeit unserer Kontrolle zu unterwerfen, während wir genug damit zu tun haben, uns an die verschwimmende Grenze zwischen Realität und Bildern beziehungsweise zwischen Objekten und ihrer bloßen Erscheinung zu gewöhnen. Wir treten gegenwärtig in das Zeitalter der *Telepräsenz* ein, und so sind wir gezwungen, ein Gleichgewicht herzustellen zwischen »tatsächlicher Präsenz« und »stellvertretender Präsenz«. Diese stellvertretende Präsenz zerstört aber nun das für unsere Gesellschaft bis heute bestimmende Organisationsprinzip. Wir haben dieses Prinzip als *Gesetz der Nähe* bezeichnet: Was sich in unserer Nähe befindet, ist wichtiger, wahrer oder konkreter als das, was fern von uns ist, kleiner und schwieriger zu erreichen (vorausgesetzt, alle sonstigen Faktoren sind gleich).

Wir sehen mithin einer Lebensweise entgegen, innerhalb derer die zwischen uns und etwaigen Objekten bestehende Distanz auf der Ebene des Bewußtseins völlig belanglos ist. So gesehen steht Telepräsenz auch für ein Gefühl der Äquidistanz zwischen den Individuen einerseits und zwischen jedem einzelnen von uns und beliebigen Weltereignissen auf der andern Seite. Zugleich leben wir jedoch in einem Zeitalter der *kommunikativen Opulenz*. Wir verfügen heutzutage über eine größere Zahl von Kommunikations- und Interaktionsmedien, als wir sie uns in der uns zugemessenen relativ kurzen Lebensspanne tatsächlich zunutze machen können. Wir leben in einer Zeit einer vernetzten Gesellschaft, die sich mit dem futuristischen Namen »Informationsgesellschaft« schmückt. Wir werden folglich in Zukunft mehr Energie darauf verwenden, Informationen zu manipulieren als Objekte. Und die Objekte unserer Alltagswelt sind heutzutage nichts weiter als Produkte ferner Roboter, die von schwerverständlichen Programmen gesteuert werden und von allgegenwärtigen Programmierern.

Ungeachtet dessen sind die neuen Lebensbedingungen, die zugleich kulturelle und somit im Sinne unseres traditionellen Sprachgebrauchs auch die Bedingungen des künstlerischen Schaffens sind, auf eine spektakuläre materielle Hardware-Basis angewiesen. Das Spektakuläre dieser Grundstruktur verdankt sich natürlich in erster Linie der erstaunlichen Allgegenwart und schieren Größe der Maschinen und den hochspezialisierten Fabrikationsstätten, in denen Autos, Video- und Audioausrüstungen etc. hergestellt werden. Auch wenn der Laie sich des hochspezialisierten technischen Hintergrundes derartiger Objekte im allgemeinen gar nicht bewußt ist, so ist er gleichwohl unentwegt gezwungen, mit dieser materiellen Akkumulation zu leben. Aber die schiere Größe ist nicht das auffälligste Merkmal dieser materiellen Basis. Vielmehr verdankt sie ihr Spektakuläres ganz wesentlich ihrer Komplexität, die heutzutage als Paradigma des technologischen Fortschritts gilt. Ein 3 cm^2-Mikroprozessor enthält mehr »Dinge« als ein Auto – mehr Komponenten, mehr Funktionen, mehr Verbindungen, mehr Relais und ganz offensichtlich auch mehr »nackte« Intelligenz.

Aber die strukturelle Komplexität der heutigen Hardware, die quantitativ meßbar ist, ist ihrerseits einem der allgemeinen Gesetze des Universums unterworfen, dem Gesetz der Entropie oder, einfacher ausgedrückt, der allen Zuständen der Dinge innewohnenden Tendenz zur Unordnung. Diese unaufhebbare Bedingung des physikalischen Universums wirkt der vom Hardwarekonstrukteur geschaffenen Ordnung entgegen und zerstört diese letztlich sogar. Die Folge sind: Überlastungen, Kurzschlüsse und technische Defekte.

Eine auf Erhaltung bedachte Gesellschaft tritt an die Stelle der Leistungsgesellschaft

Während wir so Bilder und Botschaften übertragen und empfangen und eine artifizielle Wirklichkeit schaffen, bekommen wir es immer häufiger – dem *diabolus in machina* (»Teufel in der Maschine«) der religiösen Ära vergleichbar – mit Viren, Programmabstürzen und Fehlfunktionen zu tun, die in der Natur mehr oder weniger zufällig auftreten, jedoch den wesentlichen Vorzug jeglichen mechanischen Hilfsmittels oder Apparates zunichte machen: nämlich dessen Zuverlässigkeit. Vorausgesetzt, alle übrigen Faktoren bleiben konstant, nehmen die Fragilität und die Fehleranfälligkeit unserer Welt um so mehr zu, je komplexer diese tatsächlich wird oder wenigstens erscheint. Infolgedessen muß der Hardwarekonstrukteur spezifische Verfahrensweisen entwickeln, will er die Kontrolle über den Dämon Unordnung nicht verlieren. Ein solches Vorgehen begünstigt die Entstehung einer *Erhaltungsmentalität,* die sich in der Welt der mit der Herstellung und Wartung solcher – zur Erzeugung »immaterieller« Güter geeigneten – Apparate befaßten Techniker breitmacht.

Die Erzeuger dieser neuen immateriellen Kultur haben ihre Anstrengungen bislang fast unablässig auf die Reproduktion dessen gerichtet, was in ihren Augen früher praktisch undenkbar gewesen ist – nämlich die Übertragung von Klängen und Sprache über beliebige Entfernungen und die Speicherung von Informationen in Datenbanken. Dieser Zustand, der vor hundert Jahren noch als das »Wunder der Kommunikation« gefeiert wurde, ist heutzutage alltäglich geworden. Aus der Perspektive der Gesellschaft betrachtet, haben die Erfinder und Konstrukteure die sich unentwegt gegen die komplizierte Struktur von elektrischen

Kreisläufen und Transistoren auflehnende Natur bezwungen. Sie haben gelernt, einem höchst unstetigen Wunder ein relativ hohes Maß an Verläßlichkeit abzugewinnen und die zahlreichen und höchst verschiedenartigen Ursachen der Unordnung mit Hilfe von Deduktionen und quantitativen Überlegungen zu meistern. Die digitale Compact-Disc oder der numerische Verstärker sind dafür zwei bemerkenswerte Beispiele. *Die immaterielle Zivilisation muß verläßlich sein,* andernfalls wäre sie ohne gesellschaftliche Bedeutung und würde heute kaum ein Thema sein.

Aber das vom industriellen Komplex erreichte Minimum an Verläßlichkeit flößt gegenwärtig dem einzelnen noch nicht genügend Vertrauen ein, um ihn zur Teilnahme an einer immateriellen Kultur zu inspirieren. Noch zögern die Menschen, sich vorbehaltlos auf Telerepräsentationen zu verlassen, sehen sie sich doch einer Ansammlung heterogener Apparate und Systeme gegenüber, die von verschiedenen Herstellern stammen, nach dem Zufallsprinzip zusammengestellt sind und hinsichtlich ihrer Kompatibilität Anlaß zu Zweifeln geben. Die Situation des einzelnen unterscheidet sich diesbezüglich allerdings erheblich von den Ansprüchen der Gesellschaft insgesamt, und folglich wird die Bedeutung des Begriffs »Verläßlichkeit« immer enger, je nachdem auf welche menschlichen oder materiellen Gegebenheiten das Wort angewendet wird. In einer Kultur zu leben und sie zu erfahren, heißt, mit zahllosen disparaten Formen dieser Kultur in Interaktion zu treten und sich schier unzähligen Möglichkeiten erfolgreichen – und erfolglosen – Handelns gegenüberzusehen. Deshalb sind die Forderungen, die der einzelne an die Gesellschaft richtet, wichtiger als die von dieser gegenüber dem einzelnen erhobenen Ansprüche, und genau das ist unsere heutige Situation.

Nun ist es exakt die Aufgabe des Designers, durch Meisterung jener Faktoren, die besagter Verläßlichkeit entgegenwirken, diese zu gewährleisten. Das Design einer immateriellen Kultur ist daher in hohem Maße auf die *universelle Verläßlichkeit* jener materiellen Systeme angewiesen, die eine solche immaterielle Kultur erst ermöglichen.

Design als Anfertigung eines Modells oder immaterielles Design

Ein zweiter Aspekt der Beziehung zwischen Design und immaterieller Kultur ist die Frage, inwieweit in einer computerisierten Welt die Verfahrensweise des Designers Einfluß ausübt auf seine *Aufgabenstellung*. Wir sind bisher von der Annahme ausgegangen, daß der Designer als Umwelt-Gestalter sowohl für jedes von ihm entwickelte System die Verantwortung trägt als auch für dessen Integration in die Lebensweise der individuellen Menschen. Jedes dieser Systeme verlangt eine materiale Aufgabenerfüllung des Designers, eine Arbeitsweise, die der Automatisierung bis heute nicht so ohne weiteres zugänglich war. All dies ist jedoch einem rasanten Wandel unterworfen, weil die Heraufkunft der Computer-Verarbeitung und der computergestützten Produktion die *phänomenale Seite des Design-Prozesses* Tuchny, Larroche) modifiziert.

Die Frage, ob Design eine künstlerische oder wissenschaftliche Tätigkeit sei, erübrigt sich. Die Etymologie des Wortes »Technologie« oder *techne* (Kunst) ist in diesem Zusammenhang Antwort genug. Hinsichtlich der Tätigkeit selbst ist auch die Etymologie des Wortes »Ingenieur« (der mit *Ingenium* = Erfindungskraft ausgestattete Mensch) aufschlußreich. Der Designer nimmt Einfluß auf die Umwelt der anderen. Bis heute fließen in der beruflichen Aktivität des Designers das Konzeptionelle und das Konkrete in eins. In seiner Werkstatt hat er Modelle erdacht und hergestellt, die zwecks Massenproduktion kopiert werden. Nun stellt sich allerdings die Frage, wie sich das Berufsbild infolge der unaufhaltsamen Entwicklung einer immateriellen Kultur – sei es zum Guten oder zum Schlechten – verändert hat. Die Tätigkeit des Designers selbst ist in einem Wandlungsprozeß begriffen, weil er zunehmend mit einem immateriellen Instrumentarium arbeitet und seine Produkte für Menschen entwickelt, die ebenfalls in einer immateriellen Kultur leben. Es mag noch eine Weile dauern, bevor dem Designer für seine Arbeit holographische Modelle zur Verfügung stehen, aber seine konkrete Tätigkeit wird schon heute ganz maßgeblich durch immaterielle Techniken bestimmt oder durch die Verwendung artifizieller Repräsentationen, das heißt von Bildern und Diagrammen, die ihm von bilderzeugenden Maschinen zur Verfügung gestellt werden.

Aber dieser Trend zum Immaterialismus betrifft nicht nur die alltägliche Arbeit in der Werkstatt, sondern auch die konzeptionelle Auseinandersetzung mit einem konkreten Modell, einen Vorgang also, der ehedem durch die beständige Interaktion von Konzeption und Konstruktion gekennzeichnet war. Das dialektische Spiel zwischen dem Abstrakten (der Idee, der geistigen Vision) und dem Konkreten (dem Kampf mit dem Material und mit unzulänglichen Werkzeugen und technischen Vorrichtungen) weicht allmählich einer Arbeitsweise, die von der Entwicklung eines Produktes bis zu dessen Herstellung vollständig vom Computer beherrscht wird. Die Tätigkeit des Designers wird somit durch drei Faktoren bestimmt: (a) den Auftrag, (b) die Regeln eines exploratorischen Programms, das (c) innerhalb eines durch bestimmte Parameter definierten Freiraumes zur Geltung kommt – etwa durch ergonomische Gesichtspunkte oder Kreativität. In dieser Situation ist der – als Urheber der Arbeit betrachtete – Designer mit einer ganzen Anzahl mehr oder weniger sachdienlicher Varianten konfrontiert, über die er sich ein kritisches Urteil bilden muß, das seinerseits durch funktionale Optimierungsprinzipien mitbestimmt wird. Der Designer spielt in unserer heutigen Gesellschaft, in der sich die Macht mehr und mehr verflüchtigt, eine immer wichtigere Rolle. Er muß sich daher mit der neuen fundamentalen Idee »Grundform plus Varianten« auseinandersetzen, will er nach Maßgabe bestimmter Parameter mit den häufig monotonen Varianten möglicher Formen zu einem Ergebnis kommen. Dieses Vorgehen haben wir als »variationelle Kreativität« charakterisiert.

Die Zeiten, da Modelle von Hand geschaffen wurden, sind vorüber; heutzutage haben wir es mit Modellen zu tun, die aus einer Grundform und einem Feld von Varianten bestehen und ihrerseits auf einem bereits existierenden – traditionellen oder zeitgenössischen – Objekt basieren. Und so wird von diesem etablierten Modell eine ganze Serie neuer Modelle abgeleitet, um die Bedürfnisse des unersättlichen Verbrauchermarktes beständig zu befriedigen. Dabei gelangen die höchstentwickelten und abstraktesten kreativen Techniken zum Einsatz – mit dem Ziel, sie unter Anwendung kreativer Methoden in Gestalt neuer Programme zu formalisieren (Alexander).

Nicht allein der Designer, sondern gleichermaßen der Hersteller von Formen und Modellen steht vor dieser Situation, allerdings ist seine Perspektive eine andere. Der Hersteller sieht sich gleichsam einer lediglich im Modus der Immaterialität existierenden Kreation gegenüber, der die Definition des Möglichkeitsfeldes und dessen methodischer Erforschung eingeschrieben sind und die folglich vorläufige Urteilskriterien bereitstellt. Diese Kriterien werden dann herangezogen, um wiederum ein weiteres Möglichkeitsfeld zu erzeugen. Aus diesem Grunde sind Zeichentische, Modellier- und Schreinerwerkzeuge aus dem Arbeitsraum des Designers verschwunden. Ihre Stelle haben graphik- und bilderzeugende Maschinen eingenommen, so daß die materiellen Objekte selbst als Produkte dieser Bilder oder als Resultate akustischer oder visueller Simulation oder – aus einer entsprechenden Distanz betrachtet – wie bloße Produkte des Vorstellungsvermögens wirken und eher *plausibel* als *wirklich* erscheinen.

Zwischen 1850 und 1950 war der industrielle Prozeß primär durch ein ganzes System gezeichneter Pläne und Diagramme charakterisiert, die für die Materialisierung von Ideen von grundlegender Bedeutung waren und eine weite Verbreitung von Design-Patenten zur Folge hatten. De Forge hat diesen Vorgang in einem bemerkenswerten Buch als »Welt der Zeichnungen« oder der technischen Diagramme charakterisiert, die in den Werkstätten des 19. Jahrhunderts die Regel waren.

Der Grad an Komplexität und Präzision, den das Zeichnen in den vergangenen Jahrzehnten erreicht hat, hat zunächst zum Zeichentisch und dann zur Computergraphik geführt. Nun jedoch verschwinden der Zeichner und der Modellist allmählich aus der graphischen Werkstatt. Sie werden durch den Computer ersetzt, der auf Verlangen jede Ansicht, jedes Profil und jede Schnittstelle jedes beliebigen Teiles der fraglichen Fabrik oder Maschine sichtbar machen kann, genausogut aber auch einen Gesamtanblick zu erzeugen vermag. Überdies ist die implizite und mehr intuitiv empfundene Beziehung des Teiles zum Ganzen oder etwa einer bestimmten Maschine zur gesamten Fabrik im Verschwinden begriffen. Wo es um die Gestaltung komplexer Systeme geht, erübrigt sich inzwischen bereits häufig das Globaldesign, wird es nebensächlich und sogar überflüssig, weil sich das Gesamtsystem ohnehin im Prozeß seiner Konstruktion beständig verändert. Bestimmte Teile werden durch andere ersetzt, und im Vorgang der Konstruktion werden weitere Modifikationen vorgenommen, ja sogar in der Gebrauchsphase des Produktes; und das ist möglich, weil die Bedingungen, die für die Integration kleinerer Teile in das Ganze gelten, vom Computer automatisch in Rechnung gestellt werden. Kurz – das Maßstabsmodell verliert zunehmend an Bedeutung; es dient dem Konstrukteur lediglich als Orientierungshilfe und zeigt ihm die grobe Richtung an. Es ist nichts weiter als eine augenfällige Illustration des betreffenden Konzepts, und was das Entscheidende ist, man braucht es nicht mehr. Man könnte vielleicht sagen, daß weder der Designer noch der Ingenieur noch der Architekt das System in allen Einzelheiten genau kennt, obwohl er den Computer ganz einfach über eine beliebige Einzelheit befragen könnte, die für die Funktion des jeweils konstruierten Objektes relevant ist. So gelangen wir im Gefolge jener, die komplexe Systeme Fragment für Fragment erzeugen, zu einer Art konzeptueller Immaterialität dieser Systeme.

Der Designer im Zentrum der Kombination ästhetischer Effekte

An diesem Punkt scheint es nun sinnvoll, die zwischen dem Design und einer durch und durch artifiziellen Wirklichkeit bestehende Beziehung näher zu betrachten, das heißt, das Möglichkeitsfeld systematisch zu erforschen und zu einer neuen sensorischen Kombination zu gelangen, die aus einer »neuen Kunst« hervorgehen wird, die ihrerseits durch die von ihr manipulierten sensorischen Parameter und das von ihr in Vorschlag gebrachte neue ästhetische Arrangement definiert ist. Sofern die Kunst (in den Augen derer, die von der Idee des Zufalls unberührt sind oder sie sogar rundweg ablehnen) in absehbarer Zukunft eine programmierte Sensualisierung unserer Umwelt bleiben wird, wird sich der Designer als Umwelt-Gestalter unversehens mit dem Vermögen ausgestattet sehen, auf das neue Medium der Kunst Einfluß auszuüben und die Position eines Neo-Künstlers einzunehmen. Oder sollten wir den Designer lieber als Meta-Künstler charakterisieren, als potentiellen Produzenten neuer »Kunst«? So gesehen werden unsere Nah-Sinne, die durch unmittelbare Kontakte aktiviert werden (Berührung, Geruch, Temperatur-, Schwingungs- und Gleichgewichtsempfindungen), auch weiterhin ein relativ unerforschtes Gebiet menschlicher Sinnlichkeit bleiben. Wir verfügen nicht über die Mittel, gewisse Prozesse in der Wirklichkeit objektiv zu bewerten, die man vielleicht als *Transduktion* (also als Übertragung von Botschaften von einem Medium in ein anderes) bezeichnen könnte oder als *Interfacing* (wobei beispielweise ein Illusionssystem erzeugt wird, auf das sich Telebilder projizieren lassen, ein Bildschirm, ein taktiler Sensor, ein Klangteppich, eine simulierte Landschaft oder ein virtueller Akteur). Die gigantische technologische Struktur, die von der postindustriellen Gesellschaft bereitgestellt wird, scheint diese Lücke sehr rasch ausfüllen zu müssen. Dabei wird dem Design die Funktion zufallen, dieses neue Feld »programmierter Sensualisierungen« zu erforschen (die man früher als »Kunstwerke« bezeichnet hat und künftig als »Szenen einer ästhetischen Aktion« charakterisieren könnte). Aber was würde geschehen, wenn man beispielsweise einen elektronischen Taktil-Detektor mit einem Minitel- oder einem Compuservesystem kombiniert? Würde – rein philosophisch gesprochen – das Ergebnis ein Nebenprodukt der immateriellen Kultur sein oder vielleicht ein neues Ereignis in der Sphäre ästhetischer Wertsetzung?

Die Bedeutung von Design im Zeitalter der anbrechenden Immaterialität

Da die Produkte einer immateriellen Zivilisation notwendig mit der mechanischen Infrastruktur verbunden sind, von der sie hervorgebracht und stabilisiert werden und von der sie abhängig sind, wird eine solche Zivilisation auf einem mächtigen materiellen Fundament ruhen. In einer unlängst erschienenen Darstellung ist fälschlich von einer Form binomischer Objekt-Bilder die Rede statt von einer »immateriellen Welt«. Diese Interpretation entspringt wiederum der Ansicht, der Mensch stehe einer künstlichen Welt gegenüber, einer Welt, die von ihm erschaffen worden ist und die ausschließliche Basis seiner Reaktionen darstellt. Impliziert diese Einstellung möglicherweise die Gefahr eines technologischen Narzißmus, wenn man nämlich die Natur als völlig unzugänglich betrachtet oder auf den Status von beschränkt zugänglichen Parks reduziert?

So entspricht jeder Symphonie ihre Compact-Disc, jeder Audio-Erfahrung ein Lautsprecher, jedem visuellen Bild seine Kamera und Video-Disc. Jedes äußerlich in Erscheinung tretende

Bild bedarf somit einer mechanischen Unterstützung, und falls die Immaterialität dieser Bilder und Symbole die Beziehung zwischen Mensch und Objekt in einem neuen Licht erscheinen läßt, wird die Beziehung des einzelnen zu der materiellen Basis in den Vordergrund rücken, durch welche die neue Kultur der Immaterialität gekennzeichnet ist.

Das wirkliche Problem stellt jedoch das Verhältnis des Menschen zu jenem neuen materiellen Fundament dar, das ihm schlicht als ein Bestandteil seines Umwelt-Dekors erscheinen wird, das er folglich aus seinem eigenen Bewußtsein ausblendet und zugunsten jenes (selbst in geringem Maße materiellen) immateriellen Imago vollständig vergißt, von dem er sich leiten läßt und dessen *immanente Plausibilität* wichtiger ist als sein *Wahrheitsgehalt*.

Aber da das gleiche Individuum durch Bildschirm und Terminals pausenlos an jene materielle Basis erinnert wird, lautet die Frage: Unter welchen Verläßlichkeitsbedingungen kann man die materielle Basis tatsächlich vergessen und durch jene zweifelhaften, verschwommenen, allgemeinen Bilder ersetzen, die dann für die nachfolgende Bewußtseinstätigkeit als Bezugspunkte gelten könnten?

Diese materiellen Hilfsmittel drängen sich dem Bewußtsein nur wegen ihrer Unvollkommenheit auf – wegen der Notwendigkeit, den Computer beispielsweise an das Stromnetz anzuschließen und ihn anzustellen, um ihn in Arbeitsbereitschaft zu versetzen. Die Infrastruktur ist durch den Umstand bestimmt, daß bereits ein minimaler Kontakt – ja sogar ein Telekontakt – all das in Bewegung zu setzen vermag, was die fortschrittlichste Technologie dem Computer an Möglichkeiten mitgegeben hat. Die materiellen Hilfsmittel bringen sich uns durch unsere Abhängigkeit von ihnen immer wieder in Erinnerung, insbesondere durch solche Defekte wie Schmutzflecken auf schlecht gereinigten Vinyl-Discs oder durch Störfaktoren wie das Hochhaus, das den Radioempfang beeinträchtigt, oder die Stimmen fremder Menschen, deren Gewirr uns beim Telefonieren irritiert.

Als Individuum könnte ich die ganze Hardware auf der Stelle vergessen, sofern sie nur zur Vollkommenheit ausgereift wäre, was allerdings in der Praxis kaum je der Fall ist. Das Streben nach jener Vollkommenheit und Verläßlichkeit zeichnet diejenigen ganz wesentlich aus, die für die Entwicklung der Bild-, Simulations- und Kommunikationsmaschinen verantwortlich sind. Der hohe Qualitätsstandard, ohne den eine postindustrielle Gesellschaft nicht existieren könnte, wird stets aufs neue auf die Probe gestellt, genau wie der flüchtige »vollkommene Augenblick«, der meine Beziehung zur Welt kennzeichnet.

Die Rolle des Designers besteht deswegen nicht so sehr in der Erzeugung »neuer« Objekte, die als strukturelle Hilfsmittel einer immateriellen Kultur dienen könnten, sondern in der Forderung nach einer absolut stabilen Umwelt. Bevor er etwas Neues einführt, muß der Designer den Status quo schützen, wodurch es den Individuen erst möglich wird, spontan und mit geringem Aufwand an der verführerischen Immaterialität der heutigen Welt zu partizipieren.

Aus dem Englischen von Christian Quatmann

Henri Pierre Jeudy
Die Transparenz des Objekts

Wird die Vorherrschaft des Objekts von der Souveränität des Bildes bedroht? Werden die künftigen Museen zu Räumen, die von Wandgestellen, Bildschirmen, Tastaturen, einer ganzen Reihe von Objekten eingenommen werden, die das Bild ausstrahlen? Der Zerfall einer »Substanz« des Objekts war bereits von den Semiologen angekündigt worden, die das ganze Universum der Objekte als Zeichensystem behandelten. Läßt sich ein Objekt noch durch seine Funktion, seine Form oder seinen Marktwert bestimmen? Seine Wahrnehmung und seine Verwendung hängen auch von symbolischen Instanzen ab, die ihm den Sinn seines Ortes in Raum und Zeit zuweisen. Die unterschiedlichen Aspekte seiner Stellung im Alltagsleben treten in der Pluralität der gesellschaftlichen Auffassungsweisen des Universums der Objekte zutage. Selbst wenn die Epoche der »Konsumgesellschaft« vorüber zu sein scheint, setzen die Objekte doch weiterhin eine ganze Dynamik affektiver Projektionen und gesellschaftlicher Vorstellungen in Gang.

Das Ideal des »vollkommenen« Objekts, das in manchen Konzeptionen des Design seinen Ausdruck gefunden hat, beherrscht zwangsläufig auch das Verhältnis zwischen Herstellung und Konsum der Objekte, als ob es je möglich gewesen wäre, ein Objekt anzufertigen, dessen Verhältnis zwischen Form, Funktion und Kosten optimal ist. Ganz in der Tradition des Bauhauses verstand sich das Design als Interaktion zwischen der Ästhetik, dem Gesellschaftlichen und dem Ökonomischen. Ein solches Ideal indes konnte nur scheitern, denn es implizierte den Designer selbst als Stifter von Modellen des sozialen Lebens. Wenn die »neuen« technologischen Objekte Bestandteile der Umwelt sind, ist man zu der Feststellung genötigt, daß ihre Funktion der Ausstrahlung von Bildern wesentlicher bleibt als ihre Gestaltung. Die Zirkulation des Bildes macht den Träger vergessen, selbst wenn die »Domotik« Rauminnenausstattungen entwirft, in denen die Bildschirme sich an andere Objekte an- oder sich zu ganzen Monitorwänden zusammenfügen.

Die Beziehung zwischen dem Objekt und dem Bild bleibt innerhalb der Grenzen zwischen der Aufrechterhaltung einer symbolischen Ordnung einerseits und der Entwicklung einer Kommunikationsordnung, die allmählich auf jede symbolische Form verzichtet. Einerseits vermehren sich in den Museen die Orte für die Ausstellung der Objekte und überhöhen so die symbolische Macht des Objekts über die Zeit hinweg. Andererseits bewirken das Anlegen von Daten, die Verteilung der Information und die Kommunikationsnetze eine relative Auflösung des Objektes und seiner Materialität. Doch diese beiden »Sphären« entfalten sich wie in einem Spiegelspiel gleichzeitig. Die Bewunderung des Objekts als »königlich« ist eine Art Wahrung des Sinns der Geschichte und der Ordnung des Symbolischen, da das Objekt die jeder Kultur eigenen transzendentalen Bedeutungen repräsentieren soll. Die virenhafte Zirkulation der Bilder bewirkt den Schauder eines Verlustes symbolischer Referenzen und ein endloses Spiel mit den Alternativen der Information (die oftmals keine mehr ist).

Diese beiden »Sphären« werden künftig in hyper-modernen Museen wieder zusammengefügt, die die Objekte ausstellen und sich Datenbanken zuzulegen beginnen. Wenn man ein Kunstwerk »analysieren« will, kann man es ausgestellt (an einer Wand aufgehängt) betrachten; man kann es jedoch auch dank des Dokumentarbildnerischen auf Schirmen erscheinen lassen, die für mosaikartige Bilder ausgelegt sind. Die Darstellung von 16 oder 32 Bildern des Gemäldes erlaubt unmittelbare Vergleiche, Assoziationsspiele, die der Erkenntnis förderlich sein dürften. Zudem wird das gleiche Gemälde in den Laboren einer wirklichen Radiographie unterzogen, mittels derer die Fingerabdrücke, die charakteristischen physiko-chemischen Konturen jedes Werks untersucht werden. Das Kunstobjekt wird ent-substantialisiert, um Forschungsgegenstand zu werden. Das ist offensichtlich derzeit die Art und Weise, seine verborgenen Strukturen offenzulegen.[1] Eine solche Ikonometrie – wie es ja auch bereits eine Archäometrie gibt – ermöglicht die Vorstellung, daß kein technisches Geheimnis eines Objekts aus dem Gebiet der Malerei unerkannt bleiben wird. Zugleich verläßt das Kunstwerk ein solches radiographisches Unternehmen keineswegs als zerstörtes, da ja die Kunst, wie man sagt, sich immer außerhalb jenes Ortes befindet, an dem sie gesucht wird.

Haben diese Immaterialisierung der Objekte und diese Verwandlung des Objekts in zahlreiche Informationen nicht Nebenwirkungen auf die Wahrnehmung des Objekts? Die von den Dokumentarbildnern ermöglichten mentalen Akte der Entfaltung, Löschung, Hervorhebung, Verdoppelung entsprechen kaum der phänomenologischen Art und Weise der Bilderassoziation. So ließe sich etwa die Wirksamkeit der Verdichtung der Bilder im Traum überhaupt nicht auf eine schlichte Kombination der Bilder reduzieren. Die Bewegung der Enthüllung oder des Schaffens ist mit dieser Verdichtungserscheinung, mit diesem Spiel der inkongruenten Begegnung der Bilder verwandt. Die Entsubstantialisierung des Objekts geht mit einer seltsam verständigen Wahrnehmung einher, die das Ansammeln und die Erstellung von Informationen über das Objekt rechtfertigt. Das »authentische«, »einzigartige« Objekt übernimmt also eine Beweisfunktion. Jede Erkenntnis des Objekts stellt sich im Übergang zu seiner Immaterialität, in seiner Umwandlung in Informationskonstellationen ein, und das Objekt bleibt außerhalb dieser szientistischen Forschung jener konkrete Referent, den man sehen, berühren, fühlen kann. Es existiert also als unumstößlicher Beweis, zu dem seine Materialität es macht.

Das Problem der Sinneswahrnehmung, der ästhetischen Wahrnehmung dürfte also ein archäo-nostalgisches werden. Der auf das »wahrhafte« Objekt geworfene Blick reicht, sich des absoluten Ursprungs der Emotion zu erinnern. Die symbolische Ordnung der Objekte fordert noch zu einer bestimmten Form der Repräsentation heraus, zu einem Distanzspiel zwischen dem Subjekt und dem Objekt, zu einem Spiel mit den Wirkungen beunruhigender Befremdlichkeit. Das immaterialisierte Objekt aber – Konglomerat aus Informationen – verzichtet auf die Repräsentation und wird in vervielfachten Bildern wahrgenommen, die die süße Illusion seiner tiefgründigen Erkenntnis bieten. Die Bilder der Objekte ersetzen mit ihren Beschreibungen die Objekte selbst und bilden so neue, als Datenbanken angelegte Bestände. Die herkömmliche Praxis des Einordnens kann sich also dank der zusehends verfeinerten Klassifizierungen in eine wahrhaft taxonomische Besessenheit wandeln, die durch die technologischen Lagerungsmittel befriedigt wird. Was wird aus dem imaginären Inventar mit seinem absonderlichen Repertoire und seinen inkongruenten Assoziationen werden?

Die Welt der Archive wird von den Mnemopolen, den großen Städten des Gedächtnisses, veranschaulicht. Diese Sammlungsorte vervollkommnen sich mit den Informationstechnologien, und das Archiv seinerseits erscheint nicht mehr notwendig als ein Objekt. Diese Maschine des Widerstands gegen die Zerstörung und gegen das Vergessen macht, da ja ein Objekt Zeuge einer Kultur sein kann, aus dem Archiv einen virtuell konservierten Beweis. Die Lagerung ist grenzenlos, sie setzt eine ständige Antizipationsarbeit voraus. Die Schwierigkeit, die Objekte, Gelände, die Denkmale in einem Prozeß kosmischer Museographie zu erhalten, verstärkt die Macht zur Umbildung aller Spuren in Informationen. Das Archiv seinerseits wird zur »immateriellen« Information. Diese Komplexität der Materialität und der Immaterialität der Spur bildet das Kernstück des Funktionierens einer »vernetzten« Kultur. Lager und Ströme gehen Verbindungen ein, um das ideale Bild des kulturellen Austausches, von Übermittlungsphänomenen zu zeichnen. Die Konservierungslogiken zielen auf eine absolute Ewigkeit, die sich in einer »Perversion der Zeit« (M. de Certeau) offenbart, da die Zerstörung als Rhythmus aufgehoben ist, da das Vergessen seinerseits unmöglich scheint. Die Spuren häufen sich, verschwinden nicht, und diese Vorstellung des dauernden Fortbestandes der immateriellen und auf virtuelle Weise stets gegenwärtigen Spur ist beängstigend, weil sie die Tatsache eines lückenlosen Gedächtnisses impliziert, dessen einziges Unfallrisiko aus technischem Versagen oder aus Sabotageakten an den Beständen herrühren kann. Die Konservierung der Archive, etwa die der Objekte als Bilder oder der Objekte, die Informationen geworden sind, erfolgt unzeitlich, selbst wenn die Geschichte stets aufs Neue zu machen ist, da die »übrigbleibenden« Objekte ihr Geheimnis bewahren. Die Lagerung verfügt also über ihre durch die Informationstechnologien eingeführte Autofinalität. Dem Druck seiner Banalisierung widersteht das Objekt, indem es sich als die notwendige Gedächtnislücke aller auf Informationen beruhenden Kulturen herausstellt. Nachdem es der in der kulturellen Übermittlung maßgeblichste symbolische Träger gewesen ist, nimmt es nun vielleicht dank des Archaismus seiner Materialität den Platz des Unfalls des Gedächtnisses ein. Das wäre die Wiederkehr seines Geheimnisses.

Das Anlegen von Datenbanken in einem Museum fördert die Harmonie zwischen dem Fluß und den Beständen. Die angesammelten Objekte sind derart zahlreich, daß ihre Ausstellung problematisch wird. Und die äußerste Logik der Konservierung unterstellt, daß das in Information verwandelte Objekt dank der elektronischen Aufzeichnung eingelagert werden kann. Wie bereits der Gebrauch von Videodisketten bestätigt, wird künftig bei immer geringerem Raumbestand die Informationsmenge unaufhörlich wachsen. Können aber die Datenbanken imaginäre sein? Die Klassifikationsregeln zwingen zu Lagerungsmodellen, denen zufolge das Spiel mit dem Bild oder mit der Information ausgeschlossen bleibt. Die Datenbank wird in eher systematischer Weise angelegt und verstellt daher jeden Zugang, der der Einbildungskraft freien Lauf läßt. Das Anlegen von Informationen über die Objekte (und die Kunstwerke) macht glauben, daß alle Daten virtuell erfaßbar sind, daß nichts vergessen wurde und daß ein Anschluß an die Netze völlig ausreicht, um jedes Verlangen nach Erkenntnis zu befriedigen. Die Enthüllung des Objekts verläuft nicht mehr über sein Mysterium, über sein Geheimnis, über das es durch die Zeit hindurch verfügt; sie hängt vielmehr ab von der Handhabung der Informationskreisläufe, der Datenbanken; sie erfolgt innerhalb der technologischen Ordnung der Kommunikation.

Die Untersuchung eines Objekts kann jedoch nicht von seiner phänomenologischen Wahrnehmung getrennt werden. Um technische Auskünfte über die Architektonik eines Gemäldes einzuholen, ist es erforderlich, auf das Gemälde selbst zurückzukommen, auf seine wirkliche Textur. Die stellvertretenden Bilder bieten nur Mittel zur Gewinnung eines intuitiven Wissens, von Vorgefühlen, die sich bereits in der ästhetischen Wahrnehmung des Gemäldes äußerten. Wie könnte ein Personalcomputer mit Datenbanken über Kunstwerke diese Wahrnehmungsweise integrieren? Wenn der Personalcomputer rein taxonomisch arbeitet, berechtigt er nur zur Vervielfachung der Informationen, so daß man dieser Funktionweise der Datenbanken eine persönliche Zugangsweise unterordnen muß. In diesem Sinn ist das Geheimnis des Objekts zu seinem wirklichen Verfall verurteilt. Man macht sich so weiterhin Illusionen über die von einer Datenbank dank der Mythen der Interaktivität, des Interface oder der Verbindungsmöglichkeit zwischen Netzen gebotene außergewöhnliche Vergleichsmöglichkeit; doch diese szientistische Erkenntnis bleibt auf die Anhäufung von Informationen beschränkt. Sie vervollständigt die Konservierungslogiken mit ihrem Ziel der unbegrenzten Steigerung des Behaltens und der Wahrung der Spuren. Das Mysterium des Objekts besteht so auch im Risiko seiner Vernichtung, der Form seiner möglichen Degradation.

Die Archive werden nicht mehr von Mäusen bedroht. Die Objekte und Gemälde werden dank der Konservierungstechnologien vor dem Unheil bewahrt: das Labor des Louvre (AGLAE) beispielsweise entwickelt neue Schutzmethoden. Nur die Videodisks können durch das »AIDS der Diskette« zerstört werden. Die Spuren des Objektzerfalls bleiben Teil der symbolischen Wirksamkeit des Objekts und verleihen ihm die Pracht seiner Verbindungen mit der Zeit und mit dem Raum. Auf den Geländen der ersten industriellen Revolution bieten die baufälligen Gebäude, die von Brennesseln und Sträuchern überwucherten Fabriken das Schauspiel des Rhythmus der Zersetzung des Objekts und des Denkmals. Verrostetes Objekt, zerbrochenes Objekt, Objekt, das trotz allem seinem Verschwinden widersteht und eine Ästhetik des Verfalls fordert. Die Geschwindigkeit in der Herstellung der Kommunikationsobjekte fördert diesen Verödungseffekt, der das Objekt außerhalb des Verkehrs plaziert und ihm sein Mysterium zurückerstattet.

Ähnlich verhält es sich mit den ersten Fernsehern, den ersten Computern. Dieser ganze Haufen schon alter »neuer« Objekte, deren Funktion in der Ersetzung des Objekts durch das Bild bestand, findet seinen Objektstatus dank des Verlusts ihrer Verwendungsmöglichkeit wieder.

Auf individueller Ebene kann das Sammeln von Objekten sich nur steigern, da es zumeist eine Antwort auf die Leidenschaft an der Genealogie und am Sammeln darstellt. Der Mikrocomputer ist dann das Instrument, das methodische Inventare einzurichten erlaubt. In der Gegend von Genf hat ein Museum ein Vernetzungssystem zwischen verschiedenen Privatsammlern organisiert, so daß die Museumsbesucher den Wunsch äußern können, sich mit einem bestimmten in Verbindung zu setzen, um dieses oder jenes Objekt zu sehen. Die Verwaltung der Ströme und der Bestände kommt in idealer Weise zustande: das Museum, das nicht über hinreichend Ausstellungsfläche für seine Objekte verfügt, richtet eine wirkliche Satellitenkonstellation ein und macht die Häuser der Privatsammler zu Ausstellungsorten. Die Verbindung zwischen dem System gesammelter Objekte und dem Informationssystem führt zu keinem Widerspruch, weil das Objekt seinen Platz nicht verläßt und die Information zirkuliert. Man könnte sich ein weites Gebiet vorstellen, auf dem die Konservierung der Objekte sich um eine soziokulturelle Organisation in Minidateien verdoppeln würde. Widerspruchslos überkreuzen sich im stillen Universum eines gepflegten Vergangenheitskults die symbolische Ordnung und die Kommunikationsordnung.

Dieser netzförmige Zwang – mit dem Mythos vom vernetzten Menschen – geht in dem Glauben an eine monadologische Welt auf, in der die Netzelemente wahlweise oder auch gleichzeitig Informationen, Objekte, Lebewesen sein können. Entscheidend ist allein die Lust an der stets möglichen Zusammensetzbarkeit der Informationen: alles ist erinnerbar, nichts kippt ins Vergessen um und alles kann in jedem Augenblick auf dem Monitor wiederkehren. Die Verwandlung des Objekts in Information oder in ein Bild hindert dieses nicht daran, ein Objekt zu bleiben. Ein solches Ausbleiben von Gewalt zeigt deutlich, daß solche vernetzten Dispositive sich wie ideale Ökosysteme ausbilden. Das Spiel mit den Alternativen ist für die Wahl der genau klassifizierten Informationen endlos; und vor allem erfolgt der Übergang vom Objekt zum Bild, wie die ideale Bewegung zwischen Erkenntnis und Wahrnehmung, völlig bruchlos. In den zahlreicher werdenden Museen hat die didaktische Funktion Vorrang, da sie sich auf dieses Spiel mit den Alternativen, den Umwandlungen gründet, in dem das Objekt sich immer weiter zu enthüllen und im Namen des Wissens seine Rätselhaftigkeit zu verlieren scheint.

Das Ausstellungsobjekt wird schließlich ein wenig lächerlich, sobald es Zeugnis von der Kultur- und Sozialgeschichte ablegen soll. Seine Andersheit wird banalisiert. Das Objekt soll folglich nur die erstarrte Repräsentation der Lebensweisen im Verlauf der Geschichte der Gesellschaften bestätigen; es ist diese versteinerte kulturelle Referenz, durch die die Kultur sich als Produktion rechtfertigt. Wenn man gegenwärtig von einer »Bildschirmkultur« spricht, sollte man nicht das Objekt selbst, diesen statischen Träger der Bildgeschwindigkeit vergessen. Die Konfiguration des Bildschirms und die Architektonik der Bildschirmwände stellen eine wirkliche Umwelt dar, in der das Objekt sich als eine kollektive mentale Form definiert. Dieser Abstand zwischen den Kommunikationsmodalitäten (Informationszirkulation, Geschwindigkeit der Ausstrahlung von Bildern) und den Objekten selbst macht die Erscheinung des Objekts noch rätselhafter. Setzt die von der Informatik erzeugte Uniformatierung der Objekte jede Symbolik außer Kraft?

Die Designer fassen die Objekte auch weiterhin gemäß ihrer Funktion, ihres Gebrauchswerts, ihres Tauschwerts auf. Eine Wandlung der Umgangsweisen mit den Objekten scheint sie wirklich nicht weiter gestört zu haben, denn sie arbeiten auch weiterhin mit den gleichen Vorstellungen und integrieren mühelos die Begriffe des Zeichens, des Trugbildes, der Simulation. Sollte sich die Revolution des Objekts nur innerhalb der Ordnung der Diskurse offenbaren? Das Objekt ist Zeichen/Objekt geworden, dann ein Trugbild, es wurde von seinen Funktionen entbunden, von seiner symbolischen Wirksamkeit entlastet, selbst den ästhetischen Status des Abfalls wie etwa in den sechziger bis siebziger Jahren hat es nicht mehr! Während die Diskurse über den Objektkonsum das Objekt zum Verschwinden zu bringen schienen, hielten die anderen Diskurse über die Herstellung des Objekts an ihren grundlegenden Begriffen fest, die sie aber mit neuen Begriffen verbanden. In jedem Metadiskurs über das Objekt kann sich heute der klassische Funktionalismus mit der Idee des Trugbildes vermischen, und der Gebrauchswert zeigt sich gegenüber allen Zeichensystemen von außerordentlicher Beständigkeit. Diskurse sind wesentlicher als das Objekt geworden, das schließlich unter der Masse von Diskursen verschwindet und nur noch vorhanden ist, um vom Meta-Diskurs zu zeugen, der es als Referenz benutzt. Die Geschichte der Formen und Funktionen ist endlos. Sie fügt sich durch die Errichtung ewiglicher Referenzen; und es sind die gleichen Bedeutungen, die der Konzeption der Industrieobjekte wie auch dem Bildschirmtext oder dem Viseophon zugrundeliegen. Das also ist die von einer großen Zahl von Designern geteilte Überzeugung! In völlig paradoxaler Weise kann das Objekt sehr wohl ein reines Trugbild sein und weiterhin über seinen Gebrauchswert verfügen. So sind die kritischen Diskurse (J. Baudrillard) über die Verwandlungen des Objekts innerhalb von Produktions-, Konsum- und Kommunikationsgesellschaften als lediglich andere Arten des Zugangs integriert worden.

Ohne den Wunsch nach einer anthropomorphen Herangehensweise an die Objekte zu verheimlichen, muß man wohl anerkennen, daß das Objekt auch seiner Immaterialisierung durch die

Diskurse zu widerstehen scheint. Es ist ein so gelehriger Zeuge dessen, was man es sagen oder ausdrücken läßt, daß es schon peinlich wird, vor allem, wenn das Mysterium seiner Form ihm trotz der Gewißheit seiner Funktion einen Schein von Befremdlichkeit verleiht. Gerade die Konservierung von Industrieobjekten führt auf die Spur dieser Ambivalenz, die weder das Bild noch der Diskurs verraten. Obwohl es mit Sinn überbesetzt war, gibt sich das Objekt, selbst wo es im Dienst der Kulturgeschichte ausgestellt wird, als eine reine Erscheinung. Die Hinweisschilder und die Bilder, die es umgeben und die es vor jedem Bedeutungsschwund schützen, erschöpfen nicht mehr seinen schon so abgenutzten Sinn. Das dem Verkehr entzogene Objekt kehrt hingegen als Zivilisationsphantom wieder und in der Geschichte der ganzen Kultur kann es sich weiterhin in Szene setzen; nur über die Anrufung seiner kulturellen Funktionen kann die Kulturgeschichte den Aufstieg dieser reinen Erscheinung des Objekts beschwören. Selbst wenn ehemalige Arbeiter in einem Ökomuseum die »Stechuhr« sehen möchten, die einst das Folterinstrument der »frühen Morgenstunde« war, äußern sie diesen Wunsch nicht im Namen des Wiedererkennens einer Funktion. Das Objekt spricht von sich selbst, doch es übernimmt nicht die bedeutsame Rolle der Übermittlung von Kenntnissen: jede »Stechuhr« verzichtet auf Erklärungen und bezeichnet sich selbst. Noch das am stärksten mit symbolischer Wirksamkeit befrachtete Objekt, noch das für die Angsterinnerungen anschaulichste Objekt kann nur zum Schweigen zurückkehren.

Tinguély hätte »Selbst-Stechuhren« erschaffen können, Stechuhren, die sich unter dem schmunzelnd zustimmenden Blick der »Arbeiter« selbst abstempeln. Seine Maschinen, die ihre eigene Bewegung auch zu steuern scheinen, steigern die Begeisterung an der Nutzlosigkeit der Bedeutung oder der Funktion. Sie aktivieren, reproduzieren, verewigen sich, übermitteln durch ihre symbolische Entlastung. Gegenüber der Kulturgeschichte haben sie nichts zu beweisen, sie werden zu Objekten, die ihr eigenes Universum erfunden haben. Die auf dem Fernsehschirm ablaufenden Bilder scheinen genau diesem unabhängigen Rhythmus der Maschinen Tinguélys zu entsprechen. Diesen kleinen Kasten zur Fernbedienung in der Hand, berühren die Finger leicht die Tasten, und die Bildersequenzen folgen aufeinander, ohne untereinander in einer notwendigen Verbindung zu stehen. Der Fernsehzuschauer wohnt also der unabhängigen Bewegung der Bilder, ihrer identischen Aktivierung bei, da er ihnen nun wirklich keinen Sinn mehr zu verleihen braucht. Ausschlaggebend ist nur das Spiel der Finger als Ausdruck einer Alternative, die einzig auf die Anzahl der Fernsehkanäle beschränkt scheint. Wenn diese Fernsehschaltung aus der Hand gelegt wird, ist sie noch da, ihre Form besteht weiter und das Spiel der Finger setzt sich fort, als ob die Welt in Bildern sich einstellte, sobald nur der geringe Druck ausgelöst wird. Diese neue »Stechuhr«, die nichts mehr gemeinsam hat mit dem einfachen Wechselschalter, läßt an die phantastische Freiheit des Erscheinens der Bilder der Welt glauben. Es ist die Stechuhr der endlosen Störung der Informationen, es ist die Quintessenz des Objekts. Im telematischen Universum sind die Maschinen Tinguélys wie die alte Stechuhr, die unter der Eingangsuhr der Fabriken angebracht war, mit Initiationsritualen verbunden, mit Übergangsriten ins Zeitalter der Automutation. Die Fernbedienung ist so das einzigartige Objekt, das lächerlichste Objekt, das in der Form eines einfachen Kastens das Verschwinden der anderen Objekte zuwegebringt.

Die digitale Stechuhr ist das transzendentale Objekt. Sie kontrolliert die Anwesenheit der Welt in Bildern, sie ist das Kontrollinstrument der Informationszirkulation. Alle anderen Objekte weben weiterhin an der symbolischen Umhüllung der Alltagsräume nach Maßgabe eines Dekors, das durch seine Beständigkeit und durch seinen Archaismus beruhigend wirkt. Das Gehäuse der Fernbedienung verfügt über eine derart einfache Form, daß es fast kein Objekt mehr zu sein scheint. Es enthält jedoch virtuell alle Erscheinungen der Welt. Ebenso hält die »schwarze Box« der Flugzeuge oder der Züge, dieses geheimnisvolle System zur Beweissicherung des Verlaufs einer Katastrophe, den vorausgesetzten Sinn des Unfalls fest. Sie ist das Objekt zur radikalen Verneinung des Zufalls. Ist das die materielle Form der Kommunikationsordnung? Die »Maus« der Mikrocomputer scheint virtuell auch das Spiel der Information, ihrer Kombinationen, ihrer Anordnungen zu bestimmen. Solche Objekte sind bereits Fetische; eines Tages wird eine Ausstellung »schwarzer Boxen« unweigerlich die ganze magische und affige Wirksamkeit der Regulierung der Unfälle und Katastrophen offenbaren! Das Gehäuse ist die letzte symbolische Verbindung zwischen der herkömmlichen Welt der Objekte und den immateriellen Kommunikationsdispositiven.

Sehen wir uns nun eine Mnemothek an. Sie ist ein Ort, an dem die Erinnerungen an Tote zusammengetragen werden, damit die Lebenden sie weiterhin in Bildern betrachten können. Eine Mnemothek setzt sich also aus symbolischen Objekten (Haarlocken, Zähne, Kleidungsstücke, Armbänder) und audiovisuellen Medien zusammen, die es erlauben, auf den Bildschirmen die Körper der Toten erscheinen zu lassen und ihre Stimmen zu vernehmen. Fotoalben, Bücher, Briefe: alle Gedächtnisobjekte sind versammelt, und der Liebende, der seine Geliebte verloren hat, kann trotz der durch den Tod hervorgerufenen Trennung weiterhin mit ihr »leben«. Es ist gleichfalls möglich, daß derselbe Liebende sich dank der Kameraeinstellungen in jenem Augenblick selbst filmen kann, in dem er mit seiner verstorbenen Geliebten »wieder-lebt« und die Bilder der wirklichen Zeit den Archivbildern wiedereinfügt. Mit dem Tod also würde die Zeit nicht zuendegehen... Vergangenheit, Gegenwart, Zukunft verschlingen sich in einer von der Mnemothek ermöglichten zeitlichen Simultaneität. Das Prinzip, sich sehen zu sehen, ist mit den neuen Kommunikationstechnologien verwirklichbar geworden.

Dieser einzigartige Ort des lebendigen Gedächtnisses stiftet eine gelungene Harmonie zwischen der symbolischen Sphäre der Objekte und der Herstellung von Bildern und Tönen. Die konservierten Objekte sind ganz offensichtlich überbesetzt, es sind die Objekte des Toten oder berührbare Beweise der Liebe, die ein sehr strenges symbolisches Ensemble bilden. Die archivierten Bilder, die sich durch den einfachen Druck auf eine Fernbedienung einstellen können, gestalten die Bewegung der Existenz (die Verführungsgesten, die glücklichen Augenblicke, die veränderten Stimmlagen). Diese Bilder sind stets veränderbar, da der Überlebende sie kombinieren, sie verschieben, ihnen »neue« Bilder einfügen kann. Dieser Umgang mit dem Bild – post mortem – läßt an eine wirklich schöpferische Belebung glauben, wie wenn der Überlebende seine Erinnerungen derart grenzenlos behandeln könnte, daß er ihnen immer andere Aspekte verleiht. So scheint die symbolische Ordnung der Objekte sich zu versteinern, während aus den Kommunikationstechnologien ein Imaginäres des Objekts folgt.

In dieser Beziehung zwischen der symbolischen Ordnung der Objekte und der Ordnung der Kommunikation scheint das Objekt die Einbildungskraft nicht mehr zu beflügeln; nun beliefern die Kommunikationsdispositive (Bildschirm, Kamera, Videodiskette) die ganze imaginäre Aktivität und bemächtigen sich der Einbildungskraft, wie wenn das Objekt selbst machtlos geworden wäre. In der Erwartung, sein Geheimnis zu lüften, wird das Objekt wie ein Beweis, wie ein Symbol konserviert, während das plötzliche Erscheinen der Bilder sich zu einer äußerst intensiven imaginären Sphäre entwickelt. Diese Unfähigkeit des Objekts, die Einbildungskraft zu erregen, macht es noch mysteriöser. Das Objekt verliert nicht seine Verführungskraft, doch seine reine Erscheinung wird von der das Objekt ausdrückenden Masse der Bilder und Diskurse umhüllt. Es ist der Verstorbene, der seine Wiederkehr erwartet. Je mehr das Symbolische versteinert ist, desto mehr muß man annehmen, daß sich das durch die neuen Kommunikationstechnologien geschaffene Imaginäre von jeder Referenz auf eine symbolische Ordnung löst. Das Schweigen der angesammelten Objekte eröffnet einen universellen Raum beunruhigender Befremdlichkeit.

Aus dem Französischen von Bernhard Dieckmann

Anmerkung

1 »Auf dem Gebiet, auf dem die Forschung im wesentlichen vergleichende ist und stets mit Bildern beginnt, um schließlich als elektronische Imagerie abzulaufen, kann man nur schwer die Wirksamkeit abschätzen, die ihr durch die Möglichkeit eröffnet wird, sehr schnell unermeßlich lange Serien von Dokumenten miteinander zu vergleichen.« J. Ligot, in: *Traverses* Nr. 32, Archives.

Holger van den Boom

Digitaler Schein – oder: Der Wirklichkeitsverlust ist kein wirklicher Verlust

1. Die Frage nach der Realität

Realitätsverlust ist normalerweise ein individuelles Schicksal. Den Kampf mit der rauhen Wirklichkeit, die Konfrontation mit der Realität muß jeder einzelne so ziemlich allein bestehen. Indessen, gerade hierin wandelt sich unser epochales Bewußtsein gegenwärtig radikal: Wir erleben uns in einer Zeit gemeinsamen, ja allgemeinen Wirklichkeitsverlustes, verursacht durch die gesellschaftlichen Folgen, welche die neuen Technologien zeitigen. Nicht nur der einzelne in der Gesellschaft, die Gesellschaft insgesamt verliert den Boden der Realität unter den Füßen – befürchten wir. Das wahre Sein weicht überall dem (schönen?) *Schein*, es ist ein digitaltechnischer Schein, der uns beunruhigt. Wirklichkeit, erst seit der Aufklärung eine einigermaßen funktionierende gesellschaftliche Berufungsinstanz, droht erneut zu verschwinden; die Simulationen ersetzen die Wirklichkeit, die Mythen leben auf, die Fluchten siegen, new age ist angesagt.

»Realität« war freilich immer nur eine angstvolle Beschwörungsformel. Die alte Ontologie fetischisierte die Realität, indem sie nach dem Sein des Seienden fragte, indem sie Stufen des Seins, Stufen des Realitätsgehaltes unterschied und schließlich ein höchstes Sein erkannte, den Logos, der an Realität nicht mehr zu überbieten war, ens realissimum. Mit der Moderne kam der Umbruch. Descartes fragte noch einmal neu mit leidenschaftlichster Heftigkeit, im Willen, allen *Schein* endgültig zu zerreißen, nach dem, was absolut verläßlich ist. Er fand die res extensa, die altbekannte Realität. Aber er entdeckte auch, was uns buchstäblich näherliegt, die res cogitans, das Subjekt: Ich denke, also bin ich, also bin ich eine denkende Realität. Von da an jedoch, ganz entgegen den Intentionen Descartes', ging es mit der Realität eigentlich immer nur bergab – jedenfalls als gesellschaftlicher Überbau-Kategorie. Zuerst kam der res cogitans die Substantialität abhanden. Kant erklärte, das Subjekt sei nicht res, kein *Ding*, sondern *Vollzug*, eine Tätigkeit, eine Quelle von Handlungen in Theorie und

Praxis. Und die res extensa? Sie ist eine Konstruktion, zeigte Kant; das Objekt ist eine subjektive Konstruktion, zwar nicht Schein, aber doch – nur – Erscheinung. Hegel erkannte im Ding an sich, von dem wir nach Kant nichts wissen können, ein bloßes Gedankending und sprach das seitdem Geltende dann unwiderruflich in der ebenso kurzen wie paradoxen Formel aus: Objektivität ist Subjektivität. Was am Objekt *objektiv* ist, verdankt es dem Subjekt. Objektivität ist nur eine Weise von Subjektivität, nämlich die Art, wie *sich* das Subjekt vom Objekt unterscheidet – man denke sich dieses Unterscheiden als eine kognitive Tätigkeit!

Gewiß, der Idealismus als philosophische Position ist überwunden. Er war die Revolution, die sich nach Marx bloß im Kopf abgespielt hatte. Die von Kant postulierte formale Tätigkeit des Subjekts wollte Marx als sinnlich-gegenständliche Tätigkeit, als *Arbeit* verstanden wissen. Unrecht bekamen nur seine platten Nachbeter, die den Materialismus als altneuen *Objektivismus* predigten, weil sie im schein-baren Material jene Härte, jene realste Substantialität wiederzufinden glaubten, die von den Scholastikern Gott zugeschrieben worden war. Noch einmal kam die Realität als Beschwörungsformel daher.

Der Idealismus wurde schließlich nicht vom Materialismus widerlegt. Der metaphysische Idealismus wurde von der *Technik* widerlegt! Sie führte den endgültigen Niedergang der »Realität« herbei, sie setzte den kantischen Standpunkt in sinnlich-gegenständliche Praxis um, ohne aufgeblähte Begleitideologie. Das alteuropäische *Subjekt der Vorstellung* ist gänzlich verschwunden, an seine Stelle ist das *Projekt der Darstellung* getreten.

Der jetzt und noch immer zwischen Subjekt und Objekt tretende gesellschaftliche *Schein* wird jedenfalls nicht mehr als ideologische Nebelkerze, als Überbau produziert, sondern als technischer Unterbau, als Basis; nicht die Besitzer der Produktionsmittel, die Produktionsmittel selber produzieren ihn. Das ist die neue Lage. Die Furcht vor dem Schein entsteht, indem die Leute sehen, daß sich vor ihren staunenden Augen mehr und mehr Bestandteile der Wirklichkeit in Software auflösen.

2. Das Projekt der Darstellung

Die alte Erkenntnistheorie faßte die Erkenntnis, d. h. die kognitive Welterschließung – das genaue Gegenteil von Wirklichkeitsverlust –, unter dem Paradigma des Sehens, der Intuition, der Schau. Subjekt und Objekt sind danach unvermittelt unmittelbar zueinander, gefährdet nur durch den Schein, der die Erkenntnis vielleicht verstellt. Erkenntnis ist solcherweise Abbildung »hinterrücks«. Die Vorstellung, Resultat des Erkennens, entsteht quasi auf einem Schirm in meinem unhintergehbaren Hinterkopf, sie ist nicht »nach vorn« darstellende, *vor* sich hin stellende Tätigkeit. Vorstellungen, die wir uns *machen,* sind aber »in Wirklichkeit« längst *Darstellungen.*

Daß es in der postindustriellen, softwareorientierten Welterschließung um die Darstellung geht, sagt, daß die Vorstellung und mit ihr verbunden die Evidenz, die Intuition, die Unmittelbarkeit der technischen Gesellschaft nicht mehr genügt. Es genügt nicht mehr der Platonismus der reinen Schau (theoria), benötigt wird die tätige Anschauung. Die Darstellung ist diskursiv. Und sie ist von nun an, im Gegensatz zur analogen Schau, *digital.*

Man kann den logischen Ort der Software, die »Ebene«, auf der die Darstellung in der digitaltechnischen Informationsgesellschaft figuriert, im Anschluß an die Tradition zunächst *tabula rasa* nennen. Wie *die* Lebenswelt, so gibt es letztendlich auch nur *die* Darstellungsebene. Sie braucht in der supermodernen Gestalt der Digitalität keine Brücken, auf ihr kann per se alles zusammentreffen, der Grund dafür ist die sture Einheitlichkeit als Wesen der Information; die Medien, deren Vielfalt man gern rühmt, werden nur noch *scheinbar* gewechselt. Denn das Darstellen der Ordnung der Dinge auf der Darstellungsebene ist eine Tätigkeit, die – siehe Turingmaschine – technisch radikal in diskrete Schritte elementarisiert werden konnte. Das Darstellen geschieht im Prinzip durch einen digitalen Prozessor, der wenige einfache Anweisungen beherrscht. War die Vorstellung theoretische Schau, so ist die Darstellung: technische Praxis einer technischen Gesellschaft.

Der Mensch ist seit Nietzsche erkannt als Entwurf, er entwirft *sich,* nämlich sein Wesen (Sartre). Der Mensch der Gegenwart ist Projekt (V. Flusser), nicht mehr so sehr Subjekt – oder vielmehr: das Subjekt ist Projekt, ganz und gar Entwurf geworden. Entwürfe, so können wir annehmen, werden stets in einem *Studio* hervorgebracht (meinetwegen Ateliers, Werkstätten). Ich möchte daher zunächst mit einer verallgemeinerten Idee des Studios, mit der abstrakten Theorie des Studios als Informationsumgebung *(information environment)* beginnen, um den Standort zu markieren, von dem her Wirklichkeit heute neu befragt werden muß.

Die Welt, phänomenologisch genauer gefaßt der Welthorizont, erscheint uns heute nämlich als die Umwelt eines einzigen großen Studios. Das Studio selbst ist ein soziales System, und zwar ein offenes System, funktional zur Reduktion von Weltkomplexität angelegt (N. Luhmann). Das Studio oder Darstellungssystem, die Darstellungsebene des gesellschaftlichen Weltbildes, ist mithin durchaus auch seinerseits ein Bestandteil der Welt. Der Rand des Darstellungssystems ist eben Welt und Bild zugleich. Die Welt wird erschlossen – komplexitätsreduziert – als technisch dargestellte Welt, zwischen Subjekt und Objekt tritt technisch vermittelt die Darstellung, nicht mehr die Vorstellung (genannt Weltanschauung). Diese Darstellung ist intelligent, d. h., die Darstellungsebene ist eine Informationsumgebung: Der Darstellungsprozeß wird über einen Schreib-Lese-Kopf gesteuert. Die Darstellung, der Entwurf, das Projekt sind Technik, digitale Technik. Und ihr Wesen ist Künstliche Intelligenz, geborgt von der natürlichen. Das menschliche Leben, diese Einsicht verdanken wir Marx, ist nicht bloß Erlebnis, sondern Werk, ein Arbeitsprozeß – und dem subjektiven Erleben oder Erfahren Ausdruck zu verleihen kann nicht schon das Werk sein. Das Werk ist ein Entwurf, es ist Darstellung.

Die Darstellung ist keineswegs »frei«, sie unterliegt der Logik der Darstellung. Die Philosophie strebte seit altersher nach einer Darstellung der Logik oder des Logos, was auf dasselbe hinausläuft. Die Darstellung der Logik muß, das ist knapp gefaßt das Ergebnis von Metamathematik und Wissenschaftstheorie, der Logik der Darstellung genügen. Wir haben es also mit zwei Großthemen zu tun, zwischen denen folgender Zusammenhang besteht: Das Studio ist der Apparat der Weltvermittlung und Welterschließung im Informationszeitalter, gebunden durch die Logik der Darstellung, deren Enthüllung die heute adäquate Thematisierung des Logos bedeutet.

Die Vielfalt der in der modernen Darstellung berührten Themen, Beschäftigungen und Betätigungen ist nur erlaubt (anders als beim klassischen Gelehrten, der sich strikt spezialisieren, auf ein Thema konzentrieren mußte), weil sie gewissermaßen alle miteinander zum Entwurf eines »Gesamtkunstwerks« als universale Gesamtdarstellung gehören. Wichtig ist daher, sie zu protokollieren und zu dokumentieren. Und eben dies beinhaltet das Studio. Im Studio werden ja nicht eigentlich Themen behandelt, sondern das Studio ist die poietische Ausbreitung des Themas! Erschlossene Welt ist das neuzeitliche Thema, aber, wie wir jetzt erkennen, von vornherein *als dargestellte*. Das Studio ist die Lebenswelt in der Form der Weltdarstellung. Das Leben ist flüchtig, an sich spurlos. Es bedarf der Dokumentation (z. B. im Tagebuch). Das Leben ist eben nicht bloß eine Verkettung von Erlebnissen, sondern *Werk:* Mein Werk bin ich. Das ist Arbeit. Und Arbeit bildet (Hegel).

Im – multimedialen – »Gesamtkunstwerk« der Gesamtdarstellung im digitaltechnischen Zeitalter muß und kann alles mit allem dicht verknüpft sein, wie in Leibniz' Vorstellung vom Universum. Alles muß *semiotisch* aufeinander bezogen sein wie die digitalen Transformationen innerhalb des Computers. Eine zentrale Idee ist nunmehr die Logik dieses Zusammenhangs; man könnte sie nennen: die Universalisierung (ad unum vertere: alles wendet sich ins Eine) der Semiose. Die Weltdarstellung darf eben nicht heterogen zerfallen: Wie es *die* Welt ist, die eine, die existiert, muß es auch *die* Darstellung sein. Uomo universale redivivus.

Es gibt seit dem Computer nicht mehr bloß einen Welthorizont, sondern auch einen Darstellungshorizont. Die Darstellung war, wegen der unterschiedlichen Materialität ihrer Speicherung, in sich stückhaft, *vielfältig*, ein Nebeneinander. Das Tableau ist jetzt die *Information*. Dabei gehen gar nicht die erwünschten Vielfalten verloren, sie werden bloß ineinander transformierbar (übersetzbar, abbildbar). Sinngrenzen, gleichsam die Tabus der Speichermedien, werden aufgehoben, ein *Sinnganzes* prinzipiell möglich! Der Sinn wird aus seiner Zerfallenheit erlöst. Die Pluralität der Sinnbezirke, der symbolischen Formen, wird aufgehoben, d. h., auf eine höhere, gemeinsame Ebene gehoben, nicht beseitigt. Wir leben heute ja im Zeitalter schmerzlich erlebter und erlittener Sinnzersplitterung: Wir haben noch nicht begriffen, daß die Uniformität der Information die absolute Basis zur Kommensurabilität von Sinn ist. Daß der genetische Code ein »Text« ist, bleibt nicht bloße Metapher. Alle *Metaphern* werden wahr. Der Computer kann endlich die Sinnabbrüche, die Sinnkonflikte und

Sinngleichgültigkeiten zu bearbeiten helfen. Bisher war das Neue nur als Bruch möglich, als Neuanfang. Innovation wird in Zukunft aus kreativer Verwandlung hervorgehen: eine Alchemie der Darstellung. Der Traum der Alchemie war es, alle *Stoffe* ineinander umzuwandeln; die neue Alchemie des Computers verwandelt alle *Formen* ineinander.

Das »Tableau« in der Ordnung der Dinge hatte bisher zwar vielleicht eine gesellschaftlich-semantische, aber keine *technologische* Realität. Diese repräsentiert nun der Computer. Sinne kommunizieren miteinander, gewinnen Teilhabe am Sinnganzen durch eine neue Form der Methexis. Der Kosmos wird einzig auf der Darstellungsebene *realisiert*.

Es muß *alles* auf die Schreib-/Zeichenfläche, die Darstellungsebene gebracht werden können. Das Tableau ist der Ort, wo sich alles berühren kann (M. Foucault). Das alte Subjekt hingegen ist Ort der gleichgültigen *Menge*, Vielfalt, Heterogenität: Das *reine* Subjekt ist noch nicht ein Tableau, nicht Ort der Darstellung, so das »Ich-denke« Kants; erst das transzendentale, über sich hinausgehende Subjekt ist nach Kant das Subjekt der tätigen Synthese, d. i. der Einheit der Darstellung. Das Zeitalter der Vorstellung wird vom Zeitalter der Darstellung abgelöst: Die Synthese kann nicht im »Ich-denke« stattfinden; sie braucht freilich ein »Material«, doch dieses Material ist digitale Information, nicht das, was man herkömmlicherweise unter Realität verstand.

Im Studio darf zuguterletzt nichts mehr zufällig herumliegen. Denn alles muß in allen Dimensionen *transparent* gehalten werden. Das *information retrieval* ist das entscheidende Problem der Zukunft. Als Hilfskonstruktion vorab zur eigentlich »real« unmöglichen Gesamtordnung und um sich doch nicht gänzlich zu verzetteln, mußte die Wissenschaft das »Projekt« erfinden. Es hat eine eigene Sogkraft. Das Projekt zieht alles Verstreute an wie ein Magnet. Seine Arrangements geben wenigstens eine lokale Ordnung. Vom Projekt aus werden Fragen gestellt, Experimente entworfen usw. Das Studio *ist* die Darstellungsebene. Die Bedeutung der Darstellungsebene besteht darin, die intuitive Intelligenz des »subjektiven« Kopfes durch das Nadelöhr des Schreib-/Lesekopfes hindurch in die künstliche Intelligenz der »objektiven« Darstellung zu transformieren.

Die – virtuelle – Darstellungsebene gehört also zur Kategorialität des Logisch-Semiotischen. An ihrem Rand als peripherer Übergangszone findet eine technisch fortgesetzte Semiotisierung der realen Welt statt: wo die Medien zu den Botschaften werden. Als »Maler«, der ich einst sein wollte, wurde mir bewußt, daß Bild und Atelier eine Einheit ausmachen. Noch halbwüchsig, wollte ich unbedingt *als Maler* Wissenschaftler werden. Das Bild – die Kunst – erschien der Aussage, der Wissenschaft, gleichrangig, nämlich als symbolische Form (E. Cassirer). Denn *alle* symbolischen Formen machen in der Semiose zuletzt ein *Kontinuum* aus.

Man spricht manchmal von »Einflußfaktoren« auf die Malerei. Diese Faktoren wirken wiederum »hinterrücks« über das Subjekt auf das Bild, sozusagen naturwüchsig. Das war die frühere Sicht: Der Maler, psychologisch betrachtet. Aber schon hier wurde eben eine Metaeinstellung virulent, mit Blick auf den Herstellungs-Prozeß. Der Inhalt der Kunst war determiniert durch die Maltechnik im allerweitesten Sinne. Den Faktoren Eingang (Input) zu verschaffen, sich ihnen bewußt herstellend-darstellend zu öffnen, ist jetzt das Problem. Das Bild war von vornherein ein – zum Subjekt hin – offenes System und über das Subjekt zur Welt. Aber der Maler arbeitet eben *mit den Händen*, Farben usw. Die *Gedanken* verhalten sich dann im Herstellungsprozeß des Bildes ganz genauso wie Farben. Keiner kann heute also einfach und geradehin »Maler« werden, sondern nur noch Hersteller von Bildern (Bildermacher, vgl. Filmemacher). Die Intentionen gehen ja längst auf etwas anderes, nämlich auf Darstellung. Man kommt dem Gemeinten nahe, wenn man sich überlegt, wie es wäre, wenn wir allen Bildern zu ihrem Titel noch das Wort »Bild« anhängten (N. Goodman). Man malt nicht mehr einfach versunken einen Baum, sondern man stellt in taghellem Wissen ein »Baum-Bild« her: die Aufmerksamkeit ist beim Prozeß. Dies bedeutet eine eigentümliche Technisierung des Malens, welcher sich die heutigen Maler, sofern sie eine neue Unmittelbarkeit ausrufen, kaum bewußt sind: sie leben längst in einer technischen Verkürzung der Intention, in einer Epoché. Und die Teilnahme an der modernen (postmodernen) Kunst ist sozusagen nur noch ein technisches Spiel, das gewissen Spielregeln unterliegt.

Ein als »Studio« fungierendes Miniaturatelier wäre ein Blatt Papier zusammen mit einem Bleistift, das ganze in freier Landschaft, im Welthorizont: Der Maler guckt in die Welt und malt sie akribisch ab. Wozu? Das so entstandene Bild ist nahezu *bedeutungslos*, es *speichert* nämlich nichts, es speichert keinen *Sinn*.

Das leere Blatt Papier müßte bis an die Grenze der Möglichkeit mit Sinn gefüllt werden (E. Pound)! Daher wurde der *Rand*, d. h. das Atelier um das Bild herum, immer wichtiger. Denn das reine *Spiegelbild*, erkenntnistheoretisch die Widerspiegelung, ist ja absolut bedeutungslos; es ist keine »Darstellung«, es enthält kein *Zeigen*, keine Stellungnahme, keine *Einstellung*, keinen Sinn, kein Projekt. Das Kriterium für Darstellung ist also ein projektiver Sinngehalt.

Der *Wert* des Kunstwerks darf übrigens traditionellerweise nicht vervielfältigbar sein, wie etwa in einem Spiegelbild. Der Wert der Banknote *ist* vervielfältigbar: Der versammelte Wert der Kunst hingegen ist in Raum und Zeit nur einmal vorhanden, Original. Eine *vollständige* Kopie des Originals zerstört dessen Einzigkeit!

Der unvermischte »Ausdruck« von seiten des »einzigartigen« Subjekts, wie er gegenwärtig als Antwort auf die Technik wieder propagiert wird, verschafft freilich noch keinen Sinn. Das bloß *sich* ausdrückende Subjekt ist schlechte Subjektivität (Hegel). Denn solche Subjektivität ist an sich gleichgültig. Die Kunst ist keine Schöpfung aus dem Nichts; sie ist Darstellung, die von vornherein einer sie bindenden Logik unterliegt. Diese Logik scheidet schlechte Subjektivität, nämlich ihre Gleichgültigkeit, aus. Der Schlüssel ist hier wieder der Arbeitsbegriff. Sinn entspringt nur der Arbeit; Arbeit verwandelt, formt um; Arbeit findet ganz wesentlich *im* Atelier statt, *im* Labor.

Jede menschliche Arbeit ist *schon* Darstellung, am Rande der Darstellung geht Arbeit in den Rohstoff über – oder vielmehr umgekehrt. Z. B. ist ein abgegrenzter Acker schon Darstellung, nämlich schon ein Stück Weltansicht, Welterschließung und Weltaneignung. Noch stärker natürlich der Garten, insbesondere der japanische Garten. Denn gewiß sind beim Acker schon Unterscheidungen wirksam, die einen Unterschied ausmachen (»information is any difference that makes a difference«, G. Bateson). Es ist von vornherein nicht gleichgültig, *wie* ein Stück Acker angelegt wird, es kommt von vornherein sofort auch Bedeutung in die Sache. Auch der Faustkeil ist anfangs nicht »profanes« Werkzeug. Am Anfang ist überhaupt nichts profan, eine Positivität. Es bedarf noch erst der »Entdeckung« der Positivität: Wenn dann allerdings die ganze Welt nur aus Fakten zu bestehen scheint, denen es anhaftet, anders sein zu können, als sie sind, rettet sich die Darstellung auf die schmale Insel der Logik; und der Logik ist anzusehen, daß sie nicht anders sein könnte als sie ist.

In der Innenansicht des Primitiven ist alles Sinn; von außen sieht man diesen Sinn nicht. Von außen sieht man nur den *dargestellten,* d.h. aufgespeicherten (objektivierten) Sinn, die »dritte Welt« K.R. Poppers. Das Problem ist, »Gegebenheitsweisen« (G. Frege) aufzubewahren. Wenn der Sinn nicht transportierbar ist, ist er auch nicht aufzubewahren – hier kommt die Rolle der Information ins Spiel.

Natürlich ist das Aufbewahren als solches nicht das Entscheidende am Speicher, sondern der Umstand, daß er *gelesen* und *beschrieben* werden kann, d.h. die *Transformation* gestattet: der Sinn, an dem *gearbeitet* werden kann, an dem der *Vollzug* stattfindet. »Schreiben« und »Lesen« sind die entscheidenden Vorgänge, die sich auf der Darstellungsebene abspielen: Input und Output, dazwischen ein Prozeß. Der Schreib-/Lesekopf liest die Welt und schreibt sie auf. Die aufgeschriebene, dargestellte Welt ist eine »dritte« Welt, die symbolische Form. Charakteristischerweise ist jede symbolische Form eingebettet in eine Werkstatt, wobei das Wichtigste ist, daß ein *Kontinuum* von der Welt in die Darstellung besteht: Das Bild der Welt muß aus der Welt semiotisch »deduziert« werden. Die Welt muß vor Ort, also in der Welt, in ihr Bild, die Hardware in Software umgearbeitet – transformiert – werden. Das Weltbild entsteht nicht aus dem Kopf: Theorie gründet in Praxis, d.h. in Arbeit. Die Furcht vor digitalem Schein ist unbegründet, wenn der Umstand gesellschaftliche Beachtung findet, daß die Darstellung, im Kern virtuell, an ihrem Rand *real* ist.

Die Transparenz der *Wahrheit,* so möchte ich sagen, ist im Wahr und Falsch nur die Herrschaft des Prinzips der digitalen Binarität, und zwar im Felde des *Sinns.* Die Idee der Wahrheit läuft aufs leere Spiegelbild hinaus. Das Spiegelbild ist eine Verdoppelung, eine Art physikalisch-kausaler Symmetrie in der Welt. Im Kopf, in dem sich die Welt spiegelt, hat jedenfalls *Arbeit* nicht stattgefunden. Nur Arbeit produziert Sinn; und Sinn ist präponderant gegenüber der Wahrheit. Sinn ist eben ein Drittes, d.h. weder schlechte Objektivität (Widerspiegelung) noch schlechte Subjektivität (Erlebensausdruck). Die Arbeit am Sinn ist im wesentlichen *Transformation.* Das Welt*bild* muß zuletzt eine *Metamorphose* der Welt selbst sein, um Wirklichkeitsgehalt zu verbürgen. Das Spiegelbild berührt nichts; das Weltbild hat etwas Passendes oder Unpassendes an sich, es ist wie ein Schlüssel: Welterschließung. Die Transformation durch Arbeit ist kein Kausalprozeß, sondern »Programm-Prozeß«, wobei alle Arbeit zur Informationsverarbeitung wird. Das elaborierteste Medium dieser Arbeit ist gegenwärtig zweifellos der Computer. Der Mensch ist durch Arbeit definiert und dadurch, daß er sie – als Broterwerb – wieder los werden will. Eine Arbeit, die nebenan von einer Maschine geleistet wird, soll der Mensch nicht mehr tun.

3. Differenz, Indifferenz und Sinnvollzug

Gegen einen falsch verstandenen Platonismus hatte der mittelalterliche Nominalismus zunächst einmal recht. Der falsch verstandene Platonismus ist die Ontologie, ist die Metaphysik, die Ideologie der Realität. Faßt man den Platonismus aber *richtig* auf, nämlich nicht objektivistisch, so hat *er* recht. Die richtige Auffassung ist, die intellektuelle Anschauung Platons (intuitus originarius; intelligible Anschauung der Urbilder; Kant: selbstgebende Anschauung) zur *logischen* Anschauung der Darstellung weiterzuentwickeln.

Die Philosophie war und ist die Lehre von dem, was nicht anders sein könnte, als es ist, aber sie stellt dies so dar, daß sichtbar ist, *inwiefern* es nicht anders sein könnte, als es ist. Wenn man versucht, die Logik darzustellen, sieht man, daß man keine Philosophie hat, es sei denn, man hat berücksichtigt, daß in die Darstellung der Logik eine *Logik der Darstellung* hineinwirkt. In einem allumfassenden Sinne ist die Thematik des »Studios« die Logik der Darstellung, aus der die Darstellung hervorgeht. Die Philosophie hat es von Anfang an mit der *Geltung* zu tun: 2 + 2 = 4 gilt... Der Geltung als solcher kommen wir nicht näher durch Untersuchung der Hirnstruktur, der Anatomie und Physiologie, nicht im Geradehin. Man ändert die Arbeitseinstellung, man zeigt auf, inwiefern positive, empirische Wissenschaft Bedingungen unterliegt, und wird so dessen inne, was »im Rükken« liegt – eine mentale Akrobatik. Geltung existiert nur im Sinn-*Vollzug*. Information is any difference that makes a difference: Die Kategorie der »Gleichgültigkeit«, der Indifferenz, spricht das Geltungsproblem an. Gleichgültigkeit zeitigt Neutralität: keine von zwei Möglichkeiten ist vorzuziehen, keines gilt mehr als das andere. Diese Neutralität des Binären ist der digitale Schein, insofern wir die Information mit dem Sinn verwechseln. Die Differenz, die einen Unterschied ausmacht, ist Information; *als* was der Unterschied gilt, ist der Sinn.

Die Philosophie kommt normalerweise von Philosophie: Wir kommen hier aber von der anderen Seite her, vom Alltag und von der Technik. Das Philosophieren braucht gegenwärtig eben zwei Quellen! Als Philosophierende sind wir es gewohnt, die Dinge unter einem *logischen* Gesichtspunkt zu betrachten, from a logical point of view (W. V. O. Quine). Das empirische Pendant dieser Sichtweise repräsentiert mittlerweile die *Künstliche Intelligenz,* ein erweiterter Gesichtspunkt sozusagen, *Kybernetik* war der ältere. Gleich geblieben ist die *Informationsverarbeitung;* Information ist so betrachtet lediglich eine Positivität, eine Indifferenz von Differenzen. Die Technik fungiert dabei als eine symbolische Form. Technik ist die Delegierung (Projektion) und damit Veräußerlichung von ursprünglichen Sinn*vollzügen.* Sie ist darum eine Art Epoché. Technik ist in Ansehung der Logik, d. h. des Sinns, stets »bloße« – nackte! – Technik. Dies Defizit an Aktualität, d. h. Wirklichkeit, ist aber eine Potentialität.

Die *Central Processing Unit* eines Computers ist die *logische Maschine;* sie bekommt zwei Dualzahlen geliefert, addiert sie, vergleicht sie usw. Für Daten brauchte man nur Register, für das Programm dann einen richtigen Speicher. Generell handelt es sich heute bei dem, wovon wir reden, um den Mikroprozessor. Der Mikroprozessor kann am besten mit einer Uhr verglichen werden; denn der Prototyp des Automaten ist die Uhr. Der Computer ist eine Blackbox, die im Innern nichts anderes tut, als elektrischen Strom zu *verwalten* – besser, weil noch abstrakter gesagt: sie verwaltet Spannungszustände. Wir unterscheiden drei Ebenen: die Hardware-Ebene der *Schalter,* durch die das Prinzip der Binarität physikalisch realisiert ist; dann die Ebene der *Codierung* von Daten und Befehlen, d. h. die Ebene der Gleichwertigkeit von 1 und 0 oder der Booleschen Algebra; und schließlich die Darstellungs-Ebene der *Information,* d. h. der nicht gleichgültigen Differenzen.

Die Darstellung entsprang einst irgendeiner lebensweltlichen

Tätigkeit, die einen (Zwischen-)Speicher benötigte, z. B. dem Zählen. Infolge der technischen Kalkülisierung der Darstellung wanderte dann immer mehr Gedankenarbeit in den Speicher ab, in das Memory. Und was ist also ein »Speicher«? Der Getreidespeicher ist kein Gedächtnis! Ein Reservoir ist kein Memory; das Prinzip des Aufbewahrens genügt dazu nicht. Der Computerspeicher ist vielmehr ein *Medium*, wörtlich ein Mittleres: Write → M → Read. Der Speicher ist zunächst das Random Access Memory: »wahlfreier« Zugriff bedeutet, es sind keine Ja/Nein-Entscheidungen, also wiederum Informationen nötig, um festzustellen, ob »diese hier« die richtige Information ist.

Bevor eine Compilersprache compiliert werden kann, ist sie schon binär *codiert*. Es wäre Unsinn zu sagen, die Compilierung bestünde darin, die höhere Computersprache in den Binärcode zu *übersetzen*. Die höhere Sprache wird in die niedrigere Maschinensprache übersetzt – beide aber befinden sich dabei schon dargestellt im Binärcode. Was heißt also »höher« und »niedriger«? Diese Unterscheidung kann offensichtlich nicht in simpler Manier auf »Lesbarkeit« bzw. »Natürlichkeit« reduziert werden. Man kann gewiß intuitiv von Hand übersetzen; aber eine maschinelle – algorithmische – Übersetzung hantiert *nur* mit Nullen und Einsen. Man muß also Maschinensprache und Maschinencode durchaus unterscheiden. Durch die Verwechslung beider entsteht abermals der digitale Schein, der Anschein nämlich, als sei der Maschinencode ein unendlicher Abgrund, in den immer mehr Sinn hineinstürzt und verschwindet.

Logische Maschinen aber können tatsächlich keine *Geltung* und daher keine Bilder, keinen Sinn erkennen (H. Dreyfus), dies beinhaltet sozusagen die Formel für die Grenze Künstlicher Intelligenz. Eine »Bildsemantik« wäre daher der Ort, wo diese Begrenzung untersucht werden müßte. Bilder *erkennen* (lesen) und Bilder *generieren* (schreiben) – das erinnert an zwei Arten von Grammatiken, Entscheidungsgrammatiken und Generative Grammatiken. Im *Aufzählen* der Bilder (eine spezifische, elementare Art der Generierung) ist der Computer stark, nämlich als gewöhnliche Computergrafik. Man könnte, wenngleich ein wenig mißverständlich, sagen, das Grafische sei noch zum Holografischen weiterzuentwickeln, aber dann ist Schluß. »Geometrie« per Computer ist demnächst ein ausgereiztes Thema. Interessant hingegen wird der bildsemantische Raum, eine formale Semantik der Visualität, d. h. eine auf Bildmaterial angewandte interaktive Künstliche Intelligenz mit ihren künstlichen Welten, für deren Geltungen wir freilich nach wie vor selber einstehen müssen; denn Geltung ist informatorisch irreduzibel. Künstliche Intelligenz *ersetzt* nicht, sondern *potentialisiert* die natürliche Intelligenz, bereichert sie um Möglichkeiten – und dies beinhaltet durchaus einen sehr starken, innovativ gemeinten Möglichkeitsbegriff. Allerdings bleibt spekulatives Geltungs-Denken etwas, das wir der Maschine gar nicht oder zu allerletzt beibringen werden. Und der *Sinn* hat eben spekulative Ursprünge!

4. Situativität in der Informationsgesellschaft

Demokratische Gesellschaftlichkeit im Horizont von Sinngeltungen fordert im Informationszeitalter eine informationelle Dezentralisierung (»Vernetzung«), allerdings unter strikter Vermeidung jeglicher Art von bewußtloser Knopfdruckdemokratie. Es gibt immer wieder Stimmen, die nach unmittelbarer Demokratie verlangen, nach Abschaffung der Parteien und des Parlaments; sie setzen den Volksentscheid zur Ausfüllung des Vakuums sinnentleerter Politik ein. Das kleine Forum face to face, die Agora, kurzum die *Situativität*, bestimmen anstelle der schal gewordenen Subjektivität eine neue Gestalt der vernünftigen Öffentlichkeit. Verringerung und Verkleinerung der Hardware auf allen technischen Gebieten, Vorrang der Software, so heißen die zukünftigen Devisen, die im Gang der technologischen Entwicklung selber schon angelegt sind. »Sicherheit« kann es bei der Machbarkeit der Neutronenbombe nicht mehr durch Hardware, nur noch durch Software geben. Die von Marx ins Auge gefaßte Versöhnung von Lebenswelt und technischer Welt ist ihrer utopischen Charakteristik entkleidet. Dabei schließt die universale virtuelle Darstellungsebene den lange Zeit für so wichtig gehaltenen Neuanfang aus, die Revolution.

Das stärkste Einsichtsmittel in die neue Realität ist die Situativität des lebensweltlichen Vollzugs. Was Situativität individuell praktisch bedeutet, glaubt jeder mit gutem Recht noch immer zu wissen, z. B. im letzten Abenteuer, in der letzten Entdeckungsfahrt: der Liebe. Was Situativität in der Geschichte gesellschaftlich bedeutete, in der Antike, im Mittelalter, das ahnen wir inzwischen wieder. Heideggers »Befindlichkeit«, Sartres »Entscheidung«, das sind moderne Begriffsgesten für Situativität, aber sie bleiben als solche zu mager: es fehlt ihnen das Ästhetische, die Repräsentation, die Tatsache, daß Situativität eingebettet ist in die universelle Darstellung. Ohne Repräsentation wäre Situativität, auch und gerade wenn man ihre Freiheit beschwört, unvermittelte Unmittelbarkeit, also wie rein triebhafte Sexualität dumpf.

Dem Ästhetischen, dieser Kategorie eines *vornehmen* Scheins, waren wir schon von einer ganz anderen Seite näher gerückt: von der Darstellung selbst her. Man behauptet, der Neandertaler habe noch kein bildliches Ausdrucksvermögen gehabt. Gut, es gibt keine Höhlenbilder von seiner Hand. Aber er besaß die Zeremonie, den Totenkult. Und schon da ist die Darstellung zu finden, nämlich als Zeigen, nicht als bloße Vorstellung. Leider hat nun eine gewisse Tradition die Vorstellung repraesentatio genannt. Und die Darstellung ist unwiderruflich zur digitalen Darstellung geworden. Wenn wir die Entwicklung der Darstellung vom Neandertaler bis heute fortschreiben, erhalten wir problemlos das Prinzip des Computers. Der Computer ist, formelhaft gesagt, die heute höchste Entwicklungsstufe des Zeigens. Aber wo bleibt das *Sichzeigen in der Situativität?* Denn die Lehre vom »gewöhnlichen« Sichzeigen ist ja bloß Phänomenologie! Wir haben es in der Gegenwart in der Frage nach der Technik mit einem Konflikt zwischen darstellendem Zeigen und repräsentativ-situativem Sichzeigen zu tun. Ich sagte, auch die Darstellung sei Repräsentation, gerade sie. Dann lautet der Konflikt: repräsentatives Zeigen versus repräsentatives Sichzeigen. In letzterem vermuten wir Situativität, in ersterem nicht. Die Darstellung ist repräsentierend, aber nicht situativ. Es muß gesellschaftsphilosophisch aufgeklärt werden, was dies bedeutet.

Ich will es vorläufig so versuchen: Auf der einen Seite sehen wir die biologische Ausstattung des Menschen, meinetwegen einschließlich seiner psychologischen Ausstattung. Wenn wir diese Blickrichtung stur durchhalten, kommen wir von den ersten Werkzeugen des Menschen bruchlos zum Computer. Das Allgemeine dieses Prozesses habe ich hier Darstellung genannt (bei flacher Sicht vergißt man darin üblicherweise natürlich die *Logik* der Darstellung). Andererseits sind schon die Höhlenbilder nicht bloße Bilder, will sagen Tierdarstellungen (Abbilder, Illustrationen). Sie dienen gewiß im Zusammenhang der Jagd wie eine

Fährte der Welterschließung, aber doch nicht nur. Irgend jemand hat gemeint: Das ist die Kindheit der Kunst, aber nicht die Kunst von Kindern. Die Repräsentation (Darstellung) wird hier vornehmlich zur Präsentation (Vergegenwärtigung, Erscheinung) genutzt, einer Vorstufe des Sichzeigens. Kurz: Der gesellschaftliche Code geht überall über die Darstellung »als solche« hinaus. Die Darstellung »als solche« ist von daher stets nur designatio, Bestimmung, Definition, also Design. Der Überschuß an Geltung kann biologisch-psychologisch nicht erklärt werden. Man muß vielmehr an die *Logik* der Darstellung anknüpfen, daher gewinnen wir eine logische Ästhetik. Diese entspringt eben nicht einem Sinn für das Schöne, für den schönen Schein, sondern der *Sichtbarkeit, der Anschaulichkeit des Sinns in der Situation.*

Der Konflikt zwischen Darstellung und sinnlichem Sinn ist nicht und war nie unüberwindbar. Machen wir ein Gedankenexperiment: Vor 5000 Jahren erfindet jemand in Mesopotamien das Rad. Ein mesopotamischer Intellektueller (Priester) geht eines Tages spazieren – und was sieht er da plötzlich? Einen Karren! Angenommen, er versteht, was der Karren beinhaltet, *darstellt,* nämlich eine neue Weise der Welterschließung, eine Technik. Geht dann für ihn eine alte, liebgewonnene Welt unter, weil diese Technik *kalt* ist, weil der Karren eine rationale Maschine ist? Noch Deutschlands letzter Kaiser fühlte sich gezwungen, aus Repräsentationsgründen bisweilen der Eisenbahnachse den Pferderücken vorzuziehen. Aber das Rad eroberte die Welt! Sind jetzt nicht die Möglichkeiten der *Situativität* beschnitten? Vielleicht, vielleicht auch nicht. Uns kommt das Rad, technisch gesehen, heute sehr romantisch vor, ja, bereits die ganze Mechanik. Bei Tolstoi *(Anna Karenina)* spielt die Eisenbahn, die Dampflokomotive, durchaus eine Rolle in der Situativität. In den Entdeckungsfahrten der Science-fiction-Filme ist die Situativität, sofern vorhanden, stets archaisch, nicht zeitgemäß modern. Aber was ist zeitgemäß-moderne Situativität?

Jede soziale Lebensform bildet ein für sie charakteristisches Thema aus: Das Thema der Industriegesellschaft war das Glück, das größtmögliche Glück der größtmöglichen Zahl. Heute wissen wir, nachdem alle Ideologien unbrauchbar wurden: Wir sind nicht in die Welt geworfen, um in ihr glücklich zu sein. Das große, noch kaum erahnte Thema der postindustriellen Gesellschaft wird der *Sinn,* der Lebenssinn und seine Geltung werden.

Denn der Mensch ist ein *Sinn produzierendes* Wesen; der Mensch lebt im Horizont »der« Welt und bringt in ihr eine Darstellung der Welt hervor, eine welterschließende, sinnhafte Darstellung. Die alte Erkenntnistheorie ging, wie gesagt, davon aus, daß der Mensch eine *Vorstellung* von der Welt hervorbringt; da fehlte aber ganz die Praxis; die Einheit von Theorie und Praxis ist nicht Vorstellung, vielmehr Darstellung. Die Geworfenheit ins menschliche Dasein bedeutet zweifellos Endlichkeit, aber der Sinn als Geltung sprengt jede Endlichkeit, sogar den Realitätsverlust durch den Tod. Denn der Sinn ist nicht eine Gegebenheit, er ist Sehnsucht, eine Gerichtetheit, *Intentionalität.* Das Thema des endlichen Daseins *als solchen* ist die Unendlichkeit des Logos, die Transzendenz.

Wie steht der gesellschaftliche Sinn zur Information? Information ist die Vielfalt einer Menge; Parmenides erkannte in der Vielfalt den Schein, das wahre Sein im überall Gleichen, im Vielfaltlosen. Sinn ist indes auch nicht die Wiederkehr des Gleichen. Sinn ist die Herstellung der Gegebenheitsweise (= Darstellung). Gegebenheitsweise meint die Form, in der etwas gegeben ist; die Transzendenz des *Inhalts* ist die *Form.* Sinn ist Form, nicht Information. Der Computer ist die Universalisierung der Darstellungsebene, der Sinnebene; er »ebnet« alle Vielfalt ein, jedoch so, daß sich die vielfältigen *Sinne* begegnen können im Tableau der Information; erst die *Transformationen* bergen den Sinn, nicht schon die Informationen. Gesellschaft war und ist stets mehr als das Ensemble, die Mengenvielfalt ihrer Mitglieder; Gesellschaft ist nur im Ausdruck die Substantivierung gesellschaftlicher Vermittlung, die sich durch das *Zeichen* vollzieht. Die Geschichte des Zeichens bzw. der diese Geschichte reflektierenden Zeichentheorie ist daher immer auch eine Gesellschaftstheorie.

Wir müssen zurückkehren an den Ort, wo Transzendenz ursprünglich erlebt wird, zum *Ritual.* Das Ritual ist die kollektive Hervorbringung eines Signifikanten. Der rituelle Signifikant wird insofern transzendiert, als er das Aufzeigen der *Anwesenheit* des Wir beinhaltet. Dies präsentative Wir ist mythisch. Die mythische Anwesenheit als solche kennt noch keine Beziehung von Anwesenden untereinander. Echte Kommunikation bedarf der Ausbildung des Signifikanten zum *Medium;* Anwesenheit bleibt noch ohne Mitte und damit ohne Vermittlung. Mitte bedeutet Gegenseitigkeit; wie aber ist Gegenseitigkeit möglich? Sie ist möglich, wenn Anwesenheit die Anwesenheit einer Mitte wird. In der Mitte anwesend und damit den Mythos transzendierend ist das *Dritte,* in Ansehung dessen das Aufzeigen der Anwesenheit sich in das Sich-Zeigen Gegenüberstehender transformiert. Die neue Beziehung entsteht, indem das gegenseitige Sich-Zeigen dem – logischen – Dritten sich darstellt, also Darstellung und das heißt: *Bild* ist. Das Bild verhält sich nicht mehr präsentativ, sondern repräsentativ; es begründet Anschauung und insofern eine logische Ästhetik am Leitfaden des *repräsentativen* Wir. Das Dritte ist natürlich nicht Person, es ist vielmehr zu begreifen als Öffentlichkeit. Konkret, d. h. selbständig, wird die Öffentlichkeit nun als *Kunst.* Erst hier ist der reine Signifikant reine Transzendenz geworden: Die scheinbare Äußerlichkeit des Signifikanten verschwindet im ästhetischen Vollzug und geht völlig in der gesellschaftlichen Repräsentanz auf, die Gesellschaft schaut sich im Kunstwerk selber an; *diese* Reflexionsform ist die Schönheit.

Der Computer bedeutet einerseits nur den gesellschaftlichen Inbegriff von Informativität, Positivität, Sachverhältlichkeit, Neutralisierung, »Rationalität« (was alles im Grunde dasselbe besagt) – und damit den Gegenpol zur Situativität, oder, wie ich jetzt sagen möchte: zur Gesellschaftlichkeit als solcher. Jeder Feuilletonist heute interpretiert, mehr oder weniger ausdrücklich, die gegenwärtige gesellschaftliche Entwicklung als einen rapide zunehmenden Verlust an Situativität und damit an Sinn; zurück bleibe ein scheinhaftes, unauthentisches Leben. In der Tat ist die Frage der Situativität entscheidend. Es gibt gar keinen fruchtbareren Begriff, um die gesellschaftliche Relevanz von Sinn auszudrücken, von gelebtem Sinn, d. h. von praktisch gewordenem Sinn. Die Situativität haben wir vor der Folie der Darstellung erörtert und als ihren wesentlichen Kern das »Ästhetische« herausgeschält.

Ein heute noch nachwirkendes Problem ist, daß lange Zeit hindurch die Positivität als Widerpart der Situativität einfach als das »Empirische« angesehen wurde, als eine Verfallsform des Logos, wie wenn man sagen wollte: Daß zwei mal zwei gleich vier ist, hat sich als eine Erfahrungstatsache bewährt. Gegen das »bloß Empirische« stemmt sich mit traditioneller Sinn-Anstrengung das Denken des Logos in der Philosophie. Dabei war immer klar, daß Positivität und Situativität einander nur gegenübergestellt werden können auf dem Boden des Logos, des Logischen: Das Positive ist eine Defizienzform des Logischen.

Inzwischen können wir feststellen, die Positivität hat ihre gesellschaftlich wirksamste Erscheinungsform gar nicht als das »Empirische«, sondern als Information. Der Empirismus läßt die Dinge auf sich, auf das subjektive Ich, zukommen und versucht, sie kritisch-kühl zu beurteilen; Erfahrung, Menschheitserfahrung, Geschichte als Präzedenzfallgeschichte bestimmen diese Einstellung. Information hingegen ist die Kategorie der Vermittlung in positiver Gestalt. Vermittlung ist nach Hegel das »flüssige Element« allen Umsatzes, Austausches, allen Stoffwechsels, ja, allen Lebens. Wenn wir heute von Informationsgesellschaft sprechen, sagen wir nicht wenig; die Gesellschaft selber fängt an, mehr und mehr aus Transformationen purer Information zu bestehen. Eine Diagnose ist schnell zur Hand: Das gesellschaftliche Subjekt stirbt, die Handlung stirbt, die Situation stirbt, die Politik stirbt. Die Gesellschaft wird anonym fungierendes System, ohne alle innergesellschaftliche Bildlichkeit, Sinnlichkeit und Anschaulichkeit. Die Informationsgesellschaft benötige ja kein sinnhaftes Bild mehr ihrer selbst. Identität sei nicht mehr gefragt. Die Informationsgesellschaft sei, paradox gesagt, die Gesellschaft, in der die Information scheinhaft *an die Stelle* der Gesellschaft, des Gesellschaftlichen tritt. Die bürgerliche Gesellschaft werde von der rein technischen Gesellschaft abgelöst. Der Faschismus, der Stalinismus wären so noch nicht informationsgesellschaftliche Vorgriffe auf die eigentliche Informationsgesellschaft.

Solch düsterer Zeichnung wird sicher mancher zustimmen. Dabei vergessen wir aber schon die Faszination, die von der Information ausgeht. Das »Empirische« war nicht faszinierend; was ist, weil es nun mal ist, kann nicht faszinieren; im Gegenteil: im »Empirischen« herrscht eine allgemeine Neutralisierung, eine Gleichgültigkeit vor. Aber die Information fasziniert. Das Wesen des Digitaltechnischen ist faszinierend, das duldet keinen Zweifel mehr; wir sollten versuchen, dahinter zu kommen, wodurch.

Daß wir schon beim Malen von binären Strichen auf eine Wand Darstellung antreffen, könnte für uns Anlaß sein, neu nach dem homerischen Zeus zu fragen, wenn der mit seiner binären Schicksals-Waage operiert, um die menschlichen Lose zu verteilen. Die quasi noch unentschiedene Entschiedenheit der Waage ist ja womöglich nichts anderes als die Neutralität des Binären als das Wesen des Technischen, nur ohne Situativität. Eine Aussage kann wahr oder falsch sein, eines von beiden; in der noch fraglichen Unentschiedenheit von wahr und falsch ist aber doch schon die Geltungsentscheidung für die Wahrheit gefallen, d.h. entschieden. Statt wahr und falsch dürfen wir jetzt überall 1 und 0 sagen; und obgleich die Eins nach mehr aussieht als die Null, ist doch vorweg nichts zu ihren Gunsten entschieden. Die technische Realisierung repräsentiert die 1 durch H (High Level der Spannung), die 0 durch L (Low Level), aber das sind einfach zwei Zustände, zwei Sachverhalte, die an und für sich völlig gleichgültig bleiben. Das heißt, sinnhafte Entschiedenheit läßt sich in der Welt darstellen durch Unentschiedenheit – das Prinzip und die Faszination des Computers.

Wie kann nun in einer Gesellschaft, die aus Information besteht, also in der Informationsgesellschaft, sinnhafte Entschiedenheit repräsentiert sein? Wenn meine Argumentationen richtig liegen, lautet die Antwort: situativ-ästhetisch. Weder die Computergrafik noch die zeitgenössische Kunst aber kommen dafür in Frage, die zeitgenössische Kunst ist ja entweder Computergrafik – auch wenn sie nicht mit dem Computer gemacht ist –, oder sie ist etwas Menschlichallzumenschliches, also gesellschaftlich Irrelevantes. Ich glaube, wir müssen tatsächlich bei der Politik anfangen, gegen die große, zentrale Politik eine kleine, denzentralvernetzte setzen: Regional-, Kommunalpolitik, Bürgerinitiativen – alles nahdistante Verhältnisse unter Beteiligung der Betroffenen. Worauf das zunächst hinausläuft, ist ein neugefaßter Begriff von *Öffentlichkeit*. Der Strukturwandel der Öffentlichkeit (J. Habermas) ist noch nicht beendet.

Goethes Forderung, jeder sei auf seine Art ein Grieche, aber er sei's, läßt sich als Frage umformulieren: Wie kann einer in der Informationsgesellschaft »ein Grieche sein«? Da ist zuerst das Problem des *Schauplatzes*, der Agora. Anschauliche Lebenswelt und objektiv dargestellte Welt treten ja anscheinend weit auseinander. Die neuen Griechen fahren zur Erholung in die Toscana – zur Erholung? Wovon? Es handelt sich um eine Art romantischer Emigration aus der technischen Welt in die alte Lebenswelt. Dazu gehören Idylle: Ländlichkeit, überschaubare Landschaft, eine gewisse Einfachheit und Sinnlichkeit des alltäglichen Daseins. Aber wehe, wir werden krank! Dann fressen wir doch die Tabletten aus der Konzernchemie. Denn wir möchten auf keine »Segnung der modernen Zivilisation« verzichten. Keine Frage, solche Ambivalenz ist Flucht.

Betrachten wir die vor uns liegenden Aufgaben nochmals von der Semiose her. Gemäß der mittelalterlichen Semiotik vertritt das Zeichen die Sache. Als Name der Sache spricht das Zeichen im Namen der Sache. Was immer auch als ontologischer Status des Allgemeinen, d. h. im Grunde: des Gesellschaftlichen, angegeben wurde, so waren sich doch Nominalismus und Platonismus darin einig, daß das Zeichen im Namen des Allgemeinen auftritt. Die Moderne hingegen ist gekennzeichnet durch die beunruhigende Erkenntnis, daß das Zeichen keineswegs das Allgemeine vertritt, sondern selbst der Ort des Allgemeinen *ist.* Gesellschaft verwirklicht sich danach in der Intensionalität des Zeichens, d. h. in seiner Bedeutungsinhaltlichkeit. Wer ist es aber, der die Zeichen mit Inhalt füllt? Nach der Vorstellung der Moderne ist es zunächst die sich an der Kommunikation beteiligende Privatperson; Sprache sei letztlich private Erfindung.

Mit dem Bewußtwerden der anonymen Massengesellschaft und dem Erstarken der Soziologie kommt es in unserem Jahrhundert jedoch zu einem »strukturalistischen« Denken: Die Subjekte, weit entfernt, die Kommunikation zu bestimmen, sind ihrerseits durch die Kommunikation bestimmt; personale Identität ist nichts anderes als ein Stellenwert innerhalb des Beziehungsgeflechts der Struktur. Die Botschaft des Strukturalismus lautet – damit alle aufklärerischen Strömungen zusammenfassend –, Gesellschaft ist ihrer Mitgliedschaft gegenüber prinzipiell a priori.

Die Beweisform freilich, in der die strukturalistische These argumentiert, ist der Schematismus binärer Trennungen. Sie liefert sich damit zuguterletzt alleinig der auf dem Prinzip der Binarität gegründeten Informationstheorie aus, welche, doch noch ideologisch geworden, zur Gesellschaftstheorie des Medienzeitalters avancieren würde. Die Informationstheorie reduziert mit Blick auf die Darstellungsebene das Signifikat gänzlich auf den Signifikanten. Jede *Transzendenz* des Signifikanten als dessen Sinn verschwindet. Die uneinholbare Transzendenz des Zeichens war die Lehre des Idealismus, die allerdings zur »unabschließbaren« Interpretation der Hermeneutik verflachte. Allgemein gesagt, vollziehen sich im Zeichen die gesellschaftlichen Vermittlungen, das ist in der Tat unbestreitbar. Die ganze ältere Semiotik, aber auch viele neuere Kommunikationstheorien leiden unter dem prinzipiellen Mangel, gesellschaftliche Kommunikation als etwas *Nachträgliches* darzustellen. Demgegenüber ist von der These des Strukturalismus auszugehen, daß es präsumtive, aber noch isolierte Kommunikanten nicht gibt. Kommunikanten existieren als solche immer schon entweder in mythischer Anwesenheit oder im situativen gegenseitigen Sich-Zeigen. Der Übergang von der Präsentation zur Repräsentation muß im Feld gängiger *semantischer* Vorstellungen verfolgt werden. Leitfaden bleibt die Zeichentheorie. Der neu einzunehmende Standpunkt kritisiert jedoch jene Konzeption der *Pragmatik*, wie sie seit Ch. Morris üblich ist: *Intentionalität* ist, bevor sie verhaltens- oder handlungsrelevant wird, bereits ein *semantisches* Moment im Zeichenvollzug.

5. Abschluß

Es ging uns um den digitalen Schein, das ist der Schein, der auf der virtuellen Darstellungsebene entsteht. Was ist das Besondere, gleichsam der Witz einer daran anknüpfenden digitalen Ästhetik? Eine transzendentale Ästhetik ist nach Kant, so würden wir heute sagen, eine kognitive Raum-Zeit-Lehre; die digitale Ästhetik ist nun die *neue* kognitive Raum-Zeit-Lehre. Der Raum war der ordo des Nebeneinander; der digitale Raum ist insofern »flach«, als er eine Projektionsfläche, eine Darstellungsebene im realen Raum auszeichnet (jede Fläche ist in der wirklichen Welt eine Oberfläche). Das Digitale kann sich nur flach ausbreiten. Der digitale Raum ist flach, heißt: Die Information hat für sich noch keine Tiefe, sie ist nur syntaktisch konnex (*syn-taxis*), anders als Punkte im dreidimensionalen Raum. Aus dem Raum, auch dem semantischen Raum, ist die Darstellungsebene »herausgerissen«, abstrahiert (V. Flusser); auch hier geht es, wie im realen Raum, um ein Nebeneinander, aber mit universeller Transformierbarkeit, ein Raum der Metamorphosen. *Der digitale Raum ist der Raum der Verwandlungen.* Jede Information kann in jede andere transformiert werden. Die Flächigkeit ist bereits mit der Turingmaschine gegeben, denn deren darstellendes *Band* ist ja immer noch eine Fläche. Für die Transformationen auf dem Band sorgt der Algorithmus, der Kalkül, das schematische Verfahren: *Hier* liegt daher die letzte Erklärung der Flächigkeit. Der Algorithmus bedeutet Explizitheit, d. h. schreiben und lesen; und die Darstellungsebene ist die Ebene des Schreibens und Lesens. Zählen kann man nicht ohne Ziffer. In der Ziffer, die wir schreiben, ist die Fläche, auf der wir schreiben, schon impliziert. Diese Fläche schickt sich an, sozusagen selber der neue Weltboden zu werden, Hardware verwandelt sich in Software. Wir werden lernen, Software als Realität zu begreifen.

Peter Weibel
Transformationen der Techno-Ästhetik

Im folgenden soll die Auffassung begründet werden, daß die durch die technischen Medien hervorgebrachte Kunst eine in vieler Hinsicht radikal andere ist als die Kunst davor. Die Medienkunst ist eine Transformation, wenn nicht sogar Transgression, eine Überschreibung und Überschreitung der klassischen Künste. Die Überschreitung hat (auch) mit der Grundlagenkrise der Kunst im Zeitalter der Techno-Kultur zu tun, welche als Grundlagenkrise der Moderne die Postmoderne hervorgebracht hat.

Diese Transformation soll an zentralen Begriffen der klassischen Ästhetik untersucht werden, als da sind Autor, Werk, Wahrheit etc. Wir werden zeigen, wie diese Begriffe in Schwierigkeiten geraten und Widersprüche oder Fallen erzeugen, wenn sie zur Beschreibung von Medienkunstwerken herangezogen werden.

Betrachten wir einflußreiche Ästhetiken der letzten zwei Jahrhunderte, dann fällt auf, daß sie auf einer Ontologie des Bildes aufgebaut sind, auf einem statischen Seinsbegriff, welcher a priori das Wesen der Medienkunst, besonders des bewegten Bildes, negiert bzw. ausschließt, nämlich dessen Dynamik, dessen Immaterialität und dessen Zeitform. Zeitform eines dynamischen Systems zu sein, ist die Seinsform der Medienkunst. Statt auf einem statischen Seinsbegriff baut die Techno-Kunst auf einem dynamischen (interaktiven) Zustandsbegriff auf. Um Mißverständnissen vorzubeugen, sei gleichfalls erwähnt, daß klassische Kunst und Medienkunst sich einen gemeinsamen semantischen Raum teilen und zwar, mengentheoretisch gesprochen, als Durchschnitt.

Ästhetische Theorien?

Eine Ästhetik ist im wesentlichen der Versuch, eine Theorie zu formalisieren, die aus dem Umgang mit einer bestimmten Menge intuitiven künstlerischen Materials gewonnen worden ist. Es werden dabei nicht nur formale Mechanismen und Regeln der Beurteilung, sondern auch der Erzeugung explizit oder implizit eingeführt. Dabei sind die »impliziten Systeme, die ohne unser Wissen unser alltägliches Verhalten bestimmen«, nach Michel Foucault die entscheidenden, weil sie die eigentlichen Zwänge auf uns ausüben.

Das Wesentliche eines formalen Systems der Ästhetik ist daher nicht so sehr seine Interpretations- und Erzeugerkapazität, sondern eben jenes (meist) implizite System, das den verwendeten Worten und Symbolen ihre Bedeutung zuordnet. Es wird also ein semantisches Feld abgesteckt, sozusagen der Paradigma-Claim, auf dem das Kunstwerk angesiedelt wird. Auf der Grundlage dieses expliziten oder impliziten semantischen Feldes wird nun geurteilt (bzw. auch erzeugt), was ein Kunstwerk sei, wie ein Gebilde in ein Kunstwerk transformiert werde und was ein gutes Kunstwerk definiere. Ohne dieses semantische Feld, auf dem das ästhetische System aufgebaut wird, ohne diesen elementaren Kontext ist die Frage nach dem (Text des) Kunstwerk(es) sinnlos. Daher wird also besonders jenem Isomorphismus Augenmerk geschenkt, welcher die Menge des intuitiven Materials I in eine Theorie T verwandelt, indem er den Symbolen, Materialien und Regeln von I ihre Bedeutung in T zuordnet. Natürlich gibt es grundsätzliche Beschränkungen, wie wir seit Gödels Unvollständigkeitsgesetz von 1931 wissen: Intuitive und mentale Prozesse lassen sich nicht vollständig in einem formalen System abbilden. Doch unser Argument gegen die Gültigkeit des klassischen Isomorphismus, wie er sich in den bekannten ästhetischen Systemen ausdrückt, ist die historische Beschränkung der semantischen Realisierung durch diesen Isomorphismus. Wie kann man hoffen, daß die symbolischen Ausdrücke von T den intuitiven Gehalt des Materials I abdecken, wenn das Material, wie es in der technischen Medienkunst der Fall ist, relativ neu ist und zum Teil zur Zeit der Theorienbildung noch gar nicht existierte, und die entsprechenden Begriffe der Theorie sich an altem Material ausgebildet haben? Die klassischen Ästhetiken sind schließlich vor dem Auftauchen der Bewegungs- und Medienkunst entstanden.

Vom Ursprung der Techno-Kunst Aus der industriellen Revolution

Das Problem, mit dem wir es zu tun haben, sind weniger die Ästhetiken selbst als die Geschichtsmächtigkeit, mit der diese Ästhetiken des Statischen und die ihnen nachgebildeten gegenwärtigen Systeme bis heute die Kultur dominieren. Es geht also darum, den Ursprung dieser Ästhetiken des Statischen, die Formation ihrer Begriffe und die Ursache ihrer sozialen Wirksamkeit zu finden bzw. zu beschreiben. Wir werden ihren Ursprung in das 19. Jahrhundert verlegen und die Ursache der Geschichtsmächtigkeit in der Dominanz des Kapitals orten. Dies deswegen, weil unsere fundamentale These lautet: Es ist die industrielle Revolution, insbesonders die zweite elektronische (postindustrielle) Phase, welche die Transformation der klassischen Kunst in die Medienkunst bewirkt hat. Die geltenden ästhetischen Urteile sind aber von dieser Transformation mehr oder minder unberührt geblieben, weil die Logik des Kapitals, die untrennbar mit der Logik der Kunst verknüpft ist, die soziale Dominanz der klassischen Ästhetiken durchsetzt. Einerseits willentlich aus Gründen des Klassenkampfes, der gesellschaftlichen Reproduktion von Wissen als Monopol der staatlich subventionierten Bürgerkultur, andererseits weil die Adjustierung der klassischen Ästhetiken an die zeitgenössischen künstlerischen Produktionsmethoden eine Analyse des Isomorphismus von I und T bedeuten würde, die letztlich nach einer Uminterpretation seiner sozialen Basis, der industriellen Revolution verlangen würde, also nach einer radikalen Infragestellung der gesellschaftlichen Ordnung selbst. Die klassischen Ästhetiken sind ein Instrument des Klassenkampfes, dessen Kern die Ideologisierung der Isomorphie darstellt, welche den Produkten der menschlichen Kreativität nach klassenspezifischen Interessen Symbole und deren Bedeutungen zuordnet. Die Kapazität der Selbstbestimmung des Menschen kann in der gegenwärtigen industriellen Gesellschaft auf der Höhe der historischen Möglichkeiten weder realisiert noch vollständig erfahren werden, weil die semantische Realisation aller Isomorphismen, nicht nur der ästhetischen, sondern auch der ökonomischen, moralischen etc., dies verhindert. Durch eine sistierte Ästhetik werden die historischen Möglichkeiten der industriellen Revolution für eine gesteigerte Entfaltung der individuellen Möglichkeiten sistiert.

Dies ist der eigentliche Sinn jener ungeheuren Wortschlachten auf dem ästhetischen Felde. Unsere Absicht ist es, diese implizite Zwangsjacke historischer ästhetischer Systeme, welche die Medienkunstwerke bedecken und fesseln, zu zeigen. Darum ist es paradox, wenn der klassischen Kunst das Wort »Freiheit« in den Mund gelegt wird, so wie etwa die Feststellung, daß das Wort »lang« ja selbst kurz ist. Diese Freiheit der Kunst ist eine Art heterologische Paradoxie (siehe das implizite Zwangssystem).

Ästhetische Systeme: Kant, Hegel, Heidegger

Wie kann eine Ästhetik des Statischen auf eine Kunst der Bewegung angewendet werden? Unsere Kultur, in der eine Ästhetik des Statischen und des Objekts dominiert, wird daher mehrheitlich und fundamental eine Ästhetik der Bewegung und der Zeit exilieren und marginalisieren. Dies entspricht auch der tatsächlichen Situation, wenn wir den zentralen Schauplatz der Kultur im Kapitalismus, den Markt, betrachten. Eine Ästhetik des Objekts triumphiert über die Ästhetik des Zeichens (der Sprache, der immateriellen elektronischen Zeichen, der reisenden Zeichen der Zeit), eine Ästhetik des Raumes herrscht über die Zeit.

Beginnen wir mit der klassischen Kunstdefinition Lessings von 1776 in seiner Abhandlung über *Laokoon:* »Es bleibt dabei: die Zeitfolge ist das Gebiet des Dichters, so wie der Raum das Gebiet des Malers.« (18. Kap.). Dem Raum werden isomorph Bild und Skulptur und deren Symbole zugeordnet, der Zeit Musik und Sprache. Was geschieht nun aber, wenn auf Grund einer fortgeschrittenen Dynamisierung der Gesellschaft und einer Technologie der Bewegung die Bilder und Skulpturen selbst bewegt und dadurch zur Kunst der Zeit werden? Wenn es Bilder der Zeit gibt? Dann eben treten genau jene Widersprüche auf, wie ich sie vorher prophezeit habe. Allerdings besteht das Problem darin, daß diese Widersprüche gar nicht gesehen werden und auf Grund der beschriebenen ideologischen Funktion der Isomorphie auch gar nicht wahrgenommen werden können. Insofern die zeitbegründeten Werke nicht in das Schema des ästhetischen Systems passen, werden sie einfach nicht evaluiert. Da die klassischen Kriterien nicht passen, nicht passen können, werden die Werke ausgestoßen. Dies wird mit der Behauptung legitimiert, es gebe ja gar keine guten Werke der Medienkunst. Kein Wunder, da sie dem isomorphen Apparat der klassischen Ästhetik gar nicht entsprechen.

Kant und die Repräsentanz-Theorie der Kunst: Kunst und Schönheit

Kant sagt:

»Eine Naturschönheit ist ein schönes Ding; die Kunstschönheit ist eine schöne Vorstellung von einem Dinge« (Immanuel Kant, *Kritik der Urteilskraft*, Frankfurt, 1974, S. 246).

Die Kunstschönheit wird also als repräsentative Relation definiert, wobei die Eigenschaft des repräsentierten Objekts von diesem subtrahiert und auf die Relation selbst projiziert wird. Die Abbildung des Objekts durch den Isomorphismus (die Repräsentanz) verwandelt und neutralisiert das Objekt (zu einem Abstractum). Die Objekteigenschaften werden zu Relationseigenschaften und umgekehrt. Zumeist werden die Eigenschaften der isomorphen Abbildung auf das abgebildete Objekt selbst übertragen:

»Die schöne Kunst zeigt darin eben ihre Vorzüglichkeit, daß sie Dinge, die in der Natur häßlich oder mißfällig sein würden, schön beschreibt. Die Furien, Krankheiten, Verwüstungen des Krieges, und dergleichen können, als Schändlichkeiten, sehr schön beschrieben, ja sogar im Gemälde vorgestellt werden« (*op. cit.*, S. 247).

Kunst als schöne Beschreibung häßlicher Dinge ist nicht nur moralisch verwerflich, sondern vor allem als Isomorphie nicht valide. Wenn Krankheiten als schön beschrieben werden können, dann handelt es sich um beliebige Zuordnungen und Entsprechungen, um x-beliebige Isomorphismen. Dann können nicht nur Schmerzen als schön und heilsam, Verbrechen als schön und nützlich, dann kann auch das Häßliche selbst als schön beschrieben werden. Woher aber soll ich dann wissen, daß das Häßliche häßlich ist? Es handelt sich also wiederum um einen Widerspruch. Kant ist das selbst aufgefallen, darum hat er – ähnlich wie bei den 100 Jahre später auftretenden Paradoxien der Mengenlehre – naive Einschränkungen auferlegt:

»Nur eine Art Häßlichkeit kann nicht der Natur gemäß vorgestellt werden, ohne alles ästhetische Wohlgefallen, mithin die Kunstschönheit zu

Grunde zu richten: nämlich diejenige, welche Ekel erweckt« (*op. cit.*, S. 243).

Die Kunst kann daher nur jenseits von schön und häßlich, jenseits der Diktatur des Geschmacksurteils funktionieren, wie Duchamp gezeigt hat. Um die in seinem Isomorphismus lauernde Beliebigkeit zu kaschieren, muß Kant das relationale Gefüge seines ästhetischen formalen Systems zurückbiegen auf den Ausgangspunkt der Referenz selbst. Seine Isomorphie wird selbstreferentiell. Die zu I gehörenden Symbole S werden zuerst in T abgebildet, wobei die Eigenschaften von S auf T projiziert, um schließlich wieder auf I rückprojiziert zu werden. Die Naturschönheit ist zuerst ein schönes Ding. Repräsentanz und Objekt sind isomorph, identisch. Die Kunstschönheit zeichnet sich dadurch aus, daß Repräsentanz (schön) und Objekt (schändlich) getrennt sind, eine arbiträre Relation haben, wie später de Saussure entdecken wird. Diese Arbitrarität wird verdeckt, indem die Kunstschönheit nicht mehr das Ding ist, sondern bloß repräsentiert. Die Repräsentanzfunktion übernimmt dabei die Eigenschaften des Objekts. Der Signifikant wird gleichsam zum Signifikat. Daher ist es logisch, daß schließlich auch die Differenz zwischen Naturschönheit und Kunstschönheit zerfällt und wieder identisch wird. In einem semantischen Zusammenbruch wird die Kunstschönheit doch wieder zu einer Naturschönheit.

»§ 45. Schöne Kunst ist eine Kunst, sofern sie zugleich Natur zu sein scheint. An einem Produkte der schönen Kunst muß man sich bewußt werden, daß es Kunst sei, und nicht Natur; aber doch muß die Zweckmäßigkeit in der Form desselben von allem Zwange willkürlicher Regeln so frei scheinen, als ob es ein Produkt der bloßen Natur sei. Auf diesem Gefühle der Freiheit im Spiele unserer Erkenntnisvermögen, welches doch zugleich zweckmäßig sein muß, beruht diejenige Lust, welche allein allgemein mitteilbar ist, ohne sich doch auf Begriffe zu gründen. Die Natur war schön, wenn sie zugleich als Kunst aussah; und die Kunst kann nur schön genannt werden, wenn wir uns bewußt sind, sie sei Kunst, und sie uns doch als Natur aussieht« (*op. cit.*, S. 241).

Aus dieser Passage erkennen wir, daß sich unter dem (scheinbaren) Antagonismus von Natur und Kunst in Kants Begriffsnetz ein weiterer (scheinbarer) Antagonismus verbirgt, nämlich von Zweckmäßigkeit und Freiheit. Kunst soll zwar von Regeln hergestellt sein, durch Absichten geleitet werden und einem Zweck folgen, aber gleichzeitig muß sie die Eigenschaften der Natur aufweisen, einer natürlichen Ordnung folgen und nicht willkürlichen Regeln. Sie soll ein freies Spiel sein und nicht dem Zwang der Zweckmäßigkeit unterliegen. Dieser Widerspruch zwischen Naturschönheit und Kunstschönheit ist also der von Absicht und Absichtslosigkeit, von Zweck und Zwecklosigkeit, von Interesse und Interesselosigkeit. Die Aporie in Kants ästhetischem System verlangt, daß ein Kunstprodukt gleichzeitig ein Naturprodukt ist. Da dies aber nicht möglich ist, soll es Kunst sein, aber wie Natur scheinen. Der Kunst haftet also der Schein als Notwendigkeit an. Die Kunst wird zu einer Maschinerie der Illusion. Sie soll ein Produkt von Regeln sein, aber die Regeln nicht zeigen. Sie soll absichtlich sein, doch nicht absichtlich scheinen.

»Also muß die Zweckmäßigkeit im Produkte der schönen Kunst, ob sie zwar absichtlich ist, doch nicht absichtlich scheinen; d.i. schöne Kunst muß als Natur anzusehen sein, ob man sich ihrer zwar als Kunst bewußt ist. Als Natur aber erscheint ein Produkt der Kunst dadurch, daß zwar alle Pünktlichkeit in der Übereinkunft mit Regeln, nach denen allein das Produkt das werden kann, was es sein soll, angetroffen wird; aber ohne Peinlichkeit, ohne daß die Schulform durchblickt, d.i. ohne eine Spur zu zeigen, daß die Regel dem Künstler vor Augen geschwebt, und seinen Gemütskräften Fesseln angelegt habe« (*op. cit.*, S. 241).

Doch der Illusionscharakter der Kunst ist nicht der alleinige logische Kunstgriff, mit dem Kant den Widersprüchen seiner Ästhetik zu entfliehen trachtet. Er führt dazu zwei weitere Begriffe ein, nämlich das Genie und das Sublime. Das Genie ist eine Art Deus ex machina, welches die widersprüchlichen Eigenschaften in sich vereint. Es ist nämlich Natur pur, welches der Kunst die Regeln gibt. Genie ist gleichsam eine angeborene, also natürliche Regel. Über das Genie schreibt die Natur der Kunst die Regeln vor. Das Genie ist dadurch ausgezeichnet, daß es die historischen Regeln der Kunst weder kennt noch akzeptiert. Das Genie kennt keine Regeln, weil es selbst Regeln setzt. Das Genie ahmt nicht nach, nämlich irgendwelche Regeln, sondern ist ursprünglich, sein Maß ist die Originalität allein. Daher müssen die »schönen Künste notwendig als Künste des Genies betrachtet werden«. Um den logischen Konflikt zwischen Regeln und Regelfreiheit zu lösen, erfindet Kant den Begriff des Originalgenies. Von daher datiert der Mythos des Originals, sei es als Schöpfer, sei es als Werk, welcher die Kunst des 20. Jahrhunderts, die eine technische Kunst der Reproduktion ist, negativ überschattet.

Die logische Kluft zwischen Natur und Kunst, d. h. zwischen Freiheit und Regel, löst Kant, indem er ein tertium comparationis einführt, das Genie, vergleichbar dem Geld. Das Genie ist regellos, daher ist es Natur, und zugleich setzt es Regeln, daher ist es Kunst. Das Genie, das »als Natur die Regel gebe«, ist Kunst und Natur zugleich. Kant mußte den Begriff des Originalgenies einführen, um die begrifflichen Widersprüche seines Systems zu überbrücken und zu kitten. Nur durch das Genie kann Kunst in seinem System schöne Kunst werden. Damit wurde zwangsläufig die technische, mechanische, konzeptuelle Kunst, für die das Walten eines »natürlichen« Genies, beispielsweise seine »natürlichen« Handbewegungen (gestisch, motorisch) weniger zu beobachten waren als die Regeln des Systems, der Sprache, die mechanischen Bewegungen oder digitalen Berechnungen des Apparates, nicht nur abgewertet, sondern zur zweckmäßigen Nichtkunst oder Lohnkunst, zu Gewerbe erklärt. Der »Konstrukteur« ist nicht das Sinnbild des Originalgenies. »Es lebe die Maschinenkunst« – dieses künstlerische Programm, das zu Anfang des 20. Jahrhunderts einsetzte, war daher ein Gegenprogramm zu Kants Ästhetik und bildet auf logische Weise ein Element der Antikunst, die sich als Negation der klassischen Ästhetik versteht.

Unter dem Druck der »Naturgabe der Kunst als schöner Kunst«, des Genies und der Originalität wird die mechanische Kunst zu einer minderwertigen Kunst des Fleißes und der Erlernung. Aber um den Naturbegriff zur Kunst erweitern zu können, reichte der Begriff der Schönheit nicht aus. Da auch in der Natur selbst Regeln und Systeme nach Gesetzen vorzufinden sind (»Die selbständige Naturschönheit entdeckt uns eine Technik der Natur, welche sie als ihr System nach Gesetzen... vorstellig macht, ...«, S. 166), kollabierte die Unterscheidung des Kunstschönen vom Naturschönen auf der Basis der Regelmäßigkeit. Zur Differenzierung mußte daher Kant einen weiteren Begriff einführen, den der Erhabenheit, den er dann allerdings nicht in der Natur, sondern nur im Menschen selbst verankern konnte.

»Zum Schönen der Natur müssen wir einen Grund außer uns suchen, zum Erhabenen aber bloß in uns und der Denkungsart, die in der Vorstellung der ersteren Erhabenheit hineinbringt; eine sehr nötige vorläufige

Bemerkung, welche die Ideen des Erhabenen von der einer Zweckmäßigkeit der Natur ganz abtrennt, ...« (*op. cit.*, S. 167).

Erhabenheit ist also nur im urteilenden Subjekt, nicht im Naturobjekt selbst, zu finden. Nicht die Gebirgsmassen sind erhaben, sondern die Macht der Einbildungskraft des Menschen erregt in uns das Gefühl des Erhabenen. Kunst als Mythos des Originals – vom Schöpfer als Originalgenie bis zum Werk als Original – entstand, weil Kant so die Widersprüche der Produktion auf der Seite des Menschen, nämlich daß offensichtlich dabei Regeln befolgt wurden, aber gleichzeitig nicht durften, zu tilgen hoffte. Mit einem zweiten Mythos der Kunst, nämlich dem Mythos der Imagination, hoffte Kant, die Widersprüche der Produktion auf Seiten der Natur, da es offensichtlich auch in der Natur Regeln und Gesetze gibt, zu löschen. Kants Ästhetik der Repräsentation ist insofern transzendental, als sie nicht nur das konstitutive Element der Schönheit in den Repräsentationsapparat selbst verlagert hat (in der Natur ist ein Ding schön, in der Kunst ist die Repräsentation eines Dings schön), sondern auch die eigentliche zentrale ästhetische Kategorie, nämlich das Erhabene, in das Bewußtsein des Subjekts. Andererseits bleibt Kants Ästhetik stets referentiell auf die Realität der Dinge angewiesen.

»Man kann das Erhabene so beschreiben: es ist ein Gegenstand (der Natur), dessen Vorstellung das Gemüt bestimmt, sich die Unerreichbarkeit der Natur als Darstellung von Ideen zu denken« (*op. cit.*, S. 171).

Durch diese Referenz der Repräsentation auf die Natur als letzten Signifikant liefert Kant letztendlich doch eine ontologische Begründung des Kunstwerkes.

Heidegger und die ontologische Begründung des Kunstwerkes: Kunst und Sein

Martin Heidegger hat die Physik des Dinghaften am Kunstwerk auf die Spitze getrieben. Er wählte als exemplarisches Werk van Goghs bildliche Darstellung von »Schuhzeug« (ein Paar »Bauernschuhe«).

»Aus der dunklen Öffnung des ausgetretenen Inwendigen des Schuhzeugs starrt die Mühsal der Arbeitsschritte. In der derbgediegenen Schwere des Schuhzeugs ist aufgestaut die Zähigkeit des langsamen Ganges durch die weithin gestreckten und immer gleichen Furchen des Ackers, über dem ein rauher Wind steht. Auf dem Leder liegt das Feuchte und Satte des Bodens. Unter den Sohlen schiebt sich hin die Einsamkeit des Feldweges durch den sinkenden Abend. In dem Schuhzeug schwingt der verschwiegene Zuruf der Erde, ihr stilles Verschenken des reifenden Korns und ihr unerklärtes Sichversagen in der öden Brache des winterlichen Feldes. Durch dieses Zeug zieht das klaglose Bangen um die Sicherheit des Brotes, die wortlose Freude des Wiederüberstehens der Not, das Beben in der Ankunft der Geburt und das Zittern in der Umdrohung des Todes. Zur Erde gehört dieses Zeug und in der Welt der Bäuerin ist es behütet. Aus diesem behüteten Zugehören ersteht das Zeug selbst zu seinem Insichruhen« (M. Heidegger, *Der Ursprung des Kunstwerkes*, Stuttgart 1962, S. 29-30).

Doch nicht nur Welt und Erde sind da im Zeug, van Goghs Gemälde ist die Öffnung dessen, was das Zeug, das Paar Bauernschuhe, in Wahrheit ist. »Das Kunstwerk gab zu wissen, was das Schuhzeug in Wahrheit ist« (*op. cit.*, S. 32). Um die Probe aufs Exempel zu machen bzw. zu geben, verweisen wir auf den Brief Meyer Shapiros, des eminenten amerikanischen Kunsthistorikers, worin dieser nachwies, daß es sich bei den abgebildeten Schuhen nicht um irgendwelche Bauernschuhe, sondern um Stadtschuhe von van Gogh höchstpersönlich handelte, mit denen dieser die Boulevards von Paris abgegangen ist. In ihnen wäre also nicht der Zuruf der Erde, sondern der Steine und der Stadt zu suchen. Das Zeugsein des Zeuges bedarf des Kunstwerks, um als solches zu sein. »Erst durch das Werk und nur im Werk, kommt das Zeugsein des Zeuges eigens zu seinem Vorschein« (*op. cit.*, S. 32). Wenn wir nun das Ding mit Heidegger als eine Art von Zeug definieren, »das seines Zeugseins entkleidet« ist, so sehen wir, daß Heidegger versucht, über das Tripel Ding, Zeug und Werk zum Begriff des Seienden im Allgemeinen vorzustoßen. »Dieses Seiende tritt in die Unverborgenheit seines Seins heraus. Die Unverborgenheit des Seienden nannten die Griechen *alétheia*. Wir sagen Wahrheit und denken wenig genug bei diesem Wort. Im Werk ist, wenn hier eine Eröffnung des Seienden geschieht in das, was und wie es ist, ein Geschehen der Wahrheit am Werk« (*op. cit.*, S. 33). Das Zeug bedarf also des Werks nicht um zu sein, sondern um wahr zu sein. Wenn das allgemeine Wesen der Dinge und des Zeuges im Werk wiedergegeben wird, so deshalb, weil »im Werk der Kunst sich die Wahrheit des Seienden ins Werk gesetzt hat«. Das Dinghafte des Dinges, das Zeugsein des Zeuges und das Werkhafte des Werkes bilden bei Heidegger die dreifache Begründung des Kunstwerkes aus dem Sein. Das Sein des Seienden kommt im Werk in das Lichte seines Seins. Doch dieses Sein hat nur insofern Bedeutung, als es unverborgen ist, als es wahr ist. Wie bei Kant ein Signifikant den anderen verdeckte, verbirgt der Text des Seins den Subtext der Wahrheit. Es geht nicht mehr um Naturschönheit und Kunstschönheit, sondern die neuen Antagonismen lauten: Wahrheit des Seins und Kunstwerk. »Im Kunstwerk hat sich die Wahrheit des Seienden ins Werk gesetzt« (*op. cit.*, S. 38). Die Verkoppelung von Werkbegriff und Wahrheitsbegriff in der Kunst ist allein möglich durch ihre ontologische Fundierung, durch ihre Referenz auf das Sein. Bei Heidegger tritt das Sein an die Stelle des Schönen bei Kant. Das Schöne ist nur mehr »das Erscheinen der Wahrheit«. Das Schöne gehört zum Sich-Ereignen der Wahrheit.

Kunst und Wahrheit: Hegel, Begründung und Beendigung der Kunst durch den absoluten Geist

Die Frage nach der Wahrheit als Begriffsbestimmung der Kunst hat Hegel in seinen *Vorlesungen über die Ästhetik* eingeführt:

»Die Form der sinnlichen Anschauung nun gehört der Kunst an, so daß die Kunst es ist, welche die Wahrheit in der Weise sinnlicher Gestaltung für das Bewußtsein hinstellt« (*op. cit.*, S. 140).

Die Repräsentanz-Theorie Kants lehnt er vorweg ab. Er durchschaut den Trick der isomorphen Abbildung, mit der die Qualität von Gegenständen (z. B. »schöne Blumen«) zur allgemeinen Schönheit (der Natur und der Kunst) abstrahiert wird. Seine Referenz, sein letzter Signifikant ist der Geist. Hegel fundiert die Kunst aus dem Geist (nicht aus der Natur). Daher steht die Kunst a priori über der Natur.

»Denn die Kunstschönheit ist die aus dem Geiste geborene und wiedergeborene Schönheit, und um soviel der Geist und seine Produktionen höher steht als die Natur und ihre Erscheinungen, um soviel auch ist das Kunstschöne höher als die Schönheit der Natur« (*op. cit.*, S. 14).

Auch wendet sich Hegel gegen Kants Bestimmung der Kunst als Illusion, als Schein. Da Kunst von Geist kommt, kann sie nicht täuschen, sondern ihr Schein ist nur der höhere Schein des Geistes, der dem Anschein der Dinge widerspricht. »... der Schein selbst ist dem Wesen wesentlich, die Wahrheit wäre nicht, wenn sie nicht schiene und erschiene, wenn sie nicht für Eines wäre, für sich selbst sowohl als auch für den Geist überhaupt« (*op. cit.*, S. 21). Der Kunst fehlen daher nicht Wahrheit und Realität, denn die Welt der gewöhnlichen Wirklichkeit, der Empirie, deren Eigenschaften der Kunst fehlen mögen, ist nicht »die Welt der wahrhaften Wirklichkeit«.

»Den Schein und die Täuschungen dieser schlechten, vergänglichen Welt nimmt die Kunst von jenem wahrhaften Gehalt der Erscheinungen fort und gibt ihnen eine höhere, geistgeborene Wirklichkeit. Weit entfernt also, bloßer Schein zu sein, ist den Erscheinungen der Kunst, der gewöhnlichen Wirklichkeit gegenüber, die höhere Realität und das wahrhaftigere Dasein zuzuschreiben« (*op. cit.*, S. 22).

Das Wirkliche und Wahre stiftet der Geist. An dessen Absolutheit allerdings scheitert nicht nur die Realität, sondern letztlich auch die Kunst. Die Kunst schwebt zwar über der Natur, aber unter dem Geist. Scheint Hegel zuerst die Kunst (vor Kant) retten zu wollen, stürzt er sie bald umso tiefer, als er beginnt, die Kunst an den absoluten Ansprüchen des Geistes zu messen.

»Wenn wir nun aber der Kunst einerseits diese hohe Stellung geben, so ist andererseits ebensosehr daran zu erinnern, daß die Kunst dennoch weder dem Inhalt noch der Form nach die höchste absolute Weise sei, dem Geiste seine wahrhaften Interessen zum Bewußtsein zu bringen. Denn eben ihrer Form wegen ist die Kunst auch auf einen bestimmten Inhalt beschränkt. Nur ein gewisser Kreis und Stufe der Wahrheit ist fähig, im Elemente des Kunstwerks dargestellt zu werden« (*op. cit.*, S. 23).

Die Begründung der Kunst auf dem selbstreflexiven Geist, dem Bewußtsein, und auf der Wahrheit, erwies sich als das »Ende der Kunst«. In dieser Weise besteht das Nach der Kunst darin, daß dem Geist das Bedürfnis einwohnt, »sich nur in seinem eigenen Innern als der wahren Form für die Wahrheit zu befriedigen« (*op. cit.*, S. 142). Die Kunst ist also nicht die wahre Form der Wahrheit.

Als Hegel in der Einleitung fragte, ob die Kunst noch immer »die höchste Weise ausmacht, sich des Absoluten bewußt zu sein«, antwortete er: »Die eigentümliche Art der Kunstproduktion und ihrer Werke füllt unser höchstes Bedürfnis nicht mehr aus... Der Gedanke und die Reflexion hat die schöne Kunst überflügelt« (*Vorlesungen über Ästhetik,* Frankfurt 1986, S. 24). Nach Kunst und Religion als Bewußtsein von der Wahrheit ist gemäß Hegel die dritte Form des absoluten Geistes endlich die Philosophie. Für Hegel »bleibt die Kunst nach der Seite ihrer höchsten Bestimmung für uns ein Vergangenes«. Der Begriff trat an die Stelle des Bildes.

Erzeugerprinzipien von Kunst und Anti-Kunst

Trotz der Negativität seines Kunstverständnisses kommt Hegel das Verdienst zu, die Wahrheitsfunktion als neuen Begriff der ästhetischen Theorie aufgestellt zu haben. Die bisherigen Funktionen Repräsentanz und Referenz, das Schöne und das Sublime, wurden nun im Lichte der Wahrheit gemessen und erhielten nur in diesem Lichte ihre eigene Bedeutung. Mußte sich zuerst das Kunstwerk als Kunstschönes gegen Naturschönes behaupten, ging es nun um die Kunstwahrheit versus die Seinswahrheit. Sein und Wahrheit, Kunst und Wahrheit bildeten ein neues Beziehungs-Dreieck, welches das Begriffsfeld der Kunst absteckte:

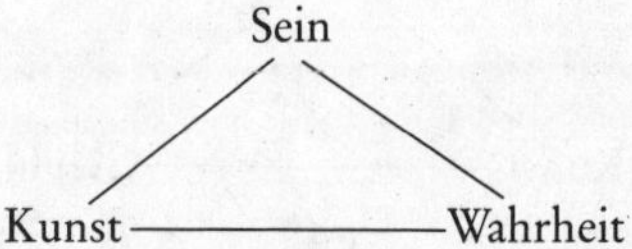

Dieses Tripel kontrastiert (bei Hegel) Werk und Wahrheit wie einst (bei Kant) Kunstschönheit und Naturschönheit, und wie künftig (bei Heidegger) Sein und Wahrheit. Wir können also ein neues Tripel bilden, das Kunst im klassischen Sinn erzeugt:

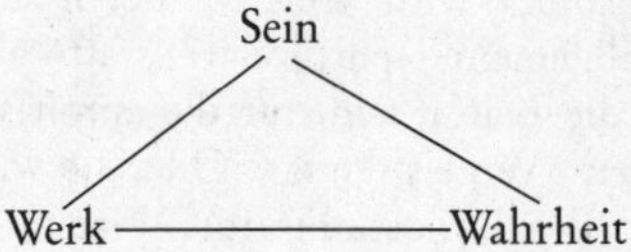

Dieses Tripel ist das fundamentale Beziehungsgestell, Dispositiv, der klassischen Ästhetik. Aus diesem fundamentalen Beziehungsgerüst lassen sich alle weiteren, detaillierteren Tripel der klassischen Ästhetik ableiten. Zwischen Schönheit und Wahrheit, zwischen Sein und Schein, zwischen Natur und Geist oszillierte das Kunstwerk. Wenn wir Kant, Hegel, Heidegger und ihre Erzeuger-Prinzipien zusammenfassen, kommen wir zu folgendem Tripel:

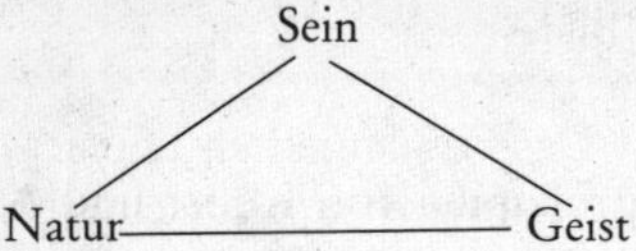

Aber wir erkennen gleichzeitig, daß abgründigere Begründungen dahinter lauern, nämlich:

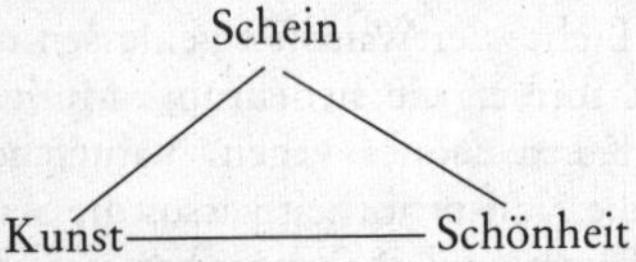

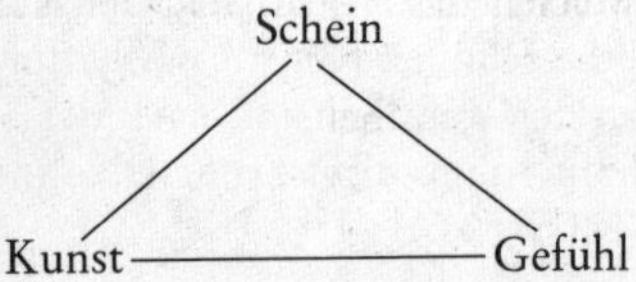

Das Wesen der Techno-Kunst hat darin bestanden, alle diese Erzeuger-Prinzipien und Tripel, zumal das grundlegende Tripel (Sein, Werk, Wahrheit), zu transformieren. In der Techno-Kunst, soweit sie Anti-Kunst ist, geht es also anfänglich schlichtweg nur um Negationen der historischen Dreifach-Begründungen der Kunst. Statt »absolut« wird »relativ« bevorzugtes ästhetisches Ziel sein, statt »allgemein« »partikulär«, statt »häßlich« »schön«. Sie wird contra die Natur sein, für die empirische, schmutzige Realität und gegen »Vergeistigung«. Oder sie wird wie die Konzept-Kunst auch der Philosophie ihr »Nach« vorrechnen und eine »Kunst nach der Philosophie« (J. Kosuth) deklarieren, so wie einst Hegel eine »Philosophie nach der Kunst«. Sie wird also den Begriff im Bild inthronisieren. Sie wird auch Werke ohne

Wahrheit schaffen, nur Hypothesen, Hybride und Simulationen. Sie wird sogar Kunst ohne Werke schaffen und Kunst ohne Kunst, die nicht mehr als solche kognisziert wird, anonyme, kollektive Kunst, ohne Originalgenies. Künstliche Kunst, ohne Natur und ohne Geist, ohne Sein und ohne Wahrheit, eine »Kunst« jenseits von Kunst.

Das Fundamental-Tripel: Sein, Werk, Wahrheit und seine Derivate

So ist es nur ein spätes Echo, wenn Heidegger fragt: »Welche Wahrheit geschieht im Werk?« und in Widerspruch zu Hegel antwortet: »So wäre denn das Wesen der Kunst dieses: das Sich-ins-Werk-Setzen der Wahrheit des Seienden« (*op. cit.*, S. 33). Heidegger unterschlägt die geschichtliche Wahrheit, wenn er im nächsten Satz behauptet: »Aber bislang hatte es die Kunst doch mit dem Schönen und der Schönheit zu tun und nicht mit der Wahrheit.« So wie er Hegel verleugnet, verdreht er Kant, wenn er fortfährt: »Diejenigen Künste, die solche Werke hervorbringen, nennt man im Unterschied zu den handwerklichen Künsten, die Zeug verfertigen, die schönen Künste.« Allerdings stellt Heidegger die Frage nach der Wahrheit und nach der Schönheit anders als Hegel und Kant, ohne Transzendenz, ohne Subjekt, ohne Selbstreflexion des Geistes.

»Das Dinghafte am Werk soll nicht weggeleugnet werden; aber dieses Dinghafte muß ... aus dem Werkhaften gedacht sein. Steht es so, dann führt der Weg zur Bestimmung der dinghaften Wirklichkeit des Werkes nicht über das Ding zum Werk, sondern über das Werk zum Ding« (*op. cit.*, S. 37).

Am Anfang steht das Ding. Das Kunstwerk ist vor allem ein Ding. Heideggers Denken bewegt sich also innerhalb des Tripels (Ding, Werk und Zeug). Was das Zeug sei, ließ er uns durch ein Werk sagen, nämlich van Goghs Gemälde. Er zeigt uns, was im Werk am Wirken ist: »Die Eröffnung des Seienden in seinem Sein: das Geschehnis der Wahrheit« (*op. cit.*, S. 36). Durch das Tripel Ding, Zeug, Werk schimmert also eine Seinslehre der Wahrheit. Wahrheit und Sein werden selbstreferentiell wie Kunstschönheit und Naturschönheit bei Kant. Im Werk geschieht die Wahrheit des Seienden. Im Werk ist die Wahrheit am

Werk und Schönheit ist nur eine Weise, wie Wahrheit als Unverborgenheit west. Heidegger definiert also nicht nur die Wahrheit als Unverborgenheit des Seienden ontologisch, sondern auch die Schönheit. Insofern ist bei ihm Kunst ein Diskurs des Seins und der Wahrheit, aufgebaut auf dem Tripel Ding, Zeug, Werk.

»Das Kunstwerk eröffnet auf seine Weise das Sein des Seienden. Im Werk geschieht diese Eröffnung, d.h. das Entbergen, d.h. die Wahrheit des Seienden. Im Kunstwerk hat sich die Wahrheit des Seienden ins Werk gesetzt« (*op. cit.*, S. 37-38).

Wir können also sagen, daß auf dem Tripel Ding-Zeug-Werk sich ein neues Tripel aufbaut, das lautet: Werk-Sein-Wahrheit, wobei unter Werk Ding und Zeug subsumiert werden. Das Wesen der Kunst wird bestimmt als das Ins-Werk-Setzen der Wahrheit. Und das Werksein des Werkes ist, wie Wahrheit geschieht. Die Wahrheit ist die Unverborgenheit des Seienden.

»Wenn die Wahrheit sich in das Werk setzt, erscheint sie. Das Erscheinen ist – als dieses Sein der Wahrheit im Werk und als Werk – die Schönheit. So gehört das Schöne in das Sich-ereignen der Wahrheit« (*op. cit.*, s. 93).

Wir können also nun zusammenfassend die klassische Ästhetik als eine ontologische Begründung des Kunstwerkes definieren, in der die Begriffe Wahrheit, Schönheit, Ding, Werk, Wirklichkeit und Sein in einem Begriffsnetz zirkulieren. Dieses Begriffsnetz ist als eine Kette von Tripeln formulierbar, dessen Elemente eine logische Signifikanten-Kette darstellen.

Das Tripel:

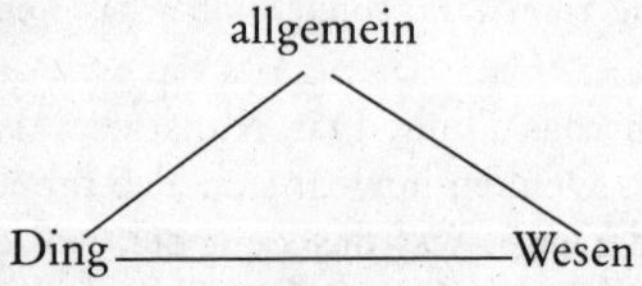

wird zu:

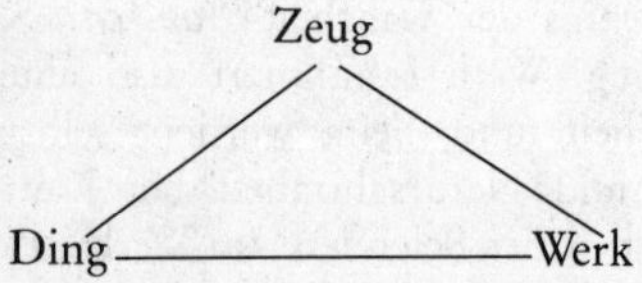

oder zu:

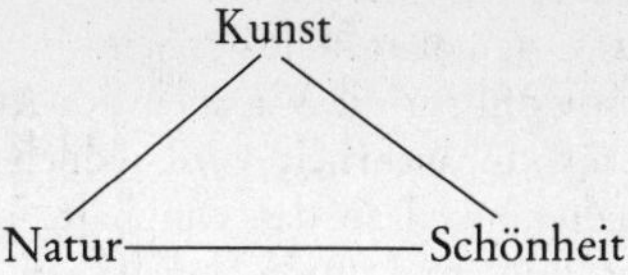

Das zentrale Tripel der klassischen Ästhetik, die aus dem Sein begründet wird, lautet daher:

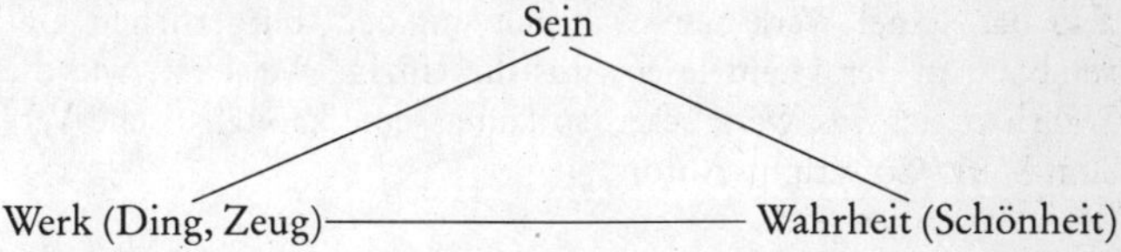

Unter diesem fundamentalen Tripel der klassischen Ästhetik verbergen sich aber noch viele andere mögliche Tripel, wie z. B.:

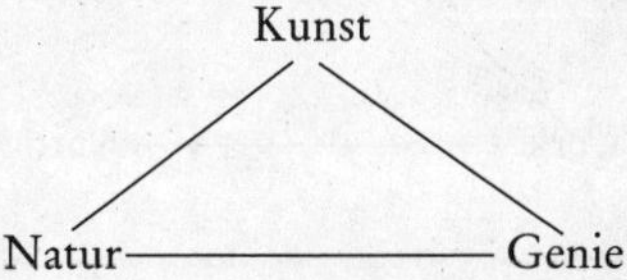

oder:

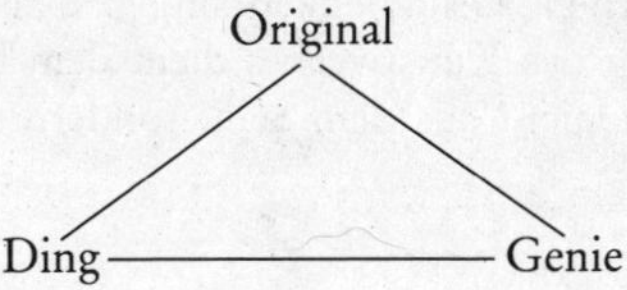

oder:

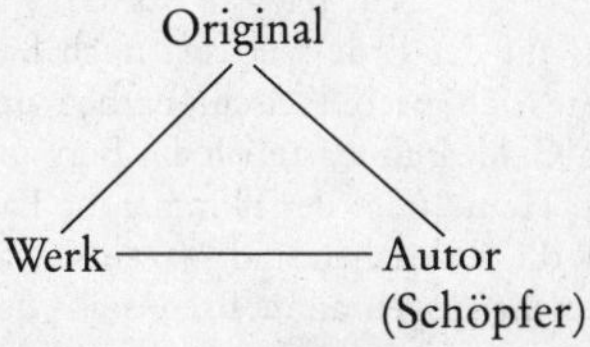

Dieses letztere Tripel (Werk-Original-Autor) stellt offensichtlich die Normalausgabe des metaphysischen Tripels Werk-Sein-Wahrheit dar. Das Original anstelle des Seins bürgt in der bürgerlichen Ideologie sowohl für die Wahrheit des Autors wie für die Qualität des Werks. In Wahrheit wird jedoch am Werkbegriff sklavisch festgehalten, weil so das Dinghafte des Kunstwerkes konserviert bleibt, und am Autorenbegriff, weil so die verlorene Gottähnlichkeit des Menschen, seine metaphysische Deszendenz weiterhin behauptet werden kann. Und am Originalbegriff wird festgehalten, um das bürgerliche Copyright zu sichern. Wenn wir also das Tripel Werk-Sein-Wahrheit mit dem bürgerlichen Gesetzbuch in der Hand lesen, was die einzige Weise ist, wie die Wahrheit sich ins Werk setzt, so lautet seine kapitalistische Version Werk-Copyright-Autor.

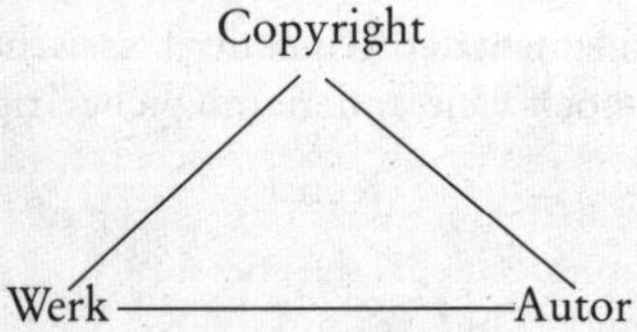

Die ontologische Begründung des Kunstwerks steht also im Dienste der Legitimation eines kapitalistischen Werkbegriffs, der auf bürgerlichem Besitzdenken aufgebaut ist. Die ontologische Begründung des Kunstwerkes dient dem bürgerlichen Besitzdenken, west nicht aus dem Sein, sondern stammt aus dem Haben.

Techno-Ästhetik: Transgression statt Transzendenz

Es gab eine Zeit, da war das Gras grün, der Himmel blau, auf der Erde wuchsen noch Bäume. Der Mensch sehnte sich nach Fleisch, Farben und Gerüchen statt nach Geld. Fuji war noch ein Berg und kein Videokonzern. Heute trägt der Himmel die Farbe von Bildschirmen, die verloschen sind. Wo einst Wälder waren, gibt es nur mehr ausgebrannte Brennstäbe der Kultur. Die Vororte heißen alle TV. In den Wüsten aus Beton, die einst Städte waren, grüßen einander nur mehr die Gerippe der technischen Zivilisation. In der Vorhölle der Zeit tritt der schwitzende Teufel auf als Fernsehintendant und der Abend bricht zusammen unter der Last der Programme, schweißüberströmt und stöhnend. Eine Zivilisation gebaut auf Schuld und Hohn hieß Eurovision. Kritik war die optimale Strategie des Opportunismus, Kunst eine Filiale der Banken und Konzerne. Das Sein verweste. Wolken voller Blut rollten über die Dome leeren Papiers. Menschenleere Türme aus geschmolzenen Banknoten bildeten eine undurchdringliche Skyline der Korruption. Realität war nur die Fiktion der Macht. Es gab eine Zeit, da gab es noch Zeit und nicht nur Reklame für Zeit.

So oder anders könnte in apokalyptischen Tönen der Zustand der Welt nach ihrer Techno-Transformation beschrieben werden. So gewaltig waren die Wirkungen jener Wesen, welche die Menschen mit Hilfe der Natur und ihrer Gesetze zur Welt brachten: die Maschinen. Die Techno-Welt der Maschinen stellt eine radikale Transformation des Seins dar. So weit und so tief, daß Heidegger sagen konnte: »Die Technik, deren Wesen das Sein selbst ist, läßt sich durch den Menschen niemals überwinden. Das hieße doch, der Mensch sei der Herr des Seins« (Martin Heidegger, *Die Technik und die Kehre*, Pfullingen 1962, S. 38). So sah Heidegger im »Wesen der Technik ... die äußerste Gefahr«. In der Tat will der Mensch mit Hilfe der Technik Herr des Seins werden und sich die Erde untertan machen. Insofern transformiert die Technik das Verhältnis des Menschen zur Natur und zur Gesellschaft. Unter dem Druck der industriellen Revolution erfolgte auch die Transformation der klassischen Kunst in die technische Medienkunst. Die Isomorphie fand neues intuitives Material I für neue Theorien T vor. Diese neue Techno-Ästhetik bildete eine der Grundlagen, wenn nicht die zentrale, für alle Avantgarde-Bewegungen der Künste im 20. Jahrhundert, die allerdings zum Teil jenseits des Kunst-Marktes und -Betriebes stattfanden. Im Überschreiten der Grenzen der klassischen Künste und des Marktes definierte sich der Motor der Geschichte der Avantgarde: Transgression statt Transzendenz. Die Transgression (und Transformation) wurde zu einem Element der Kunst.

Nicht mehr die Welt in toto ist im technischen Zeitalter das Medium des Menschen wie einst im paradiesischen Zustand seiner vollkommenen Übereinstimmung mit der Natur, sondern durch die Technik ist das Verhältnis von Natur und Gesellschaft, von Kultur und Mensch ein unendlicher Prozeß der Differenzierung geworden, ein ins Unendliche verschobener Prozeß der Entscheidung.

Der Begriff Technik kann nämlich seit Aristoteles von dem der Schöpfung nicht getrennt werden: »Überhaupt sucht unsere Techné teils zu bewirken, was die Natur nicht zustande bringen kann, teils ahmt sie die Natur nach.« (Aristoteles, *Physikalische Vorlesung*, Paderborn 1956, S. 80). Die Technik ist also keinesfalls bloßes Instrument noch Werkzeug, sondern eine schöpferische Tätigkeit, wenn nicht sogar als Rationalität des Realen eine absolute Schöpfung. Wenn Leroi-Gourhan unter diesem Aspekt schreibt, »die technische Tendenz führt die Konstruktion des ganzen Universums fort« (A. Leroi-Gourhan, *Milieu et techniques*, Paris 1945, S. 359), so muß diese an und für sich richtige Behauptung dahingehend modifiziert werden, daß es sich um eine sozial vermittelte, menschliche Konstitution des Wirklichen handelt. Insofern ist die Technik die Konstruktion des Universums als Morphogenese des Menschen, ist Technik der Text der Natur im Buch des Menschen, der aber selbst wiederum seinen Ursprung in der Natur hat. Wenn also die Technik erschafft bzw. nur vollendet, was die Natur nicht zustande bzw. nicht zu Ende bringen kann, dann erhebt sich die Technik unstreitig aus der Sphäre der Ontologie, aus dem Modus des Seins, und wird zu einem entscheidenden Moment menschlicher Tätigkeit und Vernunft, zu einem sozialen Akt. Das Wesen der Technik ist also weniger das Sein als der Mensch selbst. Technik ist nicht mehr das Werkzeug, sondern das Schaffen von Werkzeugen und Werken. Technik muß mit Aristoteles dynamisch, prozessual gedeutet werden, als Wirken und Bewirken, als Schaffen und Schöpfen. Technik erzeugt und schafft Geschichte, nicht nur des Menschen, sondern auch der Erde. Die Geschichte der Erde als Umformung der Natur durch den Menschen – das ist Technik. Insofern geht es bei der Technik weniger um die Unterscheidung von Handwerk und Kunst, oder von Natur und Kunst oder Sein und Mensch, sondern von Wissen und Nichtwissen. Techné bedeutet also in erster Linie eine Weise des Wissens, erfahrenes Wissen. Daraus erschließt sich, daß Handwerk und Kunst dasselbe Synonym, nämlich techné hatten, weil sie im Wissen eins waren. Aristoteles nennt das Fehlen der Kunst, die atechnia, ausdrücklich falsche Vernunft. Kunst könnte daher ein Wissen sein, das nicht aus der Dialektik des Hegelschen Geistes stammt, sondern aus dem erfahrenen Wissen, aus dem logos aléthés. Techné heißt daher Vernunft (was beileibe nicht das gleiche ist wie technische Intelligenz), und atechnia heißt Unvernunft.

Technik und Sein

Es ist offenbar der Logos, der logos aléthés, der darüber entscheidet, ob etwas existiert, etwas sein kann, etwas zu sich kommt, oder nicht. Nur insofern hat Heidegger recht, wenn er die Frage nach der Technik mit der Seinsfrage verknüpft. Die Gefahr besteht darin, daß die Technik (und nicht der Mensch) der Herr des Seins werde. Der Mensch kann ja, laut Heidegger, niemals Herr der Technik werden und damit niemals Herr des Seins. »Technik läßt sich niemals durch ein bloß auf sich gestelltes menschliches Tun meistern« (Heidegger, *op. cit.*, S. 38). Andererseits nimmt Heidegger zur Kenntnis, daß zum Wesen des Seins das Menschenwesen gehört, also auch die Technik nicht ohne die Hilfe des Menschenwesens auskommt bzw. zu sich kommt. Er muß also zwischen Technik und Mensch hinsichtlich ihres Wesens ein Wesensverhältnis auf der Basis des Seins stiften. So wird es für Heidegger immer schwieriger zu entscheiden, wer Herr über wen ist. Die Technik über das Sein, der Mensch über die Technik, der Mensch über das Sein, die Technik über den Menschen? Heidegger kann sich nur retten, indem er entgegen seiner ursprünglichen Hierarchie, daß der Mensch nicht Herr über das Sein und über die Technik sein kann, also an letzter Stufe der Ontologie steht, eine »Kehre« einführt und sich dabei bekanntlich auf Hölderlin beruft:

> »Wo aber Gefahr ist, wächst
> Das Rettende auch.«

Wenn die Technik als Ge-stell die Gefahr der Seinsvergessenheit war, die sich gegen die Wahrheit seines Wesens verkehrt, und somit die Technik das Scheinen und Walten der Wahrheit als Gestell verstellt und auch den Weg zur Natur verstellt, aber gleichzeitig die Technik jenes Entbergen ist, das die Wahrheit in den Glanz des Scheinenden bringt, die Technik geradezu das Geschick der Entbergung der Wahrheit, d. h. die eigentliche Wahrheitsform ist, dann ist Technik auch die Rettung und die Befreiung: »Alles Entbergen kommt aus dem Freien, geht ins Freie und bringt ins Freie« (*op. cit.*, S. 25). Technik als Ge-stell verstellt also nicht den Weg zur Natur, sondern als Weg, Weise und Wesen des Entbergens stellt Technik auch Freiheit her. So wird der Mensch nicht Herr des Seins, sondern »der Hirt des Seins«, der auf die Wahrheit des Seins wartet. Technik als Form der Vernunft, als Form der Wahrheit des Seins.

Diese dubiose Dialektik der Kehre, wonach die Technik sowohl Wahrheit entbirgt wie verbirgt, wonach die Technik sowohl die Gefahr wie das Rettende, sowohl das Sein wie Feind des Seins ist, rührt im Grunde aus der schöpferischen Funktion und schöpferischen Bestimmung der Technik selbst her. Durch diese Macht des Herstellens tritt die Technik gleichsam in Konkurrenz zur Natur. Wie aber Plato und Aristoteles schon feststellten, kann die Technik die Natur sowohl nachahmen wie auch vollenden. Solange die Technik als Poesie oder als Kunst die Nachahmung einer Physis ist, die schon existiert und vorgegeben ist, scheint sie für eine konservative Ideologie in Harmonie mit der Natur zu sein. Sobald die Technik aber bewirkt und vollendet, was die Natur nicht zustande bringen kann, also die Natur übertrifft, wird die Technik scheinbar das Andere der Physis, der Natur. Dann wird die Technik (scheinbar) zur Gefahr und zur Zerstörung. Aber der Anspruch und Zuspruch der Befreiung, der aus dem Wesen der Technik kommt, kann nicht in der Nachahmung der Natur konstituiert sein, im Reich der Notwendigkeit, sondern gerade im Gegenteil, in der menschlichen Konstitution der Wirklichkeit als Reich der Freiheit. Technik befreit von der Tyrannei des hic et nunc, vom Terror der Natur.

Technik und Freiheit

Die Freiheit, welche die Menschwerdung des Menschen aus dem Reich der Notwendigkeit, der Physis, darstellt, kommt aus jener schöpferischen Funktion der Technik, die gleichzeitig ihre Gefahr ist. Wenn Heidegger also schreibt, daß uns »unter der Herrschaft der Technik Hören und Sehen durch Funk und Film vergeht«, verstößt er gegen sein eigenes Denken, denn das Ge-stell verstellt nicht nur Welt, sondern schafft diese auch: »Dieses Sein selber aber west als das Wesen der Technik« (*op. cit.*, S. 43). Die Dialektik von Gefahr und Kehre, die solche Widersprüche schafft, daß Heidegger einmal dem Ge-stell zuschreibt, den Menschen in die Gefahr der Preisgabe seines freien Wesens zu stoßen, an anderer Stelle jedoch das Gegenteil behauptet – »Wenn wir uns dem Wesen der Technik eigens öffnen, finden wir uns unverhofft in einen befreienden Anspruch genommen« (*op. cit.*, S. 25) –, ist also auf jene ursprüngliche Ambivalenz der Technik zurückzuführen, sowohl Nachahmung als auch Vollendung der Natur, sowohl Knecht als auch Herr der Physis zu sein. Jenseits dieser Dialektik ereignet sich aber das eigentlich Entscheidende, nämlich die schöpferische, konstruierende Funktion der Technik selbst, welche den Menschen unweigerlich in ein neues Verhältnis zur Natur und zu sich selbst stellt. Freiheit ist im Horizont der Voraussage als Auto-Determination, als Selbst-Bestimmung über das, was jetzt und in der Zukunft geschehe, zu definieren. Hören und Sehen vergehen daher nicht durch die Technik, sondern kommen erst an: anfangs durch »die Technik der Natur« (Kant), dann durch die Technik der Technik.

Wir werden nun versuchen, jene Transformationen dieses Verhältnisses Schritt für Schritt beim Namen zu nennen, soweit es sich in der schöpferischen und nachahmerischen Funktion der Kunst selbst spiegelt.

Technik und Geist: Virtualität

Wenn wir nun als das Wesen der Technik seine Kraft des Herstellens, seine schöpferische Funktion als ursprüngliche Konzeption erkannt haben, so wird es sogleich offenkundig, daß die Versuche der gesamten bürgerlichen Ästhetiken, technische Kunst als bloß mechanische nachahmerische, unschöpferische, unoriginale, unkreative abzutun, einer heillosen Begriffsverwirrung entstammen. Diese Verwirrung entstammt dem Ge-stell, dem Auftauchen der Apparatur, die sich bei der technischen Kunst unvermeidlich zwischen das Darzustellende und das Dargestellte stellt, zwischen das Objekt und das Bild.

All jene Signifikanten-Ketten der klassischen Ästhetik, in denen Begriffe wie der Schöpfer, die Autonomie des Werkes, das Original, die Souveränität, die Unmittelbarkeit etc. eine entscheidende Rolle spielen, funktionieren nicht mehr, wenn etwas auftaucht, ein Element, ein Signifikant, der die historische Bedeutung dieser Begriffe stört oder gar negiert. Dieser Signifikant ist die Maschine. Wir haben gezeigt, wie das Mechanische und Technische in den historischen Ästhetiken als Gegenbild des Menschlichen, des Freien, des Kreativen abgewertet wurden. Die klassische Isomorphie hat alles Apparative in der künstlerischen Praxis vernachlässigt oder ausgeschlossen. Die klassische Isomorphie hat die Umwandlung eines Objektes in ein Bild, die Umwandlung eines Zustandes in eine Skulptur ohne ein Medium, ohne eine Methode, ohne einen Prozeß fingiert. Das, was den Isomorphismus ausführt, was die Abbildung realisiert, das Wie, Womit etc. hat diese ästhetische Theorie einfach ausgeschlossen. Das »implizite System«, auf dem dieser Isomorphismus aufgebaut ist, war natürlich getragen von einer ideologischen Absicht. Sie war eine bestimmte Ideologie, die die Fiktion von der absoluten Souveränität des Künstlers, des Bewußtseins, des Subjekts diktierte. Das Material, das Medium des Kunstwerkes, das Trägersystem der Transformation von einem Objekt zu einem Bild oder das materiale Medium der Konstruktion eines Kunstwerkes wurden ganz einfach deswegen ideologisch ausgespart, weil es einen zentralen Punkt, wenn nicht den zentralen Punkt der Ideologie, berührte: die Ontologie der Bilder selbst. Nämlich die Frage, womit, wodurch, worauf erscheint die Wahrheit (als Schönheit), »setzt sich die Wahrheit des Seienden im Kunstwerk ins Werk«. Ein Objekt wird nicht aus Luft und durch nichts zu einem Bild. Aber die Ontologie des Bildes setzt dies gleichsam voraus. Die ontologische Begründung des Kunstwerkes ist nur möglich, wenn ich die realen, materialen Prozesse der Konstruktion leugne. Dadurch gibt es eigentlich per se auch kein falsches oder schlechtes Kunstwerk. Laut der ontologischen Formulierung setzt sich ja »im Kunstwerk«, d. h. in jedem Kunstwerk, das – als solches einmal fixiert – jedes x-beliebige Werk sein kann, jede Wahrheit durch. Bestätigung des materialen Apparates des Kunstwerkes würde die Unmittelbarkeit der Entbergung des Seins in Frage stellen. Der technische Apparat der Kunst zeigt, daß es keine Ontologie der Kunst gibt, keine Wesenheiten, sondern nur Konstruktionen von Kunst. Das bewegte Bild zerstört also – wegen seiner unübersehbaren Apparatur (von der Kamera bis zum Projektor) – nicht nur die Ontologie des (statischen) Bildes, sondern jeder Kunst. Die Techno-Kunst vereitelt endgültig den klassischen Traum einer ontologischen Begründung der Kunst, da sie ein Konstrukt des Geistes und nicht der Natur ist. Das ambivalente, widersprüchliche Schwanken der ideologischen Position des Kunstwerkes zwischen Technik und Poesie, zwischen Technik und Kunst, zwischen Technik und Natur, das aus der antiken Frühphase der künstlerischen Praxis stammt, wo es durch die reine handwerkliche, menschliche Kreationstechnik der Kunst (wenn man Hammer und Pinsel beiseite läßt) noch eher möglich war, diese konstruktive Seite der künstlerischen Kreation beiseite zu schieben, ist bei der Techno-Kunst nicht mehr möglich, da diese ganz augenscheinlich mit Hilfe der technischen Apparatur erst ins Sein und ins Werk gesetzt werden kann. Die Technik setzt erst das Werk ins Sein. Ohne Technik gibt es bei der technischen Kunst keine Ontologie. Ohne Kamera kein Foto. Die Technologie begründet also bei der Techno-Kunst die Ontologie und nicht umgekehrt.

Wie ich zu zeigen versucht habe, wußten die klassischen ästhetischen Systeme selbst schon von ihrer diesbezüglichen Ambivalenz und wollten die dadurch auftretenden Widersprüche durch (naive) Konstrukte und Einschränkungen (vom Sublimen bis zur Kehre) aufheben. Dieses Schwanken zwischen Natur(schönheit) und Kunst(schönheit), zwischen Natur als Natur und Kunst als Technik, ist in der Techno-Kunst wegen ihrer eindeutigen Technologie nicht mehr möglich. Hier schiebt sich zu offenkundig und »axiomatisch«, zu einflußreich und zu »ontologisch« der Apparat zwischen Objekt und Bild. Gab es in der klassischen Ästhetik eine eindeutige Isomorphie zwischen Objekt und Bild, so kennzeichnet die Techno-Kunst das Tripel:

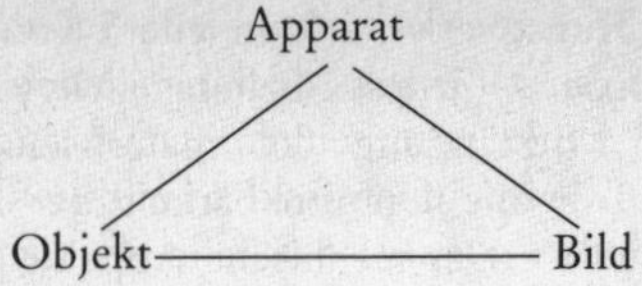

Diese Herrschaft des Apparates über die Ontologie der Kunst, obwohl in den klassischen ästhetischen Systemen geleugnet, ist aber den großen klassischen Künstlern immer schon bewußt gewesen und von diesen als Anti-Illusionismus, als Aufhebung der ontologisch gezeichneten Illusion betrieben worden. Von Zeuxis und Parrhasios in der Antike bis zu »Las Meniñas« von Velásquez wurde versucht, den im Tafelbild suggerierten Illusionismus als Ausbeutung des Realen und des Bewußtseins bloßzustellen und die illusionistischen Bedingungen des Bildes selbst zu sprengen. Kommerzielle Kunst (wie Hollywoodfilme) haben daher im Gegenteil wieder die Tendenz, den Beitrag der Apparatur bei der Konstruktion des Kunstwerkes zu verschleiern. Je maschineller das Kunstwerk wird, umso mehr versucht der Kommerz, die Maschine zu tarnen. Der perfekte Illusionismus der Kommerzkunst, das Illusions-Theater und der Hollywoodfilm, verwenden die Macht des Apparates (der symbolischen Ordnung), um das Imaginierte (das Bild) möglichst real aussehen zu lassen. In der Illusionskunst wird der Apparat unterdrückt, gibt es die apparativ erzeugte Fiktion und Illusion von der apparatfreien Entbergung des Seins. Seinskunst ist Illusionskunst. Kunst hingegen zeigt, wie der Apparat das Bild konditioniert und den Geist codiert. Die technische und semiotische Codierung des Bildes ersetzt die Ontologie. Konsequenz der bürgerlichen Fiktion der Ontologie der Kunst ist es dann schließlich, in einem Käfig zu leben, aber die Zeichnungen an der Wand machen dich glauben, du seist in einer freien Welt. Platons Höhlengleichnis kennt daher keine Ausgänge, weil es ein Opfer der Ontologie des Bildes, der ontologischen Begründung und des ontologischen Anspruchs des Kunstwerkes ist. Erst wenn wir das Tripel *Apparat-Objekt-Bild* in Beziehung setzen, um nicht zu sagen gleichsetzen mit Lacans Tripel *symbolisch-real-imaginär* erkennen wir, warum es bei der Leugnung der Apparatur im ontologischen Denken geht, nämlich um die Unterdrückung der symbolischen Ordnung, damit diese um so tyrannischer als »implizites System« herrschen kann. Denn nur »impliziert«, nicht bewußt, kann das »Gesetz« wirken. Wenn ich beginne, nach ihm zu fragen, beginne ich auch, es in Frage zu stellen und ende damit, zu erkennen, daß das Gesetz nicht von Anfang an da war, also unverrückbar und ewig ist, von Gott gesandt und natürlich, sondern daß es in der Zeit von Menschen konstruiert wurde und somit veränderlich und fiktiv ist. Die Macht des Symbolischen wird gebrochen, wenn ich den Apparat explizit mache, Einblick gebe in die Konstruktion des Werkes.

Eine zentrale Einschränkung der Gültigkeit der ontologischen Begründung des Kunstwerkes durch die Apparatur läßt sich mit Gödels Beweis verständlich machen. Gödels Beweis der Unvollständigkeit mathematischer Systeme hat nämlich als Konsequenz auch die Hypothese, daß wir eines Tages vielleicht durchaus im Stande sein werden, eine Maschine zu konstruieren, die alle menschlichen Tätigkeiten (z. B. rechnerische Operationen, maschinelles Beweisen und Übersetzen etc.) simulieren kann, nur werden wir dann nie wissen, daß es diese Maschine gibt, weil wir kein Mittel mehr zur Hand haben, sie vom Menschen zu unterscheiden. Die formale Unentscheidbarkeit der Gültigkeit mathematischer Thesen innerhalb eines Systems mit den Mitteln des Systems selbst gilt auch für ästhetische Systeme oder für Theorien der ästhetischen Kreativität und bedeutet, daß das Apparative (die techné) eines Tages vielleicht die Kunst (die poesis) soweit und so perfekt simulieren und substituieren wird, bis sie unentscheidbar bzw. eins werden. Aber dann werden wir es nicht feststellen und wissen können. Mit anderen Worten besagt dies, daß letztlich jede Kreativität technischer Natur ist, d. h. ein Formalismus, was nicht besagt, apparativ. Man muß sich die Hierarchie so vorstellen: das Apparative ist schwächer als das Formale und das Formale schwächer als das Intuitive. Die höchste Gleichung, wenn das maschinell Apparative und das Formale und das Intuitive identisch wären, wäre unentscheidbar, daher nie feststellbar, außer mit den Mitteln eines höheren Systems und das wiederum kommt allein aus dem Geist. Die Technik als Produkt des Geistes stellt sich also ständig selbst in Frage. Das Ge-stell ver-stellt sich in der ontologisch begründeten Kunst, hingegen stellt das Gestell her und stellt sich selbst in der semiotisch begründeten Kunst. Paul Virilio definiert daher zu Recht den ontologischen Status der »paradoxen Logik des Bildes« in der Videographie, Holographie, Infographie als Virtualität (P. Virilio, *Die Sehma-*

schine, Berlin 1989).

Mechanismus und Mentalismus, Maschine und Geist gehen in der Techno-Kunst eine synergetische Beziehung ein. Nur deswegen war es möglich, daß Kant und Hegel der Kunst sowohl das Eine (die Maschine) wie das Andere (den Geist) nehmen wollten.

Im ursprünglichen antiken Sinne bedeutet »technische Kunst« eigentlich eine Verdopplung des Schöpferischen wie der Kunst, denn techné hieß ja Kunst wie auch Technik. Kunst als poesis hieß das schöpferische Prinzip schlechthin, somit »technische Kunst«. Das könnte man fast als Pleonasmus verstehen und in die moderne Werbesprache übersetzen als »wirklich kreative Kunst«. Wenn Kant, wie wir gesehen haben, mechanische Kunst als zweitrangig und nicht-künstlerisch abwertet, wenn Hegel der Kunst ihre geistige Kraft abspricht, so mögen sie durchaus einen realen Verfall der Künste als Komplizen sozialer Herrschaftssysteme beobachtet haben, aber sie haben das Wesen der avancierten Künste übersehen, die immer wieder aufs neue darum ringen, diese ursprüngliche Verdopplung des Schöpferischen, wie es in der gemeinsamen etymologischen Wurzel von Kunst und Technik im Wort techné angelegt ist, zu beweisen, und die immer wieder aufs neue ansetzen, Technik und Poesis, Kunst und Physis, Wahrheit und Vernunft im logos aléthés zu vereinen und die Arbeit des Universums fortzusetzen. Wenn Kunst den Namen techné trug, dann im Zeichen des schöpferischen Hervorbringens und Herstellens. Sollte daher nicht Techno-Kunst das logische Zeichen für das Schöpferische sein? Setzt daher nicht erst recht die Techno-Kunst die menschliche Konstruktion des Universums fort?

Wenn allerdings die Technik das menschliche Tun insgesamt umgeformt hat, dann sind auch sicherlich jene Formen des menschlichen Tuns, welche wir die ästhetischen, poetischen, künstlerischen oder schöpferischen im engeren Sinne nennen, verwandelt. Gegen diese Verwandlung haben die bürgerlichen Ästhetiker von Kant bis Hegel und Heidegger gekämpft, indem sie jedes neu auftauchende Element innerhalb des Systems der traditionellen Künste bzw. insgesamt die Künste abwerteten. Dabei waren es selbstverständlich gerade jene technischen Momente, die seit ca. 1800, also zu Beginn der industriellen Revolution, die Künste transformierten und von den bürgerlichen, seinsversessenen, ästhetischen Systemen, Museen und Märkten unerbittlich bekämpft wurden, welche in Wahrheit die noetischen, poetischen und befreienden Ansprüche der Künste erhöhten, zumindest bewahrten. Die Fiktionen der Ontologie konnten im postindustriellen Zeitalter nicht mehr aufrechterhalten werden, zu offenkundig waren die Wirkungen des industriellen Zeitalters schon geworden. Die Welt hatte einen derart dynamischen Zustand der Komplexität erreicht, daß die Kunst eines statischen Seins weder die äußere Realität, die von der Philosophie so verachtete ephemere Empirie, noch die höhere Realität der geistgewordenen wahrhaftigen Wirklichkeit darstellen konnte. Die Bilder der Bewegung, bewegte Bilder, lieferten die eigentlichen Bilder der Zeit. Historische Kunst mit ihren Engeln und alten Symbolen lieferte in der Tat nicht mehr die wahre Form der Wahrheit. Die letzte Bastion dieser alten Ästhetiken ist das Forum der bürgerlichen Ontologie selbst, nämlich der Markt. Insofern ist der Markt in erweitertem Sinne zur obersten Instanz der Kunst und der Kunstgeschichte geworden.

Die Diskurse von Kunst und Macht: Foucault

Wir wollen daher zweierlei tun. Einerseits jene Transformationen der Künste beschreiben, die sich unter dem Druck und im Zusammenspiel (Synergetik) mit der Techno-Transformation der Welt ereigneten. Diese Transformationen werden an jenen Begriffsdreiecken selbst schematisch aufgezeigt, welche die ontologischen Ästhetiken ausformuliert haben. Da der bürgerliche Kunstmarkt sich gegen diese Transformationen wehrt, welche zur Ausbildung einer technischen Kunst führten, geht es darum, die sozialen Mechanismen zu beschreiben, welche diese Transformation der Kunst verbergen und unterschlagen. Die Macht des Marktes, welcher die Kunstgeschichte schreibt und insofern definiert, was Kunst ist, stellt im Ästhetischen jenes »Bestellen des Bestandes« dar, welches Heidegger eigentlich der Technik unterstellt. Der Markt ist also gleichsam das Ge-stell der Kunst, das Dispositiv, die eigentliche Technik der Kunst, welche der Kunst den Weg verstellt. Haben wir auf der einen Seite die Transformationen der Kunst durch die Techno-Transformation der Welt, und gibt es dazu eine Reihe von Theoretikern und Künstlern, von Walter Benjamin bis Jean Baudrillard, welche diese Transformationen emanzipatorisch kommentieren, so gibt es auf der anderen Seite den Markt, der diese Transformationen blockiert und sistiert. Bei dem Versuch, jenem System der Macht auf die Spur zu kommen, das den Diskurs der Kunst, die soziale Konstruktion der Kunst diktiert, können wir nicht anders als den Theorien von Michel Foucault zu folgen.

Foucault hat nämlich jedem Diskurs (sei es dem der Wahrheit, der Schönheit, usw.) nicht die Seinsfrage, sondern die Machtfrage gestellt. Er hat im System der Zeichen nach der Repräsentation nicht des Realen, sondern jener Macht geforscht, welche dieses Reale konstituiert. So wollen wir nicht nach der Kunst fragen, sondern nach jener Macht, welche diese als solche konstituiert. Unter verschiedenen Titeln hat Foucault diverse Diskurse der Macht untersucht. Die Macht der Medizin, die über Leben und Tod entscheidet, beschrieb er als »die Geburt der Klinik«, die Macht der Psychiatrie, die über Vernunft und Wahnsinn entscheidet, als Geburt des Narrentums, die Macht der Justiz, die über Freiheit und Strafen entscheidet, als »die Geburt des Gefängnisses«. So könnten wir aus einem fiktiven Nachlaß von Foucault ein Buch mit dem Titel »die Geburt der Galerie« herausgeben, welches jenes System der Macht beschreibt, das über Kunst und Nicht-Kunst entscheidet. Wir sehen durch die Aneinanderreihung der verschiedenen Geburtsorte Klinik, Gefängnis und Galerie, in welche gefährliche Nachbarschaften sich die Kunst begeben hat und befindet. Klinik, Gefängnis, Galerie sind die Geburtsstätten symbolischer Ordnungen, welche höchst effektive Systeme der Macht darstellen. »Die Geburt der Kunst aus dem Geiste der Galerie als Gefängnis«, so könnten wir Nietzsche paraphrasieren. Klinik, Gefängnis, Galerie sind drei verschiedene Namen für ein und denselben Ort des Seins. Medizin, Justiz, Kunst sind nur verschiedene Weisen der Entbergung von Wahrheit als der Unverborgenheit des Seienden. Wir fragen aber, wer produziert diese Wahrheit? Wer sagt, daß es sich um eine Entbergung und nicht um eine Verbergung handelt? Welcher Diskurs bestimmt, was unverborgen und was verborgen ist? Auch die Wahrheit ist nur gestellt. Was verstellt und entstellt jeder Diskurs beim Entbergen? Jeder Diskurs, der sich als Wahrheit inthronisiert, verdrängt einen anderen als unwahr. Foucault stellte als erster in der Nachfolge von Nietzsche dem Diskurs die Machtfrage: wem nützt er?

»Die Wahrheit ist von dieser Welt; in dieser Welt wird sie aufgrund vielfältiger Zwänge produziert, verfügt sie über geregelte Machtwirkungen. Jede Gesellschaft hat ihre eigene Ordnung der Wahrheit, ihre »allgemeine Politik« der Wahrheit: d.h. sie akzeptiert bestimmte Diskurse, die sie als wahre Diskurse funktionieren läßt; es gibt Mechanismen und Instanzen, die eine Unterscheidung von wahren und falschen Aussagen ermöglichen und den Modus festlegen, in dem die einen oder anderen sanktioniert werden; es gibt bevorzugte Techniken und Verfahren zur Wahrheitsfindung; es gibt einen Status für jene, die darüber zu befinden haben, was wahr ist und was nicht« (Michel Foucault, *Dispositive der Macht. Über Sexualität, Wissen und Wahrheit,* Berlin 1978, S. 51).

Dieser Typus des Machtdiskurses bestimmt auch die Kunst. Dies wird ganz offensichtlich, wenn wir den ontologischen Beschreibungen der Kunst selbst folgen, aber anstelle der Unverborgenheit des Seienden danach fragen, wer dieses Seiende hervorgebracht hat. Hat uns Nietzsche gezeigt, »wie die ›wahre Welt‹ endlich zur Fabel wurde«, so können wir mit Foucault zeigen, wie die Fabel zur wahren Welt wurde und zwar gerade durch den Nietzscheschen »Willen zur Macht«, der auch ein »Wille zur Wahrheit« ist. Daher ist es Nietzsches These, daß Kunst Täuschung ist.

Auch Kunst wird in dieser Welt aufgrund vielfältiger Zwänge produziert und verfügt über geregelte Machtwirkungen. Jede Gesellschaft hat ihre eigene Ordnung der Kunst. Sie akzeptiert bestimmte Diskurse, die sie als wahre und gute Kunst funktionieren läßt, und sie verwirft Diskurse, die sie als unkünstlerisch oder schlechte Kunst definiert. Es gibt Instanzen und Mechanismen (Sammler, Händler, Kuratoren), welche die Modi festlegen, in denen die einen oder anderen Diskurse als Kunst sanktioniert werden. Es gibt bevorzugte und kanonisierte Techniken und Verfahren zur Findung von guter Kunst, und es gibt einen hohen sozialen Status für jene, die darüber zu befinden haben, was Kunst ist und was nicht, was gute Kunst und was schlechte Kunst ist. Die Macht ermöglicht erstens nur bestimmte Formen der Diskurse von Zeichen und zweitens legitimiert sie nur bestimmte Diskursformen als wahre, schöne und gute. Man kann mit Foucault diese Diskursformen des Wissens und der Schönheit, der Wissenschaft und der Kunst durch fünf Merkmale charakterisieren:

1) Kunst ist um die Form jener Institutionen zentriert, die sie

produzieren (Kunst als Kunst, Galeriekunst, Marktkunst, Kunst, die die Kunst selbst thematisiert, die weiße Wand der Galerie, etc.).

2) Sie ist ständigen ökonomischen und politischen Anforderungen ausgesetzt, die einen raschen Wechsel der Stile bedingen, die an und für sich als Diskursformen vollkommen unvereinbar wären, würde nicht der Markt sie aus Bedürfnissen der Macht und aus den Notwendigkeiten der ökonomischen Produktion gewaltsam versöhnen und sanktionieren.

3) Kunst erfreut sich in den verschiedensten Formen enormer Verbreitung und Konsumption, insbesondere durch die Massenmedien. Sie zirkuliert in allen nur erdenklichen Beziehungs- und Informationsapparaten, die sich relativ weit über den sozialen Körper des Fachpublikums hinaus ausdehnen.

4) Kunst wird aber bei dieser Distribution wie bei ihrer Produktion der überwiegenden Kontrolle einiger weniger großer politischer und ökonomischer Apparate (Sammler, Museen, Galerien) unterworfen.

5) Schließlich ist die Kunst der Schauplatz und Einsatz zahlreicher politischer und ideologischer Kämpfe.

Ausstieg aus der Kunst als höchste Form der Kunst, diese Utopie der Antikunst, heißt also demnach:

1) Ausstieg aus der historischen Form der Kunst als Machtdispositiv.

2) Mit einer Kunst nichts mehr zu tun haben wollen, die durch diese fünf Merkmale einer Ökonomie der Macht bestimmt wird.

3) Votum für die metaphysische Idee der Kunst, welche die Kunst nicht wie alle anderen Diskurse der politischen Ökonomie des Staates und des Marktes, also der Polizei, dem Heer, den Medien, der Medizin, der Justiz gleichstellt und unterwirft.

4) Streben nach einer Kunst, die sich eben der Justiz, dem Markt, den Medien, der Kirche, dem Militär, der Polizei, der Wissenschaft und allen anderen Diskursen der Macht und des Staatsapparates widersetzt und entzieht. Kunst als Diskursanalyse der Kunst.

5) Sehnsucht nach einer Kunst, die sich nicht in das allgemeine Funktionieren innerhalb des Räderwerks der Macht einfügt und die keine weitere Überwachungs-, Bestrafungs- und Normalisierungsinstitution darstellt.

6) Daher auch Gegnerschaft zu einer Konzeption der Kunst als

Therapie.
Denn alle Machtdiskurse, von der Medizin bis zur Justiz beanspruchen für sich bereits die Therapie. Die Medizin verkauft ihren Machtanspruch als Therapie, als Heilung. Kunst als Therapie lautet das Programm einer Kunst mit Machtanspruch, mit dem verdeckten Machtanspruch der angepaßten Staatsreformer. In unserem sozialen System, auf jenem Schlachtfeld, dessen Wachtürme Klinik, Gefängnis und Galerie heißen, ist auch die Kunst ein Diskurs der Macht. Indem der Kunst die Machtfrage gestellt wird, wird die Kunst selbst in Frage gestellt. Denn wer ist Clio, die Göttin der Geschichtsschreibung? Wer hat die Macht, die Kunstgeschichte zu schreiben? Nur der Künstler, das Kunstwerk, wie die Ontologie gerne behauptet? Oder auch der produktive und distributive Apparat, der das Kunstwerk umgibt (Sammler, Händler, Kuratoren, Kritiker, etc.)? Die Ontologen verschweigen den Einfluß dieses sozialen Apparates, um seine Herrschaft als »implizites System« um so stärker zu machen. Es ist die Macht, welche die Erzählungen der Kunst und die Kunstgeschichte schreibt. Selbstverständlich will auch der Künstler an dieser Macht teilhaben, um Teil der Kunstgeschichte zu werden. Deswegen werden so viele Künstler per se zu Komplizen der Macht. Deswegen ist die Kunst der politisch und wirtschaftlich mächtigsten Länder auch die mächtigste, produktivste und distributierteste Kunst. Auf die gleiche Weise wie in einer Gesellschaft Geschichten geschrieben werden, so wird in dieser Gesellschaft auch Geschichte gemacht. Der Künstler versucht an dieser Macht teilzuhaben, indem er Kunst macht. Mit seinem Kunstwerk will der Künstler sich der Kunstgeschichte einschreiben, ein Teil ihrer Erzählungen werden, indem er die Kunstgeschichte umschreibt und fortschreibt. Welche Macht aber legitimiert einen beliebigen Diskurs als Kunst?

Es geht daher eindeutig darum, herauszufinden, welche Machtwirkungen unter unseren wissenschaftlichen Aussagen und Kunstwerken zirkulieren. Es geht um eine Neuordnung des Diskurses in der Kunst, wenn wir versuchen, die Kette und den Rhythmus der Transformationen, die mit den wahren Sätzen und den schönen Werken der Kunst und ihren ontologischen Begründungen gebrochen haben, zu untersuchen. Es geht darum, jenes ganze Ensemble von Praktiken in der Kunst, die der Macht als Stütze dienen, in Frage zu stellen. Denn offensichtlich ist Kunst nicht der Ort der Freiheit, des Wahren und des Absoluten, sondern Kunst ist eine Praktik, die mit einer ganzen Reihe von Institutionen, politischen Notwendigkeiten, gesellschaftlichen Regeln, ökonomischen Mechanismen verbunden ist, ohne die sie nicht existiert. Kunst ist daher nicht die Gefangene, sondern der Wärter – soviel zum Geschrei »Freiheit für die Kunst«.

Foucault paraphrasierend können wir zusammenfassen: Kunst ist zu verstehen als ein Ensemble von geregelten Verfahren von Produktion, Gesetz, Zirkulation und Wirkungsweise von Aussagen. Dieses Ensemble von Verfahren ist an Machtsysteme gebunden, die sie produzieren und stützen, codieren und legitimieren. Insofern reproduziert Kunst Machtwirkungen und man kann von einem Herrschaftssystem der Kunst selbst sprechen. Kunst als historische Diskursform, wie wir sie heute kennen, ist nur zu denken unter den ökonomischen und politischen Bedingungen – und ganz und gar nicht unter ontologischen –, welche den Kapitalismus herausgebildet und entwickelt haben. Insofern wäre es ein Hirngespinst, die Kunst von der Macht zu trennen und die Kunst von jeglichem Machtsystem zu befreien, weil damit auch die Kunst selbst verschwinden würde. Es geht vielmehr darum herauszufinden, ob es möglich ist, eine neue Politik der Kunst zu konstitutionieren, die nicht in der Veränderung des Bewußtseins der Menschen bestünde, sondern in der »Veränderung des politischen, ökonomischen und institutionellen Systems der Produktion von Wahrheit (von Kunst, P. W.), ..., die Macht der Wahrheit (der Kunst, P. W.) von den Formen gesellschaftlicher, ökonomischer und kultureller Hegemonie zu lösen, innerhalb derer sie gegenwärtig wirksam ist.« (Michel Foucault, *Dispositive der Macht*, Berlin 1978, S. 54.) Wenn also jemand sagt, die amerikanische oder die französische Kunst ist die beste der Welt, so ist es genau das, was man ihr vorwerfen könnte. Denn welcher Machttypus ist es, der Diskurse der Kunst zu produzieren vermag, die mit derart mächtigen Wirkungen ausgestattet sind, daß wir uns ihnen so vollkommen unterwerfen? Der soziale Körper der Kunst ist derart von vielfältigen Machtbeziehungen überzogen, ist derart von Institutionen der Macht wie Sammlern, Banken, Corporations, Museen, Magazinen und Galerien konstituiert, daß die Kunst, die von diesem Diskurs produziert wird, kaum mehr von der Macht selbst unterschieden werden kann, weil umgekehrt auch diese Machtbeziehungen nicht ohne den Diskurs der Kunst und der Künstler funktionieren können. Hat der Diskurs der Kunst daher in seiner historischen Erscheinungsform seine Autonomie verloren? Ist die Kunst nur mehr Simulation dessen, was Kunst ist und die Funktion von Kunst einmal war? Künstler sind der Legitimation von gültiger, marktvalider Kunst durch die Macht unterworfen, doch die Macht selbst bedarf, um ihre Macht ausüben zu können, wiederum des Diskurses der Kunst, der sie legitimiert. Weil so jeder Diskurs an die Macht gebunden ist und die Macht über den Diskurs operiert, entsteht ein Paradox: Es geht nicht um die Frage, was Kunst herstellt oder darstellt, sondern es wird der Diskurs der Kunst selbst in Frage gestellt. Dieser Erkenntnis entspringt die Koketterie der Kunst mit den kreativen Äußerungen der sogenannten geisteskranken Künstler und mit der Art Brut, der rohen Kunst ohne Diskurs. Es wird mit der Illusion gespielt, daß die »wahre Kunst immer da ist, wo man sie nicht erwartet, da wo niemand an sie denkt noch ihren Namen nennt« (J. Dubuffet). Doch die Macht des Marktes ist so groß, daß er auch die rohe Kunst in einen Diskurs der Macht verwandelte, indem er deren Vertreter innigst umarmte und ins Zentrum rückte, genau dorthin, wohin die professionellen Künstler, welche die Diskursformen des Anderen, des sogenannten Geisteskranken, ausbeuteten, ohnehin mit aller ihnen zur Verfügung stehenden Macht drängten.

Techno-Kunst als Anti-Kunst: Das semiotische Tripel

Die eigentliche Antwort ist daher noch immer die Bewegung der Antikunst seit dem Beginn des 20. Jahrhunderts. Dazu sind auch die Transformationen der Techno-Kunst zu zählen, weil sie versucht, sich aus der Unterwerfung unter die historischen Kunstformen, unter die historischen Diskursformen der Kunst, zu befreien. In Form von Fragmenten, Fragen, Fallen, Verwerfungen, Verweigerungen, Thesen, Askesen, Umstürzungen, Aufhebungen und Theorien versucht die Antikunst, zu dessen Genealogie, wie gesagt, die technische Kunst zu rechnen ist, gegen den dominierenden Zwang eines einheitlichen Diskurses zu kämpfen. Dieser Kampf bestand nicht einfach darin, auf die Frage: Ist das Kunst? mit »nein« zu antworten, sondern eben präzise darin, jene Kette von Tripeln, welche den ontologischen Diskurs der Kunst definierten, Punkt für Punkt umzuschreiben und zu verändern, damit eben eine Veränderung des Systems der Produktion von Kunst möglich werde. Gerade deswegen war es notwendig, der Analyse und Forderung Foucaults zu folgen, deren Ergebnis eine radikale Umwertung der Ontologie ist.

Somit kann ein fundamentales Axiom für die Technotransformation der Kunst, welche der technischen Entfaltung des Universums folgt, angegeben werden:

Die Wahrheit, der Diskurs und die Kunst sind nicht mit dem Sein, mit den Dingen und der Realität in Beziehung zu bringen, sondern mit den Machttechniken, die sie ermöglichen und produzieren, die ihnen des weiteren die Bedingungen ihrer Möglichkeiten geben und sie zugleich legitimieren und konsolidieren.

Dies führt uns dazu, jenes fundamentale Tripel der klassischen Ästhetik: Sein, Werk, Wahrheit in allen Punkten zu dekuvrieren: Wenn es die Macht ist, die einen bestimmten Diskurs ermöglicht und produziert, und wenn es die Macht ist, die diesen Diskurs als wahren und schönen legitimiert, dann setzen wir an die Stelle, an der bisher der Begriff Wahrheit bzw. Schönheit stand, den Begriff Macht. Wenn die Macht die Bedingungen diktiert, unter denen etwas möglich und produziert wird, unter denen etwas zum Vorschein und zum Sein kommt, dann sind es nicht mehr die Dinge selbst, die sprechen. Dann wird die Realität zu einem Text der Macht, dann werden die Objekte zu Zeichen im Diskurs der Macht. Daher schreiben wir an die Stelle, wo bisher »Sein« (Realität) stand, die Worte »Zeichen« (Fiktion). Wenn der Diskurs der Macht darin besteht, fiktive Zeichen als Realität, als Dinge des Seins auszugeben, dann erkennen wir, daß auch das Werk selbst nur ein Falsifikat ist, eine Hypothese, eine Simulation. Wir schreiben also dort, wo bisher Ding, Zeug, Werk stand, die Worte Medium, Simulacrum, Immaterialität, Substitut, Reproduktion, Hybrid, Leerstelle. So entsteht ein Übergangs-Tripel, das die »wahren Drahtzieher«, die Dispositive im Keller der Ontologie zeigt und zur Techno-Kunst führt:

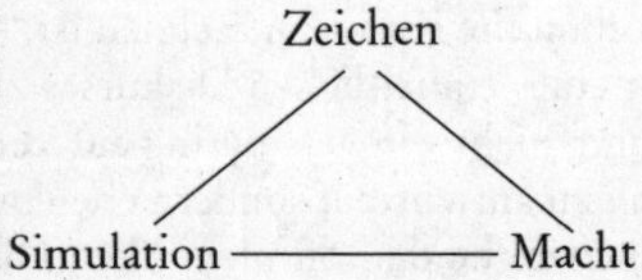

Anstelle einer ontologischen Begründung der Kunst, welche die Machtfrage verbirgt, setzen wir auf eine semiotische Begründung der Kunst, weil sie die Machtfrage stellt.

Eine semiotische Begründung der Kunst: techné

Eine Reihe von Theoretikern hat im 20. Jahrhundert versucht, diese semiotische und technologische Transformation der Kunst in den Be-Griff zu bekommen: Walter Benjamin, Max Bense, André Malraux, Guy Debord, Jean Baudrillard, Marshall McLuhan, Rosalind Krauss, François Lyotard, Paul Virilio u. a. Desgleichen haben natürlich auch Künstlerphilosophen wie Marcel Duchamp, Marcel Broodthaers, John Cage, Joseph Kosuth, Daniel Buren, etc. auf diese Transformationen reagiert.

Sie haben versucht, das Verschwinden der zentralen Begriffe der klassischen ästhetischen Systeme zu beschreiben und sie durch neue zu ersetzen. Der Tod des Autors wurde festgestellt, der Verlust der Aura, das Ende des Subjekts. Der Mythos des Originals wurde angeklagt, das Ende der Geschichte, die Agonie des Realen: Technische Reproduzierbarkeit, imaginäres Museum, das Medium als Botschaft, Simulation, Immaterialität, Virtualität wurden als neue Signifikanten eingeführt.

In der Tat, die Arbeit der Künstler und Philosophen setzt genau dort ein, wo die moderne Kunst ihre Achilles-Ferse hat, nämlich bei den Schlüsselbegriffen der klassischen ästhetischen Systeme. Die Techno-Transformation der Kunst, von der Fotografie bis zum digitalen Bild, sind maschinelle Kunstformen. Sie bauen auf dem grundlegenden Tripel auf:

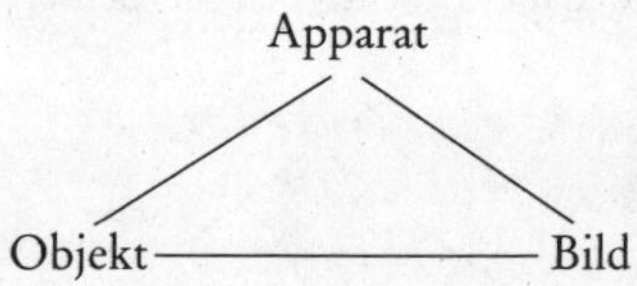

Die formale Ähnlichkeit dieses Tripels mit den semiotischen Tripeln von Ch. S. Peirce, wie

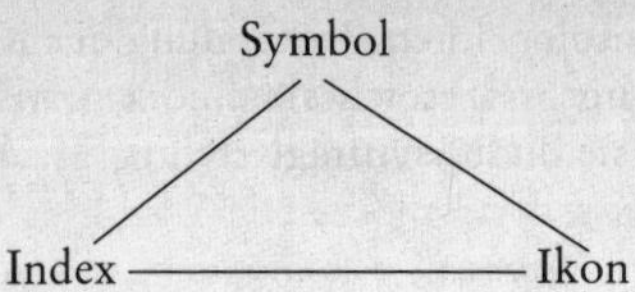

ist kein Zufall, sondern Ergebnis der semiotischen Begründung der Techno-Kunst. Die vom technischen Medium erzeugten Diskursformen der Kunst, insbesondere die Kunst des bewegten Bildes, widersetzen sich den ästhetischen Kategorien der klassischen Systeme. Die Transformation der Kunst durch die technischen Medien setzen genau bei den Schlüsselbegriffen dieser Ästhetiken an: Original, Werk, Autor, Schöpfer, Wahrheit, Ding, allgemein, Sein etc. Jeder dieser Begriffe wird in der technischen Medienkunst aufgehoben, negiert und durch einen anderen ersetzt: statt Statik Dynamik, statt Sein Prozeß, statt absolut relativ und statt allgemein partikulär. Statt Original technische Reproduzierbarkeit, Appropriation und Simulation, statt Autor Kollektiv, Maschine, Text, statt Wahrheit Veridiktion und Virtualität, statt Ding Medium, statt Material Immaterialität, statt Realität Fiktion. Statt Sein und Realität nur Zeichen, Fiktion, Simulation. Die Transformation der Techno-Kunst kann also als Transformation des ontologischen Tripels:

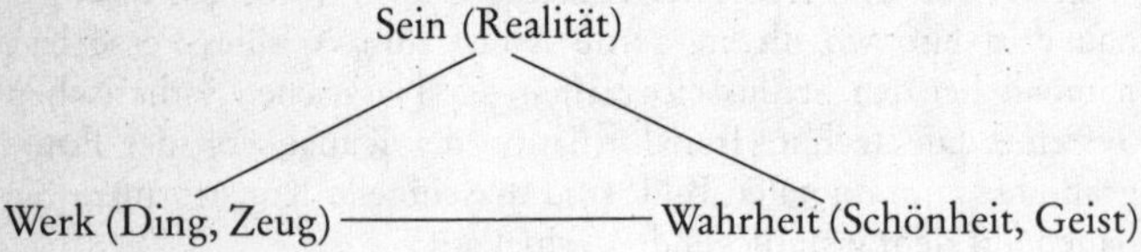

in das semiotische Tripel beschrieben werden:

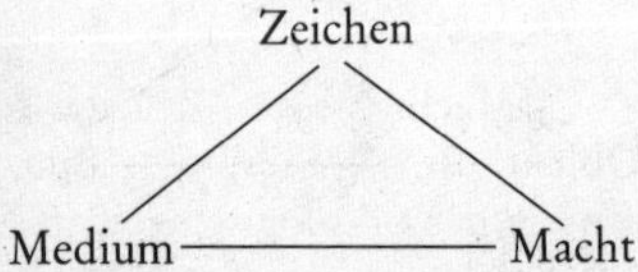

Das Medium bestimmt über die materiale Form, über die Erscheinung des Werkes. Ob aus Stein oder auf Papier, ob ein materielles Ding oder ein immaterielles Bild auf dem elektronischen Bildschirm, ob aus Strichen, Farben oder aus Zahlen, ob analog oder digital, ob real oder synthetisch. Die Macht bestimmt, was wahr, was schön, was geistig ist. Die Macht verkleidet ihre Fiktivität und diktiert, was real, was möglich, was notwendig ist. Die Macht bestimmt die Modalitäten des Mediums und die Seinsform. Sie deklariert Zeichen als Dinge und Dinge als Zeichen. Das Sein ist daher im technischen Kunstwerk ein Apparat und ein System von Zeichen. Die Medienkunst vollends stellt an die Stelle der ontologischen Begründung des Kunstwerkes aus dem Sein die Begründung des Kunstwerkes aus dem Zeichen, die Semiosis. Die Medienkunst des 19. Jahrhunderts (wie die Fotografie) hat dies bereits als Antipode der klassischen Ästhetik getan, sie mußte aber auf die Theoretiker des 20. Jahrhunderts warten, um explizit zu werden. In diesem Sinne macht die postmoderne Transformation diesen Zug der Moderne, die semiotische Begründung der Kunst, nur deutlicher.

Die neuen Tripel für die Ästhetik des bewegten Bildes und der digitalen Kunst, für die Diskursformen der von den technischen Medien produzierten Kunst, für die Begründung des Kunstwerkes im postindustriellen Zeitalter im Hinblick auf das 21. Jahrhundert, würde demnach lauten

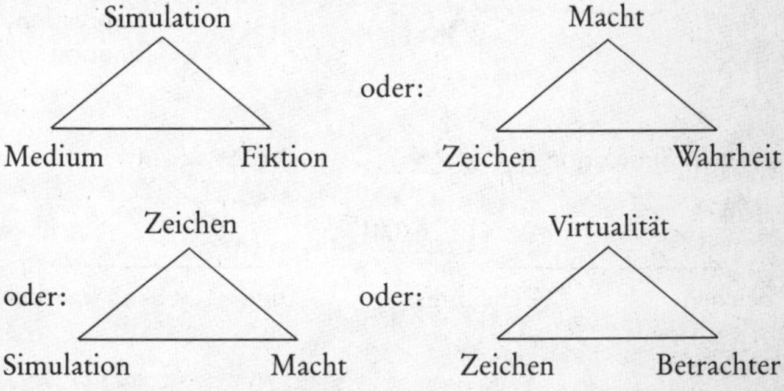

Bei dieser Umformung des ontologischen Tripels in das semiotische als fundamentales Axiom der Techno-Kunst sind natürlich ein ganzes Netzwerk von Subtripeln und Subketten von Tripeln mittransformiert worden. Die Kritik an der Moderne durch die Postmoderne baut gerade auf diesen Subnetzen auf, allerdings oft im Zeichen einer semiotischen Konfusion. Die Erzeugerschemata aktueller Kunstformen, die unter Begriffen der Aneignung, der Appropriation laufen und einen neuen Diskurs zwischen Massenwaren, Massenmedien und singulären Kunstwerken konstituieren, entstammen diesen Subnetz-Transformationen (fälschlich als Kritik an der Moderne interpretiert, da diese Transformationen ja zum Teil Produkt der Moderne sind).

Einige dieser Subnetze von Signifikanten-Tripeln seien vorgestellt, da sie den Umfang der begrifflichen Felder der neuen ästhetischen Praktiken sichtbar machen:

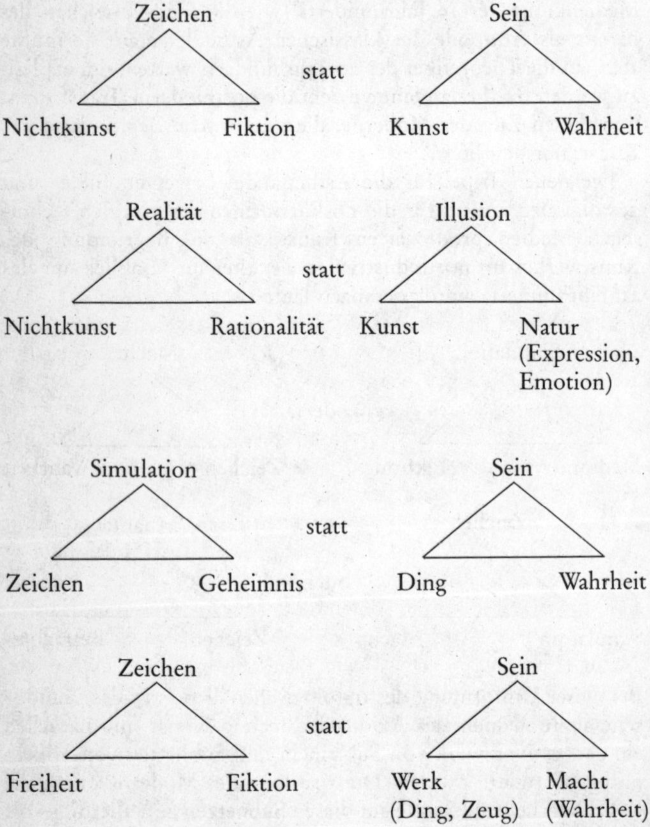

Die Stratifikation des Tripels in der klassischen Ästhetik

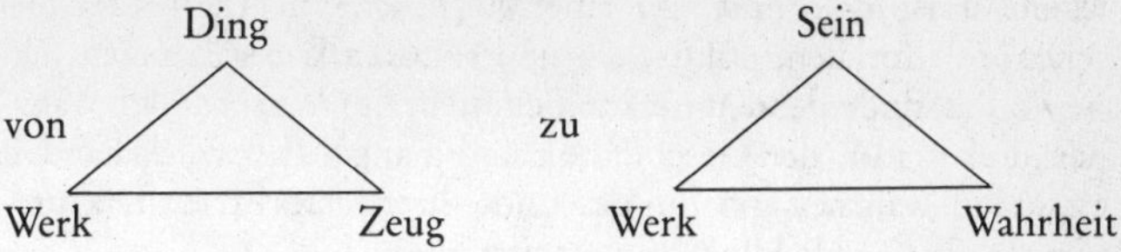

transformiert sich in der Techno-Kunst

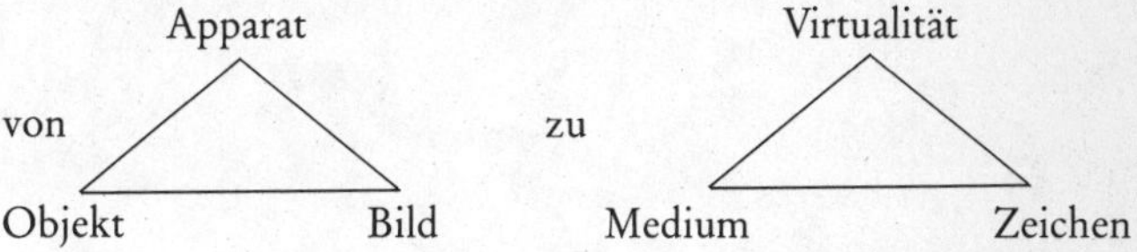

Die Techno-Transformation der Kunst hat also den begrifflichen Apparat der klassischen ästhetischen Systeme konsequent in Frage gestellt. Daraus sind erweiterte Diskursformen der Kunst entstanden: von der Medien-Kunst bis zur Anti-Kunst. Diese Kunst ist gegen Heidegger, weil sie nicht die Wahrheit als Sein in der Kunst ansiedelt, sondern als Inszenierungen der politischen Macht dekonstruiert. Wo etwas real erscheint, ist es für die neue Kunst fiktiv, und das Natürliche erscheint inszeniert. Die Techno-Kunst ist auch gegen Kant, indem sie das Kunstschöne vom Naturschönen abhebt und zur Künstlichkeit der technischen Kreation, der synthetischen digitalen Ästhetik verabsolutiert. Sie schafft Prothesen-Körper statt natürliche. Wo Sein, Natur und Geist scheinbar herrschten, verhöhnt sie diese mit wirklichem Schein. Die Kunstfiktion inszeniert die Seins-Wahrheit. Das gefälschte Sein spricht im fiktiven Text. Im Täuschen sehend machen, ist das Ziel des künstlichen Auges, der Wahrnehmung durch die Techno-Kunst. Die Techno-Kunst ist contra Schein als Sein, contra Macht als Wahrheit, contra Natur als Notwendigkeit. Sie ist für Fiktion als Signifikant der Veränderung, für Zeichen als Variable der Freiheit, für Medien als Gastformen der Natur (Erkenntnis). Die Macht der Wahrheit sticht sie mit der Schönheit der Simulation. Insofern ist Techno-Kunst auch gegen Hegel, weil sie die »wahre Form der Wahrheit« als Machtdispositiv durchschaut. Nach der Kette der klassischen Signifi-kant(en), -Schlegel und -Hegel verbreiten die Signifi-Vögel ihr dynamisches Licht. Die Techno-Kunst ist der Vorschein dieser dynamischen Kunst, welche die Parameter der klassischen Kunst grundlegend umstürzen und umformen wird, in Synergie mit technischen, territorialen, politischen und sozialen Umwälzungen.

Wo das Ende der Kunst, des Schönen, des Wissens, der Wahrheit, der Natur, der Geschichte ständig angerufen wird, handelt es sich in Wahrheit nur um das Ende ihrer historischen Diskursformen. In Wirklichkeit beginnt erst alles.

Zur Ästhetik digitaler Bildwelten

Frank Popper
High Technology Art

Wenn man die chronologische Entwicklung der künstlerischen Verwendung der verschiedenen fortgeschrittenen technologischen Mittel zurückverfolgen will, so bietet sich als Ausgangspunkt die kinetische und kybernetische Kunst der sechziger Jahre an, die in großem Ausmaß Technologien eingesetzt hat, um ein Spektrum von Bewegungs- und Lichteffekten zu kreieren. Bereits zu dieser Zeit tauchten in den Werken der Künstler elektromechanische, elektronische, thermische, hydraulische und magnetische Bewegungsabläufe auf, manchmal kombiniert mit Lichteffekten von Bogenlampen, Spots, verschiedenen Projektoren oder Leuchtröhren. Für die künftige Entwicklung dieser Kunstform waren die Techniken am einflußreichsten, die Bewußtsein, Programmierung und Umweltintegration der Wahrnehmung thematisierten. Die Ausstellung »Kunst-Licht-Kunst«, die mit meiner Hilfe 1966 in Eindhoven stattfand, zeigte bereits nicht nur die technischen Ergebnisse, die Künstler durch den Einsatz von künstlichem Licht erzielten, sondern auch das Zusammengehen von ästhetischen Intentionen mit der Idee des »Environments«, die damals erst im Entstehen war. Viele derjenigen Künstler, die vor mehr als 20 Jahren an den ersten europäischen Lichtkunstausstellungen teilnahmen, experimentieren heute mit den modernsten technischen Mitteln. Das weist auf eine Kontinuität der High Technology Art hin, die von den Anfängen der kinetischen, lichtkinetischen und frühen kybernetischen Kunst bis hin zur Technoscience Art des elektronischen Zeitalters reicht. Damit läßt sich ein interner Zusammenhang der Kunstformen unterstreichen, die mit Licht, Laser und Holographie, mit Video und Videodisk, mit Computern oder mit allen zur Verfügung stehenden Kommunikationsmedien vom Fernsehen bis hin zur Satellitenübertragung arbeiten.

Zu den ersten, die den Übergang vom mechanischen zum elektronischen Zeitalter einleiteten, gehörten Jean-Pierre Yvaral, Yaacov Agam, Liliane Lijn, Piotr Kowalski und Wen-Ying Tsai. Yvaral schuf eine Verbindung von seinen frühen optischen Untersuchungen und seinem Interesse an der Wissenschaft als einem Modell für künstlerische Kreation mit einer intelligenten Verwendung des Computers zur Kalkulation und Programmierung einer pikturalen Fläche. Agam ging von musikalischen und optisch-kinetischen Reliefstrukturen und interaktiven Objekten über zu Arrangements, die unsichtbare Wellen in sichtbare elektromagnetische übersetzen, und zu computerunterstützten Wandbildern mit visueller Orchestrierung auf verschiedenen elektronischen Bildschirmen. Die Auseinandersetzung von Liliane Lijn mit Echolichtformen und Reflektionen in Flüssigkeiten transformierte sich zur Herstellung von komplexen kinetischen Traumstrukturen und ebenso schönen wie geheimnisvollen künstlichen Lebewesen, die aus Stahl, Plexiglas, Kunststoff und einem Mikrocomputersystem bestehen, das eine Skulptur mit Licht auf Töne antworten läßt.

Kowalski war in den sechziger Jahren an grundlegenden wissenschaftlichen Phänomenen interessiert, die ihren Ausdruck in einfachen Neonlichtinstallationen oder in elementaren elektronischen Darstellungen fanden. Später suchten seine Arbeiten etwa zu zeigen, daß die elektronische Darstellung von Zeit diese unmittelbar und nicht nur als Erinnerung sichtbar werden läßt. In Arbeiten wie dem *Champ d'interaction* wird der Betrachter zum Teilnehmer oder Auslöser bestimmter Situationen, indem die physikalischen Wechselwirkungen der Betrachter Lichtstrukturen verändern, die einen urbanen Raum simulieren. Gegenwärtig experimentiert er mit Holographie. Wen-Ying Tsai begann mit multiplen kinetischen Konstruktionen und mit kybernetischen Skulpturen aus rostfreiem Stahl, die in einem elektronisch aktivierten Umfeld aus Hochfrequenzlicht vibrierten, während sie jetzt wie bei den *Upward Falling Fountains* gleichfalls den Betrachter mit einbezieht, weil diese nur dann auf befriedigende Weise funktionieren, wenn der Zuschauer durch Toninterventionen partizipiert.

Auch wenn die kinetische und lichtkinetische Kunst ganz im allgemeinen der Ausgangspunkt der High Technology Art gewesen ist, so zeigt besonders die Verwendung des Neonlichtes die Kontinuität ästhetischer Fragestellungen, die mit der technologischen Entwicklung einhergehen. Obgleich Georges Claude bereits 1910 die gebräuchliche Röhre mit einer Neongasfüllung erfand, wurde Neonlicht zunächst nur für Zwecke der Dekoration und der Werbung eingesetzt. Nur wenige Künstler verwendeten es als zusätzliches Mittel bei ihren Arbeiten. Den ersten Versuch, das Neonlicht als grundlegendes Material einer Skulptur zu gebrauchen, ist durch Gyula Kosice 1946 in Buenos Aires geschehen. Seine konstruktivistischen und dynamischen *Luminous Structures* entstanden im Geiste des *Manifesto Blanco* von Fontana, der 1951 im Gegenzug für die 9. Triennale in Mailand eine Neondecke als *Concetto spaziale* schuf. Seit dieser Zeit benützen Künstler ganz verschiedener Richtungen Neonlicht als primäres oder zumindest wichtiges technisches Mittel des Expression. Hervorgehoben seien hier die inneren und äußeren Environments von Stephan Antonakos, die »coolen« Installationen von Dan Flavin, der konzeptuelle und kritische Ansatz von Joseph Kosuth beispielsweise in *Five Wordes in Orange Neon* oder von Bruce Nauman in *My Name as Written at the Surface of the Moon* oder Chryssas bunte Neonröhrenwerke, die geheimnisvolle Symbole und alphabetische Elemente enthalten, um die Kluft zwischen der klassischen griechischen Kultur und der gegenwärtigen Umwelt zu überbrücken. Obgleich die breitgestreute Verwendung der Neonkunst ganz unterschiedlichen Zwecken korrespondiert, also etwa dem Bedürfnis nach einer Lichtschrift, der Erzeugung von bunten und dynamischen Lichteffekten, der Gestaltung von inneren und äußeren Räumen oder zur Verwandlung existierender Architektur, so kann dennoch festgestellt werden, daß mittels der eingesetzten Technik all diese Arbeiten eine ästhetische Qualität zum Ausdruck bringen, die von der Einladung zur Kontemplation und Meditation bis hin zur Bewußtmachung der Energie und Vitalität moderner Existenz reicht.

Ein anderer Zugang von der Lichtkunst zur Erforschung der Umwelt geschieht über den Gebrauch des Laserstrahls. Die theoretische Grundlage für die Lasertechnik, also der Lichtverstärkung durch stimulierte Aussendung von Strahlung, wurde bereits 1917 von Albert Einstein vorausberechnet. Erst 1960 gelang es Theodore H. Maiman den ersten aktiven Laser mit Hilfe eines synthetischen Rubinkristalls herzustellen. Seit 1965 läßt sich die künstlerische Anwendung der Lasertechnik hauptsächlich auf drei Gebieten nachweisen: in Produktionen, die visuelle und auditive Effekte verbinden, in Vorführungen weitreichender Umweltplastiken und in der Holographie. Wissenschaftler, Künstler und Komponisten wie Carson Jeffries, Otto Piene, Joel Stein,

Carl Frederick Reuterswärd, Iannis Xenakis und Paul Earls haben mit multimedialen Aufführungen die Lasertechnik im ersten Bereich verwendet, im zweiten gestalteten Rockne Krebs, Dani Karavan und Horst H. Baumann Laserschauspiele in der Stadt bei Nacht.

Das Hologramm wurde von Dennis Gabor 1948 erfunden. Yuri N. Denisyuk stellte 1961 ein monochromatisches Weißlicht-Hologramm her. Leith und Upatnieks entwickelten schließlich 1963 das Transmissions-Hologramm, mit dem die ersten Bilder von dreidimensionalen Objekten produziert wurden. 1968 erfand Stephen A. Benton das Weißlicht-Transmissions- oder Regenbogen-Hologramm, das es ermöglichte, das Bild in einer Folge von Spektralfarben zu zeigen. Margaret Benyon, zusammen mit Harriet Casdin-Silver und Dieter Jung die wichtigste Künstlerin und Theoretikerin in diesem Bereich, setzt die holographischen Techniken zu einer Vielzahl von Zwecken ein, in erster Linie aber, um die Trennung zwischen der High-Tech und der menschlichen Wahrnehmung und Sensibilität zu überwinden. So benützte sie Hologramme als Erinnerung an die Immaterialität der materiellen Welt und als Massenkommunikationsmittel zur Veränderung stereotypen Denkens, bevor sie Hologramme von Menschen selber machte, um eine völlig neue Interpretation des menschlichen Körpers zu versuchen. In technischer Hinsicht liegt die Zukunft der Holographie zweifellos in ihrer Kombination mit dem Video und der Computergrafik.

Die Videokunst hat im Bereich der fortgeschrittenen technischen Medien wohl die umfassendste Geschichte. In der Arbeit der Videokünstler lassen sich zwei sehr verschiedene Ausrichtungen feststellen: Videokameras werden einerseits von bildenden Künstlern als Aufzeichnungsmittel verwendet und andererseits dienen sie zur experimentellen Erforschung der Eigenschaften des elektronischen Systems. Acconci, Gilbert and George, Gina Pane und viele andere Vertreter der Body Art verwenden die Tapes ihrer Aktionen als Bereicherung der Dokumentation, die bislang auf Texte und Fotografien beschränkt war. Wenngleich auf einer anderen Ebene, so ist die Verwendung von Video durch Bruce Nauman, Peter Campus, Wolf Vostell, Joseph Beuys oder Robert Rauschenberg durch eine ähnliche Absicht motiviert. Die Flexibilität des Videosystems schien den Künstlern mehr Freiheit beim Filmen zu gewähren. Der Ansatz von Ingenieuren und Künstlern hingegen, die die besonderen Eigenschaften der Videotechnik erforschen, ist ganz anders, denn das elektronische Gerät wird dann in seiner ganzen Komplexität, nicht nur als einfaches Mittel der Aufzeichnung betrachtet. Video-Objekte können wie pikturale oder skulpturale Objekte behandelt werden. Nam June Paik gelang es, abstrakte schwarz-weiße Tapes herzustellen, indem er im Inneren der Kamera die Verteilung der elektronischen Komponenten veränderte. Seine Erforschung vollzog er auf allen Ebenen des technischen Mittels. Darüber hinaus haben zwei weitere Formen der Videoarbeit eine wichtige Rolle gespielt: der Gebrauch von Kameras, Monitoren und Tonbandgeräten, um »environments« oder »Skulpturen« zu erzeugen, und das »guerilla video«, das, meist unter einer politischen, zumindest aber pädagogischen Orientierung, eine große Zahl von Betrachtern auf der Straße mit einer tragbaren Kamera filmt.

Was die Ursprünge der Computerkunst selbst anbelangt, so war ohne Zweifel Ben F. Laposky der erste, der 1952 in den USA einen Analogcomputer und einen Oszillographen mit einer Kathodenröhre zur Komposition seiner *Electronic Abstractions* benützte und 1956 mit der Produktion von farbigen elektronischen Bildern begann. Im gleichen Jahr entstanden in Wien die Oszillogramme von Herbert W. Franke. Die ersten Computergrafiken wurden in Deutschland 1960 von K. Alsleben und W. Fetter hergestellt. 1965 wurden voneinander unabhängig, aber fast gleichzeitig die ersten Arbeiten mittels eines digitalen Computers von Frieder Nake und George Nees in Deutschland sowie von Michael Noll, K. C. Knowlton, B. Julesz und anderen in den USA ausgeführt.

Ein digitaler Computer besteht aus vier wesentlichen Bereichen: einer arithmetischen Einheit, die einfache Operationen mit Daten durchführt, einem Speichersystem für Daten, einer Einrichtung für den Input und Output sowie einer Einheit, die den Informationsfluß im System kontrolliert. Aus der ästhetischen Perspektive können Computer in mindestens fünf Bereichen zur Geltung kommen: in Werken der Environmental Art, in optischen oder Videodisks, in kybernetischen Skulpturen, in der Herstellung von plastischen oder von Film- bzw. Videobildern und in telekommunikativen Ereignissen. Pioniere der computerunterstützten Environmental Art waren die Mitglieder der amerikanischen Pulsa Group – Künstler und Wissenschaftler der Yale University –, die 1968 im Freien interaktive Licht-und-Ton-Schauspiele inszenierten, und einige der zuvor erwähnten Laserkünstler, die in ihre Arbeiten Mikroprozessoren integrieren.

Die Videodisk, eine ideale Art der Informationsspeicherung, ermöglicht durch ihre Kombination mit dem Computer einen großen Spielraum für die Interaktion. Obwohl die ersten Videodisks bereits 1970 entstanden, wurden erst in den beginnenden achtziger Jahren am *Center for Advanced Visual Studies* des M.I.T. unter der Leitung von Otto Piene die ersten künstlerisch überzeugenden Videodisks, die *Sky Art Centerdisk*, hergestellt. Gegenwärtig ist die Videodisk ein Medium, das sowohl die Aufzeichnung von künstlerischen Ereignissen als auch den Fortschritt künstlerischer Produktionen ermöglicht. Bei den kybernetischen Skulpturen berechnet der Computer die vielfältigen Beziehungen, die sich zwischen dem »Benutzer«, dem technowissenschaftlichen Kunstwerk und dem Raum, in dem beide aktiv sind, bilden. Seine Berechnungen werden in die Funktionsweise des Kunstwerks integriert. Auf dieser Stufe entsteht das Problem der Künstlichen Intelligenz, also der Möglichkeit von Computern, das menschliche Verhalten zu simulieren und die deduktiven Fähigkeiten des menschlichen Gehirns zu prüfen, was unabhängig ist von ihrer Funktion, Wissen im Gedächtnis zu speichern. Einige Künstler des vierten und fortgeschrittensten Bereichs der künstlerischen Verwendung des Computers haben die Implikation der Künstlichen Intelligenz für ihren Zweck benützt.

Es muß betont werden, daß die sogenannte Computergrafik nicht nur grafische Arbeiten einbegreift, obgleich die Künstler zu Beginn vorwiegend zwei- oder dreidimensionale Muster produzierten, die entweder auf nicht-visuellen Daten oder mittels der Bildprozessierung auf Variationen existierender Bilder beruhten, sondern auch pikturale Werke, Filme und Video. Die aktuelle Beschäftigung mit digitalen Bildern geht in die Richtung einer Prozeßkunst, die nicht mehr auf die Herstellung von Objekten zielt, sondern auf die Strukturen und Ursprünge der künstlerischen Aktivität. Die Techniken der Computergrafik, der Animation und des digitalen Bildes können so die künstlerische Aktivität auf jeder Ebene stimulieren, indem sie die anfänglich unterschiedlichen Formen der Forschung verbessern, Mittel zur Beschleunigung bei der Manipulation und Artikulation von Ideen und Rahmen zur Synthese authentischer Imagination und Begrifflichkeit bereitstellen. Man sollte aber nicht übersehen, daß der enorme Fortschritt bei der Herstellung künstlerischer Bilder mittels des Computers dem Sachverhalt entspringt, daß dieser einen Ort der Hybridisierung oder sogar einen Schmelztiegel für viele der hochentwickelten Techniken darstellt, aber auch ein wirklich interaktives Instrument ist, das ebenso die kreative Entfaltung von plastischen Elementen wie eine neuartige Wahrnehmung von Zeit und Raum erlaubt.

Das fünfte Gebiet, auf dem der Computer eine bestimmte Rolle spielt, ist das der Telekommunikation. Simon Nora prägte 1978 den Begriff der Telematik, um die neue, aus der Verbindung von Computern und telekommunikativen Systemen entstandene neue elektronische Technologie zu erfassen. Der heute in Gang gekommene Prozeß der Telematisierung läßt sich am deutlichsten an der schnellen und großflächigen Ausbreitung des *Minitel* sehen, einem öffentlichen Videotextsystem, das durch eine Vielzahl von Serviceangeboten eine breitgefächerte Interaktion zwischen Benutzern und Datenbanken ermöglicht. Roy Ascott, ein hervorragender Künstler und Theoretiker auf diesem Gebiet, hat in seinen Arbeiten die charakteristischen Eigenschaften des Videotextsystems zur Geltung gebracht, also die Möglichkeiten, über den Speicher des Computers im elektronischen Raum zu interagieren, der die normalen Beschränkungen von Zeit und Raum bei der facte-to-face-Kommunikation aufhebt. In seiner Arbeit *La Plissure du Texte: A Planetary Fairy Tale,* eine Hommage an Roland Barthes' *Le Plaisir du texte,* wurde ein Text durch Künstlergruppen geschaffen, die in 11 über den Globus verteilten Städten mittels eines elektronischen Netzwerks in Verbindung standen. Die Geschichte entfaltete sich nach und nach, da jeden Tag ein Textstück von jedem Terminal eingespeist wurde. Die meisten Terminals waren verbunden mit Projektoren, so daß der generierte Text während der Ausstellung *Electra,* die 1983 im Musée d'art moderne stattfand, öffentlich zugänglich wurde. Das Publikum konnte seinerseits Fragen an die Koautoren stellen und Alternativen zum Fortgang der Geschichte vorschlagen. Die Kunst unserer Zeit besteht für Ascott aus den Elementen System, Prozeß, Verhalten und Interaktion. Ähnlich wie die Situation des Künstlers von Ungewißheit und Ambiguität bestimmt wird, sind die Werte unserer Kultur relativ, unsere Gesellschaften pluralistisch und unsere Bilder und Formen flüchtig. Die interaktiven Prozesse der Menschen erzeugen Bedeutung und so Formen der Kultur. Daher werden von Künstlern die Systeme und Prozesse eingesetzt, die die Interaktion erleichtern und umfassender machen, um eine planetarische Gemeinschaft mit der Hilfe eines telematischen Systems zu eröffnen, das auf Kabel- oder Satellitenübertragung basiert. Die Zukunft sieht Ascott folglich in einer engeren Zusammenarbeit von Experten, um solche telematischen Netzwerke, kybernetischen Systeme und digitale Hardware herzustellen, die neue Formen der Kunstproduktion, neue Mittel der Beteiligung und eine größere Zahl von Mitwirkenden ermöglichen.

Neben der Möglichkeit der Telematik, beispielsweise Videotext, Telefax, Laserdisks, Computeranimation und -simulation, Telekonferenzen, Textaustausch sowie räumlich fernliegende Wahrnehmungs- und Interaktionsprozesse zu verbinden, beschäftigen sich einige Künstler bereits mit der Satellite Art, um künftige Entwicklungen zu imaginieren. Man versucht, den alten Traum der Menschheit zu verwirklichen, vom Planet Erde sich zu lösen, um im Kosmos sich künstlerisch zu manifestieren. Projekte wie Jean-Marc Phillips *La Grande Roue céleste* oder Pierre Comtes ARSAT (Art satellite), die mit Hilfe von Astrophysikern zustandekamen, ermöglichen nicht nur ungewohnte Erfahrungen, sondern können Designmodelle künftiger Weltraumstationen entwerfen.

Nachdem die wichtigsten der künstlerisch verwendeten modernen Technologien in der High-Tech Art gemündet sind, in der Wissenschaft, Kunst und Technik wieder ineinandergreifen, kommt es nicht so sehr auf weitere technische Fortentwicklungen an, wie beispielsweise den optischen Neurocomputer, die neuen digital programmierten, holographischen Datenträger und Repräsentationssysteme, die Ökotechnologie oder das Ökodesign, sondern auf die Gestaltung des neuen Verhältnisses zwischen den Menschen und dem kreativen Prozeß, zwischen den Menschen und seinen Artefakten. High-Tech Art hat sich als erfolgreiche Konkurrenz der gegenwärtigen neo-expressionistischen und historistischen Trends in der bildenden Kunst und den aktuellen Richtungen im Design etabliert, zumindest aber ist sie deren notwendige Ergänzung. Besonders was die Möglichkeiten der Partizipation und der Interaktion in der Kunst anbelangt, haben die neuen Technologien ein weites Feld einer veränderten ästhetischen Praxis eröffnet.

Von der Partizipation zur Interaktion in den bildenden Künsten

Unter der Perspektive der Interaktion und Partizipation lassen sich die Kontinuität und Kohärenz der High-Tech Art mit der modernen Expansion der Kunst verstehen. Wenn Konvergenz und Kombination der verschiedenen Techniken entscheidend für die Ausbildung einer neuen Kunstform sind, die man als High-Tech Art bezeichnen könnte, und wenn die Kontinuität und Kohärenz dieser Kunst historisch nachgewiesen werden kann, dann ist ihre Existenz im öffentlichen Bewußtsein, insbesondere was die Kennzeichnung »High« betrifft, bestimmt durch die technologische Perfektion ihrer Produkte. In den Werken der High-Tech Art werden die technischen Wechselbeziehungen in ihren maximalen Leistungen ausgeschöpft. Zumindest in ihrer Erscheinung enthalten sie Elemente der Perfektion. Man erwartet zum Beispiel von ihnen, die Beantwortung von irritierenden Fragen zu erleichtern, die aus der Wahrnehmung der Umwelt durch ausgeklügelte, visuell und intellektuell eindrucksvolle technische Netzwerke entstehen. Obgleich der Ausdruck »High-Tech«, wahrscheinlich durch die Assoziation mit der oberflächlichen Vorstellung, daß Technologie immer ein Faktor der Entfremdung ist, einen negativen Beiklang erhalten hat, ist die Verwendung dieses Begriffs für eine ganze Reihe neuer technologischer Entwicklungen dennoch legitim, die mit Komplexität und besonders mit dem Zusammenspiel solcher multimedialer Technologien verbunden sind wie dem digitalen hochauflösenden Fernsehen, dem Stereosound, den parallelen Datenverarbeitungssystemen und Vernetzungen. Mit diesen Systemen hat sich die Geschwindigkeit der Übermittlung und der Veränderung erstaunlich beschleunigt.

Das Wesen der High-Tech läßt sich aber auch an den Versuchen von Künstlern darstellen, den Zuschauer in den kreativen Prozeß einzubeziehen. Besonders deutlich wird die von ihnen herbeigeführte Veränderung im Übergang von der einfachen Einladung zur Partizipation zur Aufforderung, sich in einer viel intensiveren Weise interaktiv zu beteiligen. An dieser Stelle sollte man versuchen, eine vorläufige Unterscheidung zwischen den Begriffen der Partizipation und der Interaktion zu treffen. Im Kunstkontext der sechziger Jahre verstand man unter Partizipation die Einbeziehung auf der kontemplativen oder intellektuellen wie auf der körperlichen Ebene. Diese doppelte Aufforderung stand im Unterschied zu der traditionellen Einbeziehung des Beobachters, aber auch zu den damit verbundenen politischen und sozialen Konnotationen. Neben der Entwicklung von plastischen Arbeiten, die diese Partizipation herausforderten, wurde der Zuschauer oft dazu eingeladen, an etwas teilzunehmen, das einer rituellen Zeremonie oder einem Stammesfest ähnelte. Während rituelle Werke inzwischen zum Objekt der allgemeinen ästhetischen Erfahrung wurden, erhebt der Begriff der Interaktion im jüngsten Kunstkontext den Anspruch auf eine weit intensivere Einbeziehung. Der Künstler versucht, eine Zwei-Weg-Kommunikation zwischen seinen Werken und dem Zuschauer in Gang zu setzen. Dieser Prozeß kann nur durch neue technologische (hightech) Mittel verwirklicht werden, bei denen die Fragen des Benutzers vom Kunstwerk beantwortet werden. Meist wird in diesem Kontext ein globales Netzwerk eingerichtet, das eine intensive Beteiligung des Zuschauers erfordert. Das mag zwar wieder eine wichtige gesellschaftliche Bedeutung besitzen, ist aber wesentlich »unpolitischer« als in den sechziger Jahren, da stärker allgemein menschliche und alltägliche Probleme oder Aspekte der Umwelt mit einer manchmal veränderten »wissenschaftlichen« Inszenierung einbezogen werden.

Gegenwärtig wird der Begriff der Partizipation auf ein Verhältnis zwischen einem Beobachter und einem bereits bestehenden unabgeschlossenen Kunstwerk angewendet, während der Begriff der Interaktion die mögliche Zwei-Weg-Wechselwirkung zwischen einem Menschen und einem System der künstlichen Intelligenz impliziert. Vor allem in den USA war der Begriff der Interaktion bis vor kurzem noch auf die Wechselwirkung zwischen dem Künstler und der Maschine beschränkt. Neuerdings wird er aber auch auf die Beziehung zwischen dem Künstler und dem Beobachter angewendet, die durch verschiedene Netzwerke konstituiert wird, von rein elektrischen oder elektronischen Geräten bis hin zu solchen, die lokal oder sogar über die ganze Welt verstreute Terminals besitzen. Diese Entwicklung schließt eine umfassendere Kreativität in einem Kontext ein, der nicht nur auf professionelle Architekten und Komponisten, sondern auch auf eine größere Öffentlichkeit erweitert wurde. In diesem Zusammenhang muß man festhalten, daß bei vielen jüngst entstandenen

Arbeiten das Klangelement meist in der Form eines skulpturalen akustischen Raumes integriert worden ist und die Verbindung von elektronischen Bildern und rein auf Daten basierenden Klängen immer mehr zunimmt. Diese Entwicklung ist verbunden mit einer als »connexionism« bezeichneten Verbesserung der neuesten Systeme künstlicher Intelligenz, durch die man zahlreiche Computer miteinander verbinden kann, um die »Anschlüsse« zu einer vollständigen Rekonstruktion des Input-Modells zu gewinnen, aber auch um die Möglichkeiten weitreichender kreativer Handlungen zu eröffnen. Der Gegenstand dieser Forschungen ist die Erweiterung der künstlichen Intelligenz von rechnerischen, rationalen und logischen zu assoziativen »gedanklichen« Verbindungen. Aus diesem Grund ist der High-Tech-Künstler besonders an dieser Forschung interessiert. Zusammen mit der Entwicklung ferngelenkter sensorischer Systeme ist dies gegenwärtig vielleicht der vielversprechendste Schritt in Richtung auf Interaktivität zwischen den Künstlern und den Beobachtern durch die Vermittlung der High-Tech.

In den fünfziger und sechziger Jahren begann bei den Künstlern die Idee zu entstehen, den Betrachter, unterstützt durch noch ziemlich bescheidene technische Innovationen, aktiv am Prozeß der Kreation partizipieren zu lassen. Diese Orientierung entstand zu Beginn der fünfziger Jahre in einem kleinen Kreis von Künstlern wie Agam, Soto, Tinguely und Bury, die, ganz im Sinne der damals zeitgemäßen Erkundungen geometrischer Formen in der Plastik, versuchten, die dritte Dimension in ihre Arbeiten zu integrieren. Das geschah in der Intention, eine Option und manchmal auch eine Verpflichtung für den Betrachter zu erzeugen, in die plastischen Werke einzugreifen und sie so erst ganz in ihrer Funktion zu verwirklichen. So enthüllten die kontrapunktischen und polyphonischen Bilder Agams, die auf einer Relieftechnik basierten, ihre Struktur nur dann, wenn der Zuschauer sich vor ihnen bewegte, während durch eine andere Technik bei seinen veränderbaren Werken die beweglichen Bildteile mit großer Freiheit vom partizipierenden Betrachter arrangiert werden konnten. Bei Soto wurden die Arbeiten dieser Zeit vorwiegend mit der Hilfe von Spiegeleffekten durch die geringfügigste Bewegung des Betrachters vor ihnen verändert. Seine späteren Environments erforderten eine weit größere Beteiligung, um ihre gleichzeitig optischen und taktilen Effekte zu entfalten. Die metamathischen

Werke von Tinguely stellten in den fünfziger Jahren eine Herausforderung der Technologie und insbesondere der Mechanik des Uhrwerks dar, aber sie waren auch Zeichen- und Malmaschinen, die manchmal, ähnlich wie in seiner späteren *Pedalmaschine* oder im *Mechanischen Konzert*, die Partizipation des Zuschauers notwendig werden ließen. Die *Plans mobiles* der fünfziger Jahre von Pol Bury lassen sich ebenso als Revolte gegenüber den Zwängen des Tafelbildes wie als Einladung des Zuschauers verstehen, die Formen und Farben zu betrachten, bevor sie eingreifen und die Komposition verändern, wenn ihnen deren Anordnung nicht gefällt. In einem Gespräch erklärte er, es sei für ihn ganz normal, an erster Stelle an den idealen Zuschauer zu denken, der die ihm zugewiesene Rolle ernstnimmt. Pol Bury stellte sich nicht vor, daß der Zuschauer auch seine Freiheit mißbrauchen könnte, aber er bemerkte sehr bald, daß die Besucher sich meist nicht die Zeit zur Betrachtung nahmen und auch nicht die Geduld aufbrachten, wohlüberlegt einzugreifen. Die dem Zuschauer angebotene Freiheit begann ihn zu irritieren.

Diese vier Pioniere der kinetischen Kunst der fünfziger Jahre stellten bereits, wie später eine ganze Künstlergeneration, die man unter dem Etikett »Nouvelle Tendance« vereinte, in aller Schärfe das Problem, wie der Zuschauer seine Freiheit in gutem Sinne gebrauchen konnte. Gleichzeitig aber versuchten sie auch mittels neuer Techniken die plastischen und literarischen Ideen zu überschreiten, die für den Konstruktivismus, den Dadaismus und den Surrealismus maßgeblich gewesen und an den Kontext der Jahre vor dem Ausbruch des Zweiten Weltkrieges gebunden waren. Zu diesen neuen Techniken gehörten beispielsweise die physichromatischen, die transchromatischen und vor allem die chromosaturierten Arbeiten von Cruz-Diez, in denen der Zuschauer von einem chromatischen »Ereignis« zum anderen schritt. Inzwischen können sie monumental angewendet werden wie in der radikalen Chromostruktur in Barquisimeto (Venezuela), die er im Laufe von 9 Jahren (1977-1986) fertiggestellt hat. Die multiplen Chromosaturationen in den Sälen der Telefonzentrale von Guri (gleichfalls Venezuela) bestehen aus einer Mauer, an der die Besucher 1200 rote, grüne und blaue Lampen bedienen können, um eine Vielzahl von Farbskalen zu erzeugen. In den Labyrinthräumen der Groupe de recherche d'art visuel aus Paris wurde mit neuen Techniken der Variation, der Progression, der Reflexion und der Transformation von Strukturen experimentiert, um verschiedene Arten der Partizipation herauszubilden und die traditionellen ästhetischen Sichtweisen zu überschreiten. Die Environments italienischer Künstler dieser Zeit zielten in dieselbe Richtung, indem sie optische, stroboskopische, magnetische, kinetische und luminöse Effekte programmierten.

Die Intention, die Zuschauer am Kunstwerk partizipieren zu lassen, hat gleichfalls die Künstler geleitet, die in den sechziger und siebziger Jahren Happenings, Ereignisse, Aktionen und Performances inszenierten. Der Begriff des Happening wurde von Allan Kaprow im Jahre 1959 geprägt. Zunächst war damit einfach die Vorstellung verbunden, die Enge eines für die Veranstaltung zugewiesenen Raumes zu verlassen und ein Ereignis draußen oder zumindest an einem ungewohnten Ort stattfinden zu lassen. Die grundliegende Idee aber war, eine Situation zu schaffen, die die Anwesenheit der Zuschauer und die des Künstlers selbst erforderte. Zudem sollten bestimmte Elemente des technologischen oder alltäglichen Lebens die Fremdheit des Phantastischen und Poetischen in sich einlassen. Welche Formen das Happening auch immer angenommen hat, die Idee der Partizipation des Zuschauers blieb immer präsent, da die Aktion des Künstlers untrennbar an die Partizipation gebunden wurde. Für Kaprow, der Jackson Pollocks Action-painting als wesentlichen Ursprung des Happenings betrachtete, sollten die in dieser Kunstform integrierten Menschen als bunte plastische Elemente begriffen werden, auf die man beispielsweise wie auf eine lebendige Materie einwirkt. In den Happenings, Aktionen, multimedialen Environments und Performances wurde auch in Form von Instrumenten oder Medien die Technologie einbezogen. Hierfür ist das charakteristische Beispiel der Zyklus von Performances, den Künstler wie John Cage, Robert Rauschenberg oder Robert Whitman 1966 in der Armory von New York durchführten.

Ausgehend von den Erfahrungen der kinetischen und der Happening-Kunst kristallisierten sich im wesentlichen drei Fragen heraus, die die Partizipation des Zuschauers betrafen: In welchem partizipatorischen Kontext kann der Zuschauer am ehesten seine Möglichkeiten entfalten, um sich selbst in den Zustand der Kreativität zu bringen? Welchen Freiheitsgrad kann der Künstler zu diesem Zweck den Zuschauern gewähren? Begünstigt die Einführung einer neuen Technologie gleichzeitig die Freisetzung der kreativen Kräfte beim Künstler und die interaktive Integration des Zuschauers? Die Schwierigkeiten, auf die man bei der Beantwortung dieser Fragen traf, haben vielleicht zum vergleichsweisen Niedergang der von uns vorgestellten Kunstformen beigetragen. Andererseits haben sie durch die neuen Technologien viel später ein neues Leben und eine neue Aktualität gefunden. Der Gebrauch des Wortes »Interaktivität«, das durch die Idee der Autonomie des Zuschauers den Begriff der Partizipation ersetzt hat, markiert den Zeitpunkt, an dem diese neue Phase begonnen hat. Um diese Veränderung besser nachvollziehen zu können, werden im folgenden einige künstlerische Positionen der achtziger Jahre vorgestellt. In der Ausstellung *Electra*, die 1983 im Musée d'art moderne der Stadt Paris stattgefunden hat, haben zwei Arbeiten große Aufmerksamkeit auf sich gezogen, die in hohem Maße das Publikum miteinbezogen. Die kybernetischen Skulpturen von Weng-Ying Tsai bestanden aus Stäben von rostfreiem Stahl, die sich beständig in einem elektronisch animierten und durch Licht hoher Frequenz erfüllten Environment bewegten. Die erkennbaren Bewegungen werden sowohl durch die elektrische Ladung der Körper der Besucher als auch durch ihre Stimmen reguliert. Auch ihre *Upward-Falling Fountains* sind kybernetische Skulpturen auf der Basis eines elektronischen Systems: Elektrizität durchquert das Wasser und setzt Oszillatoren in Gang, die harmonische Vibrationswellen im Wasser und in der Skulptur erzeugen. Wenn man überdies ein durch Feed-back gesteuertes System benützt, das mit mehreren Blitzlichtern hoher Frequenz ausgestattet ist, lassen sich die Bewegungen der Skulptur gemäß den Reaktionen des Publikums unendlich oft verändern. Die andere Arbeit, auf die wir schon im ersten Teil dieses Beitrages hingewiesen haben, *Le Champ d'interaction* von Piotr Kowalski, ist ein Raum, z. B. ein öffentlicher Platz, der jeden Augenblick durch die Menschen, durch die Geschwindigkeit und die Richtung ihrer räumlichen Bewegungen sowie durch ihre wechselseitigen Positionen definiert ist. Dieses Environment wird durch eine Matrize im Boden von unsichtbarer Strahlung vernetzt, die die horizontalen Verschiebungen registriert und sie analog auf ein vertikales Leuchtraster mit variabler Intensität überträgt. Jedem Lichtpunkt des Ausstellungsstückes entsprach ein Linienabschnitt der Matrize im Fußboden.

Sollte man die Einbeziehung des Zuschauers in beiden Arbeiten in die Rubrik der Partizipation oder bereits in die der Interaktion einordnen? Deutlich ist durch die Beschreibung geworden, daß die technischen und ästhetischen Anordnungen in beiden Fällen von den Künstlern so konzipiert wurden, daß das Werk weder auf der technischen noch auf der ästhetischen Ebene ohne die Intervention des Publikums, ohne seine Präsenz, seine räumlichen Positionen oder Stimmen existieren würde. Die kreativen Eingriffsmöglichkeiten des Publikums blieben freilich sehr beschränkt. Trotzdem muß man zugeben, daß die Einbeziehung des Publikums hier bereits in eine andere Dimension eingetreten ist als die, die beispielsweise die Arbeiten der Groupe de recherche d'art visuel kennzeichneten: deren Wegstrecken, Labyrinthe und Spielmöglichkeiten in den Museen und Straßen. Meiner Meinung nach ist die intensivere und vollständigere Beteiligung des Publikums aus einer gelungenen Anpassung von ästhetischen und technischen Forschungen zustandegekommen, die besonders durch besser beherrschbare und differenzierte Techniken ermöglicht wurden. Überdies lag diesen Arbeiten eine reichere künstlerische Konzeption zugrunde, die sich auf ausgedehnte physische Räume erweiterte und mehrere sinnliche Vermögen der Zuschauer ansprach.

Entscheidend für die umfassenderen physischen und geistigen Möglichkeiten der Einbeziehung war die Entwicklung der Mikroprozessoren. Die Verbindung zwischen den Techniken zur numerischen Bilderzeugung und den Informationstechnologien durch die Mikroprozessoren, wie sie in den telematischen Netzen, in den elektronischen Spielen und im Personal Computer vorliegt, hat in den achtziger Jahren dem Bild ermöglicht, mit dem Zuschauer in Interaktion zu treten. Der Zuschauer kann auf das Bild mittels der Tastatur oder analogen Kommandos einwirken, das in Echtzeit und in seiner Sprache mit starren oder animierten visuellen Formen reagiert, so daß alles so geschieht, als ob das dadurch erzeugte Bild mit den Eingabebefehlen für den Computer gekoppelt wäre. Im Bereich des numerischen Bildes der Ausstellung *Electra* war das Thema Interaktion vor allem in den Arbeiten von Tom de Witt, Sonia Sheridan, Nelson Max, Roy Ascott und Brian Reffin Smith präsent. Tom de Witts »Pantomation System« produzierte Bilder, die auf einem Videoschirm durch die Bewegungen der Körper generiert und durch einen Videofilm ergänzt wurden. Mit diesem System konnte man im

Raum einen dreidimensionalen Gegenstand mit der Hand oder mit dem ganzen Körper zeichnen, dessen visueller Umriß auf den Videoschirmen in Farbe erschien, nachdem er vom Computer berechnet wurde. Die technische Anordnung Tom de Witts stand also zwischen einer fotografischen Aufzeichnung und der reinen Synthese von Bildern, während sie ästhetisch vor allem an der Interaktivität mit dem Künstler als Schöpfer von Formen und Farben und des Systems selbst orientiert war, in dem manchmal der Zuschauer sich an die Stelle des Künstlers setzte. Sonia Sheridan hatte ein differenziertes grafisches System ausgearbeitet, dessen Interaktivität rein technisch und strenggenommen pädagogisch war. Es erlaubte, Farbfotos und Zeichnungen in einer Weise zu mischen, die sehr leicht sowohl von einem Experten als auch von einem Unerfahrenen, etwa einem Kind, zu beherrschen war. Nelson Max stellte einen sozusagen interaktiven Film vor, der es dem Zuschauer ermöglichte, unmittelbar oder in Echtzeit zu intervenieren. Mittels eines einfachen analogischen Systems konnte der Zuschauer auf ein sich bewegendes dreidimensionales Bild einwirken, das eine Meereslandschaft zeigte, und nach seinem Belieben die Farbe des Himmels und des Meeres sowie die Position der Sonne und des Mondes über dem Horizont verändern.

Für Roy Ascott eröffnen die internationalen telematischen Netze die Aussicht, daß Künstler eine interaktive planetarische Kultur gestalten, die auf der Möglichkeit der unmittelbaren schriftlichen Kommunikation zwischen verschiedenen Personen beruht. Dazu ist nicht mehr erforderlich als ein Telefon und ein Terminal. In der Ausstellung *Electra* führte er die bereits im ersten Kapitel vorgestellte Arbeit *La plissure du texte* aus, in der der Computer vor allem eine vermittelnde Rolle spielte. Bei Brian Reffin Smith erreichte die Interaktion eine noch ausgeprägtere Dimension, indem der Computer, der zwei Spieler miteinander verband, dazu diente, im Verlaufe einer Art grafischen Duells ein Bild zu erzeugen. Auch gegenwärtig ruft das Problem der Interaktion, ebenso wie das der Simulation und das der Künstlichen Intelligenz, die Aufmerksamkeit der Künstler hervor. Auf dem Gebiet des Spiels mit dem Computer und der pädagogischen Hinführung zu seiner Benutzung wurden wohl die zufriedenstellendsten Ergebnisse erzielt. Auf der anderen Seite ermöglicht die künstlerische Verwendung der Videodisks einen wirklichen Zugang zum Bild, der dem Benutzer in der Wahl und der Dauer der

Sequenzen einen großen Spielraum läßt. Doch wird dabei die elektronische Technik grundsätzlich nicht zur Erzeugung von Bildern genutzt, da sie nur als bereits aufgezeichnete zur Verfügung stehen.

Diejenigen Künstler, die mit der Hilfe des Computers Bilder machen wollen, besonders wenn sie durch Simulation numerisch erzeugt werden sollen, treffen auf eine große Komplexität der technischen Übersetzung ihrer bildnerischen Vorstellungen. Um diese Schwierigkeiten der Produktion und der Anordnung zu lösen, die es dem Zuschauer erlauben zu intervenieren, sind gegenwärtig noch Computer mit einer sehr hohen Kapazität erforderlich. Der Übergang von der Partizipation zur Interaktion ist nach einer Phase der Stagnation durch die künstlerische Verwendung neuer Technologien intensiviert worden, die neue Produktionsmöglichkeiten eröffnet haben. Das Problem der angemessenen Freiheit für den Zuschauer, das sich bereits bei der Entstehung dieser Idee in den fünfziger Jahren gestellt hatte, ist indessen von unverminderter Qualität. Vielleicht ist die angemessene Freiheit jeder schöpferischen Freiheit eng an eine ausgewogene Balance zwischen der ästhetischen Imagination und der technischen Realität gebunden.

Manche partizipatorische oder interaktive Werke, in denen der Künstler nur das Schema erstellt, das die Zuschauer individuell realisieren müssen, schreiben sich in einen ästhetischen Kontext ein, der den Spieltrieb und den Sinn für Kombinatorik des Benutzers fördert und bestenfalls einem Ausdruck der Freiheit dient. Der Künstler gibt in diesen Fällen nur die Regeln und die Elemente eines plastischen Problems vor, das einem Puzzle gleicht, wobei der Zuschauer die Lösung zu finden oder, mit anderen Worten, das Werk zu vollenden hat. Andere Arbeiten sind viel deutlicher als offene Werke konzipiert und gehören zu einer Ästhetik des Zweideutigen. Um die Zweideutigkeit zum expliziten Ziel des Werks werden zu lassen und um sie als Wert zu realisieren, haben die zeitgenössischen Künstler oft auf das Informel, auf die Unordnung, auf den Zufall oder auf die Unbestimmtheit der Ergebnisse zurückgegriffen. Man ist daher versucht, eine Dialektik zwischen Form und Öffnung einzuführen, die bestimmt, in welchem Ausmaß ein Werk seine Zweideutigkeit herausstellen und von der aktiven Intervention des Zuschauers abhängen kann, ohne deswegen die Qualität »eines Werks« (Umberto Eco) zu verlieren. Unter einem Werk muß man in dieser Perspektive ein durch strukturale Eigenschaften ausgezeichnetes Objekt verstehen, das nicht nur die Aufeinanderfolge von Interpretationen, Interventionen und sich entwickelnder Perspektiven erlaubt, sondern das diese auch koordiniert. Die im Hinblick auf einen permanenten Dialog zwischen dem Zuschauer und ihnen konzipierten interaktiven Werke überschreiten diese Ästhetik der Zweideutigkeit und des offenen Kunstwerks in Richtung einer Ästhetik der Unabgeschlossenheit (non-finito). Die kreative Handlung schließt sich hier weder in der Vollendung des Werks noch in seiner Interpretation ab, wie es in manchen »offenen« Kunstwerken der Fall ist. Diese Ästhetik bewegt sich auf eine Kunst des Augenblicks oder der Erscheinung zu, die mit einer Kunst des Verschwindens synonym wäre, also dadurch ausgezeichnet ist, daß ihr »Genuß« sie vernichtet. Ihr Ziel ist die ewige natürliche oder lebendige Wiederkehr, der Zyklus der Produktion-Konsumption, der in den besten Fällen die »kontinuierliche Schöpfung« eröffnet, die Descartes so schätzte.

Aus dem Französischen von Florian Rötzer

Otto Piene
Das Schöne und das Tüchtige
Über Sinn und Unsinn eines Wirkungsverhältnisses von Kunst und Technologie

Wir hören viel darüber, daß das Schöne nicht mehr der Gegenstand der Kunst sei. Aber es besteht kaum Zweifel, daß auch die gegenwärtige Kunstübung voraussetzt, daß ihr Produkt – die Kunst – mehr oder weniger spontan mit den Sinnen, besonders mit den Augen und Ohren, »ästhetisch und intuitiv« gestaltet und gelesen (»empfangen«) wird. Die Kunst wird selten angefaßt, während die meisten Ingenieurprodukte, die das Ergebnis technischer Bemühungen sind und das Vokabular von Technologien entwickeln und anwenden, zu haptischem Kontakt einladen. Erst jüngere, intelligentere Technologie, z. B. in der Medizin und im Pilot-Verhalten, benützt bloßen Augenkontakt. Die Denkmonitore der technologisch-digitalen Telepathie sind noch rudimentär beim gegenwärtigen Stand der Technik; das (Kunst-)Bild des »Hausmann – Tech-Kopfes« (Raoul Hausmann, *Mechanischer Kopf*, 1921) ist noch Zukunfts-Projektion von Technologie als weiterer Verlängerung und Erweiterung der Anatomie und der Sinne.

Während Künstler zunehmend von »hyper-digital« gedachter Meta-Sprache (*Meta-Script*, Pierre van Berkel) reden, ist das neuro-physio-psychische Wirken künstlerischer Intelligenz und künstlerischen Schaffens weitgehend obskur. Die materielle Substanz innerer Bilder, ihr Entstehen und Vergehen und auch der Prozeß ihrer gelegentlichen »Verwirklichung« interessieren uns ebenso wie das Wesen ihrer Leit- und Vermittlungsmedien, wie z. B. Intuition. Erste Anwendungen von Erkenntnissen über Intelligenz führen zu »künstlicher Intelligenz«, deren »faßbare« künstlerische Auswirkung zwar noch Wunschdenken ist, die aber schon *decision-making computers* und Dialog-Computer hervorbringt oder hervorbringen soll.

Mathematisch-systematische Denkstrukturen sind Schuß und Kette der Computer-Bilder von Graphik und Animation, und die Pixel-Konstellationen von Video im allgemeinen sind die Resultate der Systematisierung des Bildes im 19. und 20. Jahrhundert, die mit den ersten Schritten hin zum Konstruktivismus bei Pointillisten, Konstruktivisten und Suprematisten angefangen und sich in konkreter Kunst und Rasterbildern fortgesetzt hat. Die vergrößerten Pixel-Strukturen ähneln Mondrian- und Malewitsch-Bildern auf verblüffende Weise; aber es gibt auch wesentliche Unterschiede: Während die frühen Bilder Malerei sind – also an die Leinwand gebunden und »original« –, sind die Video-Bilder »Lichtbilder«, in der CRT *(Cathode ray tube)* im Medium Licht abzurufen, multiplizierbar in Celluloid und Nachfolge-Materialien, auf Papier zu drucken und »immateriell« elektronisch übertragbar, also zu senden und zu empfangen; »Original« und Nachfolgegenerationen sind (fast?) identisch. Sie haben wesentliche Charakteristika aufgegeben, an die wir als »materiale Präsenz des Bildes« gewöhnt sind, sind aber energetisch geworden, d.h. licht-intensiv, an- und abschaltbar, flüchtig mit *broadcast quality.*

Transportabilität ist ein wesentlicher Gewinn in einer Gesellschaft von explodierender Pluralität, die mehr und mehr von Information für viele und zunehmend von der Nutzung der Atmosphäre und der Eroberung des Weltraums abhängt. Die Informationsarchitektur des *outer space* und SKY ART – von Calders bepinselten Flugzeugen bis zu Joe Davis' digital transformierten Aussendungen von Vaginal-Kontraktionen an potentiell ferne Galaxien – sind politische, wirtschaftliche und wissenschaftlich-kulturelle Notwendigkeit im geschichtlichen Augenblick der »nächsten Wanderung«. Der Columbus-Sprung vor 500 Jahren hat für den nur metaphysisch zu erklärenden Fortschritt und die ebenso unlogische Proliferation der Menschheit lediglich ein halbes Jahrtausend »Luft gemacht« – Lebensraum zum Atmen und Arbeiten. Der nächste Sprung wird schon geübt: das Katapultieren der Menschheit in den Weltraum mit Mitteln von einerseits enormer Materialität – dem Raketenhub am Cap Kennedy mittels des Abbrennens unglaublicher Wunderkerzen – und andererseits mit extremer Raum-Zeit-Ratio im bemannten oder unbemannten Flug zum Neptun.

Das Medium vieler neuer Manifestationen der Kunst, besonders der kinetischen, technologisch fundierten Umweltkunst *(installation, performance, event, sky art)* ist Licht. Abgesehen vom Zitieren persönlicher Erlebnisse in Krieg und Frieden, Leben und Tod – also vitalistischen Begründungen – hat mir nie ganz »eingeleuchtet«, warum ich in den Tagen der Gruppe Zero das Lichtballet, das Thema elektrisches Licht aus der Luft griff (wie es gleichermaßen klar oder unklar ist, warum Thomas Wilfred oder Moholy-Nagy zu ihrer Zeit das Medium Licht wählten – es sei denn Licht als Medium der Kunst sei Tradition schlechthin und so beispielsweise das Hauptthema der Pyramidenbauer ebensosehr wie der romanischen Kunst).

Populäre Standardmedien gegenwärtiger Kunst-und-Technologie (Video, Computer, Laser, Holographie) benutzen Licht wie Wasser zum Trinken. Dabei sind Verteilung, Verbreitung und Materialisierung von Licht als Träger von Inhalten, Botschaften, Bildern (images) symbiotische Phänomene der Lichtübertragung im Namen gewöhnlicher (Nachrichten) wie spezifischer (Kunst-) Praxis. Die zugleich banale wie wunderträchtige simultane Präsenz einer Unmenge von elektronischer Information in einem gewöhnlichen Innen- oder Außenraum zu beliebiger Zeit ist eine Erscheinung von Fast-Immaterialität der Informations- und Unterhaltungsgesellschaft. Wir brauchen nur »den richtigen Spiegel hochzuhalten« und sehen und hören gezielte, artikulierte Information oder eine Kakophonie von Sendungen, z. B. ziviler, militärischer, urbaner, kultureller Art, entsprechend den Frequenzen unserer Empfänger.

Die virtuelle Präsenz von Information und Kunst – z. B. Musik – ist immens. Die Reichweite und Stärke *(volume)* der Mitteilungen hängen von der Stärke des Senders ab. Hier besteht eine offenkundige Verbindung von Information, Kunst und Energie/Ökologie und den Energiequellen (Stromquellen), vor allem Licht – Sonnenenergie (aber auch den anderen Elementen: Luft – Windenergie; Erde – Fossil- und Nuklearenergie; Wasserenergie). Licht ist zugleich Mittler der Mitteilungen (Bildern, Tönen, Buchstaben), die analog oder digital vermittelt werden, und Antriebsenergie und Motor der Mitteilung.

Obwohl wir daran gewöhnt sind, bleiben Verfahren und Ökonomie der Mitteilung von Information und Kunst geheimnisvoll. Während geeichte Einheiten technologisch üblich sind – z. B. Wellenlängen –, bedient die Kunst sich der Technik meistens zum Transport – Radio, Fernsehen/Video oder, wie bei Lowry Burgess' *nonscientific payload*, *Boundless Aperture*, 1989, des *Space Shuttle Discovery*. Das Kunst-Phänomen als solches bleibt: wir sehen Bilder, hören Musik, werden informiert, erfrischt und aufgeladen. Neue Energien werden generiert, obwohl »nichts passiert ist«. (Es ist *fast* nichts passiert.) Im Fall von traditioneller Kunst reflektiert die Leinwand oder das Blatt kleine Quanten von Licht in bestimmter Anordnung – der eines Bildes (*Image*) in einer Anordnung, die zu treffen nur der Künstler qualifiziert ist. Er/sie schafft zwingende Unikate (*compelling images* im günstigsten Fall), die Serien anregen können, aber andererseits das Gegenteil der Serie sind. Unwiederholbar in ihrer Originalität verweigern sie sich (vorläufig?) Vorgängen künstlicher Intelligenz, die sich nur auf schon Gewesenes beziehen (wie *pattern recognition, target focussing* und *programming*).

Im Falle musikalischer *images* und ihrer Energie-Wirkungen ist eine amüsante Erfahrung, wie »ein paar Takte« einen Saal von Menschen in wirbelnde Bewegung bringen, während großer Aufwand an Stoffwechsel nötig ist, um gewöhnliche körperliche Energie aufzubereiten. »Geistige Energie« – intellektuell, literarisch, wissenschaftlich, religiös – teilt sich über minimale Lichtquanten in kleinen Zeichen – wie z.B. Buchstaben – mit und ermöglicht sowohl tägliches Überleben als auch Weltrevolutionen wie die Entdeckung und Befreiung Amerikas, die französische Revolution, die Relativitätstheorie und die Kunst des 20. Jahrhunderts.

Es ist die besondere Ökonomie der Kunst und des Intellekts, daß mit geringem Materialaufwand zwingende Bilder und Kommunikation in vielen Sprachen mit oft subtilem Inhalt übermittelt werden. Der Lichtaufwand neuer Medien ist größer als bei den alten »stillen Bildern«. Seit dem Filmprojektor wird »Strom« verwendet. Die Wirkung wird mit größerer Lichtstärke erzielt, ist – zumindest physisch – intensiver: eine mögliche Erklärung für die Massenfaszination von Video und Fernsehen (wie der *boom box effect* – die Lautstärke der Rock Musik).

Die Malerei des 20. Jahrhunderts hat sich nicht nur um »Ausdruck« und Systematisierung, sondern auch um die Erzeugung von Intensität mit größeren Flächen oder mit intensiver, oft »reiner« Farbe bemüht. Im Vergleich zu Bildern des 19. Jahrhunderts ist sie daher oft »roter« oder »blauer«; »reine Energie« wird gewünscht an den Grenzen des »Bildhaften«, das sich oft (bei »monochromer Malerei«) nur im Gegenspiel zur Umwelt konstituiert. Trotz solcher Veränderungen und trotz neu erblühter Museen bleibt der innere Bezirk der Künste relativ privat – zumindest beim Entstehungsprozeß will der Künstler allein sein. Der Einzelgänger ist noch immer eine Lieblingsfigur des künstlerischen Parnaß.

Die Vereinzelung – Einzigartigkeit im Idealfall – steht in dialektischem Verhältnis zur Ausstellung *(exposure).* Ein Kunstwerk, das niemand sieht, ist kein Kunstwerk. Erst wenn es »entdeckt«, ausgegraben wird, kommt es durch die psycho-physische Reaktion des Betrachters (Erlebenden) »zum Licht«. Es wird »ein Bild«. Seine »Qualität«, Intensität, Einmaligkeit, Originalität, »Neuigkeit« bewirken, daß es zum inneren Bild wird, das man behält (»aufhebt«), ins Gedächtnis eingibt und freiwillig oder unfreiwillig »wachruft« (abruft). Die innere Proliferation der Bilder beim Einzelnen und beim Kollektiv hat erst im 19. Jahrhundert eine wirksame Entsprechung in der Außenwelt gefunden. Künstler erfanden eine starre Linse-Netzhautimitation, das Wesen der Photographie, der photographischen Reproduktion und aller Folgen für starre und bewegliche, technologisch produzierte Bilder und ihre Vervielfältigung mit Papier, Zelluloid und ähnlichem. Die Wissenschaft, besonders die Raumforschung, und der biologische Imperativ des Menschen wurden trotz aller Krisen so stimuliert, daß nur Raumwanderung und/oder nuklearer Holocaust sich als Alternativen zum Dilemma der Bevölkerungskontrolle anzubieten scheinen. Visuelle Stimulierung genügt nicht als Erklärung für Weltgeschichte und Existenzänderungen etwa durch die Entwicklung des Menschenflugs; aber die Marsbilder, die gegenwärtige Neptunforschung und »die Mondlandung in der Wohnstube« sind direkte Folgen der stillen Arbeit des Künstlers Daguerre und seiner inspirierten Erfinder/Künstler-Kollegen Niepce, Talbot et al.

Der Kraftsatz eines ungeliebten Lehrers: »Man kann mit Scheiße malen, wenn man besessen ist«, gilt für elementare Substanzen wie für technologisch anspruchsvolle Systeme. Übergreifendes Ziel der Kunst ist menschlicher Ausdruck, und die Kunst bedient sich der Mittel »at hand«. Darüber hinaus inspiriert die Kunst neue Mittel und fördert ihre Entwicklung über ihren künstlerischen Nutzen und künstlerischen Ausdruck hinaus. Eine spätere Form der Photographie, die Holographie, ist – welch industrielle Ausbildungen sie auch gegenwärtig durchlaufen mag – ohne das Stimulans der Kunst und den Reichtum der Vorstellung der Künstler undenkbar. Die Erfindung und Ausbildung neuer Medien ist – wenn überhaupt – jedoch nur eine Nebenbeschäftigung der Künstler. Ihre Rolle vis-à-vis der Technologie ist erst dann voll ausgelebt, wenn spezifische oder spezifisch entwickelte Medien – auch vom Künstler selbst entwickelte Medien – zu besonderem, zu oft neuem Ausdruck führen: wie im Falle von Harold »Doc« Edgerton, der – als Ingenieurwissenschaftler – die Stroboskopie entwickelte, sie wissenschaftlich nützte (Ballistik, Studium des Vogelflugs, Studium des Flüssigkeitsverhaltens) – und über Jahrzehnte hinweg »klassische« Photographien schuf wie *Milk Drop, Apple Shot,* Bewegungsstudien von Tänzern und Sportlern. Der *Business-Surrealism* des Künstlers Eric Begleiter, der die Candy-Holographie entwickelt, ist gut fürs Geschäft *und* für die Kunst. Eine Gruppe von Künstlern des CAVS/MIT – des *Center for Advanced Visual Studies* am *Massachusetts Institute of Technology* – hat US- und internationale Patente erhalten für technologische Entwicklungen, die vom Kunstprozeß inspiriert wurden (z. B. Eric Begleiter, Joe Davis, Todd Siler).

Die Komplizierung der Mittel – z. B. gegenüber der »perfekten« Bleistift- und Ölfarbentechnologie – hat neue Arbeitsweisen und Sujets angesprochen. Zwar wird *thinking with your hands* (Zeichnen und Schreiben, blitzschnelle »Ideation«) *never go out of style*, aber »das Unsichtbare« ist der neue Themenkreis wissenschaftlich und technologisch gestützter, mit technologischen Systemen realisierter Kunst von Edgertons »Gussie Moran« bis Shawn Brixey/Laura Knott's *Photon Voice* (als Teil von CAVS-*Desert Sun/Desert Moon*) in der kalifornischen Alabama Desert-Landschaft: Lichtwellen transportieren Ton, der artikuliert durch die Bewegung der Tänzerin Laura im »Molekültanz« von Graphitpartikeln sichtbar wird. Menschliche Erkenntnis, Einsichten in Mikro/Makrovorgänge der Natur werden durch Apparat und menschliche Aktion über Distanz ausgedrückt (dann auch dokumentiert, zum Videospiel und Fernsehprogramm gemacht).

Der Künstler - er/sie – ist ein Pendler zwischen den Welten des *homo faber* (»Schmiede des Vulkan«; der Künstler als Raucher und Schweißer) und des *homo sapiens* (Shawn Brixey: *»My favorite artist is Einstein«*). In einer Besprechung über Aussagen zur Kunst sagte ich kürzlich: »Wenn ich die Wahl hätte zwischen Einstein und Robert Rauschenberg, würde ich Rauschenberg einladen« (also den Mitgründer von EAT gegenüber dem Kunstsympathisanten und Laiengeiger Einstein).

Die elektronischen Medien (Video, Laser, Holographie, Computer) haben, in verschiedenen Graden, die Verbreitungspotenz gemeinsam. Sie können programmiert und wiedergespielt werden, sind aber nicht »besitzbar«. Während »Entmaterialisierung« ein großes Wort unter den Künstlern der »Kricke-Zeit« war, sprach schon Yves Klein von Farbe (Blau!) als der wahren Materie der »Sensibilität« und materialisierte sie mit gewöhnlichem, blauem Pigment, »hegelisiert« (zum Scheinen gebracht) durch geheimnis-umwitterte gewöhnliche Binder.

Das Verhältnis von Kunst, Wissenschaft und Technologie hat sich in unserer Ära der *art-science-technology* verschoben, aber nicht grundsätzlich verändert. Todd Silers Einsichten zu Gehirnvorgängen – die Natur der Intuition parallel zur Kernfusion und die der Analyse parallel zur Kernspaltung als Nuklearprozesse im Gehirn – sind wohl hier und da subtiler als Leonardos naturwissenschaftliche Forschung. Aber Todds künstlerische Psycho-Neurologie bedient sich der Leonardo-Methode: Sichtbarmachung nicht nur als Abbilden, sondern auch als Progression von projizierenden, d. h. Ideen und Einsichten entwerfenden Bildern, eine Form materialisierender Erhellung, oder Erkenntnis durch Bildentwurf. Hier ist ein Impuls der Kunstübung ins wissenschaftliche Terrain getragen. Viele Kunstmedien können benützt werden, z. B. Video-Synthesizer, die durch »künstliche Bilder« einen »Realitätssog« verursachen und dadurch einerseits »die Wirklichkeit« beeinflussen und andererseits »das Denken«, die Erkenntnis.

Während Wissenschaft »begrifflich« und »begreiflich« ist, aber nicht zum Anfassen, eine Gedankenwelt mit Bezug zu Natur und Menschenwelt, ist Technologie handfest, zuweilen »händisch«; wo nicht »materiell« (z. B. elektronisch), so doch auf meßbaren Effekt ausgerichtet und utilitaristisch, aber nicht teleologisch eingebunden. Die Ökonomie der Wissenschaft strebt den reinen Gedankenbau als kosmisches und als Anwendungsmodell an. Technologie will mit materiellen und ökonomisch eleganten Mitteln hingegen den größten physischen (auch Informations-)Effekt erzielen. Kunst bedient sich eines Minimums an geformtem Material zur Mitteilung eines Maximums an menschlichem Ausdruck (Gefühlen, Gedanken, Erfahrungen). Wissenschaft begeht den Weg des Denkprozesses, Technologie den der praktischen Erfahrung und der technischen Anwendung, Kunst teilt sich »spontan«

ästhetisch mit. Die Ökonomie der Kunst macht die Dosierung zur Intensität, zum Gewicht der Mitteilung möglich. Technologie elektronischer und anderer Art hilft bei der Aufbereitung, der Intensivierung, der Sublimierung, dem Transport und der Verbreitung der Kunst.

Für ihre harmonisierende und integrierende Mittlerrolle, gestützt und inspiriert von Wissenschaft und Technologie, und beide stützend und inspirierend, wirkt die Kunst im dialektischen Verhältnis von De-Materialisierung und Re-Materialisierung. In der traditionellen wie in der zeitgenössischen »Kunst von morgen« gibt es außer instinktiver »Moral« keine verläßlichen Beziehungsprinzipien. Die Kunst ist wie die Religion »gesinnungslos«: Oberste Götter werden entsprechend den Umständen ernannt und verrufen. Das Wahrheits*streben* haben sie mit der Wissenschaft gemein. Was bleibt, sind »schöne Bilder« von Jesus, nackten Menschen und Planquadraten, während sich die Wissenschaft weiterbemüht, ihre Ergebnisse mit dem Augenschein der Natur zu vergleichen. In der Materialisierung der Kunst liegt ebenso viel Prophetie wie im »immateriellen« Laserstrahl. Die Raumfahrt – und damit die Astrophysik – hat möglicherweise von Brancusi so viel gelernt wie von Berthold Schwartz, Daguerre und Goddard.

Wir können über Moden hinaus nicht viel mehr sagen, als daß wir an den Zeitgeist »glauben«, also daß *Zero* zu seiner Zeit als *Zero* gebraucht wurde. Auch wenn es keine verläßlichen Prinzipien gibt, so gibt es doch sicher »trends«, positiver ausgedrückt: Energieströme, Ideengravitation, intellektuelle und metaphysische Nachbarschaften, Neugiertendenzen, Tagesutopien (Weltfriede durch Information und Telekommunikation; das rote Telefon in elektronischer Neufassung kann in unseren Welträumen gehört werden).

Wir haben gelernt, daß wir es mit vier Welten zu tun haben: der Mensch als Körper und Innenwelt; die Materie und Natur außerhalb des Menschen; der Himmel und »der Kosmos«; und »die geistige Welt« des »Überirdischen, Ewigen, Immateriellen«. Wir haben begriffen, daß diese vier Welten eng verknüpft sind, obwohl die Verknüpfung homozentrisch ist in dem Sinne, daß die physischen Welten außerhalb des Menschen »gefühllos« sind gegenüber dem, was der Mensch von ihnen weiß und was er ihnen antut – Negativwirkungen sind Negativwirkungen für den Menschen, einschließlich dessen, was wir »Katastrophen« nennen.

In der Verknüpfung der Welten durch den Menschen gibt es Geheimnisse, die ständige Herausforderungen zu sein scheinen: Wir machen Myriaden von Bildern; aber wir wissen nicht – außer minderen Modalitäten –, wie und warum sie uns ansprechen. Wir wissen, daß Energie-Übertragung und Energie-Stimulierung stattfinden. Wir sprechen von »guten« und »schönen« Bildern und von Bildern, die »sitzen«: Klarheit, Definition. (Was geben. Wie der Blitz treffen. Einleuchten. Anrühren. *Déjà-vu*. Bilderstrom. Bilderflut. Bleibende Bilder.) Wir sprechen von kodifizierten Mitteilungen, die durch Komplementärschlüssel im Aufnehmenden gelesen oder gesehen werden. Aber wir kennen die äußeren und die inneren Vorgänge des »Bildertausches«, der Anregung und Aufregung kaum über monadische Theorien hinaus. Vielleicht hilft die »Kleinstheitforschung« der *powers of minus ten* (Philip Morrison) uns zu erklären, zu welchen Informations- und Vor-Informationsabenteuern der Vielzahl und Komplexheit von korrespondierenden (und nicht korrespondierenden) inneren und äußeren Bildern wir fähig sind. Ähnliches gilt für den chemobiologischen Austausch (»wir atmen Himmel«) und die Gen-Programmierung mit Phänomenen, denen die Kunst sich bisher kaum genähert hat. Biologische Beziehungen zwischen *images, beat,* wissenschaftlich »zwingender Klarheit« und menschlichem Organismus via Sensorium und physio-psychischem Konnex sind *startling*, aber unerklärt. Marvin Minsky: *»In a thousand years we will probably know how the human brain works, how cells work ...«* (*yes!?* – und wo werden die Menschen sein, die das herausfinden?)

Angeregt wohl von der menschlichen Gestalt und vom Bewußtsein oder Unbewußtsein der menschlichen Ganzheit von »Körper-Seele-Geist« *(for lack of a better word)*, hegen wir eine Vorliebe für ganzheitliche (holistische) Verhältnisse, Sehnsüchte oder Aktionen. Die obengenannten vier Welten, die »Die Welt« ausmachen, sind in der Kunst wie im täglichen und »geistigen Leben« reflektiert. Die Universität und das Gesamtkunstwerk sind Ausdruck für solch eine integrierende Bemühung. Der Sinn der Hochschule wird weitgehend im übergreifenden Anspruch gesehen. György Kepes' Argumentation für das *Center for Advanced Visual Studies*, das er 1967 gründete, war aus diesem Vokabular des Humanismus inspiriert. Gegenüber spezialistischem und Effizienz-Denken der Ingenieure und Technologen sollte eine Insel der Künstler im Meer wissenschaftlicher und technischer Forschung entstehen, in der – idealiter – alle wesentlichen Sensibilitäten, Intelligenzen und Tatkräfte zu neuer Einheit der künstlerischen Einsicht und der sozial gestaltend schöpferischen Initiative geweckt werden könnten – möglicherweise eine Brutstätte eines neuen Menschentyps, in dessen Fakultäten künstlerische, wissenschaftliche und technologische Kompetenz und Impulse vereinigt sind. Wie weit das tatsächlich gelungen ist, bleibt abzuwarten, aber die CAVS-Jahre unter Kepes' und meiner Leitung (seit 1974) haben die Praxis einer generösen Interpretation der *art-science-technology*-Idee gesehen.

In den 23 Jahren seit der Formung des CAVS (mit dem akademischen halb-unabhängigen Status eines der gegenwärtig 44 MIT Forschungsinstitute und interdisziplinären Laboratorien) sind rund 175 Künstler (und Architekten, Planer, Musiker, Dichter, Schriftsteller und Ingenieure) *Fellows*, d. h. residente Forschungsbeauftragte – Sucher – gewesen; Mindestdauer der *Fellowship* 3 Monate, Höchstdauer in der Praxis 6-7 Jahre. Daneben sind einige der wichtigsten (einflußreichsten) Künstler des CAVS im Forschungsstab fest angestellt. Die *fellowships* (Stipendien, *grants, bourses*) für die Stipendiaten (nur wenige *Fellows* waren ohne Stipendium) kommen von privaten und öffentlichen nationalen und internationalen Stiftungen, Fördergesellschaften oder wirtschaftlichen und industriellen Organisationen. Bis vor einem Jahrzehnt war das CAVS das einzige interdisziplinäre Institut, das der Interaktion von Künstlern, Wissenschaftlern und Technologen/Ingenieuren gewidmet war (jetzt gibt es ca. 150 nach Größe und Intention vergleichbare Institutionen weltweit, davon viele mit akademischer Anbindung).

Seit 1975 habe ich, zunächst mit Richard Leacock und Nicholas Negroponte, ein interdisziplinäres *graduate program* gebildet (gegenwärtig 4 Semester), das zum akademischen Grad (Diplom-Projekt und Diplom-Arbeit) des *Master of Science in Visual Studies (MSVisS*) führt. Die meisten Absolventen dieses Programms sind Künstler, die sich während ihrer Studienzeit am CAVS ihr eigenes Medium und – weitgehend – ihre eigene künstlerische Sprache erarbeitet haben. Das CAVS mit einer üblichen Bevölkerung von 25 (10 *Fellows*, 10 *graduate students*, 5 Verwaltung und *staff*), ist relativ klein und hat den Ruf des Davids gegenüber dem Goliath MIT. Dabei ist aber wesentlich, daß der Goliath in seinen ungezählten Falten einen seltenen Reichtum menschlicher Intelligenz, wissenschaftlicher Köpfe, beispielhafter Technologen (viele Nobelpreisträger), Laboratorien und anderer wissenschaftlicher Forschungseinrichtungen beherbergt. Nur so kann man die exponierte symbiotische Funktion des CAVS in der Kunst und der akademischen und Kulturwelt verstehen. Etwa 50 Studenten haben bisher den *Master's Degree* erworben. Viele sind anschließend *Fellows* geworden. Man gönnt es ihnen besonders; denn sie haben als Studenten für europäische Verhältnisse kaum glaubliche Studiengebühren bezahlen müssen (gegenwärtig US $ 14.500,– pro Jahr).

Das Tüchtige ist nicht das Privileg der Technologie. Die Kunst schafft mit kleinsten materiellen Mitteln größte ästhetisch-emotional-geistige Wirkungen. Die Wissenschaft erarbeitet folgenreiche Spiegelbilder der Welt mit intellektueller, unmaterieller Ökonomie, d. h. Eleganz. Die Technologie erzielt – und erreicht – mit oft großem materiellen Aufwand physische Wirkung, die sich an der Natur und an vorgesetzten Zwecken mißt. Die Grenzen zwischen den Kategorien waren immer fließend, aber Materialität in Raum und Zeit – die größte »künstliche« Energie, Geschwindigkeit, Entfernung, Verbreitung, Intelligenz – sind ohne wesentlichen Anteil von Technologie nicht möglich.

Intensität und Verbreitung von Kunst und wissenschaftlichen Erkenntnissen (oder z. B. Lebenshilfen wie Medizin und Ökologie) bedürfen und bedienen sich immer subtilerer und kraftvollerer (und gefährlicher) Technologie. Selbst die Wirkung traditioneller Kunstpraxis ist in der zeitgenössischen Kunstszene ohne fortgeschrittene Technologie unmöglich. Im Streben, wesentliche Fakultäten des menschlichen Spektrums harmonisch zu verbinden, nährt das Schöne sich aus dem Tüchtigen (über dessen Talent zur Effizienz hinaus). Das wachsende Weltverständnis von Musik ist z. B. ohne elektronische Technologie als Inspiration und als schöpferisches und Verbreitungsmedium undenkbar.

Technologie ist ebenso menschlich wie Kunst und ebenso mensch-ursprünglich und -förderlich, wenn sie vernünftig und maßvoll entwickelt und angewendet wird – im »menschlichen Maß« nach ethischen (*another can of worms*) Maßstäben.

Die *Fellows* des Center for Advanced Visual Studies des Massachusetts Institute of Technology in Cambridge, Massachusetts, CAVS genannt oder CAVS/MIT, von György Kepes vorgeschlagen, 1967 geformt, 1968 gegründet, (Auflistung in: *Otto Piene und das Center for Advanced Visual Studies*, Deutscher Künstlerbund, 1988) haben viele künstlerische Ausdrucksweisen und neue Medien erschlossen. Das MSVisS *(graduate)* Programm hat den Untertitel *Environmental Art and Performance*. Darin kommt schon zum Ausdruck, daß die gewöhnlichen Kunst-Technologien wie Video, Computer, Laser, Holographie, im weiteren menschlichen und Umweltzusammenhang gesehen und verwendet werden müssen, um »Regenbogen-Medien« oder »Regenbogen-Technologien« zu werden. Neue Kunst-Medien haben nur Sinn, wenn sie menschlichem Ausdruck nach künstlerischen (*can of worms, again;* mein Lehrer Bruno Liebrucks nannte das »Klabautermann-Philosophie«, *excuse me*) Maßstäben dienen, d. h., wenn sie künstlerischen Ausdruck katalysieren und transportieren. Medienakrobatik, die an Medien klebt oder nur Medien verkauft, ist »Thema verfehlt«, wenn Medien neue Partner der Kunst sein sollen.

Die größeren Perspektiven Ökologie und »heile Erde im heilen Kosmos« verbieten die Proliferation des Apparates zum Spaß oder geschäftlichen Nutzen allein – wie sie auch Rüstungswahnsinn und Propaganda verbieten. Der grüne Beuys hat auch in einer Welt von intelligenten Technologieanwendungen Bedeutung – zumindest als intelligente Vogelscheuche. Die Worte *Gestalt-Technologie* und *Öko-Technologie* (Jürgen Claus) versuchen, diesen Zusammenhang anzudeuten. Lawrence Alloway sprach von *Pro-Tech Art*. Elie Theofilakis will *Techno-Culture* – und was der *buzz words* sonst noch sind zwischen *Science Art* und ARTECH (erste einschlägige Biennale in Nagoya 1989). *Interrelationships* – das Wort Beziehungen ist eigentlich gut genug – sind evident. Techniken, Dialoge, Konferenzen, Workshops sind populär. Jetzt haben die Inhalte das Wort.

Computer finden sich in den meisten Ateliers des *Center for Advanced Visual Studies*, sei es für die Programmierung der ferngelenkten Stahl- und Steinschneide-Events von Joe Davis, für Paul Earls' Computer-Musik oder für seine Laser-Image-Projektionen in den Innen- oder Außenraum, sei es für Atsushi Ogatas (Video-)Bildplatten, Elizabeth Goldrings *Texts for the Visually Impaired*, Don Ritters animierte Fratzen oder Joe Wagner Garciás' Molekül- und Bazillen-Hologramme.

Video gibt es seit den Tagen von Stan VanDerBeek und *The*

Medium Is the Medium am WGBH (1969). Die Holographie, von Friedrich St. Florian mit Hilfe von Prof. Gerritsen/Brown University am CAVS eingeführt, hat die *Equivocal Forks* von Harriet Casdin-Silver, die Bildnisse von Dieter Jung, die leuchtenden Ansätze zu Raum- und Architektur-Holographie von Sally Weber hervorgebracht. Laser: Die Neuerer Rockne Krebs und Paul Earls haben *laser space* und *laser performance* zur Kunstform gemacht.

Am Center ist Licht, ist Umwelt umgreifendes Thema. Außer Architekturarbeit (*environmental sculpture*, Dale Eldred; auch der O.P./CAVS *Galaxy* Park in Cambridge, MA., 1989) ist gewachsene Erde und der Natur-Zyklus in geschichtlichen Jahresringen das Thema von Alan Sonfist und Gary Rieveschl; die Energie, die Elemente das von Joan Brigham, Jürgen Claus, Carl Nesjar; das Licht als Kunstmedium; das von Takis, Tsai, John Powell.

Die menschliche Gestalt steht im Zentrum aller Mühen: bei Harold Tovish, Peter Campus, Charlotte Moorman. Joe Davis will digital kodifizierte Vaginal-Kontraktionen in den Weltraum senden, weil eine Antwort darauf ebenso wahrscheinlich ist wie auf Worte oder Formeln.

Celebrations/Festivals: seit 1986 findet alljährlich in Anchorage im Sommer *SKY ART Alaska* auf Anregung des CAVS statt, und seit 1977 in Boston – und immer mehr anderen Städten – First Night, die großstädtische Sylvesterfeier mit allen Künsten in allen Stadtteilen (Organisation: Zeren Earls).

Elizabeth Goldring hat mit Vin Grabill und Ärzten an Bostoner Kliniken Augen-Technologie künstlerisch eingesetzt, um ihren Sehverlust zu interpretieren. Eric Begleiter entwickelt Lebensmittel-Holographie, eine neue Form von Konsum-Dada oder *usiness-urrealism*.

Viele dieser Einzelthemen sind in Gesamtthemen eingebettet: Zwanzig Künstler, fünf Wissenschaftler, fünf Ingenieure, fünf Studenten erstellten für die Documenta '77 und die Smithsonian Institution (1978) *Centerbeam*, eine Umwelt-Medien-Plastik, eine künstlerische Bündelung von physischen Energien und ihren Mitteilungen und Mitteilungsformen.

Andere Gemeinschaftsarbeiten: *Lights/OROT*, eine Ausstellung für ein jüdisches Museum in New York City, die im gestalteten Raum neue Einsichten und Technologien zur Versinnlichung religiösen Glaubensguts einsetzte (1987-89); *Monocle,* eine Gemeinschafts-Licht- und Tonplastik aus Facetten-verspiegelten Radar-Schalen in wechselnden Konfigurationen; *Desert Sun/Desert Moon,* eine Serie integrierter kinetischer Events und Performances einer Gruppe von *Fellows* und *graduate students* in der Mojave Wüste unterhalb von Mount Whitney (1986).

Die weitgehend am CAVS entwickelten Themengruppen ARTTRANSITION (1975, 1990) und SKY ART haben in vielen *events, performances* (und Konferenzen) Ausdruck, Manifestation und Dokumentation erfahren. Meine *Sky Events* gingen von Zero/ZERO (1961) aus und haben, besonders nach dem *Olympia-Regenbogen* (1972) viele neue fliegende Plastiken und Kollaborationen gezeitigt – nach dem *Lichtballett* und dem *Electronic Light Ballet* (1969) das *Sky Ballet* (z. B. *SKY DANCE*, Guggenheim Museum, 1984). Die SKY ART ist auch *space art. Icarus* (Paul Earls, Otto Piene, Jan Strasfoget) ist die Sky; Versionen im Innenraum (z. B. Linz 1982) und Außenraum (z. B. München 1983).

Technologie, die sich mit der Natur verträgt, mit den Elementen, und Energie, die die Elemente heil läßt (Wind, Sonne und Gezeiten kosten nichts), sind wie das Fliegen das Thema von SKY ART im weiteren Sinne – wie auch fliegende Mitteilungen der diversen Formen von Telekommunikation. Lowry Burgess hat mit dem Space Shuttle *Discovery* seine Box mit Elixieren und Extrakten von Strömen und Bäumen der Erde in den Raum fliegen lassen, als Teil von Achsen poetischer Beziehungen, die die Neuordnung der Welt mit Eckpunkten von intakten Erdstellen (wie den Osterinseln) vorschlagen; er hat auch mit MIT-Radio-Teleskopen des Haystack Observatory in Groton, MA, einen *Moon Bounce Event* inszeniert – und Shawn Brixey/Laura Knott *Photon Voice* und Tom Van Sant *Eye from Earth,* das mit Spiegelkonstellationen Satelliten angespielt hat. Raumfahrt-Wissenschaftler veröffentlichten darüber ein Papier, das zu neuen Verfahren der Kurskorrektur für »fahrende« Satelliten führte. Pjotr Kowalski baute *Time Machines*, bei denen die Zeit rückwärts zu laufen scheint – Erdzeit von den Plejaden gesehen.

Die Proliferation der Menschheit braucht die Proliferation der Sonne, die die Proliferation der bewohnten Planeten nach sich zieht – und die der Kunst-Erden.

1969 habe ich Walter Gropius bereits das Projekt der »Luftschule« vorgetragen, einer Hochschule im Orbit, die alle Daten abruft und alle Daten sendet. Wir kommen der Sache näher.

Der Monitor als Fenster in einen unbegrenzten Raum
H. W. Franke
im Gespräch mit Florian Rötzer

RÖTZER Aus den Kreisen, die mit Computern Bilder erzeugen, wird immer wieder der Anspruch erhoben, daß diese als Kunst anerkannt werden. Bislang sind aber, was mein Eindruck ist, noch nicht überzeugende Bilder entstanden, sie sind vielfach langweilig, dekorativ oder beschränken sich auf die Illustration einer Idee. Der Reiz an der Computerkunst scheint eher dem hohen Einsatz von Technologien zu entspringen als dem Ergebnis, das mit ihnen zustande kommt. Vielleicht lebt sie aber auch nur davon, daß demonstriert werden soll, man könne damit auch Bilder, auch Kunst machen? Sie wäre dann nur der schöne Schein, den man um die neuen Technologien legt, um sie sozial zu legitimieren.

FRANKE Der Ausdruck *Computerkunst* dient zur Kennzeichnung des Instrumentariums – in ähnlicher Weise wie man von Druckgrafik oder Orgelmusik spricht. Gerade das Beispiel der Musik beweist, daß der Einsatz technischer Geräte zu einer gehörigen Erweiterung der Ausdrucksskala führen kann. Könnten Computergrafiksysteme in der Entwicklung der bildenden Kunst eine ähnliche Rolle wie Musikinstrumente spielen? Eine endgültige Antwort ist sicher noch nicht möglich, da wir uns erst in der Anfangsphase computergrafischer Aktivitäten befinden. Das Instrumentarium ist noch in Entwicklung begriffen, und diese Entwicklung prägt sich auch in den Resultaten künstlerischer Experimente mit dem Computer aus. Das begann mit dem mechanischen Plotter, mit dem sich lediglich Strichzeichnungen ausführen ließen, heute ist der Monitor das meistgebrauchte Ausgabemittel. Mit ihm lassen sich fein aufgelöste Bilder in Millionen von Farbschattierungen erzeugen, und somit unterliegt die Computergrafik keiner technischen Einschränkung mehr.

Der Einsatz des Computers bringt mehrere bedenkenswerte Vorteile mit sich. Das sind einmal simple technische Verbesserungen. Beispielsweise erlaubt es der Computer, an einem Bild beliebig lange zu experimentieren, es in verschiedenen Varianten darzustellen – wobei sich diese abspeichern und später wieder hervorholen lassen. Man kann Teile des Bildes herauszoomen, Details darin bearbeiten und die verbesserte Version wieder in das Bild einfügen. Insgesamt ergibt sich eine neue Arbeitsweise, in die sich das tastende Experimentieren besser integrieren läßt als in die herkömmliche Methode.

Mit Computergrafiksystemen kann man also flexibler arbeiten, doch bedeutet die technische Verbesserung gewiß noch keine neue Kunst. Aber auch in dieser Hinsicht deuten sich einige interessante Möglichkeiten an. Eine davon ist der Übergang in die Bewegung: Zum ersten Mal in der Geschichte der Kunst lassen sich beliebige Bewegungsabläufe frei komponieren – eine faszinierende Art des Umgehens mit Bildern, wie ich aus eigener Erfahrung bestätigen kann.

Diese Art der Gestaltung entspricht in einigen Belangen mehr der Musik als der Malerei. So erlaubt der Computer beispielsweise die freie Improvisation mit Verteilungen von grafischen Elementen und Farben. Hier eröffnet die neue Technik also eine völlig neue Dimension. Eine andere Neuerung ist die Auseinandersetzung mit unbegrenzten Bildern. Der Monitor bildet eine Art Fenster, das den Einblick in einen unbegrenzten Raum ermöglicht. Die gerade nicht sichtbaren Teile des Bildes können gespeichert sein oder – eine interessantere Möglichkeit – erst dann durch das Programm generiert werden, wenn sich der Betrachter dem jeweiligen Bildrand nähert. Er ist zu einer Art Forschungsreise durch die vom Künstler erstellte Bildlandschaft eingeladen, wobei er seinen Weg selbst wählen kann. Eine dritte Möglichkeit ist jene des interaktiven Kunstwerks. Der Künstler legt kein fertiges Werk vor, sondern ein Programm, das eine Vielfalt von Realisationen enthält. Der Betrachter oder Benutzer – wie man ihn nennen will – kann die Bilder selbst generieren, sie nach eigenem Formgefühl, nach eigenen kreativen Einfällen verändern.

Warum legen aber, wie Sie gefragt haben, die Computergrafiker so großen Wert darauf, das als Kunst zu deklarieren? So wie Sie das angedeutet haben, war es eigentlich nicht. Es zeigte sich, daß das neue Instrument so interessant war, daß Dutzende von Programmierern auf der ganzen Welt von selbst darauf kamen, mit diesem Instrument zu experimentieren. Sie haben das nicht als Kunst bezeichnet, sondern es in Schubladen verschwinden lassen. Erst einige Jahre später kamen drei Mathematiker und

Programmierer auf die Idee, sich mit ihren Arbeiten auch der künstlerischen Welt zu stellen. Sie haben diese Ergebnisse aus den Laboratorien und Recheninstituten herausgebracht und der Öffentlichkeit gezeigt unter dem Anspruch der Kunst. Sie haben das nicht getan, um unbedingt als Künstler zu gelten, sondern das Interesse lag darin, die Reaktion der Sachverständigen aus dem Kunstbereich zu erfahren. Das ist für mich eine ganz wichtige Wende in der Entwicklung, denn erst über diesen Anspruch kam es zu der Kommunikation oder Diskussion zwischen den Wissenschaftlern und den Künstlern.

RÖTZER Die Computergrafik lehnt sich doch meist an traditionelle Bildformen an. Gibt es denn eine eigene und neue Bilderwelt dieser Technologie? Der Kubismus hatte zum Beispiel den traditionellen Bildraum gesprengt und zu neuen Darstellungsformen geführt. Setzt die Computerkunst bislang nicht nur mit hohem Aufwand Bildvorstellungen der modernen Malerei fort, z. B. die der Formalisten oder Konstruktivisten?

FRANKE Mit dem Hinweis auf die Bewegung habe ich angedeutet, daß etwas völlig Neues auf uns zukommt, denn ob man nun die traditionellen Bildformen aufgreift oder nicht, in Bewegung hat man sie noch nie gesehen. Eine surrealistische Landschaft beispielsweise, nun aber nicht als stillstehendes Bild realisiert, sondern als etwas, das aufrufbar ist, das man durchwandern und besichtigen kann, das sich auch bewegen kann – also nicht nur passiv durch die Bewegung des Betrachters, das hat es bisher nicht gegeben –, und das ist sicher eine Erweiterung. Es ist ganz interessant, daß bei den Veränderungen in dieser Welt, die hier geschaffen wird, die physikalischen Gesetze nicht berücksichtigt werden müssen. Man kann also alle Möglichkeiten der phantastischen Literatur realisieren. Man kann durch Wände hindurchgehen oder Bewegungen um die Ecke herum machen. Es muß erst erprobt werden, ob diese Verwendung des Instrumentariums zu neuen Ausdrucksmöglichkeiten führt. Ich glaube schon, aber es ist noch zu früh, darüber zu sprechen.

In einem anderen, eingeschränkten und heute nicht sehr modernen Bereich glaube ich, daß auf jeden Fall eine Erweiterung möglich ist, und zwar auf dem Gebiet des Konstruktivismus. Hier meine ich nicht so sehr die philosophische Seite, die an diese Bewegung angebunden ist, sondern rein formal die Entdeckung der mathematischen Präzision in der Kunst, die sich im klassischen Konstruktivismus durch das Prinzip vertikal-horizontal geäußert hat, beschränkt auf relativ einfache Elemente wie Kreis, Balken oder Gerade. Schon vor der Computerkunst habe ich mich gefragt, ob man nicht auch andere Elemente einbeziehen könnte in eine ganz präzise geometrische Gestaltung, z. B. Kurven, die etwas komplizierter sind. Einige dieser Elemente erscheinen mir auch künstlerisch hoch interessant, weil sie sich in einer vielfältigen Weise reihen oder überlagern lassen und dann zu Superzeichen, also zu übergeordneten Gestalten führen, die bisher in der Kunst noch nicht aufgetaucht sind. Die Präzision im Detail ist nötig, wenn man eine übergeordnete Gestalt herauspräparieren will. In der klassischen Zeit gab es kein Instrument, um solche Elemente exakt zu konstruieren. Es gab das Lineal und den Zirkel, daher haben wir das Quadrat und die Gerade, das Rechteck und den Kreis, aber nicht viel mehr im Konstruktivismus. Mit dem Computer aber kann man jede beliebige Verteilung beliebiger Elemente mit größter Präzision in eine Grafik einarbeiten. Das ist ein Novum, wenn auch heute nicht so publikumswirksam, weil der Konstruktivismus nicht in Mode ist.

RÖTZER Sie haben vorhin von ästhetischen Kriterien gesprochen. Welche würden Sie denn als bedeutsam für eine ästhetische Theorie anführen?

FRANKE Für den Naturwissenschaftler liegt es nahe, nach rationalen Grundlagen für ästhetische Erscheinungen zu suchen. Versuche dieser Art sind nicht neu – schon früher bemühte man sich, in den Gesetzen der Optik und Akustik Anhaltspunkte für ästhetische Harmonieprinzipien der bildenden Kunst und der Musik zu finden. Inzwischen wurde immer deutlicher, daß Kunst kein materieller (und damit materiell erklärbarer), sondern ein geistiger Prozeß ist; worauf es ankommt, ist das, was sich im Gehirn des Künstlers und des Betrachters abspielt, wobei es vorwiegend um Wahrnehmungs-, Denk- und Verhaltensprozesse geht. Von vornherein ist es natürlich keineswegs sicher, daß man auf diese Weise eine vollständige Erklärung bekommt, und man hätte die weiteren Bemühungen dem unaufgelösten Rest zu widmen. Ich selbst habe mich intensiv mit rationaler Ästhetik beschäftigt und bin zum Ergebnis gekommen, daß sich alles, was sich an Fragen aufdrängt, aufgrund informationstheoretischer und verhaltenspsychologischer Erscheinungen erklären läßt.

Schon in der klassischen Zeit gab es die Frage, ob nun die

Harmonie, die Einheit oder die Gesetzlichkeit oder ob nicht eher die Abweichung oder Entfremdung vom Normalen, die Innovation, das Eigentliche in der Kunst wäre. Diese scheinbar widersprüchlichen Kriterien lassen sich mit der Informationspsychologie sehr gut vereinen. Es stellt sich nämlich heraus, daß weder die hundertprozentige Ordnung ein interessant zu nennendes Kunstwerk hervorbringt noch das völlige Chaos, sondern das Optimum liegt irgendwo in der Mitte, was man auch quantifizieren kann. Es ist eine Art Gleichgewicht zwischen den verschiedenen Ordnungen des Gesetzlichen und der Innovation. Das gilt nicht nur für Bilder, sondern auch für alle anderen Kunstformen. Die Kriterien, die auf diese Weise gewonnen werden, sind die des Interesses, der Anregung und der Emotionalität. Wenn Sie also mit einem Kunstwerk konfrontiert werden, dann müssen Sie dabei bestimmte Erlebnisse empfinden. Es dürfte Sie nicht gleichgültig lassen, etwas von der Empfindungswelt des Künstlers muß auf Sie übertragen werden. Dazu dienen die Chiffren, die im visuellen oder auditiven Bereich zur Verfügung stehen. Die stimulierenden Wirkungen auf den Adressaten (gleichgültig, ob sie zu Zustimmung oder Ablehnung führen) sind ein entscheidendes Moment für die Kriterien, die die rationale Theorie exakt erfassen kann. Im großen und ganzen sind es dieselben, die wir immer schon verwendet haben.

RÖTZER Würden Sie denn sagen, wenn man es von der anderen Seite her sieht, daß in den Erkenntnisprozessen, wie sie sich in den Wissenschaften und Technowissenschaften vollziehen, auch ästhetische Kriterien leitend sind, wenn etwa Theorien einfach, vollständig und widerspruchslos sein sollen oder Erfahrung in bestimmter Weise organisiert wird? Dann nämlich gäbe es eine zwanglose Affinität zwischen den Wissenschaften und den Künsten, die mit den technischen Mitteln arbeiten, die das Ergebnis jener sind. Oder sind die Erkenntnisse, Erfahrungen und Produkte, die die Wissenschaften hervorbringen, ästhetisch neutral bzw. ganz unabhängig davon; ist also die Kunst eine Sonderwelt?

FRANKE Bei mir liegt ein besonderer Fall vor, weil ich als Naturwissenschaftler ausgebildet bin, aber schon seit einigen Jahrzehnten auch im Bereich der Kunst arbeite, nicht nur der bildenden Kunst, sondern auch im Bereich der Literatur. Daher interessieren mich beide Seiten und ihre Zusammenhänge. Ich bin zur Überzeugung gekommen, daß eine Verschmelzung nicht möglich und auch nicht wünschenswert ist. Wir haben es mit zwei Bereichen zu tun, in denen man verschiedenen Zielen folgt und verschiedene Methoden verwendet. Trotzdem kann ich beide Aspekte einnehmen. Auf der einen Seite arbeite ich als Künstler und verwende die Methoden der Kunst, die natürlich weitaus freier sind als die der Wissenschaft. Man kann sich die Gesetze selbst erarbeiten, man stellt sich eigentlich vor allem den eigenen Kriterien, und erst in der Konfrontation mit dem Publikum erfährt man, ob sich mit dessen Verhaltensweisen und Wertvorstellungen eine Übereinstimmung ergibt.

Als Wissenschaftler muß ich mich natürlich den Gesetzen der Wissenschaft fügen. Daraus resultiert die Anwendung wissenschaftlicher Methoden, um das Phänomen Kunst zu verstehen. Hier sollte man so vorgehen, wie es die wissenschaftliche Methode verlangt. Man sollte also versuchen, das, was man behauptet, zu beweisen; man sollte versuchen, die Methode des Experiments mit einzubeziehen, um damit zu prüfen, was man zu erkennen geglaubt hat.

Übrigens hat sich der Computer auch in dieser Hinsicht als brauchbares Instrument erwiesen. Die Computerkunst stellt sich, neben allen ästhetischen Qualitäten, die sie hat oder nicht hat, als höchst interessant für eine experimentelle Ästhetik heraus. Unabhängig von jedem ästhetischem Wert kann man jedes Realisat der Computerkunst als ein Experiment ansehen, aus dem man lernen kann, ob die Strukturen oder Methoden, die man eingebracht hat, zu etwas führen, das ästhetisch befriedigend ist oder nicht.

RÖTZER Das Bild, das mit dem Computer erzeugt wird, ist letztlich die Fülle der Datenmenge, aus der es besteht und die quantitativ konzipiert sein muß. Ein traditionell gemaltes Bild reduziert sich aber nicht auf die konzeptualisierte Idee eines Künstlers, der sie dann erst visualisiert, sondern das Imaginäre entsteht aus dem Malprozeß, aus dem Umgang mit dem Material und den Einfällen, die dabei kommen. Die Bilderzeugung am Computer ist vermittelt über ein quantitatives Konzept, die Seite der materiellen Imagination fällt dabei aus. Wie verändert das Medium des Computers den künstlerischen Imaginationsprozeß?

FRANKE Bei den heutigen Computergrafiksystemen ist jede Arbeitsweise möglich. Es ist durchaus möglich, mit einer fertigen Bildvorstellung an die Arbeit zu gehen und im Prinzip nur das zu realisieren, was man sich schon zurecht gelegt hat. Weitaus interessanter ist es, ohne bestimmte Vorstellung zu beginnen und sich improvisierend einem zunächst noch unbestimmten Ziel zu nähern. Heute gibt es aber auch sogenannte Paint-Systeme, mit denen der herkömmliche Weg der Kunstproduktion simuliert wird. Dabei sitzt man vor einem sogenannten Tableau, einem Arbeitsfeld, über das man einen Griffel führt. Alles, was man mit diesem Griffel auf dem Tableau ausführt, kann man auf einem Bildschirm beobachten. Man braucht also überhaupt nicht mehr zu programmieren. Wenn man Farben verwenden will, kann man sich durch einen Knopfdruck eine Farbskala am unteren Rand der Bildfläche ausgeben lassen, dann kann man die Farben mit dem Griffel in die Bildmitte holen, mit weiteren mischen, so wie das auch sonst üblich ist, und mit dem Griffel diese Farben überall hinverteilen, wo man will. Das kann durch einen exakten Strich geschehen oder in einer diffusen Farbverteilung wie bei einer Spritzpistole. Wenn man etwa die Auftragsweise einer Textur haben will, dann ist das durch eine zusätzliche Auswahlaktion durchaus zu machen. Gegenüber dem üblichen Instrument sehe ich hier also überhaupt keine Einschränkung mehr, die Einschränkung liegt eigentlich eher in der klassischen Methode, bei der es nicht möglich ist, vorher bestimmte Verteilungsfunktionen festzulegen, um sie dann gezielt einzusetzen. Bei einem offenen System kann man diese Programmteile beliebig einbringen. Von seiten der Maler und Grafiker werden aber geschlossene Systeme verlangt. Bei einem offenen System müssen Sie noch ein eigenes Programm machen. Wenn Sie einen ganzen Katalog eigener Programme in Ihr System integriert haben, dann wird auch Ihr System individuell auf Sie ausgerichtet sein. Wenn man auf die eigene Programmierung verzichtet, dann ist man auf das angewiesen, was irgendein Programm an Routinen bietet. Das kann sehr viel sein, ist aber beschränkt. Jeder, der dieses System verwendet, verwendet auch dieselben Routinen. Dann kommt dieser große Kitsch heraus, der in vielen anderen Bereichen leider üblich ist. Er kommt nicht durch die Programmierer und Wissenschaftler zustande, sondern durch die Designer und Künstler, die sich mit der eigentlichen Methode und der Freiheit, die der Computer ermöglicht, nicht befassen wollen.

RÖTZER Sie sprachen zu Anfang davon, daß die Malerei immer noch mit Steinzeitmethoden oder -mitteln arbeiten würde. Sehen Sie denn in der künstlerischen Produktion, die die neuen Technologien einsetzt, einen avantgardistischen Zug gegenüber den klassischen Künsten, da sie mit avancierten Instrumenten arbeitet, die die Malerei für unsere Zeit eigentlich anachronistisch machen?

Franke Es ist gut, daß Sie diese Frage stellen. Ich muß da einigen Mißverständnissen vorbeugen. Ich sehe in dem Computer eine Ergänzung zum bekannten Instrumentarium und nicht eine Alternative. Wenn ich von einer Steinzeitmethode gesprochen habe, so habe ich das nicht herabsetzend gemeint, sondern meinte damit eine traditionell verankerte Methode, die unseren Verhaltensmustern durchaus angemessen ist. Jedes Kind wird damit anfangen, mit einem Stift auf ein Papier oder sonstwohin zu zeichnen. Das ist seiner Motorik angemessen. Es ist also vernünftig, die klassische Methode beizubehalten. Sie hat gegenüber der elektronischen Methode einige Vorteile, z. B. daß mit ihr ein direkterer Umgang mit dem Material möglich ist, vielleicht ermöglicht sie auch ein besseres Verständnis für die Vorgänge, die dabei eine Rolle spielen. Eine Erweiterung ist aber möglich, wenn man ein technisches Instrument in die Gestaltungsmethode einführt. Wenn wir in der Musik keine Musikinstrumente verwenden würden (die physikalische Maschinen sind), dann würden wir heute noch auf der Stufe des Chorgesanges stehen.

Rötzer Der Philosoph Lyotard hat 1985 eine Ausstellung organisiert, die er *Immateriaux* nannte. Unter dem zeitdiagnostischen Titel der Postmoderne wurde dort versucht, die Veränderungen darzustellen, die die neuen Technologien für die Künste, aber auch ganz allgemein für die Erfahrung mit sich bringen. Die neue Welt würde aus Immaterialien bestehen, also etwa aus digitalisierten Informationen oder synthetisierten Farben und Tönen, die jederzeit beliebig verändert werden können. Dadurch müßte sich das bisherige Verständnis von Realität, das auf materielle Objekte bezogen sei, verändern, und man müßte eine neue Sensibilität entwickeln, die der informalisierten Welt angemessen sei. Daraus wurde auch ein fröhlicher Positivismus oder eine optimistische Fortschrittsutopie abgeleitet, daß wir bereits in der Welt dieser Immaterialien schwimmen würden und daraus ein neuer Mensch entstünde, der nun nicht mehr Herr über das Material sei, sondern synergetisch mit den Maschinen denken und empfinden würde. Würden Sie denn auch mit der Einführung der Neuen Technologien einen Bruch mit dem verbinden, was die Moderne und ihre Erfahrungswelt kennzeichnet?

Franke Wenn man darüber nachdenkt, was Kunst eigentlich ist, dann wird einem deutlich, daß Kunstprozesse keine materiellen Prozesse sind. Die Anbindung an das Material, das für die Traditionalisten so wichtig ist, ist nur dadurch begründet, daß es der einzige Informationsträger war, mit dem man sich früher ausdrücken konnte. Der eigentliche Kunstprozeß ist aber ein geistiger Prozeß. Wenn Sie an Noten oder Schrift denken, dann sind das Trägermaterialien – die Mitteilung, die vom Künstler an sein Publikum geht, hat damit nichts zu tun. Entscheidend ist, daß der Computer ein Instrument nicht-klassischer Art ist, also keine Maschine, die Energie, sondern die Information verarbeitet: ein Instrument der Kommunikation, am Rande auch der Speicherung, vor allem aber der Datenverarbeitung. Die Kunst wird davon aber nur am Rande berührt, sie wird nicht zentrales Objekt dieser Umwandlung sein. Der neue Mensch, hier mag Lyotard recht haben, wird sicherlich nicht von heute auf morgen kommen, aber es kann sein, daß wir in unserer Kultur eine tiefgreifende Wende erleben werden, die mit der vergleichbar ist, die durch das Aufkommen der Schrift und später mit dem der Druckmedien vor sich gegangen ist.

Es wird die Möglichkeit geben, imaginäre Räume zu erleben, die von Künstlern geschaffen worden sind: Künstlern, die weniger dem klassischen Künstler ähneln als dem Filmregisseur. Man wird sich in diesen Erlebnisräumen bewegen können und aktiver werden als das passive Publikum der klassischen Kunst, d. h., man kann durch bestimmte Entscheidungen die Wege oder auch die Fortführung des Geschehens bestimmen. Diese Vorhersage hat sich inzwischen durch die Aktivitäten der »virtual reality« verwirklicht. Auf diese Weise werden ganz neue Vorstellungen wichtig. Der Ausdruck wird beispielsweise dadurch erweitert, daß wir nun mit Bildern kommunizieren können in einer Weise, wie das bisher nicht der Fall war. Wir haben einige Jahrhunderte erlebt, in denen die Sprache absolut dominant war, fast die ganze Kultur ist verbal als Schrift gespeichert. In einer künftigen Welt, in der die höchstwertigen Methoden der Computergrafik, die heute noch nicht zur Verfügung stehen, Allgemeingut sind, wird das Bild eine eigenständige Funktion in unseren Ausdrucksmitteln haben, so daß man das, was sich durch Bilder besser beschreiben läßt, auch mit Bildern macht und man nicht mehr über verbale Ausdrucksmittel gehen muß. Das wird natürlich Rückwirkungen auf unser Denken, Erfahren und Verhalten haben.

RÖTZER Zivilisationskritiker sprechen aber derzeit davon, daß wir sowieso schon in einer Bilderflut ertrinken und Vernunft dabei ausgeschaltet werden würde. Mit diesen Techniken können ja auch immer besser Illusionen hervorgebracht werden, eine Gesellschaft des Spektakels, eine Ästhetisierung auch der Politik wird dadurch möglich. Das könnte zu einer Verunsicherung des Wirklichkeitsempfindens führen, zu dem oft behaupteten Überborden des Imaginären über das Reale. Wo setzen Sie denn auch ästhetisch das Moment der Kritik an? Soll man denn diese Entwicklung einfach mitmachen, alles ausnützen, was vorhanden ist, und dem noch den ästhetischen Schein überziehen? Hätte die Kunst nicht hier auch einen kritischen Auftrag, indem sie die Maschinen anders einsetzt, als sie unter ökonomischen Zwängen oder kulturindustriellen Zwecken verwendet wird?

FRANKE Mensch und Umwelt bilden ein vernetztes System. Greift man an irgendeiner Stelle ein, dann muß man auch mit Veränderungen an anderen Stellen rechnen. Viele davon lassen sich nicht exakt vorausberechnen. Im allgemeinen kann man sicher sein, daß unter den Sekundärwirkungen auch solche sind, die als unerwünscht und schädlich gelten müssen. Das ist ein Grund dafür, daß große Teile der Gesellschaft, insbesondere der Intelligenz, gegenüber jeder Veränderung skeptisch eingestellt sind. Diese Skepsis richtet sich vor allem auf den Wirkfaktor der Technik, deren negative Rückwirkungen heute bewußt geworden sind. Wie steht es nun mit dem Computer? Wie man hört, dient er als Mittel der Kriegführung, zur Steuerung automatischer Fabriken, zur Auswertung statistischer Daten, zur Überwachung und Kontrolle. Auf der anderen Seite hilft er bei der Bewältigung verschiedenster lebenswichtiger Aufgaben; nicht zuletzt brauchen wir ihn, um die komplexen Zusammenhänge unserer vernetzten Welt zu überblicken und richtige Entscheidungen zu treffen. Auch der Computer bedeutet einen einschneidenden Eingriff in unser System und damit eine Veränderung, die sicher ihre negativen Seiten hat.

In manchen Zügen kann man die Einführung des Computers mit der Einführung der Druckpresse vergleichen. Hätte es damals Diskussionen über die aufkommende Drucktechnik gegeben, dann hätten sich eine Reihe beachtenswerter Argumente dagegen anführen lassen. Wenn auch niemand die dadurch in Bewegung geratene Informationslawine absehen konnte, gab es doch Kritiker, die auf einen Verschleiß des Wortes hinwiesen, auf die Tatsache, daß zu den kirchlichen und philosophischen Texten nun auch profane kommen könnten und daß es darüber keine Kontrolle mehr geben würde, ob die in gedruckte Worte gefaßte Botschaft wahr oder falsch sei. In diesem Fall allerdings waren die positiven Auswirkungen, insbesondere im sozialen Feld, so groß, daß man die negativen vernachlässigen kann. Allein durch die schnelle und billige Art der Informationsverbreitung bekamen die Menschen die Chance, ihre Bildung und damit ihre Freiheit zu vergrößern. Von entscheidender Bedeutung ist, daß der Computer nicht ein Werkzeug der Energietechnik, sondern der Informationstechnik ist: ein Instrument, das die Auswertung und Verbreitung von Information noch einmal um Größenordnungen verstärken kann. Richtig angewandt läßt sich mit dem Computer ein Bildungsschub erreichen, der den der Drucktechnik um ein Vielfaches übertrifft.

Rötzer Um noch einmal auf die Kunst zurückzukommen. Sie hatten immer wieder betont, daß ein Vorteil der Arbeit mit dem Computer darin bestünde, daß man mehr Freiheit gewinnt, man schneller wäre, das Produkt beliebig variierbar und korrigierbar sei, daß die Grenzen des Bildes prinzipiell unendlich sind und man beliebig Programme zum späteren Gebrauch speichern kann. Das sind alles Beschreibungen, die den traditionellen Status des Kunstwerkes verändern, vor allem auch dann, wenn das Publikum noch weiter an dem Bild arbeiten kann. Es gibt kein Objekt mehr, das authentisch wäre, kein Original. Hier würde sich doch noch einmal eine Veränderung verstärken, wie sie bereits im Foto und Film begonnen hatte. Man kann Programme beliebig reproduzieren, ohne daß hier noch die Differenz zwischen Original und Abbild vorhanden wäre, weil sie immer identische Resultate liefern. Ist unter dieser Perspektive die Kunst, die mit den neuen Technologien arbeitet, nicht doch ein Bruch mit der traditionellen Kunst, nicht bloß eine Erweiterung?

Franke Die Probleme der Reproduzierbarkeit wurden schon von Walter Benjamin diskutiert, und das, was er darüber gesagt hat, gilt für die neuen elektronischen Medien eher noch in verstärktem Maße. Bisher war die Kopie – der Kunstdruck, die Schallplatte – immerhin noch als solche erkennbar, doch mit der neuen elektronischen Technik gibt es zwischen dem Original und der Kopie keinerlei Unterschiede mehr. Das als Programm beschriebene und im Speicher niedergelegte Bild läßt sich jederzeit und überall mit gleicher Qualität reproduzieren, und ähnliches ermöglicht die digitale Tonträgertechnik für die Musik. Eine Veränderung also, die aufgrund einer neuen Technik geschieht. Aber ist sie nur deshalb schon negativ zu bewerten? Gewiß gibt es Kreise, die den Verlust des Unikats bedauern, beispielsweise der Kunsthandel, der sich auf eine ganz neue Basis stellen muß. Vom Standpunkt aber des Benutzers aus gesehen: Ist es im Grunde genommen nicht erfreulich, daß heute mit Hilfe der neuen technischen Methoden jedem höchste Qualität geboten werden kann? Verständlich ist, daß im Zuge einer Umorientierung alte Werte in Frage gestellt und neue aufkommen. Der Kult, der mit dem Original getrieben wird, stammt aus einer Zeit, in dem künstlerische Qualität dem Wohlhabenden vorbehalten war. Der Grund dafür liegt in der Tatsache, daß Werke der bildenden Kunst traditionsgemäß an Materie gebunden sind und sich in dieser Form nicht ohne weiteres vervielfältigen lassen. Das Beispiel der Musik zeigt allerdings, daß es auch anders sein kann. Eine Komposition ist nicht an Stoff gebunden, sondern liegt in einer immateriellen Form vor, ohne daß jemand deren hohen kulturellen Wert in Frage stellen wollte. Die neue Entwicklung führt zu einer Immaterialisierung der bildenden Kunst – sie muß nicht mehr unbedingt stofflich realisiert sein, da sie in Form von Programmen oder gespeicherten Daten vorliegen kann. Auch aus diesem Aspekt heraus kommt die Computergrafik der Musik näher als der traditionellen bildenden Kunst. Wenn man das traditionell Überlieferte an sich schon als Wert erhalten will, dann ist dagegen nichts einzuwenden. Auf der anderen Seite sollte man sich darauf einstellen, daß auch im Bruch mit der Tradition neue Werte entstehen können.

Vito Oražem
Holografie und Gesellschaft
Über vier Aspekte der bildnerischen Holografie

Erfindung und Entwicklung

Auch die Holografie ist, wie so manche andere geistige Entdekkung, durch und durch mit Paradoxa des Schiefgelaufenen, nicht zu Realisierenden, Mißratenen, schier Unmöglichen durchtränkt. Am Anfang der Entdeckung stand eine Hypothese (das Auflösungsvermögen des Elektronenmikroskops mittels der Wellennatur des Lichts zu steigern), eine Enttäuschung gewissermaßen und fast ein Ende. Übrig blieb ein eher schlecht als recht gelungener Versuch, Gegenstände auf eine andere Art abzubilden. Darum wissend betitelte Dennis Gabor die Schilderung seiner Versuche, die er 1948 in der Zeitschrift *Nature* veröffentlichte, als ein neues mikroskopisches *Prinzip.* Alles Technische erlaubte z. Zt. der Veröffentlichung keinerlei Weiterentwicklung (es sind noch 12 Jahre bis zur Erfindung des Lasers), und es ist anzunehmen, daß die Veröffentlichung dieses Prinzips zum damaligen Zeitpunkt als Schilderung eines in der Entwicklung bereits abgeschlossenen physikalischen Effekts aufgefaßt worden ist.

Das erste veröffentlichte Hologramm[1] von Gabor war so rückblickend als eine Conclusio aufgebaut. Auf einem 2 mm^2 großen Miniaturdiapositiv standen die Namen der drei Physiker, die sich mit der Wellennatur des Lichts beschäftigt haben: Huygens, Fresnel und Young. Die Quecksilberdampflampe, die Lichtquelle, die gerade das Prinzipielle des neuen Verfahrens beweisen konnte, erlaubte noch keine räumliche Abbildung. Die Buchstaben dieses Urhologramms sind nüchtern auf dem Diapositiv verteilt, so daß sie bei der Rekonstruktion gerade noch zu erkennen sind. Gabor selbst beschäftigte sich noch bis Anfang der fünfziger Jahre mit dem Verfahren, sah jedoch für es keine Entwicklungsmöglichkeit mehr. Sein neues mikroskopisches Prinzip sollte bis zur Erfindung des Lasers nur ein interessantes Phänomen der Wellenoptik bleiben.

Als 1960 Theodor Maiman den ersten Rubin-Laser der Öffentlichkeit präsentierte, war auf einmal eine Lichtquelle vorhanden, die ein ausreichendes Maß an artifiziellem Licht besonderer Qualitäten (gleiche Wellenlänge und in gleichen Schwingungen) lieferte. Die Entwicklung des Lasers war mit der Holografie nicht verbunden und wurde von ihr auch nicht beeinflußt. Dieser Umstand hat sich bis heute nicht geändert. Die gegenwärtig benutzten Hochleistungslaser werden zwar intensiver eingesetzt, sie wurden jedoch nicht als Holografielaser entwickelt, sondern es sind Wissenschaftsinstrumente, die vornehmlich in Universitäten und in Forschungs- und Entwicklungseinrichtungen von Unternehmen zu finden sind.

Anfang der sechziger Jahre wurden die Gaborschen Versuche dann mittels Laserlicht erneut aufgegriffen. In verschiedenen Stufen entstand zunächst die Laser-Transmissions-Holografie, parallel dazu die Denisyuk-Holografie bzw. später die Weißlicht-Reflexions-Holografie. Die Arbeitsweisen der Wissenschaftler waren allesamt der Verbesserung der Technik gewidmet: bessere Betrachtbarkeit, größere Helligkeit, vermindertes Rauschen, größere Parallaxe und Tiefenwirkung.

Das erste Laser-Transmissionshologramm realisierten Leith und Upatnieks, parallel dazu stellte J. N. Denisyuk erste Weißlichthologramme her. Mußten vorher alle Hologramme mit kohärentem Licht (Quecksilberdampflampe, Laser) beleuchtet werden, benötigte man für die Denisyuk-Hologramme erstmals nur noch eine gebündelte Weißlichtquelle. Aus einer Verbindung zwischen Laser-Transmissions-Hologrammen und Denisyuk-Hologrammen entstanden dann um 1964 Weißlicht-Reflexions-Hologramme.

Während der ersten zwanzig Jahre war die Holografie ein ausgedehntes Forschungsobjekt, das seine erste Blütezeit mit der Herstellung richtiger dreidimensionaler Bilder verzeichnete, welche trotz aller euphorischen Schilderungen nur als Testbilder für den Entwicklungsstand der Technik dienten. So stammten auch die Sujets der ersten Hologramme aus der unmittelbaren Umgebung der Physiker. Das erste dreidimensionale Lasertransmissionshologramm von Leith und Upatnieks zeigt eine alte Westernlok mit Porzellanvögeln und einem Fahrradfahrer – ein wahrhaftiges Kuriositätenkabinett, welches von der Bastler- und Tüftlernatur der Naturwissenschaftler zeugt. Derartige Sujets dienten jedoch nur zum Vergleich mit der Realität, als Versuch, inwieweit Gegenstände holografisch abbildbar sind.

Als 1965 die Grundlagen der holografischen Interferometrie beschrieben wurden, vollzog sich die Trennung des gemeinsamen Prinzips: auf der einen Seite entstand die Interferometrie als zerstörungsfreie Werkstoffprüfung, die mittels eines bildlichen Verfahrens kleinste Deformationen des Materials erkennen läßt, und auf der anderen Seite die Display-Holografie, die sich als eine neue ästhetische Produktionsweise an anderen technischen Bildmedien wie der Fotografie, dem Film und dem Fernsehen anlehnte. Ab diesem Moment der Trennung wird die noch kaum ausgeprägte Ästhetik der Holografie von ihrer Technik überholt. Die Entwicklung der Display-Techniken wird in der Regenbogenholografie Stephen Bentons fortgesetzt, doch der Schwerpunkt der Anwendungsforschung liegt von da an bei der Interferometrie.

Öffentliche Räume

Wegen der besonderen Umstände, die mit der Präsentation der Holografie verbunden sind, konnten zunächst Hologramme ausschließlich auf Ausstellungen gezeigt werden, also in öffentlichen Räumen. Vor allem die genaue Ausleuchtungstechnik, die direkt von der Aufnahme im Labor abhängig ist, verlangte vom Aussteller eine gute Kenntnis der Relation zwischen Licht und Hologramm. Hinzu kam, daß in den ersten Ausstellungen einzig Laser-Transmissionshologramme gezeigt wurden, die zu ihrer Ausleuchtung umständliche Quecksilber-Dampflampen, wenn nicht sogar Laser selbst erforderten. Jene Hologramme weisen neben der komplizierten Ausleuchtungstechnik noch eine weitere Eigentümlichkeit auf: Sie sind wie Zeç[2] anmerkt, ein reines *Ausstellungsmedium*, so daß nur das augenblickliche, unmittelbare Erleben ihren spezifischen Charakter vermitteln kann. Reproduktionen mittels Fotografie oder Video sind bestenfalls für dokumentarische oder rein informative Zwecke geeignet.

Die erste Ausstellung, die einen Überblick über die verschiedenen Anfangsphasen der Holografie – die sog. erste Dekade – vermittelte, organisierten Rosemarie Jackson und Joseph Burns 1975 in New York. Im Jahr 1977 wurde in London die Ausstellung Light Fantastic gezeigt, die innerhalb von 28 Tagen 96 000 Besucher anlockte. Eine zweite Ausstellung ein Jahr darauf zog sogar 250000 Besucher an. Hierzulande organisierte der Neue Berliner Kunstverein 1979 die erste Holografieausstellung, diesmal schon mit Beteiligung von zwei Deutschen Künstlern bzw. Holografen, Dieter Jung und Harald Mike Mielke. Mit Gründung des privaten »Museums für Holographie & Neue visuelle Medien« von Matthias Lauk in Pulheim bei Köln noch im gleichen Jahr, versuchte dieser, die Holografie kommerziell und kulturell zu institutionalisieren und zu etablieren. Innerhalb von 10 Jahren gab es in der Bundesrepublik über 30 große Holografieausstellungen. Im Herbst 1989 organisierte schließlich die »Deutsche Gesellschaft für Holografie« die erste umfassende retrospektive Ausstellung »Holografie in der Bundesrepublik Deutschland«. Trotz kontinuierlicher Ausstellungstätigkeit existierte die Holografie lange Zeit nur im Augenblick ihrer Präsentierung in Ausstellungen, sie verschwand jedoch genauso aus dem Gedächtnis wie ihre eigene flüchtige Erscheinung, wenn das Licht, welches sie beleuchtete, erloschen war.

Ihren ersten ästhetischen Höhepunkt erreichte die Holografie Anfang der achtziger Jahre mit Autoren, die vornehmlich aus anderen etablierten Kunstbereichen zur Holografie gelangten (Jung und Johansen von der Malerei; Reuterswärd und Lowe von der Konzept-Kunst; Moree und Schweitzer vom Schauspiel). Nur wenige, wie z. B. Berkhout, kamen über ein Technikstudium zur Holografie. Einige Autoren haben niemals ein Holografielabor besessen bzw. selbst Holografieren gelernt. Die Folge war, daß in den Arbeiten dieses Zeitraums zwar ästhetische Kriterien aus der bildenden Kunst vorhanden waren, spezifisch holografische Ausdrucksweisen aber fehlten. Den Hologrammen konnte man ohne weiteres anmerken, daß sie zwar Resultat einer visuellen und intellektuellen Arbeit waren, doch meist erschöpften sie sich einfach in guten Einfällen. Die mangelnde Konfrontation mit dem Medium unter Laborbedingungen bewirkte zwangsläufig, daß ihre Werke nur Varianten des ursprünglichen Themas darstellten.

Mit den bereits erwähnten Ausstellungen wurde die Holografie erstmals einer breiteren Öffentlichkeit bekannt. Diese Erfolge ermutigten einige schon bestehende Firmen wie auch Einzelpersonen, kommerzielle Holografielabors zu gründen und Hologramme nicht im Rahmen einer geschützten Forschungstätigkeit zu produzieren oder als Künstler mit dem Existenzminimum zu kämpfen, sondern in der Zuversicht zu handeln, daß für Hologramme sowohl ein gesellschaftlicher als auch ein kommerzieller Bedarf besteht.

Die Gründung privater Holografielabors wirkte sich durch die Umstellung der Arbeitsweise von einer wissenschaftlich-forschenden zu einer verwertbar-existentiellen auch auf die Sujets aus. Eine Folge davon war, daß die Produzenten, meist ohne ästhetische Vorbildung und ohne eine gesellschaftliche Lobby das kurzlebig Verwertbare produzierten, vor allem den sog. 3-D-Effekt. Dadurch erlitt die Holografie einen weiteren Rückschlag, weil sie das aufgeschlossene Publikum in das Kuriositätenkabinett eines Jahrmarkts zurück verwies.

Nach dieser Ernüchterung Mitte der achtziger Jahre stellte sich erneut die Frage nach der Notwendigkeit und nach dem Bedarf holografischer Erzeugnisse in der Gesellschaft sowie nach den generellen Überlebenschancen der Holografielabors.

Holografie und visuelle Kultur

Wenn es scheint, daß die Holografie einen Teil der Versprechungen über völlig neue visuelle Erlebnisse nur ungenügend halten konnte, ist dieser Tatsache entgegenzusetzen, daß sie ohne nennenswerte Unterstützung der Geräte- und Materialzulieferer – im Unterschied zu Video oder Computer – erreicht hat, sich sowohl in der Alltagskultur als auch in der Geschäftswelt zu etablieren. Gedacht ist dabei an ihre Verwendung als Modeaccessoire, Element des Lichtdesigns und als Informationsträger für die Öffentlichkeitsarbeit und Werbung.

Zu beklagen ist jedoch, daß sie, obwohl sie zu einem festen Bestandteil in der Kommunikationskultur wurde, fast nur Verbesserungen und Entwicklungen verzeichnete, die der Standardisierung des Produktionsprozesses und der Beschleunigung des Produktionsablaufes dienten, ohne daß es zu entscheidenden Entwicklungen im ästhetischen Bereich gekommen wäre.

Neben dem großen Publikumsinteresse an den Ausstellungen war es vor allem die Entwicklung der Prägeholografie, die die Holografie in die visuelle Kultur eingeführt hat. Das Prägehologramm wurde von Steve McGrew, einem Mitarbeiter der Firma Light Impressions, erstmals im Jahre 1980 mit einer ausreichenden Qualität entwickelt. Die Möglichkeit, Hologramme in Druckereien mittels Prägemaschinen zu vervielfältigen, erlaubte es erstmals, den Herstellungsprozeß aus dem Holografielabor auszulagern und eine bis dahin mehr oder minder manuelle Produktionsweise zu mechanisieren. Die sich daraus ergebende Zeitersparnis und die geringen Herstellungskosten vergrößerten auf Anhieb die Anzahl der Abnehmer bzw. Besitzer von Hologrammen. Zusätzlich wurde die Holografie mit klassischen Druck- und Prägetechniken verknüpft. Jene massenhafte Reproduzierbarkeit der Hologramme hat es letztendlich erst erlaubt, daß die Holografie als ein neues Medium einen gesellschaftlichen Status erlangte.

Abgesehen von den anfänglich immensen Preisen für Hologramme fallen beim Umgang mit der Holografie im privaten Bereich zwei Eigentümlichkeiten auf. Obwohl die Holografie produktionsmäßig mit der Computeranimation sowie mit anderen digitalen Speicherprozessen zu vergleichen ist, bleibt ihre Präsentationsweise noch meist dem Staffeleibild verhaftet. So lehnt sie sich als ein an der Wand hängendes (Licht-)Gemälde an eine konservative bürgerliche Bildkultur an, deren Vertreter dann weder ihre eigene Welt repräsentiert sehen noch eine lukrative Geldanlage im Erwerb derartiger Bilder erkennen können. Bei Gesellschaftsgruppen hingegen, die die Modernität der Holografie akzeptieren, ist sie andererseits zu sehr ein Bild im konservativen Sinne, denn die visuellen Bedürfnisse in den privaten Räumen dieser Gruppen werden vor allem von Magazinen, Plakaten und Bildröhren gestillt.

Die zweite Eigentümlichkeit ist beim individuellen Gebrauch des Mediums zu beobachten. Anders als in der Fotografie sind die realen Gegenstände in Hologrammen von einer derartigen Abstraktheit der Erscheinung, daß sie keinen intimen Bezug zum Betrachter mehr erlauben. Die Gegenstände haben das Besondere des Dagewesenseins verloren und wirken wie eine allgemeine Erscheinung. Kein Barthessches punctum ist in ihnen aufzuspüren.[3]

Die steigende Verbreitung der Druckhologramme in der visuellen Kultur und im Design ließ sie inzwischen alltäglich werden. Bewirkten die ersten Druckhologramme auf Zeitschriften, wie z. B. der Amerikanische Adler auf der Zeitschrift *National Geographics* im Jahr 1984, einen erheblichen Anstieg der Auflage, und zeugten die ersten Druckhologramme auf Scheckkarten noch von

»Zukunftsorientiertheit«, so scheint gegenwärtig jede Zeitschrift, die das Bild der Moderne vermitteln will, auch die Holografie mit einbeziehen zu müssen, genauso wie die Kreditinstitute das Anbringen der Hologramme auf ihren Scheckkarten zwar sicherheitstechnisch zu rechtfertigen versuchen, diese jedoch in erster Linie als Zugzwang einsetzen.

Druckhologramme sind in ihrer ästhetischen Struktur an einige wichtige Einschränkungen gebunden, die das spezifisch holografische Bild häufig auf eine bloß regenbogenschillernde Folie mit »3-D-Effekt« reduzieren. Die räumliche Erscheinung im Druckhologramm ist auf einige Zentimeter beschränkt. Auch das Format hat DIN-A-4 noch nicht überschritten. Das häufig unebene und verknitterte silbrige Schimmern der Alufolie, die als Spiegel für das auffallende Licht dient, steht im Widerspruch zur glatten Zeichnung und reinen Fläche einer Hochtechnologie. Bei sogenannten heiß gesiegelten Hologrammen paßt sich die Alufolie an die Struktur von Papierfasern an und bewirkt eine matte, grobe Konstruktion. Der Verdienst der Druckhologramme ist es trotz alledem, die Holografie als neues Bildmedium der breiten Öffentlichkeit zugänglich zu machen.

Die Reproduktion der Weißlichthologramme im Labor selbst zu beschleunigen, war das Anliegen der britischen Firma Applied Holographics, als sie ihre Kopierkamera entwickelte. Dabei werden mit optischen Sandwich-Verfahren Kopien auf holografischem Filmmaterial aufgenommen. Diese Methode verbilligte vor allem die Weißlichtreflexionshologramme und eröffnete so einen gegenwärtig von Engländern beherrschten Markt der sogenannten Filmhologramme, wobei mit »Film« das Aufnahmematerial gemeint ist.

Die Technik der Druckholografie und das halbautomatische Kopieren der Reflexionshologramme verhalfen dem Medium durch ihre Verbreitung und Verbilligung zu einer permanenten Anwesenheit in vielen Bereichen der Alltagskultur. So wird allmählich eine Unterscheidung zwischen verschiedenen Gebrauchs- und Anwendungsweisen bemerkbar, die sich zunächst in der Auswahl der Techniken und der Formate manifestiert.

Bei der Gestaltung aufwendiger Druckerzeugnisse, wie z. B. eines Kalenders der Firma Zander für das Jahr 1988, in dem auf Monatsblättern neben Prägehologrammen auch andere aufwendige Drucktechniken angewandt wurden, ist der Anteil der rein holografischen Arbeitsweisen kaum größer als der von anderen grafischen Vorstufen, so daß die holografische Produktion auf einen rein technischen Prozeß reduziert wird. Bei diesem Kalender wird auch deutlich, daß die Gestaltung der Druckhologramme auf dem Tisch des Grafikdesigners zustande kommt. Im Gegensatz dazu tritt im holografischen Design, wie z. B. in Leuchten, Tischen, Uhren und Fliesen, die Umsetzung des spezifisch Holografischen, welches aus der Produktion abgeleitet ist, deutlich in den Vordergrund. Bei der Gestaltung von Lampen wird z. B. das Prinzip der Transparenz eines Regenbogenhologrammes mit dem eines Lampenschirms verbunden, bei den Fliesen hingegen wird ein Farb- und Motivwechsel erzeugt, der durch den Gang des Betrachters bestimmt wird.

Labor

Bei technischen Bildherstellungsmedien, angefangen von der Fotografie über das Video bis hin zu Rechneranlagen, bleibt uns der eigentliche Visualisierungs- oder Rechnerprozeß selbst verborgen. Nur am Ende des Systems steht eine Einheit (Film, Plotter, Monitor, Lautsprecher), die die Daten in verständliche Zeichen übersetzt. In der Anlage ereignet sich etwas, das nur durch eine erneute Eingabe von Daten korrigiert bzw. gesteuert werden kann. Bei der Holografie hat diese Anlage riesige Ausmaße angenommen. Man benötigt mindestens einen Raum. Als Eingabestellen werden Türen und Lichtschleusen genutzt, durch die das zu holografierende Material hineingetragen wird. In der Anlage befindet sich als Kernstück die Lichtquelle – der Laser – mit seinen Behelfsinstrumenten wie Strahlteiler, Linsen, Spiegel, Plattenhalter, die auf einem mehrere Tonnen schweren Tisch frei herumstehen. Mit diesen Elementen wird das Laserlicht auf dem Tisch gespalten, umgelenkt und aufgeweitet. Die optischen Elemente werden mit schweren Eisenklötzen oder Magnetfüßen stabil gehalten, denn sie müssen genauso wie die Tischmasse dafür sorgen, daß die notwendige Stabilität aller Elemente von einem Viertel der Wellenlänge des Laserlichts während der Exposition eingehalten wird (beim Helium-Neon-Laser ca. 0,00016 mm). Im entgegengesetzten Fall kann das Interferenzmuster – die codierte Lichtbotschaft – auf der holografischen Platte nicht aufgenommen werden.

Der Arbeitsprozeß des Holografen besteht darin, daß das Laserlicht im richtigen Verhältnis, unter vorgegebenen Winkeln, bei gleichen Strahlenlängen auf die holografische Platte und das Objekt trifft. Die Aufnahmeplatte wird nicht in einer Kamera gehalten, sondern sie steht mitten auf dem Tisch. Der Holograf ist gewissermaßen Teil der Anlage, denn er bewegt sich selbst zwischen den optischen Elementen und Haltern. Nur während der Exposition muß er die Anlage verlassen, damit durch seine Anwesenheit nicht die oben erwähnte notwendige Stabilität gefährdet wird und das Interferenzmuster zustande kommt, das »schwarze Löcher« entstehen läßt.

Die Tätigkeit des Holografen ist durchaus mit der eines Manufakturarbeiters zu vergleichen. Es gibt keinen funktionierenden Belichtungsautomaten, in dem die Herstellung eines Laser-Transmissionshologrammes in ausreichender Qualität möglich wäre. Die Arbeitsschritte müssen über längere Zeiträume ohne Zwischenergebnisse erfolgen. Bei großformatigen Hologrammen sind erste Ergebnisse häufig erst nach mehreren Tagen zu besichtigen. Da bei jeder Produktion nur Rahmendaten Geltung behalten, sind eigene Erfahrungswerte von größter Wichtigkeit, die jedoch kaum übertragbar oder vermittelbar sind.

Wegen der Notwendigkeit, Laserlicht für die Herstellung von Hologrammen zu verwenden, werden Gegenstände der Eigenart des Laserlichts angepaßt. So werden die für das Holografieren notwendigen Modelle in Grauabstufungen bemalt. Bei der Herstellung von Porträthologrammen sind aufwendige Schminktechniken nötig, weil das Laserlicht tief in die Poren der menschlichen Haut eindringt und eine orangenartige Hautstruktur abbildet.

Die Einfarbigkeit und Kohärenz dieses Lichts reißt die beleuchteten Gegenstände aus der vertrauten Lichthülle des natürlichen oder elektrischen Lichts. Die Gegenstände erscheinen zunächst vollkommen monochromatisch, eingehüllt in eine mehlartige Struktur. Durch diese extreme Beleuchtungsart verlieren die Gegenstände ihre vertraute Erscheinungsart, sie werden depersonalisiert und verallgemeinert. Das einzig Authentische beim Hologramm sind die Existenz und die eigenartige Natur des Laserlichts.

Diese Tatsache wird um so deutlicher, wenn das ins Laserlicht eingetauchte Objekt mit seinem Laser-Transmissionshologramm verglichen wird. Zwischen der Erscheinungsweise des Objekts und dessen Hologramm ist kein Unterschied auszumachen. Doch ist es ein Irrtum, etwa mit Baudrillard zu behaupten, das Hologramm sei die perfekte Kopie eines jeweiligen Gegenstandes[4], denn das Objekt hat beim Ausleuchten mit dem Laserlicht seinen eigenen Realitätsanspruch aufgegeben und manifestiert durch seine Erscheinungsweise einzig die Reaktion des Laserlichts auf sich selbst.

Anstatt in den überkommenen Kategorien von Kopie und Original, Realität und Schein fixiert zu bleiben, ist es vielmehr notwendig, die Synchronizität dieser optischen Realitäten zu erkennen. Im Hologramm wird nichts vorgetäuscht, kein Betrug des Auges vorgenommen. So sind z. B. die Raumtiefen im Hologramm real existent, und derjenige, der das Hologramm mit einer Camera-obscura-Technik aufnehmen will (Foto, Video), kann feststellen, daß die Spitzen der Objekte, die aus dem Hologramm herausragen, anders zu focusieren sind als die Details im Hintergrund. Das Hologramm ist folglich die Kopie der Realität des Laserlichts.

Fazit

Gewissermaßen befindet sich Holografie noch in ihrer Vorgeschichte. Die Gegensätze zwischen dem High Tech und dem Manuellen sind für den täglichen Gebrauch des Mediums noch sehr groß. Doch gegenwärtig gibt es erste funktionierende Versuche, die Lichtkodierung (das Interferenzmuster) rechnerisch zu bestimmen und das Ergebnis über den Elektronenstrahl-Plotter auf eine fotoempfindliche Platte zu speichern.

Einen wahren Meilenstein für die Entwicklung des Mediums stellt jedoch die jüngste Apparatur dar, welche in der Gruppe von Stephen Benton entwickelt wurde.[5] Bei dieser Apparatur wird das Interferenzmuster mit dem Hochleistungsrechner Thinking Connection Machine ausgerechnet und (fast) in Echtzeit auf einem monitorähnlichen Display rekonstruiert. Das System, welches ein wenig verkürzt »holografisches Video« heißt, erlaubt es, zwei Technologien miteinander zu verknüpfen: die elektronische Datenverarbeitung und die holografische Speicherung.

Bei einer solchen computergenerierten Real-Time-Holografie

werden Anlagen – von der Art wie oben beschrieben – hinfällig, denn weder reale Gegenstände noch Stabilitätsprobleme werden dabei die Eckpfeiler des holografischen Arbeitens sein. An ihre Stelle tritt eine Konstruktionstätigkeit am Bildschirm, die unmittelbar kodiert und rekonstruiert wird. Wenn die Generierung von nicht räumlichen Daten in reale dreidimensionale Gebilde des Hologramms möglich sein wird, wird das holografische Prinzip nicht nur die Wirklichkeit dreidimensionalgetreu abbilden, sondern sogar eine N+1. Realität visualisieren können.

Obwohl die handwerkliche Holografie in der Zukunft nur noch im Museum zu betrachten sein wird, ist sie die unumgängliche Voraussetzung, die Sensibilität für das Medium zu entwickeln und die Grundlage für den kreativen Umgang im Labor und am Bildschirm zu schaffen.

Anmerkungen

1 Analog dem englischen Wort *photograph* (Fotografie) müßte das Produkt eigentlich *holograph* heißen. Doch dieses Wort ist schon mit einer Bedeutung besetzt. Es bezeichnet ein letztes handgeschriebenes Schriftstück. Deshalb wählte man, um das Produkt des Holografierens zu bezeichnen, das Wort hologram, welches im Deutschen mit Hologramm wiedergegeben wird.

2 An dieser Stelle sei das Buch *Holographie, Geschichte, Technik, Kunst*, Köln 1987, von Peter Zeç zu erwähnen, das einen umfangreichen und genauen Abriß der Entwicklung der Holografie liefert; hier S. 159 ff.

3 Siehe Roland Barthes, *Die helle Kammer*, Frankfurt/M, 1986.

4 Vgl. Jean Baudrillard, *Hologramme*, in: Bernd Behr, Vito Oražem, Peter Zeç (Hg.), *Vipecher Raiphan*, Nr. 3 1/2: *Bild und Körper*, Drensteinfurt 1983.

5 Vgl. Vito Oražem und Peter Zeç, *Holografisches Video*, in: *Interferenzen*, 1990, Nr. 3, S. 6 ff.

Gene Youngblood
Metadesign

Die neue Allianz und die Avantgarde

> »Wir müssen lernen, in gleichem Maße schöpferisch zu sein, wie wir gelernt haben, destruktiv zu sein. Die einzig geeignete Kraft, unsere Fähigkeit zur Zerstörung in Schach zu halten, kann daher nur ein entsprechend hochentwickeltes kommunikatives Vermögen sein.«
>
> *Kit Galloway und Sherrie Rabinowitz/Mobile Image*

Unsere Industriegesellschaft sieht sich vor eine Herausforderung ihres kreativen Potentials gestellt, wie es sie in der Menschheitsgeschichte zuvor noch nie gegeben hat: Wir müssen lernen, in gleichem Maße schöpferisch zu sein, wie wir gelernt haben, destruktiv zu sein. Dies aber erfordert nichts weniger als eine Renaissance, die sich jedoch nur mit Hilfe der von der neuen Technologie bereitgestellten Simulations- und Konversationsinstrumente verwirklichen läßt. Diese Instrumente werden allerdings nur dann einen wahrhaft menschlichen Wert entfalten, wenn ihre Verwendung durch die Disziplin der Kunst über sich selbst aufgeklärt ist und sich von den Prinzipien der Kunst leiten läßt – das heißt, wenn ihre Verwendung von einem Willen zur Transformation bestimmt ist.

Kunst ist ein Prozeß der Erforschung und des Hinterfragens. Ihr Gegenstand ist das ästhetische Wahrnehmungspotential des Menschen. Sie fragt: Wie können wir anders sein? Was heißt ›anders‹? Worin besteht unser Potential? Vielleicht mehr denn je zuvor sind diese Fragen heute von zentraler Bedeutung für ein zukünftiges Wohlergehen der industriellen Zivilisation. Wie allerdings inzwischen jedermann weiß, haben wir traditionell diese Fragen in einer Weise formuliert und uns eine Antwort von der Kunst erhofft, die den Bedingungen unserer Zeit nicht mehr angemessen ist. Die Kunst kann ihre eigentliche Bedeutung nur zurückgewinnen, wenn wir uns der Instrumente bedienen, die unseren gegenwärtigen Lebensumständen entsprechen. Eine echte Allianz von Kunst und Technik würde die Kunst neu beleben und die Technik humanisieren und überdies die Mittel hervorbringen, die es uns gestatten, in großem Maßstab kreativ zu sein. Aber die Geschichte der von Vorbehalten und Ambivalenzen geprägten Beziehung der Kunst zur Technik ist zutiefst entmutigend. Deshalb müssen wir eine neue kreative Disziplin ins Leben rufen, damit wir dieser Herausforderung gewachsen sind. Diese Disziplin wird indes nicht mehr Kunst in dem uns vertrauten Sinn sein, sondern eine Art von Design, wie es sie bisher noch nie gegeben hat. Ich spreche hier über Design im weitesten Sinne des Wortes, über eine echte Renaissance, in der Kunst, Wissenschaft und soziales Leben unauflöslich in eins zusammengewachsen sind. Diese neue kreative Disziplin ist jedoch überhaupt erst möglich, seit wir über elektronisch gesteuerte Techniken der Simulation und der Konversation verfügen. Sie haben auch die hier mit dem Wort »Design« bezeichnete Praxis revolutioniert und ihr einen Status verliehen, der dem Rang, den die schönen Künste vor ihrem Niedergang einmal eingenommen haben, in nichts nachsteht und ihn letztendlich sogar übertreffen wird. Im folgenden werde ich mich deshalb mit den neuen sozialen Technologien, das heißt mit der in Entstehung begriffenen Disziplin eines Metadesign auseinandersetzen und mit der Allianz von Künstler und Metadesigner, die erst die einzig authentische Avantgarde der postindustriellen Gesellschaft konstituieren wird.

Die Revolutionierung der Kommunikation

Jedes Individuum, aber auch jede Gesellschaft sieht sich von Anfang an mit der Aufgabe konfrontiert, ein Gleichgewicht zwischen Destruktion und Kreation zu finden. Aber das Ausmaß der tatsächlichen wie auch der potentiellen Zerstörung, die heute unsere materielle wie kulturelle Umwelt bedroht, übersteigt bei weitem unser Vermögen, uns überhaupt noch angemessene Reaktionen vorzustellen. Wir befinden uns in einer Krise der Vorstellungskraft und der Kreativität, einer Krise des Bewußtseins und des Begehrens. Wir stehen somit unter dem Zwang, andere Arten des In-der-Welt-Seins zu visualisieren und begrifflich zu erfassen. Wir müssen uns gleichsam resozialisieren. Damit dies gelingen kann, brauchen wir einen ungestörten Zugang zu alternativen sozialen Welten, die uns als Laboratorien dieser Resozialisierung dienen können und uns die Entwicklung einer »Technik« der Selbstgestaltung gestatten. Alternative soziale Welten gibt es überall: Man denke nur an Gruppen, die bestrebt sind, nach den Grundsätzen des sogenannten New Age zu leben. Aber wenn diese Welten politisch nicht einflußreich, wenn also ihre »Macht« der betreffenden Herausforderung nicht proportional ist, dann haben sie im physikalischen Raum keine Existenzmöglichkeit. In einem solchen Fall können wir sie daher nur im virtuellen Raum realisieren, das heißt nur mit Unterstützung entsprechender Netzwerke einer elektronischen Telekommunikation. Wir hätten es dann gleichsam mit »Realitätssozietäten« zu tun, die nicht durch ihre geographische Lage, sondern durch ihr Bewußtsein, ihre Ideologie und ihr Begehren definiert sind. Diese Utopie verspricht die Vollendung jener Revolutionierung der Kommunikation, jener fast mythischen Transformation von Kultur und Bewußtsein, die – wie es scheint – seit bereits einer Generation unser Leben von Grund auf verändert.

Diesem Mythos zufolge werden sich Struktur und Funktion der zentralisierten Massenmedien im Laufe dieses Prozesses »umkehren«. An die Stelle eines zentral gesteuerten Output wird ein dezentralisierter Input treten, Gruppenkonversation wird die Massenkommunikation ersetzen, Hierarchien werden sich in Heterarchien verwandeln und eine vertikale wird einer horizontalen Gesellschaftsordnung Platz machen. Aus der industriellen Zuschauer- und -hörernation wird dann die postindustrielle Republik der im virtuellen Raum existierenden autonomen Realitätssozietäten hervorgehen. Die Zuschauerkultur wird sich in eine Kultur der Akteure verwandeln: Aus »Konsumenten« werden Mitwirkende, Verschwörer, Amateur-Enthusiasten, Kulturarbeiter, und kommerzielle Erwägungen dienen dann ausschließlich dem Zweck, den autonomen sozialen Welten dieser »Kulturschaffenden« einen wirtschaftlichen Rückhalt zu geben. Diese utopischen Bedingungen lassen sich jedoch nur erreichen, wenn es auf technischer, sozialer, ökonomischer und politischer Ebene zu revolutionären Veränderungen kommt. Da unser Interesse hier dem Zusammenhang von Kunst und Technik gilt, möchte ich in erster Linie die technikbezügliche Dimension der Frage beleuchten, wenngleich sich dieser Aspekt natürlich in der Praxis von den übrigen drei Gesichtspunkten nicht trennen läßt. In letzter Hinsicht hat die Vorstellung von einer Revolutionierung der Kommunikation nichts mit der Technik zu tun. Ihr Gegenstand sind die möglichen Beziehungen zwischen Menschen – genaugenommen jene Beziehungen, die es uns gestatten würden, uns in autonomen sozialen Welten zusammenzufinden, die lediglich im virtuellen Raum existieren. Es handelt sich also um eine politische, nicht um eine technische Herausforderung. Ungeachtet dessen spielt die Technik für die Lösung unseres Problems eine grundlegende Rolle.

Metamedien

Eine Revolutionierung der Kommunikation würde zunächst einmal voraussetzen, daß jedermann Zugang zu den beiden Komponenten der Medientechnik hätte: den persönlichen und den öffentlichen technischen Einrichtungen. (Unter dem Begriff »persönliche technische Einrichtungen« wollen wir hier die Produktionsmittel verstehen – also Bild, Ton und Text). Der Terminus »öffentliche technische Einrichtungen« bezeichnet die Verteilernetze. Korrekter wäre es allerdings, zwischen Simulation und Konversation zu unterscheiden. Um etwas zu visualisieren, brauchen wir Simulationsinstrumente, die es uns gestatten, die uns vorschwebende Vision zu synthetisieren. Möchten wir uns jedoch »konkret« mit diesen Vorstellungsbildern auseinandersetzen, so müssen wir sie uns unter den Bedingungen sozialer und kultureller Autonomie beständig und eindrücklich vor Augen führen. Und dazu brauchen wir benutzerkontrollierte Netzwerke audiovisueller Konversation.

Simulationsmaschinen und konversationelle Netzwerke konstituieren eine neue Kategorie der Medientechnik – nämlich die Metamedien. Ein Metamedium ist ein Arbeitsmittel, das zur Hervorbringung neuer Arbeitsmittel dient. Metamedien ermöglichen daher eine neue kulturelle Praxis, das sogenannte Metadesign, und bringen zugleich einen neuen Typ des Praktikers hervor, den Metadesigner. Metadesigner entwickeln Kontexte, keine Inhalte. Metadesign ist daher ein environmentales Design. Die Aufgabe des Metadesigners ist es nun, persönliche und öffentliche Metamedien zu entwickeln, welche die Funktion generativer Rahmenbedingungen erfüllen. Dabei entsteht ein Metakontext oder ein

System von Rahmenbedingungen, innerhalb dessen die Kreation kultureller Werte möglich ist. Der Metadesigner schafft nur die für diese Aktivität notwendigen Voraussetzungen, er determiniert gleichwohl nicht ihre Ergebnisse. Unter Bedingungen, die der Benutzer des Metasystems als Mitspieler, Akteur, Teilnehmer, Mitwirkender zu kontrollieren vermag, können auch andere Kontexte oder Inhalte produziert werden.

Persönliche Metamedien

Es gibt, wie gesagt, zwei Kategorien von Metamedien – persönliche und öffentliche. Persönliche Metamedien sind Instrumente der Simulation. Öffentliche Metamedien hingegen sind Netzwerke der Konversation. Beide Arten von Metamedien sind auf Hardware- und Softwaresysteme angewiesen, auf algorithmische Systeme also. Ein persönliches Metamedium ist ein System, das ein individueller Benutzer dazu verwenden kann, sich Arbeitsmittel zu verschaffen, die es ihm gestatten, Bilder, Töne, Texte oder Wissen jeweils für sich genommen, aber auch in Kombination zu produzieren, manipulieren oder zu befragen. Der Computer, eine universell einsetzbare Maschine, die all diese Medien in sich »enthält« und mit ihnen identisch ist, ist das exemplarische Metamedium. Zusammen mit der entsprechenden Software und der jeweils benötigten Input/Output-Hardware ist er ein Bild- und Tonsynthesizer oder -prozessor, ein Desktop-Publishing-System, ein Expertensystem, ein Authoring-System für interaktive Disketten, ein Supermedium der Datenmanipulation und ein normiertes System von Benutzerschnittstellen. Diese technischen Möglichkeiten sind keine im eigentlichen Sinne konsumentenorientierten Angebote. Sie sind vielmehr *generative Systeme*, Rahmenbedingungen für Arbeit und kulturelle Produktivität. Künstliche Intelligenz wird möglicherweise einmal das höchstentwickelte persönliche Metamedium sein. Aber jedes algorithmische System, das ein Arbeitsmittel zur Erzeugung von Arbeitsmitteln ist und das die Rahmenbedingungen oder den Kontext für die Erzeugung von Inhalten darstellt, erfüllt die Voraussetzungen eines Metamediums.

Öffentliche Metamedien

Es gibt nur eine Art von Netzwerk, das die Funktion eines wahrhaft öffentlichen Metamediums erfüllen könnte: ein benutzerkontrolliertes, gebührenfreies, multikulturelles, multimediales, konversationelles Netzwerk mit einer maximalen perzeptionellen Bandbreite. Technisch betrachtet würde es sich dabei um ein optisches Fiber-Netzwerk handeln, das multimediale Übertragungen gestattet – Bild, Ton, Handschrift, Graphik und alle Arten von Text. Mit anderen Worten: Es müßte eine maximale perzeptionelle Bandbreite garantieren und so viele Wahrnehmungsvermögen des Menschen aktivieren wie nur eben möglich. Strukturell betrachtet müßte es sich um ein umschaltbares Netzwerk handeln, das sowohl Sender-Einzelempfänger- als auch Sender-Gruppe-von-Empfänger-Übertragungen gestattet (einer-an-einen und einer-an-viele), und zwar ganz unabhängig davon, ob es sich um die Übertragung von Bild, Ton, Text oder Kontrollcodes handelt. Dies würde jedem Benutzer die Möglichkeit geben, sich entweder an das gesamte Netzwerk oder auch an spezifische Gruppen zu wenden. Die Folge wäre eine Gleichverteilung der Macht. Keine Stimme könnte sich a priori stärker zur Geltung bringen als eine beliebige andere. Profis wie Amateure wären unter solchen Bedingungen nichts weiter als Nummern im Teilnehmerverzeichnis. Schließlich müßte eine digitale Übertragung gewährleistet sein, damit die Botschaften unter anderem aus Gründen des Schutzes der Privatsphäre kryptifiziert (d.h. kodiert) werden könnten.

Das entscheidende Charakteristikum eines wahrhaft revolutionären Netzwerkes der Telekommunikation ist jedoch nicht technischer, sondern ökonomischer Natur: denn ein solches Netz muß gebührenfrei jedem beliebigen Benutzer zur Verfügung stehen. Der Benutzer muß auch dann keine Übertragungsgebühren zahlen, wenn er ununterbrochen auf Sendung ist, und seien es auch vierundzwanzig Stunden am Tag. Durch entsprechende politische Entscheidungen und ökonomische Vorkehrungen muß gewährleistet sein, daß das Netzwerk einer mautfreien Autobahn gleicht, wie es sie ja in manchen Ländern auch in der Realität gibt. Wir zahlen zwar nicht für die Zeit, die wir auf einer solchen Straße verbringen, oder für die Entfernung, die wir darauf zurücklegen, sondern ausschließlich für Dienstleistungen, die wir an

Raststätten etc. in Anspruch nehmen. Analog brauchen wir auch nicht die Zeit zu bezahlen, die wir in dem Netzwerk »verbringen«, obwohl wir selbstverständlich die Informationen und Dienstleistungen finanziell vergüten, die uns von ebenfalls an das Netz angeschlossenen Anbietern zur Verfügung gestellt werden. Der entscheidende Punkt ist, daß wir kostenfrei Zugang zum Kreis der Teilnehmer haben müssen. Denn anders ist das Ziel der skizzierten kommunikativen Revolution – nämlich die Möglichkeit eines Zugangs zu alternativen sozialen Welten, ohne den eine Resozialisierung beziehungsweise eine Renaissance nicht zu realisieren ist – nicht erreichbar.

Renaissance-Amateure

Eine Revolutionierung der Kommunikation würde den Unterschied zwischen Amateur und Profi insoweit gegenstandslos machen, wie dieser Unterschied durch die Arbeitsmittel determiniert ist, zu denen wir als autonome Individuen oder als kleine Gruppen Zugang haben. Natürlich gibt es noch andere Gründe, weshalb man jemanden einen Amateur nennt, aber der Zugang zu bestimmten Techniken ist sicherlich der politisch entscheidende Grund. Ein mehr oder weniger allgemeiner Zugang zu den persönlichen und sozialen Metamedien würde eine neue Gesellschaftsklasse hervorbringen, eine neue Spezies von Amateur, der nicht wie ein Freizeitbastler an der Peripherie des Systems herumhantieren würde, sondern ein kompetenter Kulturarbeiter wäre, ein Teilnehmer an einer autonomen Realitäts-Gemeinschaft, ein Mitglied einer kulturellen Verschwörung, ein für eine bestimmte soziale oder politische Bewegung eintretender Widerstandskämpfer. Diesem neuen Menschen der Praxis gebe ich den Namen Renaissance-Amateur. Natürlich werden wir solche Menschen künftig nicht so nennen. Wir werden sie Künstler, Wissenschaftler, geistige Führer, Revolutionär oder sonstwie nennen. Aber infolge gewandelter sozialer Bedingungen (das heißt der Möglichkeit, im virtuellen Raum autonome soziale Welten aufzusuchen) würde auch ihre jeweilige Praxis eine radikal andere sein als bisher.

Sobald Renaissance-Amateure Zugang zu den genannten sozialen Technologien erhalten, gehen Kunst und Technik eine Verbindung ein, wie sie nie zuvor möglich gewesen ist. Ich nenne diese Verbindung soziales Metadesign. Dabei handelt es sich um das »Design« eines revolutionären Netzes der Telekommunikation, das heißt um öffentliche Einrichtungen, die dabei helfen können, die soziale und die politische Wirklichkeit neu zu organisieren, und um frei zugängliche Laboratorien, in denen die Technik an den öffentlichen Raum akkulturiert werden kann. Soziale Metadesigner entwerfen Netzwerke im physikalischen Raum, die die Existenz autonomer sozialer Welten im virtuellen Raum ermöglichen. Sie entwickeln Maschinen der höchsten Ordnung: soziale Maschinen, Kultur-Motoren, Techniken der Selbstentfaltung. Soziales Metadesign ist jedoch extraästhetisch und suprakulturell. Seine Aufgabe ist die Schaffung eines öffentlichen Raumes, nicht einer öffentlichen Kunst. Es stellt gleichsam den Kontext zur Verfügung, innerhalb dessen das soziale und politische Potential der persönlichen Metamedien zur Geltung kommen kann. Es handelt sich dabei um ein spezifisches »Kulturschaffen«: Denn es schafft Rahmenbedingungen, die es den Menschen gestatten, ihre eigenen kulturellen Kontexte als im virtuellen Raum bestehende autonome Welten zu kontrollieren.

Die einzigen sozialen Metadesigner, die mir in der heutigen Welt bekannt sind, sind Kit Galloway und Sherrie Rabinowitz, zwei amerikanische Künstler, die seit 1977 unter dem Namen »Mobile Image« zusammengearbeitet haben. Ihrer Konzeption telekommunikativer Projekte, wie sie in *Hole in Space* (1980) und *Electronic Cafe* (1984) zum Ausdruck gelangt ist, verdanke ich in erster Linie den Anstoß zu meiner Idee eines sozialen Metadesign.[1] Alles, was ich an dieser Stelle über soziales Metadesign und dessen Beziehung zur Kunst und zur Avantgarde zu sagen habe, nimmt auf ihre Arbeit Bezug und ist durch sie inspiriert. Galloway und Rabinowitz sind als soziale Metadesigner gleichsam System-Integratoren auf höchstem Niveau: Denn sie arbeiten an der Integration von technologischen und sozialen Systemen. Sie sind die neuen Environmentalisten, die neuen Kultur-Ökologen. Sie praktizieren eine Kunst des In-Beziehung-Setzens, eine Wissenschaft des Verbindens. Rabinowitz weist darauf hin, daß es zahlreiche Aspekte dieser Verbundenheit gibt. Der erste ist geographischer Natur – nämlich die raumverbindende Architektur des physikalischen Netzwerks. Der zweite Aspekt ist die Verbundenheit, die zwischen den verschiedenen Zuständen oder Medien besteht, die das Netzwerk hervorzubringen vermag: Bild, Ton, Text, des weiteren die Fähigkeit, diese Medien zu kombinieren, zu manipulieren, zu speichern oder neu zu »aktualisieren«. Dieses Netzwerk technischer Beziehungen konstituiert die Rahmenbedingungen für die höchste Ebene des In-Beziehung-Setzens: nämlich für zwischenmenschliche Beziehungen mit ihren spezifischen Strukturen, Kontexten und Inhalten.

In gleicher Weise, wie das soziale Metadesign Kunst und Technik zusammenbringt, läßt es auch Kunst und Politik verschmelzen. Mit Hilfe von Simulationsinstrumenten (persönlichen Metamedien) stellen wir Modelle alternativer Wirklichkeiten her (Kunst); mit Hilfe von Netzwerken der Konversation (der sozialen Metamedien also) könnten wir die kulturellen Kontexte kontrollieren, innerhalb derer diese Modelle publiziert und empfangen werden (Politik). Die Kontrolle des Kontextes beinhaltet die Kontrolle der Bedeutung, und die Kontrolle der Bedeutung ist identisch mit der Kontrolle der Wirklichkeit. Dies ist der einzige Weg zu einer Resozialisierung und einer Renaissance. Wir müssen tatsächlich lernen, im gleichen Maßstab schöpferisch zu sein, wie wir gelernt haben, destruktiv zu sein. Das wird indes nicht möglich sein, solange wir die kulturellen Kontexte nicht unter Kontrolle haben, die den Sinn unseres Lebens determinieren.

Eine neue Politik der Kultur

Allein die neuen Technologien der Simulation und der Konversation berechtigen uns zu der Hoffnung, der globalen ökosozialen Krise wirksam zu begegnen. Aus diesem Grund ermöglichen und verlangen sie eine neue Art von revolutionärer Politik, die ich als Politik der Kultur bezeichnen möchte. Das Projekt dieser Politik der Kultur wird es sein, die Revolutionierung der Kommunikation zu politisieren und zu beschleunigen – das heißt, sie zu verwirklichen. Um dies zu erreichen, müssen wir unser Mediensystem von Grund auf in Frage stellen und Modelle revolutionärer Alternativen entwickeln, die an seine Stelle treten könnten.

Durch das entsprechende soziale Metadesign müssen wir Sorge dafür tragen, daß der Zugang zu gebührenfreien, benutzerkontrollierten, multimedialen und konversationellen Netzwerkmodellen möglichst vielen Menschen offensteht. Wer aber wird diese Modelle bereitstellen? Traditionelle Künstler können und werden es nicht tun. Ingenieure können und werden es nicht tun. Die Modelle werden von jenen neuen Praktikern entwickelt werden, die zugleich Künstler und Ingenieure sind – nämlich von Renaissance-Amateuren, die die Rolle von sozialen Metadesignern übernehmen. Existieren derartige Modelle erst einmal (wie es bei den »Mobile Image«-Projekten bereits der Fall ist), so ermöglichen sie eine Allianz zwischen dem traditionellen Künstler und dem neuen Künstler in Gestalt des sozialen Metadesigners. Und diese Allianz führt das revolutionäre Projekt der historischen Avantgarde gleichsam zu Ende.

Die neue Allianz und die Avantgarde

Es ist falsch, den Begriff Avantgarde als das bloß Fortschrittliche, den neuesten Stil, das aktuellste Medium oder den letzten Schrei der Mode zu definieren. Ebenso unangemessen ist es, als Avantgarde das lediglich Experimentelle zu bezeichnen oder das, was bestrebt ist, die herrschende Sprache zu untergraben. Die einzig echte Avantgarde, die je existiert hat, ist die historische Avantgarde, die während der ersten Jahrzehnte dieses Jahrhunderts in Europa ihre Wirkung entfaltet hat – das heißt der Futurismus, der Dadaismus und der Surrealismus. Diese Bewegungen waren nicht nur Stile oder Richtungen der Kunst, sie waren zugleich revolutionäre soziale und politische Bewegungen. Sie waren mehr als Avantgarde, sie waren *avant-guerre.*

Wie Peter Bürger gezeigt hat, bestand das Projekt dieser Bewegungen darin, die soziale Institution einer autonomen Kunst zu zerstören und Kunst und Leben zu verschmelzen. Sie waren darauf aus, die damals herrschenden sozioökonomischen Bedingungen der Kunstproduktion, des Kunstmarktes und der Kunstrezeption (das heißt die soziale Institution »Kunst«) abzuschaffen; denn diese Bedingungen begründen eine Form der Vermittlung zwischen Kunst und Gesellschaft, welche die Kunst aus dem Alltagsleben fernhält. Es war jedoch nicht ihre Absicht, der sozialen

Funktionslosigkeit der Kunst ein Schema entgegenzusetzen, in dessen Rahmen die Kunst der Zweck-Mittel-Rationalität der bereits existierenden sozialen Praxis ausgeliefert worden wäre. Sie schlugen vielmehr vor, man solle als Basis einer neuen Gesellschaft auch eine neue Kunst ins Leben rufen. Sie schlugen vor, die Kunst im Sinne Hegels »aufzuheben« – die Verschmelzung von Kunst und Alltagsleben werde dann eine Verwandlung sowohl der Kunst als auch des Lebens bewirken.[2]

In diesem Sinne ist das Projekt der historischen Avantgarde identisch mit dem von Jürgen Habermas so bezeichneten Projekt der Moderne – mit dem Kampf um die Wiedervereinigung von gesellschaftlicher und kultureller Modernisierung also. Erst eine solche Wiedervereinigung wäre ein Garant dafür, daß die gesellschaftliche Entwicklung sich von der kulturellen Evolution würde leiten und aufklären lassen. Dies würde jedoch eine Säkularisierung von Wissenschaft, Moral und Kunst (Wahrheit, Gerechtigkeit und Schönheit) voraussetzen, da diese Bereiche sich inzwischen als autonome kulturelle Sphären etabliert haben, die der Kontrolle durch Fachleute unterstehen. Die historische Avantgarde hatte sich die Säkularisierung einer dieser Sphären zum Ziel gesetzt: Sie wollte die Welt der Kunst und die Lebenswelt wieder miteinander verschmelzen. Dieses Projekt ist natürlich gescheitert, und die Kunstwelt proklamiert daher den Tod der Avantgarde. Diese Behauptung setzt implizit die Annahme voraus, daß es außerhalb der Kunst eine Avantgarde überhaupt nicht geben kann. Sie ignoriert ferner, daß der Begriff ursprünglich eher politische als künstlerische Bewegungen bezeichnete – und daß der Futurismus, der Dadaismus und der Surrealismus sich überhaupt nicht als Kunstrichtungen verstanden: Wenn die Kunst außerstande ist, die in sie gesetzten Erwartungen weiterhin zu erfüllen, dann muß die Avantgarde natürlich notgedrungen tot sein.

Weit davon entfernt, tot zu sein, ist das Projekt der historischen Avantgarde gegenwärtig sogar lebendiger denn je, aber es hat nichts mit irgendeiner bestimmten Richtung der Kunst oder der Ästhetik zu tun. Es ist nur auf einer außerästhetischen und suprakulturellen Ebene überhaupt möglich – nämlich durch das Zusammenwirken des Renaissance-Amateurs und des sozialen Metadesigners. In dieser Allianz ist der Metadesigner für die Gewährleistung der Möglichkeit sozialer Autonomie zuständig, des

Rahmens also, innerhalb dessen der Renaissance-Amateur (in diesem Fall der Künstler) Inhalte schaffen und deren Kontext kontrollieren kann. Immerhin schaffen Künstler die wirkmächtigsten und bedeutsamsten Repräsentationen des In-der-Welt-Seins, die zwingendsten Simulationen möglicher Welten. Aber diese Visionen sind im heute vorherrschenden Medienbetrieb nur Randerscheinungen, und das wird sich erst ändern, wenn sie in autonomen sozialen Welten im virtuellen Raum publiziert werden. Nur unter solchen Bedingungen kann die Kunst auf eine Weise ermächtigt und wiederbelebt werden, die völlig ausgeschlossen ist, solange nicht die vom Metadesigner ermöglichte Kontrolle des Kontextes garantiert ist.

Kunst und Metadesign sind ohne wechselseitige Unterstützung jeweils für sich wirkungslos und ohnmächtig. Sie brauchen einander. Keines von beiden ist wichtiger als das andere. Sie sind komplementäre Aktivitäten. Das Metadesign ist die pragmatische, utilitaristische Seite der Allianz, während das Künstlerisch-Visionäre ihre andere Seite ausmacht. Zusammen erst bilden sie eine neue soziale, kulturelle und politische Macht, eine echte Avantgarde (oder *avant-guerre*), eine humanistische (und nicht nur künstlerische) Bewegung, die auf eine Resozialisierung und eine Renaissance abzielt. Diese Allianz also allein kann den Anspruch erheben, Avantgarde zu sein, nicht hingegen Kunst und Metadesign jeweils für sich genommen. Aus diesem Grund behaupte ich auch, die neue Avantgarde sei unabhängig von Kunst und Ästhetik, gleichwohl sind die Künstler ein unabdingbarer Bestandteil der Allianz. Es gibt genausogut eine Ästhetik des Metadesigns wie der Kunst. Aber diese ästhetischen Systeme können keinen Anspruch darauf erheben, Avantgarde zu sein. Als Avantgarde läßt sich nur die Allianz als solche bezeichnen, die reine soziale Situation, die sie konstituiert, und zwar ganz unabhängig von ihrer Ethik oder Ästhetik. Selbstverständlich kann man diese Situation auch von einem ästhetischen Standpunkt aus betrachten, aber das ist nicht entscheidend für ihren Avantgarde-Status. Das Prädikat »avantgarde« kommt der Allianz allein deshalb zu, weil sie die Integration von Leben und Kunst ermöglicht.

Wenn wir die Ansicht vertreten, daß die Kunst für unser kulturelles Überleben unerläßlich sei, so müssen wir auch eine Antwort auf die Frage suchen, wie die Kunst ihren Platz in der heutigen Welt finden und neuerlich einnehmen kann. Ihre Funktion darf sich nicht im »Widerstand« erschöpfen oder in dem Umstand, daß der Künstler sie als Therapie begreift oder in ihrer »materiellen« Singularität. Andernfalls hat die Kunst, so wie wir sie kennen, keinerlei Daseinsberechtigung mehr, und wir werden uns einen neuen Namen für das überlegen müssen, was dann aus ihr wird. Es geht also nicht darum, den Begriff der Kunst neu zu definieren, sondern die Ausrichtung der Kunst zu verändern und ihre Energien in andere Kanäle zu leiten. Die Kunst bedarf dringend jener Revitalisierung, die durch eine neue Rolle und einen neuen Zweck gewährleistet werden. Die Erkundung des virtuellen Raumes und die Konstruktion autonomer sozialer Welten in diesem Raum, die gleichsam als Laboratorien einer Resozialisierung dienen könnten, dies beides allein bietet die Gewähr, daß Kunst und Leben wieder eine Einheit bilden.

Renato Poggioli nennt vier Charakteristika, die den ursprünglichen Avantgarde-Bewegungen eigen gewesen seien: *Aktivismus* oder der Geist des Abenteuers – *Antagonismus* oder der Geist der Rebellion – *Nihilismus* oder der Geist der Negation und schließlich *Agonismus* oder der Geist des Opfers zugunsten der Zukunft. Diese Charakteristika repräsentieren die Ideologie, die Psychologie und die Mythologie der Avantgarde, was Poggioli mit dem Begriff der »Dialektik der sozial-künstlerischen Bewegungen« umschreibt.[3] Es ist daher hilfreich, die neue Avantgarde anhand dieser Kategorien mit der alten zu vergleichen und dieser gegenüberzustellen.

Aktivismus: Der Geist des Abenteuers

Die Avantgarde ist immer eine Art Speerspitze gewesen, wörtlich eine »Vorhut«, die sich durch ihren Experimentalismus auszeichnet, durch die Erkundung noch unbekannter Territorien, die Eroberung einer noch unbesetzten Zukunft. Dieses Territorium ist immer ein urbanes Umfeld, die Zukunft immer eine wissenschaftliche und technologische. Auf der Suche nach einer Ästhetik, die mit der zeitgenössischen Realität vereinbar sei, ließen sich die Futuristen durch die »modernen Wunder« des Urbanismus, der Wissenschaft und der Technik zur Erfindung neuer Fabeln, neuer Fantasien, Mythologien und Bilder anregen.[4] Dabei handelte es sich weniger um eine Maschinenästhetik als vielmehr um eine

Idolisierung moderner Fortbewegungsmittel, der Dynamik und der Geschwindigkeit. Heutzutage sind nicht Video oder Computer die Terra incognita oder die am wenigsten besetzte Zukunft, sondern der virtuelle Raum als solcher. Das »Wunder«, vor dem wir heute stehen, ist nicht der urbane Raum, sondern der dematerialisierte Raum der elektronischen Gemeinschaft, innerhalb dessen wir uns mit Lichtgeschwindigkeit bewegen. Eine Praxis, die es sich nicht zur Aufgabe macht, diesen Raum zu erforschen, läßt sich nicht sinnvoll mit dem Prädikat »Avantgarde« beschreiben.

Antagonismus: Der Geist der Rebellion

Mit der Heraufkunft der Avantgarde war das Ende der Kunst gekommen, und eine neue Philosophie trat an ihrer Stelle auf den Plan. Sie stellte den Versuch dar, ein neues Bewußtsein zu provozieren, eine neue soziale Wahrnehmungsfähigkeit. Dabei handelte es sich um ein Projekt der Resozialisierung, das darauf abzielte, Kunst und Leben miteinander zu verschmelzen. Die Hauptwaffe in diesem Kampf waren die Auflehnung gegen alles Hergebrachte und der Schock. Natürlich ist heutzutage nichts mehr schockierend, und die vom Mediensystem über den Kontext ausgeübte Kontrolle hat die Idee einer künstlerischen Subversion vollends obsolet gemacht. Aber dieser Imperialismus verweist uns zugleich auf das letzte Refugium des Subversiven: nämlich auf die soziale und kulturelle Autonomie. Tatsächlich ist diese Autonomie stets das einzige gewesen, was die Agenten der Macht und der Repression je bedroht hat. Aber dieser Umstand ist nie problematisch geworden, solange diese Autonomie auf den physikalischen Raum beschränkt war. Nun, da wir uns sozusagen en masse im virtuellen Raum bewegen können, haben sich die Regeln des Spiels plötzlich verändert. Heutzutage ist nicht die Konfrontation bedrohlich oder schockierend, sondern die Sezession, nicht die Präsenz, sondern die Abwesenheit – die Möglichkeit nämlich, daß revolutionäre oder gegenkulturelle Bewegungen oder Kulte sich vom Ganzen abspalten und im virtuellen Raum autonome soziale Welten konstituieren könnten. Während die alte Avantgarde durch ihren Protest, ihr Engagement und durch ihr konfrontatives Auftreten charakterisiert war, sind für die neue Avantgarde Solidarität, Selbstorganisation und Sezession bezeichnend. Das bedeutet jedoch, daß der Postmodernismus eines auf *De*konstruktion gegründeten Widerstands, das heißt der Anspruch der gegenwärtigen Kunst auf den Status einer Avantgarde, nur auf einem historisch mißverstandenen Avantgarde-Begriff beruht. Erfolg beschieden sein wird dieser Bewegung nur, sofern sie eine Allianz mit dem *re*konstruktiven Postmodernismus eingeht, wie ihn das soziale Metadesign und die Erkundung autonomer sozialer Welten im virtuellen Raum repräsentieren. Denn dies ist die einzige effektive Avantgarde, die in der postindustriellen und postmodernen Gesellschaft noch möglich ist.

Nihilismus: Der Geist der Negation

Das Credo der historischen Avantgarde war im wesentlichen negativ. Diese Haltung manifestierte sich psychologisch im Nihilismus, soziologisch in einer ablehnenden Einstellung zu Gesellschaft und Publikum und ästhetisch in einem Hermetismus und Obskurantismus. Poggioli behauptet, daß es keine Avantgarde-Bewegung gebe, in der sich nicht wenigstens bis zu einem gewissen Grad diese Tendenz widerspiegelt. Und so verhält es sich auch mit der neuen Avantgarde hinsichtlich ihres dekonstruktivistischen Aspektes. Wesentlicher allerdings ist ihre rekonstruktive Seite: Denn genau dieses Element hat bisher gefehlt, und deshalb ist es gegenwärtig um so notwendiger, sofern die Avantgarde der Dekonstruktion nicht zur Wirkungslosigkeit verurteilt sein soll. Natürlich war auch die alte Avantgarde nicht völlig ohne eine positive, zukunftsgerichtete, rekonstruktive Tendenz. So war etwa der Futurismus zugleich ikonoklastisch und kreativ. Schließlich war es sein Ziel, Kunst und Leben zu verschmelzen. Einzig im Dadaismus war der Nihilismus die ausschließliche Grundhaltung. Die Manifeste der Dadaisten kündeten von einem durch und durch nihilistischen Projekt. Tristan Tzara nannte dieses Projekt »eine große Aufgabe der Destruktion, ein Großreinemachen«, das auf die Kunst insgesamt (»die Abschaffung des Schöpferischen«) einschließlich der Avantgarde (»die Abschaffung der Zukunft«) abzielt. Nicht umsonst nennt Poggioli den Dadaismus »den Selbstmord der Kunst«.[5]

Peter Bürger hat gezeigt, daß diese Negation eine Voraussetzung für die Möglichkeit neuer sozialer Welten gewesen ist, die sich nicht mehr auf eine Kunst gründen, die vom Leben getrennt ist. Jenes insgeheim utopische Projekt war deshalb zum Scheitern verurteilt, weil es lediglich zur Negation fähig war. Es verfügte folglich nicht über die notwendigen Mittel, um die angestrebte Rekonstruktion auch tatsächlich ins Werk zu setzen. Erst die Allianz zwischen Renaissance-Amateur und Metadesigner und der Aufenthalt im virtuellen Raum, den sie ermöglicht, schaffen die Voraussetzungen einer tatsächlichen Rekonstruktion. Während das Credo der alten Avantgarde also nur negativ sein konnte, kann das Glaubensbekenntnis der neuen Avantgarde nur positiv sein – das Credo einer Renaissance sozusagen. Dieses neue Glaubensbekenntnis manifestiert sich psychologisch durch einen neuen politisierten Utopismus, soziologisch durch den Nachdruck, mit dem es die Bedeutung der Sezession, der Solidarität und der Gleichberechtigung hervorhebt, und ästhetisch durch den künstlerischen Pluralismus, den jene autonomen sozialen Welten gewährleisten. Der Geist der Rekonstruktion, nicht der Dekonstruktion ist es, was die heutige Avantgarde auszeichnet.

Agonismus: Der Geist des Opfers zugunsten der Zukunft

Die Idee des Schrittmachers, der Figur, die sich an die Spitze setzt, ist für den Begriff der Avantgarde von zentraler Bedeutung. Und diese Vorstellung enthält ein kämpferisches Element, eine implizite Aufforderung, das eigene Selbst jenen zu opfern und hinzugeben, die nach uns kommen. Die je zeitgenössische Generation und ihre Kultur stehen nach dieser Auffassung im Dienste der künftigen Kultur. Die Avantgarde des Tages stellt also gleichsam eine ursprüngliche, eine »primitive« Ordnung her, die allein die große zukünftige Renaissance ermöglicht. »Das zwanzigste Jahrhundert«, schrieb Umberto Saba, »scheint nur einen Wunsch zu kennen: nämlich so rasch wie möglich ins einundzwanzigste hinüber zu gelangen.«[6] In diesem paradoxen Konzept eines positiven Defätismus kommt dem Künstler die Funktion eines Opfer-Helden zu, der das Schicksal aller Frontkämpfer im Krieg erleidet: Er ist einer jener »Männer, denen es bestimmt ist zu fallen, damit nach ihnen andere einhalten und etwas Neues bauen können«.[7] Für Poggioli ist der Agonismus deshalb »eine für die moderne Kultur äußerst bezeichnende Tendenz, die sich gerade in den typischsten Formen der Avantgarde manifestiert«. Als Modell dient dabei der Futurismus im allgemeinen (»die agonistische Interpretation der Gegenwartsaufgaben«) und der italienische Futurismus im besonderen (»eine agonistische Bewegung der Selbstaufopferung, nicht zwecks Erlangung posthumen Ruhmes, sondern zwecks Gewährleistung des Ruhmes der Nachwelt ..., eine Selbsthingabe um künftiger Generationen willen«).[8]

In der psychischen Verfassung der neuen Avantgarde reflektiert sich in der Tat ein gewisser Agonismus. Der Eintritt in den virtuellen Raum ist eindeutig zukunftsorientiert und dem Ruhm der Nachwelt geweiht. Die neue Avantgarde ist bestrebt, eine Renaissance heraufzuführen – eine neue Zivilisation. Als Angehörige der ersten Generation von Renaissance-Amateuren und Metadesignern sind wir überdies Pioniere: Wir erwarten nicht, diese Renaissance noch zu unseren Lebzeiten zu vollenden. Uns allen ist, um es mit Poggiolis Worten zu sagen, »das Bewußtsein gemeinsam, einem Zwischenstadium anzugehören, einer bereits von der Vergangenheit deutlich unterschiedenen Gegenwart und einer Zukunft im Zustand der Potentialität, deren Gültigkeit sich erst erweisen kann, wenn die Zukunft Aktualität geworden ist«. Er weist im übrigen darauf hin, daß dieses Bewußtsein, in einer Übergangszeit zu leben, »die agonistische Grundhaltung par excellence darstellt, den Lieblingsmythos einer apokalyptischen und von Krisen geschüttelten Ära«.[9] Gleichwohl betrachten die Renaissance-Amateure ihre Praxis nicht als ein agonistisches Selbstopfer. Nicht die Opferung des Selbst zugunsten der Zukunft treibt uns dem virtuellen Raum entgegen, vielmehr die Realisierung des Selbst. Metadesign ist eine generative Aktivität und erfüllt infolgedessen eine dienende Funktion; aber es dient nicht der zukünftigen Zivilisation, sondern der Ermächtigung bereits existierender Rand-Kulturen. Jene Ermächtigung geschieht durch den Eintritt in den virtuellen Raum, wo die Kunst unterstützt durch soziales Metadesign, das Ethos der Kreativität, das ihr einmal so vertraut gewesen ist, möglicherweise zurückgewinnen kann.

Aus dem Amerikanischen von Christian Quatmann

1 Siehe *Orbitale Zeit – visueller Raum: Die Herausforderung im großen Maßstab schöpferisch zu sein* und *Satellitenkunst: Ein Gespräch mit Kit Galloway, Sherrie Rabinowitz und Gene Youngblood*, in: *Jenseits der Erde: Das orbitale Zeitalter*, hg. von P. Weibel, Wien 1987.
2 Peter Bürger, *Theorie der Avantgarde*, Frankfurt 1974.
3 Renato Poggioli, *The Theorie of Avant-Garde*, Cambridge Mass. 1968, S. 131.
4 Ebd. S. 220.
5 Ebd. S. 63.
6 Zitiert in Poggioli, S. 69-70.
7 Ebd. S. 65-67.
8 Ebd. S. 74.
9 Ebd. S. 67.

Fred Forest
Die Ästhetik der Kommunikation
Thematisierung der Raum-Zeit oder der Kommunikation als einer Schönen Kunst

Die Ästhetik der Kommunikation versucht das zu erfassen, was heute unsere Weltgesellschaft konstituiert, soweit es sinnlich erfahrbar ist. Für dieses Vorhaben reicht eine allein der philosophischen Tradition verpflichtete Ästhetik nicht aus. In der Veränderung unserer Wertsysteme, unserer Denkformen und Wahrnehmungsweisen geht es um die Erneuerung des Realitätsbegriffs selbst. Unser Verhältnis zur Zeit und zum Raum wird im Alltagsleben durch die elektrischen, elektronischen und informatischen Technologien radikal verändert. Der Mensch ist in ein Bad von Informationen eingetaucht, das mittlerweile bereits zu seiner zweiten Natur geworden ist. Aus ihr erhält er die Antriebe und Zeichen, an sie paßt er synchron seine eigenen Bewegungen und Rhythmen an. Der Begriff der Relation nimmt im gegenwärtigen Denken eine stetig wachsende Bedeutung an, die Begriffe der Kommunikation, der Kommutation, des Interface, der Interaktion und der Vernetzung erschüttern unser Denken, unsere Repräsentationsformen, unsere Weise, die Welt zu verstehen und unser Leben zu führen.

Die rasante Vermehrung der visuellen Medien führt zwar nicht zu einem Verschwinden des Bildes und seiner Ästhetik, aber doch zu einer Abwertung aufgrund ihrer inflationären Präsenz. Daraus ergibt sich eine subtile Verschiebung zu neuen Weisen des perzeptuellen Verhaltens, die bereits zu beobachten sind und weitgehend durch unsere elektronische Umwelt hervorgerufen werden.

Die experimentierenden Künstler der neuen Medien bemühen sich natürlich darum, diese Weisen des perzeptionellen Verhaltens in die Kunst zu integrieren, indem sie ungewohnte Kunstformen ausarbeiten, für die sie Modelle und spezifische Sprachen erfinden. Video, Telefon, Fotokopie, Videoübertragung, Radio, Fernsehen, Computer und Telematik setzen sich an die Stelle von Pinsel und Meißel. Die Informationstechnik produziert keine materiellen Gegenstände mehr, sondern Immaterialien. Dadurch wird die traditionelle Vorstellung einer »Kunst an sich« in Frage gestellt, die auf einem materiellen Träger dauerhaft erscheint. Der Kommunikationskünstler, der wirkliche »Bildhauer« der Information, führt die Ästhetik wieder in ihrer ursprünglichen anthropologischen Funktion als System von Zeichen und Symbolen ein. Von der Ästhetik der Kommunikation wird diese aus der medialen Organisation der Welt entstehende neue Sensibilität aufgegriffen: das Handeln aus der Ferne, der Zusammenstoß der Zeiten durch die Begegnung des Unmittelbaren mit dem zeitlich Dauernden oder die Überwindung des Raums durch die Simultaneität der kathodischen Bilder. Wir sind endgültig in die Ära der globalen Netze und der elektromagnetischen Zärtlichkeit eingetreten. Wie stark auch unsere nostalgische Sehnsucht sein mag, sie wird daran nichts ändern.

In einem radikalen Bruch mit den traditionellen Problemlösungen entwickelt die Ästhetik der Kommunikation angesichts der technologischen Umwelt, die den entwickelten Industriegesellschaften eigen ist, kritische und kreative Antworten. Die Formen dieser Ästhetik, die die neue Sensibilität als Grundlage ihrer Erkundungen betrachtet, bringen die Inszenierung der Präsenz in der räumlichen Entfernung, das Spiel der Interaktion, die Verbindung von Gedächtnis und Echtzeit, die planetare Kommunikation und die mikroskopische Ethnographie zur Geltung.

In der alltäglichen Umwelt, in der wir uns bewegen, müssen wir uns in zahlreiche Netzwerke hineinbegeben, die nebeneinander bestehen, miteinander konkurrieren und überdies verschiedenen Generationstypen angehören. Sie behindern einander, sie beschneiden, überlagern und durchdringen sich, aber vor allem ignorieren sie einander. Wir haben gleichwohl die Möglichkeit, die Aufmerksamkeit auf die schöne Zukunft zu richten, die uns eine erfinderische Praxis der Netzwerke bereiten kann, eine Praxis, die das Prinzip der kommunizierenden Röhren und der kreativen Potentiale der Hybridisierung berücksichtigt. Die moderne Umwelt zwängt uns in ein Netz von Fasern, Kabeln und Leitungen jeder Art. Dieses Geflecht ist so fest verknüpft, daß wir wie im Inneren eines Kokons eingesperrt sind, wobei sich dessen Umhüllung bis ins Universum ausdehnt: ein geschlossener und dennoch völlig offener Raum! Dem physischen Einschluß entspricht ein Potential der Weltaneignung, die der Mensch niemals zuvor gekannt hat. So wenig wir auch die Schlüssel zum Zutritt in diese Netze haben, so werden wir es doch erreichen, in sie einzudringen, sie zu erforschen, uns in ihr Inneres zu begeben und sie zu bewohnen. Die Netze sind Orte einer intensiven Zirkulation.

Gemäß den Diametern ihrer Röhren lassen sie Menschen, Gegenstände, Ideen und unterschiedlichste Informationen zirkulieren. Worte der Liebe stehen neben Anweisungen zu Kauf oder Verkauf, technischen Instruktionen, administrativen Zeichen oder künstlerischen Werken. In den telematischen Netzen zirkulieren beträchtliche Reichtümer aller Art. »Wissensfragmente«, aufbewahrt in Siliziumspeichern, warten geduldig auf ihre Stunde, sich zu weit entfernt liegenden Ausgängen auf den Weg zu machen. In der Weise eines programmierten Zufalls entstehen unter dem Antrieb eines kontinuierlichen elektronischen Stroms Verkettungen des Wissens.

Was für uns als Künstler zu befragen ist und unsere Reflexion hervorruft, ist nicht so sehr der technische Begriff des Netzes als Verteilungssystem von Informationen, sondern der des Netzes als der Existenzgrundlage von Entitäten, die der symbolischen Ordnung angehören. Sie sind es, die dem Menschen in den elektronischen Netzwerken ganz die Türen zu einer neuen Form des Raumes und zu einer anderen Wahrnehmung der Zeit öffnen, indem sie ein neuartiges Imaginäres entstehen lassen.

Müssen wir, getrieben von den Zeitströmungen und Moden, heute den Nullpunkt des Bildes anerkennen, nachdem wir bereits an den Nullpunkt der Literatur gestoßen sind? Diese Frage ergibt sich für uns, da wir uns an die vorderste Front stellen wollen, an die äußerste Grenze dieses »schwarzen Lochs«, in dem das Bild gänzlich zu verschwinden droht, von dem es gewissermaßen aufgesogen wird. Das Postulat seines Verschwindens aufzustellen, zumindest aber die Möglichkeit seiner Veränderung gegenüber den bereits bekannten Formen zu erwägen, beinhaltet ohne Zweifel eine gewisse Provokation. Aufgesogen von dem »schwarzen Loch«, das man auch einfacher mit dem Namen »Zukunft« bezeichnen kann, entsteht die Gefahr einer »Wiederkehr« des Bildes, durch die es erneut seine Bedeutung verliert und unkenntlich, fremdartig und unauflösbar hermetisch wird. Mit der Ausbreitung der Medien und der explosiven Entfaltung der Technologien hört das Bild nicht auf, um uns herum zu wuchern und sich zu multiplizieren. Und eben das ist der Punkt, an dem uns der Zweifel befällt. Ist dieses Bildermeer, das uns bis zur Sättigung überschwemmt, vielleicht nichts anderes als eine letzte Zerstreuung, ein Dunstschleier, der sich auflöst und uns die enttäuschende und schwindelerregende Leere der »unendlichen Räume« sehen läßt, in der wir uns mit neuen Begriffen einrichten müssen, wie schwer dies uns auch immer fallen würde? Haben wir vielleicht bereits den Punkt erreicht oder überschritten, an dem keine Wiederkehr mehr möglich ist? Haben wir bereits die Kultur des Bildes überschritten, die manche noch immer hoch einschätzen? Wird das Bild das Bild töten? Man verspricht uns für morgen den Krieg der Sterne, aber nehmen wir nicht bereits am Krieg der Bilder teil?

Der Hintergrund der latenten Krise des Bildes ist die Krise der Wirklichkeit, mit der wir uns unausweichlich konfrontiert sehen. Sie ist direkt mit einer neuen Form der Relation verbunden, die sich über die Vermittlung elektronischer Techniken aller Art zwischen dem Individuum und der Welt konstituiert hat. Die Bilder, so scheint es, werden »intelligent«. Sie zeigen sich, stellen sich dar und zwingen sich auf als Partner in unserem, durch die Informationsmedien zustande kommenden Gespräch. Gestern haben wir sie noch betrachtet, heute beobachten sie uns bereits. In einer interaktiven Relation, in der keineswegs klar ist, ob wir noch das Privileg der Initiative und der Kreativität besitzen, testen sie unsere Fähigkeit, Antworten zu geben. Die Bilder fordern ihre eigene Identität und kämpfen für ihre Autonomie. Als Töchter einer vereitelten Liebe zwischen symbolischen Manipulationen und logisch-mathematischen Erscheinungen beginnen sie im meergrünen Licht des kathodischen Raumes zu leben. Der Computer erlaubt es, dem Form zu geben, was a priori keine besitzt. Noch gestern versuchten die Volksschullehrer, vor unseren Augen Reihen von Stäben anzuordnen, um uns in das undurchdringliche Geheimnis der Abstraktionen einzuführen und uns das Unsagbare durch irgendwelche visuellen Gebilde mitzuteilen: erhabene und lächerliche Repräsentationen, die darauf abzielten, uns die Welt begreifen und verstehen zu lassen.

Zwischen dem unentwirrbaren Reichtum der Welt, deren Stimuli uns unaufhörlich bombardieren, und den Bildern, die unser Gehirn konstruiert, schiebt sich eine Vermittlungsoperation ein. In einem transitorischen Zeitabschnitt registrieren unsere Sinnesorgane die Eigenschaften eines Stimulus, um ihn dann in neuronale Signale zu übersetzen. Aus der wissenschaftlichen Perspektive sind die Bilder, die aus ihnen geformt werden, also keineswegs exakte Repräsentationen der äußeren Welt. Die durch die Sinnesorgane empfangene Botschaft kann auf verschiedenen Ebenen modifiziert, sogar gehemmt werden, bevor sie ihr endgültiges Ziel im Kortex erreicht. Unsere Welt ist überdies, wie wir wissen, vor allem ein Universum der Formen, Farben und Umrisse, während sie für die meisten Tiere wesentlich eine Welt der Gerüche ist. Für uns hingegen ist das Bild die elementare Geographie. Seit Aristoteles unterscheidet die traditionelle Klassifikation fünf Sinne: Sehen, Hören, Riechen, Schmecken und Tasten. Diese Liste ist jedoch unvollständig. Im gewöhnlichen Verständnis spricht man oft von einem sechsten Sinn, einem geheimnisvollen Sinn, der bestimmte Menschen etwas wahrnehmen läßt, was andere nicht kennen. Die Relativität unserer Wahrnehmung jedenfalls ist eine Tatsache. So lassen sich bemerkenswerte Unterschiede zwischen einem Individuum und einem anderen beobachten. Das ist vor allem beim Sehen von Farben bekannt. Der Lichteinfall in das Auge ist bei jedem verschieden: die Komponenten der intraokularen Flüssigkeiten weisen beim Kind und beim erwachsenen Menschen nicht dieselbe Transparenz auf. Hat man nicht behauptet, daß Tumor deshalb so leuchtende Gelbtöne gemalt habe, weil er akut am grauen Star erkrankt war? Ausgehend von diesem grundsätzlichen perspektivischen Sachverhalt gibt es einen komplexen Integrationsvorgang, an dessen Ende die Konstitution des Bildes erfolgt, das unmittelbar von unserem Bewußtsein betrachtet werden kann. Als Ergebnis einer Interpretation und durch seine abschließende Verfassung zeigt sich das Bild als unmittelbares Produkt unserer psychologischen und kulturellen Eigenschaften. Die Schriftkultur, die Gutenberg-Galaxis, die die okzidentale Welt unauslöschlich geprägt hat, bevorzugte, worauf Marshall McLuhan hingewiesen hat, extrem den visuellen Sinn. Die Galaxie Marconi, die elektronische Kultur, wertet den Gebrauch des Ohres und die Rückkehr zu anderen Formen der Mündlichkeit wieder auf.

Sicher ist es wahr, daß wir gegenüber dem Bild in dem Maße mißtrauisch werden, in dem wir entdecken, daß es unsere Sinne und unsere Erkenntnis täuschen kann und daß es oft mit manipulatorischen Absichten gebraucht wird, die in unserer Gesellschaft dahin tendieren, sich zu verallgemeinern. Aber, um schließlich zum Wesentlichen dieser Ausführungen zu kommen: Ich habe behauptet, daß das Bild gefährdet sei. Ich wollte auf der Tatsache insistieren, daß die gegenwärtige Sensibilität von Zweifel und Unsicherheit durchdrungen ist. Die Begriffe der Zeit und des Raumes, die Größenmaßstäbe, von denen man glaubte, daß sie sich durchgesetzt hätten, stehen in Frage. Unsere Epoche wird seit dem Augenblick von einer großen Wahrnehmungskrise durchzogen, in dem durch die moderne Physik die theoretische Interpretation verschiedener Phänomene selbst in Frage gestellt wird.

Die technologischen Medien sind Prothesen, die uns den Zugang zu anderen Bildgenerationen und -populationen eröffnen. Vom traditionellen Begriff eines abgegrenzten, beschränkten und eindeutig lokalisierten Objekts und von dem eines abgeschlossenen und durchstrukturierten Bildes gehen wir über zu den Begriffen des Interface, der Kommunikation und der Simultaneität, und müssen mehr und mehr auf sie reagieren. Die daraus entstehenden Veränderungen unserer sinnlichen Wahrnehmung und unserer Bezugnahme auf die Welt bezeugen die Heraufkunft einer neuen Form der Ästhetik, die wir »Die Ästhetik der Kommunikation« genannt haben. Sie ist zumindest deswegen herausfordernd, weil der von ihr umgrenzte Gegenstandsbereich sich außerhalb des Sichtbaren und Berührbaren in einer Zone der Infraperzeption befindet. Genau diese Zone müssen die Künstler unserer Epoche erkunden, um überraschende und mysteriöse Dinge aus ihr herauszuholen, und sie müssen dazu in der Lage sein, ihnen durch »Erfindung« aktueller Modelle angemessene und spezifische Formen zu geben. Die technologischen Systeme des Austausches, denen wir direkt sowohl als Akteure als auch als konstitutives individuelles oder kollektives Systemelement angehören, stoßen die Tür zu sinnlichen Wahrnehmungsformen auf, die dem Bild nicht mehr verpflichtet sind. Unsere Weise der Weltwahrnehmung wird von der permanenten »Massage« der Informationen, der wir ausgesetzt sind, auf andere Weise ausgerichtet, was auch bedeutet, daß wir die Welt mit einem anderen Auge »betrachten«. Der Prozeß der Dematerialisierung der Kunst seit Duchamp, der Rückgang der Künstler auf den Begriff, die Einstellung oder die Intention, schafft die Möglichkeit, diese Veränderung zu erfassen, und antwortet auf eine bestimmte Entwicklung. Mit Yves Klein, mit seiner Schule der Sensibilität, seinem Theater des Leeren und seiner kosmischen Perspektive, wurden wir prophetisch in die Eroberung des Raums und der Geheimnisse der Materie eingeführt. In der elektronischen Gesellschaft beginnt das Bild sich aufzulösen, um im Elektron sich zu erschöpfen. In der Gesellschaft der Telekommunikation nähert sich der Mensch einem immer weniger konkreten Bezug zur Realität: einer Dematerialisierung des Alltäglichen. Weswegen sollte das Bild vor seinem Eingehen in die elektronische »Wolke« nicht perversen Auswirkungen unterliegen?

Die synthetischen Bilder werden in einer breit einsetzenden kulturellen Evolution dominant, in der der Begriff der elektronischen Bildproduktion vorherrscht. Wenn man Andeutungen auf die fortgeschrittensten Kunstformen macht, denkt man vor allem an sie. Es wäre jedoch ein Mißverständnis zu denken, daß die synthetischen Bilder nur das visualisierte Ergebnis einer Anzahl von Algorithmen seien, also ein visualisiertes Ergebnis, das der Erzeuger herstellt, um die Welt zu simulieren. Für den Erzeuger ist nicht nur das, was man sieht, von Bedeutung. Es handelt sich nicht ausschließlich darum, Sichtbares zu produzieren, sondern die bislang noch nicht konzeptualisierten Entstehungsbedingungen einer sichtbaren Kunst auszuarbeiten, d. h. einen formalen Raum zu erzeugen, in dem durch eine spezifische Sprache Bilder einer Welt ohne ein ihnen vorhergehendes Repräsentationsmodell zur Erscheinung gebracht werden können. Überdies eröffnet das informatorische Mittel völlig neuartige Gestaltungsmöglichkeiten durch die Interaktion. Mit der Stimme, dem Tastsinn, dem Tanz oder Gesten verbundene Interventionen in Echtzeit liefern Daten, die der Computer unmittelbar durch die Vermittlung von Sensoren in Bilder übersetzen kann. Besonders möchte ich hier diese Öffnung der Kunst für radikal neue Wege betonen, die die Revolution der Kommunikationstechniken heute für das Spiel von Kombinationen erlaubt, das selbst über die menschlichen Grenzen hinaus beschleunigt und erweitert wird. Diese Wege hatten bereits die Künstler des Surrealismus mit der *écriture automatique*, der Collage und dem *cadavre exquis* zu erforschen versucht. Jedes Werk, das nicht allein den Zufall intervenieren läßt, sondern die Mitwirkung von äußerlichen Gegebenheiten der Improvisation einbezieht, bringt unvermeidliche kulturelle Widerstände hervor. Die gemalten Bilder, die Bücher und selbst die Filme sind auf gewisse Weise endgültig abgeschlossene Objekte, während wir uns heute Werken gegenüber befinden, deren Verfassung nicht mehr an ihre Eigenschaft als Repräsentationsträger gebunden ist. Man kann dann vom Begriff eines »Metaträgers«

sprechen. In diesem Fall ist das »Werk« niemals gänzlich »sichtbar«, sondern wird von einem Konzept, einer Matrize konstituiert. Das Sichtbare wird unseren Augen nur durch vielfältige Ausführungen einer künstlerischen Realität vermittelt, die sich auf einer Ebene befindet und sich niemals von einer umfassenden Wahrnehmung erkennen läßt. Genau diese Dimension versuchen die Protagonisten, Theoretiker und Künstler der Ästhetik der Kommunikation herauszustellen, indem sie multimediale Werke ausarbeiten und verschiedene Technologien gebrauchen, die einzeln oder im Verbund in originellen Systemen eingesetzt werden. Die Konfigurationen des Imaginären sind immer in den Techniken verwurzelt, was die Untersuchung der Kunst über die Zeit hinweg zeigt. Jede neue Technik eröffnet neue formale Verfahren, die wiederum auf die Begriffe rückwirken. Wir wissen, wie der Gebrauch von chemischen und elektromagnetischen Mitteln tiefgreifend das »Kunstmachen« und den theoretischen Status der Kunst in der Fotografie, im Kino und in den Tonkünsten verändert hat. Die Bilder, Töne, Worte und Bewegungen wurden technisch hergestellt, gespeichert und reaktiviert, und zwar außerhalb unseres Körpers. Die strukturellen Formen der avantgardistischen Poesie sind mit dieser neuen Ausgangslage verbunden, die sie mit den Techniken des Schalls, des Tonbands, des Telefons, des Radios, der elektrischen Übertragung der Stimme verbindet. Die zeitgemäßen literarischen Sprachformen sind besonders stark durch die filmische Montage geprägt. Auf gleiche Weise zeugt der Bildausschnitt der Malerei Degas' von der Schnittechnik und dem fotografischen Blick. Der allgemeine Gebrauch des Tonbands und des Magnetoskops beeinflußt heute nicht nur unsere Weise des Sehens und Verstehens, sondern auch die unseres Denkens und Produzierens.

Die Rolle der Avantgarden besteht also darin, die Formen und Funktionen des Imaginären an das neue, aus den Techniken entstandene anthropologische Moment anzupassen. Die Zukunft der Kunst liegt, egal ob sie konzeptuell, audiovisuell oder telematisch ist, in den flüssigen Kristallen, den Siliziumzellen oder den Erkundungen der Künstlichen Intelligenz. Schon das futuristische Manifest von 1933 enthielt mit einer erstaunlichen Weitsicht im Kern die Potentiale, die sich den Künstlern der Kommunikationsgesellschaft eröffnet haben, wenn es das Entstehen einer Kunst »ohne Raum, ohne Zeit, ohne gestern und morgen«

prophezeit.

Seit dem Beginn der siebziger Jahre widmen sich die Künstler mehr und mehr der Aufgabe, die Telekommunikationskünste zu entwickeln. Die erste Videoübertragung mit Satelliten wurde 1977 zwischen der amerikanischen Ost- und Westküste realisiert. Mit Unterstützung der NASA haben Künstler mittels des Programms *two way demo* drei Tage lang über den amerikanisch-kanadischen Satelliten Hermes CTS miteinander kommuniziert. Diese experimentelle Interaktion wurde über Kabel an 25 000 Empfänger in San Francisco und New York ausgestrahlt. Im selben Jahr führte Douglas Davis in Zusammenarbeit mit Nam June Paik und Joseph Beuys eine über den Satelliten live rückgekoppelte Sendung aus, die für die documenta 6 gleichzeitig in dreißig Länder ausgestrahlt wurde. Die Performance von Davis bestand in dem Versuch, gewissermaßen die Oberfläche des Bildschirms zu durchstoßen, um die anderen Akteure zu »berühren«. Seit dieser Zeit haben auf diesem Gebiet zahlreiche Künstler gearbeitet, u. a. Roy Ascott, Tom Klikowstein, Robert Adrian, Norman White, Kit Galloway, Sherrie Rabinowitz, Eric Gidney, Natan Karczmar, Jean-Marc Philippe, Jean-Claude Anglade, Christian Sevette und Roberto Barbanti. Seit über 20 Jahren habe ich selbst zahlreiche Medienaktionen durchgeführt, die von den Informations- und Kommunikationsmitteln Gebrauch machten: Zeitung, Radio, Fernsehen, Telefon, Computer, Fernkopierer, Telematik, Video, Slow Scan ... Der materielle Raum der Kunst ist Zug um Zug von der Leinwand des Malers zur Landschaft (*land art*) und neuerdings vom geographischen Raum zu dem der Netzwerke erweitert worden. Für die Künstler ist es allerdings nicht leicht, Zugang zu modernen Netzwerken zu erhalten, die vor allem für das Militär, die Banken und die Industrieunternehmen reserviert sind. In der elektronischen Kommunikation übernimmt man nicht notwendigerweise einen vorher bestimmten berührbaren und konkreten Inhalt. Der Sinn eines Werkes besteht zum großen Teil in der Originalität seiner Verwendung in Bezug auf die üblichen Gebrauchsweisen und in der Wahrnehmung der flüchtigen Unmittelbarkeit der Übermittlung. Die Medienkünste erzeugen, wie das der Philosoph Jean-François Lyotard gesagt hat, mit dem Zuschauer Verbindungen, ohne daß dabei materialisierte Werke in der Form von Objekten zustande kommen. Die Werke sind aus »Immaterialien« zusammengesetzt. Der Kommunikationskünstler handelt in einem paradoxalen Raum, dessen Konfiguration und dessen verschaltetes System er definiert, nicht aber dessen Inhalte. Es ist der Raum zwischen den virtuell miteinander Kommunizierenden, der zur empfundenen Realität und zu einem gemeinsamen Imaginären wird. Unsichtbarkeit, Unmittelbarkeit, Ubiquität, Präsenz und Aktion in der Distanz sind die Quellen dieses Imaginären, die das ästhetische Gefühl und das ästhetische Gefallen zur Grundlage haben. Über das Wahrnehmen stellen sich in der Aktion die subjektiven Beziehungen her, die sich im Gebrauch der Informationstechniken ausbilden. Sie werden verstanden als Vektoren des symbolischen Austausches, die ihrerseits Geheimnisse, Emotionen und Magie mit sich bringen. Bedeutung hat die Umkehrung des Systems. Nicht ein voraus bestimmter Inhalt oder die Entdeckung einer Identität macht die Konstitution eines bedeutungsvollen Werkes aus, sondern eine Handlungsstruktur, die in Beziehung setzt, Praktiken ermöglicht, Aktualität aktualisiert und an ein Potentielles appelliert. Um Claude Lévi-Strauss zu zitieren: »Die Bedeutung entsteht immer aus einer Kombination von Elementen, die selbst nicht signifikant sind.« Nach dem Zeitalter der »Repräsentation« kommt, wie Paul Virilio sagt, das der »Präsentation«. Die Ästhetik der Kommunikation zielt nicht auf die Herstellung von Objekten, sie arbeitet nicht an konkreten Formen, sie thematisiert die »Raum-Zeit«.

Der Kunst bleibt jetzt lediglich zu sagen, daß der Ausschnitt und die Kodierung der Bilder nur eine supplementäre Illusion sind, daß sie sich von ihrer Rückseite betrachten lassen, daß die Welt noch immer gänzlich zu entdecken ist. Diejenigen Künstler, die am Abenteuer der Ästhetik der Kommunikation teilnehmen, bemühen sich, eine Repräsentation zu »formen«, deren Ursprung jenseits des Realen, jenseits der gewohnten Wahrnehmungsbilder liegt. Die videografischen und infografischen Darstellungen setzen sich mit solcher Macht an die Stelle der materiellen Entfernungen, daß sie im Begriff sind, ihre Referenz ganz einfach aufzulösen. Die traditionellen Fundamente und Gewißheiten, mit denen wir bis gestern unsere Repräsentationen begründet und legitimiert haben, sind äußerst unsicher geworden. Mit dem televisuellen Bild beispielsweise wird unsere Wahrnehmung durch den zeitlichen Choc der augenblicklichen Übertragung erschüttert. Die körperliche Widerständigkeit als Widerständigkeit der Zeit kippt in diesem Bild oft um in eine Art Blaupause, die kein Bild mehr ist, sofern sie nicht ein anderes Bild ist. Im televisuellen Bild – aber ist es noch eines? – wird der pikturale Raum durch den Vektor der Kommunikation zusammengedrückt und verkleinert, beschleunigt oder in der Geschwindigkeit herabgesetzt. Der Begriff des kontinuierlichen und homogenen Raumes, der aus der euklidischen Geometrie stammt, wird von den neuen Begriffen des diskontinuierlichen Raumes untergraben. Wir müssen daher künftig lernen, uns im Provisorischen einzurichten und mit Bildern zu leben, die bereits vielleicht nicht mehr als das sind. Die Bilder sind letztlich nur das, was wir selbst sind. Sie sind lediglich bewegliche Schirme, die man je nach Augenblick und Umständen im Inneren unserer eigenen Augen verschiebt.

Aus dem Französischen von Florian Rötzer

Die Ästhetik des Verschwindens
Ein Gespräch zwischen Fred Forest und Paul Virilio

Forest Wir leben heute in einer Welt, in der durch die Kommunikationssysteme sich alles mehr und mehr verflechtet. Es ist eine Welt, in der biologische, psychologische, soziale und Faktoren der Umwelt voneinander abhängig sind. Um den Bereich des Sinnlichen erschließen zu wollen, muß man zunächst eine systemische Annäherung durchführen. Zu entdecken ist uns noch geblieben, wie die Welt durch singuläre Modelle dargestellt werden kann, die unserer Zeit adäquat sind. Ich wäre daran interessiert, deine Meinung über das zu erfahren, was ein künstlerisches Handeln wie das meine herbeiführt, das die Leinwand und den Pinsel beiseite gelegt hat, um sich dem Video, aber vor allem den durch Telefon, Fernsehen, Radio, Presse, Telematik und anderen Technologien der Telekommunikation und der Information eröffneten Dispositiven zu widmen? Wie verbindet sich eine solche Arbeit mit der deinen?

Virilio Mit der Erwähnung der »Modelle« hast du ein wichtiges Wort gebraucht. Es stellt sich heraus, daß Worte keine Modelle sind. Nach meiner Meinung sind Modelle Bilder. Natürlich gibt es Modelle des Verhaltens. Natürlich gibt es Modelle der Sensibilität, aber ich weise die Vorstellung des Wortes als eines Modelles zurück. Daher kommt mein Abrücken von der Semantik, der Semiotik und der Semiologie. Und schließlich, selbst wenn ich Worte verwende und du Bilder gebrauchst, begegnen wir uns über die Bilder! Ich bin kein akademischer Mensch mehr. Wenn ich schreibe, visualisiere ich das, was ich schreibe. Und wenn ich nichts sehe, kann ich nicht schreiben.

Forest Ich arbeite ohne Zweifel mit dem Bild. Jedoch wird mir mehr und mehr bewußt, daß es immer stärker eine Arbeit mit »Akten« wird, die Gestalt durch die eingesetzten Dispositive der Kommunikation und in ihnen erhalten. Damit will ich sagen, daß es sich dabei nicht mehr um ein Nachdenken über das Bild als Mittel der Darstellung handelt, sondern eher über eine physikalische Relation im Verhältnis zu meiner eigenen Umwelt, wobei ich ein System benütze, das ich zuvor entworfen habe, aber auch Dispositive in den Prozeß integriere, in den andere eingreifen können.

VIRILIO Ich glaube, daß das Wort Akt nicht unabhängig vom Wort Bild ist, zumindest in dem Sinne, in dem ich es verstehe. Ich habe beispielsweise ein Bild von dir. Ich sehe dich nicht im Sinne einer reinen Perzeption, also daß du von allem abstrahiert da wärest und ich dich in der Realität wahrnähme. Mich interessiert, inwiefern das Bild oder die Perzeption eine Prä-Aktion begründen. Es gibt keine Handlung ohne eine Prä-Aktion, die bereits eine Handlung ist. In seinem Buch *Über Intentionalität* sagt Searle zutreffend: »Sehen heißt handeln.« Übrigens ist die Diskussion über »Sehen und Glauben« sehr interessant, und dies nicht ausschließlich unter dem Gesichtspunkt der religiösen Dimension allein. Ich kann dir also antworten, daß auch ich in einer evidenten Weise über Handlungen arbeite. Mit den Bildern arbeite ich, weil ich die Geschwindigkeit thematisiere. An den Bildern bin ich nicht in der Form einer Kunst- oder Architekturkritik interessiert, sondern weil das Bild eine exzessive oder intensive Form der Geschwindigkeit ist.

FOREST Ich habe den Eindruck, daß der Begriff der Realität selbst im Begriffe steht, sich zu verändern. Überzeugt bin ich, daß die sich verändernde Realität sich nicht mehr mit den herkömmlichen Mitteln darstellen läßt. Die Welt läßt sich nicht mehr durch eine Skulptur oder durch ein starres Tafelbild darstellen. Sie wird ihre angemessene »Darstellung« nur noch in der Geschwindigkeit der Bewegung, in der Überlagerung von Informationsquellen und der simultanen Heterogenität ihrer physikalischen und elektronischen Träger finden.

VIRILIO Das ist, was ich das »Block-Bild« nenne. Für mich sind alle Bilder miteinander verwandt, keines ist von den anderen unabhängig. Das mentale Bild ist mit dem optischen verbunden, das optische mit dem okularen, und die optischen und okularen sind mit allen grafischen, fotografischen, kinematografischen etc. verbunden. Mit der Ausbildung des Kinos, des Kinematismus und der Chronofotografie wird man Zeuge einer Mobilmachung des Volkes der Bilder in dieser Verwandtschaft. Die Bilder rücken in eine Formation zusammen. Sie sind keine lose Gruppe, wie das noch bei der Malerei der Fall war. Seit der Erfindung von Niepce und derjenigen von Marey, Lumière, Muybridge hat man, trotz

Bergson und anderen, diese Verwandtschaft der Bilder noch nicht begriffen. Darauf richtet sich mein Interesse, und daher stammt mein Desinteresse für die Erzählung. Ich bin vor allem an der Kombinatorik interessiert, weswegen ich nicht mehr vom Foto oder vom Film spreche, sondern von der Fotokinematografie. Deswegen spreche ich auch nicht vom Video oder von der Infografie, sondern von der Videoinfografie.

Forest Meinerseits bin ich davon überzeugt, daß beispielsweise die Unmittelbarkeit des Fernsehens eine neue Form der ästhetischen Perzeption erschließt. Das Fernsehen ist der Generator von sehr dichten Emotionen, die nicht so sehr aus der Struktur oder der Qualität der gesendeten und empfangenen Bilder entstehen, sondern aus dem unbestimmten Gefühl ihrer unmittelbaren Teilhabe an einer Vielzahl anderer. Damit meine ich die Bilder, die um uns sind, die hinter dem Bildschirm oder hinter dieser gleichen Bildreferenz sind. Das ist so, als ob es für das menschliche Wesen plötzlich darum ginge, in gewisser Weise buchstäblich aus seiner physikalischen und psychologischen Begrenztheit herausgerissen zu werden, um sich außerhalb seiner selbst zu projizieren.

Virilio Ich glaube auch, daß die Unmittelbarkeit wesentlich ist, weil sie uns mit dem Finger das berühren läßt, was man Echtzeit nennt. Die Zeit ist nicht mehr einfach Vergangenheit, Gegenwart und Zukunft, so wie die drei Zeitdimensionen seit Augustinus bis Heidegger definiert wurden. Worüber man heute nachdenkt, ist die aufgehaltene Zeit und die Echtzeit. Ohne die videoinfografischen Techniken gibt es nur diese beiden Zeiten. Es gibt keine Zukunft. Das zeigt, daß die Zukunft nicht real ist – was interessant ist.

Forest Noch vor kurzem verfügten wir über bestimmte Techniken der Darstellung, die sich wesentlich auf materialisierte visuelle Anhaltspunkte stützten. Das Tafelbild, die Skulptur stand vor unseren Augen. Berührbare Objekte enthielten die Totalität des Sinns. Heute ist der Sinn nicht mehr gänzlich im Objekt, sondern eher in den Intervallen zwischen zusammengeschlossenen Trägern. Die vernetzten Informationen bewirken, daß das endgültige »Werk« niemals eine durch seine Materialität begründete Form haben wird. Das Werk existiert nur im Kopf des Rezipierenden, der die Informationen in ihrer Totalität rezipieren wird, aus der das »Block-Bild« besteht.

VIRILIO Das nenne ich Präsentation. Man hat vergessen, was »Präsentation« war, weil man zuviel von der »Repräsentation« gesprochen hatte. Die Präsentation ist das Zur-Erscheinung-Bringen einer Sache, wobei das Zur-Erscheinung-Bringen unmittelbar mit dem Licht verbunden ist. Nicht mit dem Licht in seinem metaphorischen Sinn, sondern mit der Beleuchtung. Du partizipierst an der neuen Ära der Videoskopie. Wenn ich von einer neuen Ära spreche, muß man das in einem bestimmten Sinne verstehen. Die Beleuchtung erfolgt nicht mehr elektrisch, sondern es ist eine indirekte elektronische Beleuchtung, in gewisser Weise eine Beleuchtung der Wellenoptik, nicht mehr eine der geometrischen Optik. Nach der geometrischen Optik der Linsen (beispielsweise dem Kalkül der konkaven und konvexen Krümmung des Blicks in die Ferne) kommt mit dem Elektronischen, der Videoinfografie, die Wellenoptik: die Wellen der Wirklichkeiten, die durch die Wissenschaftler des Elektromagnetismus seit den Arbeiten von Louis de Broglie aufgedeckt wurden. Weder die Öllampe noch die Fackel oder die Gaslampe sind die entscheidenden Erfindungen des Lichts. Im 17. Jahrhundert waren das das Fernrohr und das Mikroskop, heute ist es die Videoinfografie. Sie stellte die dritte Stufe der Beleuchtung dar, in der man nicht nur die Welt des unendlich Großen und Kleinen wahrnimmt, sondern vor allem die Welt als ganze.

Was denkst du über diese Idee, nach der wir uns jetzt in der Präsenz des letzten Lichtes befinden? Das letzte Licht nicht im metaphorischen Sinne verstanden, sondern viel konkreter. Wenn ich mich auf der Straße umschaue, bemerke ich neben den Lampen auch Aufnahmekameras. Als ich diese Vermehrung der Videoaufzeichnungen feststellte, sagte ich, daß das wirklich die neue Form der elektrischen Lampe ist! Was denkst du über den Begriff der Videoüberwachung?

FOREST Die Videoüberwachung hat mich immer interessiert. Auf dem Bahnsteig der Metro habe ich sie über Stunden hinweg betrachtet. Das ist faszinierend. Andererseits langweilt mich das Netz »Tube«. Ich teile deine Ansicht. Wir leben unter der unauslöschbaren Beleuchtung des letzten Lichtes. Das ist ein Licht, dessen kathodische Strahlung uns delokalisiert und uns auf die andere Seite des Planeten schickt.

VIRILIO Du sagst, daß die neuen Technologien mich delokalisieren. Ich habe Lust, dir zu entgegnen: »Aber das ist sehr gut so«. Unsere Lokalisation war kaum mehr als eine Illusion, eine Illusion der Optik. Nehmen wir ein Beispiel: Wenn die Kampfflugzeuge den Boden verlassen, um auf den Flugzeugträgern im Meer zu landen, dann ist für beide niemals ganz sicher, daß sie sich genau am abgemachten Ort begegnen. Man kennt bemerkenswerte Irrtümer. Anders gesagt kommt die Position, die der Mann der Marine durchgegeben hat, unglücklicherweise nicht mit dem ankommenden Flugzeugpiloten überein! Für mich ist die Lokalisation das Ergebnis einer Gewohnheit, einer schlechten Gewohnheit, wie ich hinzufügen würde. In gewisser Weise stellen uns die neuen Technologien wieder in eine ursprüngliche Situation, d. h. in die Ungewißheit unseres »Seins in der Welt«. Hier kann man an die Philosophie anschließen. Philosophisch können die Techniken uns sagen: »Nachdem wir an eurem Platz sind, seid ihr nicht mehr so auf der Welt!«

Naiverweise glaubte man, lokalisiert zu sein. Der »Blick«, der neue »Blick«, diese Television, zeigt uns, daß das nur ein Glaube im abwertenden Sinne des Wortes gewesen ist. Die Wirklichkeit muß produziert werden, sie ist niemals faktisch gegeben. Zu einem bestimmten Zeitpunkt in ihrer Geschichte wird sie von einer Gesellschaft durch ihren Stand der Entwicklung, durch ihre Wissenschaften und Techniken vervollkommnet. Man verdient sich nicht nur die Wirklichkeit, man konstruiert sie. Wenn ich das sage, ist das übrigens erstaunlich, weil ich ein Christ bin. Als Christ sage ich mir und dir: Wir müssen die Wirklichkeit erzeugen! Nicht sie uns unterwerfen. Das sagen allzu oft die Gläubigen.

Forest Als Jugendlicher hatte ich, wenn ich an meinem Schreibtisch saß, ein Problem mit dem Schrank. Ich werde dir das erklären. Ich wendete meinen Rücken einem Schrank zu, der da war. Solange ich mit dem Rücken zu ihm saß, fragte ich mich: Aber worin besteht seine Realität? Wenn ich ihn anblickte, war alles ganz einfach! Zumindest glaubte ich das. Es war ein Schrank wie jeder andere. Aber wenn ich ihm den Rücken zukehrte, empfand ich, daß er auf mir lastete wie eine fremdartige Masse, wie ein unbegreifbares Objekt, das eine eigene Existenz (welche?) hatte, die mir entging. Ich glaube, daß die neuen Technologien uns mit ihrer Beleuchtung mehr und mehr dazu verpflichten, uns mit den »Schränken« auseinanderzusetzen und unsere Zweifel über das, was wir Realität nennen, zu vermehren. Ich frage dich:

Stelle dir eine identische Situation mit einer Kamera vor, die auf dem Bildschirm vor mir das Bild dieses Schrankes wiedergibt, das in meinem Rücken ist. Was geschieht dann?

VIRILIO Das ist nicht einfach. Man weiß sehr wohl, daß unser Bewußtsein aus Konzepten besteht, aber man weiß nicht immer, bis zu welchem Grad es aus Perzepten besteht. Worte und Bilder sind miteinander verbunden. Wenn der Gedanke visuell ist, dann ist das Visuelle ein Gedanke. Auch hier stellen wir eine Kontamination, eine Verwandtschaft fest. Ich glaube, daß das Bild, das du auf dem Bildschirm hast, nicht vor dir ist! Es ist auch hinter dir. Wenn du ein Indianer aus dem tiefsten Dschungel wärest, wenn du nicht wüßtest, was Video ist, würdest du nicht den Schrank, sondern leuchtende Dinge auf dem Bildschirm sehen. Da ist wieder die perzeptionelle Konstruktion. Mir scheint, das ganze Interesse der Videoinfographie richtet sich genau darauf, die Wertschätzung des Begriffs des Perzepts wieder herzustellen. Das Bild in deinem Rücken ist ein virtuelles Bild. Du weißt, daß du deinen Rücken dem Schrank zuwendest und daß dieses Wissen irgendwo eine paraoptische Perzeption hervorruft, d.h. eine Perzeption mittels des »Nicht-Gesehenen«.

FOREST Mittels des »Nicht-Gesehenen« zu sehen, ist das nicht ein Vermögen, das dazu tendiert, sich zu verallgemeinern, ein Vermögen, für das uns unsere Umwelt empfänglich macht und das unweigerlich unsere Wahrnehmungsformen verändert?

VIRILIO Ja, ganz richtig! Das ist genau der Punkt, an dem ich von der Ästhetik des Verschwindens spreche. Bis zur Erfindung der fotografischen Platte durch Niepce gab es für uns eine Ästhetik des Erscheinens. Die Dinge kamen aus dem Sein, sie kamen aus dem Stein der Skulptur, aus der Leinwand der Malerei, aus der architektonischen Konstruktion. Ihr Verschwinden bedeutet ihren Verfall. Bis zur Erfindung der Fotografie hat der Mensch seit Tausenden von Jahren, seit den Höhlenmalereien, sich darum bemüht, Formen erscheinen zu lassen, die Realität auftauchen zu lassen. Und plötzlich kehrt sich alles um: Die Dinge existieren durch ihre Eigenschaft des Verschwindens; nicht durch ihren langsamen Verfall wie bislang, sondern durch ihr unmittelbares Verschwinden, durch ihr einfaches und reines Verschwinden. Die Präsenz in 24 Bildern pro Sekunde vergegenwärtigt uns die Realität viel mehr als die Ästhetik des Erscheinens, als die des Moses von Michelangelo, die sich Stück für Stück in der Materie des

Marmors verkörpert. In der Ästhetik des Verschwindens sind die Dinge desto präsenter, je mehr sie uns entgleiten.

FOREST Besteht der gewissermaßen verzweifelte Versuch der Künstler bis heute nicht darin, die Dinge in eben der Zeit festzuhalten, in der sie entgleiten? Noch gestern wollte man sie für die Ewigkeit fixieren, heute zeigt man sie nur noch im Verlauf ihres Entgleitens.

VIRILIO Sicher. Der Widerstand ist nicht mehr der eines Materials, es ist ein kognitiver Widerstand. Wir selbst sind die Materie der Wahrnehmung. Wir sind keine letzte, sondern eine erste Materie. Das große Mißverständnis ist, daß manche Menschen noch immer aus Gewißheiten leben. Es geht nicht mehr nur darum, an Gott zu glauben, sondern an politische und kulturelle Wirklichkeit. In Frankreich ist man umgeben von Leuten, die immer noch in der Widerständigkeit von Gewißheiten stecken. Du und ich sowie unsere Freunde sind zur anderen Seite des Spiegels gegangen. Wir leben im Prinzip der Ungewißheit, mit all den darin enthaltenen Schwierigkeiten und zugleich den Wundern – im normalen Sinn des Wortes–, um diese Situation zu erfassen. Es gibt diejenigen, die verunsichert sind, und die anderen. Man wird sehen, wer überlebt, denn darum handelt es sich.

FOREST Anläßlich von einigen unserer Arbeiten, unserer medialen Performances hast du zu verstehen gegeben, daß dieser Handlungstyp Probleme aufwirft, die in Bezug zur Architektur stehen?

VIRILIO Du hast mir ein Performance-Konzept mit dem Video, dem Telefon und dem Fernsehen für ein großes Publikum gezeigt. Du sagtest: Mein Problem besteht darin, das Innen ins Außen und das Äußere in das Innere zu bringen. Folglich arbeitest du über das Interface zwischen dem Innen und dem Außen, zwischen dem Hier und dem Jetzt. Das eben ist die Arbeit der neuen Architektur!

Man nennt das auch Domotik. In der Domotik werden die Wandbilder durch den Wandbildschirm ersetzt, durch den Bildschirm im opaken Sinne. Jede Architektur hat mit Masken und mit Öffnungen in den Masken gearbeitet: der Wand, der Tür, dem Fenster. Heute sind die Masken keine Masken mehr. Mit der Telepräsenz gibt es wirklich die Möglichkeit, die Masken umzuwandeln ... in den oberflächlichen Schichten der Repräsentation. Das ist die bekannte Regie. Sie wurde zu dem, was im Mittelalter das Kirchenfenster war. In der gotischen Kunst öffnen die Kirchenfenster das Innere dem Außen. Dasselbe leistet das Elektro-Optische in der Architektur, dasselbe leisten die Möglichkeiten des geschlossenen Fernsehnetzes, aber nun nicht mehr für die Kathedralen, sondern für die Wohnstätten der einfachen Menschen. Für diese Fragen interessieren sich Architekten wie Tschumi, Nouvel, Eisenman und einige Japaner. Mit einer solchen veränderbaren Wand kann das Äußere zum Inneren und das Innere zum Äußeren werden. Das ist genau das von dir herausgestellte Problem, als du mir deine Performance erklärt hast.

In *L'espace critique* habe ich geschrieben, daß im Urbanismus und in der Architektur das Intervall vom Interface abgelöst wird. Es gibt keine Oberfläche mehr. Das Interface ist die neue Form der Oberfläche. Dank der Elektronik, der Telesteuerung, der Teleperzeption begegnen sich die Videasten und die Architekten auf diesem Interface, dem Begegnungsort der Bürger in einer Stadt, in der Welt und sogar auch bei sich selbst. Le Corbusier oder Gropius waren die Raumkünstler der Oberfläche. Wir beginnen das Eintreffen von Raumkünstlern des Interface zu bemerken.

Forest Was hältst du vom Konzept der Installation, um einen komprimierten Raum zu erzeugen, die aber auch die Zeitdimensionen wie eine Bombe mit Zeitzündung integriert? Also von der Erwartung einer Information, die supplementär und uneinholbar aufgeschoben ist, die nur in dem Moment ihres Erscheinens-Verschwindens Bedeutung hat?

Virilio Es gibt keine Echtzeit ohne aufgeschobene Zeit. Wenn man daher sagt, das Video arbeite in Echtzeit, dann macht es das nicht, weil es die aufgeschobene Zeit gibt. In derselben Weise sieht man nur deswegen, weil man irgendwo blind bleibt. Wenn man alles, überall, zur selben Zeit, von der Höhe, von der Tiefe, innen und außen sieht, dann wird man nichts sehen. Sehen heißt, in einem Feld wahrzunehmen. Die wirkliche Frage, die man noch stellen muß, ist die nach der Zeit, die weder real noch aufgeschoben ist, d. h. die der Zukunft. Zu eben der Zeit, in der eine ganze Generation sagt: »No Future, keine Zukunft, Tod den Avantgarden«, zu eben der Zeit, in der wir nichts aus der Zukunft erwarten, bemerken wir, daß die Zukunft in den Techniken nicht mehr berücksichtigt wird. Anstelle der drei Zeitdimensionen gibt es nur noch zwei!

Forest Wird die Zukunft nicht doch mit dem Verfahren der

Programmierung berücksichtigt?

VIRILIO Sicher, aber die Zukunft, das ist das Programm. Daher stößt man auf die Tyrannei der Zeit, das Schlechteste, das sein kann. Bislang befand man sich in der extensiven Zeit, d. h. in der Zeit von langen Abschnitten der Dauer. Das ist die aufgeschobene Zeit von langen Zeitabschnitten, von den Zeiten der Jahrhunderte, von den Tausenden von Jahren, die kommen werden oder die vergangen sind.

In dem Augenblick, in dem man beginnt, im unendlich Kleinen der Zeit, wie im unendlich Kleinen des Raumes mit der nuklearen Desintegration, zu arbeiten, bemerkt man, daß man die Zukunft vertrieben hat. Was aber ist, wenn die Zukunft im unendlich Kleinen der Zeit und nicht mehr im unendlich Großen der Zeit wäre? Das ist eine philosophisch und politisch sehr beunruhigende Frage auch deswegen, weil es keine Demokratie ohne Bezugnahme auf die Zeit gibt – auf die »abgeschlossene« Zeit, die kommt, die ist, die war.

Tyrannen haben Reiche erobert, sie haben sich die Welt angeeignet, selbst in den Schriften. Irgendwo in der Bibel steht: »Du sollst nicht Teile dieses Bodens sammeln, so daß deine Nachbarn aus dem Land vertrieben werden.« Das soll sagen: »Du mußt den anderen Raum lassen.« Ich frage mich, ob man nicht dabei ist, die Zeit auf dieselbe Weise zu kolonialisieren, ob es nicht Imperialisten der Zeit gibt. Was sich unlängst beim Börsenkrach der Wall Street mit dem Programm Trading ereignet hat, deckt eine Beschleunigung der Transaktionen auf, die nicht mehr in der Zeit der Börsenmakler, sondern in der der Maschinen geschieht. Du kennst meine Beunruhigung angesichts dieses Themas.

Aus dem Französischen von Florian Rötzer

Paul Virilio
Das öffentliche Bild

Das Plakat kann ich hinter der Wand nicht sehen; davor drängt es sich mir geradezu auf: ich werde von seinem Bild wahrgenommen. Diese Umkehrung der Wahrnehmung, die Suggestion der Werbephotographie, gibt es in allen Größenordnungen: auf Plakatwänden, in Zeitungen und Zeitschriften. Überall findet sich das »Ansprechende« der Werbung: es ist ihre Existenzberechtigung.

Die graphische oder photographische Qualität dieses Bildes, seine sog. *hohe Auflösung*, steht nicht mehr für eine Ästhetik photographischer Genauigkeit, sondern allein für das Streben nach einem Relief, nach einer dritten Dimension, aus der die Botschaft ans Licht käme. Durch unsere Blicke sucht die Werbebotschaft jene Tiefe und Dichte des Sinns zu erreichen, die ihr so sehr fehlt. Über die Erfolge der Werbephotographie brauchen wir uns also nichts vorzumachen: das ›phatische Bild‹[1], das die Aufmerksamkeit auf sich zieht und den Blick fesselt, übt keine Macht mehr aus; es ist ein Negativ, das sich wie das kinematographische Photogramm in einen Zeitablauf einzugliedern versucht, in dem Optik und Kinematik ineinander übergehen.

Zweidimensional wie sie ist, trägt die Werbephotographie gerade durch ihre Auflösung bei zum Prestigeverlust des »Vollen« und »Aktuellen« in einer Welt der Transparenz und Virtualität, in der die Repräsentation allmählich durch eine authentische *öffentliche Präsentation* ersetzt wird. Abgesehen von ein paar überkommenen Tricktechniken haben sich die Photos auf den Anzeigen kaum verändert. Sie zeigen nichts mehr an, zeigen vielmehr nur noch an, daß sie ins Hintertreffen geraten sind gegenüber den Erfolgen einer »Tele-Präsenz« der Dinge in Echtzeit. Man denke nur an das *tele shopping*, den Kauf von zu Hause aus, oder auch an die Werbung auf Lastern, die wir vorbeirollen sehen wie automobile Werbefeatures, so daß sie die gewohnten Features der audiovisuellen Medien geradezu rührend ergänzen.

Durch die geringe Auflösung des Videobildes werden weiterhin Photos benutzt, um Leser und Passanten zu beeindrucken.

Diesen Vorsprung werden sie freilich einbüßen, sobald auch das Fernsehen Bilder mit hoher Auflösung übertragen und damit ein Schaufenster öffnen kann, dessen Bildröhren-Durchblick bald den Blick in die klassische Auslage ersetzen wird. Damit soll der Photographie ihr ästhetischer Wert keineswegs abgesprochen werden, doch es gibt eine Logik, eine Logistik des Bildes und der Epochen seiner Verbreitung, welche die neuere Geschichte geprägt haben.

Zur Epoche der *formalen Logik* des Bildes zählten Malerei, Stich und Architektur; sie fand im 18. Jahrhundert ihren Abschluß. Zur Epoche der *dialektischen Logik* im 19. Jahrhundert gehören Photographie und Film bzw. Photogramm. Mit der Erfindung von Video, EDV und Holographie beginnt nun eine *paradoxe Logik* der Bilder: im Ausgang unseres Jahrhunderts sieht es so aus, als würde sich gleichzeitig mit der Moderne eine Logik der öffentlichen Repräsentation vollenden. Die *Realität* der formalen Logik, welche die klassische Repräsentation der Malerei bestimmte, ist uns vertraut; etwas weniger schon die *Aktualität* der dialektischen Logik von Photographie und Film.[2] Die *Virtualität* der paradoxen Logik von Hologramm, Videogramm und digitalen Bildwelten können wir allerdings kaum einschätzen.

Wahrscheinlich sind diese Technologien deshalb immer noch umgeben von journalistischen Interpretationsdelirien, zumal sich die verschiedenen Computersysteme und Hifi-Geräte genauso schnell vermehren wie sie veralten.

Das *logische Paradox* liegt letztlich in diesem Bild in Echtzeit, welches das dargestellte Ding beherrscht, in dieser Zeit, die sich gegenüber dem wirklichen Raum verselbständigt, in dieser Virtualität, die an die Stelle der Aktualität tritt und den Begriff von »Wirklichkeit« umwälzt. So befinden sich die traditionellen öffentlichen Repräsentationsformen (Graphik, Photographie, Film) heute in der Krise; sie werden durch eine Präsentation abgelöst, durch eine paradoxe Präsenz, eine Tele-Präsenz: hier und jetzt kann sie das Vorhandensein von entfernten Dingen und Lebewesen ersetzen.

Die hochauflösenden Technologien beziehen sich nicht nur auf Photos und Fernsehbilder, sondern auch auf die Wirklichkeit selbst. Denn mit der paradoxen Logik *löst sich* das wirkliche Vorhandensein der Dinge in *Echtzeit* endgültig *auf*. Im Unterschied dazu handelte es sich bei der dialektischen Logik der vorherigen

Bilder nur um eine *aufgehobene Zeit*, um die Gegenwart der Vergangenheit, die dauerhaft auf Platten oder Filme gebannt wurde ... Das paradoxe Bild ähnelt so in mancher Hinsicht dem Unfall, genauer: dem »Übertragungsunfall«, der Übertragungspanne. Dem aktuellen Bild des Gegenstands, der vom Objektiv aufgenommen wird (die Momentaufnahme stand ja am Beginn des Photogramms), entspricht die virtuelle Gegenwart des Gegenstands, der in Echtzeit »überrascht« wird. Möglich wird damit nicht nur das Fern-Sehen der belichteten Dinge, sondern auch das Fern-Handeln und -Bestellen, der Kauf von zu Hause aus.

Zurück zur Photographie. Schon mit dem Werbephoto, das einem ins Auge springt, zeichnete sich eine radikale Umkehrung der Beziehungen zwischen Wahrnehmendem und Wahrgenommenen ab. So schrieb Paul Klee: »jetzt schauen mich die Dinge an.« Denn bereits das Werbephoto ist keine richtige Photographie mehr, keine Gedächtnisstütze, keine Erinnerung an eine mehr oder weniger ferne Vergangenheit; es ist ein Wille: es will nicht mehr die Vergangenheit darstellen, sondern die Zukunft in Beschlag nehmen. Gegen Ende des vorigen Jahrhunderts begann sich dieser Wille mit dem Photogramm herauszukristallisieren, lange Zeit bevor ihn das Videogramm erfüllen sollte.

Damit hat das Werbephoto mehr noch als die Dokumentaraufnahme das phatische Bild der audiovisuellen Medien vorweggenommen: das öffentliche Bild hat heute den öffentlichen Raum abgelöst, in dem die soziale Kommunikation stattfand; die Funktion von Straße und Marktplatz haben jetzt Bildschirme und elektronische Anzeigen übernommen. So brauchen wir bloß noch auf jene »Sehmaschinen« zu warten, die an unserer Stelle sehen und wahrnehmen können.

Aus dem Französischen von Marianne Karbe

Anmerkungen

1 Vgl. Georges Roques, *Essai sur Magritte et la publicité*.
2 Vgl. Gilles Deleuze, *L'image-temps* und *L'image-mouvement* (dt. Übers.: *Das Bewegungs-Bild. Kino I*, Frankfurt 1989).

Edmond Couchot
Die Spiele des Realen und des Virtuellen

Mit der Interaktivität erscheint eine neue Relationsform zwischen dem Menschen und der Maschine. Sie ist eine Form des Gespräches und daher der Sprache.[1] Die Maschine beginnt, die Sprache zu verstehen, allerdings mit dem Mangel, sie nur schlecht sprechen zu können. Die Maschine begnügt sich nicht mehr, die Materie zu transformieren und Energie zu produzieren, sie verarbeitet abstrakte Gegebenheiten, also Informationen. Die Transformationsmaschine wurde zu einer der Information. Sie führt programmierte Befehle aus und tritt mit uns in einen Dialog. All das geschieht so, als ob die Technik in diesem Zusammenprall der Hardware mit der Software sich subtil der Sprache bemächtigt hätte. Für die einen ist das der Beweis dafür, daß die Maschinen denken und uns bald in dieser Funktion übertreffen werden, während die anderen glauben, daß diese Sprache selbst nur eine Maschine sei und als solche niemals Zugang zur wahren Sprache der Intelligenz haben werde. Aber das Problem besteht nicht so sehr darin, ob der Computer denken kann, sondern vielmehr im Begreifen dessen, was sich durch ihn in unseren Seins- und Handlungsweisen und in der Welt, die uns umgibt, verändert und verschiebt.

Die Techniken sind nicht nur Mittel zur Transformierung der Welt, sie sind auch Mittel zu ihrer Wahrnehmung. Mit ihnen stellt man also ein Bild von ihr her. Während wir die Welt mit einer Maschine oder einem Instrument bearbeiten, durchdringt sie uns gleichsam durch andere Sinne, die nach außen geöffnet sind. Wenn die Maschinen als Verlängerungen des Körpers erscheinen können, so sind sie auch Verlängerungen der Welt in das Innere unseres Körpers, die es uns ermöglichen, von ihr elementare und fragmentarische, nicht aber sprachliche oder symbolische Repräsentationen zu bilden. Diese Funktion üben ganz allgemein alle Techniken mit mehr oder weniger großer Wirksamkeit aus, aber diejenigen erfüllen sie besser, die wie die Fotografie, das Kino oder das Fernsehen ein Bild der Welt vermitteln.

Die Bildmaschinen zählen zu den wichtigsten und gebräuchlichsten, wenn nicht zu den nützlichsten Apparaturen unserer Gesellschaft. Man weiß, wie tiefgreifend beispielsweise das Aufkommen der Fotografie, die die Bildproduktion und -reproduktion zu automatisieren ermöglichte, im 19. Jahrhundert die bildlichen Darstellungsweisen erschüttert hat. Man weiß auch, daß das Kino und das Fernsehen noch in größerem Ausmaß das Sehen und auch das Verständnis der Welt sowie ganz allgemein des Realen verändert haben, so daß wir des öfteren das Reale und seine fotografische oder kinematografische Repräsentation verwechseln.

Die herkömmlichen Bildmaschinen sind dadurch charakterisiert, daß sie von Aufzeichnungsverfahren Gebrauch machen, die auf der Verarbeitung des Lichtes basieren und dessen Spuren verarbeiten. Das Objekt, das die Maschine zur Erscheinung bringt, muß, damit das Bild entsteht und ausgedruckt wird, ihm vorhergehen. Der Gegenstand muß überdies dem sensiblen Träger, also dem Film des Fotoapparates oder der Filmkamera bzw. der elektronischen Röhre der Videokamera, das Licht zurückwerfen, das auf ihn trifft und von dem er lediglich eine optische Projektion registriert. Man kann schließlich von diesem Gegenstand nur einen sehr kurzen Moment seines Werdens, eine flüchtige Präsenz, festhalten, da sonst die Aufzeichnung verschwimmt und die Wiederherstellung seiner Bewegung – deren Illusion – nicht stattfinden kann.

Das optische Bild zeigt uns immer ein völlig momentanes, abgeschlossenes und buchstäblich im Granulat des Films oder in der Ausrichtung der magnetischen Teilchen der elektromagnetischen Bänder kristallisiertes Reales. Der Begriff der Re-präsentation, die ein Anwesendes durch das Bild wieder vergegenwärtigt, drückt genau die dieser Technologie eigene Darstellungsweise aus. Seit der Renaissance zog unsere ganze Kultur daraus ihre Kraft, und unsere Künste sind darin verwurzelt, gleichgültig ob sie systematisch die Repräsentation mit ihren unterschiedlichen Abweichungen erforscht haben oder diese, was sehr selten vorkam, im Gegenteil von ihrer Rückseite zu erfassen suchten.[2]

Mit den Informationsmaschinen erscheint in einem radikalen Bruch mit der optischen Repräsentation eine andere Darstellungsweise. Noch ist ihre Neuartigkeit nicht deutlich, denn es ist schwierig, den Unterschied des synthetischen Bildes von anderen automatischen Bildern zu begreifen. Das Wenige, das das Kino oder das Fernsehen uns davon zu sehen gibt, macht die Besonderheit und vor allem die Interaktivität dieses Bildes nicht evident. Wenn man herausstellen will, daß es das, was das fotografische Bild machen kann, auch und überdies besser leistet, bleibt es ganz offensichtlich in Abhängigkeit vom optischen Bild. Hingegen erschüttert im technischen und wissenschaftlichen Bereich das numerische Bild jeden Tag die Gewohnheiten und offenbart sich in seiner ganzen Fremdheit oder in seiner ganzen Verfremdung, wie man besser sagen sollte, da es unserer symbolischen Ökonomie grundsätzlich fremd ist.

Das synthetische Bild repräsentiert nicht das Reale, es simuliert es. Es läßt keine optische Spur, keine Aufzeichnung irgendeiner Sache sehen, die da gewesen und dies jetzt nicht mehr ist, sondern erzeugt ein logisch-mathematisches Modell, das weniger die phänomenale Seite des Realen beschreibt als die Gesetze, die es beherrschen.[3] Was dem Bild vorangeht, ist nicht der Gegenstand (die Dinge, die Welt ...), das abgeschlossene Reale, sondern das offensichtlich unvollständige und approximative Modell des Realen, also seine durch reine Symbole formalisierte Beschreibung. Dadurch kehrt sich derjenige Raum, in dem bislang das Reale und das Bild umeinander kreisten, um in eine wechselseitige Anziehung beider. Das neue Bild legt nicht mehr durch die augenblickliche Einschreibung des Lichtes Zeugnis vom Realen ab und es reflektiert es auch nicht, sondern es bezeugt eine Interpretation dieses Realen, die mit der Sprache ausgearbeitet und von ihr gefiltert ist. Zweifellos kann man entgegnen, daß in gewisser Weise auch das optische Bild, das Bild des Abdrucks, eine Interpretation des Realen ist. Aber die Interpretation der numerischen Simulation versucht, die Erscheinung des Realen zu überschreiten, um an seinen Ursprung, an sein Raster zu gelangen, auf dem es erscheint und durch das es letztlich substituiert wird.

Das Modell selbst wird von ihr vollständig transformiert und ihm eine ergänzende Dimension hinzugefügt: die Interaktivität oder die Form des Gespräches. Der dialogische Austausch öffnet das Modell innerhalb bestimmter Grenzen und durch unmittelbare Modifikation der Parameter auf unzählige Variationen. Mit der Interaktivität wird es auf eine bestimmte Weise folglich möglich, das Modell selbst zu modellieren und seine Funktionsabläufe so zu verifizieren, als ob man unter den realen Bedingungen der Erfahrung stünde. Die Simulation automatisiert die Erfahrung und macht sie unbegrenzt iterierbar. Sie setzt an die Stelle des ursprünglichen Realen ein abstraktes Programm – die Software –, das in der Lage ist, genauso wie das Reale zu arbeiten und auf die Befragung der Erfahrung zu antworten. Mit der Simulation sind in der Mathematik und Physik wirkliche Entdeckungen gemacht worden und der wissenschaftlichen Forschung hat sich durch sie ein äußerst umfangreicher und neuer Gegenstandsbereich erschlossen. Die auf der Grundlage der Sprache arbeitenden Maschinen werden eine neuartige Welt entstehen lassen, die der ursprünglichen Welt parallel ist, die sie verdoppelt und verlängert.

Wir erleben gegenwärtig ihre ersten »Minuten« und wissen noch nicht, ob sie offen oder geschlossen sein wird, ob sie also der allgemeinen Entropie entgehen wird, wie das ihre numerische Natur nahelegt, die sie absolut undifferenziert macht. Diese neue Welt, obgleich sie ein Produkt unseres Imaginären ist, hebt sich deutlich von ihm ab. Ausdrücklich tendiert sie dahin, sich mit ihrer Orientierung an der technologischen oder wissenschaftlichen Effizienz an die Stelle des Realen zu setzen. Theoretisch ist es nicht unmöglich, daß sie unser eigenes Imaginäres, zumindest aber einige unserer kognitiven Leistungen simuliert. Hier findet die künstliche Intelligenz ihr Aufgabengebiet.[4]

Natürlich simuliert auf gewisse Weise auch unser Imaginäres mit den Mitteln, die ihm eigen sind, das Reale. Daraus entsteht das Feld der »geistigen Gegenstände«. Aber die Maschine konstruiert ein Repräsentationssystem, das die funktionellen Prozesse des Realen imitieren kann. So vermag sie beispielsweise, den Ablauf von Ereignissen zu antizipieren oder ihn so zu reproduzieren, wie er stattgefunden hat: sie imaginiert die Zukunft und erinnert die Vergangenheit. Durch Bilder oder Worte projiziert sie in die Gegenwart des menschlichen Bewußtseins das, was gewesen ist oder was sein kann. Sicher wird die Sprache für die numerische Simulation verwendet, aber sie ist bereits formalisiert, gefiltert durch die Logik und das Kalkül. Die logischen und arithmetischen Verfahren, die Bilder und die Worte, die unser Gehirn erstellen kann, sind hingegen nicht das Ergebnis neuronaler numerischer Kalküle.

Die numerische Simulation scheint zunächst eine Simulation zweiten Grades zu sein. Die geistige Simulation aber muß die Realitätsprüfung durchlaufen, die deswegen entscheidend ist, weil sie gerade die Unterscheidung zwischen dem Realen und seiner Repräsentation zu treffen erlaubt, indem sie das Erinnerungsbild mit der Wahrnehmung, die Konstruktion mit der Perzeption vergleicht. Aber dieses Reale befindet sich in ihrem Äußeren und wird vom Denken wie ein Gegenstand (*res:* das Ding) verstanden, gegen den es stößt und der sich durch diesen eigentümlichen Widerstand gegenüber der Repräsentation zu erkennen gibt. Auch die numerische Simulation durchläuft die Realitätsprüfung, aber dieses selbst simulierte Reale ist ihr nicht äußerlich, denn es ist Teil desselben symbolischen Raumes, der von abstrakten Gegebenheiten, von formalisierten und kalkulierten sprachlichen Elementen konstituiert wird. Beide besitzen also dieselbe Natur.

Die numerische Versuchsanordnung hat, selbst wenn die mögliche Interaktion des Experimentators das Modell unbegrenzt entfaltet, nur in dem Maße eine Bedeutung im Sinne der Effizienz, in dem sie von der realen Welt abstrahiert.

Die Welt der numerischen Simulation ist weder wirklich noch imaginär, sie stellt eine andere Kategorie heraus: das Virtuelle existiert, ohne wirklich zu existieren, denn es verdichtet sich im Möglichen. In dieser Hinsicht ist das Virtuelle nicht das Gegenteil des Realen, sondern es setzt sich dem Gegenwärtigen entgegen, das sich vollendet. Dennoch wäre es nicht zutreffend zu behaupten, daß die Simulation alles virtuell möglich macht. Der Umfang des Möglichkeitsraumes, der durch ein Simulationsmodell eröffnet wird, hängt von den Grenzen dieses Modells ab, denn es wird nach wohldefinierten Regeln erzeugt und muß sich an diese Regeln halten. Ein Modell für das Wachstum eines Kirschbaumes wird niemals eine Palme zeigen, wohl aber kann das Wachsen desselben innerhalb bestimmter Grenzen in unendlichen, mehr oder weniger wahrscheinlichen Variationen erscheinen. Wenn man also das Modell über seine eigenen Grenzen hinaustreiben und es das Unmögliche beschreiben lassen will, müßte man die angenommenen Gesetze überschreiten, was hieße, daß man eine andere virtuelle Welt erzeugt.

Ein numerisches Experiment kann unendlich oft wiederholt werden. Die Anzahl der Wiederholungen ist lediglich durch die Zeit beschränkt, die der menschliche Interpret dafür aufwenden will oder kann. Daher befindet sich die virtuelle Welt der Simulation außerhalb der »realen« Zeit und des »realen« Raumes, sie ist uchronisch und utopisch. Die gegensätzlichen Aspekte des Virtuellen werden im synthetisierten Bild deutlich. Theoretisch ist es nicht stufenweise aufgebaut und daher von einer absoluten Dauer. Auch das traditionelle Bild wird vom numerischen Verfahren zu einem nicht in Stufen geordneten Bild transformiert. Daher werden alle Filme, alle fotografischen und videografischen Dokumente vor der Zerstörung geschützt. Da das numerische Bild nicht mehr auf der Technik des Abdrucks basiert, kann es paradoxerweise unendlich lange gespeichert werden. Was verspricht uns diese Hypertrophierung des Gedächtnisses oder durch was bedroht es uns? Müßte man in den zukünftigen Gesellschaften das Vergessen organisieren? Auf jeden Fall scheint künftig der Zugang zum Gedächtnis viel wichtiger als das Gedächtnis selbst zu sein, denn es geht weniger darum, sich zu erinnern, als darum, das Wissen zu erwerben, wie man zur Erinnerung gelangt.

Gleichzeitig ist das numerische Bild aber jederzeit in der Lage, sich zu transformieren und sich zu verändern, also sich mit demjenigen zusammenzuschließen, der es betrachtet und in unzähligen und flüchtigen Hybridisierungen befragt. Es weist über die Erscheinung hinaus, da es in der Simulation die Struktur des Realen und seiner Gesetze selbst einbezieht, doch kann es die Qualitäten des Seins nicht erfassen, das nicht wächst oder sich entwickelt, sondern ohne Anfang und Ende ewig dauert. Reduziert auf eine Zahlenmatrix entgehen der Simulation die Eigenschaften der Materie und der Energie. Sie kann aus dem Reichtum des Wortes und seiner perversen Polysemie keinen Nutzen ziehen, da die Sprache, die sie generiert, durch Algorithmen formaliert ist. Sie erschließt keine ursprüngliche Wahrheit, kein Wort, das vor den Dingen existiert, und keine platonische Welt, in der die Modelle unter einer neuen mathematischen Figur herrschen.

Soweit die Simulation als Darstellungssystem eingesetzt wird, ist sie jedoch äußerst hilfreich. Durch das Bild kann man immer nur einen der möglichen Aspekte wahrnehmen, aber alle numerischen Verfahren kreisen um die zentrale Technik der Simulation. Das bedeutet, daß nach der Mechanik und der Elektronik die Simulation in dem Maße die Führungsrolle einnehmen wird, in dem das technologische Ensemble immer unmittelbarer von den Informationsmaschinen gesteuert wird. Um uns lassen die Computer mehr und mehr ein künstliches Universum entstehen, das immer unsichtbarer und unbegreifbarer wird. Die Simulation isoliert uns angenehm von der grausamen und mörderischen Realität, von ihrer Wildheit und Ungezügeltheit. Sie schützt uns mit der elastischen und transparenten Haut des Virtuellen vor jeder zweifelhaften Kontaktnahme.

Die neue Welt der Simulation ist sauber und klar. Ihre Realität ist gereinigt vom Feuer des Kalküls und befreit von den Schlacken des Zufalls, denn selbst die Unordnung ist programmiert. Es ist eine gezähmte und prophylaktische Realität, die auch nicht die geringfügigste Ironie zulassen kann. In der uchronischen Zeit der Simulation hat das Ereignis keinen Verlauf. An seine Stelle tritt das Mögliche. Das Ereignis ist das, was aus der Zukunft eintritt und sich in der Gegenwart kristallisiert; es ist die Vermutung, die sich als wahr erweist oder widerlegt wird. Darauf beziehen sich alle unsere Medien und unsere ganze Kultur. Das Ereignis ist der Nerv der Information, während die Aktualität eine gespeicherte Zukunft ist. Das Ereignis ist der Nerv der Politik, es ist im Herzen der Liebe (der »kleine Tod«) und des Todes (das endgültige Ereignis).

Nur das Ereignis läßt ein Spektakel entstehen und umgekehrt. Das ist das vermittelnde Gesicht des Schicksals, die mikroskopische Form der vernichteten Geschichte, der einzige von der Spindel der Zeit aufgespulte Faden, an den wir uns verzweifelt festhalten. Was nicht als Ereignis von uns empfunden wird, löst nur geringes Interesse aus. Davon zehrt das Verlangen nach Glück, ein der Zeit widerstrebendes Gefühl, das der Spannung des Begehrens vorgezogen wird. Die Ereignisse zählen zu wollen ist wie ein Abspulen der Knoten, aus denen der Faden der Zeit geknüpft ist, oder wie ein Erleben der Dauer über ein Bündel von Augenblicken, von dichten, total aktualisierten Momenten. Das Ereignis verstärkt die Einschreibung der Spur und ihre wiederholte Lektüre. Es schreibt sich in die Logik der Repräsentation ein.

Völlig anders ist die symbolische Ökonomie des Virtuellen. Die Zeit verläuft in ihm nicht linear und irreversibel, sondern sie verzweigt sich in baumartigen Formen von jederzeit wiederholbaren, aber niemals in ihrer Ganzheit aktualisierbaren Möglichkeiten. Wenn es sich verwirklicht, findet die Vollendung einer seiner Möglichkeiten nicht in der wirklichen Welt statt, sondern nur in der der Symbole: in Bildern, Worten oder Zahlen, die durch die Terminals als output zur Erscheinung kommen. Nichts verhindert, das Mögliche als Ereignis zu interpretieren, als Simulation von Konflikten, Handlungen, Maschinen oder Erfahrungen, aber die uchronische Zeit lebt sich anders. Die unendliche Wiederholbarkeit der Abläufe gewährt demjenigen, der davon Gebrauch macht, eine totale Straflosigkeit. Ein Flugzeugpilot stürzt zwanzigmal auf zwanzig verschiedene Weisen ab, erlebt zwanzigmal die vom Sturz ausgelösten Gefühle und wird zwanzigmal freigesprochen. Die Wiederholung erzeugt nicht mehr das gleiche, sondern ein Anderes.

Eine in den sechziger Jahren ins Leben getretene Kunstrichtung, die Frank Popper dokumentiert hat, ist von diesem Geist inspiriert. Die interaktiven Romane, numerische Abkömmlinge der potentiellen Literatur, haben keine feste und endgültige Form mehr, da jeder Leser seine eigene einzigartige Lektüre gestalten kann. Ähnliches läßt sich über bestimmte musikalische oder visuelle Werke sagen. Sie müssen von ihren Interpreten, gelegentlich auch vom Publikum, vollendet werden und sind ständig auf der Suche nach ihrem Autor. Jede ihrer »Repräsentationen« ist eine erste und eine letzte. Von Dauer ist einzig der ursprüngliche Algorithmus. Die interaktiven Filme von morgen, von denen die Cineasten ernsthaft träumen, zeigen synthetische Marilyns und Bogarts in unaufhörlich anderen Rollen und Geschichten.

In Zusammenarbeit mit Michel Bret und Marie-Helene Tramus habe ich selbst für die Ausstellung PIXIM (Oktober 1988) eine interaktive Anordnung in Echtzeit ausgearbeitet, die in einer eher der Poesie als der Mathematik eigenen Weise das Spiel des Realen und des Virtuellen vorstellt. Am unteren Rand des Monitors eines leistungsstarken graphischen Prozessors befand sich eine kleine Vogelfeder. Das Publikum wurde aufgefordert, sie leicht anzuhauchen. Sobald ein schwacher Hauch auf die Feder traf, begann sie mehr oder weniger schnell und mit Bewegungen, die nach der Kraft und der Dauer des Hauches variierten, aufzufliegen. Sobald der Hauch aufhörte, fiel die Feder zurück, indem sie komplexen Bahnen folgte, die jedesmal anders waren. Wenn die Feder zu heftig oder über zu lange Zeit hinweg angehaucht wurde, konnte sie ganz aus dem Monitor verschwinden, und man mußte einige Sekunden warten, um sie langsam fallend wieder auftauchen zu sehen. Manche verstanden nicht sofort, daß es sich hierbei um eine Simulation handelte, und dachten, daß das Bild der Feder bereits einprogrammiert wurde. Tatsächlich war dieses Bild – oder vielmehr die Gesamtheit der Bilder der sich bewegenden Feder – das Resultat einer Interaktion zwischen einem dem Bild völlig fremden Element, dem Hauch, und dem Bild selbst. Keine Feder, keine Bewegung im virtuellen Raum des Computers und schließlich kein Bild ohne den realen Hauch. Auf diese Weise der Handlung des Zuschauers unterworfen, der die Zukunft modulieren konnte, war jeder der Flüge einzigartig.

Das Unendliche und die Ewigkeit werden in der interaktiven Welt der Simulation beherrscht und das Unabänderliche wird verfügbar gemacht. Das Schicksal, das, was sich ereignen muß, die fatale Verkettung von Ursachen und Folgen, das letzte Ereignis, das von den Göttern befohlen oder vom Spiel des Zufalls und der Notwendigkeit herbeigeführt wird, findet nicht mehr statt. Muß man also die Schlußfolgerung ziehen, daß die interaktiven Maschinen in der Weise, wie sie die Hand, den Körper, das Gedächtnis oder den Verstand des Menschen von mechanischen und schwierigen Arbeitsvorgängen befreit haben, indem sie die Realität und ihre möglichen Zukünfte simulieren, sich letztlich vom Schicksal befreit haben? Was wird dann noch dem Künstler eigen sein, wenn die Kunst, wie Malraux dies einprägsam gesagt hat, das »Anti-Schicksal« ist? Vielleicht ist sie dieselbe und unabschließbare Arbeit, immer wieder zu beginnen: die durch die Technik auseinandergebrochenen Teile der Welt wieder zusammenzubringen und zu versuchen, den Dingen wieder eine symbolische Kohärenz zu verleihen. Das ist ein Ziel, für das die Technik, so entwickelt sie auch sein mag und so sehr sie auch in Bezug auf Interaktivität intelligent werden mag, keine Mittel zur Verfügung stellt.

Aus dem Französischen von Florian Rötzer

Anmerkungen

1 Genauer gesagt einer formalisierten Sprache, einer Mischung aus Befehlen und Kalkülen. Die formalisierte Sprache ist die durch den Computer interpretierbare Übersetzung eines Modells, das verschiedenen wohldefinierten Gesetzen gehorcht. Auch wenn diese Gesetze mathematisch formalisiert sind, müssen sie nicht notwendig auch mathematischer Natur sein (Beispiel: ein Modell der Transparenz, das sich opti-

scher Gesetze bedient, oder das Modell für das Wachstum eines Baumes, das sich an die Botanik anlehnt). In einem Computer nichts anderes als ein digitales System im engen Sinne zu sehen, reduziert ihn auf einen verbesserten Rechenschieber. Sieht man ihn andererseits nur als Diskursverarbeitung, dann macht man ihn zu einem nicht korrekten Double der Sprache.

2 Man kann sicher nicht sagen, daß die visuellen Künste – besonders die sogenannte gegenständliche Malerei, die mit der Ähnlichkeit zwischen dem Bild und dem dargestellten Objekt spielt, die Fotografie oder selbst der narrative Film – ästhetisch nur an der Darstellung der Welt orientiert seien, da sie auch von technischen Verfahren Gebrauch machen, die wie die Zentralperspektive oder die perfektionierten Varianten der camera obscura solche der optischen Darstellung sind. Eine der entscheidendsten Bemühungen der auratischen Kunst war, die Zwänge und die Logik der Gegenstandsdarstellung gerade im Gebrauch dieser Techniken zu entkommen.

3 Die Gesetze der Optik, denen ihre Erscheinung gehorcht, waren nur ein Bereich von allgemeineren und komplexer strukturierten Gesetzen.

4 Was den Weg von der Perzeption zur Konstruktion über die Vermittlung des Gedächtnisbildes betrifft, siehe auch: Pierre Changeux, *L'homme neuronal*, Paris 1983, S. 160–211. (E. Couchot verwendet ein Wortspiel, das im Deutschen nicht nachzubilden ist: Vom Perzept zum Konzept, Anmerkung des Übersetzers).

Für ein mediales Gesamtkunstwerk
Heinrich Klotz
im Gespräch mit Florian Rötzer

Rötzer Sie haben bislang das Architekturmuseum in Frankfurt geleitet und in Kontinuität gebracht. Jetzt haben Sie die Leitung für ein Medienzentrum übernommen, das in Karlsruhe entstehen soll. Dieser Wechsel von der Architektur zu den neuen Technologien entspricht der gegenwärtigen Konjunktur. Was interessiert Sie eigentlich an diesem Projekt, ein integratives Medienzentrum in die Gänge zu bringen, das vor allem wohl aus politischen Motiven zur Steigerung der Technikakzeptanz und der technischen Aufrüstung vorangetrieben wird?

Klotz Es heißt nicht Medienzentrum, sondern Zentrum für Kunst und Medientechnologie (ZKM). Ich lege besonderen Wert darauf, daß die traditionellen Künste auch mit dabei sind, denn die Reibeflächen für die Zukunft liegen darin, die alten Kunstgattungen auf die neuen prallen zu lassen. Man kann nicht allein auf die neuen Technologien und die Medienästhetik setzen, weil sich durch die Auseinandersetzung mit ihnen auch die alten Gattungen verändern. Wenn Sie beispielsweise ein Ballett durch ein immateriell-holographisches Bühnenbild tanzen lassen, dann verändert sich auch das Ballett. Die Konfrontation eines Balletts mit diesen neuen szenischen Möglichkeiten fordert am Ende vielleicht einen anderen Tanz ab. Wenn Sie ein klassisches Instrument mit dem Synthesizer verbinden, dann glaube ich, selbst wenn die elektronische Musik meist noch das klassische Instrument imitiert, daß Sie bei dem Prozeß der Herstellung der Musik etwas erleben, was vielleicht gar nicht mehr hörbar ist, aber in der Produktion selbst eine wesentliche Rolle spielt bei der Konfrontation eines Geigentons mit einem digital erzeugten Ton. Diese Erkenntnis ist gegenwärtig in allen Bereichen der Kunst spürbar. Pierre Boulez etwa hat als Akustikforscher angefangen und war sehr stark auf die medientechnologischen Möglichkeiten ausgerichtet. Inzwischen kommt er wieder auf die alten Instrumente zurück und bezieht aus der Konfrontation beider Bereiche die entscheidenden Anregungen. Das gilt auch für Otto Piene im

M.I.T., der mir kürzlich sagte, daß nun sein Institut in die Faculty of Visual Arts reintegriert wird oder diese in jenes. Den Umstand, daß beides wieder zusammenkommt, also daß ein Student, bevor er mit dem Computer arbeitet, Aktzeichnen lernen muß, finde ich eine interessante Entwicklung. Die ursprüngliche reine Medieneuphorie ist vergangen, weil man weiß, was die neuen Maschinen leisten können, weil man auch ihren imitativen Charakter kennt. Die Begeisterung und das Aha-Erlebnis kennzeichneten die erste Phase; jetzt muß man die Konfrontation mit den traditionellen Bereichen erneut suchen.

RÖTZER Die Entstehungsintention dieses Projekts wird von einer bestimmten Ideologie getragen. Man spricht von einer neuen Synthese von Kunst und Wissenschaft oder Technik. Dem Computer wird eine integrative Kraft zugesprochen, insofern man mit ihm alle Gattungen der Künste – Wort, Bild und Ton – miteinander verbinden und ineinander übersetzen kann. Inwieweit teilen Sie diese Hoffnungen?

KLOTZ Der Computer als solcher ist keine integrative Kraft, sondern er ist ein Instrument, mit dem man Verbindungen schaffen kann. Man wird auf die Dauer nicht sagen können, daß über die Technologie schließlich die Kunst laufen wird. Die Kunst in ihrer bisherigen Form wird durch den Computer nicht zum Abfall. Hier haben wir ein Stück kritischer Arbeit zu leisten. Wir können im ZKM erst einmal den Probelauf machen und sagen, daß wir sogar ein bißchen weiter gehen als alle anderen, was die instrumentelle Ausrüstung betrifft, wobei wir ganz besonders aufpassen müssen, den Werkzeugcharakter des Computers nicht zu verkennen. Ich glaube, daß man in der Richtung der Künstlichen Intelligenz so weit vorpreschen sollte, wie es nur irgendwie geht, aber man sollte sich von vornherein klar darüber sein, wenn man beispielsweise auf dic Computergrafik setzt, daß der Standardcharakter immer wieder auftaucht. Es ist eben ein Pixel, das neben dem anderen steht. Das ist eine völlig andere Qualität, als wenn ich Malschichten homogen übereinanderlege. Ich setze nicht auf die Medientechnologie im Sinne der Ablösung dessen, was gestern Kunst war.

RÖTZER Sie würden also nicht sagen, daß es über den Computer zu neuartigen Verbindungen zwischen Kunst, Technik und Wissenschaft kommt, die auch zu Veränderungen innerhalb des Wissenschaftskonzepts oder in der Technikentwicklung selber führen könnten? Zielt Ihr Projekt auch in diese Richtung oder beschränkt es sich auf die Kunst?

KLOTZ Ich werde keine Hindernisse in den Weg legen, wenn man diese Hoffnungen hat. Natürlich gibt es eine neue Theorie, die durch den Computer angezettelt worden ist, wenn man beispielsweise Vilem Flusser reden hört. Ich habe nur eine geballte Skepsis, daß vieles davon zu einer oberflächlichen Hoffnungsphilosophie wird. In diesem Bereich ist in der Tat vieles ideologisch. Mit welcher Schnelligkeit spricht man schon vom neuen Menschen, vom neuen Denken, von der neuen Theorie. Ich kann das auch nur wieder in Relation zu dem bringen, was immer schon gedacht wurde. Darin bin ich konservativ, weil ich nicht alles glaube, was mir an Theorie, durch den Computer hindurch, auf den Tisch gelegt wird. Daß neue Anstöße und Denkansätze da sind, daß wir uns mit einer neuen Art Kunst beschäftigen müssen, das ist ebenso klar. Ich werfe das, was eben noch galt, nicht einfach weg, sondern nehme es auf als kritische Instanz oder als Sand im Getriebe. Ich werfe sogar selbst Sand ins Getriebe, wenn ich sehe, wie schnell die neuen Begrifflichkeiten kurrent werden.

RÖTZER Man hat den Eindruck, daß Projekte wie das ZKM oder das Medienzentrum in Köln vor allem aus der Intention heraus gefördert werden, Technik, insbesondere elektronische Technik, für die breite Bevölkerung akzeptabel zu machen. Das geschieht eben am besten dadurch, daß man die High Tech mit der Aura der Kunst oder der Kultur versieht, also die Vereinbarkeit der »zwei Kulturen« demonstriert. Das steht natürlich in Verbindung mit ökonomischen Interessen und mit der Angst, den technologischen Anschluß nicht zu verlieren. Ist diese funktionalisierende Umklammerung eine Gefahr für solche Projekte?

KLOTZ Daß man sich Hoffnungen macht, mit einem solchen Zentrum wirtschaftliche Gewinne einzustreichen, daß man sagt, wir haben eine Art technischen Regionalverbund um Karlsruhe herum, das finde ich nicht falsch. Wenn man sich klarmacht, daß in Karlsruhe die größte deutsche Informatikfakultät angesiedelt ist, dann ist das für die Infrastruktur eines solchen Zentrums wichtig. Wir müssen natürlich mit der Universität zusammenarbeiten, was aber auch heißt, daß wir die pädagogische Ausrichtung intensivieren müssen. Wir müssen uns didaktisch auf eine Bevölkerung ausrichten, die ja tatsächlich ein hohes Interesse an solchen Maschinen hat; wir sind aber auch mit Computerfreaks konfrontiert, die im Grunde nichts anderes machen wollen als Flippermaschinen zu bedienen. Die Computerfreaks muß man als Basis eines menschlichen Interesses akzeptieren, von dem ausgehend man aber weiterarbeiten muß. Es kann natürlich am Ende nicht beim Computerfreak und bei einer Art Volkshochschule bleiben. Daß dieselben Menschen, die sich mit dem Computer befassen, auch der Wirtschaft entgegenarbeiten, daß sie sich diese Maschinen auch auf den Tisch stellen, darin kann ich keinen Konflikt sehen. Wir können es natürlich nicht schaffen, eine Art Computerindustrie in Baden-Württemberg zu etablieren, sondern wir können nur bestimmte Bereiche unterstützen, erwarten aber auch, daß Firmen in unseren Labors mitarbeiten. Eines wird allerdings nicht passieren: Wir lassen uns nicht von irgendwelchen privaten Interessen gängeln, sondern wir werden immer danach fragen, worin das allgemeine Interesse liegt.

RÖTZER In einem Programm für das ZKM wird die Idee der Ganzheit beschworen, die ja älteren Ursprungs ist und vor allem an das Bauhaus erinnert. Der Bruch zwischen Künstlern und Designern oder Technikern, also zwischen freien und angewandten Künsten, war doch immer sehr massiv. Kann das heute denn wirklich besser funktionieren? Die Idee der Ganzheit hat heute zudem so einen Beiklang des New Age, von High Tech mit Spiritualismus und überhaupt großer Versöhnung.

KLOTZ Ich vertrete noch immer den Gedanken, daß man Ganzheit als Gesamtkunstwerk interpretieren könnte. Die Zusammenführung der Gattungen würde auch heute noch etwas sehr anderes zustande bringen als das, was zu Wagners Zeiten als Gesamtkunstwerk galt. Die Multimediaoper quer durch alle Künste wäre noch immer eine vorstellbare Aufgabe. Allerdings verwende ich Ganzheit nicht in dem Sinne, daß ich allem etwas von oben überstülpe und behaupte, wie das Walter Gropius gemacht hat, daß die Kathedrale die Zusammenführung aller Künste sei. Diese romantische Idee würde ich heute ablehnen. Wenn ich aber den Versuch für notwendig halte, Expertenkulturen nicht mehr für sich bestehen zu lassen, dann kann ich das nur rechtfertigen, insofern eine Zusammenführung dieser Expertenkulturen versucht wird. Aber wenn ein Architekt nicht mehr weiß, was in der Malerei passiert, wenn ein Designer nicht mehr weiß, was im Theater passiert, dann kann man zwar sagen, daß so eben die Wirklichkeit sei und diese Spezialisierungen zwangsläufiger Ausdruck dieser Realität sind, die man bestehen und sogar noch intensivieren müsse. Daß auf der einen Seite Spezialisierungen gefördert werden, muß auf der anderen Seite mit der Frage verbunden sein, wie diese in einem größeren Zusammenhang zu gebrauchen sind. Gibt es heute so etwas wie übergreifende Verbindungen? Ich glaube schon. Was treibt einen Maler dazu, sich mit Video zu befassen? Das geschieht doch wohl deswegen, weil er damit auch neue visuelle Qualitäten für seine Malerei gewinnt. Als Beispiel dafür greife ich nur einmal Hödicke heraus, der in die neofigurale Malerei das beiläufig Momentane eingeführt hat, nicht das monumental Momentane wie in der Barockmalerei. Zum zentralen Thema eines Bildes wird das Augenblickliche einer beiläufigen Beobachtung. Das ist ein Blick, den man aus dem Video und dem Film holen kann. Hödicke hat das ganz dezidiert auch in die Praxis umgesetzt und es in das technische Medium eingebracht. Hier läßt sich das Spannungsverhältnis, das Hin und Zurück zwischen den Gattungen sehen, wodurch sich der Gedanke einer Verbindung, einer Synthese, vielleicht nicht einer Ganzheit, doch aber einer interessanten Wechselwirkung bestätigt, die auch die Spezialisierung relativiert. Dadurch wird auch die Kunst anders.

RÖTZER Daß die Kunst anders werden soll oder mit den neuen Technologien tatsächlich anders wird, ist zunächst eine, wenn auch weit verbreitete Behauptung. Was zeichnet die neue Qualität der ästhetischen Formen und der Produktionsformen für Sie aus?

KLOTZ Dazu muß man wieder quer durch die Gattungen gehen. Die alten Künste werden niemals anachronistisch, sondern wir haben einfach nur ein breiteres Spektrum an medialen Vermittlungen. Dazu gehören auch die konventionellen Künste. Die Fotografie hat die Malerei ja nicht obsolet gemacht, sondern sie hat jene dazu gezwungen, sich andere Gegenstände zu suchen. Das Portrait ist beispielsweise mit der Fotografie in der Malerei fast gestorben, die abstrakt wurde. Das sind direkte historische Zusammenhänge.

RÖTZER Was der sogenannten postmodernen Malerei, wie sie von Charles Jencks umrissen wird, aber widerspricht, weil hier auf diese abgelegten Formen der Darstellung wieder zurückgegriffen wird.

KLOTZ Die postmoderne Malerei hat sich gar nicht mehr in

dieser Konfrontation gesehen. Sie hat die Fotografie als eigenes Medium neben sich bestehen lassen und die Reibefläche nicht mehr gesucht. In dem Augenblick, in dem die Fotografie relevant geworden ist, hatte die Malerei aber sogleich reagiert und sich von ihr als Medium der Motivsuche beeinflussen lassen. Dafür gibt es ja genügend Beispiele. Das interessiert uns heute nicht mehr, weil das Thema erledigt ist, weshalb man auch wieder zur Figuration zurückkehren kann. Die Medien stehen nicht mehr in Konkurrenz zueinander, sie existieren nebeneinander. Man wirft einen Konzertflügel nicht weg, weil es einen Synthesizer gibt. Das würde ein unsinniges Verständnis von Kunst zum Ausdruck bringen. Jedenfalls hat die Geschichte der Kunst in den letzten 180 Jahren bewiesen, daß das Spektrum der Medien erweitert wurde, ohne daß irgendein Medium obsolet wurde. Durch das Fernsehen ist der Film nicht erledigt. Beide Gattungen stehen in Konkurrenz zueinander, aber die Prognose, die wir beim Aufkommen des Fernsehens hatten, daß wir bald 2×2 Meter Screens in den Zimmern haben werden und dann das Kino nicht mehr brauchen, hat sich bisher nicht erfüllt. Auch die Computergrafik wird nicht die Grafik ablösen. Es ist eine verrückte Vorstellung von Fortschritt, daß die neuen Medien an die Stelle der alten treten. In der Diskussion um das Neue und das Alte, um den Fortschritt und die Tradition beziehe ich immer den Standpunkt, daß man die Geschichte benötigt, um überhaupt Maßstäbe dafür zu gewinnen, was heute und morgen sein kann. Dazu ist die Geschichte als Reibefläche nötig. Das mag eine Funktionalisierung der Tradition sein, aber die Reflexion auf sie ist unumgänglich, um herauszustellen, daß wir heute in der Kunst nicht mehr normativ denken können. Die gegenwärtige Vielfalt der Richtungen, die wir als Tendenzpluralismus verstehen, ist letzten Endes auch ein Gattungspluralismus. Die Vielfalt der Medien bringt zumindest teilweise auch einen inhaltlichen Pluralismus mit sich.

Rötzer Das scheint sich mit der Idee des Gesamtkunstwerks nur schwer vereinbaren zu lassen, auch wenn Sie vom Konzept der Romantik sich distanzieren. Würde für Sie diese Idee auch die Absicht einschließen, die gesamte Lebenswelt zu ästhetisieren oder zu gestalten, wie es die Utopie der modernen Architektur gewesen ist?

Klotz Das Gesamtkunstwerk läßt Medienpluralismus zu. Es ist eigentlich die Antwort auf den Medienpluralismus, indem es alles zusammenholt, ohne jedoch eine Wertnorm vorauszusetzen. Das war der Fehler der romantischen Vorstellung vom Gesamtkunstwerk, weil man damit nicht nur meinte, man könnte alle Künste unter ein Dach zusammenbringen, sondern auch glaubte, es ließe sich daraus eine ästhetische Norm ableiten. Von der Zusammenfassung der Künste zum Normativen zurückkehren zu wollen, war der große Fehler. Das Gesamtkunstwerk heute muß in sich gebrochen sein, aber gleichzeitig zeigen, daß es so etwas wie einen »Hang zum Gesamtkunstwerk« gibt, ohne daß dies noch verwirklicht werden kann. Das hat mit dem Scheincharakter des Kunstwerks zu tun. Wenn ich das Gesamtkunstwerk anvisiere, dann meine ich damit nicht, wie dies etwa Odo Marquard unterstellt hat, die Identität von Kunst und Leben, sondern gerade den höchsten Grad von Illusionierung. Das Gesamtkunstwerk ist, wenn ich es vom 19. ins 20. Jahrhundert hinübernehme, die höchste denkbare Form der Illusionierung und insofern ganz anders als diejenige, die die neuen Medien mit sich bringen. Die zielen ja darauf hin, die Illusion in Simulation zu verwandeln, wodurch sie gewissermaßen zum Weltersatz werden.

Wenn Sie in einer Simulationskabine sitzen, dann ist das etwas anderes, als wenn Sie vor einem illusionistischen Kunstwerk, vor einer Guckkastenbühne oder vor einem gerahmten Bild stehen. Der ungeheure Spannungsbogen unserer Zeit ist es, daß wir auf der einen Seite mit den neuen Medien den höchsten Grad der Illusion, der in Simulation umschlägt, erzeugen und auf der anderen Seite die größte Distanz zum Kunstwerk vom Leben her gesehen haben. Den Zusammenlauf von Kunst und Leben haben wir auf ganz andere Weise in der Moderne gefeiert, eben nicht als Simulation, was fast die Ironisierung der modernen Utopie wäre. Allerdings ist das der Effekt, der dabei herauskommt, weil man avantgardistisch zu viel wollte. Wir brauchen das Fiktive zum Leben, weil es ohne die Kunst immer noch nicht auskommen kann. Das Leben kann nicht Kunstwerk sein. Das hat damit zu tun, daß wir uns nicht vorlügen dürfen, der Mensch würde in der Identität von Kunst und Leben zum nicht mehr arbeitenden, sondern nur noch spielenden. In dieser Hoffnung lag ja der utopische Ausgangspunkt, wenn wir mit Marx glaubten, das Reich der Freiheit beginne, wenn das Spiel an die Stelle der Arbeit trete. Solange wir aber arbeiten und nicht im Kunstwerk spielen, kann das Kunstwerk nicht mit dem Leben identisch sein. Das ist auch eine

Kritik am Avantgardebegriff der Identität von Kunst und Leben. Zurückgewendet auf die neuen Medien hat diese Dichotomie aber ihre Bedeutung erhalten, auch wenn die Simulation als ironische Erfüllung der Forderung nach Identität von Kunst und Leben an die Stelle der nicht mehr möglichen fiktionalen Illusionierung getreten ist.

RÖTZER Nun fällt bei Ihnen selber auf, daß Sie im Gang von der Architektur zu den Medien und ihren Immaterialien einen großen Schritt gemacht haben. Letzten Endes könnten die Simulationskabinen oder die Zellen, in denen die Menschen an ihren Computerschirmen sitzen und imaginäre, aber immaterielle Welten entwerfen, völlig auf architektonische Fiktion verzichten. Die verkabelte Zelle entspräche einer Schachtel ohne Dekoration und wäre das Gegenbild zur Architektur, zumindest aber ihre reduzierteste Form. Ist die Hinwendung zu den immateriellen Medien nicht auch als Herausforderung gegenüber den Zielen zu verstehen, für die Sie bislang als postmoderner Architekturtheoretiker eingetreten sind? Paßt eine Postmoderne, die Symbole und Sinn retten will, denn wirklich mit dem technologischen Projekt zusammen?

KLOTZ Architektur ist Gestaltung der Umwelt. Sie ist das Behältnis der Gesellschaft. Sie ist mehr, als einen Stein auf den anderen zu setzen. Im Gründungsprogramm des Architekturmuseums stand bereits, daß wir mit Simulationsinstrumenten gebaute und natürliche Umwelt in Kontrast setzen wollten. Was bedeutet es, sich klarzumachen, daß man eine Umwelt wie die Fifth Avenue in New York neben ein Eingeborenendorf stellt? Das kann man in der Simulation unmittelbar nebeneinanderschalten. Wir wollten im Architekturmuseum eine Umweltsimulationskapsel einbauen. Die Planungen waren dazu schon weit gediehen. Wir hatten in Deutschland aber noch nicht einmal die entsprechenden Technologien. Und sie aus Kanada zu kaufen, war so teuer, daß wir das nicht geschafft haben. Auch die dazu nötige Software ist nicht leicht zu bekommen. In der Geode in La Villette (Paris) können Sie z. B. durch einen Urwald gehen. In einer Umweltsimulationskapsel könnte man diese Umweltkontraste erlebbar machen. Das, was auf dem Globus verteilt zu unterschiedlichen Zeiten und in unterschiedlichen Existenzweisen geschieht, kann man zusammenziehen. So läßt sich zeigen, wie eine Stadt aussehen könnte, wenn dieses oder jenes Projekt entsteht, also z. B. wenn hier in

Frankfurt die Hochhäuser gebaut würden. Die Simulation hilft, Umwelt sehr direkt zu erleben und Umwelten vergleichbar zu machen. Jeder Vergleich fördert die Erkenntnis.

RÖTZER Der Widerspruch zwischen Medien und der Architektur scheint doch der zu sein, daß Architektur eine statische und dauerhafte Materialisierung ist, während die Medien über die Simulation sich im Möglichen, im Virtuellen bewegen.

KLOTZ Das sind auch in den Künsten die äußersten Extreme. Nichts ist fester und statischer als die Architektur, so sagt man, und dagegen steht im anderen Extrem die Immaterialität der Künste. Das hängt aber sehr eng zusammen. Allerdings hat sich in der jüngsten Zeit auch der Begriff der Architektur sehr verändert. Wenn Sie das Olympiazelt von Behnisch und Frei Otto nehmen, dann ist dort von Statik in der traditionellen Form kaum noch etwas zu finden. Nicht das Feste, sondern das Ephemere ist dort maßgeblich. In den letzten 20 oder 30 Jahren hat sich die Architektur weg von der Statik zum Ephemeren hin verändert. Statik ist eigentlich falsch, man müßte sagen: weg vom Tektonischen, vom Gebauten. Die Architektur hat auch die Tendenz, sich mit den immateriellen Künsten zu verschwistern. Wenn man sich klar macht, daß ein Reichstagsgelände dazu benutzt wurde, um durch Scheinwerfer des Nachts eine Überarchitektur zu bauen, dann sehen Sie schon, daß bereits Hitler erkannt hat, was die Kombination dieser beiden Medien im demagogischen Sinn ermöglicht. Wir müssen uns überlegen, ob wir das den Demagogen allein überlassen, solche Verbindungen und damit »Eindruck« in diesem negativen Sinn zu machen. Daß Laser und Architektur zusammenfinden, daß das immaterielle Bühnenbild auf dem materiellen Hintergrund gedacht werden muß, ist klar. Gerade die gegenwärtige Tendenz, das immer schon Feste immateriell werden zu lassen, ist die äußerste Spannung, die existiert. Man muß das zusammenbringen, nicht auseinanderhalten, weil das Ergänzungen sind.

RÖTZER Die neuen Medien sind Verwirklichung und Ausdruck der globalen Vernetzung unserer Welt. Sie sind standortungebunden, in keiner Weise behaftet mit irgendwelchen regionalen Gesichtspunkten. Regionalismus war aber in der Architektur eine maßgebliche Kategorie der Postmoderne, die gegen den Universalismus der Moderne, gegen den internationalen Stil aufgebaut wurde. Sie redeten im Laufe unseres Gespräches nie von Regionalismus, wohl aber vom Pluralismus. Wenn es die Simulation ermöglicht, ein afrikanisches Eingeborenendorf mit einer Straße in New York zu konfrontieren, dann würde das die Idee der Regionalität durch freie Verfügbarkeit der Szenarien gerade unterlaufen. Vielleicht macht die in den Medien mögliche Austauschbarkeit der Symbole und Szenarien nur deutlich, daß der postmodernen Architektur trotz oder gerade wegen ihres Hangs zum Regionalen bereits diese Indifferenz zugrunde lag.

KLOTZ Ich weiß gar nicht, ob wir den Regionalismus unbedingt retten müssen. Der Regionalismus war in seiner Bedeutung ein Zwischenakt. Er hat dazu verholfen, in diesem verallgemeinerten Funktionalismus das Spezifische wiederzufinden. Das neue Globale dürfte aber nicht wieder so aussehen, wie es eben ausgesehen hat. Wir gehen durch die Postmoderne hindurch und kommen zu neuen Ufern. Es bleibt, das sieht man heute schon, nicht beim Historismus und Regionalismus. Viele meinen heute, sie hätten dieses Elend überstanden und könnten nun wieder das machen, was 1960 galt. Wir haben interessante Rückfallerscheinungen. Wir haben plötzlich wieder den Konstruktivismus, als sei nichts gewesen. Wir haben aber auch einen Konstruktivismus, der sich bewußt ist, daß die Postmoderne da war und noch da ist. Wir haben einen Universalismus, der bewußt auf Regionalismus rekurriert. Der Regionalismus mußte erst einmal wieder artikuliert werden können, um dann das Globale weniger uniformierend und weniger radikal in dem Sinne zu verwirklichen, als könne der Funktionalismus – die Zweckherrschaft – alle anderen Begründungen einfach erledigen. Wir haben eingesehen, daß der Funktionalismus als globale Methode, die die Architektur in der ganzen Welt bestimmt hatte, so nicht mehr geht. Wenn wir heute in Hongkong die High-Tech-Bank von Foster sehen, dann ist das etwas anderes als die Glasbox, die 1960 überall gebaut wurde.

Auch im Namen der fortgesetzten Moderne haben wir eine andere Moderne, eine Moderne der Fiktionalität, nicht der Funktionalität. Im Dekonstruktivismus gibt es heute eine Fortsetzung der Postmoderne insofern, als jetzt mit der Konstruktion gespielt und fiktional eine Geschichte vom Nicht-Perfekten erzählt wird. Aber es wird nicht das Know how demonstriert, wie man konstruiert. Das war ja die Mühe der dreißiger, vierziger und fünfziger Jahre, immer wieder vorzuzeigen, was man alles weiß und was man mit den neuen Materialien alles machen kann. Heute sprechen wir wieder die Sprache dieser neuen Materialien und dieser Konstruktionen, aber wir spielen damit. In allen dekonstruktivistischen Projekten herrscht die Absicht vor zu zeigen, daß sich das Strikte der Konstruktion lockern und teilweise von der Uniform und vom Zwangscharakter des Gerüstes befreien kann, um die Geschichte zu erzählen, daß wir an das große Perfekte und das Glatte nicht mehr glauben, also an das Maschinenprodukt, die Prüfabschlüssigkeit. Das ist zumindest eine Intention, die sich in der Architektur heute ausdrückt. Mit der Sprache der Moderne werden neue Geschichten erzählt, die aus der Postmoderne stammen. Darin sehe ich auch die Zukunft, aber ich sage nicht, daß damit der Historismus und Regionalismus endgültig erledigt sind. Anachronistisch jedenfalls wäre es, den Regionalismus um jeden Preis in den neuen Medien zu retten. Die Medien haben von sich aus die Tendenz, sich zu vernetzen und international zu werden. Warum sollten wir diesen Inhalt dann noch in ihnen unterbringen? Das sind Inhalte, die anderen Gattungen vorbehalten bleiben. Das große Positive der Medien ist gerade die internationale Vernetzung. Man muß nicht alle Qualitäten, die die Postmoderne entwickelt hat, in den neuen Medien unterbringen.

RÖTZER Von den Medien wird, was Sie auch sagten, immer angenommen, daß sie Wirklichkeit simulieren und uns neue Wirklichkeiten virtuell vorstellig machen können. Gibt es in den Medien überhaupt das fiktionale Moment, das etwa als Schein in den traditionellen Kunstgattungen vorkommt?

KLOTZ Wenn ich mit den neuen Medien so weit gehe, daß ich sie als Simulationsmedien gebrauche, was der äußerste Grad von Illusionismus wäre, dann gerate ich auch dorthin, wo ich den größten Abstand zum alten fiktionalen Kunstwerk habe. Wenn ich mich in Simulationen hineinstürze und dabei erlebe, daß das ertäuschte Wirklichkeit ist und es doch nicht ist, dann ist das etwas anderes, als wenn ich vor einem perspektivischen Bild stehe und immer gesagt bekomme: Dies soll Wirklichkeit sein! Da ist die größere Distanz zur Fiktion, die immer von der Selbstreflexion begleitet ist. Der Film ist uns schon näher gerückt. In der Dunkelheit des Kinos wird die Selbstvergessenheit größer. Bei der Simulation gerate ich dann in die seltsame Situation, an mir selbst zu empfinden, daß die vorgestellte Realität zwar psychisch eine ist, aber daß ich gleichzeitig in die Reaktionsform gebracht werde, darüber zu lachen. Das ist der bekannte Riesenbahneffekt. Man wird in das Tal hinuntergeworfen und kreischt auf. Man erfährt also diesen Berg-und-Tal-Bahn-Effekt an sich selbst in den Simulationskapseln und nimmt das merkwürdigerweise doch nicht ernst. Der höherwerdende Grad an Illusion, die Simulation, bringt uns schließlich dazu, es in diesem Maße auch zu glauben, wie es die Simulation verlangt, aber es kommen neue Mechanismen der Distanzsuche hinzu. Je geringer der Abstand, desto mehr suchen wir erneut Distanz zu gewinnen und haben dafür auch wieder körperliche Reflexe: Wir lachen beispielsweise.

Aber darüber habe ich noch nicht genügend nachgedacht. Allerdings ist ganz allgemein noch zu wenig bedacht worden, wie sich das kunsttheoretisch erklären läßt. Es wäre ja eine Frage wert, wie es mit der Ästhetik der Simulation im Verhältnis zur Ästhetik der Illusion und weiter im Verhältnis zur Identität Kunst = Leben aussieht. Wir sollten diese dritte Station mehr und mehr mitbedenken. Unser Denken läuft noch immer auf der Schiene des Kontrastes zwischen der Identität von Kunst und Leben oder Fiktion. Simulation ist eine neue Station, die ganz andere Kategorien erfordert, auch anthropologisch gesehen, nicht nur von der ästhetischen Theorie her.

RÖTZER Die Haupttendenz der Technologieentwicklung besteht auch in dem Ziel, die Simulation möglichst perfekt zu erreichen. Wo Technik mit der Kulturindustrie zusammengeht, zeigt sich das am deutlichsten. Wenn das ZKM nun die Kunst in den Vordergrund stellt, wäre es dann eine Aufgabe des Zentrums, gegen diesen Trend in den Medien zu arbeiten und so das Fiktionale oder den ästhetischen Schein gegenüber der Simulation zu wahren?

KLOTZ Das Fiktionale soll nicht durch Simulation ersetzt werden. Die Kulturindustrie möchte das. Je größer die Illusion im Sinne von Simulation, desto befriedigter – so meint man – sei das Publikum. Dahin geht sicher auch die Tendenz, in der die Aufgabe des traditionellen Kunstbegriffs impliziert wäre. Aber man kann das Fiktionale nicht künstlich mit gutem Willen retten, sondern auch hier muß man Simulation und Fiktion wieder aufeinanderprallen lassen. Man darf nicht versuchen, das Fiktive als eine Art Kulturinsel retten zu wollen. Aber andersherum frage ich mich, ob man Simulation nicht dazu benutzen kann, um zumindest didaktisch Aufklärung zu erzielen. Das wäre nicht der Weg zum Kunstwerk, sondern der zur Erkenntnis. Ihn muß man zu gehen versuchen, ob aber dabei Kunst herauskommt, weiß ich nicht.

Die Simulationstechniken ermöglichen extrem direkt, etwas einzusehen. Im Architekturmuseum haben wir im Winter 1989 nach 10 Jahren Arbeit 22 Großmodelle aufgestellt, in denen die Geschichte des Siedelns und Wohnens gezeigt wird. Das gibt es so noch nirgendwo, und es sind sehr komplexe Modelle. Es geht mit dem ersten Haus des Menschen 400 000 Jahre v. Chr. los, das in Nizza ausgegraben wurde, und endet beim Wolkenkratzer. Wir machen das nicht als eine Geschichte der Architekturtypologien, sondern als eine der Umwelten, um zu zeigen, wie ungeheuer kontrastreich der Weg ist, der mit der Urhütte beginnt und vorläufig beim Wolkenkratzer aufhört. Wenn ich die gleiche Folge von Umwelten simuliere und nicht diese sehr konventionellen Modelle nebeneinander stelle, dann hätte ich ganz sicher den höheren Erkenntniseffekt. Wenn man es schafft, einem Menschen zu zeigen, wie Menschen 400 000 Jahre v. Chr. gelebt haben und wie sie heute im Aufzug das Empire State Building hinauffahren, dann sind das Simulationsmöglichkeiten, die man nutzen müßte.

RÖTZER Gleichzeitig würden diese Möglichkeiten aber die Funktion des herkömmlichen Museums erübrigen, weil man sich das prinzipiell auch auf den eigenen Bildschirm holen könnte. Ist es aus dieser Perspektive nicht paradox, daß Sie im Zentrum eine Ausstellungsaktivität entfalten wollen, also in einem Zusammenhang, der auf die elektronischen Medien ausgerichtet ist, die genau diese konventionelle Form der Ausstellung an einem Ort und in einem gebauten Raum überflüssig machen?

KLOTZ Daran muß man in einem solchen Zentrum ja arbeiten, das feststehende Gehäuse überflüssig zu machen. Wir haben das noch nicht, und es wäre nichts interessanter, wenn man über das Netzwerk solche Simulationseffekte vermitteln könnte. Aber stellen Sie sich vor, was das an Veränderungen in der Infrastruktur mit sich bringen würde. Um das zu verwirklichen, muß man aber das Zentrum zuerst bauen.

RÖTZER Es ist geplant, einen Bereich innerhalb des Zentrums zu schaffen, der »Medien für den Bürger« genannt wird. Erfahrung von Simulation ist eigentlich ein ganz passiver Vorgang: Man setzt sich hin wie im Kino oder vor den Fernseher oder reagiert auf Signale wie bei den Flippermaschinen. Auf der anderen Seite wird mit den neuen Technologien immer die damit erweckbare Kreativität gefeiert. Jeder könne nun das machen, was zuvor von Experten gemacht und verwaltet worden ist. Früher war jeder ein Künstler, jetzt wird er es am Computer.

Klotz Ich mag den Begriff nicht, weil er mißbraucht wurde. Jede Reformanstrengung wurde sogleich als Förderung der Kreativität ausgegeben. So schnell ist man aber nicht kreativ. In diesem Fall muß man wenigstens die Instrumente kennenlernen, was man auch muß, wenn man malt. Bei den neuen Techniken ist das Lernen allerdings noch schwerer. Zuerst muß man wissen, wie der Bürger lernen kann, mit diesen Apparaten verantwortungsvoll umzugehen. Ob er dann auch kreativ wird, ist eine zweite Frage. Für mich steht das Lernen, was die Apparate bewirken und was die Menschen ausrichten können, an erster Stelle. Dazu braucht man Lehrer, die das den Leuten auch beibringen können. Hier kommt schon eine erste Quantitätshürde ins Spiel, weil die Mitarbeiter nicht täglich 500 Besucher anleiten können. Man muß also neue didaktische Vermittlungswege finden. Das Prinzip muß sein, daß jeder vom Anfang bis an die letzten Möglichkeiten im Labor durchkommen kann. Das sollen nicht nur die Wissenschaftler und Künstler sein.

Am Helmholtz-Gymnasium in Karlsruhe wird schon Computergrafik gemacht, was zum Teil recht kreativ ist. Die Erfahrung machen zu können, was durch eine Eingabe nachher als Form, durch den Computer hindurch, herauskommt, kann solch eine kreative Erfahrung sein, während das bloße sich darüber Wundern, was die Maschine alles kann, es sicher nicht ist. Das Aha-Erlebnis, daß die Maschine auch das, was wir schon immer zeichnen konnten, auch zeichnen kann, genügt nicht. Es geht nicht darum, in einem solchen Medienzentrum auf einen neuen Kunstbegriff hinzusteuern, sondern darum, wie die pädagogischen Möglichkeiten, die wir haben, eingesetzt werden können, um diese Techniken zu erklären. Dann erst können wir nach Kreativität und Kunst fragen. Ich habe großes Mißtrauen gegenüber all denen, die vergessen, daß der Computer ein Instrument ist, und den unmittelbaren Effekt verlangen, also erwarten, daß das, was hinten herauskommt, schon gleich ein Kunstwerk sein muß. Zunächst einmal ist der Computer zwischengeschaltet; er ist ein Hilfsmittel. Ein Hilfsmittel auch für die Herstellung von Dingen etwa im Computer-Aided-Design. Da ist die Zeichnung, die der Computer anfertigt, nicht schon das unmittelbare Produkt, sondern es ist das Hilfsmittel, um zu einem Produkt zu gelangen, wobei zusätzliche Zwischenentscheidungen getroffen werden müssen. Wir kommen zuerst zu einer Erkenntnis und nicht gleich zum ästhetischen Genuß. Das sind die höheren Weihen, die ich nicht immer anziele, weil für mich der Erkenntnisweg, der dazwischen liegt, wichtig ist. Da liegt auch die Möglichkeit, »Medien für den Bürger« als einen Weg des Lernens ansehen zu können. Wenn sich jemand beispielsweise ein Haus bauen will, dann kann er den Grundriß in den Computer eingeben und er bekommt zwanzig Alternativen. So stelle ich mir auf einfache Weise den Einsatz des Computers vor. Die Variantenbreite, die man als Ergebnis bekommt, ist in sich ein Gedankenstoß. In dieser Variantenbreite, die einem der Computer zur Verfügung stellt, liegt auch die Wurzel des Lernens. Auch die Geschichte der Medien wird Thema des Medienmuseums sein, z. B. wie man von der Illusionsperspektive der Renaissance zur Holographie kommt. Die klassischen Medien werden ein Thema sein, oder die Entstehung des Comic Strips, also wie es zur Sprechblase kommt, was ein interessanter historischer Prozeß ist. Die Sprechblase ist ein Medium. Nach solchen »harmlosen« Sachen frage ich auch, weil sie nicht selbstverständlich sind. Das Zentrum wird zum großen Teil ein Zentrum für die Mediendidaktik und für die Geschichte und Erklärung der Medien sein. Wenn es dazu kommt, daß wir am Ende überdies Kunstwerke produzieren, würde ich mich freuen.

Heiko Idensen/Matthias Krohn
Kunst-Netzwerke: Ideen als Objekte

»Ein Rausch kommt über den, der lange ohne Ziel durch Straßen marschierte ...«

Walter Benjamin, *Der Flaneur*

Das größte Manko der gegenwärtig geführten Philosophiedebatte über die Neuen Technologien[1] ist das Fehlen einer ihr korrespondierenden emphatischen Praxis. Dem andauernden virulenten Diskurs einer Ästhetik der technischen Bilder antwortet nicht eine künstlerisch-soziale (unberechenbare), sondern eine technisch-pragmatische (berechenbare) Avantgarde, die sich mit dem schönen Schein umgibt. Zu beobachten ist, daß die gegenwärtigen ästhetischen Strategien der Künstler der Neuen Technologien vornehmlich restaurativen bisweilen manieristischen Charakter besitzen. Gerade der täuschende, aber gebräuchliche Rückgriff auf wohlbekannte ästhetische Konzepte (Bauhaus, Mondrian, Klee, Disney, Escher) macht die image-schaffende Computerkunst zu einer langweiligen Schau von Bildimitaten.

Glenn Goulds These, daß der Fälscher der Held der elektronischen Kunst sei, wird schließlich zur namhaften Realität, wo die Künstler »ihre« Bitmaps – wie auf der »artware« geschehen – signieren. Daß viele der Exponate auch ohne die Hilfe des Werkzeugs Computer – zumeist billiger und schneller – zu produzieren gewesen wären, ist allerdings dort nebensächlich, wo es sich letztlich darum dreht, Technik in den Kontext von Kunst zu stellen. Kunst aus dem Computer hat augenblicklich die Tendenz, sich als preiswerter oder gar unbezahlter Promotor der EDV-Industrie anzudienen und so unbeabsichtigt oder gewollt als Immunisierungsfaktor zur flächendeckenden Einführung informationsverarbeitender Maschinen zu funktionieren. Diesem Trend schließen sich die im Aufbau befindlichen Technologiezentren in Köln und Karlsruhe, die Kunst stolz als Präfix im Titel führen, an, wenn sie die nach amerikanischem Muster (MIT u. a.) – zugegebenerweise in Deutschland schwer zu verwirklichende – Erfolg versprechende Funktionalisierung von Kunst mit der Union von wirtschaftlicher Potenz, politischer Innovationsgläubigkeit und affirmativer künstlerischer Intelligenz betreiben. So wünschenswert diese Großprojekte im Hinblick auf Bereitstellung von Produktionsmitteln und Präsentationsmöglichkeiten sowie ihrer Wirkung als internationaler Multiplikator sind, so fügen sie sich doch in das Bild einer die digitalen Künste vereinnahmenden Institution, da zu befürchten bleibt, daß nur jene Ideen gefördert werden, die den Sprung auf den Markt verheißen.

Die desolat zu nennende Situation der digitalen Kunst resultiert vornehmlich aus dem Verständnis ihrer Produzenten, die sich der Maschine als ein künstlerisches Universal-Werkzeug bedienen, das ihnen Pinsel und Farbtopf, Kamera und Filmteam ersetzt oder ihnen als Reißbrett, Setzerei, Klangfabrik oder Zitatlexikon zur Verfügung steht. Ihre spielerisch-kreative Nutzung fremdprogrammierter Anwendungen bedient sich der Maschine als einer trivialen[2]: einem gleichen Input folgt zuverlässig der gleiche Output. So frei von Überraschungen kann eine Kunst nur sein, wenn es keine ist.

Der Verwendung des Computers im Namen der Kunst, wie sie in der bildproduzierenden digitalen Kunst vorherrscht, stehen die Konzepte der interaktiven Computerkunst gegenüber, die sich der Maschine vorrangig als Kommunikationsmedium bedient. Diese sogenannte »Netz-Werk-Kunst« betont den Interface-Charakter des Computers. Dieser erscheint dann nicht als die Simulation eines beliebigen Werkzeugs, sondern als Schnittstelle und Knotenpunkt angeschlossener Kommunikationsmedien, die durch ihn geschaltet werden. Bezeichnenderweise spricht Gene Youngblood in diesem Zusammenhang vom Computer als einem Meta-Medium, das verschiedene Systeme – sofern sie digitalisierbar sind – zum Zweck einer kommunikablen Funktionseinheit koppelt. Die Netzwerkprojekte mit künstlerischem Anspruch nutzen den elektronischen Datenraum, um frei von geographischen und über kulturelle Grenzen hinweg intermedial und interkulturell zu kommunizieren.

Allerdings ist es im künstlerischen Bereich trotz der forcierten Installation von leistungsfähigen Datennetzen und dem hohen Verbreitungsgrad anschließbarer Endgeräte bisher noch zu keinem nennenswerten, langfristigen telematischen Netzwerk-Projekt gekommen. Die Schwierigkeiten bei der Realisierung eines Kunst-Netzwerkes finden sich dabei keineswegs nur auf der technischen Seite. So haben die öffentlichen wie kommerziellen Netzwerke zwar die Technisierung der Kommunikation vorantreiben können, regen aber in keiner Weise zu neuartigen und kreativen Prozessen im Umgang mit den Neuen Technologien an. Ganz im Gegenteil: eher scheint der über Anweisung und logische Syntax ablaufende Dialog mit und über die Maschine auch den zwischenmenschlichen Dialog zu verarmen.

Nach unseren Erfahrungen mit dem Hypermedia-Projekt PooL-Processing[3] gehen die Ansprüche an ein Kunst-Netzwerk über die reine Verwaltung und Distribution von relevanten Informationen für und von Künstlern sowie die Präsentation von Texten, Grafiken und Animationen mit künstlerischem Wert hinaus. Ein Kunst-Netzwerk läßt seinen Benutzer zum Akteur seiner eigenen Ideen werden und steht ihm gleichzeitig als multimedialer Ideengenerator zur Verfügung. Daß ein derartiges Netzwerk bei seiner Umsetzung einen synergetischen Problemkomplex aufwirft, in dem sich ästhetische, technische und soziale Dimensionen auf vielfältige Weise verknüpfen, ist offensichtlich. Zum einen müssen ästhetische Modelle entwickelt werden, die die Besonderheiten vernetzter Medienapparaturen als Produktionsinstrument im künstlerischen Bereich berücksichtigen. Zweitens bedarf es interaktiver Programme und leistungsfähiger Human-Machine-Interfaces, die den Benutzer nicht in seiner Tätigkeit als Akteur behindern, sondern ihn emanzipieren und aktivieren. Drittens muß das Netzwerk nicht nur öffentlich, sondern auch in jeder denkbaren Weise offen sein, um über breite soziale Rückkopplung neue interkulturelle Gemeinschaften zu bilden.

Der Titel »Ideen als Objekte« ist daher ganz im Sinne der synergetischen Komplexität bei dem Entwurf von Kunst-Netzwerken zu verstehen: technisch weist er auf die Transformation assoziativer Ideen in reale, verknüpfbare Objektdateien hin; metaphorisch markiert er den Übergang einer informierten Gesellschaft zu einer Informationsgemeinschaft; ästhetisch bezeichnet er ein produktionsorientiertes Verfahren, das seine Entsprechungen in der Literatur der Moderne wie in der Philosophie hat, diese aber durch die medialen Konnektionsmöglichkeiten des Computers in eine Sphäre vernetzten, gemeinschaftlichen Schaffens überführt.

Symbolmanipulationen-Autopoesis
Wie läßt sich angesichts des Computers noch philosophieren?

Der Mensch als *operator* sieht sich einem universellen Rückkopplungsmechanismus gegenüber, der alle Sensationen bisheriger Medien kassiert: auf dem Bildschirm sieht er die Bilder/Strukturen/Zellen/Wucherungen des eigenen Denkens veräußerlicht, an die er sich von Außen wieder anschließt. Selbst connected, verzweifelte Selbstreferenz, Auflösung aller Sinne in einem exzentrischen Kommunikationsakt, bei dem alle Daten, Verzweigungen, Programme, Schleifen, Fiktionen und Fakten stets in einer Kreislinie auf sich selbst zurückfallen.[4]

Während aus der Architektur der Städte der Mensch total verschwunden ist, taucht er plötzlich in den simulierten *Spielwelten* künstlicher Intelligenzen als Doppelgänger wieder auf. In den *Reflexen* labyrinthischer Abenteuerspiele findet er möglicherweise einen neuen Spiegel, ein neues Gegenüber, das im Gegensatz zum toten sozialen Raum Möglichkeiten von Katharsis, Leidenschaft und Verführung eröffnet, die denen der antiken Tragödie in nichts nachstehen, außer daß die digitalen Tragödien weniger grausam, furchterregend und von tödlicher Gefahr gezeichnet sind. Es sind eher oberflächliche Effekte, die sich auf den Bildschirmen der Terminals abspielen und deren Tragik möglicherweise im Ausschalten der Sinne und des Körpers liegt.

Die *Metaphern* des oft euphorisch benutzten Ausdrucks *autopoetisches* System umschwirren das philosophierende Tier im Netz der Systeme als neuer *Ursprungsmythos* des *kybernetischen* Zeitalters: Golem, Mensch-Maschine, Sprechmaschine, Kunstmaschine, Künstliche Intelligenz. Logisch scheint in diesem Zusammenhang als letzte Frage des Philosophen der künstlichen Intelligenz übrig zu bleiben, ob man ohne Körper denken kann?[5]

Als *Schnittpunkt/Träger/*Tastendrücker shiften die Subjekte im gesellschaftlichen Raum, der sich aufheizt im Austausch von Geld und Informationen. Gleichzeitig sind sämtliche sozialen Maschinen mit Sex, Erotik, Kunst, Interesse, Leidenschaften, Glauben und Metaphysik geschmiert. Zur Religion für das Volk wird fortan der Glaube an den Rausch der Rückkopplung, den *Feed-back-Bogen*, mit dem die sozialen Prozesse aufgeladen werden.

Diese Prozesse in einem Akt der *Entwendung* umzukehren, das »Füttern« von Informationen als eine produktive/ästhetische/kommunikative Tätigkeit zu begreifen, kann auch den Umgang mit den informationsverarbeitenden Maschinen revolutionieren.

Die Computer sind zunächst nichts anderes als einfache universelle Maschinen, die *Zeichen* auf der Basis des digitalen Codes verarbeiten. Im Unterschied zu anderen Maschinen sind sie nicht für eine spezifische, spezialisierte Verwendung konstruiert, außer derjenigen, *Instruktionen* zu folgen und abzuarbeiten.

Sie sind aber insofern *symbolverarbeitende Maschinen*, als die eingegebenen Zeichen nicht nur linear abgearbeitet werden, sondern der digitale Code auch logische Verarbeitungsstrukturen erzeugen kann, die denen des menschlichen Gehirns analog sind. Insofern scheint zum ersten Mal in der Geschichte der *ganze Mensch* von einem *Medium* imitiert und ersetzt zu werden. Ob freilich der Computer zu einer *aktiven Symbolverarbeitung* taugt bzw. ob ein solches Ansinnen überhaupt wünschenswert ist, treibt einen tiefen Graben zwischen Befürworter und Gegner der KI-Forschungen.

Waren die bisherigen Maschinen auf unterschiedliche Art und Weise *Verlängerungen* menschlicher *Organe* – Hebel, Geschosse bis hin zur Kriegsmaschinerie, wie sie Virilio als fundamentalen Zusammenhang von *Krieg* und *Kino* beschreibt[6] –, so stellt der Computer ein frei programmierbares *selbstorganisiertes System* dar.

Wie bei jedem Sprung in der Entwicklung eines neuen Mediums wurden zunächst die Funktionsweisen herkömmlicher Medien imitiert: unter der Herrschaft eines Supervisors (Hauptprozessors) werden hierarchisch Maschinenbefehlsketten abgearbeitet. Kittler etwa leitet die strenge Trennung von Daten und Programmen als Funktionsweise des Computers aus seinem historischen Zusammenhang als Medium des *Informationskrieges* ab.[7]

Das Kino imitierte zunächst das Theater, die Fotografie die Malerei. Und derart, wie sich die Befreiung des Kinos im Schnitt, in der Montage, im Zoom in einer Loslösung vom menschlichen Blick entwickelte, ist der Entwurf weiterführender »postmoderner« Konzepte für den Umgang mit Computern als eine Loslösung von linearen Algorithmen und Datenstrukturen zu sehen.

Nach einer ersten Phase linearer Programmier-Konzepte zeichnet sich mittlerweile auch im Bereich des Software-Schreibens eine Emanzipation von einfachen Input-Output Regelkreisen ab, die sich zunächst als fundamentale Kritik am Selbstverständnis und an den Strukturen der Programmierung zeigt.

Analog zur ›Krise der Erzählungen‹ (in Kunst, Wissenschaft und Literatur) kann auch im Bereich der *künstlichen Intelligenz* nach anfänglicher Euphorie von einer *Softwarekrise* gesprochen werden:

Nach prototypischen Programmen wie *General Problem Solver*, die eine Übertragung von logischen Operationen in maschinelle Algorithmen ermöglichen sollten, blieben anwendungsbezogene Programme wie *Expertensysteme* und Maschinen für logische Schlußfolgerungen auf dem Höhepunkt ihrer Versprechungen stecken: sie konnten nicht über den Schatten der Repräsentation von Wirklichkeit springen und scheiterten gerade an den ›einfachsten Problemen‹ wie Alltagswissen, Plausibilität, unscharfes und unstrukturiertes Wissen.

Gleichzeitig ist der Home- und Personalcomputermarkt durch verschiedene Konzepte konkurrierender Anbieter stark verunsichert.[8] Gemeinsam ist der Softwarekrise und den Problemen der Anwender im Umgang mit dem neuen Medium Computer neben der *Interface*-Problematik eine *Kontroll- und Steuerungskrise*, deren Lösung die Medienkünstler nicht allein den Technikern, Marketing-Strategen und Systemprogrammierern überlassen dürfen.

Ein systemintegrierender, rein technologischer Schaltplan der Medien würde nur die gegenwärtige Struktur gesellschaftlicher Kommunikation verlängern: zentralisierter Sender – vereinzelter, einsamer, in die Enge getriebener Empfänger.[9]

Ein offensiv ästhetischer Gebrauch von Medienverbundsystemen wird da erschwert, wo eine *Medien-Kritik* nur am Output der Medien, d. h. den technischen Bildern selbst, ansetzt und so in den Untergangsgesang auf die literale Kultur einstimmt und nicht am produktionsästhetischen Nerv, d. h. an den Schaltungs- und Vernetzungsstrukturen. Auch die übliche Forderung nach sozialer Kontrolle der Sender bzw. sozialem Engagement der Produzenten (der Autor als Agent der Massen)[10] löst nicht die *Inter-*

face-Problematik zwischen Medien und Produzenten. Produktionsweisen aus dem Bereich der Kunst in einen anderen Umgang mit den Kommunikationsmedien einzuschleusen, weist möglicherweise aus dem Dilemma postmoderner Endzeittheorien heraus und läßt einen neuen ästhetischen Produktionsbegriff zu, der sich auf den Oberflächen der neuen Medien abspielt.

Die Schleuse, durch die künstlerische Produktionsweisen in die Informationsverarbeitung Eingang finden, ist in der Gestalt der Programme und des Programmierens zu suchen.

Eine Geschichte der Programmentwicklung dynamischer Systeme zeigt, daß dieser Zweig der Computerwissenschaft lange Zeit ein esoterischer Ableger war, der darauf zielte, die Grenzen des Programmierbaren ins Utopische zu verlängern. Assoziative Denkstrukturen in die Apparatur zu verlagern, erschien als ein Vorhaben wirrer Programmierer, die hartnäckig an den Bedürfnissen des Marktes vorbei, an Lösungen für Probleme arbeiteten, die es noch nicht gab.

Solche Modelle für nicht-hierarchische Verknüpfung von Daten aller Art, wie sie schon gleich nach dem Zweiten Weltkrieg auf Hochleistungscomputern amerikanischer Universitäten in Forschungsprogrammen (zumeist für das Militär)[11] entwickelt wurden, sind heutzutage für eine breite Benutzerschicht aktuell geworden. Die Verbreitung grafikfähiger Personalcomputer mit entsprechendem Speicher hat das Bedürfnis und die Notwendigkeit nach komplexen Anwendungen entstehen lassen, die dem Benutzer eine freie Gestaltung der Organisation verschiedenartiger Daten erlauben.

Der wissenschaftliche Berater Präsident Roosevelts und Koordinator amerikanischer Wissenschaftler Vannevar Bush veröffentlichte schon 1945 in einem Artikel *As We May Think*[12] seine Visionen über ein wissenschaftliches Informationssystem *»Memex«* (MEMory-EXtender): im Gegensatz zu einer hierarchischen und abstrakten Indexierung bisheriger (relationaler) Datenbanken, die nur numerische oder alphabetische Sortierungen erlaubten, sollte *memex* ein *Online-Text-* und *Retrievalsystem* mit assoziativem Zugriff auf Texte, Fotos, Zeichnungen und persönliche Notizen sein. Die Suchwege, sogenannte *knowledge trails*, der unterschiedlichen Benutzer knüpfen im unstrukturierten Datenbestand *Netze*, die Wissenspfade der Benutzer festhalten, indem ausgesuchte Textstellen mit Grafiken oder anderen

Textstellen assoziativ verkettet werden. Randbemerkungen, Fortschreibungen, Kommentare sind jederzeit möglich, ebenso die Weitergabe von Wissens-Pfaden an andere Benutzer. Bushs Utopien beeinflußten zwar die Entwickler und Wissenschaftler, zum Einsatz kam ein ähnliches System (»NLS« für oN Line System) aber erst im Jahre 1968 in Stanford zum Erstellen und Bearbeiten von Dokumenten durch mehrere Benutzer in Konferenzschaltungen. Durch das gemeinsame Arbeiten in verschiedenen Bildschirmausschnitten, das Benutzen der Maus als Steuergerät und das Zwischenschalten von Filtern, mit denen bestimmte Informationsebenen ein- und ausgeblendet werden konnten, eignete es sich für Entwickler, die vernetzt an einem gemeinsamen Dokument arbeiten konnten, hervorragend für Projektplanung, -design und -entwurf.

1965 wurde schließlich der Begriff *Hypertext* von Ted Nelson als nicht-sequentielles Schreiben und Lesen allgemein definiert. Aus einer Analyse des *Schreibprozesses* gewinnt Nelson in seinem subkulturell inspirierten Buch *Computer Lib – dream machines*[13] die Strukturen für ein universelles *Denkspielzeug-Programm* (»es muß leicht zu bedienen sein und *Spaß* machen!«[14]), das *Denkprozesse* durch die *Visualisierung* komplexer Strukturen prozessural unterstützen soll. Dabei soll es die Gleichzeitigkeit verschiedener Ebenen eines produktiven Schreibprozesses aufnehmen und dazu analoge Verarbeitungsmöglichkeiten auf dem Computer zur Verfügung stellen:

1. Entwickeln von punktuellen Ideen (Bilder, Auswahl von provisorischen Verbindungs-Punkten und Relationen);
2. Komplexes Aussieben und Ordnen dieser Ansammlungen;
3. Verbinden der entwickelten Sequenzen (Übergänge und Nebeneinanderstellen von Organisationsteilen, Kreuzungen und Weichzeichnen [Smoothing] von Übergängen). Im Zusammenspiel von Detailbearbeitung und Gesamtüberblick wird in wiederholten *Versuchen* durch immer komplexer werdende Verknüpfung von verschiedenen *Materialien* ein *Netzwerk von Ideen* geschaffen. Diese Art der Wissensakquisition und -verarbeitung unterwandert die hierarchische gesellschaftliche Wissensformation und ermöglicht einer Vielzahl von Benutzern einen Zugriff auf Wissen mit der Möglichkeit der Veränderung und Verbesserung der *Struktur* dieses dynamischen Datenraumes.

Durch Nelsons offenes und universelles *Informationsnetzwerk*

XANADU, das zunächst unter dem Betriebssystem *UNIX* läuft, soll ein elektronisches Veröffentlichungssystem einer großen Anzahl von Benutzern zur Verfügung stehen. Im Gegensatz zu den kommerziellen Datenbanken, die momentan verfügbar sind, hat der Benutzer – in Anlehnung an die Ideen von Bush – eine *aktive Rolle*: durch *Kombination* und *Verknüpfung* von Informationen, die wieder in das System zurückgespeist werden, wächst die Komplexität der Datenbank durch die individuellen Suchprozesse der Benutzer und stellt somit ein wirklich offenes *Medium* dar, das das Konzept eindimensionaler Informationsvermittlung hinter sich läßt.

Dynamischen Wissensstrukturen mit einer Zerlegung in ein *Gedanken-Alphabet* von Wissens*bausteinen* im Zusammenhang einer vernetzten Definitorik, wie sie im Projekt *Enzyklopädie*[15] am Vorabend der Französischen Revolution erarbeitet wurden, werden in solchen Online-Systemen weitergeführt in die Richtung eines offenen interkulturellen Netzwerkes.

Als ein universelles Wörterbuch versammelt die Enzyklopädie Wissensbausteine der schönen und mechanischen Künste. Das Problem der *Einteilung* und *Zuordnung* dieser Wissensgebiete wird durch die Darstellung eines *Wissensbaumes* gelöst. In der Akquisition von Produktionswissen aus Handwerk und Manufakturen werden neuartige Frage- und Darstellungsformen entwickelt. Dem Leser wird durch ein *Verweissystem* ein aktives Vernetzen der Bausteine ermöglicht.

Im Gegensatz zum linearen Lesen arbeitet man sich durch die Enzyklopädie mittels ihrer Verweise, die den Zusammenhalt der enzyklopädischen Ordnung organisieren. Es gibt inhalts- und themenbezogene Verweise (»solche auf Sachen«) und sprachbezogene (»solche auf Wörter«).[16] Während die ersten Zusammenhänge mit angrenzenden Gegenständen *sachlich* erläutern, ruft die Begriffsarbeit ähnliche *Prinzipien* in Erinnerung. Durch das Verfahren der *Koppelung*, der Herstellung von Bezügen und Analogien, ist dem Leser offene *Anfechtung, Widerlegung, Lächerlichmachen* möglich. Durch die Kunst des Wechselspiels von Bestätigung und Widerlegung gewinnt das Projekt der Enzyklopädie für seine Organisatoren eine »innere Stärke«: »Dieser Charakter zielt auf eine Änderung der herkömmlichen Denkweise ab.«[17]

Die Geschichte der politischen Verfolgung der Enzyklopädie bis hin zu ihrem Verbot 1759 sowie die einsetzende Selbstzensur der Verleger sind Beweise für die politische Sprengkraft eines solchen Projekts.

Wie die Arbeit der Enzyklopädisten heutzutage weitergeführt werden kann, ist eine Herausforderung für die Produktion und Verbreitung des »postmodernen Wissens«, dessen Hauptschwierigkeit nicht mehr in der Beherrschung der Natur liegt, sondern darin, ein *Netz* von Verbindungen aufzubauen, in dem sich gemeinsam sowohl *Information* als auch komplexe *Organisation* weiterentwickeln können.

»Die Enzyklopädie von morgen, das sind die Datenbanken. Sie übersteigen die Kapazität eines jeden Benutzers. Sie sind die ›Natur‹ für den postmodernen Menschen.«[18]

Der Gebrauch und die Zugangskontrolle sowie die Verbreitung von komplexen Zugriffskompetenzen auf eine Vielzahl unterschiedlicher Individuen und Projekte werden zeigen, ob die sozialen Strukturen heutzutage offene Kommunikationsstrukturen zulassen oder diese nur einem kleinen Kreis von Privilegierten gestatten, was langfristig zu einer Stagnation der Wissenszirkulation führen würde.

Seit 1986 sind *Hypertext-Programme* auch für Personal-Computer auf dem Markt[19], die durch Schnittstellen zu bestehenden Text- und Datenbankprogrammen die Möglichkeit eines frei gestaltbaren, intermedialen Informationsmanagements eröffnen. Leider verhindern die verschiedenen Betriebssysteme und eine fehlende Standardisierung der Hypertext-Strukturen noch einen Austausch dieser neuen *Meta-Dokumente* aus Text-Verkettungen, Grafiken, Animationen und Klängen.

Ideen als Objekte

Was aber unterscheidet nun Text-/bzw. multimediale Dokumenten-Produktion auf Hypertext-Systemen von bisherigen wissenschaftlich/literarischen Schreibweisen und deren Organisationsprinzipien? Hierzu schauen wir etwas genauer auf die Programmierlogik derartiger Systeme.

Die Arbeit mit einem objekt-orientierten Hypertextsystem ermöglicht eine Symbolmanipulation sowohl auf der Ebene der Zeichen als auch – und das ist für eine ästhetische Entwendung solcher Programme wichtig – auf der Ebene der *Strukturen*. Somit ist eine Verbindung von formal-ästhetischen Experimenten, wie sie die künstlerische Avantgarde (Surrealismus, Dadaismus, Nouveau Roman, konkrete Poesie) praktizierte, mit Konzepten der Beteiligung möglich, die sich z. B. in den offenen Produktionsformen des freien Theaters oder den Produktionsansätzen lokaler Mediengruppen zeigen, die eine Medienkompetenz betroffener Gruppen schaffen wollen. Ermöglicht wird diese zweifache, quasi gedoppelte Produktionsweise durch einen leichten Zugriff des Benutzers auf Daten- und Programmstrukturen, wie er bisher nur Programmierern vorbehalten war, ohne daß diese je einen emphatischen Bezug zu Inhalten entwickelten – denn für sie gibt es nur *Test-Daten*.

Der qualitative Unterschied zwischen Daten und Programm, wie er für die linearen Abarbeitungen von Befehlsketten herkömmlicher *top-down* strukturierter Programme bezeichnend war, ist aufgehoben zugunsten einer nach Ereignissen und Operationen ausgerichteten, objektorientierten Programmierung.

Die herkömmliche algorithmische Programmierung eröffnet dem Anwender im Gebrauch von Programmen kaum Eingriffsmöglichkeiten, die über Dialogboxen zum Anklicken oder Auswahlmenüs hinausgehen. Hieran ändern auch die Konzepte der Softwareergonomie mit ihren scheinbar interaktiven, benutzerfreundlichen Bedienungsoberflächen nichts, denn eine strikte Trennung von Datenbestand und den Verarbeitungsprozeduren bleibt vor-programmiert. Dieses vorherrschende Konzept der ersten Kybernetik-Epoche ist streng dem Paradigma des *Befehls* als Steuerungsmechanismus unterworfen, was historisch lediglich einer Übertragung der Newtonschen Mechanik (Anstoß-Impuls-Wirkung) in einen einfachen Regelkreis gleichkommt.

Erst eine zweite, reflektierte Kybernetik – auch Kybernetik zweiter Ordnung[20] oder Kybernetik der Kybernetik genannt – kann die Endlosschleife zwischen Input/Befehlsausführung/Kontrolle/Rückkopplung durchbrechen. Indem die Funktionen des Benutzers/Beobachters und Programmierers in das Gesamtsystem hineingenommen werden, laden sich ihre bisher getrennten Kompetenzen synergetisch auf. Informationen werden nicht mehr einfach *übertragen*, sondern in wechselseitiger Interaktion zwischen dem Benutzer und seinen gedanklichen Konstrukten, seinen *Ideen, geschaffen*. Ein solches offenes System ist eben nur in dem oben schon angedeuteten Environment möglich, in dem die Trennung von Daten und Programm aufgehoben ist. Statt dessen gibt es *Objekte*, die beides sind: Programmelement (repräsentiert als Taste/Button/Aktion) oder ein dynamisch veränderbarer Zustand eben eines Programmelementes (repräsentiert als Feld). Programmieren und Benutzen der objekt-orientierten Programmumgebung besteht nun aus nichts anderem, als *Botschaften/Messages* an *Objekte* zu senden. Auch Systemobjekte wie Tastatur, Bildschirm, Maus, andere Programme, sogar andere Geräte (über die serielle Schnittstelle) können adressiert werden, was die ungeheure Vielseitigkeit objektiv-orientierter Programmierung ausmacht.[21] Die in solchen objektorientierten Programmen aufgehobene strikte Trennung von Daten und ihrer in Algorithmen festgeschriebenen Verarbeitung verlangt auch ein Umdenken hinsichtlich einer »Emanzipation des Anwenders«, der durch seine Benutzung in den Datenbestand wie in die Datenorganisation eingreift.

An die Stelle von Befehlen, die vom System vorgegeben sind, treten die Operationen zwischen den Objekten, die *Botschaften*. Dynamische Begriffe stehen im Mittelpunkt dieses Konzepts: verknüpfen, verketten, vernetzen und verbinden als *operative* und Knoten, Weg, Verzweigung, Bindeglied, Taste als *systematische* Messages. Das Operieren selbst wird im amerikanischen sehr schön als *navigation* bezeichnet – eine wunderbare Rückführung der *Kybernetik* zur Tätigkeit des odysseeischen Steuermanns.

Auch verschiedene KI-Konzepte scheinen in diesen Objektbeschreibungen aufgehoben zu sein: wissensbasierte Systeme (nach Prädikatenlogik geordneter Datenbestand aus *Regeln* und *Wissen*) und kontextorientierte (die mit *Frames* als kleinsten Wirklichkeitsausschnitten arbeiten), denn sowohl *Kontext-Suche* als auch *strukturierte Suche* sind in Hypertext-Systemen leicht und schnell möglich. Sowohl nach *innen* wie auch nach *außen* sind objektorientierte Programme kooperativ angelegt. An die Stelle eines einfachen *Datenaustausches* treten soziale Interaktionen und prozeßorientierte Aktivitäten. Gerade der Zugriff von Nicht-Programmierern auf interne und externe Strukturen von Programmen und Daten bringt die Benutzung des Computers auch in andere Anwendungsbereiche als seine klassischen Domänen (Militär, Verwaltung, Wissenschaft).

Diese Art des Programmierens hat starken *Modellcharakter*, so daß immer wieder Bezüge zu »real world problems« (wie es so schön heißt) hergestellt werden können und keinesfalls das Modell der völligen *Referenzlosigkeit* von Baudrillards *Simulationstheorie* übernommen werden kann. An solchen *Analogien* (Modelle von möglichen, auch sozialen Wirklichkeiten) zu manipulieren und verschiedene Reaktionen von Systemen zu testen, stellt vielmehr eine *dynamische Methode des Simulierens* dar. Veränderungen an Variablen der Modelle sollen Antworten vorschlagen auf die kritische Frage »was passiert, wenn ...«.[22]

Während bundesrepublikanische Pädagogen sich noch ängstlich fragen, ob die Arbeit mit Textverarbeitungsprogrammen nicht die Ganzheitlichkeit geschlossener Texte als Grundlage unserer historischen Kultur zerstören, wird in den USA schon von einer *Rhetorik* der *Hypermedia* gesprochen. Es steht die Entwicklung von *Diskurstechniken* an, die den oben skizzierten Operationen Rechnung tragen: *Rhetorik des Ankommens* bzw. *Rhetorik des Aufbruchs* als Stilbeschreibung vom Empfangen/Importieren/Einkopieren der Texte und Textbausteine auf der einen und von der Herausgabe/dem Wegschicken/Absenden von Botschaften auf der anderen Seite.

Selbst moderne Rhetoriken des Schreibens, die von Kodieren und Dekodieren sprechen (auf der Basis kognitiver Psychologie) haben zwar Eingang gefunden in verschiedene Konzepte der Sprachverarbeitung mit Hilfe des Computers (Repräsentation von Grammatik, Text als Diagramm aufgefaßt ...), taugen aber wenig für eine spezifische Rhetorik von Hypertext, denn Satz und Paragraph als kleinste Einheiten der Komposition sind nun noch weiter modularisiert: Wissens*bausteine*, verbunden durch *Links* sind hier die sinnstiftenden Elemente. Fragen einer neuen Rhetorik zielen nach der Bedeutung dieser *Links*: wie können sie auf dem Bildschirm sichtbar gemacht werden (Browsing), wie sind sie zu benutzen und vor allem: wie kann der Leser neue Knoten anlegen? Die Verknüpfung als eine dynamische Funktion, durch die andere Dinge hindurchgehen, passieren, und der gleichzeitig durch einen solchen Akt des Passierens[23] durch den Leser geschaffen werden kann. An dieser Stelle liegen durchaus Berührungspunkte zu poetischen Konversationsmodellen vor: Hypertext und Poesie verlangen vom Leser ein Loslösen von komplexen, referentiellen und logischen Verbindungen. Der Text ist ein Geflecht, eine Vernetzung von *Knoten*, wo viele *Stimmen* sich treffen. Analog zu einem modernen Gedicht von Ezra

Pound[24] z. B., bei dem eine Vielzahl kultureller Referenzen vorliegen (Bedeutungselemente aus dem Englischen, Chinesischen, Lateinischen) und sogar auch Text und Grafik kombiniert sind, liegt in solcher *Intertextualität*, d. h. daß ein Text als Konglomerat verschiedener Texte gesehen wird, auch eine starke Verbindung von poetischen Strukturen und Hypertextstrukturen. Als *Eingriff in das Material* stehen ferner auch poetische Produktionsweisen der Kollagetechnik sowie synästhetische Verbindungen verschiedener Ebenen in der Gleichzeitigkeit von Zugriffen auf verschiedene Zeit- und Organisationsebenen von Texten als Operationen zur Verfügung. Die Anforderungen an den Leser/Benutzer sind beim Hypertexten genauso hoch anzusetzen wie im Umgang mit moderner Poesie.

Hypertext-Strategien in der Literatur

In den Köpfen der Philosophen, moderner und postmoderner Literaten haben schon virtuelle Hypertext-Maschinen lange vor dem Aufkommen von Computern gearbeitet:

Ein Modell für eine mimetisch-ästhetische Praxis leiten Deleuze/Guattari als Kritik am traditionellen Denken, das dem hierarchischen System des Baumes folgt, aus dem Prinzip des *Rhizoms* ab: der Wurzelstock eines *Rhizoms* kann an jeder beliebigen Stelle aufbrechen, weiterwuchern und sich nach allen Richtungen verzweigen. Daraus entwickeln sie eine literarische Produktionsmethode, die in kollektiven Aussageverkettungen besteht: »Alle Dinge nämlich, die mir einfallen, fallen mir nicht von der Wurzel aus ein, sondern erst irgendwo gegen ihre Mitte.« (Kafka)[25] Das Ideal eines Buches, das viele *Eingänge* und *Ausgänge* hat, besteht in einer mehrdimensionalen *Verkopplung* von Aussageketten, die sich wie auf einer *Landkarte* ausbreiten und verzweigen. In ihren Texten haben Deleuze/Guattari das klassische Zitieren aufgegeben und indem sie Karten mit Textstellen ihrer Lieblingsautoren (Proust, Kafka, Kleist, Burroughs) an bestimmten Stellen ihrer eigenen Aussagen aufrufen, praktizieren sie auch in ihren theoretischen Diskursen eine rhizomatische Schreibweise:

»Wir schreiben dieses Buch als Rhizom. Wir haben es aus Plateaus zusammengesetzt. Zum Spaß haben wir ihm eine zirkuläre Form gegeben. Morgens nach dem Aufstehen hat sich jeder überlegt, welchen Plateaus er folgen soll, und dann fünf Zeilen hier und zehn Zeilen dort geschrieben. Wir haben halluzinatorische Erfahrungen gemacht, haben Linien gesehen, die wie Kolonnen winziger Ameisen von einem Plateau zum anderen liefen ... Jedes Plateau kann an beliebiger Stelle gelesen und zu beliebigen anderen in Beziehung gesetzt werden.«[26]

Ein solches ereignisorientiertes Schreiben läßt an den Schnittkanten verschiedener *Karten* durch eine sprachliche *Komposition* (Reihung, Kontrast, Serie, Variation, Umkehrung) eine *Poesie* von Lauten, Rhythmus, Witz, Obszönität erklingen, die neue Ausdrucksmöglichkeiten in den theoretischen Diskurs einschleust. Hätten Deleuze/Guattari für die vielfachen Kopplungen ihrer Karten und Plateaus sicherlich ein *Hypertext-Programm* gebrauchen können, so kann man sich nur wundern, daß Marcel Proust überhaupt ohne ein solches ausgekommen ist. Die Prozesse der Erinnerung, durch die er sein Leben in Kunst umwandelt, wuchern im Verlauf des jahrelangen Schreibens sprichwörtlich über den Rand des zu schreibenden Buches: wenn die ersten Druckfahnen zur Korrektur vorliegen, werden auch hier immer wieder *Einfügungen* und Ergänzungen vorgenommen, die die Dimensionen der Papieroberfläche sprengen. In Ermangelung eines Computers hilft hier nur ein praktischer Tip der Haushälterin, die ihm ausfaltbare »Paperassen« an die Ränder des Buches näht (bis zu 1,40 m lang).[27]

Während bezweifelt werden muß, ob ein Computer mit einem Terminplanungsprogramm, einem Hypertext *Odyssee*-Programm (18-sprachig versteht sich) Joyce beim Schreiben des multiplen Geflechts von Ulysses wirklich geholfen hätte, wäre dieses bei Raymond Roussel sicherlich der Fall gewesen, allerdings als Hilfe für den Leser. Da dieses 1932 noch nicht möglich war, wollte Roussel die *Verschachtelung* seiner Texte, die durch endlose Aufzählreihungen, Abschweifungen, Fußnoten und Parenthesen mit 9-fachem Verschachtelungsgrad schwer zugänglich sind, durch mehrfarbigen Druck übersichtlicher gestalten. Erst 1937 bei einer surrealistischen Ausstellung wurde eine »Roussel-Lesemaschine« gezeigt, für die der Text auf Pappkarton nach der Art eines Rundregisters montiert wurde, deren oberer Rand je nach Verschachtelungsgrad mit einer spezifischen Farbe versehen war. Die Karten waren um die Achse einer Trommel angebracht, die der Leser mittels einer Kurbel mit der rechten Hand drehen konnte, während er mit der linken die gewünschte Textkarte an einer nach oben stehenden farbigen Marke festhielt, so daß die zusammenhängenden Textkarten hintereinander geblättert werden konnten.

Es lassen sich noch andere Produktionsmethoden aus der ästhetischen Praxis vorführen, die mit Hypertext-Strategien lineare Textstrukturen überschreiten:[28] oberflächliche Frame-Wirklichkeitsausschnitte im Nouveau Roman, in denen von einer Abbildungsebene von Wirklichkeit zur nächsten geschaltet wird; alphabetisch organisierte Romane mit einer Vielzahl lexikalischer Einheiten und differenziert aufeinander verweisender Textsorten (Butor, Mobile); Lexikonromane, Metaphern-Maschinen des Manierismus und multiple Buch-Objekte, z. B. »Die zerschnittene Beichte« aus dem Mittelalter oder aus der Konzept-Art oder etwa die verschachtelten Erzählpuzzles eines Walter Abish, der neben alphabetischen Strukturen auch mit *Indices* und *Sprungmarken* im Text arbeitet. Die entscheidende Frage aber bleibt, wie mit solchen ästhetischen *Formprinzipien*, die losgelöst von den ästhetischen Strategien einzelner Autoren als *Struktur* in *Hypertext-Programmen* verfügbar sind, produziert werden kann. Dabei steht nicht mehr die Produktionsweise eines einzelnen Autors im Vordergrund, sondern die Entgrenzung der persönlichen Hypertext-Maschine durch eine Vernetzung vieler Schreibakte in einem kollektiven Prozeß:

Intertext

Proust hat – die Effekte und Wirkungen seines künstlerischen Experiments ständig reflektierend – konsequenterweise auch eine aktive Rolle des Lesers entworfen, indem er diesen in die literarische Maschine mit einbezieht:

> »In Wirklichkeit ist jeder Leser, wenn er liest, ein Leser nur seiner selbst. Das Werk des Schriftstellers ist dabei lediglich eine Art von optischem Instrument, das der Autor dem Leser reicht, damit er erkennen möge, was er in sich selbst vielleicht sonst nicht hätte schauen können.«[29]

Was als literarische Metapher im Rahmen eines reinen Ästhetizismus lediglich als *Utopie* des emanzipierten impliziten Lesers interpretiert werden kann, stellt im Rahmen einer künstlerischen Verwendung von *Hypertext-Strukturen* eine tatsächliche

Produktionsmöglichkeit dar: der *Akt* des *Lesens* kann integraler Bestandteil interaktiver *Text-Maschinen* werden, der den Textbestand auch tatsächlich verändert, um- oder weiterschreibt.

Ein kollektives Schreibexperiment, das im Vorfeld der von Lyotard konzipierten Ausstellung *Immaterialien* (28. 3. bis 15. 7. 1985 im Centre Beaubourg) die ›Wirkungen der neuen Informationstechnologien auf die Entstehung der Gedanken‹ untersuchen sollte, stellt ein Beispiel für intertextuelle Textproduktion dar. Die Kommunikationstechnologie wird für eine *Technologie des Schreibens* eingesetzt, in der verschiedene Tätigkeitsformen (philosophische, wissenschaftliche, gesellschaftliche, ästhetische, alltägliche) als *Texte* produziert werden. Als offenes Produktionsinstrument verbindet es verschiedene Diskursebenen:

1. *primärer Schreibprozeß:* 30 Autoren aus verschiedenen Disziplinen (Kunst, Literatur, Wissenschaft, Technik) schreiben ein halbes Jahr über vernetzte Personalcomputer in einen Zentralspeicher.

2. *abgesteckte Bedeutungsfelder, Normung der Textproduktion zwecks Austausch:* Die Textbausteine sind 2–10zeilige Definitionen zu 50 Schlagwörtern, die sich auf die Fragestellungen der Ausstellung beziehen.

3. *Kompetenz, Machtstruktur:* Alle Definitionen sind allen zugänglich und können beliebig ergänzt, widerlegt, variiert werden.

4. *Interaktion, aktiver Leser:* Das Lexikon dieses Prozesses ist während der Ausstellung den Besuchern im »Labyrinth der Bibliothek« wiederum als offenes Informationssystem zugänglich. Jeder Leser kann sich einschreiben.

5. *gesellschaftliches Feld:* Außerhalb des Museums zirkulieren die Texte über BTX.

Form, Inhalt und Struktur des Schreibexperiments reflektieren die begrifflichen Grund-Probleme der *Immaterialien*-Ausstellung (ausgehend von der Wurzel mat): 1. den stofflichen *Träger* von Informationen; 2. die Hardware zum Erfassen, Übertragen, Einfangen; 3. »Maternität« als Funktion des *Senders*; 4. die *Materie*, das *Thema*, der sogenannte *Inhalt* selbst als *Referenten*; 5. die *Matrix* als *Code*. Das aufgebaute System leistet *Interface*-Möglichkeiten zu allen Produktions-/Bedeutungs- und Verknüpfungsebenen und ist somit nicht nur *Werkzeug*, sondern intelligentes Gegenüber sowohl für den Schreib- als auch für den

Leseprozeß.

Dieses Schreibexperiment transformiert ein zentrales theoretisches Paradigma moderner französischer Texttheorie in einen informationstechnologischen Zusammenhang sozialer Kommunikation: Es stellt ein Modell für das Zusammenfallen von Schreib- und Leseakt (ecriture-lecture) und für das Dialogisieren von Texten untereinander durch verschiedene kulturelle Codes hindurch dar.[30]

Daß man mit den Methoden der Informationsverarbeitung historisch hinter die Produktionsmethoden des surrealistischen Schreibspiels zurückfallen kann, zeigte *»Kunst im Netzwerk«*[31] (Eine Ausstellung mit 140 Bildern zu 6 Themen und 8 IBM Personal Computern 10. 12. 86 bis 8. 2. 87, Hamburger Kunsthalle). Als Vermittlungskonzept sollen die Besucher mit Hilfe eines Computers ein Netzwerk von Assoziationen weiterknüpfen, das über *Bilderbrücken* und vorgedachte Assoziationen in einem Arbeitsheft auf sinnlicher und begrifflicher Ebene museumspädagogisch vorbereitet ist. Die Begriffe anderer Ausstellungsbesucher können quergelesen werden, womit der gesamte Sprachschatz im Laufe der Ausstellung quantitativ anwächst. Die Aktivität des Betrachters/Lesers ist in diesem Konzept auf ein reines Assoziationsspiel zu den Bildern beschränkt. Diese können im Anschluß einer auf 15 Minuten begrenzten Sitzung in einer umfangreichen Liste von Substantiven und Adjektiven ausgedruckt werden. Kreative Textproduktion oder poetische Verknüpfungen scheinen nur über extreme Fehlzuordnungen oder per Zufall möglich zu sein: doch auch diese verschwinden letztlich in der Flächigkeit des Systems. Das Konzept des Kunst-Netzwerkes »Bilder erklären Bilder« erweist sich bei genauem Hinsehen als ein geschlossenes System. Trotz der Möglichkeit, einzelne Worte hinzuzufügen, liegt das Schwergewicht auf dem *Füttern* des *Computers* und nicht auf aktionsbetonten interaktiven Verarbeitungsformen der Benutzer. Die gefundenen Begriffe haben keine Chance, sich in einem Verarbeitungsprozeß aufzuladen. Private Assoziationen haben lediglich den Stellenwert von quantitativen Reihungen. Der »Personal-Computer« als vermeintlich »neutraler Ort« wird zu einer Schnittstelle der Umwandlung von laienhaftem »Gefühlsverständnis« in »vertieftes Verständnis« hochstilisiert, zu einem Mittel der »Rückeroberung der Kunst durch den Betrachter«. Der angebliche Gegensatz der intuitiven Assoziationen der

Betrachter zu den starren »Regelsätzen« des Computers läßt den beabsichtigten *»permanenten rückbezüglichen Dialog«* zwischen Mensch/Maschine im Sande verlaufen, da eine Vernetzung isolierter Wortassoziationen diese der sinnfreien Beliebigkeit übergibt.

Die Gefahr bei der Vernetzung, reine Rezeptions-Maschinerien zu entwerfen, ist hoch: große Benutzerschichten werden zum Füttern von Maschinen verführt, um schließlich jene statistischen Erhebungen zu ermöglichen, die den Warenfluß – und sei es den der Kunstwerke – effektiv und transparent machen.

»Die Wunschmaschinen stecken nicht in unserem Kopf, sind keine Produkte der Einbildung, sondern existieren *in den technischen und gesellschaftlichen Maschinen selbst.«*[32]

Soziale Rückkopplung

Wie schwierig es ist, im Benutzen der Simulationsmaschinen neue *Scheinaktivitäten* (reine Re-zeption) von einer beginnenden neuen *kulturellen Praxis* zu unterscheiden, liegt in einem fatalen Mißverständnis begründet: Die Verbreitung informationsverarbeitender Maschinen in alle gesellschaftlichen Bereiche wird von der Euphorie begleitet, daß allein durch die Technologie der Charakter zentralisierter Massenmedien umgekehrt werden könnte.[33] Soziale Umfelder und kommunikative Strukturen, die jedoch für die Entfaltung medialer *Konversation* nötig sind, fallen dabei völlig unter den Tisch.

Innerhalb der neuen informations-technologischen Infrastrukturen sind gerade jene Projekte interessant, die ausdrücklich soziale Rahmenbedingungen generativer Informationssysteme thematisieren und darüber *Konversation* schaffen wollen:

1. Kit Galloway/Sherrie Rabinowitz/Mobil Image – Hole-in-Space 1980[34]

In einem Schaufenster einer Stadt an der Ostküste werden Gesichter von Einkaufenden und Neugierigen von einer Videokamera aufgezeichnet und auf einer Großprojektion gezeigt. Erst auf den zweiten Blick fällt auf, daß die Passanten vor dem Fenster nicht diejenigen sind, die dort projiziert werden. Bei dieser Aktion handelt es sich nicht um einen closed circuit, wie er oft bei Videoinstallationen den Betrachtern ihr eigenes Bild zurückwirft, sondern um *soziale Rückkopplung*: Die übertragenen Bilder stammen nämlich von der Westküste, wo die gleiche Installation aufgebaut ist. In einer permanenten Live-Übertragung werden wechselseitig Bilder aus der einen sozio-kulturellen Situation in die jeweils andere übertragen.[35] Über Gesten, kleine Szenen und kurze Botschaften und das immer wechselnde Publikum=Akteur ereignet sich eine ständig fortschreibende Konversation in kleinen Ausschnitten. Westcoast meets Eastcoast.

2. *Electronic Cafe*[36]

Electronic Cafe war ein multimediales Echtzeit-Computer/Video-Netz und eine öffentliche Bildbank, das fünf von verschiedenen Volksgruppen bewohnte Bezirke von Los Angeles sieben Wochen lang während der Olympischen Spiele 1984 miteinander verband: eine menschengerechte Umwelt, die es möglich macht, durch ein Fenster in eine größer dimensionierte Simulation einzutreten – die Projektionswand als Tor zum virtuellen Raum. In diesen multikulturellen Kommunikationszentren, die mit interaktiven Systemen zur Bild-, Text- und Ton-Bearbeitung ausgestattet sind, werden den Benutzern Zugänge zu unbekannten sozialen Welten ermöglicht durch das Aufnehmen, Speichern, Übertragen und Vernetzen von Bildern und Daten, die aus der Alltagskultur, den Bräuchen und Mythen der verschiedenen Volksgruppen gewonnen sind. Die Produktion, Reflektion, Bearbeitung der eigenen kulturellen Bilder und Visionen im Kontext eines »virtuellen« elektronischen Kommunikationsraumes, der einen Austausch mit fremden Welten ermöglicht (der direkt wegen der verschiedenen kulturellen Codes schwer erfolgen kann), läßt letztlich auch den eigenen kulturellen Kontext als gemacht/virtuell und somit veränderbar erscheinen.

Aus solchen Beispielen leitet auch Gene Youngblood seine Ideen für ein soziales *Metadesign* ab:

»Gestützt auf Simulationsinstrumente (persönliche Metamedien), stellen wir *Modelle alternativer Wirklichkeiten* her (Kunst); gestützt auf konversationelle Netzwerke (die öffentlichen Metamedien also), können wir aber auch die kulturellen Kontexte kontrollieren, die die Publikation und den Empfang dieser Modelle determinieren (Politik). Die Kontrolle des

Kontextes beinhaltet die Kontrolle der Bedeutung, die Kontrolle der Bedeutung ist identisch mit der Kontrolle der Wirklichkeit.«[37]

Im Gegensatz zu den momentan laufenden künstlerischen Pilotprojekten mit neuen Medien, die allzu oft diesen Kontext in ihren Produktionen außer acht lassen und somit allzu leicht zum Spielball rein industrieller Interessen werden, ist ein solches Konzept (das das Motiv der *Avantgarde* als revolutionäre kulturelle und politische Praxis weit über reine Stildebatten oder bloßes Multi-Media-Spiel zuspitzt) nur unter Bedingungen nicht hierarchischer Verknüpfungen auf der Ebene der ästhetischen Produktion (*Hypermedia*) als auch eines freien Zugangs zu den Terminals und Produktionsinstrumenten möglich:

»Es gibt nur eine Art von Netzwerk, das die Funktion eines wahrhaft öffentlichen Metamediums erfüllen könnte: ein benutzerkontrolliertes, multikulturelles, multimediales, konversationelles Netzwerk mit einer maximalen perzeptionellen Bandbreite.«[38]

Youngblood formuliert eine Maximalforderung an Netzwerke, die im Mikrobereich mit den aufgezeigten Möglichkeiten objektorientierter Programme korrespondieren: Emanzipation des Benutzers, Einschreibung in das System, Rhetorik des Ankommens und des Aufbrechens.

Die Mikrostruktur objektorientierter Programme kann man sich als feinverwobene und freigestaltbare Oberfläche vorstellen, auf der die konnektierten Künstler wagemutig-naiv wie Odysseus, zielgerichtet wie Marco Polo, verwegen wie Heinrich der Seefahrer, glücksuchend wie Hein von der Waterkant navigieren können. Ihre Reisen, ihre Ankunfts- und Abfahrtsorte zeichnen Adern, Pfade und Verkehrswege, markieren Knoten, Stützpunkte und Städte auf der einbildbaren Oberfläche, die dem Nachfolgenden als orientierungsstiftende Karte oder als Anlaß eigener Expeditionslust dienen mag. Mit jeder Reise dehnt und verwebt sich das Netz der Verknüpfungen zusehends und nur im Navigieren entwirrt es sich.

Verbinden sich also im Mikrobereich der Programmebene die unterschiedlichen Produktionsformen mit den verschiedensten kreativen Strategien der Kunst-Navigateure, so rückt die Utopie einer umfassenden telematischen Vernetzung, in der die individuellen Produktionsformen in gesellschaftliche Kommunikation umgewandelt werden, ein gutes Stück näher.

Die Verlockungen einer rein technokratisch orientierten, reibungslosen Informationstechnologie sind allerdings groß:

»Verstopfe die Ohren deiner Männer mit Bienenwachs und wenn du ihre Musik hören willst, lasse dich von deiner Mannschaft mit Händen und Füßen an den Mast fesseln und sie schwören, dich nicht loszubinden ...«, riet die in allen Arten der Zauberkunst bewanderte Circe dem Odysseus, damit dieser den Gefahren der Sirenen trotzen könne. »Als sich das Schiff dem Land der Sirenen näherte, gedachte Odysseus Circes Rat. Die Sirenen sangen so süß und versprachen ihm das Wissen über alle künftigen Geschehnisse auf Erden, daß er nach seinen Kameraden schrie und ihnen den Tod androhte, wenn sie ihn nicht losließen ...«[39]

Auch die neuen Apologeten der EDV-Industrie geizen nicht mit Versprechungen. Nach ihnen wird in naher Zukunft das gesamte Weltwissen in multimedialen Datennetzen kursieren. Ob man allerdings wie Odysseus mit selbstverordneter Vorbeugehaft den Verlockungen widersteht oder ganz die Augen und Ohren schließt, bleibt offen. Wünschenswert wäre es, wenn der Macht, die in den expandierenden Konnektionsmöglichkeiten der neuen Technologien sich bündelt, eine elektronische Gemeinschaft von Navigateuren mit entsprechend hoher geistiger Mobilität antwortet. So zeigt der alte Zivilisationsmythos von Homer eben eines: Als die Sirenen Odysseus das Wissen aller zukünftigen Geschehnisse versprachen, haben sie gelogen; hätten sie doch voraussehen müssen, daß Odysseus durch List ihren Lockungen entkommen wird, ohne auf den Genuß ihres Gesanges verzichten zu wollen.

Anmerkungen

1 Die in weiten Bereichen sich darstellt als eine affirmative Adaption der Simulationstheorie in eine Vielzahl gesellschaftlicher Bereiche (Kunst, Kunstkritik, Soziologie, ästhetische Produktion ...) und hier eher zu einer totalen Lähmung führt, anstatt bestehende Diskurse destruktiv zu durchqueren.

2 Nach Heinz von Foerster besteht das Modell einer trivialen Maschine aus drei Teilen: einem Input, einer Transferfunktion und einem Output, wobei die Transferfunktion unwandelbar nach einer kausalen Regel Ursachen in Wirkungen überführt. Nach: Lynn, Segal, *Das 18. Ka-*

mel oder die Welt als Erfindung. Zum Konstruktivismus Heinz von Foersters, München 1988.

3 PooL-Processing ist als Projekt der beiden Autoren dieses Essays seit Anfang 1988 auf Medienfestivals aktiv (Europäisches Medienkunstfestival Osnabrück 88 und 89 und *ars electronica 89*): In offensiver Entwendung ästhetischer und textueller Produktionsformen durch die Verknüpfungs- und Vernetzungsmöglichkeiten des Computers werden Texte und Grafiken aus unserem *Archiv für ästhetische Information* (historische Quellen zu Maschinen, Erfindungen, Wissensverarbeitung, experimenteller Literatur, Science Fiction, Medienkunst, Philosophie, Netzwerke ...) mittels interaktiver *Hypertextenvironments* mit den aktuellen Situationen des jeweiligen Festivals verknüpft. Besucher und Benutzer werden in einem Wechselspiel von *Input* und *Output* zu *aktivem Lesen* animiert. Als Kompilation solcher inter-textueller Prozesse erscheint eine tägliche Festivalzeitung.
Nähere Projektbeschreibung in: *Experimentalfilm Workshop e.V.*, Film- und Medienbüro Niedersachsen e.V., Europäisches Medienkunstfestival 1988; ders., *Europäisches Medienkunstfestival* 1989; Katalog der *ars electronica* 1989.

4 Jean Baudrillard auf dem Symposion *Philosophien der neuen Technologie* am 14. September 1988 im Rahmenprogramm der *ars electronica* 1988 nach einer Mitschrift der Verfasser. Sämtliche Vorträge (unverständlicherweise ohne die spannenden Diskussionen) in: *ars electronica* (Hg.), *Philosophien der neuen Technologie*, Berlin 1989.

5 Jean-François Lyotard, *Ob man ohne Körper denken kann*, in: Gumbrecht, Hans Ulrich/Pfeiffer, K. Ludwig (Hg.), *Materialität der Kommunikation*, Frankfurt am Main 1988, S. 813.

6 Paul Virilio, *Krieg und Kino. Logistik der Wahrnehmung*, München 1986.

7 Friedrich Kittler, *Grammophon Film Typerwriter*, Berlin 1986.
Bernhard Dotzler, Friedrich Kittler (Hg.), *Alan M. Turing Intelligence Service: Schriften*, Berlin 1987.

8 In einer ständigen Zerreißprobe der Konsumenten zwischen grafikfähigen Home-Personalcomputern und dem immer noch despotisch herrschenden sog. IBM-Standard ist das Gros der Anwender über Spielereien, grafikorientierte Terminplanung, Textverarbeitung oder Videoarchiv-Verwaltung nicht hinausgekommen, während die Industrie immer höhere Standards ansetzt: höhere Grafikauflösungen, Präsentations-Manager und darüber hinaus schon wieder einen neuen *Mythos* vom universellen persönlichen Computer, der – wie kann es anders sein – *Next-Computer* heißt.

9 Das wäre auf die Spitze getrieben die Fortsetzung einer Medienstrategie des Faschismus (*Gleich*-schaltung von Volksempfängern und UKW-Übermittlung von Marschbefehlen an die Front, wie Kittler sie

befürchtet) zur Meinungsvielfalt in der bürgerlichen Demokratie, die sich bekanntlich in der Wahl des eingeschalteten Programms erschöpft.

10 Wie es in einem historischen Essay zur Medienkritik gefordert wird. Siehe: Hans Magnus Enzensberger, *Baukasten zu einer Theorie der Medien*, in: *Kursbuch* 20/1979, *Über Ästhetische Fragen*, Frankfurt am Main 1970.

11 Noch auf der *ars electronica* 1987 entpuppte sich ein »elektronisches Buch« als eine Gebrauchsanweisung zur Reparatur von Atom-U-Booten mittels einer grafischen Benutzeroberfläche. Siehe: Michai Nadin, *Bildmaschine und künstliche Intelligenz*, in: Leopoldseder, Hannes, *Prix ars electronica '87, Meisterwerke der Computerkunst*, Worpswede 1987.

12 Vannevar Bush, *As we may think*, in: *Atlantic Monthly* 176, July 1945.

13 Nelson, T. H., *Computer Lib – Dream Machines*, Michigan 1974, S. DM 43.
Im Selbstverlag im Stil eines Fanzines herausgebracht, wurde es über 40000mal verkauft und bildete so den finanziellen Grundstock zu dem emphatischen Computer-Netzwerk-Projekt *XANADU*, zu dem es inzwischen für alle gängigen Betriebssysteme Anpassungsroutinen gibt.

14 Nelson, *Computer Lib – Dream Machines*, S. DM 43.

15 Die 18 Bände der *Enzyklopädie* sind leider nicht übersetzt. Material und einzelne Artikel finden sich in: *Artikel aus der von Diderot und D'Alembert herausgegebenen Enzyklopädie*, Frankfurt am Main 1985; Denis Diderot, *Enzyklopädie. Philosophische und politische Texte aus der ›Encyclopédie‹*, München 1969; Jean Le Rond d'Alembert, *Einleitung zur ›Enzyklopädie‹*, Frankfurt am Main 1989.

16 Denis Diderot, *Enzyklopädie*, S. 131.

17 Denis Diderot, *Enzyklopädie*, S. 131.

18 Jean-François Lyotard, *Das Postmoderne Wissen. Ein Bericht*, Bielefeld 1982, in: *Theatro Machinarium*, Heft 3/4, S. 97.

19 In der Bielefelder *Bionic* Mailbox (Zerberus-Netz: 0521/17 1188 – Einloggen mit »Pool«) ist ein Public-Domain *Hypertext*-Programm für MS-DOS nebst einigen Hypertext-Dokumenten von PooL-Processing zu finden oder postalisch gegen Einsendung von 3 Leerdisketten bei: H. Idensen, Glünderstr. 3b, 3000 Hannover 1, Tel.: 0511/709559).

20 Siehe: Ranulph Glanville, *Objekte*, Berlin 1988.

21 *Hypermedia* ist die Ausdehnung dieses Prinzips in ein *Interface* zu anderen Medien wie Video, Tonträger, CD innerhalb eines vom Computer gesteuerten Medienverbundsystems.

22 Solche neuen *kognitiven Paradigmen* erlauben neue Konzepte im Umgang mit Computern: objektorientierte Programmiersprachen,

Icon-gesteuerte (grafische Repräsentation von Objekten, Datenträgern, Verarbeitungen) Operationen, auf Logik basierende KI-Sprachen ermöglichen Tools zum Konstruieren neuer Tools, zum Konstruieren neuer *Metamedien*, die agieren können wie eine *Maschine*, wie eine *Sprache* oder wie ein *Modell*. Andere Medien können simuliert werden (auch wenn sie physikalisch nicht existieren; nach: Howard Levine/Howard Rheingold, *The cognitive Connection. Thought and Language in Man and Machine*, New York 1987).

23 Korrespondierend vielleicht mit dem Paradigma des Flaneurs, wie Walter Benjamin die Charakteristik des Großstadtmenschen und des modernen Poeten beschreibt, der, wie Baudelaire in den Passagen von Paris, durch die Strukturen der Großstadt zu neuen Produktionsweisen kommt (Walter Benjamin, *Charles Baudelaire. Ein Lyriker im Zeitalter des Hochkapitalismus*, Frankfurt am Main 1955).

24 Ezra Pound, *Cantos*, Zürich 1964.

25 in: Gilles Deleuze/Felix Guattari, *Rhizom*, Berlin 1977, S. 37.

26 Deleuze/Guatari, *Rhizom*, S. 35.

27 Celeste Albaret, *Monsieur Proust*, München 1974.

28 Butor, Michel, *Orte*, 1966; Okopenko, A., *Lexikonroman*; Gustav R. Hocke, *Die Welt als Labyrinth. Manier und Manie in der europäischen Kunst*, Hamburg 1977, S. 123; Gustave Flaubert, *Wörterbuch der Gemeinplätze*, München 1985; Jorge Luis Borges, *Labyrinthe*, München 1959; Raymond Roussel, *Nouvelle Impressions d'Afrique*, München 1980; Walter Abish, *Abbild, Anspruch, Absicht*, in: *Quer durch das große Nichts*, Frankfurt am Main 1983, S. 72; Raymond Queneau, *Hunderttausend Milliarden Gedichte*, Frankfurt am Main 1984; Jean-François Lyotard, *Philosophie und Malerei im Zeitalter ihres Experimentierens*, Berlin 1986, S. 135; Milorad Pavić, *Das Chasarische Wörterbuch. Lexikonroman. Männliches oder weibliches Exemplar*, München 1988; Oswald Wiener, *Die Verbesserung von Mitteleuropa, Roman*, Reinbek bei Hamburg 1969 (Umfangreiches Personen- und Sachregister. Zu den Anmerkungen: »ich hatte gute lust, auch eine liste sonstiger quellen beizugeben – habe in der tat auch schon begonnen, sie zusammenzutragen (schaufenster, gespräche, landschaften, daten, gesichter, pornographische photos, zufälle, schallplatten, filme) – doch mußte ich vor der fülle aufgeben.« (S. CXCIII).

29 Marcel Proust, *Auf der Suche nach der verlorenen Zeit*, Frankfurt am Main 1961, Bd. XIII, S. 329.

30 Jean-François Lyotard u. a., *Immaterialität und Postmoderne*, Berlin 1985.

31 *Kunst im Netzwerk*. Hamburger Kunstverein; 1986 Hamburger Kunsthalle, und die Autoren: Achim Lipp, *Anmerkungen zu Kunst im Netzwerk*; Wolfgang Brüggemann, *EDV und assoziatives Denken*.

32 Gilles Deleuze, Felix Guattari, *Anti-Ödipus*, Frankfurt am Main 1974, S. 512.

33 So stellt die forcierte Installation des ISDN-Netzes in Deutschland eben nur eine technische Schaltung für ein dezentrales Kommunikationsnetz zur Verfügung.

34 Gene Youngblood, *Metadesign*, in: *Kunstforum Bd. 98*, 2/1982, *Ästhetik des Immateriellen* (Hg. Florian Rötzer), S. 76.

35 William Burroughs hat diese Methode der sozialen Rückkopplung in seinen Experimenten zur *Electronic Revolution* auf die Spitze getrieben: Rekorder-Aufnahmen einer Demonstration, gemischt mit ohrenbetäubendem Lärm, Schüssen und Schreien sollten nach seinen Versuchsanordnungen einen Aufruhr hervorrufen, wenn sie in einer Menschenansammlung abgespielt werden. (William Burroughs, *Die elektronische Revolution*, 1970).

36 *ars electronica, Festival für Kunst, Technologie und Gesellschaft*, Katalog 1986, S. 300.

37 Gene Youngblood, op. cit., S. 308.

38 Gene Youngblood, op. cit., S. 305.

39 Robert von Ranke-Graves, *Griechische Mythologie*, Reinbek bei Hamburg, S. 155.

Louis Bec
Vorläufiger Versuch über die Upokrinomenologie
oder: Eine verheerende zoosystemische Expedition durch ein Glossar

für Vilém Flusser

»Ungefähr in meinem vierten Lebensjahr habe ich mich als Artefakt erkannt.
Das waren meine ersten Schritte als Zoosystemiker.«

Louis Bec

DOC A1/230 vom 15. Mai 1989
Gutachten
Sogenannte vorläufige Berichterstattung über eine derzeit laufende Studie, die von den beiden Forschern Ansver Zif und Anne Nylhugon im Labor für Angewandte Zoosemiotik des C.R.Z.103 erstellt wurde.

Im August 88 erreichte den verantwortlichen Direktor unseres Labors für Angewandte Zoosemiotik am C.R.Z.103 die Bitte um eine Studie über die Natur und die Bedeutung der Arbeiten eines Zoosystemikers, des Professors Louis Bec. Diese Studie sollte zudem Hinweise über seine Einstellungen sowie über die wesentlichen charakteristischen Züge seines geistigen Schemas liefern. Während der Analyse fiel uns auf, daß diese Studie leicht einen bürokratischen, d. h. einen uneingestandenen polizeilichen Charakter annehmen könnte. Wir bedurften also einiger Zusicherungen hinsichtlich der Verwendung der erarbeiteten wissenschaftlichen Daten.

Diese Garantien sind uns gegeben worden. So konnten seither zahlreiche Konsultationen mit Fachleuten durchgeführt werden.

Diese Studie schien uns in unser Fachgebiet und in unsere Zuständigkeit zu fallen und erwies sich als äußerst interessant und neuartig. Unseres Wissens gibt es keine spezifische Monographie des Zoosystemikers. Das mag wirklich schon deshalb erstaunlich erscheinen, da, wie jeder weiß, der Zoosystemiker, selbst wenn er einer seltenen Gattung angehört, sich in der Form eines lebendigen Organismus darstellt, der eine gewisse Anzahl von Nachrichten in Richtung auf andere Organismen aussendet. Er erzeugt Töne, legt Spuren und stellt Gegenstände her – wenigstens glaubt er das.

Nachdem wir dazu übergegangen waren, die dieser Studie eigenen unterschiedlichen methodologischen Aspekte sehr genau herauszuarbeiten, haben wir seit Dezember 88 erste Schritte bei den obersten Instanzen des wissenschaftlichen Instituts für Paranaturalistische Forschung, bei einem Organismus also unternommen, dessen Sachwalter der Zoosystemiker ist. Eine bestimmte Zahl von Dokumenten mußte eingesehen und Arbeitszeit mit ihm vereinbart werden. Nach längerem Warten erhielten wir von ihm die Antwort, daß uns der Zugang zu nur einem einzigen für wesentlich gehaltenen Dokument gestattet werde.

Das Glossar

Das des Zoosystemikers.

Das hat hervorragenderweise die Perspektiven unserer Studie eingeengt, denn tatsächlich sind die Bilder, die Entwürfe, die Modelle, die Informatikarbeiten und die Technomorphogenesen des Zoosystemikers nur verstreut zugänglich. Überdies wurde uns bedeutet, daß eine Begegnung mit ihm unmöglich sei, da er während dieser Zeit leider von einer außerordentlich wichtigen Forschungsarbeit beansprucht werde. Das hat uns um die Erfahrung der Mündlichkeit und des Gestischen gebracht.

Wir konnten sein Glossar zurate ziehen, das zahlreiche bedeutsame Dokumente beinhaltet. Es ist in der Form einer Textabhandlung abgefaßt. Wenn uns auch der Zugang zur Lektüre weitgehend erleichtert wurde, so waren doch die Eintrittskodes für die Programme unentzifferbar.

Bei einer ersten Lektüre schien uns dieses Dokument Informationen zu enthalten, die, wenn nicht interessant, so doch wenigstens ungeachtet seines alphabetischen Aufbaus ein hinreichendes Untersuchungsmaterial abgeben. Wir sind uns darüber klar geworden, daß dieses Dokument im Verlauf unserer Studie vom Zoosystemiker mehrfach verändert wurde, der es in unserer Abwesenheit scheinbar benutzte, um seine Arbeiten voranzubringen. Das hat unsere Aufgabe gewiß nicht erleichtert. Wir glaubten im Gegenteil, wertvolle Hinweise über die gegenwärtigen Hauptrichtungen seiner Forschung zu erhalten.

Wir hatten also durch das Dickicht der Texte voranzukommen. Um freizulegen, was als die Hauptlinien des Denkens betrachtet werden konnte, mußten wir die Kapitel, die Paragraphen und Worte nach einigen willkürlichen Kriterien neu anordnen. Darüber hinaus hatten wir vorläufige Verbindungen zu entwerfen, Kommentare zu schreiben, um diese Arbeit weniger fragmentarisch und verständlicher zu machen. Diese sind jedoch ohne die erhoffte Beratung durch den Zoosystemiker abgefaßt worden.

Wir sind uns folglich der Lücken dieser Arbeit, der noch zu erfüllenden Aufgabe und der Unsicherheit der benutzten Methode durchaus bewußt. Das umfassende Papier kann derzeit nicht vorgelegt werden. Was hier im Gegenteil vorgestellt wird, ist eine erste fragmentarische Annäherung. Wenn es überhaupt die Mühe lohnt, könnte sie unter günstigeren Bedingungen zu einer vertiefenden Studie führen. Diese erste Annäherung hat uns die Kennzeichnung der Hauptinteressen des Zoosystemikers ermöglicht. Schematisch können diese also in zwei entscheidende Richtungen eingeteilt werden. Die erste belegt die kritische Reflexion über das Lebendige, das den Zoosystemiker nachhaltig zu beschäftigen scheint, und die verwendeten Repräsentations- und Gestaltungssysteme. Die zweite Richtung belegt die methodologischen Ausarbeitungen seines Unternehmens und die ihm zugrundeliegenden philosophischen, epistemologischen, künstlerischen und technologischen Beiträge.

Hinsichtlich der für jenen Teil unserer Arbeit zu verwendenden Methodologie, der sich mit den Einstellungen sowie mit den charakteristischen Hauptzügen des geistigen Schemas des Zoosystemikers befaßt, bleiben wir doch sehr ratlos.

Wir bedanken uns jedenfalls nachdrücklich beim Zoosystemiker, der uns gerade durch seine Abwesenheit volle Freiheit gelassen hat, wie ebenso beim Präsidium des ISRP, das durch seine zuweilen verworrene Beredsamkeit während unserer verschiedentlichen Zusammenkünfte einige Informationsbrocken fallengelassen hat. Wir danken ebenfalls allen Mitgliedern der Dokumentationsdienste des ISRP, die sich in einem liebenswerten Zurückhalten von Informationen zu üben wußten.

– Studienbeginn 8. Januar 89
– Haupttexte/konsultierte Quellen:
Wissenschaften des Lebendigen und Bildende Künste, Brief an Professor Galden-Tseren, handschriftliches Manuskript des Zoosystemikers, die Sulfogenetik, eine Täuschung der Verhaltenslehre, das paranaturalistische Modell, die Sulfogenetik ...
– Hauptbestandteile des Glossars:
Aduktion, Ambulobiomologie, Aporianismus, Appalotriosismus, erzählende Epistemologie, Hygrozoosemiotik, Hypochetotaxie, Hypozoologie, Metamorphismen, Prodotik, Morphogenese, Stellungen, Sulfobiologie, Taxongraphie, Taxiopsis, Taxinomie, Teratologie, Upokrinomenologie, Zoosystemik, Zoosemiotik, Zoosystemologie ...

Der Zoosystemiker ist ironisch. Er behauptet, daß der Mensch in der Erfassung des Lebendigen seit grauer Vorzeit eine grundlegende Aktivität entfaltet hat und noch entfaltet, indem er ihm Fallen stellt, indem er das Lebendige zähmt, indem er es repräsentiert, indem er es wiederherstellt, indem er es beeinflußt, indem er es verwandelt, indem er aus ihm Roboter macht ...

Der Zoosystemiker ist schulmeisterlich oder zuweilen unvorsichtig, wenn er nicht mit der Behauptung zögert, daß diese Aktivität »das Ergebnis eines der menschlichen Gattung eigenen biologischen und kulturellen Weltordnungstriebes« ist.

Der Zoosystemiker überbietet noch und verdeutlicht, daß dieser Trieb den Ursprung fast aller Verhaltensweisen und fast aller Gegenstandsproduktionen darstellt, die sich, wie er sagt, in ihrer Vermehrung mit gutem Grund nicht den herkömmlichen Einordnungen fügen und unzählige Lektürefacetten bieten.

Der spöttische Zoosystemiker beschreibt dies als einen riesigen *»Haufen«* von Produktionen, verkünstlichten Mülls, in dem zugleich die vollständigste Unordnung, die wunderlichste Erfindungsgabe und äußerste Strenge herrschen.

Der vorausschauende Zoosystemiker wagt die Behauptung, daß die nachweislich unausgebildetsten Techniken und die auserlesensten Technologien sich seltsamerweise dank der ontologischen, verschwenderischen und Komplexitäten schaffenden Natur dieses Lebendigen mit den rohesten Materien und den seltensten Synthesematerialien verbunden finden.

Als Inspirierter und als Spaßvogel fügt er hinzu, daß die instinktivsten und gebärdenreichsten Aktivitäten – da es Gott sei Dank wahrscheinlich so vorherbestimmt ist – mit den logisch ausgereiftesten und formalisiertesten Konstruktionen in Verbindung stehen.

Zitieren wir folgende enttäuschende Feststellung:

»Diese Energieverschwendung und diese Aktivität eines sinnlosen Starrsinns sind umso beunruhigender, als sie im Namen des Lebendigen jedesmal nur die Enttäuschung der ›Ernüchterten‹ fördern, d.h. der Kunstwerke, der wissenschaftlichen und technischen Simulationsmodelle ...«

Der unduldsame und zuweilen verschlagene Zoosystemiker geht mit sich über jenes erstaunliche Phänomen zurate, daß sich ausgerechnet mitten in dieser methodologischen Verwirrung, dieser Aporie, verzweifelt erfinderische Strategien, die unrealistischsten Tricks und die hintertriebenste unwirksame Arglist einstellen ...

Der persiflierende Zoosystemiker verwendet ein andermal eine bestimmte, leicht triviale Form des Lyrismus.

»An diesen Ufern werden die feinen Netze der verlockenden Modelle gesponnen. Von schlauen Fischern werden sie über das Gewimmel der Welt ausgeworfen und reiche Beute erhofft ...«

»Über diese Ufer schnauben die großen Expeditionen und werben die Sträflinge des Sinns an ...«

Der gewissenhafte Zoosystemiker trägt den ersten Teil seiner These mit großer Ernsthaftigkeit vor:

»Wahrscheinlich aufgrund dieser eigenartigen Neigung und dieser herzzerreißenden Gier nach Ausarbeitung und Konstruktion von Modellen drückt sich die manipulierende Gebärde des Lebendigen gegenüber dem Lebendigen mit solcher Reichweite, mit solcher Variation und mit solcher Raubgier aus. Denn für das Verständnis des Lebendigen scheint der Mensch keine andere Lösung gefunden zu haben als die Erfindung medianer und exogener Gegenstände, tödlicher Gegenstände, die ihm die Illusion verschaffen, das entschwindende Wirkliche in eine Ordnung und in eine Form zu bringen ...«

Auf seinem Weg zögert der perverse Zoosystemiker nicht mit einer äußerst lebhaften Denunziation der drei symptomatischen Gesten der Beschlagnahme des Lebendigen. Sie sind, wie er sagt, Bestandteile einer Logik, die er als besonders wirkungslos ansieht, die jedoch alle Prinzipien der Modellierung und Repräsentation begründet. Wir legen hier längere Auszüge aus diesen Anthologietexten vor ...

*Die Geste der Niederzwingung, der Abflachung des Lebendigen besteht darin, ihm die Haut abzuziehen, sie zur Schau zu stellen und in den zugefügten Spuren den Zusammenfluß zweier Welten zu lesen: der *Offenbarenden* und der *Versteckenden*.

*... Diese Geste erlaubt auch, die Umgebung, die sich auf dieser Haut ausdrückt, und das innere Organische zu erkunden, das über die Haut die Kommunikationswege mit dieser Umgebung findet.

*Die Niederwerfung, die Abflachung des Lebendigen besteht darin, einen Interventionsrahmen festzulegen, einen Träger oder ein Gebiet zu bestimmen, gewaltsam eine Ideologie obsiegen zu lassen, einen Teil der Welt zu vermessen und festzulegen, eine Einfriedung anzulegen, ein Reservat oder einen Nationalpark, den flüchtigen Übergang des Lebendigen in diesen Bereich abzufangen und zu kontrollieren.

*Diese Geste erleichtert die Fixierung des Beschriebenen, des Geschriebenen, sie erlaubt mittels eines Arsenals von Techniken, in dem die Folter ihren Höhepunkt erreicht, die Kodifizierung, die Bezeichnung, die Aussage, die Mobilität, die Einordnung.

*Die Geste der Niederwerfung des Lebendigen, seiner Abflachung hat den Vorteil, die dritte und vierte Dimension zu tilgen, die einige seiner Erscheinungen und seiner verwirrenden Charakteristika verbergen.

*Durch unterschiedliche Kunstgriffe werden so alle Teile des Lebendigen auf der »Fläche« gevierteilt.

*Diese Geste gestattet die Unterscheidung der organischen Schichten vom Äußeren.

Das Lebendige wird folglich als ein embryologisches Feuilleton betrachtet.

*Der Träger ist auch der Ort der Repräsentation der Komplexität der lebendigen Materie. Mittels visueller Taktilität muß man auch vom Ebenen, vom Unebenen, vom Haarigen, vom Weichen, vom Klebrigen, vom Feuchten, vom Schwammigen Rechenschaft ablegen.

*Schließlich ist der durch die Abflachung des Lebendigen eingeführte Träger der Ort der Einübung der Gestualität, des konkreten Zugriffs auf die im Gedächtnis des Modellierenden verfügbaren Elemente.

Er ist also der Ort seismographischer Beschriftung des Lebendigen, der graphischen Materialisierung des Nerven- und des Muskelsystems. Es handelt sich um eine Geste, die sich mit dem Organischen solidarisiert, die indes das Temperament oder die Psychologie des Modellierenden-Handelnden ausdrücken kann.

*Es ist also der Ort des Bildnerischen par excellence, ein Ort, der die Infragestellung der Zeit durch die Kontemplation, durch die Kommunikation der Idee, der Leidenschaft, des Risses, der Verwirrung und der Gewalt erlaubt ...

*... Die Geste der Anfüllung des Lebendigen besteht hingegen darin, es zu fixieren, es einzusperren und es dann in einer soliden, unverweslichen Materie einzubalsamieren, um es besser zu lokalisieren und seine Erscheinungen und Besonderheiten als Objekt zu konservieren.

Die Geste besteht also darin, es im Raum eines euklidischen Käfigs hinter den Gittern der Gefängnislektüre festzuhalten.

*Jeder äußerste Teil des Inhalts verweist auf ein organisches Inneres.

In der Taxidermie wird das Lebendige durch eine unverderbliche Materie ersetzt, die mit der gegerbten Haut des Lebendigen, also mit seiner wirklichen Erscheinung überzogen ist.

*Die Geste der Anfüllung des Lebendigen kann sich nicht mit Erscheinungen begnügen und läßt sich daher unvermeidlich auf die endogene und endoskopische Szenographie des Skalpells, auf die organische Komplexität und auf die Unterschiedlichkeit der Ausstattungen weicher und warmer Materien ein.

Sie entwirft eine theatralisierte Anschauung des Inwendigen.

*Wahrscheinlich brütet jedes dreidimensionale Modell ein Idol aus, das schläft und niemals erwachen wird.

*Wahrscheinlich ist jedes Modell unvollendet, da nicht-lebendig, ein Auswuchs der Kodifizierung der von den Wissenschaften, den Künsten und Technologien verkündeten exodermischen Gesetze ...

*... Die Geste des Versuchs der Ingangsetzung von Modellen des Lebendigen besteht in der Einführung eines künstlichen Mechanismus, der diesem Modell einen der charakteristischsten

Züge des Lebendigen verleihen wird: die Beweglichkeit der Illusion.

*Diese Geste möchte also die Gegenstände beleben und die Welt simulieren, um sich dadurch zu ihrem Herrn auf den sinnlichen, symbolischen, logischen, technischen und, wie manche sagen, manchmal politischen Ebenen aufzuwerfen.

*Der in Bewegung gesetzte Gegenstand kann eine Art Verlängerung des Lebendigen sein, eine Prothese, die vom Lebendigen in die Welt des Imaginären eingeführt wird. In der Prothese vereinigen sich die bewegliche Wirklichkeit, die sie anschaulich macht, und die Simulation, die sie vorschlägt.

*Die Verwendung neuer Materialien, die zunehmende Verkleinerung mechanischer Teilchen, der Beitrag der Elektronik und der Informatik führen zu Automaten, zur Automatisierung, zur Robotik neuer technischer Gegenstände, die an manche Aspekte des biologischen Stoffwechsels erinnern, da sie komplexe Prozesse simulieren.

*Dieselbe Geste ist auch in den Konstruktionen künstlicher, in Verbindung zum Nervensystem stehender Organe, der Orthesen und der Prothesen am Werk.

*Läßt sich die Existenz eines vom Leben im eigentlichen Sinn unabhängigen technischen Lebens denken?

Der stets perverse und eigensinnige Zoosystemiker fügt noch hinzu:

*Der eröffnete und zusehends genauere Zugang zu den lebendigen Organismen schafft eine Situation, in der diese unentschiedene und unbestimmte Fluktuation der Grenzen kenntlich wird, die das Lebendige vom nicht-lebendig Technischen trennen.

– Der Zoosystemiker kann herablassend und ungestüm werden. Weiter unten wird er behaupten: soweit die Modellierung biologischer Systeme und die Aufstellung von Formalismen, die auf das Lebendige anwendbar sind, sich noch als notwendig erweisen könnten, entsprechen diese Aktivitäten einer überholten, d. h. unnützen Logik der Korrespondenz und der Repräsentation. Für den engagierten Zoosystemiker können sie keine vollständige Operationalität mehr beanspruchen, zumal, wie er sagt:

»... die Aufgabe des Zoosystemikers darin besteht, eine Metazoologie zu formulieren, die in anderer Weise von unten her die Oberfläche der Bedeutungen und Erscheinungen zum Vorschein brächte. Er muß sich dazu verurteilt fühlen, einen lückenlosen Zusammenhang bestialisierter Organismen herzustellen, von denen manche in ganz besonderen Fällen der modellierten Klassifikation der wissenschaftlichen Zoologie angehören könnten.«

»... In der Erarbeitung dieser Paranatur wird der spitzfindige Zoosystemiker verifizieren wollen, ob sich nicht inmitten der Prinzipien der Identität und der Differenz und der Entstehung neuer Wissenschaftspraktiken andere Repräsentationsformen einstellen, die abermals gewisse semantische Freistellen des Lebendigen verdecken würden.«

Für den schlichtesten Zoosystemiker jedenfalls ist die Modellierung, die ein Objekt in der Mitte zwischen zwei Lebenden, d.h. zwischen der Biomasse und einem dieser zugehörigen Modellierer plaziert, ein vollkommener methodologischer Irrtum. Er zieht also die Entwicklung einer heuchlerischen Methodologie vor: die Upokrinomenologie.

Seiner Auffassung nach widerspricht jede Injektion von Informationen oder Anweisungen in ein Modell des Lebendigen der Würde des Lebendigen selbst. Überdies bedarf eine sorgfältige Betrachtung der Berücksichtigung, daß die Rolle des Modellierers in sein freies Ermessen gestellt, zweideutig wird und sich weit von der geforderten Objektivität entfernt.

»... Indem der Modellierer fleißig eine ›semaphorische‹ Maschinerie aufbaut, bezeugt er die Echtheit der Zeichen einer verlagerten Wirklichkeit, die unter dem Anspruch auf Geltung nicht mehr mit dem Lebendigen konfrontiert werden können ...«

Der unhöfliche, belustigte und zotige Zoosystemiker spricht von der Seltenheit besessener Wissenschaftler und lasterhafter Künstler, die die Unvollkommenheit des Phänomens wahrgenommen haben.

»... Gewisse Durchdringungen, Vereinigungen und Kopulationen, gewisse Verdrehungen zwischen partiellen Behauptungen, unterschiedlichen Interessensgebieten, semantisch und syntaktisch entlegenen Vor-Konstruktionen bringen tatsächlich während der aufeinanderfolgenden Phasen der Modellerarbeitung ohne Wissen des naiven Modellierers intuitive und logische, phantasmatische Schimärenbildungen hervor, die für Modelle gehalten und auf deren Grundlage große Theorien aufgebaut werden.«

Für den absichtlich lästernden Zoosystemiker:

»... Auf dem weiten, zum Ruhm der Modelle angelegten Friedhof gibt es überraschende, heimlich bestattete Schimärenbildungen, die sich ausruhen ...«

– Der Zoosystemiker weiß immer guten Rat. Man muß, wie er empfiehlt, auf den engen Zusammenhang einer Autonomie achten, die zum Vorschein kommt und sich vom Untergrund der Modelle, der Erscheinungen und der Korrespondenzen her auszudrücken strebt. Das ist die Hypozoologie.

– Der rachsüchtige Zoosystemiker lehnt sich deutlich gegen eine Epistemologie auf, die bekennt, daß man beherrschen, zerstören und unschädlich machen muß, um zu verstehen.

Er erklärt sich zum Partisanen einer auf folgendes ausgerichteten Epistemologie:

– Die eigenartige Befähigung des Lebendigen, aus dem organisch-energetischen Verfall zu schöpfen, um so seine eigene Identität als ständige Verwandlung zu behaupten.

– Die einzigartige Befähigung des Lebendigen, in und durch seine Interaktionen mit der Umgebung neue Formen und neue Komplexierungen zu erzeugen.

Der unduldsame Zoosystemiker lehnt also die erste, allgemein als Interpretation oder Repräsentation des Weltzustandes anerkannte Epistemologie ab, da, wie er sagt, diese Anerkennung der Weltrepräsentation schwächlich ist und einschränkend wirkt.

Der scharfsinnige und hartnäckige Zoosystemiker wählt die zweite, weil diese voraussetzt, daß die kognitive Tätigkeit ihren Ausdruck nur um den Preis jener Hypothese findet, derzufolge ein System zur Erklärung der Beziehungen zwischen der Welt, die vorherbestimmt wäre, und dieser kognitiven Tätigkeit auf der Grundlage einer internen Repräsentation arbeitet. Das Vorhandensein geistiger Repräsentationen im Innern des kognitiven Systems macht die Basis der erzählerischen Epistemologie aus, die der Zoosystemiker rücksichtslos ausarbeiten will. Hier nun mehrere überzeugende Zitate:

»... Im Gegensatz zur intimistischen und introspektiven Arbeit des Künstlerischen, im Gegensatz auch zur analytischen und objektiven Arbeit des Wissenschaftlichen besteht die Arbeit des Zoosystemikers darin, das Phänomen der menschlichen Kreativität im Innern eines infra-humanen Bereichs anzusiedeln ...

... In diesem Fall besteht die Konsequenz nicht mehr in der Erforschung einer personalisierenden und bedeutungssteigernden Produktion innerhalb eines kulturellen und gesellschaftlichen Feldes, sondern in der Erforschung dessen, was noch grundlegender eine ontologische und phylogenetische Produktionseinstellung ist ...

Nicht ausgehend von einer im wesentlichen psychologischen und gesellschaftlichen Erfahrung erzeugt der Zoosystemiker kulturelle (epistemologische und ästhetische) Objekte, sondern in einer grundlegenderen Verlängerung, derer sich die Mechanismen des Lebendigen bedienen.

... Dank seiner kognitiven Fähigkeiten situiert seine wirkliche Tätigkeit ihn im Innern einer allgemeinen Produktion von Morphogenesen ...

... Eine heuristische Tätigkeit, die Teil eines ablaufenden Prozesses ist, handelt von der expansiven Evolution der lebendigen Formen, denen er zugehört ...«

Oft hat er wiederholt, daß jeder diplomierte Zoosystemiker sich einer ethischen Pflichtenlehre nicht entziehen könne. Unter Bezug auf Piaget versichert der aufgeklärte Zoosystemiker, daß die menschlichen kognitiven Tätigkeiten natürlich als Verlängerung der auf Assimilation angelegten und phylogenetischen Tätigkeiten der Lebewesen betrachtet werden. In paradoxer Weise bestätigt er, daß diese Haltung eines Widerrufs der Definition des Lebendigen die einzige ist, die eine Definition des Lebendigen gestattet, da sie es sich selbst bestimmen läßt.

»... Die Selbstdefinition des Lebendigen könnte sehr stark dem kognitiven Prozeß ähneln, der auf die Emergenz des Psychismus hinauslaufen würde ...«

– Der fordernde Zoosystemiker definiert sich merkwürdigerweise als ein Bevölkerer (*peupleur*), ein Belebender (*animaleur*) oder besser als ein Vertierer (*bestialeur*).

Mit dickköpfigem und wählerischem Eigensinn bezieht er sich mehrfach auf die Hauptachsen, die sein Programm ausrichten:

1) Versuch einer komplementären und vorausschauenden Verlängerung des gegenwärtig wackligen Klassifikationsschemas der Zoologie.

2) Versuch des Bevölkerns oder der Anfüllung der innerhalb der Biomasse festgestellten zoologischen Lücken, die von den furchtsamen Zoologisten umgangen werden.

3) Versuch eines »abermaligen Durchgehens« der anläßlich der ursprünglichen oder neuen Evolutionsphasen verschütteten Virtualitäten.

4) Versuch der Ausarbeitung jeder mentalen und abweichenden Zoosystemik als unehrerbietige heuristische Verirrung.

– Der visionäre Zoosystemiker ist leidenschaftlich. Er bezeichnet die Geste der Umformung des Lebendigen als die symptomatische Geste unserer Zeit. Er berücksichtigt, daß jede »Delegation« ein bestimmendes und grundlegendes Element einer anderen Epistemologie ist.

Die Repräsentation basiert auf heteronomen Systemen, deren Kennzeichnung auf den Beziehungen Eingänge/Ausgänge beruht. Die Simulation und die Modellerstellung verfahren auf dieselbe Weise, indem sie auf die Nachahmung eines »normierten« Sachverhalts, einer definierten Identität abzielen.

Wenn es darum geht, an ein sich verselbständigendes System die Möglichkeit zu delegieren, zu seiner eigenen Verhaltensunbeständigkeit zu finden, dann geht es nicht mehr wie in den heteronomen Systemen darum, das Objekt inmitten seiner Umgebung zu repräsentieren, sondern mit einem systemischen und vielheitlichen Auftauchen von Signifikationen umzugehen.

Der Zoosystemiker folgert, daß es hier also zwei unterschiedliche Logiken gibt. Die eine ist eine Korrespondenzlogik, die andere eine der Kohärenz, deren äußerste Konsequenzen zu ziehen sind.

**... Die Geste, das Lebendige der Umformung auszusetzen, besteht in der Preisgabe der mechanistischen Verwendung, um eine endogene Kontrolle des Biologischen oder eine Begleitung der Entwicklung zu erreichen, indem man in den Stoffwechselprozeß hintergründig und heimtückisch ein Rauschen einführt.*

... Diese Geste erlaubt einer Gattung erstmalig Zugang zu ihrem genetischen Erbe, indem sie das grundlegende Postulat der Biologie umkehrt, das alle möglichen Einflüsse der Umwelt auf das genetische Erbe verneint ...

... Diese Geste rührt an die Vervielfachung und Verbesserung des Lebendigen in seinen pflanzlichen, tierischen oder menschlichen Formen, wobei erstere dank der Entwicklungen der Molekularbiologie und der Genetik den morphologischen Aspekt, die Lebensfähigkeit und das Verhalten des Lebendigen verändern können ... Der Zoosystemiker prophezeit, daß die Erzeugung homoplastischer, hetero- oder xenoplastischer Schimären durch das Klonen von einer Paradigmaänderung zeugt.

... Diese Geste wirft eine große Zahl wirklich dringlicher Fragen auf, indem sie mit einem Schlag einige erkenntnistheoretische, ästhetische, ethische und ideologische Grundlagen zerstört.

**... Und wenn tatsächlich diese vom Menschen bis auf den heutigen Tag zur Ergreifung und Beherrschung des Lebendigen entfaltete Energie nur die vorbereitende und unbeholfene, die* *sichtbarste und oberflächlichste Phase eines unwiderstehlichen »Triebes«, eines grundlegenden und definitiveren Unternehmens war, das darin bestünde, »Lebendiges zu erschaffen«?*

**... Und wenn der Zugang zum genetischen Erbe zur gleichen Zeit wie der durch Strategien und technologische Gegenstände ermöglichte Zugang zum Lebendigen langsam dieses die Herstellung betreffende ethische und ästhetische Verbot aufhöbe?*

Wir stünden dann vor einem entscheidenden Bruch von unermeßlicher Reichweite.

Zweifellos würde er manchen Postulaten und Tätigkeiten, die unsere Zivilisation begründet haben, den Rang einer notwendigen, vorbereitenden, doch nun überlebten Archäologie zuweisen.

**Was wird zum Beispiel im Fall der in jeder Gesellschaftsform anzutreffenden Repräsentation des Lebendigen durch die Skulptur aus der Geste des Bildhauers, der in seinem Traum vom GOLEM eine träge Materie zuschneidet, glättet, graviert, formt?*

**Überläßt sie ihren Platz nicht einer anderen Geste, die programmiert, veredelt, ausliest, einfriert, implantiert, schimärisiert; einer Geste, die statt der Repräsentation von außen her ein morphogenetisches Programm aufstellt und es dem Entwicklungsprozeß einer »lebendigen Skulptur« eingibt und so die biologische Zeit ihr Werk ganz vollenden läßt?*

Der vorausschauende Zoosystemiker faßt zusammen:
In diesem Fall sind die Klonenden, die »Versucher/Erfinder« die wahren Bildhauer, die letzten Realisatoren eines Vorhabens, das während vieler Jahrhunderte die Wege der Kunst, der Wissenschaft und der Technik eingeschlagen hat.

Kommentare
An diesem Punkt unserer Arbeit überkommt uns ein großer Schauder. Die vom Zoosystemiker entwickelten Positionen scheinen doch merkwürdig und zuweilen auch gefährlich. Wenn es auf epistemologischer Ebene in gewisser Hinsicht auch offensichtlich scheinen mag, daß die Modellierung insgesamt eine bestimmte Zahl ernster Probleme aufwirft, so ist es doch befremdlich, daß gerade der Zoosystemiker diese Kriterien selbst formuliert. Zahlreiche Texte und theoretische Stellungnahmen stützen sich ausgerechnet auf die unvermeidliche Ausarbeitung von Modellen, ohne die es keine Zoosystemik und folglich keinen Zoosy-

stemiker gäbe.

Trotz einer gewissen anormalen und verwirrenden Begeisterung für die entwickelten Thesen scheint es uns auf der ideologischen Ebene schwierig, die Position des Zoosystemikers hinsichtlich der Risiken der genetischen Praktiken und der sorgfältigen und ausdauernden Experimente festzulegen, die unsere Erinnerungen heimsuchen. Auf der methodologischen Ebene – und das wiegt weit schwerer – hat uns peu à peu ein heftiger Zweifel befallen. Wir fragen uns, ob wir nicht mit einer Tätigkeit des Zoosystemikers konfrontiert sind, die ihn zu »einer systematischen und ränkeschmiedenden Täuschungspraxis« verleitet. Die abermalige Lektüre einiger Paragraphen macht uns geneigt, das anzunehmen, obgleich …

Lassen wir den verschlagenen Zoosystemiker in einem vertraulichen Brief an Professor Galden-Tseren, Direktor des Zoologischen und Botanischen Gartens von Verkhoyansk, zu Wort kommen:

»Ich wage zu glauben, daß es sich um eine manische Praktik handelt, die, da sie das erzeugte Phänomen taxiert, in der Erarbeitung eines evolutiven Strategems besteht, um das herum eine große Zahl simulierender Kunstgriffe geschaffen wird.

Es handelt sich in diesem Fall um die Erweiterung seines ›hypokrisischen‹ Feldes, das nicht seziert, sondern als ein ›heuristisches Ausgedehntes‹ bezeichnet wird.

Es geht, wie ich mutmaße, in der Vervielfachung und Komplexierung seiner qualitativen und quantitativen Parameter um seinen gewollten Zerfall, um unterschiedliche Emergenzebenen und die größtmögliche Zahl darunterliegender Interaktionen entstehen zu lassen.

Ich fühle, wie ich unmerklich in eine unschlüssige Freizügigkeit, in eine nörgelnde Unabhängigkeit gleite, die die Grundlagen und die Fortsetzung meiner Arbeit entscheidend beeinflussen.«

Dann dieser erhellende Satz:

»Ganz wie das programmierte, absichtlich ungebundene Herumtappen, das sich in seiner Anstrengung, ein anvisiertes Ziel zu erreichen, ständig selbst neu bestimmt und in Funktion unterschiedlicher, auf und durch den Modellierer, auf und durch die Umgebung ausgeübter Einflüsse erneuert.

Diese flottierende Freizügigkeit umfaßt andererseits ein komplexes, doch sehr kohärentes Ensemble geistiger Einstellungen, physischer und intellektueller Verhaltensweisen, die den Scharfsinn, die Voraussicht und die Gewandtheit miteinander verbinden, die Verstellung, die Verschlagenheit, die Pfiffigkeit, die erfinderische und berechnende Bastelei, das geduldige und wachsame Warten, den Sinn für eine gewisse Opportunität und eine erworbene Erfahrung, die sich selbst in Frage stellt ...

Ich glaube, daß man ›hypophanische‹ Strategien erproben muß, die alle eindeutigen und instrumentalistischen Lesarten auf mehrdeutige, algorithmische und leichtfertige Multiplikatoren umzustellen versuchen.

Das kann die Formen eines ungleichgewichtigen Strategems annehmen, einer Parodie auf einen unentwegten und fiktiven Exodus, einer Strategie des mit Pirouetten und Rückwirkungen ausstaffierten Schabernacks, einer zynischen und ironischen Pantomime.«

Überdies wurde unsere Unruhe noch durch einen kleinen, alarmierenden Text gesteigert, der den Grundlagen einer erzählerischen Epistemologie gewidmet ist und aus dem wir hier kurze Auszüge vorstellen:

**... Die erzählerische Epistemologie will über zumeist wissenschaftliche und technologische Erkenntnisse fabulieren. Sie zielt nicht darauf ab, sie zu verifizieren, ist jedoch bestrebt, ihre heuristischen Möglichkeiten und ihr Vermögen zur Entwicklung eines die Gesichtspunkte vervielfachenden Imaginären auszuloten ...*

**... Sie will die anderen epistemologischen Ebenen, denen der Zoosystemiker größten Respekt zollt, keineswegs verunsichern oder kritisieren.*

Möchte aber vermittels des Imaginären den Wissens- oder Ausdrucksebenen ein emulsives »Falsifikations-«Prinzip einfügen.

**... Der Durchgang durch die Zwänge des Wissens und der Technologien hinterläßt Spuren, die dem Imaginären eine andere Dimension, eine andere Funktion, eine andere Natur, eine andere Erscheinung verleihen ...*

**... Es ist nicht mehr möglich, die von der Eingebung hervorgetriebenen Bilder aufsteigen zu lassen. Der Traum kann erst nach einer langen Assimilation von komplexen Praktiken und Sprachen beginnen ...*

**... Die Einführung des Imaginären in das Feld der Epistemologie wird vielleicht das Imaginäre, gewiß aber die Epistemologie verändern.*

Ansver Zif behauptet:

»Der Zoosystemiker widmet sich ganz einer besonderen, im Gegensatz zu unserer Praxis stehenden Zoosemiotik. Er hat uns upokrinomenologisiert.«

Im Augenblick sind wir zwar nicht in der Lage, diese unwahrscheinliche Hypothese zu verifizieren, doch zahlreiche Anzeichen könnten sie bestätigen. In unserer gegenwärtigen Verwirrung ermessen wir überhaupt nicht ihre genauen Konsequenzen. Das könnte dazu führen, die unterschiedlichen methodologischen Behauptungen, die wir in dieser Arbeit voranzubringen versuchen, ernstlich ins Trudeln zu bringen. Unsere Objektivität ist eingeschränkt, denn wir fühlen gegenüber unserer Probearbeit zusehends eine unkontrollierbare Irritation aufkommen, die in unserem Verhalten wie in unseren Schriften Spuren hinterläßt.

Richtung 2

– Studienbeginn 19. März 89

– Ohne es endgültig glauben zu wollen, halten wir das Glossar des Zoosystemikers für eine weit ausgedehnte hypokrisische Landschaft, in die er uns versetzt ...

Professor Jean Pnaurn-Tholl, dem wir unsere Besorgnisse mitgeteilt haben, hält das für einen Überanstrengungseffekt und glaubt, daß man vielleicht unsere Methode überarbeiten müßte.

Macht er vielleicht gemeinsame Sache?

– Haupttexte/konsultierte Quellen:

Wissenschaften vom Lebendigen und Bildende Künste, Brief an Professor Galden-Tseren, handschriftliches Manuskript des Zoosystemikers, die Sulfogenetik, eine Täuschung der Verhaltenslehre, das paranaturalistische Modell, die Sulfogenetik ...

– Hauptbestandteile des Glossars:

Aduktion, Ambulobiomologie, Aporianismus, Appalotriosismus, erzählerische Epistemologie, Hygrozoosemiotik, Hypochetotaxie, Hypozoologie, Metamorphismen, Prodotik, Morphogenese, Stellungen, Sulfobiologie, Taxongraphie, Taxiopsis, Taxinomie, Teratologie, Upokrinomenologie, Zoosystemik, Zoosemiotik, Zoosystemologie ...

Der Zoosystemiker scheint uns immer eingebildeter. Er versteht es, durch seine scheinheilige Methodologie eine Alternative voller Winkelzüge anzubieten. Da die wirkliche Charakteristik des Lebendigen infolge seiner Selbstdefinition und Autonomie der Ordnung der Flucht und der Unterschlagung zugehört, bezeichnet sich der Zoosystemiker willkürlich als Vervielfacher von Zoophänomenen, die er aus einem Untergrund hervorzuzaubern versteht. Diese Zoophänomene kämen ihm zufolge aus einem Kohärenzfeld, der Biomasse heraus zum Vorschein und materialisierten sich in der Wucherung von Spuren als zufällige Orte, als unterschiedliche Zeiten und Geschwindigkeiten. Ganz einfach ...

So muß für den herrlich unternehmungslustigen Zoosystemiker jede scheinheilige Aktivität etwas Bestialisches zum Vorschein bringen, das noch nicht ausreichend sichtbar war, und verdunkeln, was bisher zu deutlich war. Der Zoosystemiker stützt einen Großteil seiner Argumentation auf das Konzept der Schimärenbildung und den Begriff des Artefakts als grundlegende Elemente seiner Praxis:

*... *eine konzeptuelle und konkrete Schimärenbildung zwischen den Gebieten der Ästhetik und der Epistemologie hervortreten lassen ...*

Der Zoosystemiker denkt, daß die Additions- oder Multiplikationsgeste, die wirklich nur ein Sache des Kleisters ist und sich seit grauer Vorzeit in das technische Denken und die Geschichte der Modellkonstruktionen einschreibt, gegenwärtig ihren epistemologischen, ästhetischen und technischen Status ändert. Man gelangt so vom Vater Arcimboldi zu den Schimären der Genetiker, sagt er unehrerbietig.

... Was nur imaginäre Zusammensetzung war, zufällige oder dekorative Zusammenfügung, mit einem Bolzen zusammengehaltene technische und industrielle Konstruktion, wird nun zu einer organischen Verbindung, einer »Hypokonnexion«, die das Grundlagenkontinuum der Zusammensetzung, einen Unterboden ausdrückt, der auf neue Art strukturiert und bisher unbekannte Stauungen erfindet ...

... Im Gegensatz zu den künstlichen Protheseorganen sind es »Endothesen«, die sich zu neuen Verbindungsstellen erheben ...

... Der Zusammensetzer handelt nicht mehr mechanistisch außerhalb des Phänomens. Er führt in den Prozeß und zwischen die beiden Antagonismen mutagene Elemente ein, die sukzessiv und unabhängig zu einem Verbindungsprotagonismus führen.

Man gelangt so von einem Traumimaginären zu einem morphogenetischen, programmatischen und numerischen Imaginären.

Dieses Imaginäre erzeugt partikularisierte Morphogenesen, deren Konsistenz und Organizität während all ihrer Entwicklungsphasen ausschlaggebend sind.

Es geht hier also um die Schimäre und die Schimärenbildung. Das heißt um das von den unterschiedlichen Ontologien, die die formalen, textuellen und funktionalen Bestandteile der Stauung absondern, generierte vorspringende Vermittlungsobjekt.

Keineswegs umsonst stehen, wie der professorale Zoosystemiker unterstreicht, am Ursprung dieses Gleitens die Genetik, die Morphogenetik, die Embryologie und die Kybernetik. Keineswegs umsonst faßt das informatische Vorgehen, das ja ebenfalls in der Lage ist, metamorphische Produktionen durch Algorithmus, Delegation und Selbstorganisation herbeizuführen, auf diesem Gebiet in entscheidender Weise Fuß.

Aufgrund der unterschiedlichen Inhalte und der von ihnen eröffneten Möglichkeiten erlauben die neuen Technologien ihrer Natur nach die Schaffung komplexer Zoosysteme, die Entwicklung passender Erprobungspraktiken und die Schaffung von biokulturellen Organismen wie etwa der *Upokrinomene*. Die Upokrinomene sind Artefakte, scheint der Zoosystemiker auszuposaunen. Er möchte den Begriff des Artefakts von Schlacken befreien, die sich peu à peu angesammelt haben. Sein mit Seltenheiten handelndes Unternehmen besteht darin, den artefaktischen Boden von modellistischen Aspekten zu reinigen, die ihn wie Parasiten überfüllen ...

... *In letzter Zeit ist das Artefakt als artifizieller und idealer Gegenstand der Wissenschaft betrachtet worden: »die erklärungsbedürftige wahrnehmbare Wirklichkeit beschränkt sich auf die der Laborartefakte«.*

Der Zoosystemiker, der sich auf die Etymologie des Begrifffs stützt, erklärt, daß die die Upokrinomene erzeugenden Technomorphogenesen ganz einfach die Folgen, die Wirkungen der »Kunst oder verwendeten Techniken« sind.

Er definiert das Artefakt als ein Phänomen zufälligen Ursprungs, dem man artifiziell am Ende einer Beobachtung in einer Taxiopsis begegnet und das durch zahlreiche Parameter hervorgebracht wird. Das von ihm dem Lebendigen entgegengebrachte Interesse veranlaßt ihn, sich genauer für den Sinn und die Folgen der von den Reagenzien und anderen in der Histologie verwendeten Verfahren hervorgerufenen Veränderungen in den Zellen und Geweben zu interessieren. Es ist das Auftauchen des Unbeabsichtigten, das ihn interessiert.

Für den Zoosystemiker ist das Artefakt nicht mehr das Objekt, das die Spuren der menschlichen Hand trägt – was in einem anderen Entwurf das Modell als »Interfakt« definieren ließe. Es ist der

Ausdruck einer durch Delegation eingeführten Vorgehensweise, die in einem projektiven, technischen und algorithmischen Universum eine Faktorenkonstellation in Bewegung setzt.

Das Artefakt ist eine im Programm des Zoosystemikers unvorhergesehene Antwort, ein Objekt, das auf selbständige Weise reagiert und für das man unmöglich eine Antwortstelle bestimmen kann. Es ist nicht außerhalb des Feldes, außerhalb des Kontextes, also nicht zufällig, es situiert sich zwischen der Normativität und dem Unbestimmten. So ist etwa im Schaltplan eines Aufzeichnungsgeräts jede Abstandsvariation ein Artefakt, deren Ursprung kein Organ ist, dessen Aktivität man aufzeichnen möchte, und die nicht durch einen behebbaren technischen Fehler hervorgerufen wird. Es ist eine durch die der benutzten Methode inhärente Handlung hervorgerufene Störung. Das Artefakt gehört zur Klasse der Schimärenbildungen.

Die vom Zoosystemiker erzeugten Technomorphogenesen unterschieben der Zwischenfläche zwischen dem Biologischen und dem Informatischen eine emulsive, ästhetische und logische Schimärenbildung. Es geht um den Anschluß des Universums der Herstellung anpassungsfähiger und wuchernder Morphologien an das informatische Universum und seiner berechnenden und geometrischen Vision. Es geht, wie der Zoosystemiker klipp und klar sagt, um die Verbindung der unterschiedlichen Arten der Formenerzeugung. Die einen sind endogen hervorgerufen, biologisch und embryologisch programmiert und drücken, sobald sie auf innere und äußere Hinweise stoßen, die Spannungen ihres Weges aus. Die anderen werden durch eine geometrische Annäherung an eine durch äußere Koordinaten begriffene Welt hergestellt.

Für den fleißigen Zoosystemiker ist dieser »Unter-Boden« eine anpassungsfähige Vorschaltung, die ein Imaginäres ins Spiel bringt, in dem sich gleichzeitig die Fortdauer und dic weiche Führung des Projekts kombinieren, das flatterhafte Vorgehen in der Verwendung der Daten und die Überwindung aufgeworfener Schwierigkeiten.

In diesem Fall wird die Technik zu einem phantasmatischen Universum und nicht allein zur instrumentalen Gelegenheit der konkreten Verwirklichung einer Vorstellung …

.. Sie läßt aus der Unterseite ihres logischen Dispositivs und auf einem in Vektoren eingeteilten Monitor, der von einem Katho-

denlicht durchquert wird, wirkliche, zuweilen zweckdienliche Artefakte erscheinen: Upokrinomene.

Aus dem Französischen von Bernhard Dieckmann

Im Spiegel
der Renaissance

Elisabeth von Samsonow
Leben und Tod der Natur
Überlegungen zur Mechanik Leonardo da Vincis

Schon an der Struktur der Hochschulen läßt sich die Trennung unschwer erkennen: es gibt die Universität, die Technische Hochschule und die Akademie der Bildenden Künste. Geistes- und naturwissenschaftliche, technische und künstlerische Disziplinen haben nicht nur in Form ihrer Schulgebäude Anspruch auf getrennte Orte erhoben, sie haben sich auch hinsichtlich ihrer Sujets und Methoden voneinander deutlich abgegrenzt. Wer etwas von Philosophie versteht, versteht meistens nichts von Technik, und wer Bildhauer ist, wird nicht auch noch Biologe sein. Den Geisteswissenschaften fällt es schwer, ihr Selbstverständnis in einer technischen Welt zu behaupten. Die Philosophie beispielsweise, der Inkompetenz moderner Technik und Naturwissenschaft gegenüber verdächtigt, führt eine Existenz an der Grenze zur gesellschaftlichen Bedeutungslosigkeit. Ihre traditionellen Themen und Fragen sind auf konkrete Probleme aus den Bereichen Industrie und Umwelt nicht »umgerüstet«, und eine babylonische Sprachverwirrung der »Technolekte« untereinander tut ein übriges, um einen gemeinsamen Diskurs der Fakultäten zu verhindern. Angesichts der wachsenden Umweltprobleme – verunreinigte Luft, verunreinigtes Wasser, Allergien, schlechte Lebensbedingungen in industriellen Ballungsräumen, Waldsterben, Treibhauseffekt, Ozonloch – gibt es wieder vermehrt Initiativen, sich interdisziplinär über die condition humaine zu verständigen. Die Reflexion über die gegenwärtige Krise der »Umwelt« fördert als grundlegendes Problem das Verhältnis zwischen Technik und Natur, zwischen vom Menschen geschaffener und »kreatürlicher« Welt zutage. Technik verhält sich gegenüber Natur expansiv, dringt ein in sie, verdrängt sie. Natur ist auf dem Rückzug, auf dem Weg ins Reservat. Die Forderung, moderne Technik solle der Natur kooperativ sein (sanfte Technologien, Bio-Technologien, neue Methoden der Energiegewinnung), technisches Know-how müsse schonend und konservierend eingesetzt werden, bedeutet aber mit Sicherheit nicht das Ende der Konfrontation. Es gibt in den Anfängen einer epochalen Problemkonstellation Fährten, die zu verfolgen nützlich ist im Hinblick auf ein Verständnis der elementaren Strukturen der Krise. Eine solche Fährte führt in die frühe Renaissance.

Keiner konnte so zeichnen wie Leonardo da Vinci (1452 bis 1519). Niemand hat vor ihm in der Art gezeichnet, und auch vieles von dem, was er zeichnete, hat er vor allen anderen als Gegenstand entdeckt: z.B. den menschlichen Körper von innen und außen, mit allen Sehnen, Adern, Nerven, Organen und Knochen. Dieser ist das zentrale Thema Leonardos, um welches sich andere – aus den Gebieten Botanik, Militärkunst, Architektur, Mechanik und was der interessanten Dinge mehr sind in diesem unerschöpflichen Werk aus Notizen und Zeichnungen, die nach seinem Tod thematisch geordnet und kompiliert wurden – auf Grund einfacher funktionaler Bezüge anordnen lassen. Der Begriff, den Leonardo vom menschlichen Körper entwickelt hat, erklärt auch sein Interesse für alle anderen Fragen oder Bereiche, und ohne ihn gibt es kein angemessenes Verständnis für Leonardos Konzept der Mechanik. Dieses Konzept nämlich erscheint, obgleich Leonardos Erfindungen von Maschinen und Apparaten die Nachwelt noch immer verblüffen und sein Name synonym für geniale Mechanik steht, oft auf Grund ungeeigneter Prämissen verzerrt. Vielleicht ist es auch für eine Zeit, in der die Mechanik als überwundenes und veraltetes Modell gilt, nicht leicht, Leonardos schwerfälligen Flugapparaten eine andere als geheuchelte Bewunderung entgegenzubringen (»Und das schon damals!«). Eher noch gelingt die Vorstellung, Leonardo würde heutzutage eine die moderne Technik verherrlichende Existenz als »wohlbestallter Ingenieur bei General Motors« leben.[1] Schumacher zieht gegen eine solche Vereinnahmung Leonardos zu Felde: »Endlich hat die Diktatur das Genie erkenntniskünstlerischer Produktionskraft nicht einmal mehr elitär sich absondern lassen, sondern angestellt und begraben.«[2]

Die falschen Prämissen, die man der Mechanik Leonardos unterschiebt, sind vor allem solche eines naturfernen Zwecks von der Art, die Maschine müsse eine genau definierte Aufgabe von wirtschaftlichem Interesse erledigen. In Verbindung mit seinen anatomischen Studien kann sich unter einer solchen Prämisse nur das Bild vom menschlichen Körper als Maschinerie einstellen. Die Schauermärchen, die über Leonardos nächtliches Manipulieren an Leichen erzählt werden, sind mit diesem Topos eng verknüpft. Der Körper wird als Roboter der Seele gedacht, als eine Art unglaublich kompliziertes Uhrwerk, dessen Adern, Sehnen und Nerven die Inbilder von Hebeln, Drähten und Leitungen sind. Da gibt es nur noch das Verhalten beweglicher Massen in Raum- und Zeitkoordinaten, und der Mensch ist im Auge des Mechanikers zur Marionette geworden, dessen Bewegungen durch das an-Schnürchen-Ziehen eines inneren Spielers zustande kommen.

Aber es gibt auch die Bilder Leonardos, die eine solche Interpretation seiner mechanischen und anatomischen Forschungen schon beim ersten Hinsehen fraglich machen. Ich denke dabei an das Bildnis der Ginevra Benci. Ihr feines, rundes Gesicht, ihre Art, ernst, staunend und fragend zu blicken, ist ein schönes Zeugnis für Leonardos genaue, einfühlsame Wahrnehmung und seine Fähigkeit, das Aussehen des Menschen als Spiegel der Seele zu erkennen und darzustellen. An einem solchen Bild gibt es nichts Mechanisches, nichts Kühles, nichts Distanziertes.

Es sollte doch möglich sein, Leonardos Kunst mit seinen Forschungen konzeptionell zusammenzudenken. Das jedenfalls liegt näher, als Brüche und Zwiespältigkeiten mit Hilfe theoretischer Konstruktionen noch zu vertiefen.

Der Schlüssel für eine konzeptionelle Einheit des Werkes Leonardos scheint in seinem Begriff der Natur zu liegen, der zunächst in seinem Bezug zu dem der Kunst zu bestimmen ist. Die kunsttheoretischen Schriften der Renaissance handeln von der Kunst als imitatio naturae, als Nachahmung der Natur, die sich dabei der Geometrie, der Arithmetik, der Perspektive und der Naturphilosophie bediene. G. P. Lomazzo schreibt in seinem *Trattato della Pittura*: »Le cose naturali sono la regola e la misura de la maggior parte de le scienze, e arti del mondo.«[3] Bei Alberti (*Della Pittura, De re aedifica*), bei Piero della Francesca (*Della Prospettiva Pingendi*) und bei Albrecht Dürer (*Underweysung in der Messung*) finden sich vor allem geometrische Untersuchungen und Anordnungen zur Konstruktion bzw. Darstellung von Gegenständen im Sinne einer Wissenschaft der Sichtbarmachung. Die »natürlichen Dinge« werden als Idee, als Ganzes alles Abbildbaren verstanden, als Terminus jeder Repräsentation. Die Reflexion auf die Bedingungen der Darstellung selbst durch die Malerei macht unmittelbar deutlich, daß mit den »natürlichen Dingen« nicht ein flacher Naturalismus im Sinne des 19. Jahrhunderts eingeführt werden soll.[4] Vielmehr handelt es sich um die Begründung einer Kunst »kognitiven Stils«[5], die den Abstand zwischen der menschengeschaffenen Kunstwelt und der nicht vom Menschen geschaffenen Naturwelt vermittels eines kritischen Konzepts von Wahrnehmung überhaupt überbrücken will. Kunst geht an gegen die Fremdheit des Menschen in einer Welt, die vor ihm und nach ihm da ist, gleichgültig gegen ihn und nicht von ihm gemacht. Seine eigene künstlerische Tätigkeit erlöst den Menschen von der mittelalterlichen Bestimmung, nur Betrachter des göttlichen Kunstwerks Welt zu sein. Er erlangt ein neues Selbstverständnis durch die Wichtigkeit seiner »Arbeit«. Seine Kunst ist nicht länger nur Nichtigkeit angesichts der göttlichen, vielmehr wird der Mensch zum Deus in Terris, zum Gott in der Welt, der innerhalb der Gesetze des Stofflichen verständig tätig ist. Die Kunst der Renaissance erhebt den Anspruch, wahrheits- und wissenschaftsfähig zu sein.

Die Entstehung eines an die perspektivischen Funktionen a quo und ad quem gebundenen Augpunktes geht Hand in Hand mit einem intensivierten Beobachten und Eindringen in die Welt. »Nachahmung der Natur« ist keine Parole, die zum Abmalen von Blumensträußen auffordert, sie steht für eine komplexe Strategie der Assimilation vermittels vernünftiger Begriffe in der Konstruktion der Erkenntnis und der sinnlichen Darstellung von Welt. Durch den beobachtenden und erkennenden Abstand von der Natur und der Teilhabe an ihr in den sinnlichen Dimensionen des Körpers sind die Extrempunkte der Geltung ihres Begriffs markiert. »Nachahmung der Natur« ist ein Konzept der Vermittlung von Begriff und Wahrnehmung.

Zur dialektischen Beziehung zwischen Distanz gegenüber und Teilhabe an der Natur tritt ein weiteres Begriffspaar, das Kunst und Erkennen der Renaissance entschieden bestimmt: Erschaffen und Wissen. Die Entdeckung der geometrischen Methode als effizientes paradigmatisches Wissenschaftsmodell läßt sich ohne Schwierigkeiten auf die Bedeutung dieser Begriffsrelation gründen. Der Geometer erkennt die Wahrheit der geometrischen Verhältnisse, indem er sie schafft. Evidenz in der Geometrie beruht auf der Identität jener beiden Momente. Im 15. und 16. Jahrhundert bildet sich eine geometrisch und arithmetisch operierende Naturwissenschaft aus. Es ist dabei vor allem die Astronomie, die den Hauptanteil an methodischer Invention und Innovation trägt. Instrument der Astronomie ist die Optik, die die Fundamente zu einer Kritik der Wahrnehmung – in diesem Fall des Sehens – legt. Auffallend ähnlich sind sich die Grundzüge der geometrischen Synthesis des Raumes und diejenigen, die die Kunsttheorie bezüglich des Bild- oder Repräsentationsraumes anlegt. Die Renaissanceästhetik versucht auf der Basis des *mos geometricus* sowohl die Gegenstände als auch die der Kunst zu erfassen. Die geometrische Konstruktion des Weltgebäudes und die eines Bildplanes erscheinen als Grundtypen allen künstlerischen Schaffens. Gott ist ein höchster Maler, Bildhauer und Baumeister, und die Welt ist sein Kunstwerk. Der Künstler ist in seinen Akten dem göttlichen Erschaffen auf der Spur, indem er Göttliches bildet.

Die Mechanik stellt im Unterschied zur Malerei oder Bildhauerei der Renaissance reine Kraft- und Bewegungsverhältnisse dar, sie zeigt die bloße Verteilung und Verlagerung von Masse, ganz gleich, ob sie zweckhaft – also zur Lösung der Frage, wie man sehr große Steine gegen bewehrte Mauern befördern solle – oder anschaulich verfährt, wie beispielsweise in astronomischen Modellen.

Affekte, der Gegenstand der Malerei, also *»il moto de l'animo«*[6], entfallen, da es sich bei den Objekten der Mechanik gerade nicht um lebendige Wesen, sondern um Abstraktionen von Prozessen handelt, bei denen Energie durch Arbeit verbraucht wird, eine Zustandsveränderung eintritt und eine bestimmte Planmäßigkeit vorhanden ist. Fraglich ist allerdings, ob die Erzeugungen im Bereich der Mechanik der Renaissance als Kunst im heutigen Sprachgebrauch gelten können, ob sie eine begründbare Beziehung zur Kunst haben, die über die klassische Organisation der Disziplinen in einem Kanon der artes mechanicae hinausgeht. Kunst und Technik sind in der Renaissance noch weitgehend ungetrennte Bereiche (griech. *techné* = lat. *ars*). So ist die Definition der Malerei bei Alberti eigentümlich geometrisch-technisch, ohne die geringste Ingredienz von Genie oder Inspiration: »Die Malerei wird also nichts anderes sein als die auf einer Fläche mittelst Linien und Farben zustande gebrachte künstlerische Darstellung eines Quer-(Durch-)schnittes der Sehpyramide gemäß einer bestimmten Entfernung, einem bestimmten Augpunkte und einer bestimmten Beleuchtung.«[7]

Kunst und das, was man unter Wissenschaft verstand, scheinen sich selten so nahe gewesen zu sein wie in der Renaissance.

Leonardo nennt so die Mechanik »das Paradies der mathematischen Wissenschaften, denn durch sie gelangt man zur mathematischen Frucht«.[8] Wenn man dazu wieder Alberti liest: »So will ich, auf daß meine Rede an Klarheit gewinne, zuerst von den Mathematikern jene Sätze entlehnen, welche auf meinen Gegenstand Bezug haben«[9] – dann bleibt kein Zweifel, daß die Mathematik in jedem Fall eine Gemeinsamkeit zwischen Kunst und Mechanik bildet, nämlich ihr methodisches Fundament. Aber nicht nur die Methode verbindet sie, auch das Problem der Bedeutung der Bewegung, die Themenkreise Ausdruck bzw. Leistung eines Körpers verklammern Kunst und Mechanik zuinnerst miteinander. Ihre Grenzen gegeneinander bleiben folglich unscharf; beide streben praktisches Wissen des sinnlich Wahrnehmbaren an.

»Die instrumentale oder mechanische Wissenschaft ist sehr edel und überaus nützlich, denn mittels dieser üben alle lebendigen Körper, die Bewegung haben, ihre Tätigkeit aus. Solche Bewegungen gehen vom Mittelpunkt ihrer Schwere aus, der seitwärts inmitten ungleicher Gewichte liegt, und dieser hat Mangel und Überfluß an Muskeln, sowie einen Hebel und Gegenteil.« (Leonardo)[10]

Ohne einen mechanischen Begriff der Bewegung der Körper, wenn auch in Hinblick auf die in dieser Bewegung dargestellten Affekte, ist die Malerei der Renaissance nicht zu denken. Alberti schreibt: »Ich nahm wahr, wie der Mensch in jeder Stellung den ganzen Körper dazu verwendet, den Kopf als das schwerste Glied zu unterstützen, und wenn jemand sich auf einen Fuß stützt, so steht dieser immer senkrecht unter dem Haupte, wie die Basis einer Säule.«[11]

Das Wissen der Mechanik als die Logik von Bewegung und Disposition auch des menschlichen Körpers ist notwendiger Bestandteil künstlerischer Wahrnehmungskritik. Es liefert die Strukturen einer Physik, die der Künstler als die Physiognomie des Lebendigen zu interpretieren vermag.

Wenn man also nach einer Möglichkeit sucht, einen Dialog zwischen künstlerischen und technischen Disziplinen in der Moderne zu eröffnen, kann das Modell der Renaissance hilfreiche Lösungen zeigen. Mit den Lösungsmöglichkeiten sind implizit allerdings auch die Konflikte gegeben, die zum Konfrontationskurs geführt haben. Denn die Erfindung der Maschine setzte eine vollkommen neuartige Zirkulation von Kräften und Stoffen in Gang, die nicht mehr über lebendige Organismen transformiert werden. Leonardos Mechanik hat wenig mit Technik und Industrie im modernen Sinne zu tun, da er keine Maschinen zur Produktion von Maschinenabkömmlingen hergestellt hat. Für ihn hat der Apparat schon seine Funktion in sich selbst, ob es sich nun um Flugapparate, Katapulte, Armbrüste oder Schwimmbagger handelt. Solche Maschinen sind eher »Vorrichtungen«, deren Beschaffenheit der in ihnen liegende einfache Zweck vorgibt. Dieser Zweck ist nicht ohne »Natur« zu denken. Denn jede der Schöpfungen Leonardos entspringt einem Umwandlungs- und Umformungsprozeß von »Natur« in Kultur. Nachahmung der Natur ist ein höchst kreativer Akt, in dem Leonardo seinen Begriff von »Natur« als künstlichen Begriff darstellt.

Bei Nikolaus von Kues, einem der bedeutendsten und einflußreichsten Philosophen der Renaissance, ist zu lesen: »Das sinnenfällig Herstellbare gehorcht der Kunst der Vernunft.«[12] Diese Beziehung zwischen Kunst und Natur bleibt bis zum Idealismus wesentlicher Kern der ästhetischen Reflexion. So schreibt Schelling in seiner sogenannten Akademierede von 1807:

»Wie kommt es, daß jedem einigermaßen gebildeten Sinn die bis zur Täuschung getriebenen Nachahmungen des sogenannten Wirklichen als im höchsten Grade unwahr erscheinen, ja den Eindruck von Gespenstern machen, indes ein Werk, in dem der Begriff herrschend ist, ihn mit der vollen Kraft der Wahrheit ergreift, ja ihn erst in die echt wirkliche Welt versetzt?«[13]

Heute ist es eher so, daß Kultur und ihre Geschichte selbst Gegenstand und Stoff künstlerischer Aktion und Produktion sind. Kunst ist vollkommen vermittelt und geschichtlich gebunden, bezieht sich auf Menschenwelt und Menschengeschichte als auf eine »zweite Natur«. Leonardo dagegen sucht in dem »Zusammen« von Kunst und Natur nach einer Instanz, die als gemeinsamer Ursprung der Entstehung alles beweglichen, lebendigen Sichtbaren gelten kann. Mit den Worten des Cusanus:

»Da aber die Genauigkeit unerreichbar ist, sind wir gehalten zu glauben, daß es nichts gibt, was nur Natur oder nur Kunst ist, sondern daß alles an beiden auf seine Weise teilhat. Man begreift leicht, daß die Intelligenz, insofern sie aus der göttlichen Vernunft herausfließt, an der Kunst teilhat, und wir erkennen sie andererseits als Natur, insofern sie aus sich die Kunst entfaltet.«[14]

Sinnenfällige Erkenntnis der Natur behauptet lebendige Bewegungsvollzüge als sinnvoll organisiertes Ganzes, und eine diese Vollzüge konstruktiv imitierende Mechanik ist eine Kunst. Kunst – auch in der Bedeutung, die sie heute für uns hat? Eine Ausstellung von Apparaten Leonardos, von Professoren und Studenten rekonstruiert, gibt es zwar hin und wieder an Technischen Hochschulen. Sie sind allerdings als Indizien der Wissenschafts- und Technikgeschichte, nicht der Kunstgeschichte inventarisiert.

Die mechanische – und auch die anatomische – Kunst Leonardos unterscheidet sich beispielsweise von den Maschinen Jean Tinguelys, insofern sie versucht, die Darstellung ihrer Funktion als Erkenntnisgewinn zu leisten. Tinguelys Maschinen hingegen haben ausdrücklich keine Funktion, außer der des Aufzeigens bloßer kombinierter Bewegungsabläufe in ihrer Tendenz zur Unübersichtlichkeit. Für ihn ist die Maschine problematisch und wird erst dann wieder Kunst, nachdem sie ihres Zweckes beraubt worden ist. Für Leonardo gibt es noch keine problematische Funktion der Maschine – nicht einmal der Katapulte und sonstigen Kriegsgeräts –, da sie immer nur naturphilosophisches Wissen zur Erscheinung bringt, d. h., ihren Zweck nicht einzig und allein in der Erleichterung, Verkürzung und Beschleunigung von Produktionsabläufen hat wie die Maschine in der modernen Industrie. Leonardos Maschinen produzieren nichts. Entweder sie helfen bei der Arbeit (unter diese Kategorie fallen auch die Kriegs- und Kampfmaschinen), oder sie vermehren die Fortbewegungs- und Lebensmöglichkeiten des Menschen (Flugapparate, Panzer, Boote). Sie haben eine gewisse Würde und Schönheit, sie sind mit Sinn fürs Detail erfunden und gezeichnet, manche sind verziert und ziseliert. Zu jeder Maschine gehört mindestens ein Mensch.

Man könnte sie, wenn man sie als künstlerische Objekte interpretieren will, als Relation zwischen einem erkenntnishaltigen »intentionalen Potential« und einem »Aussehen« beschreiben, somit als in Hinblick auf eine bestimmte Idee oder Aufgabe erfundenc Gesten, die manchmal große Ähnlichkeit haben mit denen, die arbeitende Menschen mit ihren Werkzeugen – Hämmern, Schaufeln und Gabeln – vollführen. Ein Schwimmbagger ist so tatsächlich nichts anderes als eine Sand heraufholende Geste, gebaut aus krallenförmig geränderten Kübeln, die sich an einem Band entlang über zwei Rollen hinweg bewegend in die Flußsohle graben.

Wie der Begriff die Geste formt und umgekehrt, findet man sehr schön in der Zeichnung[15], die die architektonische Idee der Beweglichkeit und Haltung von Kopf und Hals in äußerst reduzierter und konstruktivistischer Weise zeigt. Es handelt sich um eine der letzten anatomischen Zeichnungen Leonardos, sie ist nach 1513 entstanden. Sie zeigt ein Skelett von hinten, vom Scheitel bis zur Brust, das Augenmerk liegt auf der Halspartie, die mit ihren verschiedenen Aufhängungen und Stützen den Mechanismus für eine freie Beweglichkeit des Kopfes ausmacht. In expressiver, stark vereinfachter und eigenwilliger Auffassung greifen die Sehnen ineinander, die in Form von zwei Dreiecken, einem spitzwinkligen, langschenkligen und einem eher stumpfen, kurzschenkligen angeordnet sind. Die entschlossene Linienführung und die Überzeichnung der beschriebenen Partie geben die begrifflich geklärte Intention des Zeichners wieder, der beim Zeichnen einer Sache, die ihm so offenkundig klar geworden ist wie hier das Wesen des Halses, Überflüssiges fortläßt und das Notwendige in eine Ordnung fügt. Zwei kleine Köpfe, in den großen Schädel gezeichnet, verdeutlichen nochmals das Gezeigte in vereinfachter Form, wobei der eine der beiden, der seitlich zu sehen ist, Beispiel gibt dafür, wie ein paar den Schultern zulaufende Sehnen am Hals entlang nach vorne gelagert und so für die Drehbarkeit des Kopfes zuständig sind. In einer Notiz auf demselben Blatt bezeichnet Leonardo die Wirbelsäule als den »Mast eines Schiffes mit seiner Seitentakelage«.[16] Das begriffliche Erfassen natürlicher Organisation und Funktion führt Leonardo unmittelbar zur mechanistischen Metapher. Im Text unten links schreibt er: »O Beobachter dieser unserer Maschine, laß dich nicht bedrükken, daß du Wissen gibst durch den Tod eines anderen; sondern freue dich, daß unser Schöpfer seinen Geist in solch einem ausgezeichneten Werkzeug angelegt hat.«[17]

Die Stichworte »Maschine«, »Instrument« und »Wissen durch den Tod eines anderen« deuten auf alles andere hin als auf ein durch authentisch erlebte Innerlichkeit erschließbares Bild des Körpers. Der Zwiespalt, der hier zum Vorschein kommt, ist möglicherweise ein wichtiges Motiv der Kunst Leonardos, etwas,

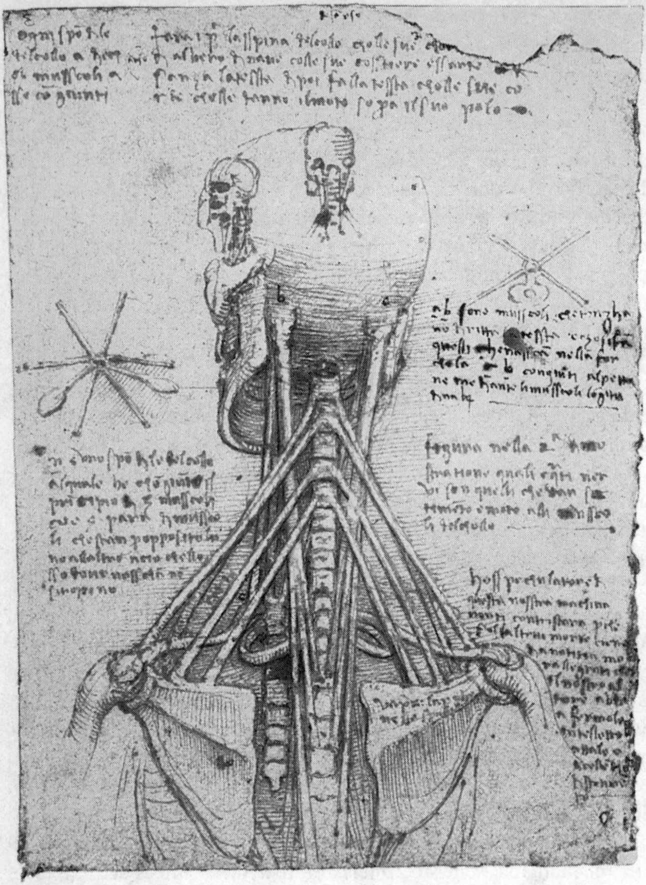

Abb. Die Muskeln des Halses, Feder und braune Tusche auf blauem Papier (277 × 205 mm). Königl. Bibliothek Schloß Windsor Inv.-Nr. 19074 v

das ihn ebensosehr beunruhigt wie inspiriert. Es handelt sich um eine Spielform des alten Zwiespalts zwischen Teilhabe und Abstand, denn »die Natur ist Einheit, die Kunst Andersheit, weil sie ein Abbild der Natur ist«.[18]

Anatomisches Wissen wird gewonnen, indem ein anderer Mensch zum Objekt genommen wird. Der Anatom analysiert die Leiche eines Menschen, um ihre Lebensfunktionen zu rekonstruieren. Er versucht, die Beschaffenheit dieser Funktionen zu erkennen, indem er sich in denkbar großem Abstand zu seinem Objekt hält: es ist tot, während er selbst lebendig ist. Das Totsein seines Objektes ist aber gerade die Voraussetzung seiner anatomischen Erforschbarkeit. Für Leonardo ist die Verborgenheit der Lebensfunktionen in ihrer vielleicht indirekten Bezogenheit auf das Offenbarsein der erscheinenden Gestalt Gegenstand leidenschaftlichen Interesses. Diese Funktionen werden unter dem Titel »Andersheit« oder Abstand von der Natur ans Licht des Verstandes gebracht. Sie sind Thema der anatomischen und mechanischen Arbeiten Leonardos, die nicht ohne Grund mit dem Tod der Natur in Zusammenhang gebracht werden können.

In einem der Quaderni beschreibt er, wie die toskanischen Bauern ein Schwein mit einem Eisen zu stechen pflegen. Sie stechen dem Schwein mitten ins Herz, und wenn es gut getroffen ist, bewegt sich der Griff dieses Eisens im Rhythmus der Herzbewegung noch eine kleine Weile hin und her, bis er, wenn das Schwein tot ist, in der Mitte zur Ruhe kommt. »Ich habe das öfters beobachtet und solche Messungen vorgenommen, und ich ließ dieses Werkzeug im Herz stecken, bis das Tier verendete.«[19] An späterer Stelle folgt der Hinweis, daß man über den Grund dieser Bewegungsübertragung in den Blättern zur Mechanik nachlesen könne.[20]

Was aber das Offenbarsein der erscheinenden Gestalt betrifft, die das Thema der Malerei ist, so geht es hier um die Darstellung der Seele, um den Affekt, um Ausdruck als Synthesis von Seele und Körper. In das naturhafte Dunkel des menschlichen Körpers dringt der Anatom ein, nachdem der Tod eingetreten ist; die Beziehung zum »Äußeren« eines Menschen aber gründet auf einer seelischen Anteilnahme an einer lebendigen Person, wie eben an Ginevra Benci. Diese beiden Formen des wissenschaftlichen bzw. künstlerischen Habitus sind nicht einfach miteinander kompatibel. Natur oder Naturhaftigkeit des Menschen selbst bleiben ein Problem, auch wenn, wie Heinrich Wölfflin mutmaßt, Leonardo unter allen Künstlern der Renaissance derjenige gewesen sei, »der am meisten Freude an der Welt gehabt hat«.[21]

Kunst entsteht nicht nur aus Überfluß, sondern auch aus Irrita tion. Irritierend für und an Leonardo und für die Bemühung um ein konzeptionelles Zusammendenken seines Werkes ist, daß ihm bewegliche Dimensionalität in beseelte und unbeseelte zerbrochen ist. Natur ist die Einheit alles sich selbst zur lebendigen Darstellung Bringenden. Welche Methode ist am ehesten geeignet, sie zu fassen? Die naturwissenschaftliche, die künstlerische, die magische oder die mechanische? In der Renaissance koexistieren diese Möglichkeiten methodischen Zugangs, und es ist noch offen, welchen Zuschnitts die zukünftige Wissenschaft von der Natur sein würde. Es ist denkbar, daß sich aus den Ansätzen, die sich schließlich nicht durchsetzen konnten – z. B. Magie, symbolische oder dem Ähnlichkeitsgesetz gehorchende Medizin, astrologische Systeme der Stofflichkeit und der zeitlichen Rhythmen –, eine »Naturwissenschaft« hätte bilden können, die letztendlich auf ihre Weise ebensoviel über ihren Gegenstand auszusagen wüßte wie die, die wir heute haben. Alle diese Zugänge sind Intentionen auf Natur, so wie auch Leonardos Zeichnen, Malen und Konstruieren Intentionen auf Natur sind. Sie sind Spiel mit jenem universalen Gegenstand, eine Kunst der versuchsweisen Annäherungen. Leonardos Kunst ist Transformation der Natur in Akten der Erfahrung, die er mit dem Stift in der Hand macht. »Das Auszeichnende in Leonardos Erkennen ist: er ist ganz Auge und Hand; was für ihn ist, muß mit der Hand hervorgebracht werden.«[22]

Damit ist er vor allem Erfinder einer besonderen Gattung von Wissen, die Erkenntnis mittels praktischer Wahrnehmungsvollzüge gewinnt. »Das Denken nicht in Begriffen, sondern in Bedeutungen von Linien, Formen und Gestalten, das ist das anschauend tätige Erkennen.«[23] Es ist nicht genug, zu erkennen, zu beobachten oder zu imaginieren; Leonardo fordert, daß ein Dokument der Erkenntnis angefertigt werden soll:

> »Wenn du glaubst, die Gestalt eines Menschen sowie seine Glieder in allen ihren verschiedenen Stellungen mit Worten wiedergeben zu können, so mußt du dir diesen Gedanken aus dem Kopf schlagen; denn je genauer du sie beschreibst, desto mehr wirst du den Geist des Lesers verwirren, und desto mehr wirst du ihm die Erkenntnis dessen entziehen, was du beschrieben hast. Deshalb muß man sowohl darstellen als beschreiben.«[24]

Erst wenn die Knochen und Sehnen in ihrer Ordnung mit dem Stift gefunden und ins Verhältnis gesetzt worden sind, ist das

Denken mit der Natur ausgesöhnt, hat die verständige Hand die Strukturen der Erzeugung begriffen.

Sehr viele der unzähligen Blätter der Kompilationen oder Codices vereinigen Zeichnungen mit Notizen und Texten. Leonardo formuliert Fragen, Erklärungen, er erläutert die Entstehung und die Bedeutung der Zeichnung oder die Funktion des Gezeichneten. Er stellt allgemeine Betrachtungen an über den Zusammenhang, in dem er das Dargestellte sieht. Text und Zeichnung ergänzen sich nicht nur in formaler oder graphischer Hinsicht – die Schrift nimmt die zeichnerischen Strukturen ornamental auf und klärt, gliedert und bereichert die Blätter –, sie zeigen gerade in dieser Ergänzung den kognitiven Rang der Zeichnung selbst.

Erfahrungen machen mit dem Stift in der Hand – zeichnend und schreibend –, das ist die Tätigkeit des wahrhaft aufmerksamen Menschen. Sie ist Erzeugung aus erster Hand. Leonardo rühmt sich dessen, seine Erkenntnisse nicht irgend jemand nachgebetet zu haben:

»Wenngleich ich nicht wie die andern namhafte Schriftsteller anführen kann, so ist es doch eine viel größere und würdigere Sache, unter Hinweis auf die Erfahrung, die Lehrmeisterin ihrer Meister, zu lehren. Jene laufen aufgeblasen und wichtigtuerisch herum, nicht mit ihren eigenen, sondern mit fremden Leistungen geschmückt, und wollen die meinige nicht gelten lassen. Aber wenn sie mich als Erfinder gering schätzen, um wieviel mehr mögen sie dann getadelt werden, da sie nicht Erfinder sind, sondern Marktschreier und Nachbeter der Werke anderer.«[25]

Solche Worte für die Empirie haben – neben seinen Maschinen – Leonardo den Nimbus eines Ahnherrn der technischen Moderne eingebracht. Er gilt als Inbild einer Idee der Einheit menschlicher Produktion überhaupt, der künstlerischen und der technischen. Wenn man Leonardo als künstlerischen Typus mit Versuchen der Moderne, Kunst und neue Technologien unter einen Hut zu bringen, verbinden will, so gelingt dies systematisch am ehesten über seine Ideen der Mathematik und der Konstruktion als begrifflicher Ausgestaltung des Sinnlichen. Diese Ideen bergen die Möglichkeit der Begründung einer inneren Beziehung zwischen Kunst und Technik, damit aber auch den durch die Struktur des Schaffens Leonardos belegten Konflikt zwischen dem Anspruch, dem lebendig Erzeugenden auf die Spur zu kommen (»Wer Zugang zur Quelle hat, bedarf keiner Gießkanne«), und der technischen Methode. Natürlich zeigt er ganz grundsätzlich eine Haltung des Ingenieurs, als des Menschen in der Welt, der sie nicht nur liebt und erkennt, sondern auch erfindet und für sich umbaut.

Was aber die künstlerische Nutzung neuer Technologien angeht – bzw. umgekehrt: die Inanspruchnahme der Kunst zur ästhetisierenden Aufwertung neuer Technologien –, so lassen sich von Leonardo wohl kaum Strategien der Legitimation herleiten. Wesentlich an Leonardo ist doch, daß er selbst Urheber und Erfinder seiner einfachen Apparate ist, d. h., daß der inventive Akt und seine Versichtbarung für ihn zusammenfallen. Dagegen bleibt beispielsweise die Erzeugung einer Computergraphik, wenn auch als Akt der Überwindung der Entfremdung gedacht, durch eben diese bestimmt. Der Künstler stellt sich der Maschine zur Verfügung und damit seine Autonomie zur Disposition. Überhaupt haben der Computer und die digitalen Systeme nicht bei Leonardo, sondern in den philosophischen Entwürfen der numerologischen Kombinatorik des Raimundus Lullus und den in der lullschen Tradition stehenden Theorien der *Ars Memoriae* bei Giordano Bruno ihre geistesgeschichtlichen Wurzeln. Kunst und Mechanik des Leonardo da Vinci bleiben letztlich der Physiognomie der Natur verpflichtet; seine Apparate beweisen gerade, daß er nicht numerologisch codiert denkt, sondern mit Hilfe der einfachen Begriffe der mittelalterlichen Physik und in Ähnlichkeit zu den Bewegungen des arbeitenden Menschen. Die Technik Leonardos entsteht aus Erfahrung und aus der Beobachtung der Natur und ist deshalb eher eine Variation über Natur als ein Akt der Etablierung einer neuen und künstlichen Welt. Zwischen einem seiner Apparate und den digitalen Systemen muß man einen Evolutionssprung annehmen, der Beschaffenheit, Zielsetzung und Nutzbarkeit der Maschine radikal geändert hat. Mit der Gebundenheit an das universale Thema Natur in Kunst und Technik ist auch der verbindliche gemeinsame Nenner verschwunden. »Nachahmung der Natur« wäre gegenwärtig eine geradezu provokante Forderung an die Künste, der man mit Schelling entgegnen könnte: »Eure lügnerische Philosophie hat die Natur aus dem Wege geräumt, und warum fordert ihr, daß wir sie nachahmen?«[26] Dabei geht Schelling gegen eine Idee der Nachahmung der Natur vor, die einem falsch verstandenen Begriff von Natur folgt.

Kunst und Technik der Renaissance stehen, was diesen Begriff angeht, unter anderen Vorzeichen. Wenn man dies nicht in Betracht zieht, bleibt der Rekurs auf Leonardo in der Diskussion zum die Annäherung zwischen Kunst und Technik oberflächlich und begünstigt seine Ausbeutung zur Legitimation fadenscheiniger Interessen, wie das der Verherrlichung der Technologien durch die sich mit ihnen nur experimentell beschäftigenden Künste.

Natürlich gibt es bei Leonardo auf die Situation der Moderne hindeutende Spuren, vor allem in dem Zwiespalt innerhalb des Konzeptes der imitatio naturae selbst, also zwischen mechanistischer Naturferne und wahrnehmender und lebendiger Teilhabe an ihr. Es scheint ganz so, als ließen sich letzten Endes die Gründe für das Auseinanderdriften von Kunst und Technik aus seinem Werk leichter erheben als die für ihre Zusammenführung.

Aber vielleicht rühren die Schwierigkeiten, die man mit der Zuordnung seiner vielfältigen Gedanken und Ideen hat, nur von dem Unvermögen her, diese unendliche Offenheit und Neugierde zu begreifen, die sich weigert, vor den Grenzen definierter Berufsbilder und Wissenschaften ehrfürchtig Halt zu machen. Leonardo begreift sich von Natur aus als kompetent für alles, was seinen forschenden Geist anzuziehen vermag. Diese Haltung scheint mir seine bedeutendste Leistung, die, falls von ihr eine vorbildhafte Wirkung ausginge, tatsächlich die Diskussion um die Zusammenführung der Disziplinen positiv beeinflussen und beleben könnte.

Anmerkungen

1 Eine Meinung, die John H. Randall und T. J. Watson äußern, zitiert nach: Joachim Schumacher, *Leonardo, Maler und Forscher in anarchischer Gesellschaft*, Berlin 1981, S. 16.
2 Ebd.
3 G. P. Lomazzo, *Trattato della Pittura*, Milano 1584, Cap. I, p. 7.
4 Vgl. z. B.: *Moderner Naturalismus und künstlerische Wahrheit*, in: Conrad Fiedler, *Schriften über Kunst*, Köln 1977, S. 101–130.

5 Martin Warnke, Vorwort zu: Carlo Ginzburg, *Erkundungen über Piero. Piero della Francesca, ein Maler der frühen Renaissance*, Berlin 1985, S. 13.
6 Lomazzo, a.a.O., S. 21.
7 L. B. Alberti, *Drei Bücher über die Malerei*, in: L. B. Alberti, *Kleinere kunsttheoretische Schriften = Quellenschriften für Kunstgeschichte und Kunsttechnik des Mittelalters und der Renaissance*, Hg. R. Eitelberger v. Eitelberg, Bd. XI, Wien 1877, S. 45–164, I. Buch, S. 68.
8 Handschriften des Institut de France, Paris, Signatur E, 8 v (deutsch v. Theodor Lücke in: Leonardo da Vinci, *Tagebücher und Aufzeichnungen*, Leipzig 1940, S. 84).
9 Alberti, a.a.O., II. Buch, S. 58.
10 *Sul volo* 3 r (Fogli Mancanti, Fatio-Sammlung, Genf) (dt. Lücke, op. cit., S. 495).
11 Alberti, a.a.O., II. Buch, S. 124.
12 Nikolaus v. Kues, *Mutmaßungen.* Übers. und mit einer Einführung und Anmerkungen hg. v. Josef Happ und Winfried Koch, lat.-dt., Hamburg 1971, Kap. 12, S. 157.
13 G. W. F. Schelling, *Über das Verhältnis der bildenden Künste zu der Natur*, eingeleitet u. hg. v. Lucia Sziborsky, Hamburg 1983, S. 15.
14 Nikolaus v. Kues, a.a.O., Kap. 12, S. 155.
15 Royal Library, Windsor Castle, Inventarnummer 19075 v (Reproduktion in: *Leonardo da Vinci. Anatomische Zeichnungen aus der königlichen Bibliothek auf Schloß Windsor*, Gütersloh 1979, Abb. 24).
16 Text zur Reproduktion: ebd. S. 48.
17 Ebd.
18 Nikolaus v. Kues, a.a.O., Kap. 12, S. 155.
19 *Quaderno I*, 6 r, Royal Library, Windsor Castle (dt. Lücke, S. 89).
20 »Aber ich will mich hier nicht weiter darüber verbreiten, weil eine ganze Abhandlung über diese Bewegung im zwanzigsten Buch von den Hebenkräften steht.« *Quaderno I*, 6 r (dt. Lücke, S. 90).
21 H. Wölfflin, *Die klassische Kunst. Eine Einführung in die italienische Renaissance*, München 1924, S. 23.
22 Karl Jaspers, *Lionardo als Philosoph*, Bern 1953, S. 9.
23 Ebd.
24 *Dell'Anatomia*, Foglio A, 14 v (Royal Library, Windsor Castle) (dt. Lücke, S. 35).
25 *Codex Atlanticus* 117 r, b (dt. Lücke, S. III).
26 Schelling a.a.O., S. 3.

Reinhard Steiner

Malerei als Spekulation
oder: Wie die Welt im Anschauen erkannt wird

Giorgio Vasari, der Vater der Kunstgeschichtsschreibung, erzählt in seinem *Leben der ausgezeichnetsten Maler, Bildhauer und Baumeister* folgende Anekdote aus dem Leben des Giotto di Bondone. Giotto hatte sich durch seine Werke ein so hohes Ansehen erworben, daß auch der Papst wissen wollte, »was für ein Mann Giotto sei und wie seine Arbeiten wären«. Er sandte daher einen Höfling aus, der neben anderen Künstlern Giotto aufsuchen und Proben seines Könnens abverlangen sollte. »Giotto, der sehr höflich war, nahm ein Blatt und einen Pinsel mit roter Farbe, legte den Arm fest in die Seite, damit er ihm als Zirkel diene, und zog, indem er nur die Hand bewegte, einen Kreis so scharf und genau, daß es in Erstaunen setzen mußte; verbeugte sich gegen den Hofmann und sagte: Da habt ihr die Zeichnung. – Sehr erschreckt fragte dieser: Soll ich keine andere als diese bekommen? – Es ist genug und nur zu viel, antwortete Giotto, schickt sie mit den übrigen hin, und ihr sollt sehen, ob sie erkannt wird.« Der Höfling, von Giotto degradiert zum Überbringer einer Geheimbotschaft, die er nicht verstand, mußte schließlich nach Ablieferung seines Berichts – der natürlich zum Erfolg für Giotto wurde – erleben, daß er auch noch zum Anlaß eines spöttischen Sprichwortes wurde: »Du bist runder als das O des Giotto.«[1]

Diese Künstlerlegende, die ähnlich auch von Beccafumi und Dürer erzählt wurde[2], steht zunächst im Zeichen einer Auffassung, die die Bedeutung eines Künstlers durch den Hinweis auf seine Virtuosität überzeugend vor Augen führen möchte. Sie geht letztlich auf antike Anekdoten zurück und bekräftigt mit dieser Bezugnahme die Erneuerung – die Renaissance – der Künste. Gewöhnlich geben solche Künstlerlegenden indes mehr über die Absichten und Vorstellungen des Erzählers Aufschluß als über ein tatsächliches Ereignis im Leben der geschilderten Figur. Und so paßt denn auch diese Legende genau in das strategische Konzept, mit dem Vasari seine dreistufige Entwicklungsgeschichte der Kunst bis in seine Gegenwart auf das »sagenhafte« Leben und

Werk des Begründers der modernen Malerei, Giotto, aufbaut. In zweierlei Hinsicht birgt der *»tondo«*, den Giotto gezeichnet haben soll, weit mehr als nur den Beweis für die virtuose Hand des neuen Apelles. Er ist zum einen das Symbol für den *disegno* – die Zeichnung –, auf dessen Fundament die Erneuerung der Künste sich vollzieht, und er ist zum anderen das Symbol für einen Wandel in der bildenden Kunst, die ihr ausschließliches und oberstes Ziel nicht mehr nur in der Nachahmung der äußeren Wirklichkeit sieht.

Obwohl eine Legende, steckt in der Anekdote mehr Wahrheit, als Vasari selbst möglicherweise bewußt war. Tatsächlich ist es Giotto, der mit seiner Malerei, z. B. in der Arenakapelle zu Padua, den Auftakt eines Aufwertungsprozesses der bildenden Kunst markiert. Schon die Zeitgenossen wie Dante, danach Petrarca, Boccaccio oder Filippo Villani im 14. Jahrhundert, empfanden mehr als sie erkannten, daß Giottos Gemälde nicht bloß eine mechanische Nachahmung sichtbarer Wirklichkeit waren, sondern das Ergebnis einer mentalen Leistung, die zum Lenker der manuellen Operationen geworden war. Boccaccios Ausspruch, daß Giottos Kunst nicht nur die Ungebildeten ergötze, sondern auch dem Intellekt der Gelehrten genüge, ist als eine Rezeptionsformel mit Signalwirkung zu verstehen.[3] Auch ohne verbindliche Tradition eines eigenständigen Kunstdiskurses und damit ohne ein elaboriertes Fachvokabular erkannte man zunehmend, daß Zeichnung bei Giotto eine konstruktive Dimension besaß. Es ist daher nur allzu verständlich, daß Giotto in Vasaris Anekdotenbericht nicht nach einem Naturvorbild zeichnet, sondern, seinen eigenen Arm als Zirkel benutzend, eine geometrische Figur *entwirft*, nicht nachahmt – die Nähe zum Motiv des mit dem Zirkel welterschaffenden Gottes mag ungewollt sein, ist aber unübersehbar.[4]

Bereits im Trecento, erst recht im Quattrocento war dem *disegno* neben der praktischen Übung, nach einem künstlerischen Vorbild zu zeichnen und so Erfahrung und Geschicklichkeit zu erwerben, mehr und mehr die »moderne« Aufgabe zugewachsen, in Form einer Skizze, eines flüchtigen und schnellen Umreißens eines Gegenstandes, einem geistigen Entwurf Ausdruck zu verleihen. Die Zeichnung emanzipierte sich aus ihrer Rolle als Transportmittel traditioneller bildnerischer Muster und wurde zum Medium der Erfindung und des Experiments. Aufgrund ihrer

Monochromie und ihrer Linearität, sodann – seit der Etablierung der Linearperspektive – aufgrund ihrer Trägerfunktion bei der Herstellung einer Bildordnung war sie besonders geeignet, zum unmittelbaren Ausdruck eines Gedankens bzw. einer bildnerischen Idee zu werden.

Die Linearperspektive erschien allerdings nicht wie ein deus ex machina auf der Bildfläche. Sie war keineswegs der voraussetzungslose qualitative Sprung in der Entwicklung der »modernen« Malerei, sondern das konsequente Ergebnis einer seit Giotto auf der einen Seite und dem Studium der Natur auf der anderen eingeleiteten Reflexion über das Sehen und die bildnerische Aneignung des Gesehenen. Ein vordringliches Anliegen Giottos war es bereits, eine räumliche Organisation von Figuren und Gegenständen auf der zweidimensionalen Bildfläche zu imaginieren, eine gewissermaßen vortheoretische Auseinandersetzung mit der Perspektive. Mit dem 13. Jahrhundert aber und damit schon vor Giotto hatte sich in gewissen Teilbereichen eine »naturalistische« Darstellungsweise Geltung verschafft. Das kulturelle und intellektuelle Klima, das nicht unwesentlich von arabischen Gelehrten und Naturwissenschaftlern mit ihren Kenntnissen antiker Schriften beeinflußt war, förderte eine Hinwendung zu den sichtbaren Erscheinungen der Natur und propagierte die eigene, unmittelbare Anschauung, das Selber-Sehen. Der Stauferkaiser Friedrich II., besessen von der Vorstellung, alles mit eigenen Augen zu sehen und zu überprüfen, formulierte das epochemachende Motto, als er in der Einführung seines Buches über die Falkenjagd schrieb: *»ea manifestare quae sunt sicut sunt«* das, was ist, zu zeigen, wie es ist. Die Illustrationen zu seinem eigenen Buch oder etwa die einiger botanischer Schriften belegen, daß dies keine hohle Phrase war: statt dürrer, in einem langen bildlichen Überlieferungsprozeß gefilterter Schemata zeigen sie identifizierbare Naturabbilder und die Tendenz, das Individuelle im Typus erkennen zu lassen.[5]

Die Aufwertung des »leiblichen« Blicks – im Gegensatz zum geistigen Sehen in der Vision oder Kontemplation – ging Hand in Hand mit einer Aufwertung des gesamten Reichs der sinnlichen Erscheinungen. Je mehr sich das Streben darauf richtete, den selbst beobachteten Gegenstand auch seiner sinnlichen Erscheinung gemäß abzubilden, desto mehr erforderte ein solches Ideal der Naturtreue auch eine *Methode* der richtigen Art des Abbildens. Interessierte man sich im Hochmittelalter – Robert Grosseteste, Roger Bacon oder Peckam sind dafür Zeugen[6] – in erster Linie für die Konstitution des Sehapparates, so nun am Ende des 14. und zu Beginn des 15. Jahrhunderts mit wachsender Neugier und Energie für die Art und Weise, wie dieses leibliche Sehen in Darstellung übersetzt werden kann. Zur angewandten Forschung wurden die Probleme der Optik in dem Moment, in dem man gewahr wurde, wie wichtig die exakte Wiedergabe eines Naturgegenstandes für die empirische Erfahrung und für deren Anwendbarkeit sein kann. Gewissermaßen zur angewandten Kunst wurden sie, als man erkannte, daß erst eine regelhafte geometrische Methode der Verteilung der Figuren und Gegenstände im imaginierten Raum eine kontrollierbare Bildordnung verleiht sowie eine dem Wahrnehmungsbild entsprechende Proportion und Relation der Dinge. Es bedurfte also einer Konstruktionsmethode, einer Methode, die andere Voraussetzungen erforderte, als sie bislang für die Ausbildung eines Malers galten.

Wahrscheinlich ist es dem Zusammentreffen dreier Personen um 1420 in Florenz zu verdanken, daß eine solche Konstruktionsmethode, die Linearperspektive nämlich, gefunden wurde. Die drei waren der Mathematiker Paolo Toscanelli, der hochgebildete Architekt und Bildhauer Filippo Brunelleschi und der Humanist Leone Battista Alberti, der die Rechte studiert hatte und als Schriftsteller und Architekt berühmt wurde – keiner also, der ex professione Maler war![7] Der eigentliche Vollstrecker der Entdeckung war letztlich Alberti, indem er ihr 1435 eine schriftliche Form gab und sie zunächst in lateinischer Sprache, kurz danach in italienischer veröffentlichte. Mit diesem – ersten – kunsttheoretischen Traktat ratifizierte er zugleich eine intellektuelle Umgangsform mit bildender Kunst, die mit der Wertschätzung Giottos durch die Dichter und Gelehrten des 14. Jahrhunderts ihre Initialzündung hatte. Noch Cennino Cennini hatte gegen Ende des 14. Jahrhunderts in seinem *Libro dell'arte*, einem Rezeptbuch für künstlerische Techniken und Materialien und Vademecum für die Ausbildung des Künstler-Handwerkers, lediglich schmale theoretische Kost geboten und nur bescheidene Wünsche nach höherer Bildung der Maler geäußert.[8] Alberti nun zog in seinem Traktat *Della pittura* eine Summe seiner Seherfahrungen und seiner theoretischen Bemühungen und entwarf als erster das Umrißkonzept des Künstlers als eines *uomo universale*. Im dritten Buch seines Traktates begründet er die künftige Vorrangstellung der Malerei, indem er ihr *wissenschaftliches* Fundament herausstellt und deshalb vom Maler umfassende Kenntnisse verlangt: »Ich wünsche ..., daß der Maler in allen Gebieten der artes liberales gebildet sei; aber zuallererst wünschte ich mir, daß er etwas von Geometrie versteht ... Meine Grundlinien, in welchen das Wesen der Malerei vollständig und vollkommen dargelegt wird, werden von einem Geometriekundigen leicht verstanden werden; wer aber von Geometrie nichts weiß, der wird nicht diese und keine andere wissenschaftliche Darstellung verstehen.«[9]

Obwohl Alberti seinen Text auch in italienischer Sprache herausgegeben hatte und damit der Popularisierung des Wissens einen wichtigen Impuls verlieh, waren seine an die Künstler-Handwerker gerichteten Ansprüche weitgehend Wunschbilder, zumindest was das Studium der »artes liberales« – vielleicht mit Ausnahme eines mathematischen Grundwissens – betraf. Angesichts der Ausbildungssituation der Maler und Bildhauer war es ein Ding der Unmöglichkeit, daß diese sich bis zum ca. 12. oder 14. Lebensjahr, d.h., bevor sie normalerweise in eine Lehrwerkstatt eintraten, Kenntnisse erwerben sollten, die gewöhnlich nur an der Universität gelehrt wurden. Es gab, um mit Peter Burke zu reden, zu jener Zeit zwei Kulturen und zwei Ausbildungssysteme, das Lehrverhältnis und die Universität, das eine manuell, die andere intellektuell, das eine in der Volkssprache, die andere lateinisch.[10] Vor diesem Hintergrund betrachtet wird sehr schnell klar, daß es sich bei dem von Alberti akklamierten Modell des *uomo universale* – der trotz eines fortbestehenden Bildungsmankos aus den Reihen der bildenden Künstler und Architekten kommen wird – um eine ganz spezifische Form des Wissens bzw. Primärwissens handeln muß. D.h. um ein Wissen und eine Wissensentfaltung, die nur einem Teilbereich des Kanons der *artes liberales* entwachsen konnten. Daß es sich hierbei um die Basiswissenschaft Mathematik und die auf sie gegründeten quantifizierbaren Naturwissenschaften und der innovatorischen Technik handelt, verrät eine Stelle aus Lorenzo Ghibertis *Commentari* aus der Mitte des 15. Jahrhunderts. Der Maler wie der Bildhauer, heißt es da, müsse in allen freien Künsten kundig sein, in Grammatik, Geometrie, Philosophie, Geschichte, Anatomie, Theorie der Zeichnung, Arithmetik, und »er muß sich die Werke der vortrefflichen alten Mathematiker und Perspektivlehrer gründlich angeeignet haben«.[11]

Wenn auch in der ersten Hälfte des 15. Jahrhunderts nur relativ wenige Maler und Bildhauer in den Genuß solcher Kenntnisse gelangten, so waren doch allein die Auswirkungen der Perspektive umstürzend genug. Anna Maria Brizio, eine der renommiertesten Leonardo-Forscherinnen, beschrieb sie folgendermaßen: »Für die florentinischen Künstler des Rinascimento, zuerst für Brunelleschi, war es der Aufbruch einer genialen Idee, die mit einem Schlag die ganze endlose Kasuistik der mittelalterlichen Optik hinwegfegte ... Das System wurde von den florentinischen Künstlern Brunelleschi und Alberti zur Perfektion gebracht und zunächst zur künstlerischen Darstellung verwendet, um eine mit feststehenden Proportionen und Maßbegriffen errechenbare Komposition zu ermöglichen, die solcherart dem traditionellen Empirismus entzogen war: das heißt also die Rationalisierung des Sehens. Mit der Perspektive schufen die Künstler jedoch ein Instrument, das auch auf wissenschaftlichem Gebiet die größte Bedeutung erlangen sollte, gerade weil es eine präzise und konstante Messung der Dimensionen und Entfernungen zuließ.«[12]

Neben den eben geschilderten Folgen hatte die »Rationalisierung des Sehens« noch einen anderen, keinesfalls marginalen Effekt: das schon früher betriebene Naturstudium bzw. die unmittelbare Naturbeobachtung erhielt durch sie eine nachträgliche Rechtfertigung. War das Sehen rational begründbar und begründet und war in der Folge auch die bildnerische Repräsentation der gesehenen Dinge geometrisch und d. h. rational darstellbar, so waren in gewisser Hinsicht auch die Dinge, die gesehen werden konnten, rational. Gesetze der Natur, die man früher schon vermutet oder auch erkannt hatte, waren nun visuell und experimentell nachprüfbar, was der empirischen Naturwissenschaft eine erweiterte Basis zukünftiger Erfolge bescherte. Leonardo da Vinci wurde der wahrscheinlich radikalste Vertreter der Methode des visuellen Experiments, wie ein Satz aus dem sog. *Codex Atlanticus* belegt: »Allen menschlichen Übertragungen und Disziplinen muß also die Perspektive vorangesetzt werden, in deren Bereich die komplizierte Strahlenlinie die Beweisarten liefert und in der nicht so sehr der Ruhm der Mathematik als vielmehr derjenige der Physik begründet liegt.«[13] Mit anderen Worten: das Auge und seine durch die geometrischen Sehlinien erzielte Gewißheit sind der Garant dafür, daß wir die Natur erkennen können; d. h., das Auge treibt Physik und die Mathematik ist ihr Erkenntnisgarant.

Selbstverständlich verstand sich Leonardo nicht als bloßer technischer Zeichner, er war vielmehr davon überzeugt, daß die Rationalisierung des Sehens einen notwendigen Bestandteil, wenn nicht das Prinzip der Malerei überhaupt darstellt. Darüber belehrt ein anderer Satz: »Verachtest du die Malerei, die nur die Nachahmerin aller offenbaren Werke der Natur ist, so wirst du gewiß auch eine genaue Erforschung verachten, die mit philosophischer und subtiler Spekulation alle Beschaffenheiten der Formen in Betracht zieht: Luft und Landschaft, Pflanzen, Tiere, Gräser und Blumen, welche in Schatten und Licht eingebettet sind; und dies ist wahrlich Wissenschaft und legitime Tochter der Natur ...«[14]

Weder für Leonardo noch für einen anderen Künstler der Renaissance – wenigstens im 15. Jahrhundert – gab es einen Antagonismus von Kunst und Wissenschaft bzw. Naturwissenschaft. Galt der Satz »ars sine scientia nihil est« im Mittelalter nur für den Architekten, so wurde er nun zu einem Commonplace für den Maler, natürlich auch für den sog. Künstleringenieur. In praxi basierte das Wissenschaftsverständnis eines Piero della Francesca, eines Francesco di Giorgio Martini oder eines Leonardo auf einer »philosophischen und subtilen Spekulation« der Dinge, womit jedoch alles andere als eine Erkenntnis gemeint war, die über die sinnliche Erfahrung hinausreicht. Auf die spezifische Neufassung des Begriffes der Spekulation bei Leonardo wird noch zurückzukommen sein. In der Mitte des 15. Jahrhunderts jedenfalls waren Kunst und Wissenschaft so eng miteinander verwoben, daß Michele Savonarola, Paduaner Arzt und Großvater des berühmteren Girolamo, Malerei und Philosophie in einer *»perspectiva«* vereinigen konnte, die in seinem System gleichsam als fünfte Disziplin des Quadrivium figurierte.[15] Allein die ungewohnte Kombination von Malerei und Philosophie macht deutlich, daß mit »Perspektive« weit mehr konnotiert war als nur eine technisch perfektionierte bildnerische Darstellungsmethode. Man sah in ihr auch, vielleicht noch mehr, ein Erkenntnisinstrument, mit dem der Raum und die im Raum befindlichen Dinge sowie deren phänomenale Eigenschaften – im wörtlichen Sinn – durchschaubar wurden. Nur so ist erklärbar, daß es, wie M. Baxandall feststellte, in den Gemälden des Quattrocento viel mehr rechte Winkel, gerade Linien und regelmäßige Körper gibt, als man in der Natur oder in der früheren Malerei finden kann.[16] Ein Musterbeispiel für diese Obsession ist der sog. *mazzocchio*. Bei ihm handelte es sich zunächst »um eine Kopfbedeckung aus Holz oder Weidengeflecht, die von wohlhabenden Männern im Florenz des 15. Jahrhunderts getragen wurde«.[17] Als polygonaler Ring mit polygonalem Querschnitt war er, geometrisch betrachtet, eine außerordentlich komplizierte Figur und entwickelte sich deshalb für all jene Künstler/Theoretiker, deren idée fixe die Perspektive war, zum Studien- und Darstellungsobjekt par excellence. Nicht nur für einen Paolo Uccello wurde der *mazzocchio* zum »überragenden Symbol der Verbindung zwischen Mathematik und bildlicher Darstellung«[18], sondern auch und interessanterweise gerade für die Intarsienschneider. Für diese Kunsthandwerker bot ein Objekt wie der *mazzocchio* sowohl die Herausforderung, eine schwierige geometrische Figur perspektivisch richtig zu konstruieren und darzustellen, als auch die Chance, die Beherrschung ihres Materials durch virtuoses Handwerk zu demonstrieren. Mehr noch: gerade durch die Darstellung von geometrischen Figuren konnten sie überzeugend vor Augen führen, daß ihr Handwerk im Grunde Wissenschaft sei, daß sie nicht mechanisch Dinge verfertigten, sondern ihrerseits geometrisch verfuhren. Nicht umsonst trug ihnen diese Fertigkeit den Titel von »Meistern der Perspektive« ein, von nicht wenigen Zeitgenossen wurden sie mehr geschätzt als alle anderen Künstler.

Von demselben Uccello, der den *mazzocchio* zu einem seiner Lieblingsobjekte erkor, erzählte man im übrigen, er hätte nächtelang derart selbstvergessen über Probleme der Perspektive sinniert, daß er auf das gute Zureden seiner Gattin, sich doch schlafen zu legen, nur geantwortet hätte: »O welch ein anmutig Ding ist diese Perspektive!«[19] Aber auch ein solcher Enthusiasmus konnte nicht verhindern, daß sich in die geometrische Ordnung der Bilder noch einige Zeit Fehler einnisteten, die man nicht bloß als »Kinderkrankheiten« einer neuen Methode mißverstehen darf. Ein Beispiel aus dem Louvre-Skizzenbuch des Jacopo Bellini, eines Zeitgenossen von Uccello, soll dies illustrieren. Auf einem Blatt (fol. 70) ist eine Torhalle zu sehen, deren Gewölbetonne perspektivisch konstruiert ist und sich in die Tiefe kontinuierlich verjüngt. In dieser Halle liegen in die Raumtiefe ausgestreckt drei Tote, die von einer Reihe trauernder Männer entlang der Mauer flankiert werden. Nur auf den ersten Blick erscheint die Konstruktion korrekt. Vergleicht man jedoch die Abstände der an der Mauer stehenden Männer mit der Größe der am Boden liegenden Figuren, dann wird der Bruch in der Relationalität der Abmessungen evident: unserer optischen Wahrnehmung entsprechend müßte es sich bei den Toten um veritable Riesen handeln. Der Grund für den Defekt in dieser Zeichnung ist nur auf einer vordergründigen Ebene in der Tatsache zu sehen, daß Jacopo die Regeln der Verkürzung einer menschlichen Figur noch nicht ebenso gut beherrschte wie die einer – geometrisch einfacheren – Architektur. Aus einem anderen Blickwinkel betrachtet war für Jacopo die perspektivische Konstruktion das Ordnungsmodell schlechthin, um ein Bild zu komponieren. Und dieser, auf einem linearen Gerüst basierenden perspektivischen Ordnung wurden sowohl Dinge wie Figuren unterworfen, ja sie wurden von der Raumordnung regularisiert. Die menschliche Figur wurde – nicht nur in diesem Fall – zu einem Vektor im geometrischen Relationsgefüge des Bildes, indem sie dessen Orthogonalen bzw. die an sich unsichtbaren Tiefenlinien buchstäblich ver-körperte.[20]

Die Beispiele ließen sich vermehren, die indizieren, daß Geometrie und deren künstlerische Anwendungsform Perspektive im 15. Jahrhundert über die Darstellungsfunktion hinaus einen beinahe ideologischen Charakter besaßen. Stellvertretend sei nur auf das bekannte Phänomen hingewiesen, daß alle utopischen Stadtentwürfe der Renaissance, seien sie in der literarischen Fiktion oder der planerischen Praxis entstanden, auf geometrischen Grundmustern basieren, auf einer abstrakten Ordnung also, der die Menschen untergeordnet wurden. Oder um mit Macchiavelli zu reden: »Wenn einmal der Tag der Ruhe gekommen sein wird, an dem euer Volk, mutig geworden, sich selber zum Träger seines Banners gemacht hat, dann wird es imstande sein, eure Friedenswelt zu erbauen; und wenn – aus welchem Grunde auch immer – einer in diese Ordnung sich nicht einfügt, dann wird er nie ein guter Geometer dieser Welt sein können.«[21]

Die Geometrisierung des Sehens und der Natur im 15. Jahrhundert hat somit bei Macchiavelli zu Beginn des 16. Jahrhunderts bereits Ethik und Politik erfaßt. *More geometrico* war zum Schlüsselbegriff einer Denkmethode, Geometrisierung zu einem System geworden, das alle Wissensgebiete umfaßte und den Typus eines *uomo universale*, wie ihn Leonardo da Vinci darstellt, begründet und legitimiert. Der *uomo universale* ist gewissermaßen ein Typus von Künstler/Wissenschaftler/Philosoph, der eine Universalmethode besitzt, die ihn ermächtigt, alle natürlichen Phänomene sich sehend anzueignen, zu analysieren und darzustellen. Sie machte ihn zum Naturforscher und Ingenieur, zum Maler-Philosophen und zum Ethiker in einer Person.

Leonardo da Vinci ist nicht das einzige, aber gewiß das legendärste unter den »Universalgenies« der Renaissance. Er ist aber auch derjenige Künstler, dessen Welt- und Wissensmodell am deutlichsten an der Mathematik und an den Methoden der Naturwissenschaft orientiert war. Zugleich bezog er, scharf wie kein anderer, Position gegen die nur sprachliche Vermittlung von Welt und Natur. Das ist schon insofern beinahe ketzerisch zu nennen, als die Aufwertungsversuche der bildenden Künste seit dem 14. Jahrhundert zumeist einhergingen mit einer Anbindung oder gar Angleichung an die Poesie, was durch die stetige Referenz auf die horazische Formel des *ut pictura poesis* dokumentierbar ist. Bei Leonardo dagegen figuriert die Poesie in seinem *Paragone* – d. i. eine literarische Form des Wettstreits der Künste – nicht als edle Konkurrentin der Malerei. Poesie wird, stellvertretend für alle Disziplinen, die auf Sprache basieren, geradezu zum Feindbild verzerrt. Ein noch als moderat zu bezeichnender Vergleich der beiden Künste lautet folgendermaßen: »Während die Malerei alle Gebilde der Natur in sich schließt, habt ihr (Dichter) nur die Namen, die nicht so allgemein sind wie die Gebilde. Während ihr die Wirkung der Darstellungsformen für euch habt, haben wir die Darstellungsformen der Wirkung für uns.«[22]

Allein in diesem einen Satz ist in nuce die Umkehrung aller Grundkategorien enthalten, in denen abendländischer Geist zu denken gewohnt war. Er reklamiert für die Bilder Allgemeinheit, während man diese ansonsten nur für die Sprache und ihre Begriffe reserviert hatte. Leonardo unternahm diese Re-Volte zum einen gegen die von ihm heftig gescholtenen Scholastiker und ihre Syllogismen, zum anderen für eine Rettung der sichtbaren und wahrnehmbaren Welt und deren Wert als solcher. Für ihn muß sie nicht erst durch begriffssprachliche Operationen gerettet werden und kann es auch nicht, weil Sprache der sinnlichen Fülle entraten muß und sie daher seiner Ansicht nach verrät. Diese Revolte zugunsten des Erkenntnisvermögens des Auges und der Spiegelungsfähigkeit des Bildes ist besser zu ermessen, wenn man

Leonardos Position mit einigen Aspekten des Denkens von Platon vergleicht, die sozusagen subkulturell im unplatonischen Bewußtsein Leonardos immer mitspielten.

Für Platon gilt zunächst im allgemeinen und ziemlich global, daß die Kunst – und damit natürlich auch Malerei – an der sinnlichen Erscheinung der Dinge hängt. Von dieser kann es niemals ein strenges Wissen geben, sondern immer nur ein Meinen und Wähnen, weil die sinnliche Erscheinung immer dem Werden und Vergehen unterworfen ist und sinnliche Wahrnehmung daher nie die Bestimmtheit besitzen kann, die für Erkenntnis notwendig ist. Erst derjenige, der weg von der sinnlichen Erscheinung auf die mathematischen Strukturen der Welt und dann auf die Ideen selbst blickt, treibt wahrhaft Theorie – d. h. »Schau« – und ist daher auf dem Weg der Erkenntnis und verharrt nicht im Reich der bloßen Meinungen. Diesbezüglich scheint der Maler gerade den falschen Weg einzuschlagen. Platon beschreibt ihn in seiner *Politeia* als einen Zauberer bzw. Gaukler. Er kennzeichnet seine Tätigkeit, wie die des Sophisten, durch den Begriff der Nachahmung, die nicht auf die Schau der reinen Formen bzw. Ideen ausgerichtet ist. Die einschlägige Stelle bei Platon ist ihrerseits ein Meisterstück sophistischer Argumentation und verdient ausführlich zitiert zu werden. Nachdem vom wahren Dialektiker und sodann vom Handwerker, der sich bei der Herstellung eines Gegenstandes an einem »Urbild« orientiert, die Rede war, kommt Platon schließlich auf den Maler:

»... dieser selbe Handwerker ist imstande, nicht nur alle Geräte zu machen, sondern auch alles insgesamt, was aus der Erde wächst, macht er, und alle Tiere verfertigt er, die andern wie auch sich selbst, und außerdem noch den Himmel und die Erde und die Götter, und alles im Himmel und unter der Erde im Hades insgesamt verfertigt er. – Einen ganz wunderbaren Sophisten, sagte er (Glaukon), beschreibst du da. – Glaubst du es etwa nicht? sprach ich; und sage mir, dünkt es dich überhaupt keinen solchen Meister zu geben, oder daß einer nur auf gewisse Weise alle diese Dinge verfertigt, auf andere aber wieder nicht? Oder merkst du nicht, daß auch du selbst imstande bist, auf gewisse Weise alle diese Dinge zu machen? – Und, fragte er, was ist doch dies für eine Weise? – Gar keine schwere, sprach ich, sondern die vielfältig und in der Geschwindigkeit angewendet wird. Am schnellsten aber wirst du wohl, wenn du nur einen Spiegel nehmen und den überall herumtragen willst, bald die Sonne machen und was am Himmel ist, bald die Erde, bald auch dich selbst und die übrigen lebendigen Wesen und Geräte und Gewächse, und alles, wovon soeben die Rede war. – Ja scheinbar, sagte er, jedoch nicht in Wahrheit seiend. – Schön, sprach ich, und wie es sich gebührt, triffst du die Rede. Nämlich einer von diesen Meistern, meine ich, ist auch der Maler. Nicht wahr? – Wie sollte er nicht? ...«[23]

Der bildende Künstler ist also für Platon ein Nachahmer des bloß Scheinhaften, das er in all seiner Zufälligkeit und Unmittelbarkeit darstellt. Und er ist ein Sophist, weil er den Schein für Wirklichkeit ausgibt, d. h. Wissen »vorspiegelt«. Er ist im wahrsten Sinne des Wortes ein Gaukler und Spiegelfechter. Ein größerer Gegensatz zur Spiegelmetaphorik Platons ist kaum denkbar, wenn Leonardo in seinem Malereitraktat darüber schreibt, »wie der Spiegel der Lehrmeister der Maler ist«. Dementsprechend gibt er seine Empfehlungen: »Wenn du sehen willst, ob dein Gemälde mit dem in natürlicher Weise abgebildeten Gegenstand vollkommen übereinstimmt, so nimm einen Spiegel, spiegle darin den wirklichen Gegenstand, vergleiche den gespiegelten Gegenstand mit deinem Gemälde und prüfe genau, ob die beiden Bilder im wesentlichen übereinstimmen.«[24] Zunächst versteht Leonardo den Spiegel lediglich als ein Hilfsmittel, das die Korrektur von Fehlern auf dem Gemälde erlauben soll. Es ist zwar keineswegs ausgemacht, daß er ihn tatsächlich zu diesem Zweck benutzt hat, doch weist seine penible »Versuchsanordnung« darauf hin, daß es ihm nicht auf einen geschickten Trick, sondern auf die Kontrollfunktion ankam, die der Spiegel in ähnlicher Weise schon bei Filippo Brunelleschi besaß, als er das Florentiner Baptisterium in perspektivischer Ansicht konstruierte. Nicht auszuschließen ist, daß er ihn der mythischen Qualitäten halber mit der Malerei in enge Verbindung brachte. Er konnte sich diesbezüglich auf Leone Battista Alberti berufen, der im zweiten Buch seines Malereitraktates den Narziß-Mythos eingeführt hatte, um die Malerei als eine wahrhaft göttliche Kunst zu rühmen. Für Alberti ist Narziß der eigentliche Erfinder der Malerei, denn sie sei ja nichts anderes »als künstlerisch ein Ebenbild zu umfassen suchen, gleich jenem, welches dort aus dem Spiegel der Quelle blickte«.[25]

Der auf den oben zitierten folgende zweite Teil von Leonardos Auslassungen über den Gebrauch des Spiegels läßt sich jedoch nur schwer in diesem topischen Sinn verstehen: »Man muß den Spiegel, d. h. den Planspiegel, zum Lehrmeister nehmen, weil auf dieser Fläche die Dinge dem Gemälde in vielen Dingen gleichen. Du siehst doch, wie das auf einer Fläche gemalte Bild Dinge zeigt, die erhaben erscheinen, und der Spiegel tut auf seiner Fläche das gleiche. Das Bild ist eine einzige Oberfläche, und der Spiegel desgleichen ...«[26] In diesem Fall stellt Leonardo eine nüchterne und ein wenig trockene Reflexion über die stereometrischen bzw. planimetrischen Dimensionen von Ding und Bild an. Dem Spiegel kommt nunmehr die gänzlich profane Rolle einer Vermittlungsinstanz im Übertragungsprozeß zu, er ist nichts weniger als das Instrument des platonischen Zauberers. Philosophische Bedeutung allerdings erhält er erst in einem anderen Text: »Der Geist des Malers hat dem Spiegel zu gleichen, der sich stets in die Farbe des Gegenstandes wandelt, den er zum Gegenüber hat, und sich mit sovielen Abbildern erfüllt, als der ihm entgegenstehenden Dinge sind.«[27] Abgesehen von dem Imperativ, der den Text zur Inversion der Beurteilung Platons macht, besteht der eigentliche Witz in dem bemerkenswerten Umstand, daß Leonardo gar nicht daran denkt abzustreiten, daß die Objekte im Spiegel bzw. im Geist(spiegel) nur »Abbilder« – *similitudini* – sind. Als Abbilder sind sie jedoch für ihn nicht in ihrem Seinsstatus entwertet. Nur diese kann der Maler in seinem Medium darstellen, da sie die bereits sublimierten Formen der sichtbaren Dinge sind. D. h.: der Maler stellt nicht eigentlich die Dinge selber dar, sondern deren *spetie* – d. h. Versichtbarungsgestalten –, denn »die Gegenstände verbreiten ihre Bilder (*spetie*) in der ganzen Luft, die von diesen Gegenständen gesehen wird, und diese Bilder sind in der ganzen Luft und alle in jedem Teil derselben«.[28]

Vom schlichten Hilfsmittel ist aus dem Spiegel unversehens eine Erkenntnismetapher geworden, weil er – wie der Geist – trotz bzw. wegen der dreidimensionalen Ausdehnungslosigkeit der sinnlichen Objekte deren Gestalten enthält. Er besitzt nicht die Dinge selbst, aber er sieht und hat ihre Versichtbarungsgestalten – *similitudini* oder *spetie* in Leonardos Sprache. Diese aber sind mehr als nur wahnhafte Trugbilder und dem Status der Wahrnehmungsbilder bei Platon gänzlich konträr.

Mit der *»species«* bedient sich Leonardo eines Begriffs, der in der philosophischen Diskussion des 15. Jahrhunderts – u. a. bei Nikolaus von Kues oder Marsilio Ficino – eine Umwertung seiner Bedeutung in der mittelalterlichen Optik erfuhr und in der Erkenntnistheorie eine zentrale Rolle spielte. Vereinfacht gesagt, fungieren diese *species* als Bilder oder Versichtbarungsgestalten, die der menschliche Geist entwirft, mit Hilfe derer er die Dinge mißt und vergleicht und sie damit zu gesehenen *und* gewußten Dingen macht. Denn Proportion und Kongruenz hat der menschliche Geist nur mit dem, was er erkennt.[29]

Leonardo, der sich nur mühevoll und nie auch nur annähernd perfekt die lateinische Sprache angeeignet hatte, der, nach seinen Aufzeichnungen und seinem Bücherverzeichnis zu urteilen, nie die maßgeblichen Philosophen der Antike oder seiner Zeit im Original studiert hatte, läßt nur an einer einzigen Stelle seiner Schriften die Vermutung zu, daß er diesen philosophischen *species*-Begriff kannte und akzeptierte. Da nämlich findet sich folgender Satz: »O du Betrachter der Dinge, rühme dich nicht, die Dinge zu kennen, die die Natur gewöhnlich durch sich selbst erzeugt. Freue dich dagegen, den Zweck jener Dinge zu erkennen, die von deinem Geist entworfen sind.«[30] Trotz einer unleugbaren Verwandtschaft zu den philosophischen Ideen seiner Zeitgenossen ist der Verdacht nicht restlos zu beseitigen, daß Leonardo seinen ausgeprägten antimetaphysischen Affekt in eine Form goß, die ihm als erfinderischem Pragmatiker gemäß schien. Es ist kein Zufall, daß er vom *»speculatore delle cose«* spricht, was bei ihm nicht philosophische Reflexion, sondern konkretes Sehen meint. Ebensowenig, daß er, der Maler und Erfinder, den Begriff *disegnare* wählt, um die konstruktive Dimension auszudrücken. Auch beweist der sonstige Gebrauch des *species*-Begriffs, daß er ihn durchaus sinnlich verstand. Für ihn sind die *spetie* Versichtbarungsgestalten der Dinge, die allein das Auge wahrnehmen kann. Sie sind für ihn nicht unabhängig von aller Erfahrung, sondern kommen dadurch zustande, daß sie von den Dingen ausgehend zwischen diesen und dem Auge vermitteln. Und sie können dies, weil sie selber nicht materiell, sondern geometrisch konstituiert sind und eben deshalb vom Geist beurteilt werden können. Den Beweis dafür liefert nach Leonardo die Perspektive! Sie macht das Auge zum Zwilling des Geistes und somit zum *»universale giudice«*.[31]

Im 14. Jahrhundert hatte man durch das Beispiel Giottos erkannt, daß die Malerei keine mechanische Repetition der Natur war. Das 15. Jahrhundert hatte dafür eine Theorie nachgereicht und der malerischen Praxis mit der Perspektive eine Darstellungsmethode an die Hand gegeben, die die bildende Kunst zu einer *ars liberalis* aufwertete. Zugleich hatte sie damit einer Geometrisierung der Welt Vorschub geleistet, die die Perspektive zum

Erkenntnisinstrument erhob. Leonardo schließlich wurde zum Vollender dieser Entwicklung, indem er sich zum Anwalt des Auges machte und die platonische *theoria* durch seine eigene *speculatio*, die platonische Idee durch die *species* ersetzte.

Um den Kontrast der Positionen zu veranschaulichen, sollen noch einmal die beiden Antipoden zu Wort kommen. Im platonischen Dialog *Phaidon* wird über den Wert des Auges hinsichtlich Erkenntnisfähigkeit und Wahrheitsvermittlung so geurteilt:

»Es bedünkte mich nämlich nach diesem, da ich aufgegeben, die Dinge zu betrachten, ich müsse mich hüten, daß mir nicht begegne, was denen, welche die Sonnenfinsternis betrachten und beschauen, begegnet. Viele nämlich verderben sich die Augen, wenn sie nicht im Wasser oder sonst worin nur das Bild der Sonne anschauen. So etwas merkte ich auch und befürchtete, ich möchte ganz und gar an der Seele geblendet werden, wenn ich mit den Augen nach den Gegenständen sähe und mit jedem Sinn versuchte, sie zu treffen. Sondern mich dünkte, ich müsse zu den Gedanken meine Zuflucht nehmen und in diesen das wahre Wesen der Dinge anschauen.«[32]

Für Platon ist die unmittelbare Schau der Wahrheit mit den Augen nicht möglich, wie er auch in seinem Höhlengleichnis zu zeigen versuchte.[33] Die Schau der Ideen und der Wahrheit ist nur möglich, wenn sich der Philosoph von den ständig sich verändernden Erscheinungen, die nur Schatten der Ideen sind, abwendet und sich umkehrt, um mit dem Geist die Schau – die *theoria* – der Ideen anzustreben. Das Auge hingegen wird immer nur bei den Scheinbildern der Erscheinungen verharren, bei der Gaukelei der Vielheit.

Es ist verblüffend, wie Leonardo direkt auf eine solche Entwertung des Sehens zu reagieren scheint – ohne vermutlich, wie bereits erwähnt, jemals Platon oder einen Platoniker selbst gelesen zu haben, was allerdings bei der in Florenz beinahe mystischen Platonverehrung nicht unbedingt notwendig war. In seinem *Paragone* nämlich ist folgende Invektive zu lesen:

»Und wirst du sagen, das Sehen störe die festgerichtete und subtile geistige Erkenntnis, durch die man in die göttlichen Wissenschaften eindringt, und daß diese Störung einen Philosophen dazu brachte, sich des Gesichts zu berauben, so lautet die Antwort hierauf, daß das Auge als Oberherr der Sinne seine Schuldigkeit tut, wenn es unklaren und lügenhaften, nicht Wissenschaften, sondern Redensarten ein Hindernis bereitet, mit denen man unter unaufhörlichem Schreien und Handfechten hin und wider streitet … Riß sich jener Philosoph die Augen aus, um das Hindernis seiner Diskurse aus dem Weg zu räumen, so denke du nur, daß solche Tat zum Hirn und den Diskursen trefflich paßte, denn es war alles zusammen Narrheit. Konnte er denn nicht, sobald er sich in solche Raserei begab, die Augen schließen und sie solange geschlossen halten, bis der Wutanfall vorbei war? Aber närrisch war der Mann, und verrückt der Diskurs, und sehr töricht war es, sich die Augen auszureißen.«[34]

Der polemische, die gegnerische Position der Lächerlichkeit preisgebende Ton Leonardos macht überdeutlich, daß das Ressentiment einer durch Metaphysik und Religion jahrhundertelang gefesselten und verletzten Künstlerehre in den Befreiungsangriff für eine neue Weltsicht umschlägt. Nicht augenlose Theorie, nur sinnliche Spekulation führt nach Leonardo über Erfahrung zu Erkenntnis und ist fähig, Wahrheit zu explizieren. Denn das Auge sieht in seiner Konzeption weit mehr als vergängliche materielle Dingfülle. Durch die geometrisch-rationale Konstitution des Auges bzw. des Sehens werden auch die Gegenstände des Sehens umgewertet. Sinnliche Erfahrung bzw. *speculatio* macht sie zu immateriellen, ebenfalls geometrisch konstituierten Versichtbarungsgestalten, zu *species*, die über die Spiegelungsfähigkeit des Geistes zu Erkenntnisgegenständen werden. Aus diesem Grund wäre es wohl eine zu lapidare Redeweise, wollte man Leonardo und den Künstler/Philosophen der Renaissance nur attestieren, sie hätten die Erscheinungswelt anerkannt und aufgewertet. Leonardo sah und erkannte sie vielmehr als konkrete Allgemeinheit. Er machte sie zum philosophischen Gegenstand, weil sein modernes Auge nicht bloß die je konkreten Einzelheiten der sichtbaren Welt, sondern zugleich deren allgemeine *species* erfaßte. Eben deshalb wird bei ihm und in der Folge Malerei zum Spiegel des Geistes, weil in ihr erkannte Welt angeschaut werden kann.

Anmerkungen

1 G. Vasari, *Leben der ausgezeichnetsten Maler, Bildhauer und Baumeister von Cimabue bis zum Jahre 1567*, übers. v. L. Schorn u. E. Förster, neu hg. u. eingel. v. J. Kliemann, Worms 1983, Bd. I, S. 143 f.

2 E. Kris/O. Kurz, *Die Legende vom Künstler. Ein geschichtlicher Versuch*, Frankfurt/M. 1980, S. 128.

3 G. Boccaccio, *Decameron*, hg. v. C. Segre, Mailand 1966, S. 393 f.; vgl. zu diesem Thema auch J. Larner, *The artist and the intellectuals in fourteenth century Italy*, in: *History LIV* (1969), S. 13–30.

4 Als Beispiel sei auf eine Miniatur aus dem 13. Jahrhundert hingewiesen (*Bible moralisée*, Österr. Nat. Bibl., Cod. 2554, fol. I), Abb. III in: O. v. Simson, *Das Mittelalter II: Das hohe Mittelalter*, Berlin 1972 (= Prop. Kunstgesch. 6).

5 *Das Falkenbuch Kaiser Friedrich II. Nach der Prachthandschrift in der Vatikanischen Bibliothek*, Einf. u. Erläuterungen v. C. A. Willemsen, Dortmund 1980.

6 Zu den optischen Theorien siehe: D. Lindberg, *Auge und Licht im Mittelalter. Die Entwicklung der Optik von Alkindi bis Kepler*, Frankfurt/M. 1987.

7 R. Klein, *La forme et l'intelligible*, Paris 1970, S. 338.

8 C. Cennini, *Il libro dell'arte o trattato della pittura*, hg. v. F. Tempesti, Mailand 1984.

9 L. B. Alberti, *Della pittura*, in: ders., *Kleinere kunsttheoretische Schriften*, hg. v. H. Janitschek, Wien 1877, S. 145.

10 P. Burke, *Die Renaissance in Italien. Sozialgeschichte einer Kultur zwischen Tradition und Erfindung*, Berlin 1984, v. a. S. 41 ff.

11 J. v. Schlosser (Hg.), *Lorenzo Ghiberti's Denkwürdigkeiten (I Commentari)*, Bd. I, Berlin 1912, S. 5; siehe auch: J. v. Schlosser, *Leben und Meinungen des florentinischen Bildners Lorenzo Ghiberti*, München 1941, S. 170.

12 A. M. Brizio, *Der Maler*, in: *Leonardo. Künstler – Forscher – Magier*, hg. v. L. Reti, Frankfurt/M. 1974, S. 22.

13 C. A. 203r.a, zit. n. der Auswahl von Sentenzen durch A. M. Brizio, in: *Leonardo. Künstler – Forscher – Magier*, hg. v. L. Reti, Frankfurt/M. 1974, S. 294.

14 Ms. A 100r., ebd., S. 293.

15 Vgl. R. Klein, a.a.O. (Anm. 7), S. 239.

16 M. Baxandall, *Die Wirklichkeit der Bilder. Malerei und Erfahrung im Italien des 15. Jahrhunderts*, Frankfurt/M. ^{2}1980, S. 155 ff.

17 A. Torney u. J. Farr Torney, *Renaissance-Intarsien: die Kunst der Geometrie*, in: *Spektrum der Wissenschaft* 9 (1982), S. 118.

18 Ebd.

19 G. Vasari a.a.O. (Anm. 1), Bd. II, 1, S. 96.

20 Jacopo Bellini, *Der Zeichnungsband des Louvre*, hg. v. B. Degenhart u. A. Schmitt, München 1984, fol. 70, S. 84, und ebenso markant fol. 11, S. 7.

21 Zitiert nach: St. Otto (Hg.), *Renaissance und frühe Neuzeit*, Stuttgart 1984, S. 377 (= *Geschichte der Philosophie in Text und Darstellung*,

hg. v. R. Bubner, Bd. 3).

22 Lionardo da Vinci, *Das Buch von der Malerei*, hg. u. übers. v. H. Ludwig, Bd. I, (Nachdr. d. Ausg. 1882) Osnabrück 1970, Nr. 19, S. 33 (die Übers. wurde vom Verf. leicht korrigiert).

23 Platon, *Politeia*, in: ders., *Sämtliche Werke Bd. 3*, Hamburg 1958, 596 c–e, S. 288 f.

24 Lionardo da Vinci, a.a.O. (Anm. 21), Nr. 408, S. 398 ff.; die Übers. folgt Th. Lücke, *Leonardo da Vinci. Tagebücher und Aufzeichnungen*, Leipzig 1940, S. 687; W. Welsch hat in einem Aufsatz (*Das Zeichen des Spiegels. Platons philosophische Kritik der Kunst und Leonardo da Vincis künstlerische Überholung der Philosophie*, in: *Philosophisches Jahrbuch*, 90. Jg. (1983), 2. Halbbd., S. 230 ff.) die Metapher des Spiegels bei Platon und Leonardo eingehend beleuchtet.

25 L. B. Alberti, a.a.O. (Anm. 9), S. 90 ff.

26 Lionardo da Vinci, a.a.O. (Anm. 21), S. 401; vgl. auch Nr. 410, S. 403.

27 Ebd., Nr. 56, S. 111.

28 Ms. D 10 v., zit. n. Th. Lücke a.a.O. (Anm. 23), S. 145.

29 Zum *species*-Begriff der Renaissance siehe die Ausführungen von St. Otto, a.a.O. (Anm. 20), S. 218 ff.

30 Ms. G 47 r.a, zitiert nach G. Zamboni, *Leonardo da Vinci. Philosophische Tagebücher*, Hamburg 1958, S. 27 (die Übers. wurde vom Verf. leicht korrigiert).

31 Ms. A 10 r., zitiert n. Th. Lücke a.a.O. (Anm. 23), S. 770.

32 Platon, *Phaidon*, a.a.O. (Anm. 22), 99 d–e, S. 49.

33 Ebd., 541 a ff., S. 224 ff.

34 Lionardo da Vinci, a.a.O. (Anm. 21), Nr. 16, S. 27.

Einwände

Rehabilitierung des Naturschönen
Manfred Riedel
im Gespräch mit Florian Rötzer

RÖTZER Sie haben eines Ihrer Bücher programmatisch *Für eine zweite Philosophie* genannt. Ist diese »zweite Philosophie«, in Abgrenzung zur neuzeitlichen Metaphysik, die sich an den rationalen Verfahren der Wissenschaften orientierte, vor allem eine Philosophie der Ethik und der praktischen Vernunft?

RIEDEL Das Programm weist in eine andere Richtung. »Metaphysik« ist ein nacharistotelischer Titel, Aristoteles selbst spricht von »Erster Philosophie«: der Wissenschaft vom Seienden als solchem. Das ist das Seiende in Ruhe, die mit sich identische, für sich bestehende, unveränderliche »Substanz«, in unserer Sprache: das »Ding«, woran immer andere Eigenschaften sind. Es wird als das aller menschlichen Welterfahrung (die ja stets »Anderes« erfährt) zugrundeliegende Seiende unabhängig vom Bewegtsein gedacht. Wenn wir nun zu den spezifisch »substanziellen« Kategorien unserer Weltbeschreibung die der Bewegung hinzunehmen, dann geht nach Aristoteles die »Erste Philosophie« in eine »andere« oder »Zweite Philosophie« über. Aristotelisch ist das die *Physik*, das Wissen von der *Physis* als dem von sich selbst her bewegten Seienden. Um auf Ihre Frage zu antworten, muß ich daran erinnern, daß »Natur« bei Aristoteles soviel wie »Leben«, *Bios*, heißt. »Leben« ist die Grundlage des Seienden, das wir selber sind, unseres *Aufenthalts* und *Handelns* in der Welt, griechisch gesprochen: des *Ethos* und der *Praxis*. Das erklärt ihre *Nähe zur Natur* und zugleich die Distanz zur *Kunst*. Denn »Praxis« ist nicht *»Poiesis«*, eine werkschaffende Kunst, sondern *Bios* als ständig bewegter Lebensvollzug des Menschen. Darin öffnet sich die universale Dimension der »Zweiten Philosophie«. Sie untersucht den heute in Frage gestellten, den in der Neuzeit verlorengegangenen Bezug des *Ethos* zur *Physis*, zu der den Menschen umgebenden Natur, die sein Verhalten zu sich und seinesgleichen und zur Welt trägt. Und darin spielt die Frage nach der Kunst in ihrem heutigen Verhältnis zur »Technik« eine fundamentale Rolle.

Rötzer In dieser Charakterisierung besteht die Kluft zwischen der theoretischen und der praktischen Philosophie, während der Bereich einer ästhetischen Vernunft noch unerfüllt bleibt. In der Neuzeit ist die Physik zunächst als Mechanik ausgearbeitet worden. In ihr entstand zugleich die immer noch fortwirkende Spaltung zwischen einer Philosophie, die sich an den Wissenschaften primär orientiert, und einer solchen, die sich mehr und mehr dem Poetischen als dem Paradigma der Verständigung zugewandt hat. Im Zuge dieser Spaltung wurde Ästhetik, mit ihrem Beginn bei Baumgarten, zu einer eigenständigen philosophischen Disziplin, was sich auch als Ausgrenzung verstehen ließe. Wäre auch diese Spaltung von Wissenschaft und Poesie für Sie im Rückgang auf Denkwege der Antike überwindbar, also etwa im Sinne einer Naturästhetik?

Riedel Ich habe über das Thema einer »Ästhetik der Natur« kürzlich in Budapest einen Vortrag gehalten und dabei das Programm einer *Naturhermeneutik* skizziert. Hier die Hauptthesen: In der Antike ist die *Poiesis* ein Analogon zur *Physis:* als Kunst ahmt sie die Natur nach oder vollendet sie, d. h., bringt in ähnlicher Weise Gestalten hervor, wie die Natur selbst Pflanzen, Tiere, Menschen hervorbringt. Es gibt so etwas wie eine Technik *in* der Natur, die von der menschlichen *Techne*, der Wissensweise der werkschaffenden Poiesis imitiert oder perfektioniert wird (wenn die Natur stümperhaft schafft, etwa bei Mißgebilden). In gewisser Hinsicht gehört die Kunst in der Antike zum Bereich der Zweiten Philosophie, weil sie *Mimesis* der *Physis* ist, während die Natur ihrerseits den Bereich der Ideen nachahmt. Dieser Bereich wird von Aristoteles (wie beim späten Platon) mit der Erfahrung des Bewegtseins verknüpft und untersteht zugleich der Suche nach grundlegenden Seinsstrukturen, die von dieser Erfahrung nicht berührt sind. In der Antike besteht also keine Notwendigkeit, die Kunsttheorie unabhängig von der Theorie der *Physis*, des *Bios* und des menschlichen *Ethos* zu entwickeln. Das »Ethos« ist die »zweite Natur« des Menschen, so daß sich daran die Sache der Zweiten Philosophie zwanglos anschließt. Darum ist hier eine Spaltung zwischen Natur und Kunst weder möglich noch nötig. Man könnte geradezu sagen, daß die Mimesis-Theorie den Künstler dazu auffordert, in seiner Darstellung die zu ihm gehörige (»zweite«) Natur, das Ethos in seinem Bezug zur alles tragenden *Physis* gegenwärtig zu halten. Mit der neuzeitlichen

Aufspaltung der Welt in Geist und Körper und der Gleichsetzung von »Natur« mit »Materie in Bewegung« stellt sich die Frage nach der Kunst in anderer Weise. Sie erweitert sich durch das Aufkommen des *Gefühls* für das *Leben in der Natur*, eines »hohen ästhetischen Reizes, den am ganzen Reich der organischen Formen die sinnfällige Verletzlichkeit, Gefährdung und Exponiertheit« des Lebendigen bietet – in ihrem »Verhältnis zu der harmlosen Gleichgültigkeit und gleichsam Ahnungslosigkeit der Organismen gegen ihr Bedrohtsein« (Nicolai Hartmann). Das ist ein ganz neues, gewaltiges Thema: der Durchbruch des der Antike und dem Mittelalter fremden *Sinnes für die Natur* im Gefühl des *Schönen*, das als Reaktion auf die Naturentseelung und fortschreitende Entlebung menschlicher Seinserfahrung entsteht. Den Wandlungen dieser im 17./18. Jahrhundert aufkommenden Sensibilisierung unseres Naturverhältnisses können wir hier nicht näher nachgehen. Es genügt, wenn wir festhalten: Erst die Kunsttheorie der Neuzeit, die »Ästhetik«, kennt eine Lehre vom Naturschönen, die als Grundlage der Lehre vom Schönen in der Kunst angesehen wird. In der Antike ist es selbstverständlich, daß die Grundlage der Kunst die *Mimesis* der Natur ist. Die Natur ist in sich zweckmäßig, auf ein *Telos* bezogen, ohne daß das Prädikat »schön« emphatisch hinzugesetzt werden muß.

RÖTZER Wenn Sie auf die zentrale Thematisierung des Naturschönen für die neuzeitliche Kunstphilosophie hinweisen, dann fällt zunächst auf, daß Natur in der Antike als solche kaum abgebildet wurde, sondern der Mensch und die Götter im Mittelpunkt standen, während seit der Renaissance die Darstellung von Natur erst wirklich möglich wurde und als ästhetische Dimension aufschien. Das scheint Ihrer These zunächst einmal zu widersprechen, daß Poiesis und Physis, abgesehen von ihrer Einheit im Produzieren, nicht getrennt waren.

RIEDEL Ich habe von einer »Analogie« gesprochen, die Trennung ist ein neuzeitliches Phänomen, das dann die ästhetische Theorie und in ihr das Lehrstück vom »Naturschönen« hervorruft. Beides läßt sich nur im Zusammenhang mit der neuzeitlichen Wissenschaftsentwicklung verstehen. Die Physik ist die Wissenschaft von Körpern in raumzeitlicher Bewegung, die universal gültigen Gesetzen unterstellt sind. Seitdem weiß sich das europäische Menschentum nicht mehr eins mit der Natur. Sie wird zum Gegenstand der Naturwissenschaft, in deren Methode die Naturbeherrschung schon latent vorhanden ist, um sich dann in der Maschinentechnik als Sonderzweig der Mechanik zu entwickeln. Im Zuge der Ausbreitung des Schismas zwischen dem Wissen von der toten Natur (ihrem »Mechanismus«) und dem Wissen des Menschen, der diese Wissenschaft betreibt, um sich selber als Organismus, beginnt die Erkenntnis, daß die Seinsweise des Organischen in der mechanistischen Bewegungsordnung nicht aufgeht. Das ältere Naturverständnis vor dem Aufstieg der Mechanik läßt sich in die Formel fassen, daß die *Natur als Leben* verstanden wird. Seit Descartes wird sie zum *Inbegriff des Toten*, dem jetzt eine neue Erfahrung an die Seite tritt, die in die Lehre von der Seele verlegt, aber nicht hinreichend entfaltet wird: daß *in der Natur Leben ist*. Diese Erfahrung wird zunächst nicht von der Philosophie ausgelegt, sondern von der Kunst und Dichtung. Es entsteht die Landschaftsmalerei und die Naturdichtung. Nicht ohne Grund hat Wilhelm Dilthey in der *Einleitung in die Geisteswissenschaften* darauf hingewiesen, daß das Phänomen der Naturdichtung im 18. Jahrhundert – er erwähnt Rousseau, Shaftesbury, Schiller und Goethe – ein Ausdruck des Protestes gegen die Entseelung und Entlebung der Natur durch die neuzeitliche Physik ist. Das Thema des Dichters ist der Bezug des Menschen zu der ihn tragenden Natur. Es ist der Versuch, die Erfahrung wachzuhalten, daß in der Natur Leben ist. Auf der Grundlage der Lehre vom Naturschönen artikuliert sich eine *Hermeneutik der Natur*, die eben diesen Bezug zur Sprache bringt.

RÖTZER Wenn man Kunst in diesem Sinne überhaupt als eine Hermeneutik der Natur begreifen würde, dann geht in dies Verständnis ein, daß Kunst eine Produktion ist, die aus einem Verstehen erwächst und so der Philosophie nahesteht. Aber historisch gesehen bricht die Reflexion auf das Naturschöne in der Philosophie bereits bei Hegel wieder ab, der die Philosophie der Kunst auf die aus dem Geiste geborene Schönheit beschränkt und darauf jeden Bezug auf Naturprodukte ausschließt. Was wäre also näher unter einer Kunst zu verstehen, die sich als Hermeneutik der Natur auslegt, und wie würde sich dieser Kunstbegriff gegenüber der modernen Akzentuierung der Ästhetik stellen, die nicht mehr aus einer Lehre vom Naturschönen sich begründet?

RIEDEL Dazu müssen wir das Gespräch auf Kant bringen, weil er derjenige Denker ist, der die Problematik der »Zweiten Philosophie« zuerst durchdacht hat. Nach Kant ist die Metaphysik in sich »zwiefältig«, d. h. nicht nur *Naturmetaphysik* wie in der Tradition der ersten Philosophie, sondern zugleich eine *Metaphysik der Sitten*, worin dem Menschen in der Erfahrung seiner Freiheit bewußt wird, daß er in der toten Natur nicht aufgeht, daß er kraft seiner Freiheitserfahrung die Natur übersteigt. Am gestirnten Himmel, an der Weite des Meeres oder in der Wucht der Gebirge tritt ihm das Erhabene entgegen als äußere Evidenz dessen, was er im Inneren fühlt. Kant legt also Naturerfahrungen aus, die von der Naturwissenschaft nicht thematisiert werden können, indem er die vorgegenständliche Beziehung des Menschen zur Natur auf der Basis seiner praktischen Freiheitslehre auslegt. Erst seit Kant gibt es eine *Metaphysik des Naturschönen*, die als komplementäre Metaphysik zur Naturmetaphysik und Metaphysik der Sitten hinzutritt. Ihr Thema sind Erfahrungen von Sonderformen in der Natur – einer wild wachsenden Blume, eines singenden Vogels, des Lichtes in der Farbgebung oder des Schalls in der Harmonie der Töne –, die in wissenschaftlichen Termini nicht beschrieben werden können, sondern in einer Sprache gedeutet werden müssen, die nach Kant einzig der Dichter zu finden weiß. Kant redet von der Chiffrensprache der Natur, die in figürlichen Formen zu uns spricht; und damit deutet er die Grenzen der Ästhetik an, wenn man darunter nur die Lehre von der Kunst und ihrem Genuß versteht. Die Kunstwerke, so sieht es Kant, sind versammelt in Kabinetten und Museen, wo der Kunstliebhaber sich mit seinesgleichen an ihnen erfreut. Kant ist aber von dem Wissen durchdrungen, daß der Mensch als Kunstliebhaber oder -kenner sich nicht adäquat zu begegnen weiß, wenn er nur mit den Werken der schönen Kunst umgeht. Er verdeutlicht das an der Erfahrung, daß wir den Mann bewundern, der aus dem musealen Raum heraustritt in die freie Natur und jetzt eines anderen Bereichs des Schönen gewahr wird, der den des Kunstschönen übertrifft. In diesem Schritt über den bloßen »Kunsttrieb« hinaus fühlen wir die Achtung gegenüber demjenigen, der weiß, daß das Meer des Schönen sich nicht in den von Menschen gemachten Werken erschöpft, sondern daß es seine Stellung zu der ihn umgebenden Natur umfaßt. Kant entdeckt hier verborgene Züge der Sensibilisierung menschlichen Naturverhaltens, die als Komplement zur Vergegenständlichung der Natur in den Wissenschaften zu verstehen sind. Hier bricht sich von Kant über Schelling und die Romantiker bis hin zu Dilthey ein neuer Strom des Denkens

Bahn. Es ist das lange Zeit unbemerkte, wenig gewürdigte, große Programm einer Hermeneutik der Natur auf der Grundlage der Auslegung ihrer »Chiffrenschrift« durch die Dichtung, die Bild- und Tonkunst. Heute gewahren wir, wie dieser Strom in das Flußbett der Phänomenologie unseres Jahrhunderts – von Husserl über Heidegger bis hin zu Gadamer – mündet.

RÖTZER In dem sogenannten *Ältesten Systemprogramm des Deutschen Idealismus* taucht ja die Formel auf, daß es darum gehe, die Ideen ästhetisch zu machen, was die Physik einschließt, um dem freien Wesen des Menschen eine entsprechende poetische Welt zu geben. Romantische Versuche gingen denn auch dahin aus, eine alternative Physik aus der Kunst aufzubauen oder zumindest zu erträumen, die mit der neuzeitlich konstituierten in Konkurrenz tritt und sie schließlich ablösen soll. Wäre das auch das Programm jener Konzeption der Zweiten Philosophie, die Sie vertreten? Oder plädieren Sie nur für eine Ergänzung dessen, was in der neuzeitlichen Naturwissenschaft und der ihr entwachsenen Technik verlorengegangen ist, ohne diese ablösen zu wollen? Kunst in diesem Sinne also als Alternative oder als Supplement?

RIEDEL Die Naturphilosophie der Romantiker ist der Versuch, die Aufgabe der Auslegung des Lebens in der Natur der »ersten Philosophie«, also einer Kategorienlehre, anzuvertrauen, die ihre Basis in der Wissenschaft der Logik hat. Dies ist von der Philosophie zuviel verlangt. Ich glaube, daß dieses Programm, trotz heutiger Versuche, daran anzuknüpfen, sich nicht aufrechterhalten läßt. Die romantische Naturphilosophie ästhetisiert die Natur. Es gibt aber keine Ästhetik der Natur, wohl aber gibt es eine ästhetische Theorie, worin die Beziehung des Menschen zur Natur auf der Basis des Gefühls für das Zerbrechliche in ihm und um ihn entfaltet wird. Dieses Gefühl zu erwecken wäre eine Aufgabe der modernen Geisteswissenschaften, weil sie in der Auslegung von Texten immer schon die Natur mit auslegen, wenn sie ihre Aufgabe nur richtig verstehen. Ihr Begründer, Wilhelm Dilthey, hat ja nicht nur gefragt, wie eine Erkenntnis der gesellschaftlich-geschichtlichen Welt möglich ist, er hat diese Frage nicht nur damit beantwortet, daß die Naturwissenschaften erklären und die Geisteswissenschaften verstehen, sondern seine Frage lautet ursprünglich, wie Natur für uns existieren, d.h., *da sein* und der Umgang mit ihr geisteswissenschaftlich begründet werden kann. Die Geisteswissenschaften haben in der Beschäftigung mit den Werken der Literatur und Kunst die Aufgabe, das, was in diesen Werken thematisiert wird – und das ist nicht nur das menschliche *Ethos*, sondern auch die elementare Naturerfahrung von Geburt und Tod –, mit zur Auslegung zu bringen. Das erscheint mir eine noch gar nicht gesehene Aufgabe, die heute von höchster Dringlichkeit geworden ist, weil wir über den »grünen« Naturbegriff der ökologischen Bewegung hinauskommen müssen. Darin steckt ein Schuß deutscher Romantik und ein undurchdachter Subjektivismus, der die Natur auf das Gehäuse des Menschen hin (seinen *Oikos*) zentriert. Hier können uns die Geisteswissenschaften weiterhelfen, im Verbund mit einer ästhetischen Theorie, die erkennt, was die Grundlage der Kunstpraxis und der Beschäftigung mit Kunst heute ist. Es geht nicht mehr darum, das Reich der Freiheit zu befördern. Die Hoffnung auf seine baldige Ankunft ist gescheitert. Es geht darum, einen anderen Weg zu finden, damit das Menschentum auf dieser Erde überlebe und mit sich selbst und der Natur zum Frieden finde. Es wird unter den Gesellschaftssystemen keinen Frieden geben, wenn in ihnen die natürlichen Grundlagen ihrer Selbsterhaltung weiterhin in Frage gestellt werden. So entstehen für die ästhetische Theorie, für die Kunstpraxis und Kunstrezeption ganz neue Aufgaben, die ich unter dem Titel einer »zweiten Philosophie« zusammenfasse. Ein wichtiger Zugang zu dieser Philosophie wäre die Erweiterung der Hermeneutik der Bildkunst zu einer Naturhermeneutik.

RÖTZER Sieht man von den Naturphilosophen ab, die zwar an einer Hermeneutik der Natur orientiert waren, dies aber in Konkurrenz zur Wissenschaft, zumindest in kritischem Überstieg intendierten, so fällt auf, daß Naturschönheit erst seit Adorno wieder zum Thema der Kunstphilosophie wurde. Warum, das blieb offen, kam es zu dieser Unterbrechung der Thematisierung des Naturschönen? Spiegelt er sich auch in der Kunst dieser Zeit?

RIEDEL An der Oberfläche: ja, denn die Kunst wird artifiziell, metrisch, abstrakt, die Theorie ästhetizistisch. So trifft es zu, daß die Lehre vom Naturschönen nach dem Hegel-Schüler Friedrich Theodor Vischer aus der Ästhetik verschwindet. Immerhin gibt es dazu neben Adorno bei Nicolai Hartmann ein eigenes Kapitel; und auch Heidegger wäre hier zu nennen, der freilich die ganze Thematik sprengt. Aber die Erlebniskunst und Erlebnisästhetik des 19. Jahrhunderts haben beide eine verheerende Rolle gespielt.

Dilthey hat hieran einen wesentlichen Anteil, obwohl er durch seinen hermeneutischen Ansatz vor der Reduktion der Kunstpraxis und der Kunsttheorie auf die Lehre von der Immanenz des Ästhetischen gefeit gewesen ist. Danach stellt die Kunst eine von der Welt (im Doppelsinn von *Physis* und *Ethos*) abgehobene Sphäre dar, die eine immanent ästhetische Struktur hat, zu der man sich auf der Basis des Erlebens, also subjektiv, verhält. Dabei geht man von der These aus, daß die Kunst *autonom* sei. Das aber ist ein Schein. Richtiger wäre es, von der *Heautonomie* der Kunst zu sprechen: daß sich jeder Künstler selbst das Gesetz gibt. Das hat Kant in seiner Lehre vom Genie vorgezeichnet; aber die Selbstgesetzgebung, die Heautonomie der Kunst, besagt nicht, daß es so etwas wie ein in sich geschlossenes Werk und ein in sich abgeschlossenes subjektives Erleben gäbe. Wenn das der Fall wäre, müßte das Naturschöne als Grundlage der Ästhetik ausscheiden. Das ist in der Tat schon die Behauptung von Hegel gewesen, der gegen Kant eingewandt hat, daß Natur nur das Andere des Geistes sei. Der Geist ist immanent in sich, er ist absolut, so daß das Naturschöne für Hegel nur ein Reflex des Kunstschönen ist. Das ist ein zweischneidiger Ausdruck, denn Reflex heißt, daß ich das stillstelle, was als Heraklitischer Fluß doch die Struktur eines jeden Kunstwerks ist. Jedes Werk fließt. Es fließt in der Rezeption. Daß das Werk ruht, ist nur ein Schein. Selbst im Museum ruhen die Werke nicht, sondern gehen, wenn sie betrachtet werden, im Heraklitischen Fluß unseres Seelenlebens mit, und d. h., daß sich uns die Welt als Natur aufschließt im Werk. Daß es welthaltig ist, dies meint, daß im großen Kunstwerk die Natur in ihrer Bedingtheit für den Aufenthalt, für das *Ethos* des Menschentums mit da ist. Dieser Doppelcharakter scheint mir für das Problem einer Hermeneutik der Natur entscheidend zu sein. Und in diesem Zusammenhang möchte ich erwähnen, daß Georg Lukács, der in unserer Zeit eine große marxistische Ästhetik in der Tradition von Hegel vorgelegt hat (*Die Eigenart des Ästhetischen*, 1963), in seiner frühen Heidelberger Ästhetik (1912–16) den Versuch unternimmt, aus der Immanenz des Kunstwerkes und der Erlebnisästhetik auszubrechen. Dort hat er zu Recht gesagt, daß es die Qualität des Kunstschaffens und des Umgangs mit Kunst ausmache, ob es gelingt, was man so leicht den Ewigkeitswert der großen Kunst nennt, das, was als Natur im *Ethos* des Menschen da ist, was in der Beziehung der Menschen untereinander immer mitgegeben ist, die Brüchigkeit von Freundschaften, der Geschlechtsbande, des Familienlebens, die Erfahrung des Todes, ob also diese immer gleichen Phänomene in einer für das geschichtliche *Ethos* des Menschentums gültigen Weise präsentiert sind. Der junge Lukács hat die Lehre vom Naturschönen erneuern wollen. Und noch in *Geschichte und Klassenbewußtsein* (1923) schreibt er, daß die Stabilität der Geltung der Kunst, der Schein ihres völlig übergeschichtlichen und übergesellschaftlichen Wesens, darauf beruht, daß sich in ihr vorwiegend eine Auseinandersetzung des Menschen mit der Natur abspielt. Der späte Lukács macht aus der Lehre vom Naturschönen eine anthropomorphe Reaktion gegen die Desanthropomorphisierung der Natur durch die Wissenschaft: ein Prozeß, den Lukács uneingeschränkt bejaht. Damit befindet er sich in der Tradition von Hegel, wonach der Geist höher steht als die Natur. Er steht in der Tradition des Marxismus, dem die Natur Gegenstand der Produktion des Menschen, die stoffliche Grundlage für den Austausch der Gesellschaft mit der Naturumgebung, das Rohmaterial der Arbeit ist. Der junge Lukács aber hat einige überraschende Schritte in der Richtung des Weges getan, den Heidegger gegangen ist.

RÖTZER Unter den gegenwärtigen Bedingungen der Ruinierung der Erde durch die den Wissenschaften entstammenden Techniken ist es einleuchtend, daß vielleicht auch eine Ästhetik, allerdings eben unter ganz anderen Bedingungen als denen der Antike sowie denen Kants, wichtig zu werden scheint, beispielsweise im Sinne der Schonung der Dinge, der Lebewesen oder der Materie. Andererseits erscheint eine Ästhetik, die sich an der Naturschönheit orientiert, als Anachronismus angesichts der massiven Eingriffe in die Biosphäre und den Möglichkeiten, ihre Produktion etwa mittels der Gentechnologie in die eigene Hand zu nehmen. Mimetisch wäre dies nicht mehr auf der Ebene der Phänomene, sondern ganz elementar in der Erzeugung von Phänomenen, vielleicht auch einer Korrektur der Natur. Auch das Ethos des Menschen ist deswegen nur noch schwer auf den Begriff zu bringen, weil der Mensch selbst tendenziell zu einer von ihm selbst, bis in die primären Schichten seiner Natur hineinreichenden manipulierbaren Variable wird. Zudem hat moderne Kunst sich ja der Bestimmung der schönen Künste verweigert, die Erlebnisästhetik bis hin zu den Momenten Chocs ist unter dem

Begriff der Schönheit allein jedenfalls nicht mehr zu fassen. Wie wäre denn unter den jetzt angedeuteten Bedingungen eine Ästhetik des Naturschönen zu entwickeln, die nicht haltlos hinter die Moderne zurückgeht?

RIEDEL Auf das Wort »Schönheit« will ich mich nicht kaprizieren. Ich denke eher daran, daß es zur vorästhetischen Erfahrung gehört, wie die Dinge in früher Morgenröte oder auch bei Sonnenuntergang einen eigenen Glanz haben, eine Aura, wie dies Benjamin genannt hat, der bewußt damit einen vorneuzeitlichen Ausdruck gebraucht. Es hängt mit dem Licht zusammen, der höchsten Energie im Kosmos. Es gibt nicht die cartesische Materie als *res extensa*, es gibt nicht den statischen Körper, sondern die Materie ist immer schon umgesetzt in Energie, wie wir seit der Physik von Einstein wissen. Was wir am Licht erfahren, ist der Glanz, d. h. die Bewegtheit, die um jedes Ding spielende Energie, die wir wahrnehmen und die in uns selbst da ist, die wir als das Spiel des Lichts wahrnehmen. Hier würde ich anknüpfen, um die platonisierende Sprache des Schönen in unsere Zeit einzuholen. Wenn Kant von der Chiffrenschrift der Natur spricht, vom schönen Gesang der Nachtigall oder vom erhabenen Anblick des Meeres, dann meint er genau diesen energetischen Glanz, der im Spiel der Farben wie im Spiel der Töne da ist. Diesen Glanz hat der Künstler immer aufgenommen und tut dies auch heute noch, um ihn gegenwärtig zu halten durch die Werke, die er nicht auf der Grundlage einer Schönheitsästhetik herstellt, sondern auf dem Hintergrund der Bedrohung des Glanzes. Das ist es, was uns heute an Naturerfahrungen widerfährt. Die Aura um unsere Gebrauchsgegenstände, das Resultat lebendiger Arbeitskraft, ist durch die maschinelle Herstellung verschwunden, so wie mit dem Ausgriff der Maschine auf den Kosmos die Aura von den uns umgebenden Dingen schwindet. Auf der Grundlage unserer Naturerfahrung, die mit der Erfahrung der entfesselten Energie im Kosmos zusammenhängt, mit dem abenteuerlichen Versuch des neuzeitlichen Menschentums, die Energie des Lichts auf die Erde herunterzuholen und sie in die eigene Hand zu bekommen, können wir die Erfahrung der Bedrohung der Aura der Dinge machen. Der Künstler stellt heute im Werk nicht das Schöne dar, sondern den Schrecken, der mit der Erfahrung des bedrohten Schönen verknüpft ist. Man muß sehen, was in der modernen Kunst eigentlich zur Darstellung kommt. Auch sie ist *Mimesis*,

Nachahmung dessen, was der Künstler erfährt, was in der Technik nachgeahmt ist, nämlich daß die kosmische Energie in der Hand des Menschen liegt – mit all den zerstörerischen Kräften, die damit in unseren Lebenszusammenhang eingerückt sind und noch kein ihnen gemäßes *Ethos* gefunden haben. Der moderne Künstler deutet, interpretiert, und der Rezipient von Kunst ist aufgrund seiner eigenen Erfahrung der bedrohten Natur zum Deuter dieser Deutung geworden. Das ist die eigentümliche Zweiheit der ästhetischen Sphäre, die immer schon Nachahmung der *Physis* (der »ersten« und »zweiten Natur« im Sinne des *Ethos*), *Mimesis*, und bedeutsame Botschaft und Kunde, *Hermeneia*, ist. Und das bedeutende Werk fordert zur Deutung heraus. Die Heautonomie der Kunst: daß die Kunstrezeption das Interpretament interpretiert, hat nichts von der Autonomie und Immanenz bildungsbürgerlicher Erlebniskunst an sich. Kunst ist eine Sprache, die des Sprechens bedarf, aber mehr noch des Hörens, denn Sprache ist Sprechen und Hören in einem. Die Kunst stellt Zeichen her, die der Deutung bedürfen. Sie deutet sich selbst, aber sie kann dies nur tun, wenn sie ihrerseits in Gebrauch genommen wird; so wie ja auch die Sprache in der Zweiheit des Sprechens und Hörens gebraucht werden muß.

Von hier aus, so scheint mir, öffnet sich der Weg zu einem »postmodernen« Verständnis von Ästhetik, das sich von der neuzeitlichen Moderne abstößt. Ihr hieß Ästhetik soviel wie »Logik der Sinnlichkeit«, sie wurde als Modifikation der Sinneswahrnehmung verstanden, was die Spaltung zwischen *Logos* und *Aisthesis* voraussetzt. Sie hat es in dieser Schärfe vor dem Begründungsdenken der »ersten Philosophie« des Aristoteles nicht gegeben; und sie stellt auch keineswegs die Grundlage abendländischen Denkens dar. *Aisthesis* hängt zusammen mit *aiō*, »hören«, »vernehmen«. »Wahrnehmen« ist ursprünglich ein Hören. Im anfänglichen Denken der abendländischen Philosophie, bei Heraklit, bei Parmenides und den Pythagoreern, hat das Hören den Primat gegenüber den anderen Sinnen. Es ist die Tiefe der Sprache, aus der heraus wahrgenommen wird, weil die Sprache schon die uns umgebende Welt gedeutet hat. Ich glaube, daß man von Heraklit aus über die Debatte von Hölderlin und seinen Freunden bis hin zur Hölderlin-Rezeption bei Heidegger eine Brücke schlagen kann. Das berühmte Fragment 112 des Heraklit bezieht sich auf diese Primärerfahrung von Natur, die mit dem Ohr etwas zu tun hat, sich aber nicht im akustischen Hörvorgang erschöpft: »Das Denken ist der größte Vorzug, und die Weisheit besteht darin, das Wahre zu sagen und nach der Natur hervorzubringen, auf sie hinhörend«. Der Homburger Freundeskreis um Sinclair und Hölderlin hat im Absprung von der neuzeitlichen Setzungstheorie, die auch in der Theorie der Kunst eingegangen ist, den Ausdruck *Aisthesis* verstanden als *Athesis* (= *aeî heauton thesis*). Nicht die Setzung des »Ich denke« steht am Anfang, nicht die Setzung der ästhetischen Erlebnissphäre, wie dies in der Ästhetik des Neukantianismus lautete, sondern die *Athesis* als das hörende Verstehen desjenigen, was immer schon da ist. Hier müßte man anknüpfen, um eine heutige ästhetische Theorie dorthin zurückzubinden, wo die Kunst ursprünglich entspringt – und das ist die Zweiheit der Sprache. Sie muß als Sprechen *und* Hören verstanden werden, als jenes *Simul*, das nichts mit dem Sich-Sprechen-Hören zu tun hat, von dem die Kritik Derridas am Phonozentrismus der abendländischen Metaphysik ausgeht.

RÖTZER In Ihren Ausführungen wird ein Wahrheitsanspruch der ästhetischen Theorie und wohl auch des Kunstwerks erhoben, den Heidegger sicher noch in sehr deutlicher Weise zum Ausdruck gebracht hatte, wenn er die Kunst in ihrem Wesen als Ursprung begreifen wollte, der in besonderer Weise zeige, wie die Wahrheit seiend wird. Auch von Adorno ist dieser Anspruch noch an die Kunst, wenn auch subtiler, zumindest weniger direkt und zeitgeschichtliche Reflexion einbindend, gerichtet worden. Heute scheint es weder eine große philosophische Ästhetik zu geben, noch wird ein solcher Anspruch von der gegenwärtigen Kunstpraxis, in vielem Hegels Kritik an der romantischen Ironie ähnlich, einleuchtend dargestellt oder ernsthaft von ihr erhoben. Nicht umsonst faszinieren gegenwärtig die Ideen der Simulation oder der Dekonstruktion auch in der Kunst. Wenn für Sie die Kunstphilosophie Heideggers, der besonders in der Kunst und natürlich vor allem in der Dichtung das Sich-ins-Werk-Setzen der Wahrheit des Seienden verwirklicht sah, maßgeblich ist, wodurch erklären Sie sich dann, daß seine Kunstphilosophie kaum einen direkten Anschluß erfahren hat und auch von Künstlern nur wenig rezipiert wurde? Ausnehmen müßte man hier natürlich Gadamer.

RIEDEL Heidegger wirkt in der Tiefe, sein Werk kann warten. Aus meiner Sicht ist die Grundlage der Ästhetik die Hermeneutik, die als Akroamatik, d. h. als Kunst des Hörens, noch zu differenzieren wäre. Im Ausgang von Heidegger und Gadamer wird deutlich, daß das Kunstwerk in eigener Weise *Sprache* ist, sich nicht nur die Spracherfahrung zu eigen macht, um Bilder zu erzeugen oder Anschauungen zu evozieren, die aus Erzählungen, Berichten, Nachrichten oder aus dem großen Bereich des Mythos stammen, der ja auch ein Sprachbereich ist. Hieraus schöpfen bildende Kunst und Literatur, die das Erzählte immer wieder umerzählt, neu erzählt, anders erzählt. Es muß ja anders erzählt werden, weil sich das *Ethos*, der Aufenthalt des Menschentums, verändert. Denn unter dem »Ethos« ist nichts »Ethisches« (= Moralisches) gemeint, sondern die Art, wie der Mensch in der Zeit lebt, im Heutigen konsumistisch, umgeben vom Komfort und Kulturmüll der hochindustrialisierten Gesellschaft. Zum Aufenthalt gehört der Weg, wie es Heidegger formuliert. Daran ist hier zu denken. Die Kunst und ihr Werk, sagt Heidegger, sind nur notwendig als ein Weg und ein Aufenthalt, in dem sich die Wahrheit des Seienden im Ganzen eröffnet. Das klingt spekulativ und ist es auch. Was aber ist das »Seiende im Ganzen«? Auf der einen Seite die Welt, aber sie ist für Heidegger keine Welt von Dingen, sondern sie ist der Ort, an dem der Mensch wohnt. Die Welt ist sein Aufenthalt, und dieser ist in ständiger Bewegung. Es ist der Fortriß der Zeit, der Fortriß der Generationen, der das Ethos des Menschentums immer anders erscheinen läßt. Wir leben heute im Schatten der Atombombe anders, mit anderen Naturerfahrungen, mit anderen Geschichtserfahrungen als die Zeitgenossen von Marx und Engels. Für uns haben sich bestimmte Hoffnungsträume auf eine freie und gerechte Gesellschaft nicht erfüllt. Wenn wir heute von der Sache des Friedens sprechen, dann können wir nicht nur den Frieden zwischen den Staaten meinen, wir müssen zugleich den Frieden meinen, den der Mensch mit der Natur zu schließen hat. Hier scheint mir die Kunst ihre legitimen und nötigen Aufgaben zu haben. Kunst ist immer Deutung des menschlichen *Ethos*, das in Bewegung ist. Die Kunst versammelt die Ruhe des Ethos und die Bewegung zugleich in ihr Werk. Sie fängt insofern die höchste Energie im Kosmos, das Licht, ein, das im einzelnen Werk erleuchten kann, was ist. Das ist die Wahrheit des Kunstwerkes. Die Kunst fragt nicht nach der Wahrheit des Seienden im Ganzen, sondern nach dem Verhältnis des *Ethos* zur *Physis*, zur Welt, in der das Werk lebt. In Frage steht also der Bezug des Menschen zur Natur, nicht die Natur an sich oder der Mensch an sich in seiner Autonomie. Die Frage, die jeder Künstler provoziert, der seine Kunst als ein hohes Spiel nimmt, lautet, *wie der Mensch leben kann*, wie sich der Mensch zu der ihn umgebenden Natur und zur Natur in ihm selbst hält und verhält. Sie klingt in jedem großen Kunstwerk an und wird in der modernen Kunst so angestimmt wie in der Kunst der Überlieferung, auch wenn die Provokationen der Moderne mehr dem Mißverständnis, dem verfehlten oder dem fehlenden *Ethos* gelten.

RÖTZER Das würde aber durch den historischen Relativismus der Fragestellung, sieht man einmal von der Thematisierung eines womöglich allgemeinen und unveränderlichen Verhältnisses des Menschen zur Natur ab, doch die Konsequenz mit sich bringen, daß eine solche Kunstphilosophie keine Regeln dafür angeben kann, warum etwa ein Kunstwerk als schön beurteilt werden könne, weil dies durch zukünftige Entwicklungen jederzeit anders erscheinen kann. Ein solcher Ansatz für eine ästhetische Theorie setzt überdies sehr hoch an, weil ihm eine Beschreibung des Verhältnisses des Menschen zur Welt, die für alle gültig wäre, vorausgesetzt wird. Zumindest wird heute eine solche verallgemeinerbare Deutung im Zuge des Kontextualismus, aber auch eines wissenschaftstheoretischen Holismus oder einer konstruktivistischen Theorie für unmöglich, ja auch für anmaßend und gefährlich gehalten.

RIEDEL Eine allgemeingültige Beschreibung der Situation ist ein Widerspruch in sich selbst, weil Situationen sich wandeln. Auch der Aufenthalt des Menschen ist in der Zeit. Sie zu beschreiben ist nicht die Aufgabe der Philosophie oder der ästhetischen Theorie als einer möglichen Teildisziplin der Philosophie, von der ich nicht weiß, ob es wirklich eine Teildisziplin von ihr sein kann, weil ich eher denke, daß die ästhetische Sphäre heautonom in dem Sinne ist, daß sie einen eigenständigen und eigenwilligen Partner für philosophische Situationsbeschreibungen darstellt. Diese Aufgabe obliegt vielmehr der Kunstpraxis, weil nur die Kunst über Mittel verfügt, um die Vielfältigkeit der Situation erfassen zu können. Hier ist die Kunst der Philosophie voraus, d. h. (was schon Kant erkannt hatte), daß nicht Begriffe die ästhetische Sphäre strukturieren, sondern Figuren, Chiffren, Archetypen, die den Weg des Ethos in je eigener Weise auslegen.

Rötzer In Ihrem Verständnis von Kunst und von der Aufgabe des Künstlers könnte man geradezu eine Überforderung sehen. Wenn Sie sagen, daß es der Kunstpraxis zufiele, die konkrete Situation des Menschen zu beschreiben, dann ist das eine Art Arbeitsteilung zwischen Philosophie oder dem Begriff und der Kunst, vielleicht auch eine Delegierung dessen, was man philosophisch nicht zu sagen wagt. Woran könnte sich, nun ganz pragmatisch gesprochen, ein Künstler denn orientieren, wenn er sich dieser Aufgabe unterstellt?

Riedel Niemand kann dem Künstler vorschreiben, was er zu tun hat, sondern die Kunstproduktion vollzieht sich in der Weise des Spiels. Man probiert, man experimentiert, man sucht nach Ausdrucksmöglichkeiten, die noch nicht da waren, oder man wandelt bekannte ab, zitiert und rezitiert. Hier kann die Philosophie von einer Theoriewarte her nicht eingreifen. Was ich als die Aufgabe der Kunst umschrieben habe: Darstellung des Aufenthalts eines je bestimmten Menschentums in der Zeit, Darstellung der zeitlichen Energie, die ja ihrerseits mit dem Licht zusammenhängt, dokumentiert sich in jeder Kunst, die in der Vielfalt der täglichen Kunstproduktion im Heraklitischen Prozeß des Kunstschaffens bleibt. Die Kunst ist ein reißender Fluß mit vielen Nebenflüssen und Nebenströmungen. Davon bleibt einiges zurück, auf das die Künstler dann selber wieder zurückkommen, um am Tun derer, die vor ihnen geschaffen haben, ihre eigene Tätigkeit zu steigern. Man kann hier nichts von außen vorschreiben, sondern muß sehen, was jedes Kunstwerk und das Tun des Künstlers sind. Nur *die* Kunstwerke sind interessant, die zur Deutung aufrufen. Kunst ist Sprache, d. h., sie sagt uns etwas, insofern ist die Grundlage der Ästhetik die Hermeneutik. Zugleich aber ist das Schaffen der Heraklitische Fluß, und dieser Fluß fließt, solange der Aufenthalt, der zum Menschsein gehörige Ort auf Erden nicht gefunden ist, was mir bis heute nicht der Fall zu sein scheint. Noch weiß der Mensch nicht, wie er leben soll, noch weiß er nicht, wie er mit seinesgleichen überleben kann, noch finden die großen Kämpfe der Tierheit statt, die Horden fallen übereinander her. Solange das Reich der Freiheit und des Friedens nur am Horizont als die Erwartung, die wir alle haben, aufscheint, solange das Tierreich der denkbare Grund der Menschenwelt bleibt, ist die Kunst aufgerufen und der Künstler am Werke, um das Tier im Menschen in Schranken zu halten. Auch dies gehört zur Bestimmung des menschlichen Ethos. Der Mensch muß wissen, daß er mit Tier und Pflanze verwandt ist. Er muß sich seine eigenen Maßstäbe in der Erfahrung des Tierischen in ihm erst selbst erringen. Diese Maßstäbe zu finden, das ist die Aufgabe des Experiments der Kunst. Ich glaube, dazu wird experimentiert, weil der Mensch, empirisch angesehen, das sich nicht bekannte Wesen ist. Diese Unbekanntheit des Menschen mit sich, daß er nicht heimisch ist an dem Ort, an dem er lebt, daß er nicht heimisch sein kann auf der Erde, so wie sie heute vom Menschen bewohnt wird, ist die Antriebskraft zum Spiel der Kunst. Es ist ein Spiel, aber ein hohes, das höchste, das der Mensch zu spielen vermag.

RÖTZER Wenn ich es recht verstehe, wäre die Arbeit an einer zweiten Philosophie an demselben Ziel orientiert wie die künstlerische Produktion. Der Unterschied wäre nur der des Mediums. Ist aber in der modernen Kunst nicht ein Spiel entstanden, das gar nicht mehr primär auf Darstellung ausgerichtet ist, sondern einem Experimentieren gleicht, das alles auszuschöpfen sucht, was an ästhetischen Effekten möglich ist bis hin zur Anti-Kunst? Was bei Ihnen anklingt, die Einbindung der Kunst in eine Ethik, die auf den Frieden mit der Natur aus ist, wäre angesichts des provokativen und irritierenden Zugs moderner Kunst zumindest nicht ohne weiteres haltbar. Auch die Befreiung der symbolischen Kräfte von allen Codes läuft der technischen Innovation parallel.

RIEDEL Die Freisetzung von Symbolkräften ist gewiß ein technisches Phänomen. Man braucht nur an die Computer zu denken, die in unseren Alltag eindringen. Hier sind mittels des Getastes Zeichen auf Abruf gespeichert, die alle kommunikativen Lernprozesse überflüssig machen, d. h., man sitzt allein vor dem Computer und kann sich Informationen beschaffen. Aber wozu? Um die Welt selbst zu deuten oder deuten zu lassen? Das ist die Frage, denn auf dem Computer erscheint ein ganz bestimmtes Programm. Wenn man sich diese neue Weise des Umgangs mit symbolischen Kräften gesellschaftlich verallgemeinert denkt, entsteht das Problem, ob dann jene Kraft entwickelt werden kann, die die Beschäftigung mit Kunst prägt, jedenfalls in dem Sinne, wie wir das mit der Ausbreitung des Reiches des Geschmacks in der Neuzeit verbinden, also mit der Ausbreitung eines gebildeten Publikums von Privatleuten, die durch den Umgang mit Kunst ihre eigene Erkenntnisfähigkeit zu steigern suchen. Ich bin geneigt, diese Frage mit »Nein« zu beantworten. Man muß wissen, was Zeichen sind, wenn sie auf dem Bildschirm umgesetzt sind, man muß wissen, was ein Programm ist, man muß wissen, wer programmiert, und man muß wissen, was hier fehlt, wenn über das Getast der Hände die Augen das Programm auf Abruf vor sich abrollen lassen. Was fehlt, ist die hermeneutische Kraft der Auslegung und Deutung, die über das bloße Kombinieren hinausgeht. Was fehlt, ist die Kraft der Beurteilung, die an eine nicht serielle Produktion von Werken geknüpft ist, die individuelle Sichten auf die Welt ausbreitet und die Mannigfaltigkeit der Erfahrung gegenwärtig hält, also die Deutung der Welt durch den Künstler, der weitersieht als derjenige, der keine Kunst hervorbringt.

RÖTZER Bezüglich der neueren Technologien denkt etwa Gianni Vattimo anders: deren »schweigende« Wirklichkeiten setzen für ihn gerade eine Hermeneutik in Kraft. Können Sie dazu Stellung beziehen, da Ihr Ansatz ja dem Konzept der »schwachen Philosophie« nahe zu sein scheint?

RIEDEL Ich weiß nicht, ob das mein Freund Vattimo wirklich so meint. Das Schweigen, scheint mir, gehört zur *Sprache* in der ihr wesentlichen Zweiheit des Sprechen-Hörens. Hier ist von der »stummen« Wirklichkeit einer eindimensionalen Zeichenwelt die Rede. Wer vor dem Bildschirm sitzt, schweigt nicht, er ist stumm. Ich sehe darin eine große Gefahr, die mit der Erfindung der Television über uns gekommen ist. Das eigentlich Gefährliche ist der Verfall der akroamatischen Dimension des Hören-Könnens und Verstehens, d.h. der Niedergang jener hermeneutischen Kraft, die nötig ist, damit die Werke der Kunst nicht selber stumm werden. Dies würde den Ausfall der Gebrauchsdimension der Kunst bedeuten, was noch gar nicht absehbare gesellschaftliche und politische Konsequenzen haben wird. Das Radio unter Goebbels war nur ein Anfang. Was mit dem Computer werden kann, wissen wir noch nicht. Es zeichnen sich ganz neue Entwicklungen ab, auf die der heutige Künstler in seinem Schaffen zu achten hat und achten wird, wenn er sich der Wachheit des Wissens zugetan weiß, wenn er weiß, daß der Unterschied zwischen denjenigen, die vor der stummen Wirklichkeit der Zeichen verstummen, und denjenigen, die wachen, die zu hören und zu urteilen verstehen, selbst über den menschlichen Aufenthalt auf Erden entscheidet.

RÖTZER Das bewegte Bild würde aber doch auch in Zusammenhang mit dem Ton dem nahekommen, was Sie als wesentliche Dimension einer zweiten Philosophie hervorheben. Hier ginge doch Bewegtheit zusammen mit Bild und Ton. Diese Kinetik und Akustik des Bildes dürfte doch nicht nur Kritik hervorrufen?

RIEDEL »Zweite Philosophie« heißt ja nicht, daß jetzt ein anderer Weg des Philosophierens gegangen wird, der sich auf die Bewegung im Unterschied zur statischen metaphysischen Philosophie des ersten Wegs des Parmenides einstellt. Parmenides hat gesagt, daß nur das Sein ist und das Nichts nicht ist, daß der Schein nicht ist. Der Schein ist in der Kunst. Er ist geradezu ihr Sein. »Zweite Philosophie« heißt vielmehr, daß sie es mit einer Sache zu tun hat, die in sich zweiheitlich verfaßt ist. In unserem Falle meint dies, daß es die Eigentümlichkeit des Bildschirms und Computers ist, daß wir darauf nur Bewegung und keine Ruhe finden. Es ist nicht so, daß die Bilder in der Pinakothek nicht sprechen und daß sie bewegungslos sind. In Wahrheit hat jedes große Kunstwerk diese beiden Züge an sich: es ruht in sich, weil es einen Ort angibt, und es ist zugleich in Bewegung. Wenn nur die Bewegung wie im Bildschirm da ist, ist bereits der Verfall der akroamatischen Dimension erreicht. Wenn nur die Ruhe da ist, haben wir den Kitsch und das Klischee, haben wir die Nazikunst und den sozialistischen Realismus, den Heros, den es auf Erden nicht gibt; dann haben wir die Fiktion, die sich in einem schlechten Sinne der Kunst bemächtigt. Die Zweiheit von Ruhe und Bewegung ist die formale Grundstruktur der ästhetischen Sphäre. Sie wird für uns, die wir mit Kunst nur umgehen können, weil wir Sprachwesen sind, die von Kunstwerken nur wissen können, weil der Künstler aus der Tiefe der Sprache schöpft und seine Bilder wie seine Erzählungen von dort her gewinnt, nur zugänglich über die Zweiheit von Sprechen und Hören. Das Hören entspricht dem Grundzug der Ruhe, es kommt aus dem Schweigen. Vor dem Fernsehapparat vermag ich nicht zu hören, wenn zu jedem Bild gesprochen wird und die Bilder selber sprechend sind. Dadurch ist schon eine Symmetrie verletzt, die tief in uns angelegt ist; was für uns als Sprechende die eigentümliche Doppelstruktur der Sprache ist. Wir hören aus der Stille und vermögen allein aus dem Hören in der richtigen Weise zu sprechen. Im Kunstwerk tritt uns die gleiche Struktur entgegen. Diese eigentümliche Beschaffenheit der ästhetischen Sphäre ist durch die technische Entwicklung bedroht. Hier hat die Kunst ihre großen

Aufgaben, damit der Unterschied zwischen den Träumenden und den Wachenden nicht nivelliert wird. Das Schlimmste, was uns heute passieren könnte, wäre der Schlaf der Kunst.

RÖTZER Entziehen sich die neuen Technologien – vom Computer über das Video bis zum Hologramm – prinzipiell dem, was Kunst in ihrer Zweiheit ist? Oder käme es heute nicht gerade darauf an, in die Verwendung dieser Technologien das einzubinden, was Sie das »Wachen« nennen?

RIEDEL Ich kann mir vorstellen, daß zum Programm eines Computers die Biotechnik gehört, daß er etwa zur geistigen Rekreation des Benutzers ein Musikprogramm einschaltet oder auf Tonbasis Gedichte zur Verlesung kommen. Ich weiß nicht, wohin die Entwicklung gehen wird, ich sehe nur die Zeichen an der Wand, die auf nichts Gutes deuten.

RÖTZER Hermeneutik tendiert dahin, das zu interpretieren und zu deuten, was ist. Moderne Technowissenschaften stellen nicht in erster Linie Welt dar, sondern produzieren neue Wirklichkeiten und Verhaltensmodelle. Würde nicht eine Aufgabe der Kunst auch darin liegen, für die Weisen der Welterzeugung, um einen Buchtitel von Nelson Goodman zu nehmen, ästhetische Vorschläge zu machen, zumal man, trotz vieler Einsprachen, davon ausgehen muß, daß die Ruinierung der Erde und des Lebens auf ihr weiter voranschreitet und wir uns damit zurechtfinden müssen, uns nicht der Welt anzupassen, sondern diese an uns und unsere Entwürfe oder unsere Praxis? Darin würde auf einem konstruktiven Hintergrund die Frage nach einer Ästhetik der Existenz aufscheinen.

RIEDEL Die Hermeneutik hat es nicht mit dem zu tun, was *ist*. Das ist das Hegelsche Konzept von Philosophie, das noch auf dem Programm der ersten Philosophie aufbaut. Die Hermeneutik versucht verständlich zu machen, was *geschieht*. Das Geschick menschlicher Existenz wird durch den hermeneutischen Weg freigelegt. Deshalb ist die hermeneutische Verfahrensweise auch nicht durch einen wie immer gearteten Konstruktivismus zu überholen, der eine Variante des neuzeitlichen Subjektivismus ist, der Setzungstheorie, die wir bei Fichte entwickelt finden. In unserer Zeit hat Heidegger die Konsequenzen des Konstruktivismus durchdacht und dargelegt, daß jedes Entwerfen von Wissenschaft und Kunst, daß jeder Versuch, den Aufenthalt des Menschentums einer Zeit zu sistieren, von Bedingungen abhängt, die nicht in der

Verfügung des entwerfenden Subjekts stehen. Unsere Entwürfe sind immer schon geworfen. Diese Zweiheit von Entwurf und Geworfenheit macht die Geschichte aus, die in der Bewegung des Aufenthalts geschieht. Es ist das Geschick, das auf den Menschen zukommt. Seine Entwürfe können immer nur in der Zeit sein, aufbauend auf den Entwürfen vor ihm. Wenn er nicht um die Grenzen der Entwürfe vor ihm weiß, dann vermag er nicht in die Zukunft zu entwerfen. Hier ist die Hermeneutik mit der Kunst im Bunde, besonders mit der Dichtung, denn es gibt kein anderes Medium als dasjenige der Kunst, das die ganze Bedingtheit unseres Tuns aufzeigen könnte. Eine ihrer großen Lektionen ist ja das menschliche Scheitern: der Ursprung der Tragödie als Dichtungsform. Wer für diese Lektüre der Kunst blind ist, wird sich im fortschreitenden Naturruin auf Erden nicht zurechtfinden und zuletzt hoffnungslos hinter seinen Entwürfen zurückbleiben.

Für eine ökologische Naturästhetik
Gernot Böhme
im Gespräch mit Florian Rötzer

RÖTZER Die Ästhetik scheint sich gegenwärtig zu einer Art Leitdisziplin herauszukristallisieren, zumindest steht sie ebenso wie die Kunst in Konjunktur. Sie haben sich diesem Trend angeschlossen und ein Buch veröffentlicht, das für eine ökologische Naturästhetik plädiert. Warum glauben Sie, daß die ästhetische Komponente für eine ökologisch orientierte Theorie entscheidend sei?

BÖHME Es gibt zwei Seiten, nach denen man diese Frage beantworten muß, nämlich einerseits in Richtung Ökologie und andererseits in Richtung Ästhetik. Ich bin von ökologischen Fragestellungen her in die Ästhetik hineingekommen. Mir geht es darum, wie sich der Mensch in Umgebungen befindet. Umgebung ist die Natur, und zwar die freie ebenso wie die angeeignete Natur, also das, was der Mensch aus dem Natürlichen als seine zweite Natur geschaffen hat. In der Ästhetik bin ich an der Frage des Sich-Befindens des Menschen in Umgebungen interessiert, was eine Neudefinition von Ästhetik zur Folge hat. Die andere Seite der Frage ist die nach der Bedeutung der Ästhetik für die Ökologie. Die Ökologie, verstanden als Antwort auf das Umweltproblem, sollte eine wissenschaftliche Beschäftigung mit Natur sein, insofern der Mensch in ihr lebt. Freilich ist die Ökologie, die wir haben, älter und hat die Natur überhaupt zum Thema. Wenn es aber auf die Umweltproblematik ankommt, muß man nach der Natur für den Menschen fragen. Diese sehr brennende Frage ist meines Erachtens bislang unzureichend beantwortet worden, insofern die Natur auch weiterhin wesentlich chemisch, physikalisch oder physiologisch thematisiert wird. Es wird zwar Natur insofern Thema, als der Mensch auch Naturwesen ist und im Durchzug der Medien leben muß, aber daß Natur auch für sein ästhetisches Empfinden eine Rolle spielt, ist in der Ökologie kaum zur Geltung gekommen.

RÖTZER In den klassischen ästhetischen Theorien gab es den Begriff des Naturschönen und überhaupt die Anlehnung der Kunst an das Vorbild der Natur. Ist es Ihre Intention, diese Orientierung am Schönen in bezug etwa auf Umweltgestaltung aufzunehmen, oder kommt durch die Umweltproblematik auch ein ganz anderer Begriff von Schönheit ins Spiel, der in einer Theorie der Umwelten als Atmosphären im Gegensatz zu Dingkonstellationen oder Gebrauchszusammenhängen erst expliziert werden müßte?

BÖHME Die Verbindung von ökologischen und ästhetischen Dimensionen wirft eine eigentümliche und tiefgehende Frage auf, die in der Ästhetik bislang noch nicht gestellt wurde, nämlich die nach der Naturgeschichte des Schönen. Warum erfährt denn der Mensch die Natur überhaupt als schön? Das ist eine Erfahrung, die ja auch ganz unabhängig von der Kunst gemacht werden kann und auch unabhängig von der Kunstgeschichte sein kann. Diese Frage ist meines Erachtens bislang nicht beantwortet worden. Es gibt darauf zwar eine schöne Antwort von Carl-Friedrich von Weizsäcker, die aber vermutlich falsch ist, wenn er sagt, daß in der Erfahrung der Natur als einer schönen der Mensch das ihm Zuträgliche erfährt, also einen Harmoniezustand in der Natur, der für ihn einfach die Lebensmöglichkeit darstellt. Ich würde heute nur so weit gehen, daß Schönheit in der Natur anzeigt, daß sie für den Menschen im Befinden angenehm ist, was aber nicht unbedingt heißen muß, daß sie auch gesund ist. Das große Gegenbeispiel ist der Naturzustand nach Tschernobyl, wo damals im Mai überall in Deutschland der schönste Frühling war, aber diese Schönheit in gewisser Weise trog. Ein anderer Gesichtspunkt der Frage nach dem Schönen in der Natur ergibt sich daraus, daß mir die Behandlung der Naturästhetik in der klassischen Ästhetik sehr unzureichend erscheint. Aufgrund der Natur dieser Ästhetik ist die Schönheit als interesseloses Wohlgefallen definiert worden. Das hält sich im wesentlichen bis Adorno durch. Die Schönheit der Natur geht daher in die Ästhetik nur ein, insofern der Mensch seine affektive Beteiligung am Gegenstand zurückhält oder ausschaltet. Es ist also das distanzierte Subjekt, das sich hier über die Natur äußert, und das Thema der Ästhetik ist vor allem das Reden über etwas, nicht die Erfahrung von etwas. Es geht nicht um die konkrete Naturerfahrung, um das Leben und Arbeiten mit der Natur. Aus diesem verengten Schönheitsbegriff muß man herauskommen und das Thema Schönheit auf die volle Wahrnehmung beziehen, die die affektive Betroffenheit, das Leibliche und das Phantastische mit enthält.

RÖTZER Ihr Plädoyer für eine ökologische Naturästhetik grenzt sich von den modernen ästhetischen Theorien ab, vor allem aber von jenem Strang moderner Kunst, für die Schönheit als Sich-Einfinden in bestimmten Atmosphären gar nicht wesentlich war, sondern die Irritationen evozieren oder etwa das Häßliche, das Grauen oder die Überraschung zum Ausdruck bringen wollte. Auf der anderen Seite fordern Sie eine ökologisch orientierte Ästhetik zu eben dem Zeitpunkt, an dem immer offensichtlicher wird, daß unsere Wirklichkeit immer künstlicher, also eher zu einem technischen Konstrukt wird als zu dem, was von sich her wachsen kann. Das Plädoyer für eine ökologische Naturästhetik erscheint so als melancholische Stimmung, die zu verbergen sucht, daß schon etwas vermutlich irreversibel verschwunden ist?

BÖHME In gewisser Weise haben Sie schon recht. In der ästhetischen Behandlung der Natur etwa in Bildern oder in der Literatur kommt sie bereits mehr oder weniger als Kindheitserinnerung vor, als ein Gerade-noch und Demnächst-nicht-mehr. Allerdings möchte ich mich diesem sentimentalischen Strang nicht anschließen. Ich bin der Meinung, daß die Aneignung der Natur für den Menschen unausweichlich ist und daß der Stand der Naturaneignung, der nun geschichtlich einfach da ist, nicht mehr rückgängig gemacht werden kann. Wenn ich von Naturästhetik spreche, dann meine ich mit Natur nicht bloß die freie Natur, also das, was das Thema der klassischen Ästhetik war, sondern ich meine durchaus angeeignete und gestaltete Natur. Wobei ich so weit gehen würde, etwa die Stadt im ganzen auch als angeeignete Natur zu bezeichnen. Ein Aufsatz meines Buches handelt von der Mensch-Natur-Beziehung am Beispiel der Stadt. Das halte ich für eine ganz zentrale Thematik. Daher geht es mir um einen weiteren Natur- und Ästhetikbegriff, den ich erst einmal so angegeben habe, daß das Thema dieser Ästhetik das Befinden der Menschen in Umgebungen ist. Damit ist zunächst gesagt, daß es um die leibliche Anwesenheit des Menschen geht, d. h., die Natürlichkeit des Menschen wird hier ebenso ernst genommen wie die Tatsache, daß er mit der Natur und in Auseinandersetzung mit ihr leben muß. Das ist zwar ein altes Thema, als ästhetisches Thema aber durchaus neu.

RÖTZER Der Sinn einer solchen Naturästhetik müßte wohl doch der sein, auf eine Gestaltung der Umwelt nach den ästhetischen Gesichtspunkten des Sich-Befindens hinzulaufen, die anthropologisch herausgestellt werden müßten. Das hieße aber etwa auch, ein anspruchsvolles Projekt wie das des Bauhauses wieder in Erwägung zu ziehen, das nun allerdings die Verbindung von Ökologie und Ästhetik zur Grundlage hätte.

BÖHME Dazu möchte mein Buch auch ermutigen und etwa Stadtgestaltung oder Architektur darauf verpflichten, daß es dabei um die Gestaltung menschlicher Lebensräume geht, wobei die Frage bedeutsam wird, wie bestimmte Charaktere der so geschaffenen Umwelt in Korrelation zum menschlichen Befinden stehen. Es gibt einige Vorläufer und Autoren, die man in dieser Hinsicht anführen könnte. Ich würde sagen, die Reihe von Goethe bis Kükelhaus steht schon prototypisch für solch eine Einstellung. Allerdings möchte ich den Anspruch auch etwas einschränken. Natürlich ist das die Sache der ästhetischen Arbeiter und nicht unbedingt die des Philosophen. Als Philosoph habe ich noch ein anderes Interesse an dieser Art der Ästhetik, das mit der anstehenden Revision der Moderne zu tun hat. Die Moderne kann anthropologisch auch so definiert werden, daß der Mensch in ihr seine eigene Natürlichkeit als Tierheit, als bloßen Körper oder als Triebwesen aus sich herausdefiniert hat, während er sich und sein Eigentlichstes als Vernunft, Selbstbeherrschung oder Person davon abgegrenzt hat. Ich denke, daß in dieser Herausdefinition und Verdrängung der Natürlichkeit im Selbstverständnis des Menschen eine der tiefliegenden Wurzeln für das Umweltproblem besteht. Die destruktive Haltung des Menschen gegenüber der Natur fängt in der destruktiven Haltung gegenüber seinem eigenen Körper an. Als Philosoph bin ich eigentlich daran interessiert, hier eine Revision durchzuführen, d. h., ein menschliches Selbstverständnis vorzubereiten, in dem die Leiblichkeit des Menschen als humane wieder integriert wird. Dabei spielt nun die Ästhetik eine ganz zentrale Rolle. Die ästhetischen Arbeiter haben meines Erachtens in Zukunft bei dieser Wiedergewinnung menschlicher Leiblichkeit und Sinnlichkeit eine wichtige Aufgabe. Sie können Möglichkeiten im Umgang mit leiblicher Präsenz und der Erfahrung von Atmosphären bereitstellen. Es steht ihnen in gewisser Weise die Aufgabe einer neuen ästhetischen Erziehung des Menschen bevor.

RÖTZER Die Geschichte der modernen Kunst war im Zuge der Autonomie eben die Befreiung der Kunst von gesellschaftlichen

Ansprüchen. Gegenbeispiel ist natürlich das vorher angesprochene Bauhaus. In Ihrem Verständnis gerät Kunst wieder in funktionale Dienstbarkeit und muß einen gesellschaftlichen Auftrag ausführen. Würde das nicht den Begriff der Kunst ganz fundamental verändern?

BÖHME Natürlich würde sich der Begriff der Kunst dadurch verändern. Aber der verändert sich dauernd. Was wir als Kunstentwicklung hinter uns haben, sind ja Tendenzen der radikalen Selbstkritik der Kunst, die Forderung nach Auflösung der Kunst und die nach dem Übergang dieser Kunst ins Leben. Da habe ich keinerlei schlechtes Gewissen. Ich meine ganz im Gegenteil, daß es so etwas wie autonome Kunst durchaus geben soll, nur daß die Autonomie in meinem Verständnis darin besteht, daß die ästhetischen Arbeiter dieses Bereichs handlungsentlastet, häufig auftragsentlastet arbeiten und daß sie Produkte herstellen, die in handlungsentlasteter Situation, also in Galerien oder Museen, erfahren werden. Das halte ich für außerordentlich wichtig. Die Institution der autonomen Kunst und des autonomen Künstlers hat in sich selbst eine gesellschaftliche Funktion zu erfüllen, nämlich die, daß Menschen in der Erfahrung der Kunst gewisse Selbsterfahrungen machen, daß ihnen etwas geschieht, ohne daß sie dabei gleich zu handeln beginnen müssen, daß sie den Umgang mit Atmosphären lernen, ohne von ihnen total gefangengenommen zu werden, wie dies in der Lebenswelt der Fall ist, und daß sie insofern Kompetenzen im Umgang mit ihnen erwerben. Der autonomen Kunst würde ich also selber eine gesellschaftliche Funktion zuschreiben, aber ich begreife sie eigentlich von der angewandten oder integrierten Kunst her. Der Begriff der angewandten Kunst unterstellt, daß es zuerst die autonome und dann womöglich noch die angewandte gibt. Für mich hingegen ist der allgemeine Begriff der der gesellschaftlichen ästhetischen Arbeit, die überall stattfindet und die in unserer Gesellschaft von einer außerordentlichen Bedeutung bei der Gestaltung unseres gesamten Lebens ist. Denken Sie etwa an den Bereich der Reklame, der Innenarchitektur, der Gestaltung von Lebensräumen. Hier wird Ästhetisches produziert, das ich Atmosphäre nennen würde. Dem sind alle Menschen mehr oder weniger bewußt ausgesetzt. Aus diesem Hintergrund der allgemeinen ästhetischen Arbeit kristallisieren sich die autonome Kunst und der gesellschaftliche Raum heraus, Ästhetisches handlungsentlastet zu erfahren und dabei Kenntnisse über Atmosphären und Kompetenzen im Umgang mit ihnen zu erwerben.

RÖTZER Aus dieser Perspektive heraus wäre es doch eher angemessen, eine Art Kritik ästhetischer Produktionen als Realisierung von Atmosphären zu entwickeln, da man doch davon ausgehen muß, daß auch rationale Verfahren, indem sie objektiviert werden, zu ästhetischen Folgen und auch Lebensweisen führen. Dabei würde die Opposition Sinnlichkeit versus Rationalität gegenüber der Phänomenologie von Befindlichkeiten zurücktreten, deren Kern die Frage nach dem Wünschbaren wäre. Das aber ist eine Fragestellung, die in Ihrem Buch gar nicht auftaucht.

BÖHME Man muß zunächst einmal sehen, daß mein Buch sehr programmatisch ist und ein langsames Hineinwachsen in bestimmte Fragestellungen zum Ausdruck bringt. In dem geplanten Buch, das ich zusammen mit meinem Bruder Hartmut schreiben will, werden wir das vielleicht näher ausführen können. Die Ästhetik, die ja wesentlich als Kritik der Kunst entstanden ist, muß auch weiterhin im Sinne meines Konzepts diese kritische Funktion ausüben, nun aber in erweiterter Form, nämlich als Kritik unserer ästhetischen Durchgestaltung der Welt und nicht bloß als Kritik des Kunstwerks. Hier wäre beispielsweise an die Kritik der Macht zu denken, denn auch in unserer Gesellschaft wird die ästhetische Arbeit weiterhin zur Erzeugung von Atmosphären der Macht gebraucht. Das ist eine alte Tradition, die nur ein wenig vergessen worden ist, aber im Faschismus wieder ganz in den Vordergrund gerückt ist. Ästhetische Gestaltung von Räumen, besonders in der Architektur, ist häufig eine Gestaltung zur Erzeugung der Atmosphäre von Macht und deshalb als Teil von Herrschaftsstrategien anzusehen. Sie kennen die Rede von der Ästhetisierung der Politik im Faschismus. Das scheint mir gerade in unserem Jahrhundert ein dramatisches Beispiel dafür zu sein, wie Ästhetisches, ich würde sagen: Atmosphärisches in Herrschaftsstrategien eingebaut war. Dabei meine ich nicht bloß wie Walter Benjamin, daß die Bedürfnisse der Menschen durch Schein befriedigt worden sind, sondern ich glaube, daß die Politik selber im wesentlichen ästhetisch gewesen ist, also durch Symbole, durch Aufmärsche oder durch settings architektonischer Art geprägt war. Der Faschismus war durch und durch ästhetisch.

RÖTZER Kunst ist heute zu einem ökonomischen Faktor geworden, vor allem aber zu einer Instanz, der man sich bedient, um andere Zwecke besser durchsetzen zu können, egal ob dies durch die politischen Institutionen oder durch privatwirtschaftlich organisierte Interessen geschieht. So soll die Akzeptanz der High Tech, aber auch die corporate identity oder, wie es etwa Peter Koslowski ausdrückt, die »Wirtschaft als Kultur« durch die der Kunst eigenen Erzeugungen von Atmosphären auratischer Art gefördert werden. Wo wäre denn in Ihrem Sinn der Kunst heute eine gesellschaftliche Funktion zugewachsen, die für eine politisch-ökologische Kritik der Atmosphären Gegenstand sein würde?

BÖHME Das wäre die Dimension der Ästhetik als Kritik ästhetisch produzierter gesellschaftlicher Verhältnisse. Beispielsweise wäre hier der Ansatz von Haug, der vor vielen Jahren das Buch über Warenästhetik geschrieben hat, fortzusetzen. Er hat damals sehr schön gezeigt, wie durch Warenästhetik Gegenstände eine zweite Haut bekommen, eine ästhetische Erscheinung, deren Gebrauchswert in ihrem Tauschwert praktisch aufgeht und die manchmal auch zu ihrem Gebrauchswert geradezu quer liegen kann. Diesen Ansatz der Ästhetik als Kritik des durch Warentausch organisierten Gesellschaftszustandes müßte man weiterverfolgen. Dabei muß man aber über das Einzelding hinausgehen und in den strategischen Umgang mit Atmosphären hineingehen, wie er von Verkaufspsychologen oder Innenarchitekten betrieben wird. Hier ist der Begriff der Atmosphäre viel mehr zuhause als in der eigentlichen Ästhetik. Man redet hier von der Produktion von »Atmo«. Man produziert Atmobänder, die dann in Supermärkten laufen und eine verkaufsgünstige Atmosphäre erzeugen, d. h., einen Raum auch akustisch so gestalten, daß die Menschen in eine Befindlichkeit geraten, die sie zum freudigen Akzeptieren von Waren und schließlich zu deren Konsum stimmen. Hier hätte die Ästhetik eine kritische Funktion, die weit über die der Kunst hinausgeht.

RÖTZER Der Ansatz zu einer ökologischen Naturästhetik verbindet zwei Bereiche, die auch ganz unabhängig darzustellen wären, also einerseits eine Theorie der Atmosphären und dann den Enwurf einer Ästhetik, die auf ein anderes Verhältnis des Menschen zur Natur zielt. Eine Theorie der Atmosphären schließt zwar auch die Betonung der sinnlichen Wahrnehmung ein, muß aber, wie Sie es ja selbst in bezug auf Warenästhetik sagten, gar nichts mit Natürlichkeit zu tun haben, sondern könnte sich auch auf die Gestaltung von völlig künstlichen Räumen und Bildwelten beziehen. Die ökologische Naturästhetik, so nehme ich an, thematisiert nicht nur die ästhetischen Bedingungen sinnlicher Wahrnehmung, sondern deren Zusammenhang mit der Anwesenheit oder Darstellung eines natürlichen Gegenstandes.

BÖHME Eigenständig sind beide nicht zu verfolgen, aber ich gebe Ihnen zu, daß hier zwei Perspektiven sind. Das kommt dadurch zustande, daß man, wenn man unter ökologischen Gesichtspunkten in die Ästhetik hineingerät, feststellt, daß man mit der bestehenden Ästhetik nichts anfangen kann. In der klassischen Ästhetik gibt es zwar einige Reminiszenzen oder Stränge, die im Interesse einer Naturästhetik revitalisiert werden könnten, aber ihr Ansatz als solcher macht es eigentlich unmöglich, sie unter der Perspektive einer von der Umweltproblematik her motivierten Ästhetik zu verwenden. Das liegt an der zugrundeliegenden Anthropologie, daran – wenn ich das wiederholen darf –, daß die Natur des Menschen aus dem Selbstverständnis herausdefiniert worden ist. In der Ästhetik zeigt sich das daran, daß sie Natur als das Andere seiner selbst zum Thema hat, sei es nun positiv als etwas Nachahmenswertes, das in der Mimesis sogar maßgeblich für die Kunst sein kann, sei es negativ als das, was Kunst als kulturelles Unternehmen gerade nicht ist. Die klassische Ästhetik erfährt Natur als die ›da draußen‹ und schätzt sie als solche. Natur wird als Gegenpol zur Gesellschaftlichkeit, zur Zivilisation oder von Stadt zum Thema gemacht und als solche idealisiert oder sentimentalisch angeschwärmt. Natur gilt überhaupt als das, was einem gerade aufgrund seiner Fremdheit etwas zu sagen hat. Die klassische Ästhetik und auch die dazu gehörige Kunst scheinen in gewisser Weise eine Alternative zur dominanten Naturbeziehung zu sein, die auf technische Verfügung aus ist, sie sind aber nur ihr Spiegel, weil auch sie durch eine Entfremdung von der Natur gekennzeichnet sind. Die Natur ist dem neuzeitlichen Menschen sowohl instrumentalisiertes Objekt als auch die angeschwärmte Natur da draußen. Von der Ökologie kommend entdeckt man also in der Ästhetik, daß man sie als solche verändern muß, will man eine moderne Naturästhetik begründen. Die Brücke zwischen einer Naturästhetik und der Ästhetik im allgemeinen kommt überdies über das Thema des menschlichen Leibes zustande. Die leibliche Erfahrung ist in der klassischen oder bürgerlichen Ästhetik hinausgedrängt worden, weil sie im wesentlichen eine Ästhetik der Beurteilung des Schönen und des Redens über das Schöne bzw. das Kunstwerk war, aber keine Theorie der sinnlichen Erfahrung, wie sie dies ursprünglich nach dem Vorgang von Alexander Baumgarten hätte sein sollen. Aus der ökologischen Perspektive muß aber der menschliche Leib als die Natur, die wir selber sind, wieder integriert werden. Diese Aufgabe erweist sich zum großen Teil als eine ästhetische, insofern das Sinnenbewußtsein, wie zur Lippe das nennt, überhaupt erst wieder zu entwickeln ist. Allgemeiner bedeutet das, daß menschliche Leiblichkeit als sinnliche Präsenz in das Selbstbewußtsein aufgenommen werden muß.

RÖTZER Menschliche Leiblichkeit müßte unter der modernen Situation doch auch insofern thematisiert werden, als die Symbiose mit technischen Apparaturen immer weiter voranschreitet und Wahrnehmungsleistungen von Maschinen ausgeführt werden können. Das ist eine Dimension, die selbst als kritisierte Entwicklung in Ihrem Buch und Ihrem Rückruf des Leibes ganz ausfällt. Warum?

BÖHME Allerdings sehe ich die Wiedergewinnung menschlicher Leiblichkeit außerhalb des Umgangs mit Technik und der technisch bestimmten Lebenswelt. Natürlich ist diese Wiederentdeckung des Leibes, die heute in allen möglichen Zusammenhängen sich anbahnt – man denke nur an die Vielfalt der östlich geprägten Schulen der Leibespraktik, die bereits eine breite Bevölkerungsschicht erfaßt haben –, gerade deswegen möglich geworden, weil der Leib gesellschaftlich nicht mehr gebraucht wird. Er wird nicht mehr für Arbeitsprozesse gebraucht, aber mehr und mehr auch nicht mehr für gesellschaftliche Anwesenheit, weil die gesellschaftliche Präsenz im wesentlichen durch Telekommunikationsnetze bestimmt ist. Aber das eröffnet die Chance einer Wiederentdeckung des menschlichen Leibes, die tatsächlich im Schatten technischer Lebenswelt stattfindet. Ob sich das wieder mit Technik und technischer Praxis verbinden kann, weiß ich nicht. Hoffmann-Axthelm etwa hat den letzten Teil seines Buches über Sinnesarbeit der EDV gewidmet und denkt daran, daß Sinnenbewußtsein beispielsweise über Biofeedback zurückgewonnen werden könnte. Ich bin persönlich in dieser Hinsicht skeptisch.

RÖTZER Sie sprechen zwar immer von einer Wiederentdekkung des Leibes, doch erwähnten Sie eben selbst, daß erst die

Freisetzung des Körpers von gesellschaftlichen Funktionen, also gewissermaßen dessen Überflüssigkeit, zu seiner Entdeckung führte. Zweifellos stand der Körper niemals in der Geschichte zuvor derart im Mittelpunkt der Aufmerksamkeit und der Sorge um sich. Ähnliches ließe sich innerhalb der modernen Kunst selbst auch sehen, wenn erst in ihr das Elementare als solches, die Farben, die leibliche Geste oder die Materialität zum Beispiel, zum Gegenstand des ästhetischen Interesses wurde. Die Beispiele in Ihrem Buch aus dem Bereich der Kunst spielen eben auf diese Materialpräsenz an, die ja auch im Zusammenhang all der synthetisch herstellbaren Materialien und dem Zug zu immateriellen Bildern steht. Das wäre wohl eher als die Eröffnung einer Perspektive unter den Bedingungen des Verschwindens denn als Wiederentdeckung zu bezeichnen, die einen Verlust korrigiert.

BÖHME Ich möchte Ihnen da eigentlich im Prinzip zustimmen, da ich ja selbst gesagt habe, daß die Entdeckung des menschlichen Leibes zum Gesamtkomplex technischer Zivilisation gehört und ohne diesen gar nicht möglich gewesen wäre. Man rutscht sicher leicht in eine Perspektive hinein, in der man das, was man anthropologisch erobern möchte, in irgendwelchen Frühzuständen schon verwirklicht sieht. Das ist bei Rousseau, Nietzsche, Heidegger und auch bei Schmitz der Fall gewesen. Das liegt auch daran, daß man als Philosoph versucht an Begrifflichkeiten anzuschließen, die einen früheren anthropologischen Zustand bestimmt haben. Allerdings steckt hinter der ›Wiederentdeckung des Leibes‹ als einer façon de parler die Behauptung, daß die Entwicklung des menschlichen Selbstverständnisses die von Manifestation und Verdrängung ist. Bestimmte Züge des Menschlichen kommen an die Oberfläche, sie werden betont und durch Stilisierung ausgebildet, wodurch anderes verdrängt und diffus wird. In diesem Prozeß kann man natürlich sagen, daß das, was in einer späteren Phase entdeckt wird, in einer früheren schon enthalten sei, bloß eben verdrängt, abgesunken oder diffus. Ich möchte beispielsweise auf den homerischen Menschen hinweisen, bei dem ganz offenbar eine leibliche Erfahrungsweise gegeben war, die nicht durch ein zentrales herrschendes Ich oder durch die Seele determiniert war. In dem Moment läßt sich aus dem Studium des homerischen Menschen wieder einiges lernen, in dem man unter dem Beton des herrschenden Ich wieder, um es noch einmal zu sagen, so etwas wie Leiblichkeit zu entdecken trachtet.

Rötzer Sie hatten sich zuvor kritisch über die idealistische oder bürgerliche Ästhetik geäußert, die etwa im Sinne des interesselosen Wohlgefallens immer eine Distanz zu ihrem Wahrnehmungsgegenstand voraussetzt, während Sie nun das affektive Empfinden ins Zentrum Ihres ästhetischen Ansatzes der Atmosphären stellen. Kunst in ihrer neuzeitlichen Verfassung ist schon von ihrer Präsentationsform, z. B. durch den Rahmen des Tafelbildes, den Sockel der Skulptur oder die Bühne im Theater, aber auch durch die räumliche Umschließung in einem Museum oder einem Konzertsaal, abgegrenzt von der Lebenswelt. Das bringt einerseits Handlungsentlastung und Distanz mit sich, andererseits aber auch die Möglichkeit erhöhter Aufmerksamkeit und geringerer Abwehrnotwendigkeit. Diese institutionelle Abgrenzung von Leben und Kunst kennzeichnet auch die Erzeugung von, wenn man es so sagen will, religiösen Atmosphären, was durchaus heißen kann, daß erst die Künstlichkeit einer Inszenierung bestimmte Möglichkeiten sinnlichen Wahrnehmens und Erfahrens eröffnen kann, die in den Routinen des alltäglichen Lebens verschlossen sind. Würde Ihre Kritik an der Distanz als Voraussetzung ästhetischen Erlebens denn auch die an jenen Kunstformen einschließen, die dies in sich schon mit sich bringen, also sich in Affinität zu den künstlerischen Versuchen wissen, die durch das Überschreiten des Bildes, das Verlassen der musealen Präsentation oder durch die Einbeziehung des Alltags – land art, performance, body art, sky art, happening etc. – die bürgerliche Kunst überwinden wollten?

Böhme Man muß sehen, daß die Kunst unseres Jahrhunderts zwar einen großen Willen gehabt hat, das Kunstsetting bzw. die Institution Kunst zu verlassen, daß ihr aber das faktisch nicht gelungen ist. Die Präsentationsform der Ready-mades durch Duchamp ist beispielsweise zu einer Affirmation des Museums geworden. Daß diese Tendenz, aus der gesellschaftlichen Institution der Kunst auszubrechen, im wesentlichen gescheitert ist, halte ich keineswegs für ein Unglück, da ich ja schon eingangs sagte, daß die Kunst und das Kunstwerk als autonome selbst eine gesellschaftliche Funktion erfüllen und dazu die Distanz durchaus gehört. Durch die Distanz kann handlungsentlastet eine Situation erfahren werden, durch die man Gefühle kennenlernen kann, ohne gleich biographisch mit ihnen mitgehen zu müssen. Andererseits ist die moderne Kunst auch wirklich in Teilen nach draußen gegangen und betreibt das, was ich die Ästhetik des Ephemeren nennen würde. Das eine ist, daß die Kunst in die Natur hinausgeht und dadurch ihre Autonomie aufgibt, indem sie die Natur, etwa durch die Witterung, mitproduzieren läßt und ihre Objekte so der Vergänglichkeit aussetzt. Dadurch ist der Anspruch auf Ewigkeit, auf Konstanz und auf vom Künstler beherrschten Werkcharakter aufgegeben. Man könnte sagen, die Kunst geht hier aus dem Labor heraus. Das Museum hat für die Kunst ja die Funktion, die das Labor für die Wissenschaft hat, nämlich einen weltabgeschotteten Raum zu schaffen, in dem reine Phänomene produzierbar sind. Zum anderen arbeiten einige Künstler wie Nikolaus Lang, der für die documenta eine Skulptur in Torf hergestellt hat, mit Materialien, die als solche verschwinden, also die Zeitlichkeit bewußt in das Werk einbringen. Sicher verschwindet alles irgendwann, aber bislang hat die Kunst für die Ewigkeit gearbeitet. Kunstformen wie das Happening haben teilweise auch diesen Charakter. Trotzdem sind diese Entwicklungen nur möglich, weil das Kunstmachen auf dem breiten Fundament ästhetischer Arbeit überhaupt aufruht.

Rötzer Was verstehen Sie denn näher unter ästhetischer Arbeit? Ist sie so etwas wie Kunst am Bau, also daß man etwas produziert und das dann von irgendwelchen Spezialisten noch verschönert wird, oder ist ästhetische Arbeit nicht schon in jeder Form der Arbeit und auch in jedem Weltentwurf impliziert, auch wenn dies explizit aus Gründen etwa der als Norm angesehenen kulturellen Ausdifferenzierung oder der Absenz der künstlerischen Autonomie nicht zum Ausdruck gebracht wird? Der Begriff der Atmosphäre ist wohl ja auch deswegen von Ihnen benützt worden, weil er zunächst auf alle erzeugten und vorgefundenen Situationen anwendbar ist.

Böhme Ästhetische Arbeit kann natürlich im Nebenher mitgeschehen. Sie geschieht in jeder Wohnungseinrichtung, bei jedem Sich-Kleiden oder bei jeder menschlichen Zusammenkunft mehr oder weniger bewußt immer mit. Wenn man den Begriff der ästhetischen Arbeit fassen will, muß man zunächst einmal den Dingbegriff erweitern und akzeptieren, daß es so etwas wie objektive Gefühlsqualitäten gibt. In der klassischen Ästhetik ist ja leider der Subjektivismus der neuzeitlichen Philosophie auch insofern enthalten, als das, was man den Dingen unbefangen in der Lebenswelt an Gefühlsqualitäten zuspricht, daß also eine Landschaft heiter oder ein Gehölz ernst ist, als Projektionen der Seele betrachtet wird. Das ist natürlich phänomenologisch ganz falsch, was man schon daran sehen kann, daß man in eine Gefühlsatmosphäre hineinkommen kann, z. B. in eine heitere Landschaft, und drastisch den Kontrast merkt, wenn man innerlich ganz traurig ist. Es gibt Beispiele, durch die man beweisen kann, daß die Gefühlsattribute, die man Gegenständlichem zuweist, keine Projektionen einer Innenwelt sind. Wenn man den Begriff der ästhetischen Arbeit also fassen will, dann muß man sich zunächst einmal klarmachen, daß Gegenstände, Konstellationen von Gegenständen und Environments objektive Gefühlsqualitäten haben. Man kann das auch Charaktere oder, wie Hirschfeld dies in seiner Theorie des englischen Gartens gemacht hat, Szenen nennen. Die Szenenkunst auf dem Theater hat dafür ja ein großes Verständnis gehabt, wie man Umgebungen solche Charaktere aufprägt. Im Gesamtsetting der Arbeit besteht die ästhetische Arbeit gerade darin, daß diese objektiven Gefühlsqualitäten an Dingen oder Arrangements produziert werden. Wenn man überhaupt herstellt, werden sie zwar immer mitproduziert, aber es kann dafür natürlich Spezialisten geben. Das sind die Bühnengestalter, die traditionellen Garten- und Landschaftsgestalter, die Innenarchitekten, aber es sind heute vor allem Werbe- und Verkaufsfachleute und Psychologen, die sich in der Praxis mit der Produktion objektiver Gefühlsqualitäten sehr gut auskennen. Von der Praxis her haben wir überhaupt kein Defizit, wir haben ein Defizit in der Theorie. In der Ästhetik ist dieser breite Boden ästhetischer Arbeit, von der sich die sogenannte autonome eigentlich nur abhebt, gar nicht hinreichend zur Kenntnis genommen und begriffen worden.

RÖTZER Eine Variante der Vernunftkritik im Sinne der Zuwendung zur Sinnlichkeit könnte auch die sein, daß Theorie selbst ästhetisch werden müßte oder daß Wissenschaft in ihren Verfahren und in ihrem Umgang mit Gegenständen explizit die ästhetische Dimension berücksichtigen sollte, um dadurch vielleicht zu einem anderen Erkenntnisbegriff, möglicherweise auch zu anderen Techniken, zu »Allianztechniken«, wie dies Bloch nannte, zu kommen. Ist Theorie oder Wissenschaft in sich für Sie ästhetisch neutral oder Ausdruck einer nicht nur rational, sondern eben auch ästhetisch begründeten Lebensform?

BÖHME Für diese Dimension habe ich sehr viel übrig. Ich

schätze es, wenn Wissenschaftler in der Lage sind, ihren Texten auch eine sprachliche Qualität zu geben. Auch daß mathematische Theorien eine ästhetische Dimension haben können, halte ich für eine wichtige Tatsache. Aber das interessiert mich in unserem Zusammenhang gerade nicht, weil das, woraufhin ich mich bewege, mit sinnlicher Präsenz und leiblicher Erfahrung zusammenhängt. Da sind intellektuelle Qualitäten oder Schönheiten von Theorien etwas, was man hinter sich läßt.

RÖTZER Kriterien für wissenschaftliche Theorien wie Einfachheit, Eleganz, Minimalisierung des Aufwands, Widerspruchsfreiheit, Geschlossenheit etc. sind ja Qualitäten, die sich auch auf Produktgestaltungen auswirken, sofern sie durch wissenschaftlich gestützte Techniken ermöglicht werden. Der Funktionalismus war ja nur die ästhetische Doktrin dieser Beziehung. Das hat auch Rückwirkungen auf die Art, wie an solchen Objekten oder Umgebungen Leiblichkeit zum Ausdruck kommen kann. Würden Sie solche Zusammenhänge von Theoriebildung und technischer Praxis nicht annehmen, was ja Ihre Kritik an bestimmten Modellen des menschlichen Selbstverständnisses doch eigentlich ganz zwangsläufig zur Folge hätte?

BÖHME Einen solchen Zusammenhang sehe ich eher negativ. Das, was man über den Zusammenhang von Ästhetik und Mathematik wissen kann, weiß man jetzt erst einmal. Das hat in Sackgassen geführt. Seit der Antike bemüht man sich in einem intellektualistischen Zugang zum Thema Schönheit herauszufinden, ob sich nicht gewisse rationale Formen finden lassen, die für ästhetische Qualität verantwortlich sind, also etwa Proportion, Symmetrie oder Schnittverhältnisse. Das sind ja die großen Themen, die von Poliklet über Vitruv bis weit ins 18. Jahrhundert hinein herrschend gewesen sind. Es ist ein interessantes Thema, aber nach einer über zweitausendjährigen Erfahrung kann man sagen, daß einem auf diesem Wege immer etwas fehlt – und nach diesem Anderen frage ich.

RÖTZER Meine Frage zielt darauf, inwiefern sich Ihre ästhetische Theorie nicht in der Intention, sondern in der Qualität von dieser intellektualistischen Ästhetik unterscheidet. Gibt es also einen Unterschied zwischen einer rationalen Ästhetik, die auch Eingang in wissenschaftliche Theoriebildung und technische Gestaltung findet, und einer Ästhetik, die die leibliche Präsenz in den Vordergrund rückt?

BÖHME Mir scheint gegenüber Symmetrie oder Proportion viel gewichtiger für ästhetische Erfahrung zu sein, was Hermann Schmitz Bewegungsanmutungen und Synästhesien genannt hat, d. h. bestimmte Charaktere der Gegenstände, die leiblich miterfahren und mitvollzogen werden. Man muß doch sehen, daß leibliche Betroffenheit durch Gegenstände und Umgebungen weitgehend dadurch zustandekommt, daß man quasi am eigenen Leib erfährt, was man sieht. Die Kategorien, nach denen das geschieht, sind überhaupt erst zu bilden. Eine Klassifikation von Atmosphären ist dazu wohl der erste Schritt. In der klassischen Ästhetik findet man im wesentlichen nur zwei als behandelt vor, nämlich die Atmosphäre des Schönen und des Erhabenen. Meines Erachtens kommt es jetzt darauf an, daß sie als nebengeordnet zu anderen Atmosphärentypen zu betrachten sind, also zum Bedrückenden, Erhebenden, Bedrohlichen oder Erschreckenden etc. Das Bedrohliche und Schreckliche ist in der klassischen Ästhetik nur im Mantel des Schönen vorgekommen. Man hat gar nicht gesehen, daß das Atmosphären eigener Art sind.

RÖTZER Künstlerisch wäre aber wohl diese Phänomenologie der Atmosphären bereits vorhanden, deren Mangel Sie theoretisch zum Ausdruck bringen?

BÖHME Sicher kann man an Kunstwerken darüber viel lernen, wenn man die Augen öffnet und sie nicht primär unter der Kategorie der Schönheit oder auch der Häßlichkeit analysiert. Man muß die Kunstwerke erst einmal in ihrer besonderen atmosphärischen Wirkung kennenlernen, aber dann kann man in einem weiteren Schritt viel von den ästhetischen Arbeitern lernen, weil es letztlich darum gehen muß, durch welche Bild- oder Gegenstandsqualitäten, also durch welche Physiognomien der Dinge, solche Atmosphären erzeugt werden.

RÖTZER In Ihrem Buch schreiben Sie einmal von der Mithilfe des Künstlers bei der Produktion von künftiger Natur. Wir stehen ja unter dem Eindruck, daß künftige Natur durch die Gentechnologie tatsächlich produziert werden kann. Möglicherweise lassen sich ganz neue Biosphären und ökologische Netze herstellen. Ihr Ansatz steht und fällt mit der Gegebenheit anthropologischer Konstanten bei aller historischen Verschiebung von Manifestation und Verdrängung, die heute zumindest theoretisch flüssig werden. Die schöne neue Welt könnte auch Menschen eigen sein, deren Sinnlichkeit und Leiblichkeit programmiert ist, deren ästhetisches Empfinden also noch unvorhersehbar ist. Müßte eine philosophische Ästhetik nicht die denkbaren Szenarien in ihre Reflexion mit einbeziehen, denn die wirklichen Konflikte werden sich im Rahmen des technisch Möglichen abspielen?

BÖHME Sie bezeichnen die fernere Zukunft, während ich die nähere Zukunft im Auge habe, in der auf der Makroebene doch eine sehr weitgehende Naturgestaltung vor uns liegt bzw. ständig stattfindet. Ich denke primär an Stadtplanung oder an Landschaftsgestaltung. Hier hat die ästhetische Dimension, die informiert ist durch eine Reflexion auf Umgebung und menschliche Empfindung, ihr erstes Wirkungsfeld. Das ist eine überschaubare Zukunft, für die man im wesentlichen auch noch mit den akkumulierten Erfahrungskategorien auskommt. Für die doch sehr phantastischen künstlichen Welten, auf die wir uns zubewegen, wage ich kaum etwas zu sagen, denke aber, daß man sich darauf auch vorbereiten muß. Das explizite Mitgestaltungsrecht des ästhetischen Arbeiters muß jetzt schon vorbereitet werden.

Johannes Birringer
Erschöpfter Raum – Verschwindende Körper

> Weder die Materie noch der Raum, noch die Zeit sind in den letzten zwanzig Jahren geblieben, was sie vordem seit jeher waren. Man muß damit rechnen, daß so bedeutsame Neuerungen die ganze Technik der Künste umwandeln.
>
> Paul Valéry, *Über Kunst*

Vielleicht könnten wir eine Formulierung Paul Virilios verallgemeinern, der davon sprach, daß er ein Kind des Krieges sei und seine Arbeiten über Technikgeschichte, Politik, Geschwindigkeit und den »mobilisierten Körper« in der Erfahrung des Krieges begründet lägen. Im Hinblick auf die andauernde technologische Entwicklung und deren Auswirkungen auf gesellschaftliche Machtverhältnisse und die menschliche Erfahrungsorganisation ist es durchaus abwegig, von dem Glück unseres Nachgeboren-Seins zu sprechen, da der Zweite Weltkrieg und die »totale Mobilmachung« unter einem faschistischen Machtapparat gleichsam nur die Vorgeschichte einer weiteren militärisch-industriellen Entwicklung waren. Heute sind wir die Kinder oder, genauer gesagt, die Geiseln der Erfahrung eines permanenten Kriegszustands der Abschreckung wie auch einer tiefgreifenden Transformation unseres Kultur- und Lebensraums durch die neue Informations- und Inszenierungstechnik der Medien. Unabhängig von den Orten, zwischen denen wir uns bewegen, befinden wir uns in einem staatenlosen Gefahrenraum, in dem die Möglichkeit der größten anzunehmenden Katastrophe gewohnheitsmäßig vorausgesetzt ist, wenngleich sie unsere Vorstellungskraft überstiegen haben wird, was allerdings den postmodernen Theoretikern einer Ästhetik der Apokalypse zum Anlaß dient, die Faszination des nicht mehr Faßbaren als ein Symptom der Entrückung der Realität und eines Bewußtseins von »objektiver Ironie« (Baudrillard) zu behandeln. Wobei man unter »objektiver Ironie« wohl nicht nur die Eliminierung subjektiver Handlungsspielräume verstehen muß, sondern eher noch eine Art Außerzeitlichkeit der abstrakten Abschreckung, die mit der Entäußerung der körperlichen Wahrnehmbarkeit von systemischer Gewalt mithin das Ende aller dramatischen und philosophischen Inszenierungsmodelle von lokalisierbaren Ereignissen der Geschichte bezeichnen würde.

In *L'insécurité du territoire*, seiner Abhandlung über das anzunehmende Ende des Prinzips von territorialer Verfassung und Staatsbürgerrecht im Zeichen der postindustriellen Technologien und der transpolitischen Strategien des Spätkapitalismus, schreibt Virilio denn auch: »Der menschliche Raum wird zum Raum von niemandem, er wird nach und nach der Ausdruck von nirgendwo.«[1]

Während Virilios Gedanken über die Verflüchtigung der vertrauten Gestalt politischer Räume und Raum-Zeitlichkeiten sich vorwiegend auf seine Analysen der Stadtplanung und der Kriegsgeschichte begründen, möchte ich hier auf den Aufführungsort »Theater« zu sprechen kommen bzw. diesen (noch) vertrauten Ort nicht als eine im glanzvollen Sterben liegende Kulturinstitution beschwören, wie es nunmehr das Gebot der Stunde zu sein scheint, sondern lediglich seine Funktion als Darstellungsraum des menschlichen Körpers und der durch ihn gezeigten/erzeugten fiktionalen Wirklichkeiten hinterfragen. Es geht mir allerdings nicht um Theater-Geschichte, obwohl gerade die »vergessenste Fremde«[2] unserer Körper, d. h. ihre Abwesenheit als Gegenstand der gängigen Theaterhistoriographie und Literaturkritik, Interesse auslösen sollte zu einem Zeitpunkt, an dem mit der audiovisuellen und elektronischen Medienherstellung und Programmierung von »Realität« der Anachronismus der gesellschaftlichen Rolle des Theaters immer offensichtlicher zu werden scheint.

Vielmehr beschäftigt mich hier der Ansatz zu einem Versuch, mit Hilfe einiger weniger Denkbilder und gegeneinandergestellter Szenen Möglichkeiten einer Fragestellung zu finden, mit der man die Geschichte des Körpers auf dem Theater, die Schmerzspuren seiner Geschichte, seiner Arbeiten und seiner Tode, verfolgen könnte. Solch ein Versuch kann in seiner Methode nur zu einem Umweg werden, einem Um-schreiben des Gegenstands, der sich dem unmittelbaren Zugriff verstellt, wie das Walter Benjamin eindrücklichst in der erkenntnistheoretischen Vorrede zum Trauerspiel-Buch dargestellt hat.

Den stumm gemachten Körper zum Sprechen bringen, nach der Verbrennung der Texte und Meisterwerke: so hat das Artaud einmal zum Ausdruck gebracht in seinen eigenen Schriften über das leblose, unter der Okkupation der Wortsprache und Sprachgesetze erstickte Theater, das er der Revolution einer Grausamkeit übergeben möchte, die gleich einer Pest oder Epidemie eine Un-Ordnung und Desintegration der symbolischen Ordnung, der Grammatik der Sprachen und Machträume, also auch der Trennlinien zwischen Körperlichkeit und Verstand im cartesianischen Sprachverständnis, erzeugen könne.

Nicht erst seit Derridas grammatologischen Dekonstruktionen der abendländisch-dualistischen Metaphysik- und Philosophiegeschichte und des Logozentrismus wissen wir, daß Artauds Kampf um die Umkehrung des Platonismus immer schon stattgefunden hat, vom Anfang der Nachahmung und des Gedankens vom Scheinbaren und Körperlosen an. Die Umkehr in die Magie des Physischen und in eine vom »soufflierten Wort« oder der Schrift befreiten Unmittelbarkeit ist das Ereignis, auf das das Theater immer gewartet hat, gleichwohl es dieses Ereignis ebenso fortdauernd gefürchtet haben muß, wovon die lange Reihe seiner Dramen und mimetischen Techniken zeugt. Ist vom Theater zu sagen, was man vom Körper sagt?

Umkehr einer Entäußerung. Kann man im Marxschen Sinne von »Entfremdung« sprechen? Oder von einem Theater des Klassenkampfes, der sich der Verdrängung der körperlichen Präsenz in den Produktionsverhältnissen auf der Bühne immer schon bewußt gewesen ist, obgleich bis zum Einsetzen der Moderne diese Verdrängung nicht aus materialistischer Sichtweise mit Begriffen der politischen Ökonomie und der Ideologiekritik (Brecht), sondern gerade mit den Begriffen der Metaphysik und Theologie wahrgenommen wurde, die die Reproduktion der Entfremdung garantierten? Oder ist die Wahrnehmung eines Besitz-Verhältnisses von Körper und Sprache erst eine Folge der »Sichtbarmachung« der Privilegien des Zeichensystems, wie sie anhand des Funktionierens seiner Gesetze, Regeln und Codes durch den Diskurs der Linguistik und der Semiotik in den letzten Jahrzehnten herausgestellt worden sind? Die Absenz des Körpers, sein Nicht-Sprechen-Können, wäre somit gleichsam Voraussetzung für Diskurse, die sich mit Diskursivität und Textualität beschäftigen; die Dekonstruktion eines eigentlichen Körpers ist im Prozeß seiner Konstruktion im Medium der Sprachzeichen angelegt.

Wenn Artaud das Verschwinden des »Gottesurteils« (*pour en finir avec le jugement de dieu*) und der Muttersprache fordert, so antizipiert er den Angriff des Poststrukturalismus und des Feminismus auf die Herrschaftsstrukturen der Repräsentation, wobei es ihm allerdings nicht um die Frage der Subjektformierung (wer spricht? unter welchen Bedingungen oder sozialen/triebhaften Mechanismen der Besetzung und Differenzierung?) ging. Für meine Betrachtungen auf dem Spiel stehen sollen hier denn auch nicht die neueren Texttheorien oder der Poststrukturalismus, die ihrerseits das »unvollendete Projekt« der Moderne mittels der Auflösung der bürgerlichen Konstruktionen des souveränen Subjekts als Vermittlungsinstanz von Herrschaftsmechanismen zu Ende zu führen suchen, sondern die Besetzung oder Belehnung des Körpers mit Herrschaftspositionen oder mit einer naturalisierenden Symbolik, die auf dem Theater mit spezifischen Formen der Wiederholung und der Gefährdung immer schon prekär gewesen ist, weil der Körper der Darstellung die eigentliche Mittlerfunktion, den *Anschau-platz* der Beherrschung vom Verhältnis Mensch/Geschichte einnimmt.

Jedoch kann von den gesellschaftstheoretischen und kulturpolitischen Kritikschwerpunkten des Feminismus die generelle Infragestellung einer patriarchalischen Ordnung der Repräsentation übernommen werden, einer Ordnung, die auf der Ent-fernung der Frau und der weiblichen Sexualität beruht, um sie wiederum im Modus einer Darstellung des Nichtdarstellbaren – von Natur, Wahrheit, des Erhabenen, usw. – zurückzulassen. Oder im Modus der Verdinglichung, in endlosen Bildern, die man von ihr macht. Um nicht abwesend zu sein in *diesem* Raum, so schreibt Michèle Montrelay, müßte die Frau, um als Subjekt zu handeln oder sprechen, die Position und Sichtweise des Männlichen einnehmen.[3] Und diese Verwechslung ist nun zu Genüge im Verlauf der Geschichte zur Vorstellung von der Weiblichkeit als Maskerade, unechte Darstellung, Verführung und subversive Bedrohung umgedeutet worden; dies sind alles Attribute, wie man sich erinnert, die besonders virulent von der puritanischen Kritik dem elisabethanischen Theater an sich, ebenso wie seinen (männlichen) Schauspielern, angelastet wurden.

Auch in anderen Phasen der westlichen Theatergeschichte kann man anhand dieser »Bedrohung« der symbolischen Ordnung und der Denkmuster, die ja dann auch immer eine Bedrohung des Staates ist, die Formationen der Macht durch die Institutionalisierung der Körper in den Kodierungen der Theaterformen, z. B. der Tragödie oder auch des klassischen Balletts, ablesen.

Eine Bedrohung der Ordnung ist eine Bedrohung des Raumes. Raum, den der Staat legitimiert als »Ordnung der Dinge«, seinen Raum der Repräsentationen des Objektiven. Raum der inneren Ordnung und des äußeren Feindes. Raum der öffentlichen und immer auch militärisch-polizeilichen Gewalt: sein Diskurs inszeniert Bilder der »rechtlichen« Zustände. Bauwerke, Design, jede Einrichtung und jedes Objekt in der Architektur der Städte und Landschaften sind Kommunikation, Wahrnehmungsmittel und Organisationsweise. Die neue Faszination der postmodernen Staatsarchitektur (die sich z. B. in Frankreich ganz neo-monarchistisch gibt) und die Hochkonjunktur der Kunst- und Kulturproduktion (Festivals, Massenausstellungen) im öffentlich-rechtlichen Raum sind dabei paradoxer Ausdruck einer ästhetischen Vorzeigbarkeit, die den Raum nicht befestigt, sondern durch die Fülle der Beliebigkeiten und Zusammenhanglosigkeiten der Stile eher noch sinnentleerter zu machen scheint. Es ist bemerkenswert, daß das gewaltige Warenhaus der sich im gegenseitigen Rollentausch produzierenden Exponate von Kunst, Design, Architektur, Video, Performance usw. auf der Kasseler documenta 8 von den Inszenatoren unter die globale Thematik »Kunst und Öffentlichkeit« gestellt und als »Erfahrungsraum« postuliert worden ist. Ist dies noch ein Erfahrungsraum einer alle Zwischenräume ausfüllenden Macht und eines Organisationsprinzips (vgl. Foucaults Ausschließungsmodelle des »Gefängnisses« oder der »Irrenanstalt«), eines Kräfteverhältnisses, oder nur der eines transpolitischen, gemeinsamen Marktes?

Welche Erfahrung ist angesprochen, wenn die Deutsche Bank als Kunstsponsor auftritt, und wenn Hans Haacke für die documenta eine dokumentarische Installation (mit dem Titel »Kontinuität«) gegen die Deutsche Bank aufbaut, mit der er deren Kapitalverflechtungen mit Südafrika aufzeigen will? Vor 10 Jahren noch wirkte und intervenierte hier Joseph Beuys mit der Honigpumpe; diesmal wird im Mittelsaal des 1769 vom Landgrafen gebauten Fridericianums die museale Einrichtung einer Skulptur des toten Beuys (*Blitzschlag mit Lichtschein auf Hirsch*) zu betrachten sein. Der Japaner Kawamata vernagelt mit zusammengesammelten Brettern und Holzresten die im Krieg zerstörte Garnisonskirche, die noch aus der napoleonischen Zeit stammt und heute den Obdachlosen Schutz gewährt. Jetzt sind sie ausgesperrt durch einen Kunstraum.

Um noch einmal mit Montrelay zu sprechen: sie sieht das Wiederkehren der Frau, der Ausgeschlossenen, als den notwendigen Einsturz der zur *Ruine* werdenden Machtstrukturen, da kraft ihrer Exterritorialität die Grenzen des geltenden Prinzips bereits aufgezeigt würden.

Halten wir fest: es ginge also hier nicht um die Wiederkehr der *Erscheinung*, wie es in der Ästhetik genannt wird, oder um die Wiederholung von Gesten innerhalb der Szenarien oder der Simulationsräume der Macht, sondern um das Verschwinden der Grenzen und der kontrollierten Räume. Demzufolge müßte Un-Ordnung immer auch De-Legitimierung heißen.

Ich möchte eine andere Konstellation vorbereiten, und zwar den Begriff der Exterritorialität mit dem des Terrors in Verbindung bringen. Vorangestellt sei ein Zitat aus der *Orestie*. Der Chor als Repräsentant der Öffentlichkeit spricht gleich zu Anfang von einer Gefahr:

> The terror returns like sickness
> to lurk in the house,
> the secret anger remembers the child
> that shall be avenged.

Eine Gefahr des Schreckens der Wiederholung? Oder ist die Bedrohung eine Art *»ghost«* der ermordeten Iphigenie, ein Trauma, das die Erfahrung des Terrors ist, mittels dessen sich der Staat erhält (»Zehn Jahre vergingen im Krieg ums Recht«, verkündet der Chor zum Auftakt)? Eine direkte, unmittelbare Erfahrung des Terrors gibt es nicht; sie ist außerhalb der Geschichte. Aber sie wird darstellbar gemacht, so wie wir das auch in Shakespeares *Hamlet* sehen, mittels des sichtbar Unsichtbaren, des erscheinenden und verschwindenden Gespensts des alten Königs, dessen Körper in der 1982 von Klaus Michael Grüber inszenierten Berliner Schaubühnen-Produktion gänzlich von einer glänzenden Rüstung verborgen wurde, die das grelle Scheinwerferlicht zurückwarf, den Zuschauern die Sicht nehmend.

Prinz Hamlet soll ihm (*»the thing«*, so nennen die Wachsoldaten dieses Ungewisse) nachfolgen, um die Gebote der Staatsräson zu lernen, die Wahrheit, die er sich dann als Text in die Erinnerung einmeißelt. Es ist die Szene der Einübung zur Komplizenschaft mit der Maschine, die weitere tote Körper erzeugen wird, im Krieg ums Recht. Das Denken in der *Hamlet*-Tragödie wird zum Dialog mit den Toten, ein langes Warten des Wunsches/der Angst zu sterben. Es wird am Rande des Grabes, des Endes der Geschichte gespielt, oder in einer riesigen Gruft, wie dies im Berliner Mendelsohn-Bau der Schaubühne treffend anschaulich gemacht wurde. Der Prinz sucht nach möglichen Veränderungen des Raumes, der ihn umschließt; in seinen Reflexionen über das, was er *passion* oder *nature* benennt und der Vernunft (*reason*) gegenüberstellt, hält er sich an dem fest, was im Prinzip der Staatsräson und der Figur des Monarchen (des Vaters) verkörpert sein sollte, die ja den Machtraum aufrechterhalten hat und als dessen unteilbares Zentrum gegolten hat.

Eine Hierarchie der Bedeutungen innerhalb des Staatskörpers (body politic): »the world is a theatre, all men have parts – each man acts his own« (Thomas Heywood, *Apology for Actors*). Rollenzuteilung im feudalen System. Der Topos vom theatrum mundi ist intakt, und man hat im Hinblick auf das Renaissancetheater von einer fundamentalen Wechselwirkung zwischen Theater und Welt gesprochen, die es erlaubte, von einer klaren Identifikation der Rollen und allegorisch-emblematischen Figuren auszugehen, die den Sinnzusammenhang des Bezeichneten (und eben diese Wechselbeziehung zwischen politischem Raum und theatraler Darstellung) garantierte.

In diesem System gibt es eigentlich kein Subjekt (nichts, was an die modernen Konstruktionen der Subjektivität erinnert), sondern nur das eine des absoluten Monarchen. Hamlets tiefgehende Verunsicherung über die theatrale Darstellung rührt daher, daß durch die Ermordung des Königs das Ausfüllen dieser Rolle in der nur scheinbar aufrechterhaltenen Symmetrie von Claudius' Hofstaat in Frage gestellt worden ist. Die Infragestellung ist das Gespenst. Sein Nicht-Körper verhindert das Funktionieren der Monarchie.

Die Problematik des Terrors ist somit untrennbar von den Konventionen der Legitimierung.

Prinz Hamlets Ekel ist keine Melancholie, sondern eine sich in Metaphern der Krankheit und Seuche ausdrückende Erkenntnis, daß die Konventionen der Darstellung auf dem Theater Sprachen der Körperbeherrschung sind, freiwillige oder erzwungene Wiederholung der zum *anti-body* gewordenen Gesetze.

In Hamlets »Krankheit« spiegeln sich die Verhältnisse oder, genauer gesagt, die Krise des theologischen Staates, dessen Rituale sich im politischen Prozeß der späteren Jahrhunderte verändern und in den Kontrollinstitutionen des modernen Gesellschaftskörpers (z. B. in der Medizin) reorganisieren werden.

In der Geschichte des Tanzes sprechen wir im Hinblick auf das Ballett des 16./17. Jahrhunderts von der »Überwindung des eigenen Körpers«; im Hinblick auf den Terror der Hexenverfolgungen sprechen wir von der Tortur der Austreibung des Teufels aus dem Körper, der Zerstückelung oder Folterung der »Hexe«. Der nackte Körper wird zum Sprechen gebracht unter dem kalten, objektivierenden Blick der Inquisition.

In der Inquisitionsmaschine ist bereits ein anderer Blick angelegt, der sich nicht mehr vorrangig auf den Körper (im Kontext der Austreibung, der Rache oder der Wiederherstellung der Integrität des Souveräns) bezieht, sondern auf die abstrakten Möglichkeiten sozialer Regulierungsmodelle hinzielt, z. B. auf die variable Funktion der Disziplinierungstechnologie des von Foucault beschriebenen Panoptikums. Der Diskurs des Gefängnisses der Macht (das Gespenst des Hamlet-Vaters bezeichnet seinen Körper noch als *»prison-house«*): er bezieht sich auf neue Sprachregelungen (Strafrecht) und ist gleichzeitig definiert durch bestimmte Kontrollmaßnahmen der *Sichtbarmachung*.

Die Berliner *Hamlet*-Inszenierung spielt auf das »Gefängnis« als eine Ordnung des Lichts an; aber die Lichtregie ist gleichsam eine »blinde« Maschine. Verschiedene Lichtkorridore schneiden Sehschlitze in den dunklen Raum: der Prinz steht im Dunklen, aus seiner Sicht erscheint Ophelia – im Licht – als Fälscherin, Hure der Macht; er beschimpft ihr *»painted face«*. Sein Blick des anderen, das er fürchtet.

Es ist ein Urteil, das reversibel erscheint. Später meint Ophelia, daß Hamlet wohl wahnsinnig sei, *»quite, quite lost«*. Sie erkennt ihn nicht wieder, die Sichtbarkeiten *verteilen sich*.

Eine andere Art der Nichtsichtbarkeit des Körpers ist in der Darstellung seiner Überwindung zu höherem, vergeistigtem Ausdruck zu finden: dies scheint mir die Rolle der Verfügbarmachung und der Zensur des Körpers in den Tragödien Racines, in der Deklamationstechnik des 17. Jahrhunderts in Frankreich. Das Theater ist hier, anders als in den Londoner *public playhouses*, bereits äußere Architektur der Macht, ein geschlossenes Haus, das dem Terror vorbeugen will. Die Bühne spiegelt den Fluchtpunkt ihrer Perspektive im Blick des Sonnenkönigs: die vollkommene Perspektive nur für ihn, der im Zentrum noch von allen gesehen werden kann.

Die Klangrhetorik der im Modell des Alexandriners perspektivierten Stimme produziert mit der Repräsentation der von der Ratio beherrschten Leidenschaft gleichzeitig eine Darstellung der ungeteilten Macht des Wortes, der Muttersprache und ihrer nationalen Ordnung. Phèdre, Fundament und Opfer männlicher Kulturleistungen, wird zum Sprechakt einer Wiederkehr der verdrängten Natur (dem Mythisch-Anderen, dem Verbotenen) in der Gestalt ihres langsamen Todes.

Sie muß die Rhythmik der Macht artikulieren, die die Sichtbarmachung ihrer Schuldhaftigkeit und gleichzeitig ihre Entfernung fordert: Phèdre spricht von sich in der dritten Person; auch den, an den sie sich wendet, den Körper des Mannes, wird die Sprechstimme objektivieren. Das Gleichgewicht des Ganzen, die Unterordnung der Gefahr, wird hart an der Grenze der totalen Erstarrung gespielt.

Kann man hier bereits von der Todesverfallenheit des Systems ausgehen? Oder liegt die Tragik vielmehr darin, daß die Motorik dieser Sprache ohne Handlung eine Wiederherstellung und Stabilisierung des Systems in Gang hält? Foucault wird eine solche Wiederherstellung an der Fähigkeit eines Systems überprüfen, Aussagen oder Praktiken in ein *»régime de la verité«* zu verwandeln. Aber Wahrheit? In der *Hamlet*-Tragödie sehen wir, wie sie sich bereits nicht mehr im Kern, im Zentrum der souveränen Macht begründen oder legitimieren kann, da der Monarch, der in seinem Körper die zentralen Elemente der kulturellen Symbolik (*primogeniture*, *metaphysics of blood*, *land possession*, *aristocratic consent*, *popular support*, *ritual exercise of authority*, um nur die wichtigsten elisabethanischen Begriffe zu nennen) hätte vereinen können, nicht mehr da ist.

Während seines gewalttätigen Angriffs auf die Mutter und Königin verhöhnt Prinz Hamlet Claudius als einen *»king of shreds and patches.«* Ihr selbst wird sexuelle Korruption und Inzest vorgeworfen. Es ist wichtig, hier anzumerken, daß man diese Szene nicht als modernes Psychodrama im Freudschen Sinne lesen sollte. Die Königin, wie Old Hamlet zuvor und Prinz Hamlet später, wird an Vergiftung sterben: ihr weiblich-mütterlicher

Körper steht im weiteren Sinne stellvertretend für den Zusammenbruch des gesamten body politic, des politischen Machtkörpers.

Würde man diese spezifisch elisabethanische Symbolisierung des politischen Körpers weiterverfolgen, sähe man z. B. die unterschiedliche Behandlung, mit der die jakobäischen Dramatiker, nach der Thronbesteigung von James I., die Gefährdung der aristokratisch-patriarchalischen Macht viel direkter auf die sexuelle »Monströsität« der Frau zu projizieren versuchen. Die meisten Tragödien dieser Zeit inszenieren grausam-makabre Hinrichtungsszenen: die Zerstückelung und Bestrafung des Frauenkörpers versinnbildlichen einen verzweifelten Versuch, das Land gleichsam von einer Seuche zu reinigen, von dem Schrecken der Unordnung, die die höfische Welt erschüttert. Diese Szenen, wie etwa in Websters *The Duchess of Malfi* oder *The White Devil* und Fords *'Tis Pity She's a Whore*, sind so exzessiv und schrill, daß ihre moralische Eingrenzungsfunktion aufs Scheitern angelegt ist. Von der Figurenrolle getrennt, wird der menschliche Körper hier gerade in seiner Verletzlichkeit und Zerstörbarkeit bedeutend, indem er aufhört, als »Maschine« (wie Descartes das später einmal ausdrückt) der Reproduktion symbolischer Ordnungen zu funktionieren. Er wird nicht mehr verwendbar, da er auch als Allegorie der Vergänglichkeit innerhalb dieser zynischen Schauspiele der verhöhnten Gesetze und zerbrochenen Werte keinen Sinn mehr stiftet. Man sieht deutlich, wie das Machtgefüge aus den Fugen gerät und die Tragödie die Degradierung der kulturellen Symbolik des souveränen Staates einleitet. Sie liefert ein Modell der Verseuchung, die das Ende der Ordnung markiert, da man nicht mehr von einer Logik des Gesetzes, also auch nicht von Grenzen und Überschreitungen sprechen kann.

Es verwundert nicht, daß Artaud in seiner faszinierenden Schilderung der Pest auf den Vergleich zu einem Theater der »körperlichen Versuchung«[4] kommt und daß er gerade die jakobäischen Tragödien als solche Versuchungen in Bildern der »absoluten Gefahr« begreift. Was er allerdings verschweigt, ist die Konsequenz dieser Gefahr, nämlich daß nach einem Theater der Zerstörung, wie er es zur Auflösung des gesellschaftlichen Körpers fordert, kein Rest mehr bliebe, daß keine Wirklichkeit jenseits der Faszination der Zerstörung vorstellbar wäre.

»Unsere versteinerte Vorstellung vom Theater paßt zu unserer versteinerten Vorstellung einer Kultur ohne Schatten, in der unser Geist, wie er sich auch drehen und wenden mag, nur noch der Leere begegnet, während der Raum voll ist.«[5]

Wir kennen Artauds Theater nicht, obwohl wir die Grenzen der Wirklichkeit längst überschritten haben, bis an den Punkt der Neutralisation all ihrer Bilder, die unsere Schatten sind. Diese falschen Schatten, die das Verschwinden des Realen aufzuhalten versuchen, möchte ich in einem Rückblick auf die Gegenwart nochmals mit dem Begriff des Terrors in Verbindung bringen. Anzumerken wäre, daß das, was ich als Terror des Verschwindens bezeichnen will, in den Schriften Paul Virilios im Hinblick auf die Zerstörungsbeschleunigung der Technologien und die Veränderung unserer Wahrnehmung als »Ästhetik des Verschwindens« beschrieben wird.[6]

In einem Anfang der achtziger Jahre vom amerikanischen Fernsehen (PBS) gesendeten Beitrag zum Thema Terrorismus, *The World at Bay* (Die Welt als Geisel), finden wir ein symptomatisches Beispiel für die Art, in der dieses Medium die Faszination des Terrors und den Terror der Faszination inszeniert. Als Dokumentarfilm bzw. politisches Magazin gedacht, beginnt die Sendung jedoch mit einem 90-sekündigen Vorspann, der, noch bevor das erste Wort gefallen ist, im Stil eines Video-Clips eine Bildgeschichte simuliert, die in ihrer Darstellungsdramaturgie dem komprimierten, dichten Kurzschnittmuster und optischen Trommelfeuer des Werbefernsehens und des Musik-Videos nahezu identisch ist. Die mit einer dramatischen rhythmisierten Musik unterlegte Bilderflut, bei der es sich ausschließlich um Bilder von menschlichen Körpern und Menschenmassen handelt, ist eigentlich nicht rezipierbar, obwohl der Effekt der Panik, der durch die Überforderung der Wahrnehmung entsteht, genau kalkuliert ist. Es ist nämlich zumindest erkennbar oder erahnbar, daß die Bildmontage dieser ineinander- und auseinanderfließenden Menschenkörper in einer bestimmten Kurve der stetigen Akzeleration, der Beschleunigung der Schnittsequenzen und Einstellungen (anfangs etwa 2 Einstellungen in 10 Sekunden, später etwa 5 Einstellungen in 10 Sekunden) auf einen Höhepunkt zustrebt, der dann auch erreicht wird im Schlußbild eines (von Terroristen? von einem Einsatzkommando?) in die Luft gesprengten Flugzeugs. Auf diesem angehaltenen Bild der Detonation erscheint dann auch der Titel der Sendung in roten Lettern, zum Geräusch einer Maschinengewehrsalve.

Dieses spektakuläre Schlußbild des explodierenden Flugzeugs ist das Ankerbild, sozusagen, mit dem sich die vorausgegangene Flut der Bildbewegungen zum Begriff des Terrorismus rückwirkend assoziieren ließe. Und doch wird hier von Anfang an eine Geschichte erzählt, ein Szenarium suggeriert, die Totalität des Wiedergegebenen vorgespiegelt, obwohl die Homogenität der kinematisch aufgebrochenen Bildmontage gerade durch die Verdeckung der Bildinhalte hergestellt wird.

Dabei könnte man annehmen, daß innerhalb der verknappten Erzählstruktur, die eigentlich nach nichterzählorientierten Bedingungen angelegt ist und kein »reales« Geschehen dokumentieren will, die ausgewählten Einzelbilder beliebig und austauschbar sein müßten. Es stellt sich jedoch eher ein *Effekt der Determiniertheit* ein, als ob es eine unendliche Zahl von ähnlichen Bildern (von Ereignissen) geben müßte, die ja schließlich alle auf dasselbe hinauslaufen, als hätte man es nicht schon geahnt.

Dabei stammen die Einzeleinstellungen, untersucht man diese Körperabbildungen ohne feste Dimensionen einmal näher, aus wohl radikal verschiedenen geschichtlichen, geographischen, nationalen und politischen Kontexten und Situationen: zu Beginn sehen wir die Gesten eines Mannes bei einem öffentlichen Hearing, danach den Arm einer Frau, die einen Wahlschein in die Urne steckt, dann an einer Podiumsdiskussion partizipierende Menschen usw. In der ersten Beschleunigungsphase gleiten dann die Bilder von einzelnen Protesthaltungen (ein Sitzblockierer, ein Vietnam-Veteran im Rollstuhl, eine Demonstrantengruppe vor einer Botschaft usw.) und größeren Kundgebungen (Studenten- und Friedensbewegung, Gewerkschaftsaufmarsch, Streikposten, usw.) ineinander über, wobei das Anwachsen der Menschen- und Körpermasse geschickt suggeriert wird. (Ich glaube, ein Bild der islamischen Revolution in der Innenstadt Teherans gesehen zu haben, direkt nach einem Bild sich drängelnder Menschen auf dem Petersplatz in Rom.)

In der zweiten Beschleunigungsphase tritt dann, durch die raschen Überblendungen fast unbemerkt, das kinematische Element der Gewalt hinzu. Durch schnelle Kameraschwenks, Nahaufnahmen und Zerstückelungen blitzen Kurzeindrücke von wogenden Körpern, schlagenden Armen, Polizeihelmen und verzerrten Gesichtern auf (es handelt sich um Konfrontationsszenen und Polizeieinsätze aus Brokdorf, Südafrika, Chicago, Nordirland und Indien), wobei die Grenzen zwischen »Staatsgewalt« und »Demonstranten« vollkommen verwischt sind. In einem der kürzesten Schwenks glaubt man zwei Polizisten zu sehen, die sich gegenseitig niederschlagen. Die Körper verschwimmen zu Schemen; die Reißschwenks lassen sogar eine raumtranszendierende Bewegung entstehen, da die Bildrahmen nicht mehr übereinstimmen, und gegen Ende ist aus der scheinbar linearen Abfolge ein Chaos geworden (Auflösung der materiellen Wahrnehmung?), in dem man vielleicht gerade noch molekulare Fetzen, Spuren von Körpern erkennen kann: eine rote Fahne bedeckt einen am Boden Liegenden, eine geballte Faust reckt sich in die Höhe. Explosion.

Bevor man sich vollends von der emotionalen Spannung dieser Dramaturgie lösen kann und darüber nachzudenken beginnt, ob diese Filmmontage vielleicht nicht »Die Welt als Geisel« vorzustellen beabsichtigt, sondern die westlichen Demokratien unter der Gefahr des Terrorismus/der Revolution explodieren sieht, stellt sich schon die ruhige, sachliche Stimme des lächelnden Moderators ein, der allerdings von großer Gefahr und noch größerer moralischer Entrüstung der Öffentlichkeit spricht und dann, im altmodischsten ideologischen Strickmuster verfahrend, an die »Experten« der Konferenzschaltung (Rom, Paris, London, Washington, Jerusalem) abgibt. Die Wirkung des Bildvorspanns fällt in einen leeren Raum.

Das Faszinierende an der Bildmontage ist nämlich, daß sie ein hyperreales Szenarium von stummen und zerfließenden Körpern und Massen einsetzt, die keinem erkennbaren Ziel oder Zweck zu folgen scheinen, und daß die Montage mit den neuesten Mitteln der Filmtechnik eine Geschichte produziert, die es nie gegeben hat, deren Suggestion der Gewalt und der Gefahr allerdings eine panische Präsenz hat. Dabei kann man davon ausgehen, daß das Video-Clip-Verfahren in ein mittlerweile weitverbreitetes Gestaltungsmuster fällt, und daß die militante Ästhetik der Beschleunigung, die ja durch optische Überreizung eine Ausschaltung des Bewußtseins einberechnet, mit unserer heutigen Medienwahrnehmung und der Standardisierung von Geschwindigkeiten im Einklang steht.

Diese Film-Geschwindigkeiten überfliegen jedoch unsere Gravitationsgesetze, den Raum unserer sinnlichen Körperwahrnehmung. Und gerade in der Verführungskraft ihrer Simulationen (die Zeichen der Körper, der Gewalt, der Revolution), die die historischen »Ereignisse« durcheinanderfließen lassen, geraten sie in die eigentliche Nähe des Terrorismus, in dieses abstrakte Szenarium, das sich in der angesprochenen Bildmontage vor allem durch die Deterritorialisierung der Körper und der Macht ausdrückt. In dem Vorspann lassen sich Geiseln, Demokratie und Gewalt nicht mehr definitiv dechiffrieren, da ihre Zeichen indifferent gegenüber der Intention des Films sind, die Geschichte, die Explosion darzustellen, als ob sie so stattgefunden hätte.

Wenn die Experten der Konferenzschaltung dann mit traditionellen Begriffen von Kausalität und mit ideologischen Unterscheidungen von Ursache und Wirkung arbeiten, wird eigentlich vollends klar, daß die Sendung gegen sich selbst läuft und daß der Effekt der Determiniertheit, den sich die Sendung von der Bildmontage verspricht, gleichzeitig zu ihrer eigenen Parodie geworden ist. Während die Experten die guten und bösen Länder und Terroristen zu unterscheiden suchen, haben die gleitenden Bilder bereits die endlose Umkehrbarkeit gegensätzlicher Pole innerhalb des Szenariums der weltweiten Gewalt gezeigt.

Baudrillard würde von diesem Simulationsmodell behaupten, daß es faszinierender und grausamer sei als Artauds Theater der Grausamkeit, da es den wirklichen Einsatz des Körpers und den Glauben an die Objektivität der Gefahr (der Explosion) bereits überflüssig gemacht hat. Letztendlich hätten das ganze Szenario der öffentlichen Information und alle Medien keine andere Aufgabe, als die Illusion der Realität von Einsätzen und der Objektivität von Fakten aufrechtzuerhalten. Die Verwandlung von Raum, Zeit und Kausalität durch den audiovisuellen Fluß virtueller Bilder und synthetischer Konstrukte verschiebe die mediale Wahrnehmung einer abwesenden Realität in das unweigerlich Abstrakte, in einen theoretischen Schauplatz jenseits des Körpers. Die neuen technischen Erweiterungen elektronischer Reproduktion, die nach McLuhan immer als mediale Extensionen und Substitutionen des menschlichen Körpers funktionieren, wären gleichsam in der Lage, eine unendliche Zahl von Körperbildern und künstlichen Realitäten zu manipulieren, wobei die verbrauchten Bilder bereits wieder wie ein kitschiger Film aussähen, wie eine »gespenstische und parodistische Rehabilitation verlorener Referentiale«.[7]

Was mich hier interessiert, ist das gespenstische Recycling, insofern es mit der fortschreitenden Erschöpfung (Agonie?) des Realen und dem Verschwinden der menschlichen Zeit (der Geschichte unserer Körper) in Zusammenhang gebracht wird. Der Diskurs des »Verschwindens«, der heute von einem Verlust (Derealisation, Entkörperlichung, Dematerialisierung) der Wirklichkeit und ihrer sinnlichen Erfahrung ausgeht, wird dabei als Symptom des Terrors und der Medieninszenierung des Terrorismus für das Theater nur angreifbar, wenn die »körperliche Versuchung« auf dem Theater noch konkreter Bezugspunkt der Wahrnehmung sein kann, d. h., wenn sie noch nicht Gespenst oder Zeichen der Technik geworden ist.

Baudrillards zynische »Rehabilitation« der Artaudschen Imagination der Grausamkeit ist dabei bezeichnend für den auch anderweitig mißlungenen Versuch, Raum und Körper von den Funktionalisierungen sprachlicher Bedeutung zu befreien und sich selbst werden zu lassen. Solange die verschiedenen Figuren des Körpers im Theater noch im Zusammenhang der Metaphorik von Gesellschaft und Körper, Maschine und Mensch, Individuum und Staat eingebunden waren, konnten die auf den Körper eingeschriebenen Verluste in den Ritualen von Macht und Ohnmacht nicht aufgelöst werden. Baudrillard und mit ihm die neuen Diskurse einer Ästhetik des Verschwindens und des »Posthistoire« gehen nun davon aus, daß unter der Vorherrschaft der mathematisch-technischen Information (Binärcode) und der immateriellen Medien die geschichtliche Rolle der szenischen Illusion, des Theaters, und des dort imaginierten Körpers obsolet geworden ist. Die Digitalisierung der Welt durch lichtgeschwinde Bild/Text/Datenverarbeitungsprozesse ermöglicht Manipulationen am Realen, wie sie die Inszenierungen der Kunst nur am Symbolischen herausforderten.

Die digitale Form und Exterritorialität des Terrors, um bei unserer Analogie zu bleiben, würde also das Theater als Anschauplatz des Körpers überholt haben, denn dort ging es noch um Erinnerungen an die Beherrschbarkeit und den Widerstand der Körper, während die Bilderflut des mediatisierten Körpers und das »digitale Schauen« die Geschichte, samt ihrer gesellschaftlichen Entwicklungsprozesse, Brüche und Widersprüche, aufheben. Die Dramaturgie der audiovisuellen Montage und Demontage eines Videoclips ist ein rein technisches Verfahren; Clipgestaltung ist Oberflächenbewegungsmodulation. Die hochgradige Beschleunigung der Bildbewegung sowie deren Zerlegungs- und Überlagerungsmöglichkeiten mittels analoger und binärer Simulationsverfahren (z. B. Ankoppelung von Computergraphik und -animation, synthetischen Klangerzeugern, Samplerprogrammen, usw.) unterläuft menschliche Wahrnehmungsschwellen und Raum-Zeitvorstellungen. Die Syntax der »Bildauflösung« (d. h. die Verflüchtigung der Bildpunkte) ist eine technische Funktion der audiovisuellen Zeitmaschine und der Verteilung von elektronischen Zeichen.

Mit der Funktionslogik dieser Technik verliert der »Bildkörper« seinen »Körper« (den er ja nie hatte) an die fraktalisierte Oberfläche: der Fluß auf diesem Monitor, das Erscheinen und Verschwinden der Zeichen, ist mediengerecht. Bedeutungsinhalte sind nicht verschwunden, sondern lediglich beliebig austauschbar und zitierbar, wobei diese Austauschbarkeit das in seinem subjektiven Zeit-Raumbewußtsein fraktalisierte Subjekt bereits voraussetzt. Auch die audiovisuelle Konsumerfahrung hinterläßt Spuren auf dem menschlichen Körper, solange er noch nicht zum »Bildschirm« geworden ist. (»Beim Fernsehen ist der Zuschauer Bildschirm«, beschrieb McLuhan die technische Umwandlungsgewalt der Medien.)

Meine Umschreibung der gegenwärtigen »Diskurse des Verschwindens«[8] kann sich mit einer Technoästhetik des Posthistoire nicht abfinden, wenn diese sich in bezug auf einen absolut gesetzten Terrorismus der Medien nur noch mit tödlichen Verlusten und Bildgespenstern befaßt.

> »War noch vor kurzem das Verhältnis zwischen dem Körper als Subjekt, dem sprechenden Körper und dem Körper als Objekt, dem beschrifteten, codierten Körper ein mögliches Thema der Anthropologie, so hat sich nach der Emanzipation der Zeichen von der symbolischen Ordnung eine weitere Transfiguration ergeben ... ein bereits vollzogener Abstraktionsschritt ... Der Bildschirm wird damit zum Ort des zerstückelten Körpers.«[9]

Die Kunst wird sich mit den übrigbleibenden »Stücken« der gewaltsamen Zerstückelung beschäftigen, schlägt Kamper vor. Wenn sie sich allerdings im Interface an die virtuellen Bilder anschließt, wird sie ihre kritische Gegenständlichkeit verlieren. Davon war Baudrillard ja bereits ausgegangen, wenn er behauptet, daß die Dinge, die ihre kritische und dialektische Bestimmung verloren hätten, sich nur noch in ihrer gesteigerten und transparenten Form vervielfältigen könnten. Für ihn ist Terrorismus die *ekstatische* Form der Gewalt, eine Performance ohne Botschaft, ohne Sinn, und auch ohne politische Wirkung: ein folgenloses Ereignis, das sich als Zeichenspiel in den Medien von jeder politischen Legitimation emanzipiert hat. Mit der virtuellen Präsenz des Todes in einer flottierenden und arbiträren Zeichenwelt ist auch Kampers »Ästhetik« angedeutet: die tödlichen Bilder von einer anonymen Gewalt lassen sich nur noch als *obszöne* bezeichnen.

Wenn aber Obszönität und Pornographie gerade heute zu einem panischen Thema geworden sind, so war das Thema des Körpers (und seiner Emanzipation vom Theater) bereits in den sechziger Jahren in den Mittelpunkt des Theaters gerückt, und es ist seither nicht verschwunden, sondern hat sich in den letzten drei Jahrzehnten unterschiedlich folgenschwer auf die Genese der Performance Art und die Entwicklung des modernen Dramas, des Performance Theaters, und des Tanztheaters ausgewirkt. Mit dem Heraustreten des Körpers aus den alten dramatischen Grundkonstituenten der theatralischen Illusion (Personenrolle, Raum, Zeit, Handlung, Dialog) begann die kritische Phase eines erneuten Versuchs, in der Nachfolge von Artaud, Brecht und der historischen Avantgarde, die Utopie eines künftigen Theaters, eines Experimentier- und Erfahrungsraums, in dem literarische oder optische Illusions- bzw. Interpretationsräume destruiert werden, konkret zu erproben und die Brüche und Differenzen zwischen der Zeit des Subjekts und der Geschichte zu radikalisieren.

Wir erinnern uns, daß Büchner ein Geschichtsdrama schrieb, in dem er sich mit dem gräßlichen Fatalismus der Geschichte und der idealistischen Auffassung vom Subjekt auseinandersetzt. Wenn Robespierre in *Dantons Tod* die revolutionäre Vernunft interpretiert

> Die Waffe der Republik ist der Schrecken,
> die Kraft der Republik ist die Tugend.
> Die Tugend, weil ohne sie der Schrecken
> verderblich, der Schrecken, weil ohne ihn
> die Tugend ohnmächtig ist.

dann wird nicht nur die erschreckende Logik des Terrors bloßgestellt, sondern auch als Perversion der Idee der Freiheit gegen den Körper und das sinnliche Begehren (Dantons) gerichtet. Die materialistische Sicht des Einbruchs oder Verrats des Körpers im Widerstand gegen politische Prozesse deutet den Weg aus der realistischen wie idealistischen Dramatik heraus an: ein Aus-der-Rolle-Fallen, das den tragischen Schicksalsapparat des Theaters und seiner bürgerlichen Helden zurückläßt. Wir können heute behaupten, daß zwischen den Polen des ekstatischen Rauschs (Artaud) und der konkreten Versuchsanordnung der Bewußtseinsänderung (Brecht) die größere Wirkung von Artauds Vision eines repräsentationslosen Theaters ausging, von einer Vision des »unwiederholbaren Ereignisses« also, die die Zunahme der Paradoxien und das Scheitern der Revolution bereits miteinschloß.

Brechts (unerfüllte) Hoffnung auf ein anderes Theater des »wissenschaftlichen Zeitalters« beruhte auf einer dialektischen Methode, die in Erwartung der revolutionären gesellschaftlichen Veränderungen eine künstlerische Technik (Produktions*prozesse* wie Montage, Verfremdung, Gestus, usw.) einsetzt, mit der die dargestellten Vorgänge (»was zwischen den Menschen vorgeht«) als veränderbar gezeigt werden bzw. als veränderbare vom zuschauenden Beobachter erkannt werden können. Mit dem Anspruch an eine kritische Praxis verband Brecht das Erkennen als konkrete menschlich-sinnliche Tätigkeit. Seine Abtrennung des körperlichen Gestus von der Mitteilungsfunktion der Rede dissoziierte Aufbau und Kontinuität des traditionellen Oberflächenrealismus in der modernen Dramatik. Die Entpsychologisierung des Theaters war in den freigelegten Widersprüchen, Diskontinuitäten oder Zwischenräumen historisierter und verfremdeter Vorgänge angelegt, und Brecht verkündete bereits 1927 (»Sollen wir nicht die Ästhetik liquidieren?«), daß es bald keinen »soziologischen Raum« für das moderne Drama mehr gäbe und neue Stücke »letzten Endes immer nur dem alten Theater dienten, dessen Untergang, auf den sie doch angewiesen sind, sie hinausschieben«.[10]

Die ausgebliebene Revolution in Deutschland, der Einbruch des Faschismus und die Weiterbewegung des Kapitalismus haben den Untergang des alten Theaters hinausgeschoben. Dennoch scheint mir mit dem Beckettschen Schreiben über das Ende eine Grenze oder existentielle Sackgasse dieses Theaters erreicht worden zu sein. Fast 30 Jahre lang, seit den Aufführungen von *Godot* und *Endspiel*, hat der Beckett-Schauspieler (in allen neuen Stükken) dieselbe körperliche Geste, dasselbe körperliche Spiel am Rand des Schweigens und der Bewegungslosigkeit wiederholen müssen.

HAMM. Wo war ich stehengeblieben? (*Pause.*)
Es ist zerbrochen, wir sind zerbrochen. (*Pause.*)
Es wird zerbrechen (*Pause.*)
Es wird keine Stimme mehr geben. (*Pause.*)

Immer und immer wieder hebt Hamm zu seinem »letzten Monolog« an, eingeschlossen in einen leeren Raum (2 Mülltonnen, ein umgedrehtes Bild an der Wand) und in seine reduzierten, nutzlosen Gesten der erschöpften Erinnerung. Als ich das *Endspiel* 1968 zum ersten Mal sah, schien mir die schleichende Paralyse des blinden und fast tauben Hamm in seinem Rollstuhl die konkreteste Inszenierung eines Zustands, die nicht mehr mit Veränderung rechnet.

Zur gleichen Zeit hatten allerdings die verspätete Rezeption Artauds sowie Jerzy Grotowskis, Eugenio Barbas und Peter Brooks einflußreiche Theaterexperimente (intensives körperliches und spirituelles Training der Selbstfindung; Untersuchung kultischer und ritueller Theatralik und orientalischer Meditation; Studium des »kulturellen Körpers«) wie auch die Gründung freier Theatergruppen und Kollektive nach dem Vorbild des Living Theatre eine Bewegung eingeleitet, die mit den revolutionären Energien der 68er Revolte und der sexuellen Emanzipation zusammentraf. Als The Living Theatre 1968 mit *Paradise Now* eine Theateraktion der »totalen Erfahrung« demonstrierte, und als freie Gruppen oder Aktionskünstler außerhalb des konventionellen Theaterapparats spontane Happenings und Performances organisierten, schien das Herausbrechen des Körpers aus dem versteinerten Text- und Repräsentationstheater gesichert.

»Unter dem Pflaster liegt der Strand«: mit der Befreiung des Unbewußten unter der Parole des körperlichen Begehrens, des Lustprinzips und der »totalen Hingabe« (Grotowski) an das gemeinschaftliche, unmittelbare *Erlebnis* wurde eine Paradoxie (die Inszenierung der Ereignisse) in Gang gesetzt, die den Körper als Schnittpunkt der Grenzverschiebungen zwischen Kunst und Leben überforderte. Der Traum von der Verwirklichung einer verlorenen Gemeinschaft und der imaginären Ganzheit und ungebrochenen Präsenz des Körpers verlor sich in der Sprachlosigkeit vieler der frühen Performances und Aktionsrituale, die sich der emotionalen Emphase Artauds (»die Sprache durchbrechen, um das Leben zu greifen«) verschrieben und dabei vergaßen, daß auch der nackte Körper (z. B. in den »Abreaktionsspielen« der Orgien-Mysterien-Aktionen von Hermann Nitsch) sich »wiederholt« und theatralisiert, auch wenn die Performance nur einmal, unwiederholbar stattfand (oder wenn niemand dabei war, wie es bei den Auto-performances der feministischen Künstlerinnen vorkam).

Fast alle frühen Performances – insbesondere in ihrer Vermischung der verschiedensten Praktiken der Situationskunst, Malerei, Film, Skulptur, Musik, Tanz, usw. und ihrer Anlehnung an die Experimente der Happening- und Fluxusbewegung – verstanden sich im Widerspruch zum Theater, und man macht es sich zu einfach, wenn man die extreme Körperorientierung der sich entwickelnden Performance Art der siebziger Jahre rückblickend als Sackgasse beurteilt oder ihre Ritualisierungen gerade des nackten und verletzlichen Körpers (vgl. die Selbstverstümmelungen von Gina Pane und Chris Burden) nicht im Kontext der zunehmenden Technisierung und Vergesellschaftung des Imaginären wirksam sieht.

Die Selbstdarstellungen des »sprachlosen« Körpers, jenseits des Theaters, als Territorium des Schmerzes, der Erotik, der Bewegung der Sinne waren vielleicht ausschlaggebend für die kritischen Neuorientierungen, die nach dem Scheitern der ritualisierten Erfahrung (nach dem Ende der 68er Revolution und *Paradise Now*) einsetzten und den narzißtischen Bezug in differenziertere Spannungen des Körpers und seiner Grenzen umzusetzen versuchten.

»Es war nicht die Wiederkehr des Körpers, die sich vor mehr als einem Jahrzehnt da und dort ankündigte. Es war nicht die Befreiung der Sinnlichkeit, der menschlichen Bedürfnisse und Wünsche ... Was kam, waren Bilder vom Körper, Inszenierungen für die Augen, eine Flut erotischer Werbung. Es waren Bilder, von Anfang an mediatisiert.«[11]

Das Verschwinden der Körper in den Bildern ist aber nun genau der Prozeß, der meiner Ansicht nach von der Performance Art und dem postmodernen Theater des letzten Jahrzehnts problematisiert und immer wieder dekonstruierend aufgegriffen worden ist. Bereits 1974 kommentiert Heiner Müller den technologischen Fatalismus

> Das Bedürfnis nach einer Sprache, die niemand
> lesen kann, nimmt zu.
> Wer ist niemand.
> Eine Sprache ohne Wörter.
> Oder das Verschwinden der Welt in den Wörtern.
> Stattdessen der lebenslange Sehzwang,
> das Bombardement der Bilder,
> die Augenlider weggesprengt ...
> Das Verlöschen der Welt in den Bildern.[12]

mit der Aufforderung an das Theater, den wachsenden Druck einer authentischen Erfahrung der Blindheit (d. h. den Stillstand der Geschichte) und die Projektion dieser verschwindenden Gesellschaft *an ihre Grenze zu bringen.*

Die außergewöhnliche Verdichtung der Metaphern, der Sprach- und Körperbilder in Müllers Textcollagen arbeitet wie eine Zertrümmerungsmaschine (»im Rücken die Ruinen von Europa«), die gegen das Theater, die Literatur und die Mythen wie gegen die Wirklichkeit und ihr Bildermaterial eine phantasmagorische Verkettung von Stimmen, Gliedern und Gesten herausschleudert. 1. Paradoxie: Die Zerstückelung des eigentlich nicht darstellbaren Materials kann nur im Theater, also im Raum des Negierten, über die Verstörung der Zeit- und Figurenkontinuität und die ständige Umverteilung der Sprachbilder auf die Körper und Stimmen erfahrbar gemacht werden. Es gibt keinen abstrakten Blick auf Bilder (Körper), die aus dem materiellen Raum verschwunden wären. Die Metaphern sind konkret.

2. Paradoxie: Durch die ständigen Verschiebungen und Verwandlungen des Bildmaterials in der Sprache entsteht eine Szenographie-in-der-Bewegung, die sich trotz der Wiederholungszeichen (im Rhythmus der beschriebenen Erstarrung der Geschichte) der Vorstellung Artauds über die konkrete Poesie des bewegten Raums annähert, einer Vorstellung, die Foucault einmal umriß als »Außer-sein« oder »Phantasmaphysik«: »im vielfältigen, polyszenischen, simultanen, zerstückelten Theater, wo sich die Szenen nicht kennen und Zeichen zuwerfen und wo Masken, anstatt zu repräsentieren (darzustellen, nachzuahmen), tanzen, wo Körper schreiben und Hände und Füße gestikulieren.«[13]

Den extremsten Grenzgang auf den Bildschirm zu unternimmt Müller in *Hamletmaschine*, wo es auch um das Ende des Dramas und der europäischen Geister(s)geschichte geht. Der Hamlet-Darsteller spricht vom Ende der Rollen, die er nicht mehr spielen will, und von seiner Entkörperung:

> Ich will nicht mehr essen trinken atmen
> eine Frau lieben einen Mann ein Kind
> ein Tier. Ich will nicht mehr sterben.
> Ich will nicht mehr töten ...
> Meine Gedanken sind Wunden in meinem Gehirn.
> Mein Gehirn ist eine Narbe.
> Ich will eine Maschine sein.
> Arme zu greifen Beine zu gehen
> kein Schmerz kein Gedanke.
> (Bildschirm schwarz. Blut aus dem Kühlschrank.
> Drei nackte Frauen: Marx Lenin Mao ...)[14]

Müllers Metaphern der Versteinerung der Geschichte setzen diese aufs Spiel; seine Parodie der schwarzen Bildschirme und blutenden Kühlschränke ist eine Provokation gegen die Passivität der (noch) lebenden Opfer des sog. *Posthistoire*. In seinem letzten bedeutenden Text, *Bildbeschreibung*, wird bereits eine Bewegung (auch) der Toten, eine Bewegung der »Auferstehung« angedeutet. Obwohl alle Übermalungen, mit denen das beschriebene Bild in Bewegung gebracht und die scheinbaren Bildinhalte dieser künstlichen Todeslandschaft unterwandert werden, in das Zitat vom »gefrorenen Sturm« (Kafka, Hofmannsthal) münden, rotiert der zerspaltene Blick des beschreibenden Ichs weiter unter dem Sehzwang, »zwischen Blick und Blick«, und unter dem Zwang einer traumatischen Imagination seines eigenen Körpers, an den es gebunden ist und der austauschbar scheint (»FREMD IM EIGENEN KÖRPER«). Aber die Schaulust bleibt auf die tote Landschaft gerichtet und auf deren Ränder, wo die erwarteten Störungen oder Umdeutungen, die den Rahmen sprengen, ansetzen könnten. »Wer oder was fragt nach dem Bild?« Die Frage des Ichs hat auch damit zu tun, ob der/die Fragende und sich nicht Wiedererkennende in das Bild hineingehört, statt draußen zu stehen und es zu betrachten. Die Frage nach den möglichen Grenzen und Differenzen zwischen Körper und Bild betrifft vor allem die Praxis der nun schon sprichwörtlich paradoxen Zusammenarbeit zwischen dem marxistischen Schriftsteller Müller und dem texanischen Theaterbilderarchitekten Robert Wilson, dessen formalistisch-ästhetische high-tech Bühnenlandschaften als extremes Symptom eines eklektizistischen postmodernen Performance-Theaters erscheinen, das sich vom Minimalismus zur großen Cinemascope-Oper hin entwickelt hat. Dabei mag es allerdings zutreffen, daß Müllers Texte sich dem europäischen Theater in dem Maße verweigern, wie sie Wilsons Naivität und Blindheit der Geschichte gegenüber zugänglich sind und als austauschbare Sprachbilder jederzeit in die multi-medialen, synästhetischen Klang-, Licht-, Bild- und Raumkompositionen einmontiert werden können.

Im Gegensatz zum breiten Spektrum der Performance Art Experimente, die seit Mitte der siebziger Jahre immer mehr den primären Bezug auf den autobiographischen Körper durch Verkoppelung und Kontrastierung mit Videotechniken und live/Monitor-Inszenierungen aufbrechen (vgl. auch die damit entstehenden Überschneidungen zwischen Videoinszenierungen und Multi-Media-Installationen), benutzt Wilson keine Fernsehmonitore, sondern verwandelt die große Proszeniumbühne selbst in eine überdimensionale Bildoberfläche, die mit höchstem technischen und architekturalen Aufwand die verschiedensten Raumwahrnehmungseffekte entstehen läßt. Müller verweist mit Recht darauf, daß Wilsons *Sichtbarmachung* kontrastiver und simultaner Modi der *Zeitstrukturierung* (überdehnte Bewegung, Stillstellung, rhythmische Wiederholung, Akzeleration und Überlegung von Bildern und Klangketten) seinen Texten Raum gibt. Die formalisierte geometrische Ordnung dieses Raumes ist dabei nur scheinbar; Wilsons audiovisuelle Rhythmisierung und Differenzierung von flachen und tiefen, asymmetrischen und abstrakten Raumwirkungen lassen ihn zerfließen und multi-dimensional werden. Die ebenfalls des-orientierenden und demotivierten Geräusch-, Sprach- und Musikzitate oder Klangfetzen, die durch diesen Raum fließen (via Tonband, Soundinstallation oder Mikroport), verstärken neben ihrer »atmosphärischen« Wirkung allerdings auch den Eindruck, daß der Zitatcharakter (wie bei Müller) die Verspätung betont, mit der das postmoderne Theater gegen das Verschwinden der Realität und gegen seine eigenen Mythen ankämpft. Oder daß die Schaubühne kein ernstzunehmender Ort mehr ist für ein »Laboratorium sozialer Phantasie« (Müller), kein Ort der Erinnerung an den Menschen?

»Keine Revolution ohne Gedächtnis« (d. h. ohne den Körper), schreibt Müller an Wilson nach der Aufführung von *Death, Destruction & Detro* II. Vielleicht hatten wir angenommen (vor 10 Jahren, nach *DD&D* I), daß eine ausdrückliche Konzentration auf die Langsamkeit uns Zugang zu der verlorenen Zeit der Menschlichkeit geben könnte. Wilsons magische Raum- und Klangkompositionen schienen uns den Blick zu öffnen für phantastische Traum-Landschaften und sinnliche Erfahrungen der völligen Ereignislosigkeit, keiner »Kontrolle« der Interpretation unterwerfbar, keiner programmierten Wirklichkeit vergleichbar. Doch heute sehe ich die zeitlupenhafte Bewegung in Wilsons vielstündigen Aufführungen (nach *the CIVIL warS* zuletzt eine auffallende Hinwendung zu Mythen und Opernstoffen in *Alkestis, The Forest*, und *Doktor Faustus*) eher als Behinderung der Erinnerung. Die feierlichen Rituale des Lichts und die Stilisierungen der skulpturalen Menschenfiguren, die keine eigenen Körper mehr haben, sondern von den sie umgebenden Raum- und Klangaufbauten modelliert, eingezeichnet werden, verflachen zu den immergleichen Gebärden eines postbarocken Opernstils, der mit gewaltiger Bühnentechnik doch nur zu einem kitschigen Gemisch aus Zitatfetzen – vom No-Spiel über mythische Fabelwelten zu Science-Fiction-Film und faschistischer Ästhetik – verkommt. Die Körper der Darsteller sind längst hinter der Ausstattung der augenbetörenden Bilder und hinter den Zitaten verschwunden; eine Auseinandersetzung hat noch nicht stattgefunden.

Es bleibt mir der Verweis auf zwei andere Entwicklungen, die härter an die Grenze der Auseinandersetzung herangehen, insbesondere an die kritische Frage der Trennung von Raum und Zeit und von Bild und materieller Realität. Die Videoinszenierungen und die Videokunst in der Performance Art der letzten Jahre sind Versuche, diesen Trennungen und der Dominanz der Medienoberfläche *vorzugreifen*. Ganz im Gegensatz zu Wilsons unreflektierter Zitatmontage betonen die intermedialen Inszenierungen u. a. von Laurie Anderson, Ping Chong, Meredith Monk, Robert Longo, Dara Birnbaum, Valie Export, Abramovic/Ulay, John Jesurun, Rachel Rosenthal die zur Überlebensfrage gewordene Problematik der phantasmatischen Präsenz der Person auf der Bühne der Welt, ihrer Vereinsamung und Verwirrung im sozialen Raum/Universum technischer Bilder und Apparaturen, die ihre Präsentationsformen (als Reproduktion ohne Erinnerung) übernommen haben. Allerdings zeigen diese Inszenierungen uns auch, in der Gegenüberstellung von Person und elektronischer Scheinrealität im physischen Raum, inwieweit die Beschleunigungen oder Zerstückelungen der Bildinformation auf den Monitoren und das Auseinanderreißen der Wahrnehmungs- und Sinnzusammenhänge transparent gemacht werden können, um dadurch das gespenstische Recycling in seiner Berechenbarkeit ironisch oder satirisch zu brechen oder nutzbar zu machen für eingreifende, subversive Störfälle.

Auch die immer wieder dargestellten Angstphantasien der Subjektauflösung und des Verlusts der Körpergrenzen können im Raum der Inszenierung dadurch erfahrbar gemacht werden (im Gegensatz z. B. zu den Closed-Circuit-Video-Installationen eines Nam June Paik, dessen visuelle Musik einen hohen Abstraktionsgrad erreicht und den Erfahrungsraum immateriell werden läßt), daß die Performance-Künstler vom Körper ausgehend einen Prozeß vor- und rücklaufen lassen, der die Spuren der sukzessiven Substitution des materiellen Körpers durch Zeichen und Abbilder liest, verfolgt, kommentiert und mit Irritation auflädt (z. B. durch Asynchronismen, Unschärfen, Screen-splitting, Zipping und andere Verfremdungen des elektronischen Bildschnitts).

Dieses Eingreifen in die Images der Monitore durch den räumlichen Dialog, die Form der Inszenierung, und durch das Dargestellte der Inszenicrung selbst sowie das Vorgreifen auf die Ambivalenz und Austauschbarkeit/Störbarkeit der Zeichen können zu ungewöhnlich komplexen Versuchen führen, mit dem binären Code kritisch zu spielen. In *United States* führt Laurie Anderson einen solchen Tanz auf des Messers Schneide auf, indem sie über den *»closed circuit«* singt und über ihre elektrische Violine und den Transcoder/MIDI an die hinter ihr projizierten Video- und Computerbilder angeschlossen scheint. Sie ist allerdings keine eingeschlossene und paralysierte Beckettsche Figur, sondern spielt unterkühlt-ironisch gegen die digitalen Bilder und Landkarten einer vollkommen artifiziellen Welt (»these United States«) der vereinheitlichten Ready-mades, der universellen binärisierten Signale an, wobei sie fortlaufend ihre eigene »natürliche« sexuelle Identität verändert durch Wechseln der Kleider und synthetischen Klangmodulationen ihrer weiblich/männlichen Körperstimme.

Sie spielt diese polymorphe Austauschbarkeit der scheinbaren

Körperidentität, als ob es eine grundsätzliche Differenz oder Ambivalenz zwischen ihrem subjektiven Körper und dem technischen System des Zeichenamerikas nicht gäbe. Wie auch andere Performance-Künstlerinnen ihrer Generation spielt Anderson mit dem »anderen« Körper, mit den Phantasmen der Auto-Erotik, der Homosexualität, der Androgynie, der Kastrationsängste, des Fetischismus, obgleich sie die erotische Schaulust des Zuschauers ständig unterläuft und auf die äquivalenten Zeichen, die Gesten des Computers, verweist. Andersons Reise durch die amerikanische Hyperrealität wird zu einem perversen und aberwitzigen Verdoppelungsspiel, dessen elektronischer Transvestismus ständig die Position verändert, von wo aus der eigentliche, unkenntliche Körper seine scheinbar unschuldigen Fragen stellt nach den wahren Bedeutungen der Wörter (*»hello«/»good-bye«:* zwei Wörter mit derselben Geste; binärisierter Wert: 0 oder 1) und nach der Wirklichkeit des Landes, in dem sie aufgewachsen ist.

Andersons intermediale Performance, der sie drei Jahre später einen Film (*Home of the Brave*, 1986) folgen läßt, ließe sich soziologisch dem paradigmatischen Raum »postmodernes Amerika« zuordnen, den Baudrillard spielerisch als das Stadium der erfüllten Utopie umschrieben hat, als das Land der immanenten Selbstreferenz ohne Erinnerung. In diesem Land tauchten aber auch die ersten elektronischen Viren auf, die sich in die Programme einschleichen und sie zerstören. Anderson singt über diese Viren in *Home of the Brave*, während W. S. Burroughs lächelnd über die Bühne schreitet.

Ich kehre in meinem letzten Beispiel nach Deutschland zurück, einem Land unerfüllter Utopien, gefangen zwischen Wiederzerstörung und Wiederaufbau. Die stärkste »optische Ent-täuschung«[15] und der vielleicht brutalste und doch hoffnungsvollste Versuch, den menschlichen Körper der Verschriftung und medialen Reproduktion zu entziehen, sind zweifellos von den Choreographinnen des Tanztheaters der siebziger Jahre ausgegangen (Pina Bausch, Reinhild Hoffman, Susanne Linke, Rosamund Gilmore). Es ist nicht ironisch gemeint, wenn ich festzustellen glaube, daß Pina Bauschs Wuppertaler Tanztheater nach 15 Jahren verstörender und schonungsloser Arbeit, die ja immer auch ein Wiedererkennen leerer Machtrituale, internalisierter Verhaltensweisen und körperlicher Wunschvorstellungen beinhaltet, an einem Punkt der Erschöpfung angelangt ist. Ich kann niemals die Szenen aus *Blaubart* vergessen, damals wie heute (bei Wiederaufnahmen des Stücks), die eigentlich den größten inneren Druck, den größtmöglichen Wunsch nach einer Geste der Liebe, des gegenseitigen Verstehens, enthalten, sich aber im verzweifelten Anrennen der Körper gegen die hohen Zimmerwände ausdrükken, immer und immer wieder, auf dem Fußboden das verwelkte Laub des Herbstes, scharf und kantig wie Gramgeröll.

Die Versuche der Tänzer, die Räume zu zerschneiden und den Schrecken der Verletzungen, Ängste und Verluste aufzuzeigen, am Körper vorzuzeigen, scheinen in die Vergeblichkeit der unerlösten Wiederholung zu führen. Gleichzeitig aber zeigen diese einzelnen Tänzer immer auch ihre unaustauschbare Individualität, die nicht überwindbare lebende Materie, die sich als unersetzlicher Gedächtnisträger der kollektiven Wahrnehmung anvertraut. Die Tänzer erinnern sich, auch mittels der Sprache und der Lieder/Musik, aber ihr Einsatz der Körper mitsamt aller körpersprachlichen Muster, Reflexe, Hysterien, Verstellungen und alltäglichen Floskeln schafft eben jene Distanz der Reflexion über diese Markierungen der Ent-täuschung, durch die wir den Blick auf das vergessene Menschliche, das Verschwindende, festhalten.

Anmerkungen

1 Paul Virilio, *L'insécurité du territoire*, Paris 1976.
2 Walter Benjamin, *Über Kafka*, in: *Über Literatur*, Frankfurt/M. 1969.
3 Michèle Montrelay, *Recherches sur la feminité*, in: *Critique* 278 (Juli 1970).
4 Antonin Artaud, *Das Theater und sein Double*, Frankfurt/M. 1975.
5 Artaud, a.a.O., S. 14.
6 Vgl. Virilio, *Krieg und Kino: Logistik der Wahrnehmung*, München 1986.
7 Jean Baudrillard, *Agonie des Realen*, Berlin 1978, S. 63.
8 Vgl. *Transfigurationen des Körpers. Spuren der Gewalt in der Geschichte*, hg. v. Dietmar Kamper u. Christoph Wulf, Berlin 1989.
9 Dietmar Kamper, *›nature morte‹ und Mimesis des Schreckens*, in: *Transfigurationen des Körpers*, S. 301.
10 Bertolt Brecht, *Über Politik auf dem Theater*, Frankfurt/M. 1971,

S. 8f.

11 Dietmar Kamper, *Tod des Körpers – Leben der Sprache*, in: *Historische Anthropologie: Zum Problem der Humanwissenschaften heute oder Versuche einer Neubegründung*, Hamburg 1989, S. 65.

12 Heiner Müller, *Kommentar zu Traktor*, in: *Geschichten aus der Produktion 2*, Berlin 1974, S. 14.

13 Michel Foucault, *Theatrum Philosophicum*, in: *Der Faden ist gerissen*, Berlin 1977, S. 28.

14 Müller, *Hamletmaschine*, in: *Mauser*, Berlin 1983, S. 96.

15 Vgl. dazu Gertrud Kochs gleichnamigen Aufsatz über Kunst von Frauen in: *Kunst mit Eigen-Sinn*, Ausstellungskatalog, Wien 1985.

Thomas Wimmer
Fabrikation der Fiktion?
Versuch über den Film und die digitalen Bilder

Bereits Flaubert verband im *Wörterbuch der Gemeinplätze* die Feststellung, daß die Kunst »direkt ins Armenhaus« führt, mit der Frage, warum überhaupt von Menschen noch Kunst gemacht werde. Gäbe es doch, so Flauberts sarkastische Begründung, dafür mittlerweile Maschinen, welche diese Tätigkeit »schneller und besser« zu erledigen wüßten.

Angesichts der aufsehenerregenden Fortschritte der Mikroelektronik und der computergenerierten Bilder entbehrt Flauberts Polemik nicht einer gewissen Plausibilität, rückt doch durch die digitale Bilderzeugung die Möglichkeit in greifbare Nähe, im wortwörtlichsten Sinne »reine« Fiktionen zu schaffen. Diese stellen für den konventionell produzierten Film insofern eine besondere Herausforderung dar, als sie die zukünftige Existenz des klassischen Kinos insgesamt bezweifeln lassen. Ob diese radikale Infragestellung zu Recht besteht und welches Verhältnis sich zwischen Filmkamera und Computer auf lange Sicht herstellt, kann in einem kurzen Aufsatz nicht abschließend geklärt werden. Statt dessen will ich mich auf zwei Problemstellungen aus dem angeschnittenen Fragenkomplex beschränken, denen jedoch meines Erachtens eine zentrale Bedeutung zukommt: Was macht die Faszination der digitalen Fiktionen aus, und wie kann der Film darauf adäquat reagieren?

Bei keinem Medium sind die künstlerischen Möglichkeiten so eng an die technischen Voraussetzungen gebunden wie beim Computer. Deshalb will ich eingangs sowohl die grundsätzlichen technischen Bedingungen als auch die absehbaren Resultate digitaler Bildproduktion kurz vorstellen. Einen entscheidenden Anteil an der Durchsetzung des Computers in allen Lebensbereichen hatte sicher die in ihm vollzogene Kombination von enormer Speicherfähigkeit und hoher Verarbeitungsgeschwindigkeit. Diese Eigenschaften beruhen auf der Tatsache, daß beim Computer, im Gegensatz zur herkömmlichen (analogen) Speicherung von Informationen, die Daten in kleine, jederzeit abrufbare und in verschiedene Programmiersprachen übersetzbare Einheiten (engl. *digits*) zerlegt werden können. Es ist insofern richtig, wenn man den elektronischen Rechner als einen »numbercruncher« charakterisiert, als er jede ihm eingegebene Information auf das binäre Zahlenschema von 1 und 0 zurückführt. Wegen dieser Form der Informationsverarbeitung ist der Computer nicht auf im weitesten Sinne schriftliche oder wörtliche Eingaben angewiesen. Vom Binären ausgehend, kann er sein »Wissen« sowohl in Schrift oder Wort, aber auch im Bild reproduzieren. Aus dieser Besonderheit resultiert auch das paradoxe Faktum, daß ein entsprechend programmierter Computer in der Lage ist, Bilder zu erstellen, ohne eine Kamera zu besitzen. Selbstverständlich ist es möglich, den Rechner mit einer Videokamera zu koppeln. Da der Computer keine schriftlich fixierte Information benötigt, ist er imstande, die dabei gewonnenen Bilder zu speichern und wiederzuerkennen. Aus dieser Fähigkeit ging das sogenannte »Scanning-Verfahren« hervor, das es möglich macht, dem Computer einzelne Bilder, aber auch ganze Bildsequenzen einzugeben. Entsprechend dem *sampling* in der digitalen Tonaufzeichnung können die eingespeicherten Bilder beliebig oft wiederholt und miteinander montiert werden. Auch der Bereich der Computerprogramme (software) wird für die digitale Bildgestaltung genutzt. So sind derzeit Programme in der Entwicklung, die es erlauben sollen, dem Rechner die grundlegenden optischen Gesetze »beizubringen«. Falls dies gelingt, können sowohl der Einfallswinkel einer imaginären Lichtquelle als auch alle dabei auftretenden Reflexionen und Brechungen des Lichtstrahls vom Computer simuliert werden. Die dabei entstehenden Schattenwürfe würden bei dieser Simulation mitberücksichtigt.

Eine weitere Möglichkeit digitaler Bildmanipulation rührt an der Einheit des Bildes selbst und ist deshalb für die hier behandelte Thematik von besonderem Interesse. In gewisser Hinsicht dem künstlichen Eingriff in die genetischen Informationen vergleichbar, ist es mit dem Computer technisch möglich, jenen einzelnen Punkt des elektronischen Bildrasters – in der Fachsprache *pixel* genannt – in seiner Farbgebung und in seinen Helligkeitswerten zu verändern. Damit eröffnet sich eine Vielzahl neuer Eingriffsmöglichkeiten in das Bild, deren Folgen für die Bildästhetik der amerikanische Künstler und Medientheoretiker Gene Youngblood wie folgt umreißt: »Philosophisch gesehen suggeriert dies die Betrachtung der Filmpraxis als eine Kollision des Codes innerhalb des Bildes im Gegensatz zur herkömmlichen Sprache, in der die Codes aus der Kollision der Bilder geschaffen werden... Auf der rein formalistischen Ebene bedeutet das, daß ein Bild-Ereignis nahezu unendlichen Veränderungen unterworfen werden kann, denn das ›Bild‹ ist nur eine Matrix von Codes in einem Datenraum. Es bedeutet, daß jedes beliebige Element eines Bildes nahtlos in ein beliebig anderes eingefügt werden kann, ohne daß es als ›Effekt‹ erscheint.«[1] In der Aussage von Youngblood wird eine Intention sichtbar, die sich insofern deutlich von dem hergebrachten Filmverständnis (inclusive der *»special effects«*) absetzt, als sie auf die Schöpfung einer autonomen Medienrealität zielt. Die Absicht, mittels der digitalen Bilder eine »hybride Realität« (G. Youngblood) zu schaffen, wird als allgemeiner Trend digitaler Bildproduktion auch daran deutlich, daß momentan an software gearbeitet wird, »die den Objekten in den synthetisch erzeugten Bildwelten die Gesetze der Newtonschen Physik und weitergehender Verhaltensparameter lehren... Mußte bislang der Designer mühsam versuchen, Objektbewegungen durch Versuch und Irrtum einem natürlichen Bewegungsablauf anzupassen, so lassen sich hier (in der Computeranimation d. Vf.) bereits die physikalischen Daten für Anfangsgeschwindigkeit und Masse der Objekte eingeben. Dementsprechend kann man dann im Film automatisch die Bewegungs- und Kollisionsabläufe der Gesamtheit der Objekte und ihrer Bewegungen berechnen.«[2]

Die Potentiale der digitalen Weise der Welterzeugung sind jedoch nicht nur auf die interne Realität des Rechners und des Monitors beschränkt. Mittels des »Echtzeit-Verfahrens« könnte eine qualitativ neue Stufe in der medialen Kommunikation realisiert werden. Wie es Woody Allens Film *The purple rose of Cairo* fiktiv bereits durchgespielt hat, soll durch die »Echtzeit« die Interaktion zwischen Bildschirm und Zuschauer eine Option zukünftiger Medienrealität werden. Das »Echtzeit-Verfahren« macht sich dabei die technische Tatsache zunutze, daß ein entsprechend leistungsfähiger Computer den Ablauf eines beliebigen Vorgangs in der gleichen Zeit darstellen kann, in der dieser Vorgang in der empirischen Realität abläuft. Die »Reaktionszeit« des Gerätes ist damit auf Null geschrumpft. Kombiniert man das »Echtzeit-Verfahren« mit den anderen vorgestellten Anwendungsmöglichkeiten, die der Rechner bietet, so erscheint die Vision eines funktionsfähigen interaktiven Kommunikationssystems in greifbare Nähe zu rücken.

Auf den gegenwärtigen Stand der Technik bezogen muß hier jedoch eine gewisse Einschränkung gemacht werden. Denn noch bestehen große technische Schwierigkeiten bei der Realisierung der geschilderten, quasi am Reißbrett entworfenen Einsatzmöglichkeiten des Computers im filmischen Sektor. Doch kann dieser pragmatische Einwand nicht darüber hinwegtäuschen, daß in Zukunft die digitalen Bilder den Film von Grund auf verändern werden. Denn wenn die Geschichte der Technik etwas lehrt, dann das, daß die Utopien der Ingenieure sich zum überwiegenden Teil realisiert haben. Aber selbst davon einmal abgesehen, vermag die gedankliche Überspitzung von technischen Entwicklungen deren gesellschaftliche, philosophisch-theoretische und bisweilen sogar ästhetische Implikation genauer in den Blick zu bekommen als die nüchterne Beschreibung des jeweiligen *state of the art*. Nicht zuletzt zeigt sich das in dem neuen Technologien und deren Möglichkeiten und Folgen besonders aufgeschlossenen literarischen Genre der science-fiction. Stellt man all diese Erwägungen in Rechnung, so steht für die Filmästhetik – zwar nicht aktuell, wohl aber potentiell – die Frage im Raum, ob sich das »Wesen« des Films in der Fabrikation von Fiktionen erschöpft.

Erste Hinweise zur Beantwortung dieser Frage gewinnt man durch einen Blick auf die Geschichte des Kinos, in der zwei konträre Auffassungen über die künstlerische Besonderheit des Mediums deutlich hervortreten. Diese quasi paradigmatischen Kriterien der ästhetischen Bewertung sind mit den Arbeiten der beiden französischen Filmpioniere Louis Lumière und Georges Méliès verknüpft. Während ersterer die Spezifität des Films darin sah, daß das Kino die äußere Wirklichkeit fast lückenlos wiederzugeben vermag, ging es dem zweiten um die fantastische Ausgestaltung imaginärer Welten durch den Film. Wo Lumière als strikter Dokumentarist auftrat, der beispielsweise die Einfahrt eines Zuges auf Zelluloid aufzeichnete, da suchte Méliès den Kinozuschauer durch eine *Voyage à travers l'impossible* in den Bann zu schlagen. Für unseren Zusammenhang bedeutet das, daß das Kino seit seiner Entstehung vom Element der Fiktion begleitet war. Darüber hinaus kommt der »fantastischen« Richtung in der Filmgeschichte ein besonderes Gewicht deshalb zu, weil mit der

Durchsetzung des Hollywood-Films eine Form zu dominieren begann, deren Wurzeln in eben jener Faszination an der Fiktion lagen. Deutlich wird die erstaunliche Nähe der *pictures* aus der Traumfabrik mit der zeitgenössischen Computersimulation in einem Interview, das mit David Wark Griffith 1924 geführt wurde. Auf die Frage, wie er sich die Zukunft des Films in hundert Jahren vorstelle, antwortete der amerikanische Regisseur: »... die Charaktere und die Objekte, die auf der Leinwand erscheinen (welche dann nicht einmal mehr weiß und sicher nicht mehr rechteckig sein wird oder überhaupt so aussieht wie zur Zeit), wird der Zuschauer als diejenigen Personen und Objekte ansehen, die ihm im wirklichen Leben begegnen. Die vieldiskutierte Räumlichkeit (*depth*) der Bilder, ..., wird schon lange bekannt sein, ... in einer Landschaft wird man das Gefühl von Entfernungen haben ... Mit anderen Worten, vom Naturalismus aus gesehen, werden die Filme in hundert Jahren so sehr lebenden Personen oder existierenden Dingen ähneln, daß man unfähig ist, ..., zu unterscheiden, ob es sich um ein Bild oder reale Objekte handelt.«[3] Von der Vision Griffiths zu den fiktionalen Welten eines Steven Spielberg oder George Lucas führt eine durchgängige und direkte Entwicklungslinie, an deren Endpunkt die serienmäßig produzierten Träume des Elektronengehirns stehen.

Jene Faszination durch das Techno-Imaginäre ist primär durch den Standpunkt des »Machers« bedingt. Mit ihr korrespondiert eine – insbesondere im angelsächsischen Bereich – auf die Thesen McLuhans zurückgehende theoretische Beurteilung der technischen Fiktionen. Das Grundaxiom dieser medientheoretischen Richtung besagt, daß in der Entwicklung der elektronischen Medien die Chance zu einem qualitativen Fortschritt in der gesamten Struktur menschlicher Kommunikation gegeben ist. Als charakteristisch für die generelle Tendenz dieser Position soll hier der Brite Roy Ascott genannt werden, für den die absehbare Vernetzung von mehrkanaligen (d. h. nicht nur empfangenden, sondern auch sendenden d. Vf.) Fernsehsystemen mit Computern einen universalen Austausch von Informationen möglich machen soll: »Wenn sich Telekommunikation und Computersysteme annähern, schafft das einen elektronischen Raum, in dem die Standorte der Teilnehmer bedeutungslos sind. Das System der Mitteilung ist nicht einfach ›Senden-Empfangen‹. Die Bedeutung wird erzeugt durch den Austausch zwischen den Teilnehmern im System, die durch Computervermittlung asynchronen Zugang zu diesem neuen Informationsraum haben – das heißt ohne Beschränkung von Zeit und Raum, so daß die Verfügungszeit von Eingabe, Ausgabe nicht linear sein muß. Mit tragbaren Dataterminals können sich Teilnehmer von jedem Ort der Welt aus erreichen, wo es Telefon und Elektrizität gibt. Das führt zu einer Metaphysik (und Ästhetik) von evolutionärer Bedeutung. Das elektronische Netz bietet dem Künstler das erste Medium, welches die Grenzen von Raum und Zeit durchbrechen kann, letztlich die Grenzen individueller Intelligenz, von Ländern und Kulturen.«[4] Kritisch fällt an dieser, dem amerikanischen Pragmatismus verpflichteten Haltung die sorglose Gleichsetzung von Gehalten und Mitteln auf. Überträgt man dieses Modell der Identifikation auf das Verhältnis des Films zu den digitalen Bildern, so würden diese den terminus ad quem des Kinos darstellen. Daß einige Gründe für diesen Gedanken sprechen, wird daraus ersichtlich, daß es auch aus anderen theoretischen Richtungen bereits Überlegungen in dieser Hinsicht gibt. So sieht beispielsweise der österreichische Experimentalfilmer und Medientheoretiker Peter Weibel im »befreiten Bild« des Rechners die avantgardistische Gleichung von Kunst und Leben aufgehen:

»Im Wesen des digitalen Bildes liegt es, mehr als die Realität durch den Computer zu schaffen, aber dieses Mehr im Look der Realität. Der Grund (im Sinne der idealistischen deutschen Ontologie) des digitalen Bildes ist es gerade, Irrealität mit Hilfe des Computers realistisch zu machen. Wir brauchen keine bewegten Fotografien, sondern das digitale Bild führt uns darüber hinaus, transformiert die Abbildung (der Realität) zur Erzeugung eines Bildes (einer neuen Realität). Reproduktion und Fantasie, die beiden ausgeschlossenen Schwestern, versöhnen sich im digitalen Bild.«[5]

Das Statement Weibels ist in mehrfacher Hinsicht bemerkenswert. Wie Ascott sieht auch er in der künstlerischen Anwendung der Mikroelektronik die Chance gegeben, die von den tradierten ästhetischen Ausdrucksmitteln gezogenen Grenzen zu überschreiten. Daß er dabei, auch hierin der Position Ascotts vergleichbar, das Techno-Imaginäre in spekulative Kontexte einbettet, macht meines Erachtens einen generellen Zug des digitalen Denkens deutlich. Ob und auf welche Weise die Assoziation von digitalen Phänomenen und Metaphysik möglich ist, wird im Rahmen einer philosophischen Ortsbestimmung jenes Denkens noch geklärt werden müssen. Zunächst jedoch möchte ich mich mit einem Aspekt in Weibels Hypothese beschäftigen, welcher sich deutlich von jener pragmatischen Evolutionstheorie, wie sie Ascott vertritt, abhebt.

Weibel greift dazu auf eine Argumentation zurück, welche der (film)ästhetischen Avantgarde der Zwanziger Jahre entstammt. Diese bewertete, entgegen dem Diktum der klassischen Kunsttheorie, die filmspezifische Synthese von technischer Fabrikation und daraus resultierender Fiktion als Indikator der avancierten Position des Kinos nicht nur im Rahmen der Künste, sondern der Moderne überhaupt. Neben Bertolt Brecht wird als Gewährsmann dieser Auffassung zumeist Walter Benjamin und sein Aufsatz »Das Kunstwerk im Zeitalter seiner technischen Reproduzierbarkeit« genannt. In ihm verband Benjamin den Film mit der Wahrnehmungsweise und dem spezifischen Wesen der Moderne:

> »Der Film ist die der gesteigerten Lebensgefahr, der die Heutigen ins Auge zu sehen haben, entsprechende Kunstform. Das Bedürfnis, sich Chockwirkungen auszusetzen, ist eine Anpassung der Menschen an die sie bedrohenden Gefahren. Der Film entspricht tiefgreifenden Veränderungen des Apperzeptionsapparates – Veränderungen, wie sie im Maßstab der Privatexistenz jeder Passant im Straßenverkehr, wie sie im geschichtlichen Maßstab jeder heutige Staatsbürger erlebt.«[6]

Verlängert man die von Benjamin unternommene Vermittlung von Technik, Ästhetik und Geschichtsphilosophie in die Gegenwart, so tritt ein Gedanke hervor, der zwar von Weibel nicht explizit gemacht wurde, aber, wie mir scheint, seine Haltung entscheidend stärkt: Billigte man dem Film in der klassischen Moderne die Fähigkeit zu, mittels des durch den Schnitt erreichten Schockeffekts die Bedrohtheit des Einzelnen wie der Allgemeinheit auszudrücken, so kann auf die zeitgenössische Situation bezogen diese Gleichung in Frage gestellt werden. Erscheint heute doch ein Niveau in der Allgegenwärtigkeit drohender Vernichtung (militärisch, ökologisch) erreicht zu sein, welches sich der signifikanten Repräsentation mittels der Filmmontage sperrt. Dieser, wenn man so will, »überkomplexen« Realität könnte durchaus ein permanenter Out-put von Bildern und Tönen angemessener sein als die abrupte Kombination. Insofern käme die modulierende und prinzipiell unendliche Bildgenerierung via Computer einer solchen neuen Form der Wirklichkeit eher entgegen als der auf dem Schock basierende Film. Den skizzierten

Verlust von ästhetischen Darstellungsmöglichkeiten und sinnvoller, historischer Orientierung versuchte Jean Baudrillard mittels der These vom beginnenden »Zeitalter der Simulation« zu kennzeichnen: »Das große Ereignis dieser Periode, das große Trauma ist jene Agonie fester Bezüge, Agonie des Realen und Rationalen, mit dem das Zeitalter der Simulation anbricht.«[7] So legitim es auf den ersten Blick erscheinen mag, mittels einer solchen Begründung die Ersetzung des »klassischen« Films durch die »befreiten« digitalen Bilder zu fordern, so sehr wird dadurch ein entscheidendes Moment des in Anspruch genommenen historischen Prozesses unterschlagen. Dabei wird nämlich vergessen, daß die »Implosion der Wirklichkeit« (J. Baudrillard) keineswegs die Brechung des Realitätszwanges durch freigewordene Fantasie beinhaltet. Eher schon deutet sich darin die kaum mehr zu revidierende Verfilzung von vorgefertigten Fiktionen und »realistischer« Anerkennung des Bestehenden an. Die Aufhebung des Kinos im digitalen l'art pour l'art entzieht diesem gerade jene Substanz, derer es als künstlerisches Produkt so sehr bedarf. Nachdrücklich hat J. Baudrillard auf diesen Sachverhalt dadurch hingewiesen, daß er das Imaginäre des Kinos und das digitale Simulakrum strikt voneinander abgrenzte. Diese Differenzierung ist Baudrillard zufolge insofern möglich und nötig, weil die digitalen Bilder »im Verhältnis zu dem, was man kennt, das sind, was der Androide für den Menschen ist: Wundervolle Artefakte, ohne Fehl, geniale Simulakra, denen es nur am Imaginären fehlt, und an jener eigentümlichen Halluzination, die eben das Kino zum Kino macht«.[8] Wenn demgemäß die Aura des Films und die der digitalen Bilderwelt nicht miteinander zu vergleichen sind, so bleibt trotzdem die Frage bestehen, woher die Faszinationskraft der Computerbilder rührt. Um diesen Sachverhalt zu erhellen, bedarf es einer allgemeineren theoretischen Auseinandersetzung mit dem Fundament des digitalen Denkens selbst.

Meines Erachtens liegt der Kern digitaler Faszination in der Verbindung des Digitalen mit spekulativen Ideen. Ich erinnere hier an die Äußerungen Ascotts oder Youngbloods, in denen die Anwendung des Computers mit der Aussicht auf Wahrnehmungsweisen verknüpft wird, welche jenseits der traditionellen »Formen der Anschauung« (Kant) liegen. Der suggerierte Bruch dieser neuen digitalen Wahrnehmungsformen mit den überlieferten Ordnungsschemata des Denkens (Raum, Zeit, Subjektivität) erweist sich insofern als halbherzig, als auch für das digitale Denken »eine Metaphysik von evolutionärer Bedeutung« (R. Ascott) den Fluchtpunkt der Orientierung darstellt. Diese paradoxe Haltung, welche im Digitalen die Kritik mit der Apotheose der Metaphysik verbindet, resultiert daraus, daß der entscheidende Grundzug metaphysischen Denkens selbst nicht angetastet wird. Indem nämlich auch oder möglicherweise gerade beim Computer die menschliche Erfahrung auf ein abstraktes Raster bezogen wird, setzt sich im Digitalen eine theoretische Tradition fort, welche die Form vom Gegenstand der Wahrnehmung abspaltet. Aus jener Trennung geht die Reduktion von Erfahrungen auf einen methodischen Formalismus hervor, welcher in seiner Konsequenz zur »Automatisierung des Wissens« (B. Schmidt) führt. Auch wenn die Ausgangsbedingungen der traditionellen Metaphysik und des digitalen Denkens unterschiedlich sind, so treffen sich doch beide in ihrem Resultat: »Folgte der mittelalterliche Formalismushang im Denken aus einem Mangel an Erfahrung, so folgt der gegenwärtige aus einem Überfluß an Erfahrung, der durch ungehemmte Relativierung Erfahrbarkeit, Erfahrenheit totschlägt; die Institution oder Methode wird gegen jede Einspruchskompetenz abgedichtet...«[9] Das digitale Denken ist deshalb fester in metaphysische Zusammenhänge eingebunden, als dies seinen Verfechtern bewußt sein mag.

Nun könnte gegen die von mir vorgebrachte These eingewendet werden, daß sich das digitale Denken deshalb nicht auf die klassische Metaphysik beziehen läßt, weil der Ausgangspunkt beider Denkformen verschieden ist. Während nämlich ein Denken, das sich im Rahmen der metaphysischen Tradition bewegt, auf der Annahme eines jenseitigen »Ansich« beruht, fußt das digitale Denken in den Verstandesregeln. Dieses Gegenargument erscheint mir deshalb nicht überzeugend, weil es von einem »aufklärerischen« Optimismus getragen wird, der glaubt, die Grenze zwischen rationaler Erkenntnis und Spekulation bereits eindeutig bestimmen zu können. Dabei zeugen doch die per Computeranimation geschaffenen Gebilde davon, wie durchlässig der Übergang der technologischen Rationalität zu bisher als unmöglich bezeichneten Illusionen sein kann. Gerade das digitale Simulakrum läßt die Frage nach dem Unterscheidungskriterium von Wahrheit und Täuschung wieder aktuell werden. Insofern rückt René Descartes' berühmter Lösungsversuch in den Mittelpunkt des Interesses, und dies aus mehreren Gründen. Zunächst sicherlich deshalb, weil sein Beweisgang erstmals in der Neuzeit den Versuch unternahm, ein endgültiges Kriterium der Unterscheidung zwischen Wahrheit und Täuschung zu bestimmen. Weitergehend aber auch darum, weil in seiner Verklammerung von Vernunft und Subjekt durch den Begriff des »reinen« Denkens sich bereits jene Dialektik des Trugs wiederfindet, die ein signifikantes Merkmal des digitalen Denkens ist: »So wollte ich, weil unsere Sinne uns bisweilen täuschen, annehmen, daß kein Ding so wäre, wie die Sinne es uns vorstellen lassen; und weil sich manche Leute in ihren Urteilen selbst bei den einfachsten Materien der Geometrie täuschen und Fehlschlüsse machen, so verwarf ich, weil ich meinte, dem Irrtum so gut wie jeder andere unterworfen zu sein, alle Gründe als falsch, die ich vorher zu meinen Beweisen genommen hatte; endlich, wie ich bedachte, daß alle Gedanken, die wir im Wachen haben, uns auch im Schlaf kommen können, ohne daß einer davon wahr sei, so machte ich mir absichtlich die erdichtete Vorstellung, daß alle Dinge, die jemals in meinen Geist gekommen, nicht wahrer seien als die Trugbilder meiner Träume. Alsbald aber machte ich die Beobachtung, daß, während ich so denken wollte, alles sei falsch, doch notwendig *ich*, der das dachte, irgend etwas sein müsse, und da ich bemerkte, daß die Wahrheit ›ich denke, also bin ich‹ (...) so fest und sicher wäre, daß auch die überspanntesten Annahmen der Skeptiker sie nicht zu erschüttern vermöchten, so konnte ich sie ... als das erste Prinzip der Philosophie ... annehmen.«[10] Wie bereits angedeutet, folgte aus der von Descartes vollzogenen Vereinigung von Subjektivität und Vernunft, daß das empirische Ich auf ein intelligibles Ich des »reinen« Denkens zurückgeführt wurde. Diese Reduktion barg aber das Problem in sich, daß das Denken auf die Selbstevidenz jenes rationalen Ichs verwiesen war, die selbst wiederum nur aufrecht erhalten werden konnte, wenn sich dieses Ich vom Rest der Welt radikal abschnitt: »Das einzig Gewisse ... ist allein das Ich des Ich-denke, und diese Gewissheit liegt eben darin, daß Descartes das Ich unabhängig von der schwankenden, unablässigen Täuschungen ausgesetzten Sinnenwelt weiß. Die Welt der lebenden Körper ist ständigen Wandlungen und Verwandlungen unterworfen, das Ich des Ich-denke hingegen bleibt sich selber gleich: identischer Ursprungsort geistiger Akte ... Es gibt also von nun an eine Stelle jenseits des ... Körpers, eine rationale, exterritoriale

Seele. Diese Seele träumt nicht, sie imaginiert auch nicht, ebensowenig fühlt sie, sondern sie denkt. Wie die Seele vom Körper, so wird ... das Denken von allem, was es nicht ist, getrennt.«[11] In dem skizzierten Trennungsprozeß verdient eine Konstellation besondere Beachtung, da sie in Gestalt der digitalen Simulakren ihre bislang reinste Form findet und sich durch sie die spezifische Beschaffenheit des Digitalen nachdrücklich erkennen läßt: Je entschiedener sich »reines« Denken und rationalisiertes Ich von der empirischen Welt abgrenzen, desto stärker tendieren ihre begrifflichen Gehalte zu einer sukzessiven Tautologisierung, an deren Endpunkt die Selbstbezüglichkeit der digitalen Simulakren steht.

Die pure Selbstreferentialität der digitalen Zeichen macht sicher eine Hauptattraktion bei der künstlerischen Arbeit mit dem Computer aus. Darüber hinaus scheint sich die geradezu erhaben wirkende Selbstbezüglichkeit des Digitalen mit jener Selbstzweckhaftigkeit in der modernen Populärkultur zu treffen, wie sie Siegfried Kracauer anhand der Massenornamente in den Revuen der zwanziger Jahre konstatierte: »Das Ornament ist sich Selbstzweck... Die Massenbewegung der Girls ... steht im Leeren, ein Liniensystem, das nichts Erotisches mehr meint, sondern allenfalls den Ort des Erotischen bezeichnet.«[12] Was das aus den Tänzerinnen gebildete Ornament und die digitalen Simulakren verbindet, ist, daß beide einer Verkehrung der klassischen Mimesis entspringen. Während in dieser mit menschlichen Mitteln Natur nachgebildet werden soll, wird im Ornament wie im Simulakrum die Natur zu einem Bestandteil abstrakter Kalkulation. Zugleich ist aber auf jene entscheidende Differenz zwischen Simulakren und Massenornament hinzuweisen, welche dem Unterschied gleichkommt, den Baudrillard zwischen dem Imaginären des Kinos und den digitalen Simulakren traf. Die Trennungslinie zwischen beiden Phänomenen wird deutlich, wenn man die von Kracauer angestellten Überlegungen zum Massenornament weiterverfolgt:

»Zweideutig wie die Abstraktheit ist das Ornament der Masse. Auf der einen Seite ist seine Rationalität eine Reduktion des Natürlichen, die den Menschen nicht verkümmern läßt, sondern im Gegenteil, ..., das Wesenhafte an ihm rein herausstellt... Daß in dem Massenornament die Natur entsubstantialisiert wird: dies genau ist ein Hinweis auf den Zustand, in dem das allein von Natur sich behaupten kann, was der Erhellung durch die Vernunft nicht widersteht... Wird das Massenornament von der Seite der Vernunft her erblickt, so offenbart es sich als mythologischer Kult, der in ein abstraktes Gewand sich hüllt. Die Vernunftgemäßheit des Ornaments ist mithin ein Schein, den es im Vergleich mit körperlichen Darstellungen von konkreter Unmittelbarkeit annimmt. In Wirklichkeit ist es krasse Manifestation der unteren Natur... Der Rationalität des Massenmusters ungeachtet erhebt sich mit ihm das Natürliche in seiner Undurchdringlichkeit.«[13]

Während somit das Imaginäre des Massenornaments auf dem Gegensatz von Natur und Vernunft aufruht und seine Faszination aus dem Wechselspiel von Physis und Ratio bezieht, kapselt sich das digitale Simulakrum im weltlosen Raum des berechnenden Verstandes ab. Die von Kracauer diagnostizierte Ambivalenz des Imaginären ist beim Digitalen einer stetigen Wiederkehr des Gleichen – Baudrillard spricht von der »Obszönität der Transparenz« – gewichen:

»Man spricht von Obszönität, wenn Gleiches sich mit Gleichem vereint. Es gibt nichts Obszöneres als die Überdosis des Selben, als diese absolute Evidenz des Selben in seiner Verdopplung... Nichts ist schlimmer als das, was genauso wahr ist wie das Wahre: der Klon oder der Automat in der Geschichte des Illusionismus.«[14]

Die das halluzinatorische Moment des Imaginären tilgende Klarheit im digitalen Simulakrum manifestiert sich in der absoluten Gleichgültigkeit, mit welcher der Computer den Objekten seiner ästhetischen Transformation gegenübertritt. Das vorgefundene empirische Material ist und kann ihm auch nicht zum Ausgangspunkt einer darauf abgestimmten künstlerischen Aneignungsweise werden. Statt dessen vollzieht sich im Sog des Digitalen eine Veränderung des Stofflichen, welche dessen vollständiger Auflösung gleichkommt:

»Die Revolution des Digitalen ist ein Schwund an Widerstand, an Reibung mit ihrem Stoff. Das Knacken des Plattenspielers, das Knittern des Papiers, die Trägheit des Untergrundes verschwindet. Das Zeichen erhebt sich über der absoluten Stille. Rauschfrei und pur. Dort, wo beim CD-Player eine Pause ist, klafft ein Loch, öffnet sich dem Gehör die Empfindung einer vollkommenen Abwesenheit, ein geradezu schwindelerregendes Nichts – und wirklich, dort ist nichts, ist nichts als Leere, jene gänzlich unwirkliche Lautlosigkeit, wie sie in der Natur sich niemals mitteilt und wie sie nur in der Überwindung des Stofflichen möglich ist. Die Digitalisierung eines Klanges bedeutet tatsächlich nicht eine Perfektionierung des Trägermaterials, sondern genaugenommen seine Überwindung.«[15]

Aber nicht nur das Material wird durch die Digitalisierung in seinem Kern verwandelt, sondern auch die Wahrnehmung eines fertigen, per Computer erstellten Bild-Produkts erzwingt eine neue Weise des Sehens. Definiert sich die herkömmliche Wahrnehmung aus dem Augen-Blick, welcher seine Besonderheit durch das Vorher und Nachher, dem Sehen und Nicht-Sehen gewinnt, so trifft das wahrnehmende Bewußtsein beim Computer mit extrem schnellen Abfolgen der Informationsvermittlung zusammen. Die für ein kreatives Verarbeiten des Wahrgenommenen notwendigen Pausen fallen aus. Wo aber die Konturen – also das, was Subjekt wie Objekt der Wahrnehmung voneinander abhebt – verschwinden, da schrumpft auch der Raum für »eigen-sinniges« und individuelles Sehen. In der Folge wäre dann auch dem französischen Soziologen Paul Virilio Recht zu geben, für den die digital vermittelte Erfahrung in das »Verschwinden des Bewußtseins« mündet: »Die Versöhnung von Nichts und Realität und die Aufhebung von Raum und Zeit durch die hohen Geschwindigkeiten ersetzen die Exotik der Reise durch die Weitläufigkeit der Leere.«[16] Das in den Strudel »digitaler Metaphysik« (M. Burckhardt) gerissene Bewußtsein käme jenen aus der Astronomie bekannten »Schwarzen Löchern« gleich, die zwar alles verfügbare Material in sich aufsaugen, aber dieses nicht mehr, in welcher Form auch immer, wiederzugeben vermögen.

Ein Versuch, der dem Verhältnis des konventionellen Kinos zu den digitalen Bildern nachspürt, kann sich nicht auf den Standpunkt reiner Kritik an den Simulakren beschränken. Denn er würde dadurch, wenn auch unter umgekehrten Vorzeichen, jene falsche Konfrontationsstellung wiederholen, die doch gerade zu Unrecht von den digitalen Fiktionen (und ihren Verfechtern) nahegelegt wird: die alternativenlose Ersetzung des Kamerafilms durch den Computer. Die Gründe, diese Ausschließungslogik eines strikten »Entweder/Oder« zu unterlaufen, sind vielfältig. Ein Argument kommt aus der Überlegung heraus, daß auch der herkömmliche Film als ein technisch fundiertes Medium angesehen werden muß, welches vom jeweiligen Stand des technologischen Fortschritts nicht willkürlich abgekoppelt werden kann. Davon einmal abgesehen war ein Teil des Kinos selbst, wie die erwähnte Kontroverse zwischen »Realisten« und »Fantasten« zeigte, ein Wegbereiter der digitalen Fiktionen. Führt man diesen Gedankengang fort, so wird deutlich, daß nicht die Frage nach dem Grad der Fiktionalität oder Realität ästhetisch entscheidend ist, sondern diejenige, in welchem produktiven Verhältnis beide Größen zueinander stehen. In dieser Perspektive enthüllt sich der Film-Realismus à la Lumière als potentiell ebenso fantastisch, wie die Méliès verpflichteten Film-Fiktionen als potentiell realistisch. Die Konturen einer dem Rechnung tragenden Filmpraxis skizzierte Jean-Luc Godard:

»Ich habe mich immer bemüht, den sogenannten Dokumentarfilm und die sogenannte Fiktion als zwei Aspekte ein und derselben Bewegung zu behandeln... Aus ihrer Verbindung kommt die eigentliche Bewegung... Ich habe in letzter Zeit öfter die Vorstellung, daß das Vermischen von Dokumentarfilm und Fiktion, das ich heute versuche, eher eine Vermischung von Fernsehen und Film ist, daß ich mich des Dokumentarischen, des Unmittelbaren, des Lebens ... bediene als eines unmittelbaren Zugangs zur Fiktion, damit dadurch, daß etwas unmittelbar gefilmt wird, etwas anderes daraus wird.«[17]

Auf theoretischer Ebene berührt sich ein derartiges filmisches Konzept mit jener erweiterten Bestimmung der Realität, wie sie im Begriff der Allegorie aufscheint. In dieser ergänzen sich Wirklichkeit und Fiktion nicht nur wechselseitig, sondern zugleich ist mit ihr eine Begriffsform gefunden, die jedes von ihr bezeichnete Phänomen als ein transitorisches Moment ausweist. Diese Besonderheit der Allegorie rührt daher, daß »deren Bedeutung allemal auf Alteritas geht, im Unterschied zum Symbol, das durchgehend der Unitas eines Sinnes zugeordnet bleibt. Per definitionem kann ... die Allegorie, wegen ihrer Mehrdeutigkeit, nicht perfekt sein, das heißt der Gegenstand von dem sie ihr erhellendes Gleichnis nimmt, ist selber keinesfalls eindeutig.«[18] Konfrontiert man die digitalen Fiktionen mit der allegorischen Form, so werden deren (ästhetische) Mängel, aber auch ihre möglichen künstlerischen Potentiale deutlich.

Problematisch bleibt an den Simulakren ihre selbstgenügsame und letztlich »kalte« Struktur, welche, bei aller Fantastik, den träumerischen Gehalten der empirischen Wirklichkeit nicht gerecht wird. Zu sehr preßt sie diese in eine leere und bloßer instrumenteller Vernunft verpflichtete Form. Hier kann nur der stetige Rückbezug auf die allegorisch-realistische »Erfahrung der Dinge in ihrer Konkretheit« (S. Kracauer), wie sie für den konventionellen Film konstitutiv ist, Abhilfe schaffen. Die ästhetischen Chancen des Computers im Rahmen des Kinos liegen eher darin, daß er dem Regisseur die Möglichkeit gibt, seine Vorstellungen in einem Umfang frei von äußeren Bedingungen zu realisieren, die bisher nicht denkbar erschien. Dabei wird jedoch auch weiterhin ausschlaggebend sein, welches Verhältnis von »Fortbilden und Erzeugen« (E. Bloch) der Einzelne dabei findet. Noch sind mir nicht viele Beispiele einer so geglückten Synthese bekannt, wie sie der Film *Echtzeit* (1983) von Hellmuth Costard darstellt. Vorläufig erscheint mir die ästhetisch produktivste Seite der digitalen Bilder in ihrer schlichten Existenz zu liegen. Allein als ständiger Anstoß zur Provokation erzwingen sie bereits kreative Anstrengungen von seiten der Filmemacher und verdienen deshalb auch einer weitergehenden Beachtung.

Anmerkungen

1 G. Youngblood, zitiert in J. Claus, *Chippppkunst*, Frankfurt/Berlin 1985, S. 33.
2 D. von Hase zitiert in: A. Schönberger (Hg.), *Simulation und Wirklichkeit*, Köln 1988, S. 144 f.
3 D. W. Griffith, zitiert in: H. M. Geduld (Hg.), *Film Makers on film making*, Bloomington/London 1969, S. 53 f.
4 R. Ascott, zitiert in: J. Claus, *Chippppkunst*, a.a.O., S. 28.
5 P. Weibel, zitiert in: J. Claus, *Chippppkunst*, a.a.O., S. 26 f.
6 W. Benjamin, *Gesammelte Schriften*, Band I–2, Frankfurt 1980, S. 503.
7 J. Baudrillard, *Kool Killer*, Berlin (West) 1978, S. 50.
8 J. Baudrillard, *Kool Killer*, a.a.O., S. 53.
9 B. Schmidt, *Das Widerstandsargument in der Erkenntnistheorie*, Frankfurt 1985, S. 117 f.
10 R. Descartes, *Abhandlung über die Methode*, Stuttgart 1961, S. 31.
11 E. Lenk, *Die unbewußte Gesellschaft*, München 1983, S. 205.
12 S. Kracauer, *Das Ornament der Masse*, Frankfurt 1977, S. 52.
13 S. Kracauer, *Das Ornament der Masse*, a.a.O., S. 59 f.
14 J. Baudrillard, zitiert in: D. Kamper/Ch. Wulf (Hg.), *Das Schwinden der Sinne*, Frankfurt 1984, S. 287 f.
15 M. Burckhardt, zitiert in: *Merkur*, Heft 6, Stuttgart 1988, S. 530.
16 P. Virilio, *Ästhetik des Verschwindens*, Berlin (West), 1986, S. 122.
17 J.-L. Godard, *Einführung in die wahre Geschichte des Kinos*, Frankfurt 1984, S. 265.
18 E. Bloch, *Gesamtausgabe*, Bd. XV, Frankfurt 1975, S. 203.

Die künstlerische Produktion von Bildern in einer Gesellschaft des Spektakels

Ein Gespräch von Sara Rogenhofer und Florian Rötzer mit Jochen Gerz

R Nur das, was bereits zum Bild geworden ist, scheint heute noch den Charakter von Wirklichkeit zu besitzen. Das traditionelle Verhältnis von Bild und Abgebildetem hat sich dadurch umgekehrt. Wenn man wie Sie mit Bilderzeugungsapparaturen arbeitet, die durch ihren Realismus paradoxerweise den Eindruck von Irrealität vermitteln, wie würde dann der künstlerische Einsatz der Medien, also in Ihrem Fall besonders der der Fotografie, zu charakterisieren sein, sofern er sich von dem der Kulturindustrie noch unterscheiden will?

GERZ Vor relativ kurzer Zeit noch meinte man die Wirklichkeit, wenn man von Kunst sprach, wobei die Wirklichkeit nicht sie selbst, sondern ein Bild war. Lange Zeit entsprach das Bild selbst einer sakralen Vorgabe. Diese setzte auch (z. B. via Bildverbot) Regeln für die Kunst. Und die Kunst war wahrscheinlich auch damals das Gegenteil von ihren Regeln und deren Einhaltung. In diesem Jahrhundert spricht man vor allem über das Bild, über das Bild selbst, wie man sagen könnte, nicht über eine Vorgabe oder einen Auftrag, nicht über das Bild von etwas (und sei es die Wirklichkeit), sondern über das reine Bild. Aus dem Bild der Wirklichkeit ist die Wirklichkeit des Bildes geworden. Die »Wirklichkeit des Bildes« ist aber ein Haustier, schon die »religiöse Wirklichkeit« war ein Papiertiger. Man sollte die Wirklichkeit in Ruhe lassen. Sie ist nicht nur das, was trotzdem ist, sondern auch ein Gebirge von Indifferenz (die Wirklichkeit malt nicht den Affen, sondern umgekehrt). Das Annektieren via Bilder ist nicht viel anders als das Annektieren via Wirtschaft, Politik, Gesetze, Panzer oder Freizeitindustrie. Man kann das heute vielleicht leichter im Zusammenhang sehen: den Abdruck des Menschen auf »der Wirklichkeit«. Den Zustand des Planeten. Anders gesagt: Die Kunst bezog sich immer »aufs Ganze«. Was immer das bedeutete, es war nicht materiell. Dann wurde sie immer mehr zum Bild des Ganzen, und dann zum Bild. Gleichzeitig fand eine Verschiebung von immateriell zu materiell statt, von unsichtbar zu sichtbar. Parallel dazu fanden immer größere Fraktionierungen von Zeit und Raum statt, ein Rückzug auf Zeiten und Orte, eine Aufgabe von oder eine Vertreibung aus unsichtbaren Zeiträumen.

Heute findet die Kunst nur noch dann und da statt, wo sie als solche erkennbar und bezeichnet ist. Alles befindet sich mehr oder weniger an seinem Platz. Das hat vielleicht etwas damit zu tun, daß in unserem Teil der Welt jetzt wirklich Frieden herrscht. Krieg scheint obsolet zu werden, nicht nur in den besseren Breiten. Selbst die siebziger Jahre waren noch am Krieg orientiert. Jetzt sieht es anders aus. Bisher bestanden die news aus dem Drama. Es lag in seiner Natur, sich der Planung zu entziehen und Schicksal zu spielen. Die Kunst gehörte zu dem kleinen Arsenal der Trostpflaster, vermeintlichen Kurmitteln. Jedenfalls erlaubte sie, auf das Schicksal zu reagieren. Inzwischen ist das anders: die Nummer Eins ist die Kultur! Heute scheint auch der Gegenstand Bild ausgelutscht. Das Bild, auch das abstrakte, trägt immer noch die Spuren seiner eigenen Befangenheit als Bild von einer Wirklichkeit. Das Bild ist verwaist. Die Geste des Überdrusses und der Verstoßung ist die des Künstlers. Seither bleibt die Diskussion um Kunst am Künstler hängen: er informiert über die Strategie, nicht das Bild. Das Bild aber ist als Requisit unverzichtbar im Ritual und deshalb nicht in Gefahr.

1968 ist insofern nicht aus der Welt, als fast alles, was damals verstoßen wurde, heute effektiv verstoßen und dennoch, wie eine schöne Lampe ohne Strom, da ist. Nichts ist verschwunden: Man kann jetzt die neuen Depots erkennen, wo alles Abgehängte neu auftaucht. Überall tauchen neue Reserven auf, wo die »essentiellen«, die »rechten« und die »linken« Probleme friedlich, umweltbewußt und energiearm nebeneinander – auf der anderen Seite von Lethe – grasen. Wie gesagt: Die Gefährdung wäre nur die der Kunst gewesen, und selbst als solche gab es sie nicht. Nach dem Tod von »Kunst und Politik« ist die »Kunstimmanenz« der feindlichen Schwester ins Grab gefolgt. Es herrscht Frieden – pro und contra scheinen selbst als Spektakel überholt –, und außer dem Hunger nach Bildern gibt es keinen Hunger. Sie merken es ja wahrscheinlich an sich selbst: Wollen Sie den Vorwurf ertragen, nicht vernünftig und zufriedenstellbar zu sein?

Das Ende der Kunst findet statt und nicht statt, denn die Kunst gehört sich nur noch bedingt. Heute ist sie der Freizeit zuzurechnen, so wie sie früher der Religion gehörte. In Zukunft wird sie vielleicht Teil einer sehr positiven Industrie sein, deren Konturen zur Zeit noch kaum auszumachen sind. Sie wird sich nicht länger nach ihrem Sinn, ihrer Funktion und Berechtigung fragen müssen. Daß sich die Kunst selbst gehörte, ist jetzt wohl Teil von einer Vergangenheit, die zwischen zwei fins de siècle stattfand und die man kunsthistorisch als Zeit der Avantgarden bezeichnen könnte. Nachher sieht man auch leichter die Verwandtschaft zwischen dem Widerspruch engagierte Kunst und l'art pour l'art. Beides war Kunst der Avantgarden.

Wenn ich sage, daß ich male, wird damit deutlich, daß ich mich ähnlich und nicht anders fühle. Das Ziel meiner Arbeit ist nicht, sich von anderen Arbeiten zu unterscheiden. Obwohl ich nicht male, Skulpturen herstelle, zeichne – ich kann nur sinnvoll von dem, was ich mache, sprechen, wenn ich es Kunst nenne. Es heißt: Ich akzeptiere den historischen Kontext der Malerei um des Kontextes willen. Ich glaube, daß die Ähnlichkeit für das Potential an Ausdruck, Energie, Inhalt steht, nicht die Differenz.

R Ihre Arbeit beschränkt sich, sieht man einmal vom Schreiben und von den Performances ab, vor allem auf die Fotografie. Gibt es für Sie also kein spezifisches Potential der Fotografie gegenüber anderen Medien und Techniken? Warum also nicht auch Malen und Zeichnen, warum nicht die Benutzung des bewegten Bildes?

Gerz Ich stelle Fotografien her, die ich in Wandarbeiten, Außenarbeiten, Performances, Installationen, Videos verwende. Ich stelle Ton her, den ich in Performances, Videos, Installationen verwende. Ich verwende Video in Installationen und Performances. Die Liste ist nicht vollständig. Es gibt keine Arbeit, die aus einem Medium besteht, nichts ist monolithisch. Jede Arbeit ist die Summe verschiedener Medien, die sich ergänzen, gleich wie sie zueinander stehen. Mit 14 Jahren habe ich angefangen, regelmäßig zu schreiben. Was das war, darum ging es zuerst einmal nicht. Kunst oder Literatur sind erst viel später, fast als Alibi, hinzugekommen. Es kann ja nicht ganz unbeschreiblich sein, was einer macht. Und darum ging es Anfang der sechziger Jahre, auch wenn das heute exotisch klingt. Ich habe nicht die kleinste Versuchung gespürt, mit Pinsel auf Leinwand zu malen, und hatte nicht die Idee, auf eine Kunstschule zu gehen. Malen, das kam mir vor wie Pferde zu reiten, einfach zu weit weg. Schon damals hatte man ja kein Ölbild im Paß. Ich habe nicht »gelernt«, was ich heute mache, und war auch nicht sonderlich an Kunstgeschichte interessiert. Das einzige, was ich mir vorstellen kann, ist, gegenüber dem Milieu der Kunst immer wieder eine gewisse Indifferenz zu entwickeln, die mir jedes Gefühl erlaubt, sei es Verwunderung, Ärger, Verständnis oder Zweifel. Zu diesem Gefühl möchte ich fähig bleiben und nicht in einen korporativen Trott fallen. Etwas nicht zu wissen oder zu können, ist ein Anreiz, kann ein Grund dafür sein, es zu tun. Allein die Resistenz des Gegenstandes rechtfertigt auf die Dauer die Beziehung, den eigenen Tick.

R Viele Ihrer Fotoarbeiten haben etwas Hermetisches an sich, das sich der Deutung verschließt. In Analogie zu einer programmatischen Formulierung Adornos, daß die Philosophie gegen ihr eigenes Medium, den Begriff, arbeiten müsse, ließe sich von Ihrer Bildwelt sagen, daß sie gegen den Apparat arbeitet, der zunächst auf Realismus angelegt ist, um doch noch so etwas wie die Aura des reproduzierbaren Bildes zu ermöglichen. Besteht die künstlerische Verwendung der Fotografie vielleicht in der List, die entauratisierende Technik gegen sich selbst zu wenden?

Gerz Was ich mache, ist zunächst einmal den meisten Leuten gleichgültig, und bis zu einem gewissen Grad gehöre ich auch dazu, der ich das mache. Ich habe von der Indifferenz der Wirklichkeit gesprochen: zur Wirklichkeit gehöre ich auch. Ich bin nicht nur ein Neurotiker, der sich etwas verschreibt – und sei es die Kunst. Ein Foto ist ein Foto. Ein Heiratsfoto, über das niemand eine Zeile verliert, hat mit meinen Fotos mehr gemeinsam, als die Fachsprache erlaubt. Ich glaube, daß uns, je näher wir dem kommen, was wir wirklich sind, desto mehr der Begriff davon verschwindet. Die Fiktion ist, wie gesagt, die Nummer Eins, und das Kulturelle hat immer ein Problem der eigenen Begründung. Ich kann mir vorstellen, daß die zeitgenössische Kunst insofern vom Ende der Avantgarde profitieren könnte, als sie dadurch unter dem Sisyphusstein der Selbstbegründung hervorkommt. Sie sollte damit leben können, daß sie in einer Löffel- und Gabelwelt nur bedingt zu Hause sein kann. Wer seine Bilder nicht begründet, ist kein Künstler. Einmal angenommen, die Kunst hätte keinen Grund, sie hätte nur ihre eigene Grundlosigkeit, würde das heißen, daß sie zu nichts dient? Ich glaube jedenfalls, daß sie nur in ihrer radikalen Grundlosigkeit Kunst sein und als Kunst dienen kann.

Wenn ich mich belehren lasse, gehe ich im Gegenteil so vor: Ist mein Foto ein Foto, das ich im Fotogeschäft kaufen oder verkaufen kann? Ist es ein Foto, das in einer Zeitung zu finden ist? Über eine Kette von Ausschlüssen komme ich dann in die Nähe von Galerien und überdies in die der happy few, in denen meine Arbeit zu finden sein kann. Dort angekommen kann ich mit gutem Recht sagen: Es ist nichts sonst, es kann nichts anderes sein als Kunst. Wenn man einmal von der Aura der Kunst absieht, ist an diesem Prozeß nichts Aufregendes: Es ist der der Selbstbegründung, und bezahlt wird auch mit Geld. Das sehe ich ein. Unabhängig davon bin ich unbelehrbar und sage: Meine Fotos sind im Grunde den anderen Millionen Fotos ähnlich, denn ich teile ja den Akt oder den Wunsch nach dem Akt mit allen Leuten, die so etwas tun. Wenn ich vom Schreiben spreche, dann meine ich damit auch Briefe schreiben. Wenn dies nicht so viele Leute tun würden, hätte ich es sicher auch nicht getan. Die lukrativere Einladung ist also die, mich endlich einmal daran zu gewöhnen, Dinge zu machen, die sowieso keiner versteht, und die Kluft zwischen den Heiratsfotos und den eigenen zu akzeptieren, also mich daran zu gewöhnen, daß ich »anders« reagiere und deshalb »anders« sei.

Mein Verhalten sei ja durchaus verständlich, sagt man mir: Ich sitze im Trockenkeller und rudere und bekomme kein Wasser an die Paddel, obwohl mir das Wasser manchmal ganz nah erscheint. Es sei ja durchaus verständlich, daß ich mich ernstnehme, auch wenn ich mit Fiktion zu tun habe oder gerade deshalb. Wie gesagt: Ich verstehe das, glaube aber dennoch, daß ich nicht anders bin als andere Leute, d. h., auf mich wirken die meisten der kunstimmanenten Probleme affektiert. Natürlich kann ich über die Form reden, darüber, daß ich zu dem zurück will, was vor den Bildern ist oder vor der Form. Baudelaire nannte es einen »gefährlichen Infantilismus« und kreidete es als eine Tendenz der ganzen deutschen Kunst an. Kunst, Bild, Form, das hat für mich mit Erinnerung zu tun. Ich bin vor den Bildern. Und selbst dieses »ich« ist ein Handikap auf dem Weg zu der Matrize, aus der sich alles ausscheidet und verschieden wird. Die Qualität der Form ist für mich ihre Ambiguität, ihr Widerstand gegenüber der Endlichkeit. Meine Arbeit will nicht endgültig sein, so wie ein Exil nicht endgültig sein will. Sie korrespondiert nicht mit der Kunstgeschichte, sie ist ein Zustand der Gemeinsamkeit. Die Bilder können nicht scharf und klar sein. Es sind Reproduktionen, so wie ich annehme, daß Rothkos Bilder Reproduktionen sind. Ich male ab. Dürer sagte, man müsse ein Baum sein, um Bäume malen zu können. Bäume schreiben keine Gedichte. Die Ähnlichkeit, die mich mit den Bildern verbindet, die keine Bilder sind, ist die Voraussetzung für den umstrittenen Akt, sie darzustellen – um immer wieder neu zu sehen, daß es nicht geht.

R Sie sagten zu Beginn, Kunst sei eigentlich eine Tätigkeit, die völlig sinnlos und zwecklos sei, eine Verschwendung also oder eine Verausgabung...

GERZ Sinnlos, im positiven Sinne. Ist das verständlich?

R Dennoch haben Sie eben ein Konzept Ihrer Arbeit angedeutet, nämlich an den Ursprung der Bilder zu kommen, hinter die geformten Bilder, vielleicht auch hinter die Bildschirme zu treten mit Bildern, die im alltäglichen Wahrnehmungsraum nicht präsent sind. Die von Ihnen in Anspruch genommene Sinnlosigkeit gegenüber der normalen Verwendung der Bilder beinhaltet jedenfalls eine Opposition. Die Kontinuität zwischen den Fotografien, an der Sie ja doch im wesentlichen festhalten, besteht schon deshalb nicht, weil sie aus ganz verschiedenen Intentionen heraus gemacht werden. Das Heiratsbild oder das Zeitungsfoto wollen im Gegensatz zu Ihrem Konzept gerade Wiedererkennbares deutlich zeigen, das Sichtbare festhalten. Zudem wird allein schon von der Präsentation Ihrer Bilder, einmal abgesehen von ihrem Inhalt, eine Grenze gezogen. Oder ist diese Ästhetik nur eine Konzession an die Normen der Kunstbehauptung von Galerien und Museen?

GERZ Ich weiß nicht, ob im Akt des Fotografierens nur der Wunsch zu suchen ist, Bilder herzustellen. Wenn man sich über die Sprache verständigt, hat man manchmal die falschen Freunde. Vielleicht zeigen die Heiratsfotos auch unsere, des spöttischen Kritikers, Erstarrung. Kommt bei meiner Arbeit mehr 'rüber als beim Heiratsfoto? Was die Konzessionen betrifft: Sie finden auf beiden Seiten statt, auch der Markt macht schon einmal eine Konzession.

R Viele Ihrer Fotoarbeiten sind Serien, werden in einer bestimmten Ordnung gehängt, neuerdings bringen Sie darunter noch eine kleine Farbtafel an...

Gerz Seit zwanzig Jahren arbeite ich mit schwarz-weißen Fotografien, und die Arbeiten, die in der letzten documenta hingen, sind die ersten, in denen vier Farbfotos vorkommen. Es ist nicht so, daß ich jetzt mit Farbtöpfen um mich werfe.

R Sollen diese Farbtafeln einen Zusammenhang mit dem gemalten Bild stiften?

Gerz Die vier Farben geben der Arbeit den Titel. »Blau oder das wirkliche Leben« heißt der Titel der beiden Stücke mit den blauen Farbtafeln, die übrigen Farbtafeln sind rot, gelb und grün mit den jeweils entsprechenden Titeln. Es sind monochrome Farben, die im Labor, ohne Negativ, entstanden sind. Das sind also eigentlich keine Fotografien. Ich schätze an der Fotografie, daß sie reproduziert, daß sie kein Bild von Nichts herstellen kann, sondern etwas sich vor der Kamera befinden muß, das sich reproduzieren läßt. Das unterscheidet sie von der Malerei. Die Farbtafeln aus dem Labor sind ein kleiner Seitenhieb auf die Malerei. Bei den zahlreichen restaurativen Zügen des Kunstmarkts interessiert mich natürlich, was man mit Hilfe der Fotografie machen kann. Es hat heute keinen Zweck, sich die Geschichte unter den Füßen wegziehen zu lassen oder das, was andere tun, als Selbstverstümmelung zu versuchen. Ich habe mich eigentlich immer als marginal empfunden und kann damit leben. Wenn die Kunst zurückfällt hinter ihre Geschichte, bleibe ich nur dabei, das Ungeistige an der Kunst zu kritisieren. »Blau oder das wirkliche Leben« – der Titel ist selbstironisch: auf der einen Seite die Illusion der Ästhetik und auf der anderen die des Lebens. An der Fotografie kommt mir, wie gesagt, entgegen, daß sie von der Umwelt abhängt. Es gibt keine gegenstandslose Fotografie. Sie kann nicht erfinden. Ich erfinde auch nicht. Auf der sichtbaren Seite habe ich die Umgebung und von der unsichtbaren Seite, von der ich eben sprach, bin ich auch umgeben. Die Arbeit ist immer da, auch wenn ich nichts davon weiß. Ehe ich sie ausführe, ist sie mir am nächsten. Wenn sie fertig ist, ist sie mir oft schon gleichgültig. Ich bin kein Sammler.

R Die Fotografie steht wohl von ihrer Technik her weniger in Konkurrenz zur Malerei als zu den bewegten Bildern. Gegenüber dem Film, dem Video, der Computeranimation oder der Holographie erscheint sie schon fast als »archaische« Bilderzeugung, also in einer ähnlichen Position wie die, in die sie selbst die Malerei brachte.

GERZ Vielleicht. Im Kontext sonstiger »archaischer« Bilderzeugung macht die Fotografie das wahrscheinlich eher salonfähig. Mir kommt es manchmal so vor, als machte die Fotografie wie in einem Schnellverfahren die Geschichte der Malerei nach und käme jetzt an dem Punkt an, an dem die Malerei stand, als die Fotografie aufkam, an dem sie zu dem wurde, was wir heute unter ihr verstehen. Vorher war sie, mit Verlaub, etwas ähnliches wie die Fotografie. Der Schock für die Malerei war vielleicht, daß die Fotografie sie als Dokumentation ersetzte. Das wurde zu ihrer zweiten Geburt. Heute, das kann man vielleicht sagen, ist die Fotografie ähnlich dran: Der Gegenstand tritt in den Hintergrund. Das Auftreten von Text, die Einbeziehung des Raums (etwas, das für die Malerei seit Anfang der Avantgarden typisch war) und der Farbe macht die Fotografie komplexer, exponierter. Jetzt, wo die Malerei sich aufs Zitieren besinnt und die Fotografie in dieser Richtung nicht viel vor sich hat, ist die Beziehung zwischen beiden vielleicht über ihren Höhepunkt hinaus, und man wird, nachdem so viel über die Unterschiede geschrieben worden ist, da auch viel Ähnlichkeiten entdecken. In der Kunstgeschichte tendiert man dazu, die Fotografie als etwas darzustellen, das von Künstlern oder Fotografen, also quasi von innen heraus, vorwärts gebracht worden sei, nicht nur inhaltlich, sondern auch technisch. Es ist heute schwer vorstellbar, daß man eine derartige Interpretation aufrechterhält. Die Fotografie wird von Faktoren beeinflußt, die von außen kommen – und sei es von der Malerei. Seitdem es die Kunstgeschichte gibt, und das ist ja noch nicht so lange, hat man den antizipatorischen Effekt der Kunst überschätzt. In letzter Zeit ist es auch darüber recht ruhig geworden.

R Würden Sie denn daraus folgern, daß die Fotografie, die ähnlich wie die Malerei von neuen Techniken als Darstellungsmittel überholt worden ist, deswegen andere ästhetische Strategien der Abbildung, vielleicht auch der Reflexion entwickeln wird und muß, um sich als Kunst noch behaupten zu können?

GERZ Als technologischer Anachronismus fängt sie vielleicht erst an, Kunst zu sein. Bisher erkennt sie der deutsche Zoll z. B. noch nicht als solche an. Die schöne Frage der Zeitung *Volksfoto* an Tatlin: Fliegt das Ding nun oder ist es doch nur Kunst?, ist ja schon die Antwort. Der Flieger, der fliegt, ist ein Flieger. Der Flieger, der nicht fliegt, ist Kunst. Wenn man die Malerei mit der Fotografie vergleicht – beide sind nicht statisch, und es gibt immer weniger einen festen Grenzwert zwischen beiden –, dann halte ich es für ein Plus der Fotografie, daß sie noch Dokument sein kann, also nicht nur Fiktion, sondern beides.

R Sie erwähnten, daß Sie 20 Jahre lang keine Farben verwendet hätten, und wir sprachen davon, ob nicht die Fotografie in dasselbe Stadium getreten sei wie die Malerei, als die Fotografie aufkam. Mit den Mitteln der Fotografie greifen Sie, wie Sie sagten, über die Monochromie die Form einer radikalen oder konkreten Malerei auf. Das erweckt den Eindruck, als würde es sich um den Abgesang auf beide Medien handeln. Warum also, noch einmal, diese Kombination?

GERZ Was Sie sagen, ist vielleicht Teil des Rezepts, nach dem man den Kuchen backen kann. Es ist aber auch ein Tribut an die Ambiguität, an der mir liegt, an die Vorsichtigkeit im Umgang mit dem Gegenstand: ein Tribut an das Geistige, ohne das ich mir Kunst nicht vorstellen kann.

R Was hieße denn eine Verteidigung oder Rettung des Geistigen mit den Mitteln der Fotografie?

GERZ Wenn ich das Geistige in dem Raum, den wir teilen, mit einem anderen Mittel verteidige als dem, das mich die meiste Lebenszeit kostet, dann wird es nicht verteidigt. Wenn ich sie mit einem Trick verteidige oder mit etwas Talent, dann betrifft das zuerst mich selbst, endlich aber auch den Raum, den wir teilen. Es ist nicht elitär, von Qualität als einer geistigen Eigenschaft zu sprechen. Zum Fußball geht auf die Dauer auch keiner, der nichts vom Abseits versteht. Der Umgang mit dem Gegenstand hat etwas mit der Zeit zu tun, die man damit verbringt. Um etwas zu beleben, muß man selbst da sein. Es ist, als wollte man etwas aus der Zeit stehlen und müßte dafür doppelt zahlen – mit der eigenen Zeit. Kunst als etwas Materielles erscheint mir der kleinstmögliche Platz für die Erregung von etwas Geistigem. Sie ist ein Modell des Raumes, den wir teilen.

R Wenn Kunst von Ihnen so als ein Modell verstanden wird, dann will sie irgendwie ins Leben eingreifen, vielleicht auch, um es mit dem Schlagwort zu sagen, identisch mit ihm werden. In der Zeit der Studentenbewegung wurde die damit verbundene Entgrenzung der Kunst in Zusammenhang mit dem Anspruch gesetzt, zu einer politischen Veränderung zu führen. Nach '68 haben auch Sie mit Aktionen begonnen, die sich ja direkt an die Öffentlichkeit wenden und in ihr stattfinden. Sind Aktionen und

Fotoarbeiten, zumal die letzten, die auf das Ungegenständliche und Vorbildliche zielen, für Sie Ergänzungen in dem Sinne, daß dies die Extreme von Leben und Kunst darstellen, zwischen denen Sie sich bewegen?

GERZ Ich meine nicht Kunst und Leben. Wer sagt, daß es zwei Dinge sind? Das eine ist das andere. Ich bin auch nicht für magische Formeln wie: Jeder ist ein Künstler. Man sagt ja auch nicht: Alle sind Zahnärzte. Wir leben doch nicht im 19. Jahrhundert. Ich halte den Mehrwert Kunst immer noch für einen Trick. Ich bin lieber umgeben von Leuten, auf die ich keinen Schatten werfe, als von den gut verdienenden Masochisten, die mich auf den Sockel stellen. Nicht weil ich etwas gegen den Sockel habe, sondern weil ich diesen Anbetern nicht glauben kann. Übrigens ist das, was ich eben gesagt habe, absurd: Die meisten Leute, die ich kenne, kennen mich seit langer Zeit. Ich bin für diese Menschen kein Bild an der Wand.

R Wie viele Künstler haben Sie damals eher kunstkritisch agiert. Ich denke etwa an Ihr Plakat, auf dem »Kunst korrumpiert« stand. Im Laufe des Gespräches haben Sie, trotz aller Einschränkungen, die Kunst als Ausnahmesituation und zugleich als eine Art Weltmodell affirmiert. Das entspricht dem gegenwärtigen Trend, von der Kritik an der Kunst und durch die Kunst wieder ins Museum zu drängen und dafür auch die entsprechenden Objekte zu machen. Geschieht das einfach aus Überlebensdruck, weil man in der Verweigerung, in der Marginalität nicht existieren kann und man so gezwungen ist, die Kunstinstitutionen zu affirmieren, oder ist die frühere Intention auf eine Überschreitung oder gar Auflösung der Kunst einfach überfordernd, vielleicht auch unsinnig gewesen?

GERZ Eben habe ich gesagt, daß ich mich im Kontext des Humanismus etc. für überschätzt, aber auch für überfordert halte, was auch die Arbeit einschließt. Ich habe gesagt, daß ich den Anbetern und Hochhängern ihre Verehrung nicht abnehme, weil ich glaube, daß es sich dabei um eine gesellschaftliche Kommodität handelt. Mein Verhältnis zur Kunst ist mein Verhältnis zur Welt, in der ich lebe. Es ist ziemlich langsam gewachsen und entwickelt sich noch, aber es kann sich nicht mehr von Grund auf ändern. Ich kann mich verstellen, aber ich glaube nicht, daß sich davon jemand täuschen läßt. Auch der Satz »Achtung Kunst korrumpiert« setzt voraus, daß sich jemand für Kunst interessiert. Er ist l'art pour l'art, wenn man so will. Die achtziger Jahre haben wahrscheinlich keine Lust, die sechziger Jahre zu imitieren. Sie haben mit einigen Tabus aufgeräumt, an denen wir uns mehr orientiert haben als an unseren Freiheiten. Sie tun es nicht auf der Straße, sondern im Foyer und im Salon. Es ist heute umstrittener zu sagen, X ist ein Faschist, als: X ist kein Faschist.

R Dennoch ist es auffällig, daß sich trotz Tabuzerstörungen eine Entpolitisierung der Künstler und eine wesentlich stärkere Kommerzialisierung der Kunst vollzogen hat. Wenn man etwa die Concept Art, die Anti-Kunst oder den Aktionismus als charakteristisch für die späten sechziger Jahre nimmt, dann macht man jetzt eben wieder die zuvor abgelehnten Bilder, Objekte und Installationen, die sich auch verkaufen lassen und so, ironisch oder nicht, verwirklicht man wieder den Warencharakter von Kunstwerken. Parallel dazu scheint ein starkes Bedürfnis nach Kunst, möglicherweise als Kompensation für politische Utopie, aufgekommen zu sein. Ideeller und materieller Wert gehen ein immer engeres Bündnis ein. Auch seitens des Staates werden Kunst und der Bau von Museen mehr denn je als soziales Integrationsmittel und Prestigeobjekt gefördert. Das alles war in diesem Umfang vor 20 Jahren noch nicht so. In diesem veränderten Rahmen müssen Sie sich doch bewegen, wenn Sie ausstellen oder Aktionen durchführen. Früher wäre niemand, der ein wenig politisch und gesellschaftskritisch motiviert war, auf den Gedanken gekommen, in Kunstvereine oder entsprechende Institutionen einzutreten. Heute raufen sich die Künstler um jede Möglichkeit, überhaupt nur ausgestellt zu werden.

Gerz Ja, das fällt uns auf, aber das Gespräch müssen Sie eigentlich mit anderen führen. Dazu braucht man gar nichts zu sagen, das ist so, wie es ist. Ich habe auch vorher nicht in einer Welt gelebt, deren »values« ich geteilt hätte. So viel hat sich nun auch wieder nicht geändert. Die eigene Situation ist ja etwas Aufregendes, aber sie sollte einen nicht sentimental machen. Seit 1977 spürte ich einen erwarteten, aber nicht in dieser Dimension vorauszusehenden backlash von allem, was man Tradition nennt. Die Rückkehr zum gesunden Menschenverstand. Staunen und Faszination stehen dem Handel besser denn je. Das betrifft auch die Wiederkehr des Künstlers als Kleidernarr und Bohème, allgemein sein wiedererwachter goût für Geschmack und Schmuck, den er wie so vieles jetzt mit der Kundschaft teilt. Der Raum für Kunstverwendung wird unbedenklich größer: vom Bild zum Stuhl – die Kunst bekleidet, staffiert, dekoriert, macht es schöner und besser. Das ist nichts Nationales, dennoch gibt es hier einen typischen Erklärungszwang. Die Dinge sind nicht nur so, wie sie sind, sie unterliegen auch dem Zwang der Deklarierung. Da werden Begriffe wie Klassizismus strapaziert, historische Achsen belebt, und Wesentliches aus der Vergangenheit wird zitiert, was eigentlich nur das Heutige als eine Form des Epigonentums bloßstellt. Das Neue scheint so diskreditiert, daß es um jeden Preis gemieden werden soll. Möglicherweise ist das das Neue: Eine Menge Leute mißverstehen ihren Beitrag zum Fortschritt. Die Südwut des Deutschen ist ja seit der Klassik ein bekanntes feature, sowohl in ihrer kulturellen als auch in ihrer militärischen oder touristischen Version. Den Weg zur Sonne kann man mit verschiedenem Werkzeug antreten, nur nicht nackt.

R Bislang klingt das so, daß man als Künstler seine mehr oder weniger privaten Interessen verfolgt, die in ihrer Funktionslosigkeit am Rande der Gesellschaft stehen, ein Rest ist, der in ihr nicht aufgeht. Ist das alles?

Gerz Fast alles verdankt sich heute seiner Funktion. Warum nicht auf der eigenen Funktionslosigkeit bestehen? Was ist so furchtbar an der Sinnlosigkeit? Ich brauche keine zusätzliche Funktion. Ich weiß, wo ich meine Löffel kaufen kann, die Leute wissen, wo sie ihre Ferien kaufen. Ich glaube nicht, daß ich auf diesem Trampelpfad noch etwas zustandebringe. Was ich bin, brauche ich nicht nachzuschlagen. Wozu es sonst sein? Zum Potential gehört das, was man Kunst nennt. Kunst sein. Gibt es Leben vor der Kultur? Gibt es Zeit vor Montag, Dienstag, Mittwoch? Leben heißt erst einmal, nichts für Papa, Mama und die Ladenzeit zu können.

R Begonnen haben Sie mit dem Schreiben und haben dann Ihre Text-Bild-Montagen entwickelt, in denen die Texte wenig oder höchst verschlüsselt mit den Bildern zu tun haben. Steht dahinter der Gedanke der Gegeneinandersetzung, also vielleicht die gegenseitige Abstoßung, die irritiert und den Sinn, die Funktion beider aufhebt?

Gerz Macht ein Rätsel einen Sinn? Ist eine elliptische Form eine Information? Ist Unsinn gelb? Muß man an die Sprache glauben, um sie zu benutzen? Das Dispositiv Bild-Text ist alt. Man findet es in jeder Zeitung. Diese Normalität prädestiniert eigentlich seine Verwendung oder: Entführung. Der normale Gebrauch von Bild und Text in den Medien ist eine sprudelnde Quelle, und auch ein dauernder Grund zur Aufregung. Ich habe es gern, daß außerhalb der Kunst etwas existiert, das jeder kennt und das dem ähnlich ist, was ich mache. Ist es Kunst zum Lesen oder Literatur zum Betrachten? Wie gesagt, ich glaube nicht an die Form als ein Ende für sich. Die Arbeit, auch wenn sie fertig ist, bleibt ein Dispositiv. Der Besucher besucht sich selbst. Die Arbeit ist ein Weg, nicht das Ziel, ein Instrument, nicht die Musik. Die Musik sind wir. Wenn man die Arbeit sieht, weiß man, daß man sie »nur« sieht, und wenn man den Text liest, weiß man, daß man sie nicht sehen kann. Beides, Text und Bild, kann man nur erkennen, wenn man sich vor der Arbeit bewegt, und auch dann nicht gleichzeitig. Was mich interessiert, ist eigentlich weder das Bild noch der Text, sondern der Raum, der zwischen beiden entstehen kann. Das ist eigentlich der Raum der Arbeit: Da, wo nichts geschrieben steht und kein Bild ist. Es ist ein Raum, der unsichtbar ist und der eher zu dem gehört, der ihn erfährt, als zur Arbeit. Wenn ich mir ein Bild ansehe, mache ich mir dazu eine Geschichte. Ich sehe durch Wörter. Wenn ich etwas lese, mache ich mir davon ein Bild. Ich lese in Bildern. Das macht wahrscheinlich jeder. Da es so ist, kann es auch Teil der Arbeit sein, nicht weil ich es erfinde. Auch die Zeit, die man mit ihr verbringt, gehört zur Arbeit. Lesen ist ein Vorgang, der den Leser isoliert, ihn seine Umwelt vergessen läßt. Wenn das in einem Raum geschieht, in dem viele Menschen sind und viel Ablenkung, ist das interessant. Es unterbricht die mondäne Routine. Einer Umfrage zufolge verbringt der Betrachter im Durchschnitt 6 Sekunden vor einer Arbeit zeitgenössischer Kunst. Schreiben hat eine ähnliche Funktion. Es verlangsamt den Prozeß. Sprache ist für mich, auch der abstrakteste Teil, ein Material. Wenn es etwas gibt, das mich bei der Arbeit an Skulptur denken läßt, dann ist es das Schreiben. Auch wenn man dabei so aussieht, als würde man nichts tun, so kann es nur an diesem Material stattfinden. Auch so gesehen kommt die Kunst von etwas, das mehr ist als Kunst, etwas, das vieles gleichzeitig sein kann, das Töne, Bewegungen, Sprache, Zeit hat und Körner. Kunst ist eine kleine moränische Ablagerung von etwas anderem, das unterwegs ist.

R In der sich gegen Bedeutung und Übersichtlichkeit sperrenden Kombination von Text und Bild kommt eine Kritik – eine

Funktion der Kunst? – am schnellen Zugriff zur Geltung, wie er in der Bilderflut der Massenmedien mit ihrem zerstreuten Blick sich fast als Schutzmechanismus einstellt. Geht es darum, die Wahrnehmung zu verlangsamen, damit wieder so etwas wie wirkliche Erfahrung möglich würde?

GERZ Es geht um Lebendigkeit, nicht um kulturellen Mehrwert. Kunst hat eigentlich wenig mit gut oder böse zu tun. Es geht nicht um das Überleben der Kultur, sondern um das Überleben. Die Kultur hat uns genau dahin gebracht, wo wir heute stehen. Wir waren Weltmeister im Anschaffen. Ich habe das Gefühl, das Regal fällt uns auf den Kopf. Jetzt kommt es darauf an, wieviel wir recyclen können.

Hans-Joachim Müller
Das Kunstwerk im Zeitalter seiner technischen Generierbarkeit

Da sind sich die Referenten auf dem Podium alle einig: Zutreffend dürfe der technologische Wandel dieser Jahre nur als tiefgreifender beschrieben werden. Tiefgreifend habe er die ökonomischen, politischen und kulturellen Grundlagen unserer Gesellschaft umstrukturiert.[1] Und tief ergriffen lauschen nun manche wieder dem sphärischen Rauschen des Weltgeistes, den ein paar Hörgeschädigte doch schon verstummt glaubten. In Wahrheit hat er ja sein Schweigen nur zur Transsubstantiation benutzt, um sich alsbald eben als tiefgreifender Wandel wieder zurückzumelden. Als Umbruchprozeß, Phase des Übergangs, Entwicklung, Expansion, Revolution. Als neues geschichtsbewegendes Subjekt, das keiner so recht gebeten habe und niemand habe hindern können. Eine lebensweltliche Veränderungstendenz mit inkommensurabler Reichweite. Die Konsequenzen seien bislang schwer überschaubar, hebt der Redner seine Stimme. Bei der Beurteilung der möglichen Folgen bewegten wir uns alle noch auf einem recht unsicheren Terrain. Wir Kulturpessimisten und Wirtschaftsoptimisten, wir Täteropfer in der Informationsgesellschaft. Aufhaltbar, reversibel jedenfalls sei das, was da um uns und mit uns geschehe, gewiß nicht mehr. Eine wahre Inflation technischer Möglichkeiten stünde ins Haus. Wir wüßten vielleicht nur noch nicht, welche neuen Bedürfnisse mit ihnen zu wecken seien.[2] Doch dem technologischen Imperativ Widerstand bieten zu wollen, wäre reiner Frevel. Eine Sünde wider das Lappsche Gesetz, demzufolge auch getan werden müsse, was getan werden könne. Ein verführerischer Ruf, fügt Marschall McLuhan an, mit dem uns die Sirenen der Evolution da lockten.[3]

Unberührt, so hat es den Anschein, vom Lockruf der Sirenen, als habe er wie Odysseus Wachs in den Ohren, tut der stählerne *Hammering Man* des amerikanischen Künstlers Jonathan Borofsky sein stilles Werk. Über 13 Meter groß, ein schwarz bemalter Koloß, der weich ausholt mit seinem Hammerarm und geradeso weich wieder zuschlägt – in runden, sich ruhig wiederholenden Bewegungen. Ein *»gentle giant«*, ein gutmütiger Riese, jüngst aufgerichtet vor dem Gebäude der Generaldirektion des Schweizerischen Bankvereins in Basel. Drinnen eine der Machtzentralen des technisch avanciertesten Geldverkehrs. High-Tech-Kapitalismus im weltweiten Netz der Taschen-, Tisch- und Großrechner. Keine noch so feine Kursverwerfung an irgendeinem der finanzpolitischen Epizentren, die von den Bank-Computern nicht sogleich seismoökonomisch registriert und ohne erkennbaren Zeitverlust zur Geschäftsreife operationalisiert würde. Erst in seiner immateriellen Verkehrsform entbirgt Geld vollends seinen »Indifferenz«-Charakter, wie ihn Georg Simmel vorskizziert hat.[4] Der schwarze Riese indes mit seinen motorgetriebenen Muskeln scheint sich hier nicht deplaziert vorzukommen. Wie ein Schatten aus einer anderen Welt, einer vergangenen Zeit steht er stabil, durch und durch Materie, ein Maschinenmensch, sein Handwerk im Rhythmus entspannten Atemholens verrichtend, unbeeindruckt, unbeeindruckbar vom digitalisierten Bankbetrieb und seinen Displays und der schieren Indifferenz, die über sie flimmert. Hat die Kunst wieder einmal gar nichts begriffen? Will sie nicht sehen, daß sie es mit einer veritablen Kulturrevolution zu tun hat, wie es heißt, und nicht nur mit irgendeiner neuen Technik?[5] Ist sie einfach blind für all die technischen Eingriffe in die überlieferten ästhetischen und sozialen Formen unserer Kultur?[6]

Ein ziemlich altmodisches, etwas angekitschtes Bild: Als er sechs Jahre alt gewesen sei, erinnert sich Jonathan Borofsky, habe er sich auf den Knien seines Vaters die Geschichte vom freundlichen Riesen erzählen lassen. Eine Szene, die er niemals losgeworden sei, nie mehr loswerde. Unmittelbar und verpflichtend und von einer sinnlichen Fülle wie die Madeleine, die die Proustsche Selbstbeobachtung immer wieder in Strudel von Hoffnungen und Ängsten zog. Was ist das, Erinnern, wo es doch gar kein Vergessen mehr geben kann? Mit dem elektronischen Gedächtnis, dessen Leistungsfähigkeit kaum noch sinnvoll zu perfektionieren ist, kann die Erinnerung gewiß nicht konkurrieren. Aber im monströsen digitalen Speicher muß ihre Unfügsamkeit stören, weil sie sich einstellt und nicht einstellbar ist, nicht abrufbar, jederzeit und überall und von überall her. Zieht man Baudrillards These[7] bei, nach der die Subversion, die Destabilisierung heute viral geschehe, vom Innern der Systeme ausgehe, ließe sich die *»mémoire involonté«*, der künstlerische Handlungsimpuls, der seine Energien jählings entlädt, auch als Virus diagnostizieren. Als Virus, das sich einnistet, unvermutet und ziemlich unwahrscheinlich, und über sein Substrat, die Kunst, das technische Gedächtnissystem zu metastasieren droht.

Gibt es signifikante Reaktionen der Bildkünste auf den Triumph der neuen Technologien? Erscheint er Künstlern überhaupt relevant? Teilen sie das Elite-Gefühl, an einer Epochenschwelle zu stehen oder gar schon mitten in der Neuen Zeit? Welche Rollen bleiben ihnen nach dem globalen, orbitalen Kulissenwechsel? Gehören sie weiterhin zum Staff? Und als was? Hochspanner, Niederspanner, Networker, Hardware-Artist, Weichwarenvirtuose, Digitaldithyrambiker, Programmophon, Bildschirmbildner, Spezialfall, Sozialfall, Kyniker, Kassandra? Die Erwartungen an sie jedenfalls nehmen sich massiv und einschüchternd aus. Die einen klagen die Zeitgenossenschaft der Künste ein, die anderen beklagen ihre Rückständigkeit. Vilém Flusser zum Beispiel gibt gar nichts mehr auf sie, auf die »sogenannte Kunst«. Kreativität, also das Schaffen neuer Formen, sei viel disziplinierter und schneller auf dem Gebiet der Wissenschaft und Technik vorangegangen. Kunst, abgeschnitten von der Erkenntnis, habe hingegen an Kreativität verloren. Kunstwerke heute noch in Stein, Öl oder anderen Materialien herzustellen, sei ein hanebüchener Unsinn, da man die künstlerischen Informationen einerseits ins elektromagnetische Feld stellen könne, wodurch sie praktisch auf ewig reproduzierbar würden, und andererseits über eine Materie verfüge, nämlich die Biomasse, die die Informationen nicht nur auf sehr lange Zeit bewahre, sondern sie auch variiere. Befaßt euch mit Bakterien, möchte er den Künstlern raten, hört endlich auf, Steine zu hauen und Öl auf Leinwände zu schmieren – für den Kulturphilosophen eine »technisch und strategisch unnötige Verarmung«.[8] Und der »Medienkünstler« Jürgen Claus, langgedienter Pionier einer »Expansion der Künste«, ruft emphatisch dazu auf, die Diskussion über die neue Rolle des Bildes im digitalen Zeitalter vor allem in Deutschland nicht weiter zu verschleppen.[9] Ein »elektronisches Bauhaus« der neunziger Jahre[10] hätte die Parameter und Koordinaten künftiger Bedeutungen zu erforschen und sich an noch hehreren Zielen zu orientieren: »Statt Akkumulation und Zementierung von Macht als Überlegenheit, öffnet künstlerische Erfahrung tiefsitzende Strukturen aus Haß, Gegeneinander, feindlichen Ideologien und erweitert unsere Sinne für den Bio- und Anthropokosmos.« In diesem Sinne sei Kunst friedensstiftend. Nur insofern Elektronik sich diesen Zielen einordne, würde sie menschlich legitimierte Technologie.[11]

Elektronische Medien, warnt der Maler Johannes Heisig, könnten zur ernstesten Gefahr für das Phantasiepotential des Menschen werden. Vorerst sehe er »bedeutend mehr prägend-einengende als kreativ-erweiternde Momente«.[12]

Die Fronten sind etwas grob markiert. Die ewigen Futuristen, die wieder oder noch immer empfehlen, bloß ein ganz ordinäres Auto zu betrachten, wenn man den kreativen Menschen studieren wolle[13] – Marinetti seinerzeit wog die Nike von Samothrake wenigstens noch in Rennwagen auf –, und die ewigen Lordsiegelbewahrer der reinen Malerei, die Mahnwache stehen vor der wacklig gewordenen Staffelei: Sie treffen kaum einmal aufeinander und haben nur eine sehr bescheidene Öffentlichkeit für ihren Streit – zumindest in der Bundesrepublik. Ernster ist die Auseinandersetzung überhaupt erst geworden, seit sich mit den gegensätzlichen Positionen auch manifeste Interessen verbinden. Die Medien-Institute, Medien-Zentren und Medien-Hochschulen, die reihum geplant und gegründet werden, binden nicht unbeträchtliche private und öffentliche Gelder und lassen die einen auf angemessenere Kunstforschung hoffen und die anderen schon wieder um ihre Existenz bangen. Die spannenderen Antworten freilich auf die Herausforderungen der technologischen Umrüstung sind die unmerklichen, jedenfalls unkämpferischen. Die heraldische Banalität, emotionslose Durchschnittlichkeit und nackte Oberflächlichkeit der großformatigen Paßbildporträts zum Beispiel, die Thomas Ruff zu bedrängenden Galerien reiht, gehen viel gescheiter auf die technischen Erscheinungsweisen des Körpers ein als die glühenden Strichfiguren, die der Mikrowellenfreak mit dem Laser an der Wand tanzen läßt. Die Großaufnahme eines Gesichts sei ebenso obszön wie ein von nahe beobachtetes Geschlechtsteil. Baudrillards Befund des technisch generierten Körperbildes deckt sich mit der künstlerischen Erfahrung, die in Thomas Ruffs Serien kondensiert: »Man könnte fast sagen, diese Bilder seien – wie pornographische Bilder – aufgrund ihrer übertriebenen Wahrhaftigkeit und Deutlichkeit geschlechtslos. Jedenfalls suchen wir in diesen Bildern nicht mehr den imaginären Reichtum, sondern den Taumel ihrer Oberflächlichkeit.«[14]

Eine künstlerische Haltung, wie sie sich in der Arbeit von Thomas Ruff ausdrückt, bezeichnet immerhin eine wache Simultaneität mit den lebensweltlichen Veränderungen, die auch die Kunstpraxis betroffen haben. Jedenfalls zeigt sie sich gänzlich uninteressiert am alten Stellungsspiel. Sie hat sich freigemacht vom Entscheidungszwang zwischen militantem Wertkonservatismus und angestrengter Avantgarde, die noch beide in der Ächtung der neuen Medien aufscheinen, ebenso wie in der fiebrigen Erregung, die zu einem Manifest wie dem der 1986 formierten »Sky und Space Künstler« geführt hat: »Nicht nur hier auf der Erde, sondern auch im Weltall müssen wir sehen, fühlen und denken, um Geist und Seele zu transportieren. Auf diese Weise wird eine Schwelle überschritten in eine Welt, in der der strahlende Glanz der Kunst ein geprägtes Bewußtsein in unsere Wechselbeziehung mit der Erde hineinträgt.«[15]

Der hochpathetische Faltenwurf, in dem die Überzeugung fürbaß schreitet, Kunst, Wissenschaft und Technologie würden sich bis zum Ende »dieses dramatischen Jahrhunderts« zunehmend ergänzen, bedeckt nur unzulänglich das altmoderne Expansionsgelüst, das in jeder Verschiebung der Zeit- und Raumbegrenzungen die Erfüllung eines ehernen Lebensgesetzes erkennen will. »Allein Freiheit, weiter gehn ist in der Kunstwelt, wie in der gantzen großen Schöpfung Zweck«, schrieb Beethoven an seinen Sponsor Erzherzog Rudolph Ende Juli 1819.[16] Und den Zweck sah auch der Astronaut ganz klar durch sein Kabinenfenster und tat einen kleinen Schritt auf dem Mond und einen großen für die Menschheit. Und stracks folgen ihm die »Sky und Space Künstler« – hinein, hinaus in die Unendlichkeit der Kunstwelt und der »gantzen großen Schöpfung«. Denn die Tatsache, daß wir fähig seien, den Weltraum zu erreichen, stelle eine unendliche Ausdehnung des menschlichen Daseins dar, seiner Vorstellungskraft und Kreativität.[17]

Weiter gehn, wohin noch? Wo wir doch schon überall sind. Ausdehnen, wieweit noch? Wo uns doch der Zeitraum gar keinen Widerstand mehr bietet? Ob es nicht doch die hellsichtigeren und sensibleren unter den Kunstäußerungen dieser Jahre sind, die von den alten Progressionsenergien gar nicht mehr induziert werden? Die sich nicht mehr durch Zeit und Raum und Geschichte jagen lassen – expandierend, extendierend, zugreifend, vorgreifend, darüber hinausgreifend, citius, altius, unaufhaltsam?

Was ist denn schließlich der Mensch in der Natur, hat sich auch Pascal gefragt und eine ungemütliche Antwort gefunden: »Ein Nichts im Hinblick auf das Unendliche, ein All im Hinblick auf das Nichts, eine Mitte zwischen dem Nichts und dem All, unendlich weit davon entfernt, die Extreme zu begreifen.«[18] Immerhin, eine Mitte und ein Koordinatenkreuz, das einen zwischen seinen Fernpunkten All und Nichts zwar einigermaßen schaudern machte, aber doch auch einigermaßen stabil erschien. Nichts mehr ist stabil, wie wir kaum noch schaudernd wissen. Abszisse und Ordinate präsentieren sich uns inzwischen auf unheimliche Weise verbogen: Der Zeitstrahl ist ins Unermeßliche gewachsen, die Raumlinie gegen Null geschrumpft. Die elektronisch erschlossene Dimensionalität wird bestimmt von exzessiv großen Geschwindigkeiten und exzessiv kleinen Räumen. Zwischen Neuronen und den Lichtgeschwindigkeiten des digitalen Codes gibt es keine Mitte mehr. Der bei aller Elastizität doch immer noch als Kontinuum erfahrene Raum-Zeit-Zusammenhalt ist offensichtlich zerbrochen. Und daß Raumgewinn einmal Zeitbedarf hieß[19], ist in Mythenferne entrückt, kommt uns vor, als erzählte einer vom Schicksal des »vorelektronischen Menschen«. Der »elektronische Mensch«, wie er von den Anthropotechnologen beschrieben wird, ziehe die innere Reise der äußeren vor, da bei Lichtgeschwindigkeit nichts auf der Welt weit entfernt sein könne.[20] Und wenn nichts weit entfernt ist, dann ist auch alles erreichbar, jederzeit und von überall. Und Überallheit ist gleichlautend mit Nirgendwoheit. Und Ubiquität heißt Ortlosigkeit. Und wo es keinen Ort mehr gibt in Zeit und Raum, da ist in letzter Konsequenz auch Geschichtlichkeit aufgehoben, da gibt es keine Geschichte mehr, da ist sie am Ende: *posthistoire.*

Nur mit einem verschärften jet lag hat es der »elektronische Mensch« also nicht zu tun. Vielmehr doch mit der völligen Torsion jener Konditionen, die er einmal in einem lebensweltlichen Ganzen als entgrenzbare Grenzen erfuhr, wo er seinen Ort fand, wo er sich bemessen, in Beziehung setzen und entwerfen konnte. Daß Computer in Mikrosekunden Rechnungen prozessieren, zu denen ohne technische Hilfe Lebensalter nötig wären, bedeutet nicht nur den totalen »Triumph der Wirkung über die Ursache«[21], sondern auch die totale Kapitulation des Zeitmaßstabs. Dann sind eben nicht mehr nur vor IHM tausend Jahre wie ein Tag, sondern vor uns allen.

Der elektronisch gesprengte Zeit-Raum-Rahmen hat die Imagination als traditionelle Zeit-Raum-Sprengmeisterin suspendiert. Das vorgestellt Unvorstellbare ist real geworden. Und die technische Wirklichkeit hat den Vorentwurf der Phantasie nicht nur eingeholt, sondern die fiktionale Antizipation auch eindrucksvoll entwaffnet. Wo die Kunst heute noch das Unendliche an der Grenze des Endlichen sein will, wie sich das der Neuplatoniker Plotin dachte, macht sie sich nur noch lächerlich. Nicht nur daß diese Grenze, weil sie nichts mehr trennt, selber fiktional geworden ist. Auch all die schönen Zeitreisen und Raumtransporte, die die Kunst einmal veranstaltet hat, um den Individual- oder Massentourismus über das Endliche hinaus anzukurbeln, muten nurmehr harmlos an und ein bißchen rührend, gemessen an den Höhen- und Tiefenräuschen, die der *homo electronicus* als Lichtwellensurfer erlebt. Was also bleibt der Kunst, wenn sie sich nicht mehr zwischen höchsten Höhen und tiefsten Tiefen beim Bergeversetzen verausgaben möchte? Dietmar Kamper hat recht, wenn er »Tendenzen zur Antifiktion in der neueren Kunst« ausmacht.[22]

Wenn es trocken ist draußen, und die Wiesen und Wälder blühen, ist Wolfgang Laib schwer zu erreichen. Dann sammelt er Blütenstaub. Pollen von Haselnußsträuchern im Frühjahr, von Löwenzahn im Mai, Kiefer ist im Juni dran, Moose erst im Herbst. Ein Arbeitsrhythmus, der sich ganz von den Jahreszeiten dirigieren läßt. Die Natursubstanzen – konzentriertes Farbpuder in den intensivsten Gelborangeabstufungen – siebt der Künstler dann auf nackten Galerieböden zu samtig glimmenden Farbrechtecken aus oder häuft sie zu kleinen Kegeln, deren stupende Strahlkraft die Räume still dominieren. Oder er beläßt die kostbare Ernte in Gläsern, die das Naturschöne hochverdichtet bewahren. Wie Batterien, in denen ein unvergleichbares Kolorit und eine unvergleichbare stoffliche Zartheit nur darauf warten, in Form und Wirkung aufleben zu dürfen. Seinen Bienenfleiß teilt Wolfgang Laib mit niemandem. Nur er sammelt, nur er streut aus. Es sind Arbeiten, die er niemals delegiert. Es sind seine Arbeiten. »Seine« meint: Ein Körper-Ich erfährt sich zeitlich, erfährt sich in einem Zeitzusammenhang, über den es nicht verfügen will, in den es sich einordnet, indem es wartet und rechtzeitig da ist. Und sich dabei der Dinge nicht bemächtigt, denen es begegnet. Sammeln und Ausstreuen sind sanfte, schonende Gestaltformen, die keinen Plan brauchen und keine Strategie. Nichts wird geschaffen, produziert, verarbeitet, ausgenützt, ausgebeutet. Es findet keinerlei Energiewandel statt – nur körperhaftes Beteiligtsein.

»Verstehen Sie mich richtig!« ruft Jan van Leyden etwas echauffiert in die Runde: »Man macht der Natur doch keine Komplimente! Und man kann vor einem blühenden Baum nicht bravo rufen!« Eigentlich meint ja der Held in Peter Sloterdijks philosophischem Roman *Der Zauberbaum*[23] die unstrittigen Vorzüge der Schauspielerin Marthe. Aber wenn wir ihm etwas länger zuhören und ihm etwas geneigt zuhören, dann geben der Wiener Argonaut auf seiner Reise zu den Anfängen der aufklärerischen Moderne – und über sie hinaus – und der Blütenstaubabtupfer aus dem ostschwäbischen Biberach sich durchaus als Vertraute zu erkennen. Zur Andacht allerdings finden sie sich nicht ein, wenn sie »vor der morgendlichen Schöpfung stehen«, und dumpf quietistisch wird es ihnen schon gar nicht ums Herz, wenn sie »fühlen, daß nichts hinzuzufügen ist und daß es nur unsere Unruhe war, die alles unternahm und alles verfehlte ...«[24] Was sie freilich in der Dringlichkeit ihrer Erfahrungen nur bestärkt. Den einen, der hinter der »Ordnung der Dinge den Taumel der Möglichkeit« sucht, und den anderen, der im Taumel der Dinge Möglichkeiten der Ordnung findet.

Dringlichkeit, die nicht sogleich in Drängen abfließt, in Schubkräfte, Kontroll-, Steuerungs- oder Veränderungsenergien, die sich statt dessen als reine Möglichkeit erhält. Als sensible Aufladung, verletzliche Kostbarkeit. Auf sinnlichste Weise vermitteln Wolfgang Laibs Arbeiten die Qualität von Kostbarkeit – und als Naturstoffe immer auch die von Kost. Kost, die sich nicht in Konsumkreisläufe einspeisen läßt, die im Maße, wie sie eben nicht als Antrieb oder Impuls fungiert, auch das Unverbrauchbare, Unverzehrbare schlechthin bleibt. Die mithin kein Verlangen reizen will, nichts zu versprechen hat. Die sich mit ganz unangestrengter Insistenz aus dem Kraftfeld von Bedürfnis, Begehr und Befriedigung ausgrenzt. Man kann sich tatsächlich nicht »sattsehen« am warmen Leuchten der Lebensfarben. Jede neue Begegnung mit den Pollenarbeiten hat etwas Ungeahntes, Ungesehenes. Und umgekehrt hat Wolfgang Laib die Erfahrung gemacht, daß der schlicht verwahrte Blütenstaub auch nach einem Jahrzehnt noch seine volle Farbechtheit und Farbkraft erhalten hat.

Unerreichbar für den Sog der kapitalistischen Lebensorganisation, zeigt sich Wolfgang Laibs künstlerische Arbeit offensichtlich geradeso immun, was die Attraktionen der Raum und Zeit diffundierenden Globaltechnisierung anbetrifft. Immun gegen das elektronische Schlaraffenland, wie es Günther Anders vorbesichtigt hat. Dort nämlich hätte sich die Strecke zwischen dem Wunsch und seiner Erfüllung gegen Null verkürzt: »Da wir von Wegen unabhängig wären, da alles ›da‹ wäre, würde es keine Distanzen geben; also wären wir raumlos. Da wir auf Tun, Machen oder Warten nicht angewiesen wären, da alles ›im Nu‹ geschähe, würde es keinen Verzug geben; also wären wir zeitlos.«[25] Wonnen der Unvermitteltheit verheißt das raum- und zeitlos gewordene elektronische Paradies. Wenn man auf Sendung sei, weiß der Cherub des digitalen Gartens Eden Marschall McLuhan, dann sei man körperlos und engelgleich hier und an vielen Orten zugleich.[26]

Unbetroffen von all den verlockenden Zeitschwünden und Raumlevitationen der nachkopernikanischen und nachnewtonschen Welt, fügt sich Kunst naturzeitlichen Rhythmen, behauptet mit der Autorität ihrer Sinnlichkeit ein Körper-Apriori, ein Hier und Jetzt gegen den Wahn des digitalen Überall und Jederzeit. Setzt auf meditative Vereinzelung, während die mediale Vernetzung sich um sie schließt und dabei die Lebenswelt als immaterielles Beziehungsgeflecht entwirft[27], als Energiefeld aus lauter Synapsen, in dem auch Materie und Geist nur noch fließende Relationen sind.

Künstlerische Imagination, entbunden von der Simulation möglicher Lebenswelten, entlassen aus dem Phantasma, mit dem sie allenfalls noch als Science-fiction die Dekonstruktion des alten, vorelektronischen Zeitraums betreibt, kristallisiert nun um ein Körper-Ich, das neu entdeckt, daß die Welt der technischen Erscheinungen nicht die ganze Welt ist. Nicht daß Künstler wieder einmal hinter den Erscheinungen fündig würden. Die Transzendierungen der abstrakten Moderne nehmen sich inzwischen so museal wie imposant aus. Und ihre Absolutheitsansprüche nur noch obsolet.[28] Worauf Künstler dieser Jahre rekurrieren, ist ihre bedingte Körperhaftigkeit als vitaler Erfahrungswiderspruch zu den ephemeren, energetischen Immaterialien, mit denen der Lebenshorizont immer nachhaltiger substituiert wird. Mag der Körper auch im Text verschwinden[29] oder wiederum im Text auferstehen[30], im Kunstimaginären restituiert er sich gegen das zeitlos raumlose Programm, in das sich Welt aufzulösen droht oder schon aufgelöst hat.

Van Leyden »marschierte sehr kräftig und bemühte sich, durch festes Aufstampfen seinen Körper stärker zu fühlen. Sobald man den Körper spürt, weichen die Gespenster zurück, und wenn der Wind ins Gesicht schneidet, ist es absurd zu meinen, daß man im Leben eine besondere Aufgabe hat.«[31] Hat er ahnen können, daß es einmal gar nichts mehr nützen wird, fest aufzustampfen, um den Körper zu spüren? Und die Gespenster sich nicht mehr vertreiben lassen, weil zwischen dem Körper und dem Gespenst seiner Laserprojektion keine wahrnehmungstechnische Differenz mehr besteht? In Kürze, da hat Vilém Flusser gar keine Zweifel, werde es unmöglich sein, zwischen einem Menschen und dem Hologramm eines Menschen sinnvoll unterscheiden zu wollen.[32]

Das könnte zu Mißverständnissen führen, als ginge es dem Körper-Ich um eine Reaktivierung seiner Leiblichkeit. Worauf ja noch der Neoexpressionismus der frühen achtziger Jahre mit seinem punkigen badpainting abzielte. Den Paradigmenwechsel damals von den Intentionalitäten zu den Intensitäten beschrieb 1981 der Musiker der New-Wave-Band *Deutsch-Amerikanische Freundschaft* Gabriel Delgado Lopez plastisch und präzis: »Verweigerung und Protestverhalten, ein negatives Statement setzen, das ist gut, aber es genügt nicht. Man muß intuitiv, körperlich an die Sache rangehen, weil der Körper halt unendlich verkrüppelt worden ist und gerade weil doch dort so intuitive, so tierische Sachen ablaufen.«[33] Das neue Körper-Ich, das am Ende des Jahrzehnts das Imaginäre bindet, ist jedenfalls nicht mehr schieres Lebensprinzip, Ausdruckskörper, der den leise summenden Kühlaggregaten der Diskettenlaufwerke die brünstigen Schreie seiner Kreatürlichkeit entgegenschleudert. Das neue Körper-Ich hat seine Lektion technische Aufklärung gelernt. Es weiß, daß es wohl keinen Sinn mehr macht, sich als organische Materie gegen den »Geist« der Immaterialien inszenieren zu wollen. Es bündelt aber auch keine Gegenkräfte zum Bewußtsein. Ist nicht, was von Bewußtsein entlastet, sondern ist das Bewußtsein von sich.[34] Und es weiß schließlich, daß es als welterschaffende, welterkennende und weltverstehende Subjektivität weitgehend suspendiert ist. Was Sterben und Tod der Metaphysik nicht geschaffen haben, könnte immerhin dem Verbund von Makrozeit und Mikroelektronik gelingen, in deren Dimensionen Ich-Welt-Verhältnisse im Sinne weltkonstituierender Subjektivität kaum mehr möglich scheinen. Die lichtbeschleunigte Welt nämlich entzieht sich dem Vernunftsubjekt, das Welt nur objektiv erfährt, solange es zumindest die Physik mit ihr teilt. Jetzt ist sein lebenszeitlich konditionierter Maßstab nicht mehr kompatibel mit den gültigen Zeitmaßen des elektronischen Raums. Und der ist in dem Maße unfaßbar für das Körper-Ich geworden, wie es sich selbst als gestaltendes Subjekt aus Raum und Zeit verdrängt sieht. Eine »unstabile Menge von Interaktionen«[35] hat dort den Platz eingenommen und eine kolonialistische Intersubjektivität alle Subjektivität geschluckt. Es bleibe uns nur, endlich einzusehen, daß lediglich die Beziehungen konkret sind, und alles übrige (eben Objekt und Subjekt) abstrakte Extrapolationen.[36]

Bleibt sonst wirklich nichts? Was bleibt der Kunst? Franz Wanners großes Bild *Ohne Titel* aus dem Jahr 1988[37] zeigt eine nackte Rückenfigur vor rötlichbraunem Grund. Auf einem kleinen Podest stehend, schaut sie in den pulsierenden Farbraum wie Caspar David Friedrichs *Mönch am Meer*. Die Anspielung auf die abgewandten Betrachterfiguren des Romantikers ist unübersehbar. Auch Wanners unbewegter Held markiert eine Unzugehörigkeit, eine Distanz. Er ist außen. Außerhalb des Farbpandämoniums, das wie Caspar David Friedrichs Naturbühnen Chiffre für eine kosmische Ganzheit sein mag. Von außen, von seinem definierten Schauplatz aus, prüft er, wieviel Gemeinsamkeit, wieviel Verbindung mit der Totalen und ihren totalitären Suggestionen möglich ist und wieviel unüberwindbare Differenz bleibt. Die Beine geschlossen, die Arme locker hängend, erscheint er nicht zum Sprung bereit. Er wird sich nicht ins Farbmeer stürzen. Wird weiterhin stehen und schauen und prüfen, in seiner Differenz ganz auf sich bezogen. In der Differenz ist das Körper-Ich immer je selbst.

Die elektronisch und pneumatisch gesteuerten Bewegungen des Homunculus erinnern an die steifen Armschläge, mit denen der Einweiser das ausrollende Flugzeug auf seinen letzten Metern dirigiert. Aber sie geben niemandem Signale. Streuen keine Nachrichten aus. Sie sind in Art der Eurhythmik, wie sie Rudolf Steiner entwickelt hat, an die vokalischen Auftritte des Klanggefüges gekoppelt, in dem sich die Gliederfigur vernehmen läßt. *Erweiterter Schwitters* nennt Stephan von Huene seinen Maschinenmenschen, der wesentlich mehr kann als E. T. A. Hoffmanns schöne Olimpia aus der Werkstatt des »berühmten Professor Physices Spalazani« und seines Mitarbeiters »Mechanikus und Optikus Coppola«. Er gibt sich vor allem sprachbegabter als die beseelte Puppe, die bekanntlich nur ein gelegentliches »Ach, ach!« herausbrachte.[38] Sein Klangmaterial bezieht er von Kurt Schwitters' *Ursonate*, deren Phoneme er von einem computerisierten Phonem-Generator synthetisch und immer wieder neu erzeugen läßt. Es ist reine »Analogsprache«, absolut sinnbereinigte, exaltierte Tonalität, was der *erweiterte Schwitters* von sich gibt und wozu er seinen steifen Tanz aufführt. Im Gegensatz zur digitalen Sprache, die Wortsinn und Logik des Gesprochenen bezeichne, wollte Stephan von Huene all die Elemente, die noch so etwas wie Spracherfahrung assoziierten, aus der *Ursonate* herauslösen und aus den Klängen der Phoneme alle mitgemeinte Bedeutung ausfiltern. Zur Kommunikation taugt der Sonaten-Synthesizer also nicht. Auf Verständigung hat er es weder als gestikulierender Apparat noch als klangausstoßender Kunstkehlkopf abgesehen. Im großen Schweigen der elektronischen Informationsübermittlung mutet er lauthals an, plebeisch, einsam. Ein akustischer Ejakulator, der es aufnimmt mit den geräuschlosen Emissionen aller Schnellen Nachrichtenbrüter. Dröhnender, brummender, röhrender, hallender Einspruch gegen die Gewißheit, daß am Anfang aller Dinge das Wort gewesen sei und an ihrem logischen Ende der binäre Code stehen müsse. Signalement, das nur mehr Bewegung ist. Sprache, die nur mehr Stimme ist. Stimme, in deren Aufwand schon aller Einwand liegt. In der Differenz ist das Körper-Ich stimmlich.

»Der informierte Mensch« ist das Bild einer gesichtslosen, eigentümlich verschnürten, umgarnten oder auch gehäuteten Gestalt mit freiliegenden Nerven und Adern, die sich kaum abhebt von dem Gespinst aus Furchen und Spuren, das den Hintergrund zerklüftet. Den informierten Menschen hat ein Roboter gezeichnet. Nach Anweisungen eines Computers. Der seinerseits verrechnet hat, was ihm eine Fotografie vorgerechnet hat. Die Fotografie einer Handzeichnung von Joseph Nechvatal. Wie ein Engel mit dem Graphitschwert würde der Künstler Zeichnung um Zeichnung zeichnen, hat ihn Claudia Gould beschrieben.[39] Aber er scheint nicht das seraphische Wesen zu sein, das sich einfach seiner Schwerelosigkeit erfreut. Er hat eine Waffe in der Zeichenhand. Mit der zwingt er den komplexen technischen Prozessen, die sein Bild generieren, ein Stück Handschrift auf. Was immer dann mit ihr geschieht, was immer der Robotarm aus der Handschrift auch machen mag, er kann sie nicht ganz vergessen: Er muß mit ihr rechnen. Einen basic-sprachlich nicht transferierbaren und auch nicht in bytes quantifizierbaren Sukkubus hat der Künstler ins System geschmuggelt, ein Kommando, das noch Lichtjahre entfernt seine Wirkung tut. Gleichwohl gibt er sich nicht den Illusionen hin, Kunst könne Technik noch mit ihren eigenen Mitteln schlagen. Von solchen Omnipotenzphantasien zeigt sich das spätzeitlich Imaginäre geheilt. Entsprechend desillusioniert fallen auch Nechvatals Bilder aus. Wollen nichts gegen die Welt der technischen Erscheinungen zur Erscheinung bringen. Nur mit ihr, in ihr. Als Einlassungen, Einfälle des Spontanen, Intuitiven, die vom rationalen Kalkül des postindustriellen Megarechners nicht ausgeschieden werden können. Je mehr sich die elektronische Kultur als holistische entfalte, die Wissenschaft und Kunst gleichermaßen umfasse, desto entscheidender seien solche träumerischen Attacken im digitalen Netz geworden.[40] Ein Experiment mehr als ein Heilsrezept: Kunst schließt sich an, um ihre Unangeschlossenheit zu erproben. Als angeschlossen Unangeschlossenes ist das Körper-Ich eigentlich different.

Der je eigene, stimmliche, angeschlossen unangeschlossene Körper: Formiert sich da eine neue Unverfügbarkeit, eine virale Potenz, die den Ansprüchen des digitalen Imperialismus opponiert? Die Modi des Körper-Ich, als die sich das Kunstimaginäre dieser Jahre bestimmen läßt, erscheinen jedenfalls unberechenbar, unalgorithmisierbar genug, um die drei Kardinalfiktionen der elektronischen Kultur zu entlarven: die Fiktion vom ungegliederten System, vom verzeichneten System und vom geschlossenen System.

Als je eigenes widerspricht das Körper-Ich des Kunstimaginären der Behauptung, die Neubauten, die wir in der Zwischenzeit bewohnten, kennten keine öffentlichen und keine privaten Bereiche mehr. Es gebe weder außen noch innen. Die Entfernungslosigkeit der hyperschnellen Kultur habe auch all die Markierungen geschleift, die einmal räumliche Orientierung schufen. Bis dahin – von da aus, diesseits – jenseits, Wohnung – Platz, Parkett – Bühne, diskret – indiskret, Individuelles – Universelles, Empfänger – Sender, Intimität – Obszönität: Zur Ununterscheidbarkeit hätte sich alles zurückgebildet. Alles sei mit allem vermittelt, jeder jedem mittelbar. Und eine monströse Medialität sorge für absolute Transparenz. Wenn Jean-François Lyotard im Wagen von San Diego nach Santa Barbara fährt, dann durchquert er eine Zone, die ihm weder Stadt, noch Land, noch Wüste scheint: »Der Gegensatz zwischen Zentrum und Peripherie verschwindet, ja, es gibt auch kein Innen (Stadt der Menschen) und kein außen (Natur) mehr... Es wäre eher angemessen, von einem Nebelgebilde zu sprechen, in dem die Materialien (Gebäude, Straßen) metastabile Zustände einer Energie sind. Die ›städtischen‹ Straßen sind ohne Fassaden. Die Informationen zirkulieren über Strahlungen und unsichtbare Interfaces.«[41] Ein Erlebnis der Auflösung, des Zergehens, der Paralyse. In einem Beziehungsgeflecht, in dem jeder Punkt Knotenpunkt ist und alle Linien sich kreuzen – »ohne Geheimnis wie bei den Spielen, in denen man alle Punkte verbinden muß, ohne daß sich eine der Linien mit einer anderen schneidet«[42] –, in einem solchen Beziehungsgeflecht voller Durchlässe und ohne Relais' wären auch alle kategorialen Trennungen zerschmolzen.

Eine Skizze, Befund ebenso wie Planspiel, die zu einigen Konfusionen geführt hat. So wenn Vilém Flusser[43] die Dispersion des Politischen schon darin erwiesen sieht, daß der Informationsempfänger sich nicht mehr von seinem Fernsehapparat im Schlafzimmer wegzubequemen braucht, um seine politischen Informationen einzusammeln. Was mache es denn für einen Unterschied, fragt der Kulturphilosoph, den Politiker auf dem Bildschirm zu sehen und zu hören – oder ihm realiter zu begegnen. Realiter sei er eben auf dem Bildschirm. Einen realeren Begriff des Politischen gebe es nämlich nicht als den seiner Medialität.[44] Das macht allerdings einen hochproblematischen Unterschied, solange ganze Sektoren des Politischen nicht vertelebildlicht werden und seine Skandalität nur in gelinden Ausschnitten medialisiert wird. Daß in Realzeit das Erdbeben in Armenien ins Schlafzimmer kommt und dort gefahrlos fernzuspüren ist, mag ja für die angebliche Verdampfung des einst unerreichbar fernen Öffentlichen sprechen. Wenn aber derweil vom Schicksal der Kurden im türkischen Hochland nichts zu erfahren ist, setzt dies die Kategorie des Politischen gerade wieder in ihr Recht. Es ist eben im medialen Netz (noch) nicht unerheblich, an welchem Ende der Leitung wer sitzt. Und die Vertröstungen auf die technische Zukunft, in der jeder Sender und Empfänger zugleich sein könne, gehören vorerst zu den Sekundärfiktionen des Elektronozäns.

Man assoziiert Möbel, wenn man vor den Skulpturen Scott Burtons steht, und verwandelt sie in Skulpturen zurück, wenn man sie als Möbel benutzt. Ihre Zwei- oder Mehrdeutigkeit hat dazu geführt, sie auf der letzten documenta als Aufschein einer neuen »historischen und gesellschaftlichen Dimension«[45] der zeitgenössischen Kunst vorzuführen. Vielleicht taugen ja die marmornen und betongegossenen, grob am Körper schematisierten Sitze, Ottomanen, Bänke, Tische und Liegen des amerikanischen Bildhauers gerade dazu nicht so sehr. Was sie viel deutlicher charakterisiert, ist ihre Perspektivität. Daß sie sowohl Raumstücke als auch Außenplastiken sein können, daß sie sich in der Galerie wie im öffentlichen Raum plazieren lassen, entwertet nicht die Unterscheidung von drinnen und draußen und setzt eine Entscheidung für drinnen oder draußen geradezu voraus. Und ob man mit ihnen wie mit freien oder mit Gebrauchsformen umgeht, bleibt stets eine Frage der Perspektive, die man zu ihnen einnimmt.

Perspektivität verlangt Stellung, Stellungnahme. Je Eigenes kann sich nur in Perspektive zu etwas profilieren, erfährt sich notwendig relativ. In der digitalen Durchgängigkeit indes wäre alles relational: Stellung und Stellungnahme müßten vergeblich sein, wären unmöglich geworden, weil jeder Punkt im System mit jedem anderen fugenlosen, schottenlosen Kontakt hätte. Kunst rehabilitiert unter solchem Horizont nicht – kulturschützerisch – das Private gegen die Ausgriffe und Übergriffe des Öffentlichen und bringt umgekehrt auch nicht die Geschäfte jener – kulturprogressistischen – Utopie zu ihrem endlich glücklichen Abschluß, die das de-Stijl-Manifest von 1918 dem Nachkriegsmenschen entgegenschwenkte: »Es gibt ein altes und ein neues Zeitbewußtsein. Das alte richtet sich auf das Individuelle. Das neue richtet sich auf das Universelle.« Und das allerneueste gibt vor, Individuelles und Universelles aufzuspannen zu einem Gitter von Relationalität, auf dessen fiktive Anteile gerade die relativistische Kunst dieser Jahre aufmerksam machen kann.

Als Stimme – merkwürdig physisch und immateriell in einem – lärmt das Körper-Ich des Kunstimaginären mitten hinein in die Geräuschlosigkeit des Datenverkehrs, in die Hektik der Immaterialien. Akustisches Zeichen ohne Bezeichnetes. Signifikant, der schnöde alle hermeneutischen Taue zum Signifikaten gekappt hat. Wie Stephan von Huene, wenn er sorgfältig und mit technischer Hilfe seinem *Erweiterten Schwitters* abgewöhnt, Klangfarben zu produzieren, mit denen sich noch irgendwelche Klangerfahrungen verbinden lassen. Kunst setzt weltlose Zeichen in die Welt. Ersetzt nicht die Welt durch Zeichen – wie in der Tendenz die elektronische Matrix, in die sich Welt verwandelt, verwandeln soll. Dort hätte eine lückenlose Zeichenfolge alles außer sich verschlungen. Oder sogar, wie Peter Weibel mutmaßt, auch noch sich selber: In Konsequenz der Zersetzung des Realen durch das Imaginäre und Symbolische, durch die Signifikanten also, würde sich auch die Signifikation selber zersetzen.[46] Ein Selbstverschlingungsprozeß, der seine Wahrscheinlichkeit oder Unwahrscheinlichkeit von der Implosion der Kausalität ableitet, von den auf Piko-Sekunden minimierten Distanzen zwischen Impuls und Reaktion. Das würde nämlich dann mit der Konsumstruktur – ein Bedürfnis bräuchte nicht mehr auf Befriedigung zu warten, ein Wunsch nicht auf Erfüllung – auch die Repräsentation im Kern treffen, das ganze Verweissystem von Zeichen und Bezeichnetem außer Betrieb setzen. Hat doch das Zeichen gegenüber seinem Bezeichneten stets auch einen bestimmten Vorlaufcharakter. Es ist ›noch nicht‹ das Bezeichnete. Das Schönheits-Zeichen ›noch nicht‹ Schönheit. Das Freiheits-Zeichen – das Trompetensignal im *Fidelio* zum Beispiel – ›noch nicht‹ Freiheit. Erst technoimaginär hätte das »Prinzip Hoffnung« ausgelitten. Hätte der versprechende Signifikant sein Versprechen eingelöst und die Abstoßungskräfte zum Signifikaten überwunden. Wobei mit der Tilgung des ›noch nicht‹ auch das Bezeichnete restlos absorbiert wäre. Der Signifikant wäre dann schon alles, eine Komputation aus Punkten, wie alle »sogenannte Wirklichkeit« eine Komputation aus Punkten ist: »Inzwischen hat sich gezeigt, daß auch für das kalkulierende Denken die sogenannte Wirklichkeit aus Punkten besteht, daß also alle Objekte, die wir sehen, auch Komputationen sind. Der Tisch, auf dem wir unsere Hände haben, ist beispielsweise auch eine Komputation aus Punkten. Infolgedessen ist es ... ein Unsinn, von den Dingen, die wir auf den Computerschirmen haben, als von Simulakren zu sprechen. Sie haben dieselbe ontologische Würde wie die Welt um uns herum, es sind aus Punkten komputierte Objekte.«[47] Und sehr bald werde es Unsinn sein, zwischen dem, was wir mit dem Computer erzeugen, und dem, was wir mit den Sinnen ohne Computer erleben, ontologische Unterschiede festmachen zu wollen.

»Sehr bald«, »in Kürze«, »wir sind auf dem besten Weg«: Es gehört zur unverbrüchlichen futuristischen Erzählstruktur, die Zukunft erst einmal beginnen zu lassen und ihre Zeichen mit ein paar Sicherheits-noch-nicht vom Bezeichneten abzuhalten. Noch gebietet uns ja die ontologische Würde, an gewissen ontologischen Differenzen festzuhalten. Aber sie tue sich schon auf, die »verzeichnete«[48] Welt, das referenzlose, immaterielle Universum, in dem die Reproduktion das Reale ersetzt habe.[49] In dem es nur mehr auf Wirkung, nicht mehr auf Wirklichkeit ankomme.[50] Freilich gelänge auch im »referenzlosen, immateriellen Universum« die Komputation der wirkenden Wirklichkeitspunkte nur vor einem Erfahrungshintergrund, von dem aus die binär codifizierte und algorithmisierte Wirklichkeit rückübersetzt werden kann in Sinn und Bedeutung. Ein Erfahrungshintergrund, von dem aus Perzeption und Interpretation möglich sind. Über der zunehmenden Signifikation der Welt hat jedenfalls ihre Deutungsbedürftigkeit nicht abgenommen.

Das stimmlich physische Körper-Ich des Kunstimaginären bezieht Posten in der dimensionslosen, referenzlosen Wüsten-Unendlichkeit. Es hintertreibt nicht mehr die Realität mit dem nackten Signifikanten – wie noch die abstrakte Moderne und ihre provokanten Nachfolgekapitel. Die sprengten ihre kruden Bildzeichen von der Gegenstandswelt ab wie der Orbiter seine Trägerrakete und ließen sich hinauskatapultieren in das Adornosche Autonomie-All, von wo aus sie dann subversiv zurückwirken sollten. Wo aber alle Signifikanten schon frei sind, signifikatenlos zu flottieren drohen, wäre das nur noch vergeblicher Energieverzehr. Jetzt kann es nicht mehr um Freisetzung, um Emanzipation des künstlerischen Materials gehen, sondern nur darum, »stimmlich«, also mit dem Physis-Apriori, Orte zu besetzen im vertigo von Sein und Schein. Und das wohl tat der fabrikneue *Mercedes 300 CE* (*dunkelblau métallisé, Die Verführung*), den der Korse Ange Leccia zur documenta 1987 in die Kasseler Orangerie fuhr und dort auf einer Drehbühne rotieren ließ. Hochglänzende Prospektsprüche begleiteten das Werk: »Sehen Sie, eigentlich ist die Welt dazu gemacht, einen schönen Wagen zum Ziel zu haben.«[51] Das tönte so schräg wie der *Erweiterte Schwitters*, der unweit und zur gleichen Zeit sein Klangwesen trieb.

So wie die Bekleidungsmode nicht Kleider verkaufe, sondern Unterschiede zwischen Kleidern, so lieferten Galerien von heute nicht so sehr Kunstwerke als angebliche Unterschiede zwischen Kunstwerken, hat Peter Sloterdijk die Verwirrungen des zeitgenössischen Kunstbetriebs beschrieben.[52] Es falle auf, daß die Kategorie des Scheins sich nicht mehr auf die Differenz zwischen Werk und Wirklichkeit beziehe, sondern auf die zwischen einem Werk und allen anderen: »Im Sog der ästhetischen Entropie wird alle Kunst zu einem Einerlei aus sich selbst herauskehrenden Differenzen, die in lärmender Koexistenz verschwinden.« Das mag zutreffend diagnostiziert sein. Gegen den Sog der ästhetischen Entropie ist aber auch eine künstlerische Praxis zu beobachten, die in der Internationale des Scheins nicht zum Einerlei verbäckt, sondern ihre Differenz behauptet. Anti-Kunst im Sinne der Veränderungs- und Intensivierungsstrategien der Moderne kann sie gegen Ende des Jahrhunderts nicht mehr sein. Wie auch? Wie wollte sie es noch einmal mit der »Falschheit des Lebens« aufnehmen, wo eben dessen Falschheit, dessen Schein »sozial wichtiger« wird als das Leben selbst. Und wie sollte sie noch die Sache der Authentizität, der Ereignishaftigkeit verfechten, wo das Ereignis längst »zur bloßen Matrize seiner Reproduktion« geworden ist?[53]

»Bin ich nun Mensch, oder bin ich Maschine?« Es gebe, befürchtet Jean Baudrillard, heute keine Antwort mehr auf diese Frage: »realiter und subjektiv bin ich Mensch, virtuell und praktisch bin ich Maschine«.[54] Wo die Synergie von Mensch und Maschine schon nicht mehr zur Disposition steht, da ergreift auch Kunst nicht Partei für den Menschen gegen die Maschine – was sie vollends diskreditierte und so töricht wäre wie die futurologische Anwaltschaft für die Maschine gegen den Menschen. Da balanciert Kunst lieber – angeschlossen unangeschlossen, schwindelfrei und mit dem ewig mulmigen Gefühl im Magen – auf ihrem alten Seil über der elektronischen Verbundenheit der neuen technischen Welt hinaus in die luftige Unverbindlichkeit und turnt zurück in die verbliebene Unverbundenheit der alten technischen Welt und gewinnt bei aller Artistik doch keine neue Verbindlichkeit.

Nicht um mit den transitorischen Linien zu konkurrieren, die auf dem Bildschirm erscheinen und, ehe sie sich verdinglichen hätten können, schon wieder in digitale Codes aufgelöst und neu zusammengesetzt haben, zeichnet Manfred Stumpf, als bediente er einen Plotter. Streng, diszipliniert, kontrolliert, exakt, unhandschriftlich, emotionslos. Die Linie ist nichts als kalkulierte Richtung, fährt ohne Fehltritt aus in Winkeln und Kurven, schließt sich zur Kontur, schneidet Gegenstände aus, verliert sie wieder. Embleme, Geometrie, Ideogramme: Es ist immer die gleiche unpersönliche Linie, die von der einen Diskursebene in die andere wechselt. Die so tut, als simuliere sie die Komputationstechnik auf dem Bildschirm, und die doch Graphitspur bleibt, Ergebnis einer perfekten, mangelhaften Zeichenhand. Eine Kunststrategie, deren Intelligenz sich gerade in der Offenheit ihrer angeschlossenen Unangeschlossenheit zeigt. Die vor den womöglich letzten großen Beschleunigungen unserer Kultur noch einmal mit dem Zeichenstift in der Hand Linien eingräbt und aufträgt, als wollte sie mit der Maus in der Hand die Höhlen-Bildschirme von Lascaux abtasten. Eine Strategie auch gegen die ozeanischen Gefühle, die mit den womöglich letzten großen Beschleunigungen unserer Kultur einhergehen. Mit den technischen Medien ist jählings wieder das Ganze, Orbitale, Galaktische in den Blick geraten, das doch noch eben der postmodernen Nachdenklichkeit nicht mehr denkbar, nicht mehr darstellbar vorkam.[55] Jetzt meldet sich mit der binären Sprache ein unerwarteter Universalitätsdruck zurück.[56] Und ein Fellow am »Center for Advanced Visual Studies« des Massachusetts Institute of Technology »schöpft Wasser aus Quellen der größten Flüsse der Erde, destilliert es an ihrem tiefsten Punkt, dem Ufer des Toten Meeres, schmilzt Gold und andere Metalle aus dem Bauch der Erde zu einem Gefäß, isoliert ›Energielinien‹, die an magischen Orten wie an den Osterinseln faßbar sind, nimmt den Gesang der Wale auf ... und sendet die Botschaft von den Wurzeln der Erde ... mit Hilfe der NASA in einer Box ins All.«[57]

Das Körper-Ich des Kunstimaginären übernimmt nur mehr beschränkte Haftung. Verantwortung für die Teilmenge, die nicht wie der Hologrammsplitter schon alle Informationen enthält. Sein Widerstand ist jetzt sein Stand, seine Unzuständigkeit.

Anmerkungen

1 Oskar Lafontaine in: *Kommunikation = Kulturverlust?*, Münsingen 1988, S. 22.
2 Peter Zec, *Informationsdesign*, Zürich 1988, S. 16.
3 Marshall McLuhan, in: *Kanalarbeit – Medienstrategie im Kulturwandel*, Basel/Frankfurt 1988, S. 179.
4 Georg Simmel, *Philosophie des Geldes*, Frankfurt 1989, S. 12.
5 Vilém Flusser, unveröffentlichtes Manuskript eines Vortrags: *Bilder in den neuen Medien* (Museum für Gestaltung, Basel, 12. Mai 1989).
6 Hans Ulrich Reck, in: *Kanalarbeit*, a.a.O., S. 9.
7 Jean Baudrillard, *Virustheorie*, in: *Ästhetik des Immateriellen* (Kunstforum 97), S. 248 ff.
8 Vilém Flusser, in: *Ästhetik des Immateriellen*, a.a.O., S. 131.
9 Jürgen Claus, in: *Ästhetik des Immateriellen*, a.a.O., S. 83.
10 Jürgen Claus, *Das elektronische Bauhaus*, Zürich/Osnabrück 1987.
11 Jürgen Claus, in: *Ästhetik des Immateriellen*, a.a.O., S. 77.
12 Johannes Heisig, *Neue Medien und ihr Platz an den Kunstakademien*, in: *HfG-Forum 13*, Offenbach 1989, S. 10.
13 Vilém Flusser, in: *Ästhetik des Immateriellen*, a.a.O., S. 131.
14 Jean Baudrillard, *Videowelt und fraktales Subjekt*, in: *Philosophien der neuen Technologien*, Berlin 1989, S. 116.
15 Zit. nach Ausstellungskatalog *Otto Piene und das CAVS*, Karlsruhe 1988, S. 36.
16 Zit. nach Dieter Rexroth, *Beethoven*, München 1982, S. 493.
17 Zit. nach Ausstellungskatalog *Otto Piene*, a.a.O., S. 36.
18 Blaise Pascal, *Pensées*, Basel o. J., S. 149.
19 Hans Blumenberg, *Lebenszeit und Weltzeit*, Frankfurt 1989, S. 141 ff.
20 Marshall McLuhan, in: *Kanalarbeit*, a.a.O., S. 168.
21 Jean Baudrillard, *Amerika*, München 1987, S. 16.
22 Dietmar Kamper, in: *Macht und Ohnmacht der Phantasie*, Darmstadt 1986, S. 7.
23 Peter Sloterdijk, *Der Zauberbaum*, Frankfurt 1985, S. 102.
24 Peter Sloterdijk, *Der Zauberbaum*, a.a.O., S. 82.
25 Günther Anders, *Die Antiquiertheit des Menschen*, Band 2, München 1988, S. 335 ff.
26 Marshall McLuhan, in: *Kanalarbeit*, a.a.O., S. 177.
27 Vilém Flusser, *Einiges über unnütz baumelnde Arme und das zwischenmenschliche Beziehungsfeld, Basler Zeitung*, 25. 1. 1989.
28 Der »abstrakte« Maler Helmut Federle zu den »absoluten Bildauffassungen« Ad Reinhardts: »Nur muß ich anführen, daß heute diese absoluten Wahrheiten nicht mehr zu suchen sind, oder besser gesagt, man kann sie als höchsten Wert oder Ideal suchen, wird aber durch die Materialisierung in einer verbrauchten Welt wissen müssen, daß sie

schlußendlich nicht zu finden sind. Dies soll den Wert des Ideals jedoch nicht mindern.« (Zitiert nach: *H. F. im Gespräch mit Bernhard Bürgi*, 26. 12. 86, in: *Abstrakte Malerei aus Amerika und Europa*, Klagenfurt/Wien 1988, S. 127.)

29 Vgl. Dietmar Kamper, *Tod des Körpers – Leben der Sprache*, in: Gebauer/Kamper/Lenzen/Mattenklott/Wulf/Wünsche, *Historische Anthropologie*, Hamburg 1989, S. 49 ff.

30 Christian L. Hart Nibbrig, *Die Auferstehung des Körpers im Text*, Frankfurt 1985.

31 Peter Sloterdijk, *Der Zauberbaum*, a.a.O., S. 267.

32 Vilém Flusser, in: *Ästhetik des Immateriellen*, a.a.O., S. 127.

33 Zit. nach Ausstellungskatalog, *12 Künstler aus Deutschland*, Kunsthalle Basel 1982.

34 Christian L. Hart Nibbrig, *Die Auferstehung des Körpers im Text*, a.a.O., S. 14.

35 Jean-François Lyotard, *Immaterialität und Postmoderne*, Berlin 1985, S. 81.

36 Vilém Flusser, *Einiges über...*, a.a.O.

37 Die 250 × 350 cm große Leinwand wurde u. a. in der Frankfurter »Prospect«-Ausstellung 1989 gezeigt und im zugehörigen Katalog dokumentiert.

38 E. T. A. Hoffmann, *Der Sandmann*, in: *Werke*, Band 1, Köln 1965. Zu Stephan von Huene siehe auch: Hans-Joachim Müller, *Magische Präsenz – Über St. v. H.*, in: *Kritisches Lexikon der Gegenwartskunst*, Ausgabe 6, 1989 und: Stephan von Huene, *Erweiterter Schwitters – Eine Studie in experimenteller Realität*, in: Ausstellungskatalog *Maschinenmenschen*, NBK Berlin 1989, S. 11 ff.

39 In: *Katalog documenta 8*, Band 2, Kassel 1987, S. 172.

40 Joseph Nechvatal, *Theoretical Statement Concerning Computer/Robotic Paintings*, in: *Katalog documenta 8*, Band 3, Kassel 1987.

41 Jean-François Lyotard, *Immaterialität und Postmoderne*, a.a.O., S. 87/88.

42 Jean Baudrillard, *Amerika*, a.a.O., S. 86.

43 Vilém Flusser, *Bilder in den neuen Medien*, a.a.O.

44 Vilém Flusser, in: *Ästhetik des Immateriellen*, a.a.O., S. 127/128.

45 Manfred Schneckenburger, in: *Katalog documenta 8*, Band 1, Kassel 1987, S. 15.

46 Peter Weibel, *Logo-Kunst*, in: *Philosophien-Künstler*, Berlin 1986, S. 102.

47 Vilém Flusser, in: *Ästhetik des Immateriellen*, a.a.O., S. 127.

48 Den Begriff verdanke ich Hermann Sturm. Vgl.: *Der verzeichnete Prometheus*, Essen/Basel, 1988/89.

49 Thomas Wulffen, in: *Realkunst, Kunstforum 91*, S. 105.

50 Vilém Flusser, in: *Ästhetik des Immateriellen*, a.a.O., S. 108.

51 Zit. nach: *Katalog documenta 8*, Band 2, Kassel 1987, S. 148.
52 Peter Sloderdijk, *Kopernikanische Mobilmachung und Ptolemäische Abrüstung*, Frankfurt 1987, S. 37.
53 Günther Anders, *Die Antiquiertheit des Menschen, Band 1*, a.a.O., S. 111.
54 Jean Baudrillard, *Videowelt und fraktales Subjekt*, a.a.O., S. 125.
55 Jean-François Lyotard, *Immaterialität und Postmoderne*, a.a.O., S. 35.
56 Ders., S. 56.
57 Zit. nach: Manfred Schneckenburger, *Jenseits der Maschinenkunst*, in: Ausstellungskatalog *Otto Piene und das CAVS*, a.a.O., S. 23.

Jacques Fol
Fragen an den Benutzer von numerischen Technologien, die aktuelle Kunst schaffen oder an ihr teilnehmen wollen

»Wir haben einfach und ohne es noch zu verstehen davon gehört, daß es eine Präzession gibt, die nicht mit Vorzeitigkeit gleichzusetzen ist, ohne die aber jedoch die Zeit nur das mechanische Ergebnis sukzessiver Momente wäre, die einander äußerlich blieben: damit haben wir – in der Unmöglichkeit, eine solche Instanz darzustellen – nicht nur das Gesetz, sondern die Tiefe selbst der Sprache erfahren.«

Jean Louis Schefer, *Origine du crime*
(Cafe-Clima, 1985), S. 159.

Um diese Fragen zu beantworten, müssen zwei Voraussetzungen geklärt werden: die erste verdeutlicht die Dispositionen aktueller Kunst und formuliert, was aus ihnen folgt; die zweite bezieht sich auf die numerischen Technologien und ihre ikonischen Anwendungen (Infographie). Die Klärung dieser Voraussetzungen sollte es erlauben, die sogenannten künstlerischen Anwendungen der Infographie besser einzuordnen und einige Verwirrungen sowie bewußt oder stillschweigend erzeugte Mißverständnisse zu beseitigen, die verhindern, die kreativen Verfahren eines Bereiches herauszustellen, der sich in vollständigem Umbruch befindet.

Zunächst muß ich gestehen, daß ich noch nicht das Glück erfahren habe, Zuschauer solcher infographischen Arbeiten gewesen zu sein, die sich authentisch[1] als Werke darstellen. Was ich sehen konnte, zeugte eher von technischer Leistung oder einer anekdotenhaften Illustration denn von einem wirklich kreativen ästhetischen Willen. Zum Abschluß dieses kurzen Vorwortes möchte ich betonen, daß sich diese Fragestellungen im Rahmen einer ästhetischen Reflexion bewegen, die zwangsläufig soziologisch gefärbt ist, da sie sich auf eine Epoche bezieht bzw. sich in einer solchen vorfindet, in der Faktoren der Umwelt zu ästhetischen Argumenten werden können.

Jeder, sei er nun Werbefachmann, Illustrator, Seiltänzer, Wissenschaftler oder Informatiker, kann sich als Künstler ausgeben, aber diese Eigenschaft ist weder beliebig zuschreibbar noch Ergebnis einer individuellen Entscheidung, sondern eine soziale Qualifikation. Sie wird durch Dispositive bestimmt, die Kompetenz ausweisen und objektiver sind, als man gerne glauben möchte.[2] Diese Dispositive sind nicht gesetzlich definiert. Man muß sie von der Institution unterscheiden, die es Künstlern erlaubt, in den Genuß von sozialen Zuwendungen zu kommen. Sie stellt eine Organisation dar, die Produktion und Produzenten filtert und sortiert, ja diese sogar hervorruft. Diese Organisation ist weder das Kultusministerium noch seine Abteilung für Bildende Kunst, sondern das Netz (nationaler und internationaler) Strukturen zur Aufnahme und Förderung der aktuellen Kunst. Es wird von seinen Akteuren (Künstlern, Kritikern, Museumsbeamten, Galeristen, Wissenschaftlern, Sammlern) getragen, die die Auswahl treffen. Diese Auswahl wird in Übereinstimmung mit Dispositionen (Hierarchien, Strukturen, Entscheidungsträgern...) im Hinblick auf die primäre Bestimmung des Werkes getroffen, d. h. im Hinblick eben auf jenes Dispositiv, dem das Werk angehört. Dieser Zirkel der Qualifikation geht aus einer informellen Absprache hervor, in deren Verlauf die vorgeblichen Werke anhand von relativen Dispositionen geprüft werden (Eingebundenheit in ein Milieu, in eine bestimmte Epoche, in die Kunstgeschichte, kurz: in die soziale Organisation, die sich aus Galerien, Museen, Zeitschriften und Veröffentlichungen zusammensetzt und die Anerkennung eines Werkes ermöglicht). Die Qualitäten des Werkes und des Künstlers werden zwar gleichermaßen in Betracht gezogen, doch ist deren Ausdifferenzierung abhängig von dem Platz, den sie im vorher erwähnten Dispositiv einnehmen – oder einzunehmen vorgeben. Von der Autonomie dieses Dispositivs hängt die Autonomie der Kunst ab!

Die aktuelle Kunst ist nicht nur Sache des Künstlers, sondern in weit stärkerem Ausmaß die des Künstlerischen, d. h. eines Milieus, das sich ständig im Prozeß der Aktualisierung befindet und unablässig seine Realisate beurteilt. Wer sich häufig in diesem Bereich bewegt, wird darüber hinaus zugeben, daß diese Dispositive sich nicht darauf beschränken, das primäre Handlungsfeld abzustecken, sondern daß sie (zumindestens seit Duchamp[3]) zum eigentlichen Thema des aktuellen Künstlers geworden sind. Deswegen lautet die Frage, die jedem Werk der Gegenwart vorausgeht: Wie kann man sich seinen Platz im Bereich der künstlerischen Welt vergegenwärtigen?

Infographie, mon Amour!

Infographie ist das System, das die Informatik und die miteinander verbundenen numerischen Technologien einsetzt, um ikonische Effekte zu produzieren. Sie ist daher diesen Technologien und den aus ihnen folgenden ikonischen Realitäten unterworfen, also einer spezifischen Art der Darstellung mittels des kathodischen Bildschirms oder seiner Projektion, aus der sich Einschränkungen der Distribution und der Rezeption ergeben.

Die Infographie müßte folglich zwei spekulative Ordnungen einführen: die erste entfaltet sich ausgehend von den eingesetzten Technologien und die zweite ausgehend von deren allgemeinen und spezifischen ikonischen Anwendungen. Ganz offensichtlich sind diese beiden reflexiv erschlossenen Ordnungen voneinander abhängig, sei es auch nur insoweit, als der spezifische Charakter der Bilder dabei von der erstaunlichen Rechenkraft der numerischen Maschinen bestimmt wird. Man sollte festhalten, daß die von diesem Verfahrenstyp ausgehende Faszination sich auf beide Ordnungen richtet, weil dadurch sehr schnell Effekte erzielt werden können, auf die unsere am Bild orientierte Gesellschaft leicht anspricht. Die Infographie verbindet auf wunderbare Weise die Anziehungskraft der technologischen Geschwindigkeit mit der des Bildes, was Virilio als Dromoskopie bezeichnet.[4] Die Geschwindigkeit, mit der dank des für den Erwachsenen arbeitenden Spielzeugs (des Computers) Effekte realisiert werden können, führt nach einigen Autoren, etwa für Couchot in der Nachfolge Baudrillards, eine Situation der Kommutation herbei, d.h. eine phasengleiche Arbeit von Mensch und Maschine in der synchronischen Umwelt unserer Gegenwart.

Die ikonische Arbeit in Echtzeit ist aber keine hinreichende Begründung dafür, das daraus entstehende Resultat unter die Kategorie der Kunst einzuordnen. Eine solche Einordnung wird um so beliebiger, als die ikonische Kritik im künstlerischen Bereich heute weit mehr auf die Bedingungen der ikonischen Produktion (die Dispositionen) ausgerichtet ist, und sich im Bereich der Infographie diese Bedingungen als notwendige Einschränkungen eingebürgert haben. Ihre Infragestellung würde die Unmöglichkeit der Infographie implizieren.

Die technologische Leistung als ästhetischer Ersatz

Über die Infographie als Kunstform nachzudenken bedeutet letztendlich, sie als eine autonome Gattung insoweit zu denken, als sie unter Berücksichtigung ihrer Dispositionen (Themen, Akteure, Mittel, Techniken, Bestimmungsorte, Distributionen ...) nicht mit den sogenannten Bildenden Künsten konkurrieren kann. Diese können, weil sie durch historische Brüche hindurchgegangen sind, ihr eigenes System in Frage stellen und diese Infragestellung als gattungsspezifisches Fundament ihrer Realisationen betrachten. Dieser Sachverhalt kommt auch bei den Pionieren der Infographie zum Ausdruck, wenn sie ihre eigene Geschichte schreiben, in der sie sich einen überlegenen Platz zuweisen. Diese Form der Autoreferenz, die in der anerkannten Kunst durch ihr objektives Dispositiv relativiert wird, bleibt in einem neuen Bereich möglich, in dem Objektivität durch die Macht desjenigen definiert wird, der zuletzt spricht.

Der ästhetische Wert einer Arbeit ist die Resultante eines gattungsspezifischen Labels, der von den Spezialisten dieser Gattung (den Theoretikern und Praktikern) vergeben wird. Jede neue Gattung muß sich dabei gegenüber den ihr am nächsten stehenden (den Bildenden Künsten, dem Kino, der Fotografie, der Grafik, dem Comic, der Illustration) entweder als eigenständige Gattung oder als Teil einer umfassenderen definieren. Diese Bezugnahme auf die Vorgänger findet auch bei den Avantgarden statt, die sich selbst in einer widersprüchlichen Vorzeitigkeit gegenüber denen situieren, die sie in Frage gestellt hat.

Ohne zu sehr auf der Tatsache beharren zu wollen, daß jede Spezifikation relativ ist, wird man bemerken, daß die Bezugnahme der künstlerischen Infographie sich an den Bildenden Künsten orientiert, obgleich es leichter gewesen wäre, sie in ein Verhältnis zum Kino, das sie gebraucht, oder zur Fotografie zu setzen, wo beispielsweise bestimmte Arbeiten von Moholy-Nagy ihr historisch nahekommen. Die offensichtliche Bezugnahme läßt es schwierig werden, den aktuellen infographischen Werken einen ästhetischen Wert zuzusprechen, insofern sie ganz deutlich die technische und spektakuläre Leistung in den Vordergrund rücken.

In der Kunst verwechselt man die technische Qualität des Produkts (des Werks) nicht mehr mit seinem ästhetischen Wert. Das künstlerische Know-how unterscheidet sich beträchtlich vom technischen Know-how des Kunstgewerbes. Diese Verwechslung macht der Inhalt der künstlerischen Expression als Form der Infragestellung von Vorläufern, was die moderne Kunst kennzeichnet, unmöglich. Die Idee einer ikonischen Performance ist nicht mehr das Ziel aktueller Kunst, sondern ganz im Gegenteil das Motiv ihrer Transformationen, durch die sie das Ikonische der Frage unterwirft, ob es der Ausstellung des Werkes oder seiner Mediatisierung im Werk Widerstand zu leisten vermag.[5]

Technologie der Kunst oder technologische Kunst?

Man kann nicht pauschal abstreiten, daß die Bildenden Künste eine Gattung des Spektakels darstellen, aber man muß diese näher charakterisieren. Es geht daher noch immer darum, die Dispositionen aktueller Kunst zu bestimmen und ihre Form des Spektakels in dieses Dispositiv einzuordnen, das, auch wenn es sich in das allgemeine Dispositiv unserer vom Spektakel beherrschten Aktualität einschreibt, nichtsdestoweniger eine besondere Art darstellt, die primär durch die Institution künstlerischer Überlegungen geprägt ist (im Gegensatz zur allgemeinen Aktualität, in der sich die ersten Überlegungen auf ein allgemeines und nicht auf ein spezifisches Publikum richten).

Die Wahl einer Technik als Basis der Kunstproduktion scheint nicht als solche verpönt zu sein: Der Maler wählt a priori die Technik der Malerei. Dennoch wird es immer legitimer, sich zu fragen, ob in der Kunst die apriorische Technik nicht nur, wie die Malerei selber, ein Relikt von Praktiken ist, die von den Avantgarden irreversibel beiseite gelegt worden sind.

Solange die künstlerische Infographie nicht in der Lage ist, ihre eigenen Formen ästhetischer Qualifikation zu entwickeln, wird sie denen unterworfen bleiben, in deren Nachbarschaft sie sich stellt, also vor allem denen derjenigen Bildenden Künste, auf die sie sich bezieht. Keine Bezugnahme ist neutral. Jede impliziert einen Rückgriff auf erprobte Verfahren, wozu die Kenntnis der Geschichte und der Aktualität dessen gehört, worauf man sich bezieht.

Konsequenterweise wäre eine technologische Kunst überdies eine Kunst, die sich in das technologische Dispositiv einschreibt. Ihre Akteure müßten also eine doppelte Kompetenz, d. h. eine technologische und eine künstlerische, besitzen. Berücksichtigt man die Spezialisierung des Wissens, so verweist diese Kompetenz auf eine Leistung, der gegenüber diejenige der Computer, selbst der größten und am besten programmierten, nur von einem geringen Nutzen erscheint! Manche »Künstler« ziehen es daher vor, die Ausübung einer künstlerischen Tätigkeit im Bereich der Technologie vorzutäuschen, ohne sich direkt am wirklichen künstlerischen Dispositiv zu messen. Dadurch begeistern sie einige sensationsbedürftige Techniker, die allerdings die aktuelle künstlerische Wirklichkeit nicht kennen, in der das Ikonische kein Endzweck, sondern ein Material ist.[6]

Ich weiß, daß die letzte Bemerkung weit davon entfernt ist, einstimmigen Beifall zu finden, aber die Ausdifferenzierung scheint mir insbesondere auf einem Gebiet unumgänglich zu sein, in dem die Indifferenz gegenüber ästhetischen Fragen akzeptiert, aber gegenüber technologischen verurteilt werden würde. Die Kunst ist schließlich nicht allein deswegen eine Logik und Objektivität, weil sie es mit dem Sinnlichen zu tun hat. Um das Gegenteil anzuerkennen, muß man keine große Leuchte auf dem Gebiet der Psychologie sein!

Gibt es einen Autor in der Maschine?

Die Frage nach dem Autor in der Infographie erfordert eine Nachfrage auf drei Ebenen:

1. Was heißt Autorschaft in der aktuellen Kunst?
2. Was heißt sie für denjenigen, der eine Technologie benützt?
3. Was ist das Verhältnis des Autors zu seiner Fiktion?

1. Zumindest seit Beginn der sechziger Jahre, insbesondere seit der Pop Art und den Nouveaux Realistes, die in der Nachfolge Duchamps standen, ist die Rolle des Autors in der Kunst erheb-

lich verändert worden, sei es auch nur aufgrund der Reduzierung seiner materiellen Partizipation am Werk, weswegen seitdem das Thema seinen Autor zu wählen scheint. In eben der Zeit, in der die Konsumgesellschaft ihre Fundamente verstärkte und sich die Gesellschaft des Spektakels ausbildete, nahm der Autor, der auf die am stärksten in Erscheinung tretenden Wirklichkeiten aufmerksam wurde, die Pose eines Regisseurs ein, der die kollektiven Wirklichkeiten in der Kunst neu anordnete. Die Verdinglichung jeder Sache einschließlich des Humanen ermöglichte eine Kunst, in der die Aktion zweitrangig war und darin bestand, ohne Scham die Geste des Präsentierens – immer da, immer eben vorbei – zu wiederholen.

Die soziologische Kunst andererseits würde nur das beachten, was bereits der Fall war: die künstlerische Geste war gebannt durch ihre Vergesellschaftung, die bereits mediatisierte Äußerlichkeit siegte über die Intimität, das Individuum überließ sich für immer der Öffentlichkeit. Von der Frankfurter Schule wurde theoretisch angekündigt und von den Situationisten sowie den kritischen Theorien bestätigt, daß nicht nur die gesellschaftlichen Strukturen für die Vergewisserung einer Identität zu mächtig waren, sondern daß auch die Hoffnung darauf von der Öffentlichkeit zerstört wurde. Ein großer Teil der aktuellen Kunst schreibt sich in diesen kontinuierlichen Bruch ein, in dem das Subjekt nichts anderes ist als seine eigene Projektion, als diese spektakuläre Simulation, mit der es gut zu spielen versteht. Die Identität des Autors ist gebunden an Oberflächeneffekte, die täuschen und vielschichtiger sind, als sie scheinen! Man darf das aber nicht mißverstehen und glauben, die Kunst sei nichts anderes als die Simulation des Simulakrums. Das ist keine Sprache, sondern deren Projekt.

2. Der großartige Erfolg des Computers verdankt sich vermutlich dem Geniestreich, in die Produktionsmittel wieder ein Spielzeug eingeführt zu haben. Der Computer ist ganz einfach sensationell, denn er läßt die Berechnung einer Konstruktion von Eisenträgern, die die Fahrbahn einer Brücke mittels einer Zentralverspannung stützen, zu einem Spiel werden. Er ruft dieselbe magische Faszination hervor, die zuvor von den schnellsten menschlichen Rechnern ausging, von denen übrigens einige nicht dazu imstande waren, ein Lexikon von einem Kochbuch zu unterscheiden. Von nun an kann das Kind behaupten: »Später

werde ich mit einer noch größeren Maschine spielen.« Die schmerzliche Kluft zwischen der Maschine des Kindes und der des Erwachsenen (die von Papa) wird verringert: die Welt der Informatik wächst einfach gemäß der Entwicklung des Kindes. Auch wenn die Frage viel zu einfach erscheinen mag, frage ich mich immer, wer den anderen beherrscht – die Maschine, der Erwachsene oder das Kind? Wer ist Benutzer von was? Was ist der Autor von wem?

Beobachtet man das numerische Dispositiv und seine Anwendungen aber aus einem gewissen Abstand, so verlieren diese Fragen ihren simplen Charakter. Das numerische Dispositiv produziert derart zufriedenstellende Effekte und verfügt über derart große ikonische Möglichkeiten, daß es denjenigen, der damit spielt, isoliert. Der Wunsch, etwas zu zeigen, verschwindet in dem Maße, in dem die monstrativen Effekte, dessen Zeuge er ist, ihm genügen.

Die Ausstellung ist also nicht mehr als eine Phase in diesem Kreislauf, in den der Autor als Element neben anderen integriert ist[7], während sie das Ziel der aktuellen Kunst bleibt, in der der Autor bzw. die so bezeichnete Person öffentlich über sein bzw. ihr Werk Rechenschaft ablegt. Wenn die infographische Maschinerie Kunst zu machen sucht, virtualisiert sie den Autor wie die Öffentlichkeit durch eine subtile Verdoppelung desjenigen, der mit ihr arbeitet. Die Simulationsmaschinen erzeugen wirklich einen virtuellen Autor, der als Köder für den dient, der fasziniert mit dieser übermenschlichen Prothese arbeitet, die ihm scheinbar die Visionen seiner Zukunft liefern kann. Letztendlich sind die infographischen Bilder nur figurierte Modelle, performative Führer auf den Wegen des Virtuellen, also von Wegen zu dem, was noch nicht realisiert wurde, was uns noch wirksamer vom Realen isoliert oder uns, je nachdem, von ihm entfernt!

3. Ich möchte diese harte Anklage der infographischen Kunst nicht abschließen, ohne gewisse Perspektiven herauszustellen, die für sie sprechen. Die Wege des Virtuellen führen nicht alle in das Unbewußte und sind nicht gänzlich beherrscht von der raumzeitlichen Indifferenz einer Epoche, in der die Gegenwart ihre Zukünfte in sich integriert, so daß das Kommende nur das sein kann, was programmiert wurde. Wenn der Begriff des Autors heute sich auf neue Überlegungen öffnet, dann wird die Fiktion, die er sich auferlegt, zum Thema einer außerordentlichen Unter-

suchung. Bislang habe ich noch nicht auf die Bedeutung des Sachverhalts hingewiesen, daß die Sprache in der Infographie die Arbeit der Hand ersetzt. Vielleicht liegt in dieser Feststellung einer der attraktivsten Eigenschaften dieser Disziplin, daß sich der menschliche Eingriff auf den Gebrauch der Sprache reduziert, auf die Auflösung der Heterogenität zwischen dem Gesprochenen und der Sichtbarkeit[8]: »Von nun an kann ich sehen, was ich gesagt habe.« Oder, um es exakter auszudrücken: Von nun kann ich die Effekte dessen sehen, was ich gesagt habe.« Darin besteht das Wunder eines Bereichs, in dem die Sprache in der kathodischen Sichtbarkeit handelt, in dem der Text das Realisierte informiert. Eine synthetische Welt wäre eine Welt des sprachlichen Ausdrucks!

Obgleich die zunehmende Komplexität des Beinhaltenden die Reduktion des Inhalts erzwingt, so würde der Text dennoch immer die Versichtbarung notwendig machen. Das ist schrecklich, weil das Sichtbare improvisiert sein könnte, und zugleich großartig, weil das Begriffliche und Sinnliche durch ihre Verlängerung in eine von sich selbst irritierte ikonochronische Handlungsweise ihre Zusammengehörigkeit finden würden. Die Irritation rührt nicht mehr aus der Fiktion des Realen, sondern entsteht aus der Virtualität der numerischen Wege vom Menschlichen zum Sichtbaren, das er alleine nicht hätte erreichen können. Wenn die Infographen daran gehen, diese Interfaces zu ergründen, dann könnte es sein, daß sie die Richtung einer Kunst der Zukunft erkennen, in der das Ästhetische in Echtzeit dem Technologischen die Stirn bieten würde. Das wäre vermutlich eine große Kunst.

Aus dem Französischen von Matthias Leutrum und Sylvia Obst

Anmerkungen

1 Zur Idee von Authentizität und Authentifizierung vergleiche man: Gilles Deleuze, *Logique du sens*, Paris 1969, S. 292; Umberto Eco, *La guerre du faux*, Paris 1985, sowie dessen außerordentliche *Semiotik und Philosophie der Sprache*, München 1985.

2 Zu diesem Begriff beziehe man sich vor allem auf die Werke von Michel

Foucault und Pierre Bourdieu, subtil kritisiert von Michel de Certeau, *Kunst des Handelns*, Berlin 1988.

3 Vgl. Thierry du Duve, *Pikturaler Nominalismus. Die Malerei und die Moderne*, München 1987.

4 Vgl. Paul Virilio, *Geschwindigkeit und Politik*, Berlin 1980.

5 Man betrachte in dieser Perspektive die Bilder von Sigmar Polke, Gerhard Richter und sogar die Serien von Andy Warhol.

6 Man vergegenwärtige sich hierzu die Arbeiten von Dan Graham und Richard Prince, die Repräsentationsverfahren und ihre öffentlichen Erscheinungen als Werke anbieten.

7 Vgl. Jean Baudrillard, *De la seduction*, Paris 1979.

8 Vgl. Gilles Deleuze, *Foucault*, Frankfurt 1987.

Ästhetik
in der edition suhrkamp

Bachtin, Michail M.: Die Ästhetik des Wortes. Herausgegeben und eingeleitet von Rainer Grübel. Aus dem Russischen übersetzt von Rainer Grübel und Sabine Reese. es 967

Benjamin, Walter: Das Kunstwerk im Zeitalter seiner technischen Reproduzierbarkeit. Drei Studien zur Kunstsoziologie. es 28

Böhme, Gernot: Für eine ökologische Naturästhetik. es 1556

Bredekamp, Horst: Kunst als Medium sozialer Konflikte. Bilderkämpfe von der Spätantike bis zur Hussitenrevolution. es 763

Bubner, Rüdiger: Ästhetische Erfahrung. es 1564

Bürger, Peter: Theorie der Avantgarde. es 727

Digitaler Schein. Ästhetik der elektronischen Medien. Herausgegeben von Florian Rötzer. es 1599

Foucault, Michel: Raymond Roussel. Übersetzt von Renate Hörisch-Helligrath. es 1559

Frank, Manfred: Einführung in die frühromantische Ästhetik. es 1563

Gombrich, Ernst H. / Julian Hochberg / Max Black: Kunst, Wahrnehmung, Wirklichkeit. Aus dem Englischen übersetzt von Max Looser. es 860

Haug, Wolfgang Fritz: Kritik der Warenästhetik. es 513

Koppe, Franz: Grundbegriffe der Ästhetik. es 1160

Kris, Ernst / Otto Kurz: Die Legende vom Künstler. Ein geschichtlicher Versuch. Mit einem Vorwort von Ernst H. Gombrich. es 1034

Mayer, Hans: Versuche über die Oper. es 1050

Penck, A. R.: Mein Denken. es 1385

Platschek, Hans: Porträts mit Rahmen. Picasso, Magritte, Grosz, Klee, Dali und andere. es 1086

Warenästhetik. Beiträge zur Diskussion, Weiterentwicklung und Vermittlung ihrer Kritik. Mit Beiträgen von Wolfgang Fritz Haug u.a. es 657

Was ist ein Bild? Herausgegeben von Gottfried Boehm. Mit zahlreichen Abbildungen. es 1494

Wellmer, Albrecht: Unversöhnliche Moderne. Kunst und Politik. es 1628

309/1/6.90

Kulturgeschichte
in der edition suhrkamp

Aron, Jean-Paul / Roger Kempf: Der sittliche Verfall. Bourgeoisie und Sexualität in Frankreich. Aus dem Französischen von Agnes Bucaille-Euler, Birgit Spielmann und Gerhard Mahlberg. es 1116

Brunkhorst, Hauke: Der Intellektuelle im Land der Mandarine. es 1403

Kleinspehn, Thomas: Warum sind wir so unersättlich? Über den Bedeutungswandel des Essens. es 1410

Kulturbestimmungen im 20. Jahrhundert. Herausgegeben von Helmut Brackert und Fritz Wefelmeyer. es 1587

Lang, Bernhard / Colleen McDannell: Der Himmel. Eine Kulturgeschichte des ewigen Lebens. Mit zahlreichen Abbildungen. es 1586

Die Listen der Mode. Herausgegeben von Silvia Bovenschen. es 1338

Macho, Thomas H.: Todesmetaphern. Vom Reden über den Tod. es 1419

McKeown, Thomas: Die Bedeutung der Medizin. Traum, Trugbild oder Nemesis? Aus dem Englischen von Cornelia Rülke und Bernhard Badura. es 1109

Mythos und Moderne. Begriff und Bild einer Rekonstruktion. Herausgegeben von Karl Heinz Bohrer. es 1144

Naturplan und Verfallskritik. Zu Begriff und Geschichte der Kultur. Herausgegeben von Helmut Brackert und Fritz Wefelmeyer. es 1211

Scholem, Gershom: Über einige Grundbegriffe des Judentums. es 414

Das Schwinden der Sinne. Herausgegeben von Dietmar Kamper und Christoph Wulf. es 1188

Die unvollendete Vernunft: Moderne versus Postmoderne. Herausgegeben von Dietmar Kamper und Willem van Reijen. es 1358

Vernant, Jean-Pierre: Die Entstehung des griechischen Denkens. Aus dem Französischen von Edmund Jacoby. es 1150

– Mythos und Gesellschaft im alten Griechenland. Aus dem Französischen von Gustav Roßler. es 1381

Veyne, Paul: Glaubten die Griechen an ihre Mythen? Ein Versuch über die konstitutive Einbildungskraft. es 1226

Die Wiederkehr des Körpers. Herausgegeben von Dietmar Kamper und Christoph Wulf. es 1132

308/1/6.90

edition suhrkamp
Eine Auswahl

Abelshauser: Wirtschaftsgeschichte der Bundesrepublik Deutschland 1945-1980. NHB. es 1241
Abendroth: Ein Leben in der Arbeiterbewegung. es 820
Achebe: Okonkwo oder Das Alte stürzt. es 1138
Adam / Moodley: Südafrika ohne Apartheid? es 1369
Adorno: Eingriffe. es 10
– Kritik. es 469
– Ohne Leitbild. es 201
– Stichworte. es 347
Das Afrika der Afrikaner. es 1039
Arbeitslosigkeit in der Arbeitsgesellschaft. es 1212
Aus der Zeit der Verzweiflung. es 840
Bachtin: Die Ästhetik des Wortes. es 967
Barthes: Kritik und Wahrheit. es 218
– Leçon/Lektion. es 1030
– Mythen des Alltags. es 92
– Semiologisches Abenteuer. es 1441
– Die Sprache der Mode. es 1318
Beck, U.: Gegengifte. es 1468
– Risikogesellschaft. es 1365
Becker, Jurek: Warnung vor dem Schriftsteller. es 1601
Beckett: Endspiel. Fin de Partie. es 96
– Flötentöne. es 1098
– Mal vu, mal dit. Schlecht gesehen, schlecht gesagt. es 1119
Benjamin: Aufklärung für Kinder. es 1317
– Briefe. es 930
– Das Kunstwerk im Zeitalter seiner technischen Reproduzierbarkeit. es 28
– Moskauer Tagebuch. es 1020
– Das Passagen-Werk. es 1200
– Versuche über Brecht. es 172
– Zur Kritik der Gewalt und andere Aufsätze. es 103
Bernhard: Der deutsche Mittagstisch. es 1480
– Prosa. es 213
Bertaux: Hölderlin und die Französische Revolution. es 344
Biesheuvel: Schrei aus dem Souterrain. es 1179
Bildlichkeit. es 1475
Bloch: Abschied von der Utopie? es 1046
– Kampf, nicht Krieg. es 1167
Boal: Theater der Unterdrückten. es 1361
Böhme, Helmut: Prolegomena zu einer Sozial- und Wirtschaftsgeschichte Deutschlands im 19. und 20. Jahrhundert. es 253
Bohrer: Die Kritik der Romantik. es 1551
– Der romantische Brief. es 1582
Bond: Gesammelte Stücke. es 1340
Botzenhart: Reform, Restauration, Krise. NHB. es 1252
Bovenschen: Die imaginierte Weiblichkeit. es 921
Brandão: Kein Land wie dieses. es 1236
Brasch: Frauen. Krieg. Lustspiel. es 1469
– Lovely Rita. Rotter. Lieber Georg. es 1562

316/1/6.90

edition suhrkamp
Eine Auswahl

Braun, V.: Verheerende Folgen mangelnden Anscheins innerbetrieblicher Demokratie. es 1473
Brecht: Der aufhaltsame Aufstieg des Arturo Ui. es 144
– Aufstieg und Fall der Stadt Mahagonny. es 21
– Ausgewählte Gedichte. es 86
– Baal. es 170
– Buckower Elegien. es 1397
– Die Dreigroschenoper. es 229
– Furcht und Elend des Dritten Reiches. es 392
– Gesammelte Gedichte. Bd. 1-4. es 835-838
– Die Geschäfte des Herrn Julius Caesar. es 332
– Die Gesichte der Simone Machard. es 369
– Die Gewehre der Frau Carrar. es 219
– Der gute Mensch von Sezuan. es 73
– Die heilige Johanna der Schlachthöfe. es 113
– Herr Puntila und sein Knecht Matti. es 105
– Im Dickicht der Städte. es 246
– Der kaukasische Kreidekreis. es 31
– Leben des Galilei. es 1
– Leben Eduards des Zweiten von England. es 245
– Mann ist Mann. es 259
– Die Mutter. es 200
– Mutter Courage und ihre Kinder. es 49
– Der Ozeanflug. Die Horatier und die Kuratier. Die Maßnahme. es 222
– Prosa. Bd. 1-4. es 182-185
– Schweyk im zweiten Weltkrieg. es 132
– Die Tage der Commune. es 169
– Trommeln in der Nacht. es 490
– Der Tui-Roman. es 603
– Über den Beruf des Schauspielers. es 384
– Über Lyrik. es 70
– Über Politik auf dem Theater. es 465
– Über Politik und Kunst. es 442
– Über Realismus. es 485
– Das Verhör des Lukullus. es 740
Brunkhorst: Der Intellektuelle im Land der Mandarine. es 1403
Bubner: Ästhetische Erfahrung. es 1564
Buch: Der Herbst des großen Kommunikators. es 1344
– Waldspaziergang. es 1412
Bürger, P.: Theorie der Avantgarde. es 727
Celan: Ausgewählte Gedichte. Zwei Reden. es 262
Cortázar: Letzte Runde. es 1140
– Das Observatorium. es 1527
– Reise um den Tag in 80 Welten. es 1045
Denken, das an der Zeit ist. es 1406
Derrida: Die Stimme und das Phänomen. es 945
Determinanten der westdeutschen Restauration 1945-1949. es 575
Dinescu: Exil im Pfefferkorn. es 1589
Ditlevsen: Sucht. es 1009

316/2/6.90

edition suhrkamp
Eine Auswahl

Ditlevsen: Wilhelms Zimmer. es 1076
Doi: Amae – Freiheit in Geborgenheit. es 1128
Dröge / Krämer-Badoni: Die Kneipe. es 1380
Dubiel: Was ist Neokonservatismus? es 1313
Duerr: Traumzeit. es 1345
Duras: Eden Cinéma. es 1443
– La Musica Zwei. es 1408
– Sommer 1980. es 1205
– Vera Baxter oder Die Atlantikstrände. es 1389
Eco: Zeichen. es 895
Eich: Botschaften des Regens. es 48
Elias: Humana conditio. es 1384
Norbert Elias über sich selbst. es 1590
Enzensberger: Blindenschrift. es 217
– Einzelheiten I. es 63
– Einzelheiten II. es 87
– Die Furie des Verschwindens. es 1066
– Landessprache. es 304
– Palaver. es 696
– Das Verhör von Habana. es 553
Esser: Gewerkschaften in der Krise. es 1131
Faszination der Gewalt. es 1141
Feminismus. Inspektion der Herrenkultur. es 1192
Feyerabend: Erkenntnis für freie Menschen. es 1011
– Wissenschaft als Kunst. es 1231
Fortschritte der Naturzerstörung. es 1489
Foucault: Psychologie und Geisteskrankheit. es 272
Frank: Gott im Exil. es 1506
Frank, M.: Der kommende Gott. es 1142
– Motive der Moderne. es 1456
– Die Unhintergehbarkeit von Individualität. es 1377
– Was ist Neostrukturalismus? es 1203
Frevert: Frauen- Geschichte. NHB. es 1284
Frisch: Biedermann und die Brandstifter. es 41
– Die Chinesische Mauer. es 65
– Don Juan oder Die Liebe zur Geometrie. es 4
– Frühe Stücke. es 154
– Graf Öderland. es 32
Gerhard: Verhältnisse und Verhinderungen. es 933
Geyer: Deutsche Rüstungspolitik 1860-1980. NHB. es 1246
Goetz: Krieg/Hirn. es 1320
Goffman: Asyle. es 678
– Geschlecht und Werbung. es 1085
Gorz: Der Verräter. es 988
Gstrein: Einer. es 1483
Habermas: Eine Art Schadensabwicklung. es 1453
– Legitimationsprobleme im Spätkapitalismus. es 623
– Die nachholende Revolution. es 1663
– Die Neue Unübersichtlichkeit. es 1321
– Technik und Wissenschaft als Ideologie. es 287
– Theorie des kommunikativen Handelns. es 1502
Hänny: Zürich, Anfang September. es 1079

316/3/6.90

edition suhrkamp
Eine Auswahl

Handke: Die Innenwelt der Außenwelt der Innenwelt. es 307
– Kaspar. es 322
– Langsam im Schatten. es 1600
– Phantasien der Wiederholung. es 1168
– Publikumsbeschimpfung und andere Sprechstücke. es 177
Happel: Grüne Nachmittage. es 1570
Henrich: Konzepte. es 1400
Hentschel: Geschichte der deutschen Sozialpolitik 1880-1980. NHB. es 1247
Hesse: Tractat vom Steppenwolf. es 84
Die Hexen der Neuzeit. es 743
Irigaray: Speculum. es 946
Jahoda / Lazarsfeld / Zeisel: Die Arbeitslosen von Marienthal. es 769
Jakobson: Kindersprache, Aphasie und allgemeine Lautgesetze. es 330
Jasper: Die gescheiterte Zähmung. NHB. es 1270
Jauß: Literaturgeschichte als Provokation. es 418
Johnson: Begleitumstände. es 1019
– Der 5. Kanal. es 1336
– Jahrestage. es 1500
– Porträts und Erinnerungen. es 1499
– Versuch, einen Vater zu finden. Marthas Ferien. es 1416
Jones: Frauen, die töten. es 1350
Joyce: Werkausgabe in sechs Bänden. es 1434-1439
– Finnegans Wake. es 1524
– Penelope. es 1106
Kenner: Ulysses. es 1104
Kiesewetter: Industrielle Revolution in Deutschland 1815-1914. NHB. es 1539
Kindheit in Europa. es 1209
Kipphardt: In der Sache J. Robert Oppenheimer. es 64
Kirchhoff: Body-Building. es 1005
Kluge, A.: Gelegenheitsarbeit einer Sklavin. es 733
– Lernprozesse mit tödlichem Ausgang. es 665
– Neue Geschichten. Hefte 1-18. es 819
– Schlachtbeschreibung. es 1193
Kluge, U.: Die deutsche Revolution 1918/1919. NHB. es 1262
Koeppen: Morgenrot. es 1454
Kolbe: Bornholm II. es 1402
– Hineingeboren. es 1110
Konrád: Antipolitik. es 1293
– Stimmungsbericht. es 1394
Kriegsursachen. es 1238
Krippendorff: Staat und Krieg. es 1305
– »Wie die Großen mit den Menschen spielen.« es 1486
Kristeva: Geschichten von der Liebe. es 1482
– Die Revolution der poetischen Sprache. es 949
Kroetz: Bauern sterben. es 1388
– Furcht und Hoffnung der BRD. es 1291
– Heimarbeit. Hartnäckig. Männersache. es 473
– Mensch Meier. Der stramme Max. Wer durchs Laub geht … es 753

316/4/6.90

edition suhrkamp
Eine Auswahl

Kroetz: Nicht Fisch nicht Fleisch. Verfassungsfeinde. Jumbo-Track. es 1094
– Oberösterreich. Dolomitenstadt Lienz. Maria Magdalena. Münchner Kindl. es 707
– Stallerhof. Geisterbahn. Lieber Fritz. Wunschkonzert. es 586
Krolow: Ausgewählte Gedichte. es 24
Laederach: Fahles Ende kleiner Begierden. es 1075
– Der zweite Sinn. es 1455
Lehnert: Sozialdemokratie zwischen Protestbewegung und Regierungspartei 1848-1983. NHB. es 1248
Lem: Dialoge. es 1013
Lenz, H.: Leben und Schreiben. es 1425
Leroi-Gourhan: Die Religionen der Vorgeschichte. es 1073
Leutenegger: Lebewohl, Gute Reise. es 1001
– Das verlorene Monument. es 1315
Lévi-Strauss: Das Ende des Totemismus. es 128
– Mythos und Bedeutung. es 1027
Die Listen der Mode. es 1338
Löwenthal: Mitmachen wollte ich nie. es 1014
Lohn: Liebe. es 1225
Lukács: Gelebtes Denken. es 1088
Maeffert: Bruchstellen. es 1387
Marcus: Umkehrung der Moral. es 903
Marcuse: Ideen zu einer kritischen Theorie der Gesellschaft. es 300
– Konterrevolution und Revolte. es 591
– Kultur und Gesellschaft 1. es 101
– Kultur und Gesellschaft 2. es 135
– Versuch über die Befreiung. es 329
Maruyama: Denken in Japan. es 1398
Mattenklott: Blindgänger. es 1343
Mayer: Anmerkungen zu Brecht. es 143
– Gelebte Literatur. es 1427
– Versuche über die Oper. es 1050
Mayröcker: Magische Blätter. es 1202
– Magische Blätter II. es 1421
McKeown: Die Bedeutung der Medizin. es 1109
Meckel: Von den Luftgeschäften der Poesie. es 1578
Medienmacht im Nord-Süd-Konflikt: Die neue Internationale Informationsordnung. Friedensanalysen Bd. 18. es 1166
Meier, Chr.: Die Ohnmacht des allmächtigen Dictators Caesar. es 1038
Menninghaus: Paul Celan. es 1026
Menzel / Senghaas: Europas Entwicklung und die Dritte Welt. es 1393
Miłosz: Zeichen im Dunkel. es 995
Mitscherlich: Freiheit und Unfreiheit in der Krankheit. es 505

316/5/6.90

edition suhrkamp
Eine Auswahl

Mitscherlich: Krankheit als Konflikt. es 237
– Die Unwirtlichkeit unserer Städte. es 123
Mitterauer: Sozialgeschichte der Jugend. NHB. es 1278
Möller: Vernunft und Kritik. NHB. es 1269
Moser: Eine fast normale Familie. es 1223
– Der Psychoanalytiker als sprechende Attrappe. es 1404
– Romane als Krankengeschichten. es 1304
Muschg: Literatur als Therapie? es 1065
Mythos ohne Illusion. es 1220
Mythos und Moderne. es 1144
Nakane: Die Struktur der japanischen Gesellschaft. es 1204
Die neue Friedensbewegung. es 1143
Ngũgĩwa Thiong'o: Der gekreuzigte Teufel. es 1199
Nizon: Am Schreiben gehen. es 1328
Oehler: Pariser Bilder I (1830-1848). es 725
– Ein Höllensturz der Alten Welt. es 1422
Oppenheim: Husch, husch, der schönste Vokal entleert sich. es 1232
Paetzke: Andersdenkende in Ungarn. es 1379
Paley: Ungeheure Veränderungen in letzter Minute. es 1208
Paz: Der menschenfreundliche Menschenfresser. es 1064
– Suche nach einer Mitte. es 1008
– Zwiesprache. es 1290
Petri: Schöner und unerbittlicher Mummenschanz. es 1528
Politik der Armut und Die Spaltung des Sozialstaats. es 1233
Populismus und Aufklärung. es 1376
Powell: Edisto. es 1332
– Eine Frau mit Namen Drown. es 1516
Psychoanalyse der weiblichen Sexualität. es 697
Pusch: Alle Menschen werden Schwestern. es 1565
– Das Deutsche als Männersprache. es 1217
Raimbault: Kinder sprechen vom Tod. es 993
Ribeiro, D.: Unterentwicklung, Kultur und Zivilisation. es 1018
– Wildes Utopia. es 1354
Ribeiro, J. U.: Sargento Getúlio. es 1183
Rodinson: Die Araber. es 1051
Roth: Die einzige Geschichte. es 1368
– Das Ganze ein Stück. es 1399
– Krötenbrunnen. es 1319
Rubinstein: Nichts zu verlieren und dennoch Angst. es 1022
– Sterben kann man immer noch. es 1433
Rühmkorf: agar agar – zaurzaurim. es 1307
Russell: Probleme der Philosophie. es 207
– Wege zur Freiheit. es 447
Schedlinski: die rationen des ja und des nein. es 1606
Schindel: Geier sind pünktliche Tiere. es 1429
– Im Herzen die Krätze. es 1511

316/6/6.90

edition suhrkamp
Eine Auswahl

Schleef: Die Bande. es 1127
Schönhoven: Die deutschen Gewerkschaften. NHB. es 1287
Schrift und Materie der Geschichte. es 814
Schröder: Die Revolutionen Englands im 17. Jahrhundert. NHB. es 1279
Schubert: Die internat ionale Verschuldung. es 1347
Das Schwinden der Sinne. es 1188
Sechehaye: Tagebuch einer Schizophrenen. es 613
Segbers: Der sowjetische Systemwandel. es 1561
Senghaas: Europa 2000. es 1662
– Konfliktformationen im internationalen System. es 1509
– Von Europa lernen. es 1134
– Die Zukunft Europas. es 1339
Sieferle: Die Krise der menschlichen Natur. es 1567
Simmel: Schriften zur Philosophie und Soziologie der Geschlechter. es 1333
Sloterdijk: Der Denker auf der Bühne. es 1353
– Eurotaoismus. es 1450
– Kopernikanische Mobilmachung und ptolemäische Abrüstung. es 1375
– Kritik der zynischen Vernunft. es 1099
Söllner, W.: Kopfland. Passagen. es 1504
Staritz: Geschichte der DDR 1949-1985. NHB. es 1260
Stichworte zur ›Geistigen Situation der Zeit‹. 2 Bde. es 1000
Struck: Kindheits Ende. es 1123
– Klassenliebe. es 629
Szondi: Theorie des modernen Dramas. es 27
Techel: Es kündigt sich an. es 1370
Tendrjakow: Sechzig Kerzen. es 1124
Thiemann: Kinder in den Städten. es 1461
– Schulszenen. es 1331
Thompson: Die Entstehung der englischen Arbeiterklasse. es 1170
Thränhardt: Geschichte der Bundesrepublik Deutschland. NHB. es 1267
Todorov: Die Eroberung Amerikas. es 1213
Treichel: Liebe Not. es 1373
Vargas Llosa: Gegen Wind und Wetter. es 1513
– La Chunga. es 1555
Vernant: Die Entstehung des griechischen Denkens. es 1150
– Mythos und Gesellschaft im alten Griechenland. es 1381
Vom Krieg der Erwachsenen gegen die Kinder. es 1190
Vor der Jahrtausendwende: Berichte zur Lage der Zukunft. es 1550
Walser, M.: Ein fliehendes Pferd. es 1383
– Geständnis auf Raten. es 1374
– Selbstbewußtsein und Ironie. es 1090
– Über Deutschland reden. es 1553
– Wie und wovon handelt Literatur. es 642
Weiss, P.: Abschied von den Eltern. es 85

316/7/6.90

edition suhrkamp
Eine Auswahl

Weiss, P.: Die Ästhetik des Widerstands. es 1501
– Die Besiegten. es 1324
– Fluchtpunkt. es 125
– Das Gespräch der drei Gehenden. es 7
– Der neue Prozeß. es 1215
– Notizbücher 1960-1971. es 1135
– Notizbücher 1971-1980. es 1067
– Rapporte. es 276
– Rapporte 2. es 444
– Der Schatten des Körpers des Kutschers. es 53
– Stücke I. es 833
– Stücke II. 2 Bde. es 910
– Verfolgung ... Marat/Sade. es 68
Sinclair (P. Weiss): Der Fremde. es 1007
Peter Weiss im Gespräch. es 1303
Die Wiederkehr des Körpers. es 1132
Wippermann: Europäischer Faschismus im Vergleich 1922-1982. NHB. es 1245
Wirz: Sklaverei und kapitalistisches Weltsystem. NHB. es 1256
Wissenschaft im Dritten Reich. es 1306
Wittgenstein: Tractatus logico-philosophicus. es 12
Wünsche: Der Volksschullehrer Ludwig Wittgenstein. es 1299
Ziviler Ungehorsam im Rechtsstaat. es 1214

316/8/6.90